불교
심리학
사전

일본불교심리학회
한국불교상담학회 추천

불교 심리학

KEYWORDS FOR BUDDHISM AND PSYCHOLOGY

이노우에 위마라, 카사이 켄타, 카토 히로키 편
윤희조 역

한 사람의 깨달음에서
모든 이의 알아차림으로

오랜 지혜와 새로운 지식을 융합하여
인간 성장과 사회 공헌의 길을 모색하는
불교심리학의 기본 용어 엄선

간행에 즈음해서

절이나 장례식에서 만나는 불교의 이미지를 가지고 이 책을 본다면, 독자는 놀라게 될 것이다. 이 책에서 말하는 불교는 붓다에 대한 신앙이나 사자에 대한 공양을 말하는 지금까지의 불교의 이미지를 넘어서 살아 있는 인간의 마음에 관한 '불교'이다. 서구의 과학정신, 다양한 심리학과 겹칠지도 모르지만, 불교는 마음을 관찰하고, 마음의 작용을 분석하는 데 중점을 두고 있다. 그러므로 심리학은 불교를 공부하기에 좋은 시작점의 하나이다.

마음과 인간의 괴로움은 어떻게 연결되어 있는가? 어떤 마음이어야 괴로움을 넘어설 수 있을까? 그러한 고찰에서 시작한 불교는 우울증이나 통합실조증에 응용될 수 있는 현대의 인지행동치료 등과 많은 공통점을 가지고 있다. 『법구경』에 다음과 같은 게송이 있다.

> 현상들은 마음에서 시작되고, 마음은 현상들의 주인이고, 현상들은 마음으로 이루어진다. 만약 오염된 마음으로 말하거나 행한다면 괴로움이 뒤따른다. 수레를 끄는 소의 발자국을 수레바퀴가 뒤따라가듯이. … 만약 청정한 마음으로 말하거나 행한다면 행복이 뒤따른다. 한 사람이 가는 길을 그림자가 뒤따라가듯이(1, 2게송).

붓다의 이 말씀에서 드러나듯이 원래 불교는 마음에 관한 공부이다. 그러나 이 점에 관하여 지금까지 충분히 이해되었다고는 말할 수 없다. 최근 서구의 심리학자 또는 심리치료사는 이러한 불교의 지혜에 주목하여 불교의 개념을 실천적으로 광범위하게 이용하고 있다. 이른바 심리학을 통하여 불교는 서구로부터 일본으로 역수입·재수입되고 있다고 볼 수 있을 것이다. 그리고 심리학자가 불교에서 유래한 '마음챙김', '지금 여기'와 같은 말을 하고, 불교적 심리학이 하나의 유행으로 오해되기도 한다. 이러한 상황을 새롭게 하기 위해서 2008년에 일본불교심리학회를 설립하여 세계에서 선두적으로 불교심리학을 위한 학술의 장을 열었고, 많은 사람들이 동참하여 마음이 뿌듯하다.

이 책은 불교심리학의 세계로 인도하는 최초의 안내자가 되는 키워드를 모아놓고 있다. 이 책은 국제적인 시각에서 불교심리학의 새로운 가능성을 볼 수 있도록 편집하였고, 현대의 불교와 심리학의 접점을 확대시켰다는, 다른 책에서는 볼 수 없는 특징을 갖추고 있다. 이 책을 통해서 불교심리학에 관한 관심이 증가하고, 불교와 심리학 사이에 보다 깊은 교류가 이루어지고, 학술적으로나 실천적으로 성과가 생기는 방향으로 나아간다면, 그것보다 기쁜 일은 없을 것이다. 이것이 이 책을 강력하게 추천하는 이유이다.

2012년 3월

일본불교심리학회 초대회장

온다 아키라(恩田彰)

머리말
불교심리학으로의 초대

심리학은 현대인이 불교에 주목하는 중요한 경로 가운데 하나이다. 지금까지 불교 안에서 심리학의 중요한 관점을 살펴볼 수 있었기 때문에, 대부분의 심리학자나 일반 독자는 불교에 대해서 현대적인 관심과 기대를 걸고 있다. 그러나 종파 불교적인 측면에서 보면, 불교는 비합리적이고 다가가기 힘든 것으로 느낄 수 있는 점도 많이 있다.

때마침 2008년 말 불교와 심리학의 접목을 심화시키고, 심리학적 관점에서 불교를 다시 배우는 것을 목표로 하는 일본불교심리학회(日本佛教心理學會)가 창립되었다. 불교와 심리학이 접목되고 있는 많은 분야에 대해서, 학술적 관점에 의거하면서도 일반 독자가 흥미를 가질 수 있도록, 학회의 추천을 받아서 본 서를 기획하였다.

그동안 불교연구가 진전되면서 산스크리트어, 빨리어, 티베트어를 비롯한 다양한 언어로 이루어진 경전, 한역경전, 국역대장경이 출간되었을 뿐만 아니라 서유럽 언어로 된 수많은 연구가 이루어졌다. 한편 선불교, 티베트불교, 동남아시아의 위빠사나 명상 등은 자기발견이나 스트레스 감소를 위해서 의료 분야 등에서 다양하게 응용되고 있다. 이러한 현상을 배경으로 본 서는 최신의 연구성과를 채택하면서도, 문헌연구의 틀에 머무르지 않는 불교의 가능성을 보여주는 구성을 고안했다.

우선 불교와 심리학을 잇는 키워드가 되는 표제어를 엄선하고, 원어와 원전에 능통한 불교학자를 비롯해서 자격을 갖춘 임상심리사 등 각 분야에 정통한 집필자를 모셨다. 그리고 중요단어를 알기 쉽게 설명할 뿐만 아니라 항목 간의 연관을 나타내는 링크와 브릿지를 표시하고, 불교학과 심리학을 연결하는 현대적 관점을 제공하려고 시도했다.

본 서는 일본불교심리학회의 회원은 물론 대학생이나 대학원생, 종교문화관계자, 불교관계자, 불교학자, 심리학자, 임상현장에서 심리치료, 의료, 간호, 복지에 종사하는 분들, 나아가서는 불교나 심리학에 관심을 갖고 있는 일반 독자들도 참고할 수 있는 내용을 만드는 것을 목표로 했다.

불교와 심리학은 각각 매우 광범위한 연구 분야이고, 지금까지 심오한 연구성과를 축적해왔다. 본 서와 같이 작은 책에 그 연구성과를 전부 망라하는 것은 불가능하다. 우선 본 서는 불교심리학이라는 새로운 가능성으로 가득 찬 분야에 대해서 관심을 불러일으키는 것을 목표로 다양한 정보를 수집하였다. 미흡한 점은 독자 제현의 질정을 바란다. 본 서를 시작으로 독자 여러분이 심리학과 불교의 접점에 대해서 생각하면서 양자의 대화를 촉진시킬 수 있다면, 경전이나 심리학 서적을 읽거나 이 분야의 연구를 한층 더 심화시킬 수 있다면, 편자로서는 이보다 더한 행복이 없을 것이다. 불교와 심리학의 공동연구가 어떤 하모니를 만들어갈지 기대된다.

2012년 3월

편자 **이노우에 위마라, 카사이 켄타, 카토 히로키**

역자 서문

역자는 철학을 전공한 불교학자로서 불교상담을 접하였다. 재직하고 있는 서울불교대학원대학교에 상담심리학과가 있어서 일찍이 상담심리학을 접할 수 있었지만, 불교상담 전공을 맡게 되면서 그동안 궁금해도 시간을 낼 수 없었던 문제를 연구하기 시작했다. 의식과 무의식의 문제, 자아와 무아의 문제에 대한 논문을 쓰면서 불교상담에 대한 연구를 시작할 수 있었다. 이러한 연구와 더불어 해외에서 진행되고 있는 불교상담의 동향을 살펴보았다.

영어권과 일본어권을 중심으로 살펴보면서 일본에서 2008년에 일본불교심리학회가 창립된 것을 알게 되었고, 학회 차원에서 출간된 본 역서의 원서를 접하게 되었다. 원서로는 400페이지 미만의 사전형식의 책인지라 빨리 번역해서 수업 교재로 사용해야겠다는 생각에서 가벼운 마음으로 번역을 시작했다. 그러나 2단 편집이라서 번역하고 보니 원고지로 3,000매가 넘고, 시간도 3년 정도 소요되었다. 또한 한 사람이 쓴 글이 아니라 각 항목마다 집필자가 달라서 집필자 개인의 글 쓰는 스타일에 맞추어 번역하는 것이 쉬운 일이 아니었다. 일본에서도 불교심리학과 관련된 연구가 초창기라서 이들도 어려움을 겪고 있는 것으로 보였다.

본 서는 불교의 키워드, 심리학의 키워드(1)(기초와 임상), 심리학의 키워드(2)(심층의 탐구) 총 3부로 구성되어 있다. 각 부마다 불교와 심리학의 다양한 용어 가운데 불교심리학에 적용될 수 있는 용어를 엄선하여 정리하고 있다. 불교와 심리학의 전체 내용을 파악할 수 있으면서도, 불교심리학과 연관된 용어를 선택한 것은 편자들의 안목에 의해서만 가능했을 것이다. 불교 키워드 73가지, 심리학 키워드 1부와 2부를 합쳐서 62가지, 총 135가지 항목으로 정리되어 있다. 각각의 항목을 정리하면서 저자들은 불교심리학 또는 불교상담과의 연관성을 최대한 드러내려고 노력하고 있다. 무엇보다 본 서의 강점이라고 할 수 있는 것은 브릿지이다. 불교와 심리학을 연결하는 다리, 불교와 상담을 연결하는 다리, 즉 브릿지(bridge)의 역할을 하는 항목을 46가지로 기술하고 있다. 이 브릿지를 통해서 저자들은 불교와 심리학의 조우를 본격적으로 시도하고 있다. 키워드에서는 각각의 개념을 설명하는 데 치중하고 있다면, 브릿지에서는 둘의 만남의 가능성을 집중적으로 논의하고 있다.

불교상담에 대한 연구는 기존에도 있어왔지만, 본 서의 편자들이 고백하듯이 각자 '타 문화체험'을 하는 것으로 끝났던 것처럼, 논의가 지속적으로 이루어지지 못하고 산재해 있는 것이 현실이다. 이러한 상황에서 본 서가 불교와 심리학 사이의 용어와 개념의 소통과 대화를 위한 허브(hub)가 되기를 바란다. 불교심리학이나 불교상담에 관심을 가지고 있는 초학자 또는 치료사들이 불교의 어떤 개념들이 심리학과 어떻게 연결될 수 있는지, 반대로 심리학의 어떤 개념들이 불교와 어떻게 연결될 수 있는지를 볼 수 있는 참고서적으로 본 서를 활용하기 바란다.

역자는 불교상담을 '불교에 기반을 둔 상담'으로 정의한다. 불교의 다양한 업적 가운데 불교교리, 불교심리학, 불교수행의 세 측면에서 불교를 볼 수 있다. 불교를 곁들인 상담과 구분되는 불교에 기반을 둔 상담은 본격적인 불교상담이라고 할 수 있을 것이다. 이를 통해서 의왕 또는 치료사로서의 붓다, 붓다의 교리 자체가 가지는 치유 가능성을 본격적으로 드러낼 수 있을 것이다. 지금까지 서구적인 상담체계 위에 불교를 부분적으로만 받아들임으로 인해서 치유효과가 극대화되지 못한 것이 못내 아쉬웠다. 종교라는 이유로 불교적인 용어를 사용할 수 없었고, 그로 인해 제한적 효과를 낼 수밖에 없었던 기존의 상담과는 달리, 불교에 기반을 둔 불교상담을 통해서 불교의 치유적 효과가 극대화되기를 기대해본다.

본 서가 출간되기까지 마음 써주신 분들이 많이 있다. 보장사 덕해 큰스님, 서울불교대학원대학교 황윤식 총장님, 한국불교상담학회 백경임 회장님에게 감사의 말씀을 전한다. 본 서의 초고부터 마무리까지 함께 해준 엄세정 씨에게 특별히 감사의 말을 전한다. 일본어의 섬세한 어감을 살릴 수 있도록 많은 도움을 주었다. 일본어를 한국어로 번역하는 작업이 결코 만만치 않다는 것을 이번에 알게 되었다. 일대일로 축자적으로 번역해서는 결코 번역이 되지 않는다. 과감하게 한국어로 만들어야 하고, 한국어 어감을 살릴 수 있어야 한다. 이러한 일들을 함께한 엄세정 씨에게 다시 한번 감사를 전한다. 긴 시간을 기다려주고 출판을 위해서 애써준 도서출판 씨아이알 박영지 편집장님과 서보경 대리님에게도 감사의 말을 전한다.

2017년 3월

윤희조

본 서의 사용 방법

본 서의 특징과 읽는 방법

- 본 서는 어디서부터 읽어도 좋다.
- 항목은 일본어 순서도, 알파벳 순서도 아니다. 제1부는 '붓다의 깨달음'에서 불교가 현대적으로 전개되는 흐름, 제2부는 심리학의 기초 개념에서 다양한 심리치료로 나아가는 흐름, 제3부는 프로이트, 융에서 자기와 타인의 관계를 다루는 심층심리학까지를 주제로 다루고 있다.
- 각 부는 다양한 주제를 다루고 있으므로, 각 부의 바로 다음 페이지에 있는 해설을 힌트로 흐름을 파악하면서 각자의 흥미와 관심에 따라서 읽어나가면 된다.
- 전체는 용어의 해설에 중점을 둔 표제어 항목과 브릿지로 나눌 수 있다. 브릿지는 불교와 심리학의 가교 역할을 하는 주제를 모은 것이다.
- 표제어 항목과 브릿지에는 상호 참조를 위한 【링크】가 표시되어 있다. 【링크】는 용어 색인에서 가져온 것으로 관련된 항목과 브릿지를 연결하고 있다. 【링크】에 있는 중요한 단어에는 표제어 항목에는 없는 단어도 많이 있다. 그러므로 【링크】에는 완결이란 것이 없다. 독자의 관심에 따라서 상상력을 활용해서 불교와 심리학의 접점을 새롭게 발견하길 기대한다.
- 본 서에 등장하는 중요 인물은 본문에서는 원어를 함께 표기하고, 가능한 한 색인에도 원어를 함께 표기하였다.
- 필요에 따라서 산스크리트어, 빨리어, 티베트어, 영어 등의 원어를 로마자로 표기하였다.

참고문헌의 기재법

- 참고문헌 작성방법으로는 심리학에서는 거의 국제적으로 인정되고, 사회과학영역에서도 사용되는 미국심리학회의 APA방식이 있다. 불교 관련 참고문헌 작성방법은 원칙적으로 담당 집필자를 따른다.
- 본문과 미주에서 등장하는 'T'는 『대정신수대장경(大正新脩大藏經)』을 가리키고, 다음의 숫자는 순서대로 권, 페이지, 상중하를 나타낸다.
- 불교의 개조인 고타마 싯다르타는 석가, 석존, 붓다, 불타 등 다양하게 부르고 있다.
- 인명이나 인용 등에서 고어체 한자가 사용되는 경우도 있다.

차 례

◇ 수행과 명상

① **다양한 수행덕목**

② **불교명상의 실천적 기초**

◇ 불교심리학과 연관되는 대승불교의 주요 개념

차 례

◇ 다양한 구도

◇ 현대사회에서 불교의 발전을 위하여

① 불교의 생사관과 법요

② 세계에서 전개하는 불교심리학

제2부 심리학의 키워드(1)
–기초와 임상

◇ 심리학의 기초

◇ 응용심리학과 심리치료

차 례

제1부

불교의 키워드

제1부에서는 불교는 어떤 가르침인지, 어떻게 실천하는지, 현대사회를 살아가기 위해서 어떻게 하는 것이 좋은지와 같은 주제를 중심으로 표제어 항목을 배치하였다.

최초에 붓다가 깨달은 해탈의 내용, 우리들에게 보여준 가르침의 핵심이 '**붓다의 깨달음**'으로 정리되어 있다. '연기', '중도', '사성제', '무아', '공', '삼법인' 등 불교의 주요한 개념이 여기에서 등장한다.

'**현실에서 발심으로**'는 우리들이 종교심에 안기는 것, 종교심에 인도되는 것으로서, '출가', '삼귀의' 등을 다룬다.

불교에서는 마음을 관찰하는 것이 중요하므로, '**마음의 분석**'은 심신론으로서 '오온', '심과 심소' 등을 소개하고, 업과 번뇌라는 관점에서 '속박', '수면', '루' 등의 기본적인 개념을 고찰한다.

이러한 가르침에 기반을 두어서 실제로 수행할 때 필요한 수행법의 구성요소와 기본적인 명상의 내용에 관하여 정리한 것이 '**수행과 명상**'이다. 여기서는 '37보리분법'을 시작으로 기본적인 수행단계인 계정혜의 '삼학', 일상적인 마음에서 유지하고 이어가야 하는 '사무량심', '사섭법' 등을 소개하고, '명상대상', '선정', '해탈'의 내용 등에 관해서도 구체적으로 다룬다. 호흡을 명상적으로 접근하는 것은 불교심리학의 임상적 가능성을 타진하기 위한 것이다.

지금까지는 모든 불교의 기본이 되는 것이므로, 빨리경전을 중심으로 가능한 한 붓다의 원음에 가까운 형태를 소개하는 것에 중점을 두었다.

'**불교심리학과 연관되는 대승불교의 주요 개념**'에서는 그 이후 불교가 발전하면서 생겨난 육바라밀 등의 보살사상, 유식사상과 중관사상, 불성과 여래장사상, 정토사상 등 대승불교의 핵심이 되는 다양한 사상과 실천이 압축적으로 정리되어 있다.

'**다양한 구도**'에서는 '만다라', '진언', '관상염불과 칭명염불', '공안', '지관타좌', '제목·창제' 등이 다루어지고 있으므로 불교수행이 가깝게 느껴질 것이다. 티베트불교의 명상법에 관해서도 기본적인 것이 소개되고 있다.

마지막으로 '**현대사회에서 불교의 발전을 위하여**'라는 주제에서는 불교의 본질을 현대사회에서 살리기 위한 실마리로서 간호와 장례의례에 관한 항목을 다루고 있고, '마음챙김'으로 대표되는 서양에 전해진 불교의 실천적 특징, 사회에 참여하는 것을 중시하는 '참여불교' 등 선구적인 대응을 소개하면서, 이후의 방향성을 모색하는 재료를 제공하고 있다.

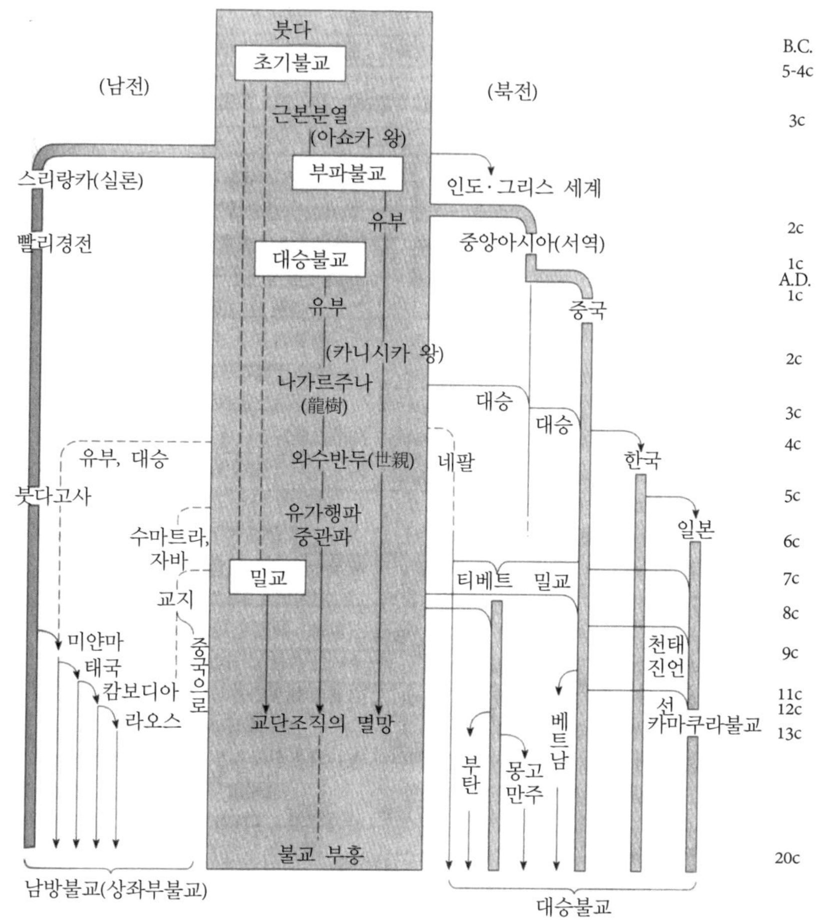

그림 불교의 흐름(高崎直道(1983), 『仏教入門』, 東京大学出版会, pp.228–229)

이 그림에서 불교의 탄생과 그 이후의 발전에 관한 역사적 흐름을 개관하며, 그 지역적 영향 등을 확인할 수 있다. 최근의 연구에서는 한층 더 큰 흐름을 볼 수 있다. 불교가 서쪽으로 나아가는 것을 계기로, 타 종교와 만나는 가운데 불교는 스스로 그 정체성을 확인하고 창조하고 바로잡는 자기쇄신의 활동이 일어났다. 서구에서도 정치적 배경으로 인해서 망명한 스님이 이주하는 것을 시작으로 불교에 대한 관심이 높아지고, 특히 선불교, 티베트불교, 상좌부불교가 융성하고 있다. 불교명상은 의학에도 응용되고, 특히 내전으로 피폐해진 병사의 트라우마를 돌보는 효과를 내는 등 심리학으로서의 불교가 광범위하게 전개되고 있다. 또한 인터넷을 매개로 스님들의 전법과 메시지 전달, 통신강좌가 이루어지고 있는 것 등도 현대불교를 이야기하는 데 빼놓을 수 없다.

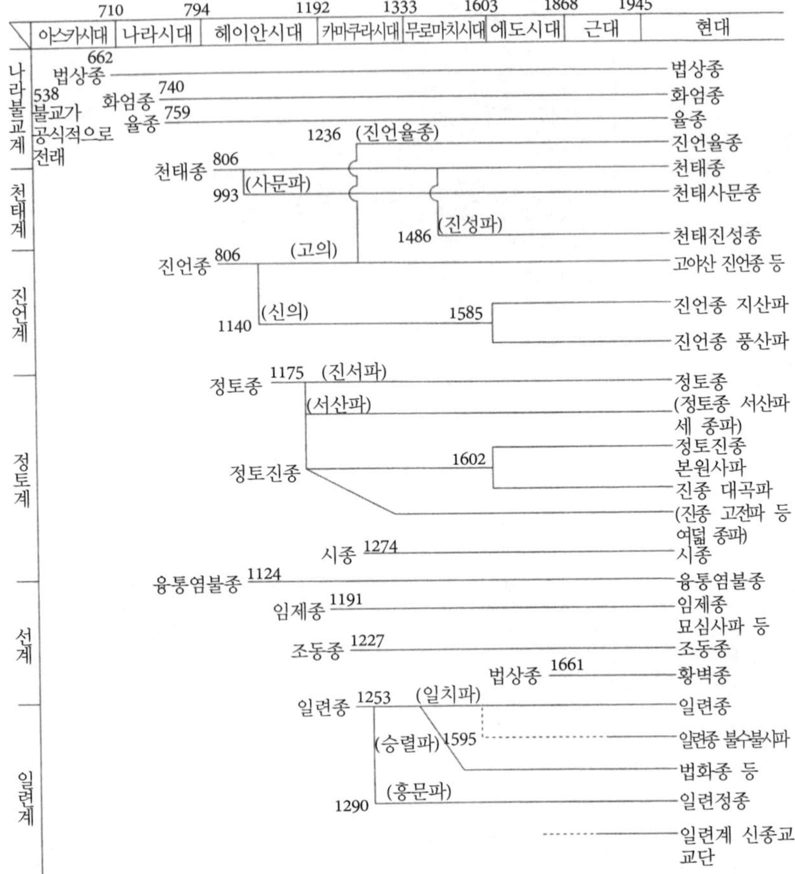

그림 일본불교의 흐름(文化庁宗務課, 『宗教年鑑(2009年版)』)

이 그림은 일본에서 종파의 다양성과 전개를 보여준다. 이 책에서는 불교와 심리학의 접점을 파악하는 데 초점을 맞추고 있고, 각 조사들이 개조인 붓다를 흠모하여 수행하였다는 점을 원점으로 항목을 선정하였다. 그러므로 이 책에서는 각 종파의 교리를 항목으로서 충분히 망라하지 못했다. 또한 각 파의 가르침과 관련해서 불교심리학을 고찰하고 연구하는 작업을 각 종파의 입장에서 한층 더 깊이 있는 연구한다면 매우 다행스러울 것이다.

붓다의 깨달음

1 진리

【링크】→ 사성제, 삼법인, 사법인, 연기, 이제설

1. 사띠야(satya, sacca, 諦)

고대 인도의 베다에서 하늘의 법칙인 리타(rita)는 우주의 질서를 의미한다. 리타에 부합하는 것이 진리(sacca, satya)이다. 인간에게 있어서 진리는 우주의 법칙에 따라서 행동하는 것이다. '진리(satya)만이 승리한다'라는 말은 인도의 상징이다.

사띠야(satya)는 '있다'라는 의미를 가진 동사어근에서 만들어진 현재분사 사뜨(sat, 존재, 있음)에서 파생된 말이고, 인간 존재에 대한 있어야 할 진리이다.

고타마 붓다는 네 가지 진리, 즉 사제(四諦)를 최초로 설했다. 구체적으로 괴로움이라는 진리(苦諦), 괴로움의 원인이라는 진리(集諦), 괴로움의 소멸이라는 진리(滅諦), 괴로움의 소멸로 이끄는 길(八正道)이라는 진리(道諦)이다.

궁극적 진리인 승의제(勝義諦)와 잠정적 진리인 세속제(世俗諦)처럼 두 가지 진리(二諦說)로 구분하기도 한다. 궁극적 진리는 불교의 교리를 가리키고, 잠정적 진리는 예를 들어 과학적 진리나 사회적 규범처럼 잠정적이고 임시로 상정된 진리를 가리킨다. 또한 언어표현을 넘어선 절대적 진리(絶對的 眞理)와 언어로 표현해야 하는 상대적 진리(相對的 眞理)로 분류하기도 한다. 방편으로서의 언어와 그것이 가리키는 진리를 구별하는 것이다.

2. 다르마(dharma, dhamma, 法)

다르마(dharma, dhamma)는 '유지하는 것'을 의미한다. '유지하다'라는 의미의 동사어근에서 만들어진 말로, 우파니샤드에서는 사띠야와 동일시하였다. 특히 '인간의 행위를 유지하는 것', 즉 '행위의 규범'을 의미하는, 실천적 인식의 진리이다.

임종이 가까워진 고타마 붓다가 인생을 회고하는 장면이 있다. '출가하고 나서 이미 50여 년이 지났다. 나는 바른 진리의 영역만을 걸어왔다. 이것 이외에는 사문이라고 부를 수 없다(『디가니까야』 2권 p.151).' 또는 '실로 이 세상의 원망은 원망하는 것으로는 가라앉지 않는다. 원망하지 않는 것에 의해 원망은 가라앉는다. 이것은 영원한 진리이다(『담마빠다』 5게송).' 등과 같이 사용된다.

또한 고타마 붓다는 깨달았을 때 연기를 증득했다고 한다. 명상하는 고타마 붓다에게 여러 가지 담마는 서로 이어진 연기적 존재로서, 즉 진리적 존재로서 드러났다. 바꾸어 말하면 모든 것이 하나로 이어져 있는 세계, 진리라고 부르기에 어울리는 세계, 모든 것이 진실한 모습으로 존재하고 있는 것처럼 느껴지는 세계로서 나타났다. 또한 고타마 붓다는 그것을 '태양이 하늘에서 빛나는 것처럼' 생생하고 선명하게 내면 깊이 증득했다고 한다.[1] 또한 진리의 가르침이라는 의미로 고타마 붓다의 가르침을 담마라고 부른다.

❋ 문헌

1) 羽矢辰夫(2011), 『ゴーダマ・ブッタのメッセージ ―「スッタニパッタ」私抄』, 大蔵出版, pp.144-150.

[羽矢辰夫]

붓다의 깨달음

2 연기

【링크】→ 진리, 삼법인, 업, 삼명, 해탈, 유분심, 사식, 사성제

보리수 아래에서 명상에 든 고타마 싯다르타는 저녁부터 한밤까지 많은 전생을 떠올리는 숙주념지(宿住念智)로, 한밤중에는 전생의 죽음과 재생 과정을 바라보는 사생지(死生智, 天眼智)로, 새벽에 걸쳐서 번뇌를 근절하는 누진지(漏盡智)로 마음을 기울여 해탈한 붓다가 되었다. 그때에 붓다는 감동하여 다음과 같이 말하였다.

'몸과 마음이라는 집을 짓는 자를 찾았지만, 발견하지 못한 채 수많은 생애를 윤회하며 돌아다녔구나! 반복해서 태어나는 것은 실로 괴롭다. 집을 짓는 자여, 너를 알았다. 이제 두 번 다시 집을 짓는 일은 없다. 모든 서까래는 부서지고, 대들보는 꺾였다. 마음은 업을 짓기를 그만두고, 갈애는 멸진했다(『법구경』 153, 154게송).'

붓다는 해탈하고서 처음 일주일간 같은 보리수 아래에서 보내고, 그 깨달음의 내용을 십이연기(paṭiccasamuppāda, 十二緣起)로 상세히 회고하였다. 그리고 다음과 같이 말했다.

"열심히 수행하고 숙려하는 청정한 수행자에게 법이 밝게 드러났을 때, 원인을 수반하는 법을 확실히 알고, 모든 연이 소멸하는 것을 알므로, 그 일체의 의심은 사라진다. 그리고 그는 마치 태양이 큰 하늘을 비추듯이, 악마의 군대를 타파하고 선다(율장 『대품』)."

십이연기의 구성요소는 다음과 같다.

① **무명**(avijjā, 無明) : 사물의 모습을 있는 그대로(無常·苦·無我) 알지 못하는 것이다. 지금 여기에서 자신이 무엇을 느끼고, 무엇을 생각하고, 무엇을 하고 있는지를 명확히 자각하지 못하는 것이다.

② **행**(saṅkhāra, 行) : 업을 만드는 것이다. 선악의 가치판단에 얽매이는 의도가 핵심이 되는 감정과 사고에 의한 형성작용이다. 신체에 의한 행, 언어에 의한 행, 마음에 의한 행으로 이루어진다.

③ **식**(viññāṇa, 識) : 일상적 의식으로는 인식할 수 없는 수정, 숙면, 죽음의 순간을 포함하는, 생명현상을 유지하는 깊은 무의식, 감각체험을 포함하는 전의식적(前意識的) 의식활동, '나'라는 일상적 의식과 같은 의식활동 전반을 가리킨다.

④ **명색**(nāma-rūpa, 名色) : 몸과 마음에 의한 생명현상이다. 대상을 지향하는 정신활동과 그 기반이 되는 물질적 신체의 복합체이다.

⑤ **육입**(saḷāyatana, 六入) : 대상과 접촉하는 기반인 눈, 귀, 코, 혀, 신체, 의(意)라는 여섯 가지 감각기관이다. 여기에서 의(意)는 생명을 유지하는 유분심(有分心)이 이미지, 개념, 언어와 같은 심리적 대상을 비추는 스크린 역할을 하는 것이다.

⑥ **접촉**(phassa, 觸) : 감각기관에 대상이 닿아서 원초적인 감각의식이 생겨나고, 이들 감각기관, 대상, 감각의식 세 가지가 만나는 현상이다. 접촉은 정신적인 자양분이 되고, 생명을 윤택하게 하고, 인지활동으로 이어진다.

⑦ **느낌**(vedanā, 受) : 대상과 접촉하여 일어나는 감각인상이다. 미세한 신체감각이며, 괴로운 느낌(苦), 즐거운 느낌(樂), 괴롭지도 즐겁지도 않은 느낌(不苦不樂) 세 가지로 분류된다. 느낌은 과거에 지은 업의 결과로서 생겨나는 것이며, 거부하거나 바꿀 수 없다.

⑧ **갈애**(taṇhā, 愛) : 느낌에 대해서 충동적으로 취사선택하는 의도의 작

용이다. 즐거운 느낌에는 욕망이, 괴로운 느낌에는 혐오가, 괴롭지도 즐겁지도 않은 느낌에는 무관심과 망각이라는 감정적인 경향성이 연결되어 있다. 갈애는 감각적 체험을 원하는 욕망(kāma taṇhā, 欲愛), 나라는 존재를 추구하는 생존의 욕구(bhava taṇhā, 有愛), 자신의 마음에 들지 않는 것을 파괴하고 훼손하려고 하는 파괴의 욕구(vibhava taṇhā, 非有愛) 세 종류로 분류된다. 갈애는 업을 만드는 힘이 있고, 괴로움의 원인이 된다.

⑨ **집착**(upādāna, 取) : 갈애가 무의식적으로 반복되어 유형화되고 고착된 것이다. 집착의 반응 유형은 신경과 근육 등의 네트워크상에서 흥분하는 유형으로 조직화된다.

⑩ **생존**(bhava, 有) : '내가 존재한다'고 생각하는 자기동일성을 형성하여 개체성을 만들어내는 기반이 되는 것이다. 업을 만드는 행동주체로서의 생존(kamma bhava, 業有), 업의 결과로서 발생하는 생명현상으로서의 생존(upapatti bhava, 生起有)이 있다.

⑪ **탄생**(jāti, 生) : 수정의 순간에 업의 에너지 정보가 결생심(結生心)으로서 수렴하는 것이다. 수정, 출산, 자아의식의 발현이라는 세 가지 시점에서 탄생을 복합적으로 파악할 수 있다.

⑫ **노사**(jarāmaraṇa, 老死), 슬픔(soka, 愁), 울부짖음(parideva, 悲), 고뇌(dukkha domanassa, 憂), 비탄(upāyāsa, 惱) : 몸과 마음으로 이루어진 존재로서 탄생하고, '나'라는 자아의식을 가진 까닭에 체험해야 하는 실존적인 괴로움의 집합체이다. 이 실존적인 괴로움의 체험을 계기로 자기탐구에서 해탈로 나아가는 영적인 과정이 시작되고, 지혜와 자비로 나아가는 길이 열린다.

1. 순관과 역관

이들 열두 가지 요소가 '무명에 의해서 행이 있고, 행에 의해서 식이 있고 ……'와 같이 무명으로부터 괴로움이 발생하는 연쇄과정을 관찰하는 것을 연기의 순관(順觀), '무명이 남지 않고 멸하는 것에 의해서 행이 멸하고 ……'라고 하듯이 무명이 사라짐으로 괴로움이 사라지는 과정을 관찰하는 것을 연기의 역관(逆觀)이라고 부른다.

2. 연기의 구조

열두 가지 요소를 과거에 만들어진 원인과 현재 받아들이는 결과, 현재에 만드는 원인과 미래에 받아들일 결과, 업을 만드는 행동주체로서 생존과 업의 결과로서 자동적으로 발생하는 심신현상으로서 생존이라는 시점에서 분류하면, 다음과 같은 그림으로 정리된다.

『호흡을 통한 알아차림의 가르침』, p.117

원인이라는 관점에서 보면, 무명에 의해서 업이 만들어지는 과정은 갈애→집착→생존의 과정에 대응한다. 갈애와 집착에 의해서 생존의 감각이 생겨나는 과정으로 인해서 무명에 의한 업이 만들어지고 있는 것이다. 결과라는 관점에서 보면, 식→명색→육입→접촉→느낌의 과정은 생존→탄생→노병사·괴로움의 과정에 대응한다. 몸과 마음을 가지고 살아가는 것은 사람으로서 생로병사를 체험하는 것이다.

이러한 연기고찰에서 ⑩ 생존 가운데에서 행동주체로서의 자기와 업의 결과로서 자기를 알아차리고 ⑦ 느낀 것을 어떻게 ⑧ 갈애하고 ⑨ 집착하고 ① 무의식적으로 ② 행동하는지를 있는 그대로 바라볼 때, 해탈로 나아가기 위한 공간이 열린다.

3. 연기의 다양한 표현형식

연기를 가장 간략하게 표현한 것은 초전법륜을 듣고 깨달은 다섯 비구 가운데 한 사람인 앗사지가 사리뿟따의 질문에 대해서 '원인에 의해서 발생하는 현상이 있고, 여래는 그 원인을 설하고, 또한 그것의 소멸을 설한다'라고 대답한 것이다. 이지연기(二支緣起)라고 불리는 '이것이 있기에 저것이 있고, 이것이 생겨나기에 저것이 생겨난다. 이것이 없기에 저것이 없다. 이것이 멸하기에 저것이 멸한다'라는 정형구는 통시적인 인과관계와 공시적인 지원관계를 포함하며, 십이연기의 각 요소의 연쇄와 단절에 초점을 맞추는 가장 간략한 표현형식이다.

사성제는 괴로움, 괴로움의 원인이 되는 갈애, 괴로움이 소멸한 열반을 실제로 체험하는 것, 열반의 원인이 되는 팔정도의 실천이라는 구조에 의해서, 이지연기로 이루어진 순관과 역관의 연기성을 표현하고 있다.

또한 생명을 기르는 네 가지 음식(四食)에 주목해서 '음식을 섭취할 때 탐하는 환희와 갈애가 있으므로, 거기에서 식(識)이 발생하여 증식하고,

심신이 생기하고, 다양한 업이 형성되고, 생존이 재생되어, 생로병사의 괴로움이 발생한다'라는 관찰형식이 있다. 외부 환경과 연관해서 섭취하고 배설하는 활동을 중심으로 생명현상을 상세하게 관찰하는 것이 연기관찰의 배경이었다고 추측된다.

이 밖에도 구성요소의 숫자가 다른 다양한 형식의 연기가 있지만, 육입에 대상이 접촉해서 느낌이 발생하고 갈애와 집착이 생겨나는 과정에 초점을 맞춘 연기관찰이 많다. 접촉과 섭취에 관한 관점이 생명현상에 공통되는 주목 포인트였던 것을 엿볼 수 있다.

4. 통찰의 다층성

숙주념지, 사생지, 누진지는 각각 숙명통(宿命通), 천안통(天眼通), 누진통(漏盡通)으로 불리며 이들을 합쳐서 삼명(三明)이라고 한다. 삼명을 통해서 얻은 해탈의 깨달음의 내용이 연기였다는 것은 인간의 재생산을 주시하는 것, 인생에서 임종과 재생의 모습(그리고 성장의 모습과 임종의 모습)의 연결과 영향관계를 주시하는 것, 개인적 인격개념을 벗어나 심신현상이라는 차원에서 괴로움의 발생과정을 주시하는 것을 통찰하는 흐름으로 생각된다.

✻ 문헌

井上ウィマラ(2005),『呼吸による気づきの教え』佼成出版社, pp.116-147.

水野弘元(2006),『佛教要語の基礎知識』, 春秋社, pp.173-190.

林五邦 訳(1936),『南伝大蔵経 第13巻 相応部経典 2』, 大蔵出版, pp.146-150.

[井上ウィマラ]

브릿지 1 해탈로 나아가는 연기

【링크】→ 해탈, 연기, 여실지견, 지관, 위빠사나의 오염, 종교와 심리학, 영적 위기, 나르시시즘, 삼학, 자아초월심리학, 그림자

『상윳따니까야』의 「원인에 대한 가르침 경(upanisā-sutta)」은 다른 이름으로는 '해탈로 나아가는 연기'라고 불리는 경이다. 십이연기는 무명으로부터 괴로움이 형성되는 과정을 설명한다. 괴로움을 만났을 때 어떠한 길을 거쳐서 해탈로 나아가는가에 관해서 이 경은 믿음과 여실지견을 키워드로 해설하고 있다.

'새어나오는 번뇌가 근절되었을 때, 근절되었다고 아는 지혜(智慧)가 생겨나고, 그것은 원인이 있어서 생겨나는 것이며, 원인 없이 생겨나는 것이 아니다. 근절된 것을 아는 지혜의 원인이 무엇인가 하면, 그것은 해탈(解脫)이다. 해탈에는 원인이 있고, 원인 없이 해탈하는 것이 아니다. 해탈의 원인은 무엇인가 하면, 그것은 이욕(離欲)이다….'

이렇게 무명까지 도달하는 것이 이 경의 전반부이다. 후반부에서는 무명으로부터 괴로움이 발생하는 것, 괴로움의 소용돌이 속에 있으면서 믿음에 의해 마음이 온화해지는 것, 명상을 수행해서 얻은 삼매를 토대로 여실지견으로 나아가는 것에 의해 염리와 이욕을 얻어 해탈하는 것 그리고 그것을 스스로 아는 것이라고 하는 서두 부분까지가 재확인된다. 이 과정은 다음의 그림과 같이 정리된다.

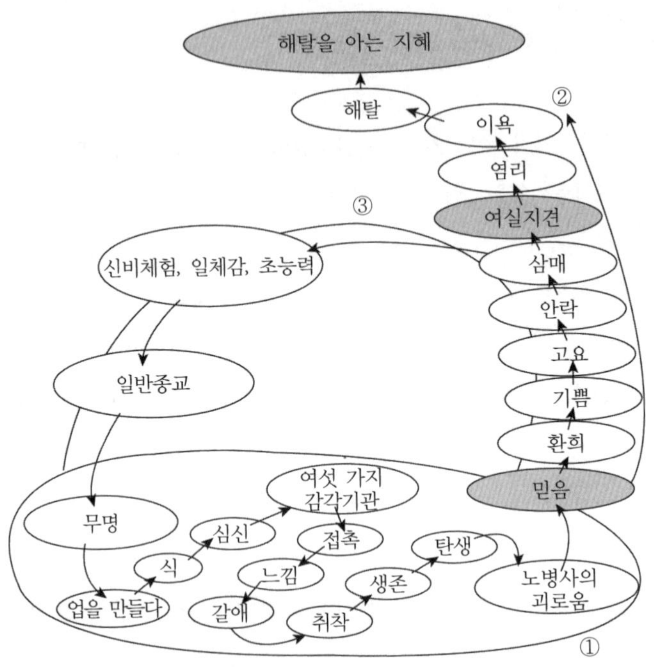

1. 불교에서 믿음의 이유

믿음(saddhā, 信)이라는 말의 어원에는 '마음을 거기에 두다'라는 뉘앙스가 있다. 괴로움을 만났을 때, 다른 방식으로 그 상황을 다시 바라보면 불가사의하게 마음이 누그러져서 맑아지게 된다. 괴로움을 만나는 것의 의미가 열리고, 괴로움을 받아들여서 살아갈 용기가 생긴다. 그러한 전환을 가져오는 시선에 마음을 두는 것이 불교에서 믿음의 본질이며, 절대적인 초월자에게 뭔가를 맡길 필요가 없다는 것이 특징이다.

2. 세 가지 사이클

위의 그림 속에서 세 가지 사이클을 읽어낼 수 있다.

첫 번째는 무명을 시작으로 괴로움이 발생하고 다시 무명에 빠지는 일반적인 윤회의 사이클이다. 이것(①)은 닫힌 계이다.

두 번째는 괴로움을 계기로 믿음이 생겨나고, 명상수행을 통해서 여실지견을 얻어 해탈에 이르는 사이클이다. 붓다가 발견한 이 해탈의 길(②)은 열린 계의 과정이다.

세 번째는 삼매로부터 신비체험과 초능력을 얻어서 종교가 만들어지고, 그 구제 시스템에서 보다 좋게 윤회하는 종교적 사이클이다. 이것(③)은 닫힌 계이다.

세 번째 사이클은 경에는 명기되어 있지 않지만, 불교가 일반 종교와 차별되는 근거를 이해하는 데 도움이 된다. 명상수행에 의해서 삼매와 선정이라고 불리는 집중력이 높아졌을 때, 빛이 보이거나, 상대의 마음이 읽히는 기분이 들거나, 그때까지 체험한 적이 없었던 기쁨과 고요함을 체험하는 경우가 있다. 이러한 체험은 그 신비성 때문에 깨달음 또는 해탈이라고 착각하기 쉽다. 인생의 위기상황과 조우하여 극도로 긴장감이 높아진 상황에서도, 그러한 신비체험을 하는 경우가 있다. 영적 위기가 그 한 예이다.

신비체험에서는 자아의 경계가 완화되고, 로맹 롤랑(Romain Rolland, 1866-1944)이 '대양적 느낌'이라고 부른 것과 같은 합일체험이 일어난다. 그것은 영원성과 무조건적 사랑 등 종교체험의 기원이 되지만, 프로이트는 그것을 태아가 양수 속에 있었을 때의 감각(무제한적인 나르시시즘의 부활)에 가깝다고 비판했다. 프로이트는 종교의 기원을 유아가 의지할 곳이 없음으로 인해서 부친(으로부터의 보호)에 대한 동경을 추구하는 것이라고 한다. 프로이트에 의하면 자아는 일체를 포함하고 있는 상태에서 외부 세계를 배제함으로써 처음 확립된다. 즉, 성인의 자아는 일체를 포함하고 있었던 것의 잔재인 것이다.

현상의 무상·고·무아를 통찰하는 자아가 확립되지 않은 상태에서 신비적 합일체험을 하면, 그 체험이 절대화되어 신비체험에 의존하기 쉽다. 그때까지 '나'라는 관념 아래에서 확신하고 억압한 것은, 신비체험에 등장하는 '신'이라는 표상에 투영되면서, 무자각적으로 반복되어 종교가 지배하고 착취하는 온상이 될 수 있다. 삼학(三學)에서 계(戒)는 신비체험을 포함하여 무상과 무아를 지켜보는 강한 자아를 양성하기 위한 것이고, 그러한 강한 자아가 있기에 자신의 그림자(shadow)와 마주할 수 있게 된다. 윌버(Ken Wilber, 1949-)는 그러한 자아확립과 자아초월체험과 관련된 범주오류의 문제를 전초(前超) 오류라고 지적했다.

불교의 믿음에는 이러한 신비체험을 포함하여 여실지견하고, 해탈로 나아가기 위한 관점, 즉 세 번째 사이클로부터 두 번째 사이클로의 패러다임 전환을 촉진하는 요소가 내재되어 있다. '믿음을 내려놓아라'라는 붓다의 말을 '믿음을 일으켜라' 또는 '믿음을 버리라'라고 해석할 수 있는 것은, 붓다가 이러한 신비체험과 종교의 복잡성을 충분히 이해하고 있었기 때문이다.

3. 있는 그대로 바라보는 것

여실지견(如實知見)은 주석서 등 이후의 문헌에서 위빠사나(vipassanā, 觀)라는 말로 바뀌었고, 있는 그대로 보는 것이 무상·고·무아의 통찰이라는 것을 명시할 필요가 생겼다. 현상의 세 가지 모습을 여실지견하여 염리→이욕→해탈로 나아가는 과정에는, 그때까지의 자아추구와 '나'라는 확신을 내려놓기 위해서, 불안과 억눌린 상태를 통과해야 한다. 해탈은 그때까지 자신이라고 믿고 있었던 것의 상실을 체험하고, 염리와 이욕의 이면에는 궁극적인 상실에 대한 불안과 비탄을 예기한다.

이러한 체험과정은 다양한 표상과 이야기가 모여서 나타난 것이다. 자신의 착각을 알게 된 순간 식은땀이 흐르는 공포를 느낄지도 모르고, 호흡을 응시하면서 다음 호흡이 생겨난다는 확증이 없는 것을 알아차리고, 죽음에 직면할 것 같은 불안을 느끼는 경우도 있다. 이것은 일상을 지탱해주었던 무의식적 안도감이라는 착각에서 벗어나는 것이고, '나는 영원히 살고, 세계는 자신이 생각한 대로 된다'고 하는 나르시시즘의 핵심에 있는 '만능적인 나'라는 환상으로부터 탈피하는 것이다. 여기에 무아통찰의 진수가 있다.

해탈 직전의 이러한 곤란을 지탱해주는 것이 믿음과 선정에 의한 기쁨이다. 기쁨으로 누그러진 에너지로 가득 차기 시작해서 무상·고·무아에 대한 통찰이 삶에 뿌리를 내릴 조건이 갖추어진다. 해탈에 이르는 이러한 과정을 실제로 체험해왔기 때문에, 다양한 괴로움의 소용돌이 속에 있는 사람에 대한 배려와 그 장소에 어울리는 방편을 가지고 곁에 다가갈 수 있게 되는 것이다.

❋ 문헌

林五邦 訳(1936), 『南伝大蔵経 第13巻 相応部経典 2』, 大蔵出版, p.42.
井上ウィマラ(2005), 『呼吸による気づきの教え』, 佼成出版社, pp.169-177.
フロイト(1969), 「文化への不満」, 『フロイト著作集 3』, 人文書院, pp.434-438.
マーク·エプスタイン, 井上ウィマラ 訳(2009), 『ブッダのサイコセラピー』, 春秋社, pp.5-6, pp.133-135.
渡辺照宏 訳(1938), 『南伝大蔵経 第3巻 律蔵 3』, 大蔵出版, p.12.

[井上ウィマラ]

붓다의 깨달음

3 중도

【링크】→ 진리, 사성제, 팔정도, 세간팔법, 여실지견, 사무량심, 근기, 마음챙김, 양가성, 고르게 떠 있는 주의

붓다는 초전법륜에서 다섯 비구에게 사성제를 설하기 위한 준비로서 우선 중도(majjhima paṭipadā, 中道)를 설했다.[1] 그들은 붓다가 수행할 때 고행을 버리는 것을 부정적으로 보았기 때문에, 그 이유를 설명할 필요가 있었던 것이다. 붓다는 자신의 인생에서 체험한 두 가지 극단을 예로 들면서 중도에 대해 말했다.

첫 번째는 왕자시절에 체험한 극단으로 여러 가지 감각적 쾌락에 빠져서 추구한 것이었다. 이것은 욕망을 채우면 행복을 얻을 수 있다고 하는 세속적 사고이다. 두 번째 극단은 출가해서 고행을 통해서 체험한 것으로, 신체를 피폐하게 몰아붙이는 것이었다. 이것은 자신을 괴롭혀서 정화된 깨달음을 얻을 수 있다고 하는, 당시 수행자들 사이에서 유행하고 있었던 사고방식이다.

붓다는 이들 양극단에 의해서는 해탈을 얻을 수 없다는 것을 체험적으로 이해하고, 양극단에 갇히지 않는 중도를 발견했다. 그것은 진리를 간파하는 눈을 생기게 하고, 지혜를 생겨나게 하고, 고요, 깊은 통찰지, 바른 깨달음, 괴로움이 소멸된 열반에 이르게 하는 것이었다.

1. 팔정도로서의 중도

중도는 여덟 가지로 이루어진 성스러운 실천의 길이며, 팔정도(八正道)라고도 불린다. 그것들은 바른 견해(正見), 바른 마음가짐(正思惟), 바른 말(正語), 바른 행위(正業), 바른 생업(正命), 바른 노력(正精進), 바른 알아차림(正念), 바른 정신집중(正定)이다. '바르다'는 다양한 양극단에 사로잡히지 않는다고 하는 의미로, 중도의 뉘앙스가 들어 있다.

팔정도에는 생활습관(戒)에 관한 것으로 정어, 정업, 정명이 있고, 마음의 안정(定)에 관한 것으로 정정진, 정념, 정정이 있으며, 지혜(慧)에 관한 것으로 정견, 정사유가 있다. 중도는 생활습관, 마음을 유지하는 방식, 사물을 보는 방식에서 균형을 갖춘 종합적인 실천의 길이다.

인생에서 체험하는 양극단에는 득·부득, 유명·무명, 비방·칭찬, 괴로움·즐거움, 좋아함·싫어함, 선·악, 조화·부조화, 유한·무한, (영혼이라고 불리는 실체 등의) 유무, 자타에 대한 존경·경멸 등 실로 다양한 것이 있다. 이들 가운데에 득·불득에서 괴로움·즐거움까지 여덟 가지는 세간팔법(世間八法)이라고 불린다. 중도를 체득하기 위해서는 이러한 다양한 양극단을 체험적으로 모두 알고, 신맛도 단맛도 음미해서, 그것에 갇히지 않는 삶의 방식을 몸에 익힐 필요가 있다.

현대의 심리치료가 임상에서 접하는 많은 양극단에는 이상화와 거절, 자아확대와 공허감 등이 있지만, 이러한 역동에 잘 대응하기 위해서 치료자는 자신의 삶에서 중도를 익혀둘 필요가 있다.[2)]

2. 선악을 넘어서

해탈을 이룬 아라한의 마음에는 선이면서 선이라는 집착을 떨친 오직 작용만 하는 마음(kiriyā citta, 唯作心)이 생겨난다. 선인 것을 알고 선의 기

뿐이 있어도, 선이라는 집착이 없기 때문에 미래에 결과를 가져오지 않는다.[3] 이러한 작용만 하는 마음은 중도를 실천하여 선악을 초월하는 것이 우리를 어디로 이끌어가는지에 대한 방향성을 명시해준다. 생명의 궁극적인 자발성, 창조성과 같은 것이 있다고 하면 이러한 작용만 하는 마음과 이어지는 중도에 대한 이해가 필요할 것이다.

3. 중도와 감정적 성숙

『청정도론』은 자비희사(慈悲喜捨) 각각과 비슷한 가까운 적과 정반대의 먼 적이라는 두 가지 장애를 설명하고 있다(표 1 참조).

자(慈)에는 애증으로 상징되는 탐냄과 성냄, 비(悲)에는 근심과 감정 상함과 비난과 중상, 희(喜)에서는 타자의 행복을 자신의 이야기로 끌어들여 유정천이 되는 것과 타자의 행복을 기뻐하지 않는 질투, 사(捨)에는 무지와 부인 등에 의한 무관심과 탐냄과 성냄에 의한 집착을 들 수 있다.[4] 이들 두 종류의 적(敵)은 자비희사의 사무량심을 방해하는 감정적인 양극단으로 이해할 수 있다. 인생에서 체험할 수밖에 없는 다양한 양극단의 감정을 주의 깊게 자각해가는 것에서, 양가감정을 포함하는 능력이 형성된다.

표 1 중도에서 보는 사무량심의 구도 : 감정적 성숙을 위한 지도

가까운 적	사무량심	먼 적
애욕·탐함	자애로움(慈)	증오·성냄
감정이 상함	아픔에 대한 공감(悲)	비난·중상
과잉된 동일화·유정천	기쁨에 대한 공감(喜)	질투·선망
무관심·무시	평정하게 지켜봄(捨)	탐냄·성냄

4. 중도를 유지하는 관찰법

이러한 중도를 체득하기 위한 관찰법으로서, 감정과 사고의 발생과 소멸의 과정을 있는 그대로 바라보는 것,[5] 그것들의 매력적인 측면과 위험성을 지켜보는 것, 사고와 감정의 소용돌이로부터 벗어나는 것(탈동일화)을 이야기할 수 있다.[6]

이러한 일체 사물을 바라보는 방식의 기본에는 여실지견(如實知見)이 있다. 선악, 좋아함과 싫어함이라는 가치판단을 내려놓고, 현상의 시작부터 끝까지 그 전체를 조망하여 내려다보는 방법이다.

이러한 관찰법의 본질을 서양불교에서는 마음챙김으로 실천하고 있다. 서양의 심리치료사들이 마음챙김에 주목한 이유는, 역전이를 극복하고 내담자에게 보다 좋은 치료환경을 제공하기 위하여, 자신을 훈련시키는 데 구체적으로 도움이 되기 때문이다. 그것은 프로이트가 정신분석가에게 요구한 '평등하게 유지되고 자유롭게 떠 있는 주의력'을 몸에 익히기 위한 방법이며, 자녀양육에서 호스피스 간호까지 인생의 모든 장면에서 사용할 수 있는 방법이다.

❋ 문헌

1) 渡辺照宏 訳(1938), 『南伝大蔵経 第3巻 律蔵 3』, 大蔵出版, pp.16-19.
2) マーク・エプスタイン, 井上ウィマラ 訳(2009), 『ブッダのサイコセラピー』, 春秋社, p.90, p.128.
3) アヌルッダ, ウ・ウェープッラ, 戸田忠 訳(1992), 『アビダンマッタサンガハ』, アビダンマッタサンガハ刊行会, p.32.
4) 水野弘元 訳(1938), 『南伝大蔵経 第63巻 清浄道論 2』, 大蔵出版, pp.185-187.
5) 片山一郎 訳(1997), 『中部根本五十経 編 I』, 大蔵出版, pp.177-179.
6) 片山一郎 訳(1997), 『中部根本五十経 編 I』, 大蔵出版, pp.236-248.

[井上ウィマラ]

4 사성제

【링크】→ 진리, 연기, 열반, 법안, 여실지견, 중도, 해탈, 리비도, 에로스와 타나토스, 탈동일화

사성제는 불교의 가장 기본적이며 보편적인 가르침의 형식이다. 붓다는 최초의 설법에서 네 가지 성스러운 진리(cattāri ariya-saccāni, 四聖諦)에 대하여 상세히 설하고 있다.[1] 이 초전법륜에 의해서 다섯 비구(출가수행자)들의 법안(法眼)이 열리고, 깨달음의 첫 단계인 예류(預流)에 도달했다.

연기가 괴로움의 발생과 소멸에 관한 과학적 관점에서의 미세한 고찰과 설명체계라고 한다면, 사성제는 인간의 감정적 관점에서의 설명체계라고 말할 수 있다.

1. 고제(苦諦, 괴로움에 관한 성스러운 진리)

괴로움(dukkha, 苦)은 일반적으로 아픔과 고뇌를 수반하는 체험을 의미하고, 인생에서 완벽하게 만족하거나 안심할 수 없다는 불완전성과 불확실성도 포함하는 개념이다. 구체적으로는 인생의 생로병사, 사랑하는 것과 이별하는 것, 싫어하는 것과 만나는 것, 원하는 것을 얻을 수 없는 것, 마음과 몸의 집합체인 인간존재에 집착하여 살아가는 것이 괴롭다고 설하고, 이는 사고팔고(四苦八苦)라고 불린다.

괴로움을 이해하는 또 하나의 관점으로서 ① 아픔을 수반하기 때문에 명백하게 괴로움이라고 인식하기 쉬운 **고고**(dukkha dukkha, 苦苦), ② 쾌락

이나 기쁨을 수반하기 때문에 그때에는 괴로움으로 인식하지 않지만, 그것이 사라졌을 때 상실감과 쓸쓸함과 불만을 수반하여 마음에 고통을 가져오는 **괴고**(vipariṇāma dukkha, 壞苦), ③ 자신은 선한 행위를 하려고 생각하여도 무의식적으로 생각대로 되지 않거나, 복잡한 인간관계로 인해서 자신의 생각대로 되지 않고 근심을 초래하는 **행고**(saṅkhāra dukkha, 行苦)의 세 부류가 있다. 이러한 관점에서 괴로움을 이해하는 것은 의료적 지원, 심리적 지원, 종교적 또는 영적 지원 가운데 어느 것이 유효한지를 생각하는 데 도움이 된다.

고제의 본질은 그것이 괴로움인 것을 있는 그대로 아는 것이다. 괴로움을 괴로움으로 완전히 아는 것은 그 의미를 발견해서 괴로움의 수용으로 나아간다. 괴로움을 여실지견할 수 있을 때, 현상 그 자체가 생기하고 소멸해가는 과정 전체를 조망하는 시야가 열린다. 그리하면 괴로움은 인식론적으로 해체되어, 재생산되지 않고 자연스럽게 소멸하게 된다.

2. 집제(集諦, 괴로움이 일어나는 원인에 관한 진리)

괴로움이 발생하는 원인을 세 종류의 갈애에서 발견하고, 그것들을 내려놓기를 실천할 필요성을 설하는 진리이다. 갈애는 목이 마를 때에 물을 원하듯이 대상을 원하는 충동이다.

세 종류의 갈애는 ① 감각적 체험을 원하는 갈애(kāma-taṇhā, 欲愛), ② 자기다운 모습과 자기의 이상을 원하는 갈애(bhava-taṇhā, 有愛), ③ 자신의 마음에 들지 않는 것을 배제하고 파괴하려고 하는 갈애(vibhava-taṇhā, 非有愛)이다.

①은 리비도, ②는 에로스, ③은 타나토스와 비교할 수 있다. 이것들이 괴로움의 원인이라고 알아차림으로써, 괴로움에서 벗어나기 위해 내려놓으려는 마음이 생긴다. 갈애가 괴로움의 원인이라고 알아차림과 동시에

갈애로부터 순간적인 탈동일화가 일어난다. 이 통찰에 의한 탈동일화가 갈애를 내려놓는 것의 본질이다. 이것은 괴로움이라는 현상의 과정 전체를 완전히 아는 것으로 자연스럽게 나아간다.

3. 멸제(滅諦, 괴로움의 소멸에 관한 진리)

갈애를 내려놓고, 갈애의 소멸(nirodha)을 마지막까지 지켜보고, 갈애로부터 해방되어 집착하지 않을 때, 괴로움이 자연스럽게 소멸하는 것을 자기 자신이 체험적으로 확인해야 한다는 진리이다. 처음에는 순간적일지라도, 이렇게 해서 괴로움이 소멸한 상태를 열반(nibbāna, 涅槃)이라고 부른다.

일상 의식의 차원에서는 '알아도 그만둘 수 없다'라는 상태로부터 '정말로 알면 하고 싶지 않다고 생각하게 된다'라는 상태로 변용된다. 갈애를 내려놓음으로써 괴로움의 소멸을 확인하고 오감에 의한 감각체험을 통해서 실제로 느끼고, 지각하고, 거기에서 이미지와 개념을 이끌어내는 것이 인지체험의 과정이다.[2)]

4. 도제(道諦, 괴로움의 소멸에 이르는 실천의 진리)

괴로움의 소멸에 이르는 여덟 가지 바른 실천의 길이다. 이것들은 바른 견해(sammā-diṭṭhi, 正見), 마음이 향하는 바른 방향(sammā-saṅkappa, 正思惟), 바른 말(sammā-vācā, 正語), 바른 행위(sammā-kammanta, 正業), 바른 생업(sammā-ājīva, 正命), 바른 노력(sammā-vāyāma, 正精進), 바른 알아차림(sammā-sati, 正念), 바른 정신집중(sammā-samādhi, 正定)이다. 팔정도라고 불리는 도제는 실천해야 하는 것이며, 열반을 실제로 체험함으로써 실천한 것을 확인해야 한다는 진리이다.

팔정도는 중도이며, '바르다'고 하는 말은 선·악, 이상화·거절 등의 양극단을 떠난 바른 균형과 자유자재함이라는 뉘앙스를 포함한다. 팔정도 또는 중도의 실천에는 다양한 양가감정을 포함하여 통합하는 능력을 키우는 기능이 있다.

사성제의 각각에는 ① 그것이 진실이라고 알아차리는 것(示轉), ② 무엇을 해야 하는지를 아는 것(勸轉), ③ 그것이 이루어진 것을 확인하는 것(証轉)이라는 세 가지 관점에 의해서 총 열두 가지 양상이 있고, 이를 삼전십이행상(三轉十二行相)이라고 한다.[3]

그것은 앎, 내려놓음, 실현, 실천이 불가분으로 밀접하게 연결된 것을 나타내는 것이기도 하다.

연기의 관점에 의하면 집제와 도제는 원인이고, 고제와 멸제는 결과이다. 집제에 의해서 고제가 발생하고, 도제에 의해서 멸제가 발생한다.[4] 또한 사성제에 관한 무지가 무명이라고 설명하는 경우도 있다.[5]

해탈을 가져오는 누진지(漏盡智)를 통해서 사성제를 알게 되는 경우도 있고, 고(苦) 대신 누(漏)에 의해서 사성제를 알게 된다고 하는 형식도 있다.[6]

통상의 설법에서는 갑자기 사성제를 설하는 것이 아니라 시론(施論), 계론(戒論), 생천론(生天論), 욕망으로 인한 근심, 욕망을 벗어나는 공덕에 관한 이야기 등을 거쳐서, 듣는 사람의 마음이 유연해지고 준비가 갖추어지면 사성제를 설한다(次第說法).

열반이라는 행복에는 일반적인 행복에게 기대하는 흥분과 자극이 없다. 붓다는 세상의 조류가 열반의 안온한 행복을 알아차리기 어렵게 한다는 것을 속속들이 알고 있었다. 붓다가 해탈 직후에 설법을 망설인 이유가 거기에 있었던 것은 아닐까라고 생각된다.

❋ 문헌

1) 渡辺照宏 訳(1938),『南伝大蔵経 第3巻 律蔵 3』, 大蔵出版, pp.18-22.

2) 渡辺研二 訳(2003),「心の専注の確立ー大念処経」,『原始仏典第二巻 長部経典 II』, 春秋社, pp.406-412.

3) ウ・ウェープッラ(1980),『南方仏教基本聖典』, 仏教書林中山書房, p.164.

4) 中村元 訳(1984),「二種の観察」,『ブッタのことば』, 岩波文庫, pp.156-165.

5) 片山一郎 訳(1997),「正見経」,『中部根本五十経 編 I』, 大蔵出版, p.161.

6) 森祖道 訳(2003),『原始仏典 第1巻 長部経典 I』, 春秋社, pp.105-106.

[井上ウィマラ]

붓다의 깨달음

5 법안

【링크】→ 사성제, 해탈, 인지행동치료, 통찰, 알아차림

1. 법안이 생기다

고타마 붓다가 최초로 가르침을 설할 때, 다섯 수행자들에게 사제를 설했다고 한다.[1] 우선 꼰단냐(Koṇḍañña)가 가르침을 이해했다. 그때에 "티끌 없고, 번뇌 없는 법안(法眼, 진리를 보는 눈)이 생겼다. '무릇 [인연에 의해] 생기하는 성질이 있는 것은 모두 소멸하는 성질이 있는 것이다.'라고." 꼰단냐는 고타마 붓다에게 출가를 청했다. 고타마 붓다는 답했다. "오너라, 수행자여. 진리는 잘 설해졌다. 괴로움을 바르게 소멸시키기 위해서 청정한 행을 행하라." 나머지 네 명에게도 같은 법안이 생겨서 출가했다.

그 이후 많은 사람들에게 가르칠 때는 보시 이야기, 지계 이야기, 생천 이야기를 순차적으로 설하면서 불교의 가르침으로 이끌어갔다. 그리고 그들이 사제설을 이해했을 때, "'무릇 [인연에 의해] 생기하는 성질이 있는 것은 모두 소멸하는 성질이 있는 것이다.' 청정하고 깨끗한 옷감이 바르게 물들듯이, 그곳에서 티끌 없고 번뇌 없는 법안이 생겨났다."라고 말한다. 이것으로 출가하는 사람도 있었고, 재가인 채로 귀의할 것을 선언하는 사람도 있었다.

이후에 고타마 붓다의 2대제자가 된 사리뿟따(Sāriputta)와 마하목갈라나(Mahā Moggallāna)는 본래 회의론자인 산자야(Sañjaya)의 제자였지만, 최초의 다섯 수행자 가운데 앗사지(Assaji)로부터 가르침을 받고서 고타마 붓다에게 출가하였다. 이때 '여러 가지 담마(법)는 원인에 의해 생긴다. 그

원인을 여래(고타마 붓다)는 설했다. 그리고 그것들이 소멸하는 것도 [설했다]. 위대한 수행자는 그와 같이 설한다'라는 말을 듣고, "티끌 없고, 번뇌 없는 법안이 생겼다. '무릇 [인연에 의해] 생기하는 성질이 있는 것은 모두 소멸하는 성질이 있는 것이다'라고." 하고 있다.

2. 법안의 지위

'무릇 [인연에 의해] 생기하는 성질이 있는 것은 모두 소멸하는 성질이 있는 것이다'라는 말은 자연과학적인 법칙을 서술하는 것이 아니라, 구체적인 괴로움은 [인연에 의해서] 생기하는 성질이 있기 때문에 반드시 소멸하는 성질이 있다고 해석해야 하는 것이다. 법안이 생겨난다는 것은 그것을 논리로서 이해하는 단계에 도달했다고 하는 의미이다. 여기서부터 괴로움을 소멸시키기 위한 수행이 시작되는 것이다.

수행의 단계는 네 가지로 나뉜다. 예류(預流, 성인의 흐름에 들어간 자), 일래(一來, 단 한 번 이 세계에 돌아오는 자), 불환(不還, 더 이상 이 세계에 돌아오지 않는 자), 아라한(阿羅漢, 수행을 완성하고 열반을 이룬 자)이다. 그 가운데 그 경지를 향하여 수행하고 있는 사람을 예류향, 일래향, 불환향, 아라한향이라고 부르고, 그 경지에 도달한 사람을 예류과, 일래과, 불환과, 아라한과라고 부른다. 사제설을 이해한 단계는 예류향이고, 견도(見道)라고도 부른다. 예류과로부터 수도(修道)의 단계에 들어가서, 사제를 반복하여 관찰한다. 아라한과에 이르면 번뇌는 완전히 소멸하고 더 이상 배울 것이 없다는 의미에서 무학도(無學道)라고 부른다.

❋ 문헌

1) 『ヴィナヤ』 I.11.

[羽矢辰夫]

붓다의 깨달음

6 여실지견

【링크】→ 진리, 사성제, 연기, 염리, 삼매, 해탈, 무아, 나르시시즘, 집착, 애착

붓다는 초전법륜에서 사성제에 관하여 각각이 진리라는 것, 각각에서 무엇을 해야 하는지를 아는 것, 각각이 완수된 것을 확인하는 것이라는 세 가지 관점에서 모두 열두 가지 양상(각각 示轉, 勸轉, 証轉에 의한 三轉十二行相)으로 있는 그대로 알고 주시하는 지혜가 청정하게 되었을 때, 위없는 바른 깨달음을 스스로 인정했다.[1] 있는 그대로 보는 지혜를 여실지견(yathābhūta-ñāṇa-dassana 또는 如實智見)이라고 한다. 이것은 인생의 모습을 완전히 아는 것, 괴로움을 가져오는 충동을 내려놓는 것, 괴로움이 소멸한 고요함을 확인하는 것, 그것들을 생활 전반에서 실천하는 것에 의한 앎의 종합적인 실천이다.

여실지견을 얻기 위해서는 삼매가 기반이 된다.[2] 마음을 안정시키고 집중하면 기쁨이 생겨나고, 자아의 경계가 일시적으로 무너져서 일체감이 얻어지고, 대상과의 분리감이 감소한다. 그리하면 신체와의 동일화가 느슨해지고 자기체험이 시간적으로 변화하는 것에 주의를 기울일 수 있게 된다.[3]

여실지견을 익히기 위해서는 온갖 감정과 사고 등이 호흡하는 신체와 함께 생성, 변화, 소멸하는 것에 반복해서 주의를 기울일 필요가 있다. 이러한 여실지견을 실천함으로써 '나'라는 자기관념이 실체가 없고 허구적이라는 것이 명백해진다.

1. 착각에서 벗어나는 길

하지만 동시에 그것은 지금까지 견고하고 안정된 것이라고 믿어왔던 '나'가 갑자기 그 견고함과 확실함을 상실하는 불안과 공포를 수반하는 체험이기도 하다. 마음의 어딘가에 잠재해 있던 '나는 영원히 죽지 않는 불멸의 존재이다'라는 만능감의 착각으로부터 벗어나는 이 체험은 염리(nibbidā, 厭離, 싫어하여 멀리하는 것)라고 불린다. 여실지견에 의해서 염리가 일어나면, '나'라는 관념에 대한 집착의 원동력인 갈애가 바로 그 '나'라는 생각을 매개로, 괴로움이 생겨나는 모습을 생생하게 바라 볼 수 있게 된다. 삼매에 의한 신비적인 체험도 그것을 '나'의 것으로 소유하는 순간, 생각대로 지배할 수 없다는 괴로움을 가져온다.[4)]

이렇게 즐거움과 괴로움 사이에서 동요하면서 '나'에게 농락당하는 것에 지치면, 자연스럽게 '나'라는 개인적인 생각을 내려놓게 된다. 이것이 이욕(virāga, 離欲)이며, 그 이욕에 의해서 해탈이 성취된다.

여실지견은 이처럼 삼매로부터 염리→이욕→해탈로 나아가는 길을 열고, 이는 그 당시의 요가전통 위에서 붓다가 개척한 새로운 경지를 설명하기 위한 중요한 실천 개념이다.

✻ 문헌

1) 渡辺照宏 訳(1938), 『南伝大蔵経 第3巻 律蔵 3』, 大蔵出版, p.20.
2) 林五邦 訳(1936), 『南伝大蔵経 第13巻 相応部経典 2』, 大蔵出版, pp.42-43.
3) マーク・エプスタイン(2009), 『ブッダのサイコセラピー』, 春秋社, pp.194-218.
4) 井上ウィマラ(2005), 『呼吸による気づきの教え』, 佼成出版社, pp.169-186.

[井上ウィマラ]

붓다의 깨달음

7 무아

【링크】→ 중도, 사성제, 법안, 염리, 오온, 삼법인, 공, 사념처, 해탈, 나르시시즘, 자기실현, 개성화, 무아의 심리학적 구조와 기능, 마음챙김, 전이, 역전이

초전법륜에서 다섯 명의 수행자들은 중도와 사성제의 가르침에 의해서 법안이 열리고 '생겨나는 것은 전부 소멸하는 것이다'라고 무상을 깊이 통찰한다. 그 이후에 붓다는 무아(anattā, 無我)에 관한 가르침을 설했다. 그것은 아(我)의 유무에 관한 논의가 아니라 인간존재를 신체, 감각, 인지, 의도, 의식이라는 다섯 가지 집합체(五蘊)로 분석하여 어느 것을 탐구해보아도 '병에 걸리지 않고 자신의 생각대로 명령하거나 제어할 수 있는 것은 없다'는 것을 확인하는 구체적인 관찰 작업이었다.[1)]

「무아상경」에서 말하는 아(attā, 我)는 생로병사를 벗어나 자기존재를 자신의 생각대로 명령하여 제어할 수 있는 실체적인 개념이었다. 이러한 까닭에 무아(無我)가 아니라 비아(非我)라고 번역하는 쪽이 더 적절하다는 견해도 있다.

「초전법륜경」에서 「무아상경」으로의 전개가 시사하는 것은 우선 일체의 무상을 통찰하는 것으로 시작하여, 그 현상을 '나'의 생각대로 지배할 수 없다는 것을 통찰하고 수용할 수 있게 된다는 배움의 순서이다.

1. 나르시시즘의 관점

인생이 궁극적으로 제어 불가능하다는 관점에서 무아를 이해하는 것

은, 현대의 심리학적 관점에서 보면 나르시시즘의 초월이라는 주제와 비교하여 고찰할 수 있을 것이다. 세계와 자기존재가 자신의 생각대로 되지 않는 아픔을 수용할 수 있는 성숙한 자아의 모습을 무아라고 이해하는 것이다.

나르시시즘의 본질은 자기 자신에 관한 불쾌한 사실을 참을 수 없다는 것에 있으며,[2] 그것 때문에 외부 세계의 사실을 거절하고 무가치화하거나, 완전한 자기 이미지와 자기 이상 가운데 틀어박히려고 하는 경향성이 발생한다.[3] 무아는 이러한 자아의 나르시시즘적 경향성으로부터 벗어나 성장하기 위한 실천적인 가르침이다.

나르시시즘의 초월이라는 주제는 치료자도 전이·역전이의 문제를 자각하면서, 내담자의 발달을 촉진하는 환경을 제공하기 위해서 마주해야 하는 과제이다. 수퍼비전은 무아의 자세를 몸에 익히기 위해서 치료자와 내담자의 관계를 거울로 비추는 중요한 훈련이라고 말할 수 있다. 최근 마음챙김 등의 불교명상이 심리치료의 세계에서 중요성을 인정받아온 것도, 불교의 무아와 공에 관한 실천이 치료에 필요한 주의력을 기르는 데 유효하다고 인정되었기 때문일 것이다.

2. 치매와 무아의 이해

붓다가 무아를 설하기 위해서 심신이 병에서 벗어나지 못하는 것을 고찰하라고 권한 것은, 예를 들어서 현대의 치매에 대한 이해와 대응해서 생각하면 이해하기 쉬울지도 모른다. 치매는 기억의 장애에 의해서 자기동일성이 붕괴하고, 자신이 누구인지 서서히 잊어버릴지도 모른다는 불안에 시달린다. 하지만 그 불안에 대하여 있는 그대로 수용하면서 누군가가 가까이 있어주면, 치매환자로 살아가는 과정은 그때까지 억압되어온 진정한 자신을 만나는 과정이 될 수도 있다고 당사자들은 이야기하고 있다.[4]

한편으로 치매환자와 함께 생활하는 가족은, 그 사람은 신체적으로 거기에 존재하지만 정신적으로는 부재한다는 애매한 상실을 체험하게 된다. 그 사람이 '아버지'이면서도 '아버지'가 아니게 된다고 하는 의미상의 상실을 수용하기 시작하면, 가족은 환자를 지원하기 위해서 마음을 새롭게 할 수 있게 된다.

3. '나'라는 관념

존재가 무아인 것을 확인하기 위한 정형구는 "무상하고, 괴롭고, 변화하고 붕괴하는 현상을 '이것은 나의 것이다, 이것은 나이다, 이것은 나의 아(我)이다'라고 보는 것은 바른 것인가?"라고 질문하는 것이다. 구체적으로는 신체와 감정과 인지와 사고 등 모든 것에 대해서 그것들이 언제나 변화하고 있다는 것, 완전한 만족과 안심을 얻을 수 없다는 것, 생각대로 제어할 수 없다는 것을 확인하면서 그것들을 '나'라거나, '나의 것'이라거나, '나의 (자)아'라고 여기는 것이 옳은지 그른지를 자문하는 작업이다.

이러한 작업은 관점을 바꾸어보면 어떻게 그것들을 '나'라고 확신하는가, 언제부터 '나의 것'이라는 소유감이 시작되었는가, 생각대로 지배하고 싶다고 느끼는 '나의 아'는 무엇인가에 대해서 구체적으로 지켜보는 관찰 작업이기도 하다.[5] 나라는 관념과 자아이상이 발현하는 과정을 신중하게 지켜보는 명상은 무아를 통찰할 준비를 하는 것이다.

4. 공의 관점

무아는 모든 현상에는 이러한 아(我)가 결여되어 있다고 하는 의미에서 '공(空)'으로 통한다. 『상윳따니까야』 가운데 「공경(空經)」에서 '아(我)에 대해서, 아(我)에 속하는 것에 대해서 공이다. 그 때문에 세계는 공이라고 말해진다'라고 설하는 것도 이러한 무아의 관점에 의한 것이다.[6] 『맛지마니까야』 가운데 열 번째 경전인 「알아차림의 확립에 관한 경」에서, 신수심법(身受心法)의 모든 대상에서 '신(수, 심, 법)만이 있다'는 통찰(四念處)이 해탈을 위한 지혜의 출발점이 된다고 설하는 것도 '나'의 공성에 대한 알아차림이라는 점에서 무아의 통찰로 나아간다고 말할 수 있을 것이다.[7]

5. 문화에 따른 무아의 이해

아시아불교의 관점에서 무아를 체현한 사람은, 서양심리학의 관점에서 보면 개성화와 자기실현을 체현한 사람으로 비칠 것이다. 자아의 발달은 사회와 문화의 모습에도 영향을 받기 때문에, 해탈과 깨달음에 의해 무아를 체현한 인물이 어떻게 관찰되고 표현되는지는 그 시대와 문화의 상황에 따라 달라진다. 또한 근대화에 의해서 개인의 성장과정, 가족과 사회의 연결과정에서 생긴 커다란 변화로 인한 영향도 간과할 수 없다. 이러한 비교문화적·역사적 관점에서도 무아에 관한 고찰이 더욱 깊어지기를 기대한다.

❋ 문헌

1) 渡辺照宏 訳(1938), 『南伝大蔵経 第3巻 律蔵 3』, 大蔵出版, pp.23-26.

2) S.フロイト(1969), 「ナルシズム入門」, 『フロイト著作集 5』, 人文書院, p.126.

3) マーク·エプスタイン, 井上ウィマラ 訳(2009), 『ブッダのサイコセラピー』, 春秋社, p.69.

4) エリザベス·マッキンレー(2010), 『認知症のスピリチュアルケア』, 新興医学出版社, pp.66-69.

5) 井上ウィマラ(2008), 「五蘊と無我洞察におけるasmiの位相」, 『高野山大学論叢』 第43巻, 高野山大学, p.78, pp.91-93.

6) 井上ウィマラ(2010), 「『小空経』における空の実践構造について」, 『印度学仏教

学研究 通巻 第120号』, pp.203-205.

7) ウ・ウェープッラ(1980),『南方仏教基本聖典』, 仏教書林中山書房, p.86.

[井上ウィマラ]

붓다의 깨달음

8 열반

【링크】→ 사성제, 삼법인, 번뇌, 분별, 희론, 해탈, 반복강박

1. 열반의 의미

열반은 빨리어로 닙바나(nibbāna), 산스크리트어로 니르바나(nirvāṇa)라고 하며 '불어서 끄다', '불어서 끈 상태'를 의미한다. 번뇌의 불을 불어서 끈 상태에 비유되며 괴로움이 소멸되어 안온함을 얻은 것을 의미한다.

고타마 붓다의 가르침에서는 심층의식의 차원에서 상카라(saṅkhāra, 行, 고립된 자기를 형성하는 힘)가 꺼지고, 표면의식의 차원에서 사고의 파도와 욕망의 폭풍이 꺼진 아주 고요해진 상태를 가리킨다. 괴로움을 가져오는 범부의 견해로 인한 번뇌의 소요가, 안온함을 가져오는 붓다의 견해로 진정되고 세계관이 전환되고 통합된 상태라고도 말할 수 있다. '지혜를 갖춘 출가수행자는 욕심을 떠나서, 이 [가르침]으로 불사, 평안, 불멸의 열반의 경지에 도달했다(『숫따니빠따』 204게송).', '열반은 허망한 것이 아니다. 성인들은 그것을 진실이라고 알고 있다. 그들은 실로 진실을 이해하고 있으며 채워지지 않는 것이 없고 완전히 안온하다(『숫따니빠따』 758게송).' 라고 말한다. 열반적정은 제행무상, 제법무아와 함께 삼법인의 하나로, 초기불교와 동시대에 창시된 자이나교에서도 열반은 궁극적인 경지라고 간주하였다.

2. 열반과 완전한 열반

고타마 붓다 자신은 스스로 괴로움과 번뇌를 해결하여 궁극적인 안온함을 얻을 수 있었고, 그 경지를 열반이라고 불렀다. 그런데 후세에 깨달음을 얻어 열반을 실현해도 신체가 있는 한 괴로움을 면할 수 없고, 신체라는 속박으로부터 완전히 자유롭게 되어야 비로소 괴로움으로부터 해탈할 수 있으며, 그것이야말로 완전한 열반이라고 생각하게 되었다. 거기에서 열반과 완전한 열반(parinibbāna, 般涅槃)이라는 구별이 생기고, 살아 있을 때 신체의 속박이 아직 남아 있는 유여열반(有餘涅槃)과 죽은 이후 신체의 속박이 남아 있지 않은 무여열반(無餘涅槃)으로 구별된다. '완전한 열반'은 죽음을 의미했지만, 원래는 죽음을 의미하지 않는 '열반'까지도 현재에는 죽음을 의미하게 되었다. 이후의 부파불교에서는 신체가 멸하는 것을 회신멸지(灰身滅智)라고 부르고, 이것을 열반이라고 여기는 설도 나타났다. 이렇게 불교의 궁극적 경지는 죽어야만 실현된다고 하는 오해도 생겨나고 있다.

3. 머물지 않는 열반

열반이란 우리가 살아 있는 동안에 실현되는 것이다. 대승불교의 유식사상에서는 어디에도 머물지 않는 무주처열반(無住處涅槃)을 궁극의 경지라고 설한다. 살아서도 죽어서도 그것을 넘어선 것에도, 머물지 않고 얽매이지 않는 경지를 이번 생애에 이룬다고 설하는 것이다. '보살은 생사와 열반이 다르다고 보지 않는다. 지혜에 의해서 생사에 머물지 않고, 자비에 의해서 열반에 머물지 않는다. 만약 생과 사에 대해서 분별(=나누어서 각각이 다른 것으로서 존재한다고 하는 인식)을 한다면 이미 생사에 머무는 것이 되어버리고, 만약 열반을 분별한다면, 즉 열반에 머무는 것이 되

어버린다. 하지만 보살은 무분별지를 얻어서 분별하는 일이 없으므로 머무는 곳이 없는 것이다'[1]

❋ 문헌

1) 岡野守也・羽失辰夫(1996), 『摂大乘論 現代語訳』, コスモスライブラリー, pp.167-168.

[羽失辰夫]

붓다의 깨달음

9 공

【링크】→ 연기, 희론, 중도, 무아, 진리, 해탈, 중관사상, 유식사상, 불성, 여래장, 무의식, 탈동일화

1. 공이란 무엇인가

공은 불교 특히 대승불교의 대표적인 진리표현 가운데 하나이다. 공의 원어인 순야(śūnya)는 '집에 사람이 없다', '왕국에 왕이 없다' 등의 용례에서 볼 수 있듯이, 기대되는 무엇인가가 결여된 상태를 가리킨다. 그 까닭에 이 말은 '빈', '공허한', '결여된', '없는', '허전한' 등을 의미하는 형용사이고, 인도 수학에서는 제로를 의미하기도 한다. 또한 추상명사 어미가 붙은 순야따(śūnyatā)라는 단어는 '비어 있는 것'을 의미하고 종종 '공성(空性)'으로 번역된다.

이 공을 불교, 특히 대승불교의 논사들은 불교사상의 핵심을 드러내는 용어로 간주한다. 이 말을 사용한 문장은 어떤 주제(A)에 특정 대상(B)이 결여되었을 때, 그 주제(A)를 주격, 결여된 특정 대상(B)을 도구격 형태로 표현하는 구문에서 'A는 B를 결여하고 있다' 또는 'A에는 B가 없다' 등을 의미하는 것이 일반적이다. 그리고 이 경우에 '결여하다' 또는 '없다'에 상응하는 단어가 '공(空)'이다. 대승불교사상사에서는 무엇이 무엇을 결여하는지와 관련된 문제를 중심으로 규명되었다.

이하 공의 사상사에 대하여 주제별로 보고자 한다.

2. 초기불교와 아비달마불교

이 시대의 공의 용례는 선정과 연관된 실천적인 성격이 강하다.

첫 번째로 초기경전에서는 '언제나 마음으로써 자아를 고집하는 견해를 제거하고, 세간을 공으로 관찰하라. 그렇게 한다면 죽음을 넘어설 것이다(『숫따니빠따』 1119게송).'라고 말하듯이, 무아(비아)관에 의거하여 오온 등 심신의 구성요소로 이루어진 세간을 공(空)이라고 관찰하는 것의 중요성을 설한다. 이 경우 세간을 공이라고 관찰하는 것은 세간을 구성하는 여러 요소(諸法)가 무아라고 보는 것과 같다.

두 번째로 공삼매(空三昧, 空解脫門)를 중시하여 자아와 자아가 소유하는 것(我所)이 공이라고 관찰하는 것의 중요성을 특히 강조하였다. 그리고 그 공삼매와 함께 무상(無相, 사물에는 고정된 특징이 없다는 것[을 관찰]) 삼매, 무원(無願, 바라고 원하는 것이 없다는 것[을 관찰])삼매를 더하여 삼삼매(三三昧, 三解脫門)가 설해진다.

세 번째로는 무상·고·무아라는 주요 가르침 가운데 공을 더하여 무상·고·공·무아로 병렬하는 것이, 특히 북전(北轉)의 아함에서 많이 보인다.

3. 반야경

위를 배경으로 초기의 『반야경』은 지혜의 완성(般若波羅蜜)의 중요성을 강조했다. 붓다의 본질도 이 지혜의 완성이며, 우리가 존경해야 하는 대상도 붓다의 유골이 아니라 그것이 상징하는 지혜의 완성(一切知)에 있다고 설한다. 그리고 이 지혜의 완성을 원하는 자 모두를 보살·대사라고 부르고, 그들은 모든 것에서 고정된 특징을 보지 않고, 모든 것에 집착하지 않는다고 여겨진다. 이렇듯이 『반야경』은 깨달음과 열반을 포함하여 모든 일체에 대한 무집착의 모습을 공(空)이라고 불렀다.

4. 나가르주나와 중관학파

『반야경』이 이렇게 지혜의 완성과 그 지혜에 뿌리내린 무집착의 모습으로서 공을 강조하는 배경에는, 정신적·물질적인 요소인 다르마(dharma, 法)를 객체시하고 각각의 다르마에는 고정적인 본질이 있다고 해석한 설일체유부의 다르마관에 대한 강한 비판이 있었다. 그리고 『반야경』에 등장하는 공의 의미를 상론하고, 연기로 대표되는 전통교리를 공의 입장에서 새롭고 비판적으로 의미를 부여한 이가 나가르주나(Nāgārjuna, 龍樹, c.150-250)이다.

그는 공을, 이른바 무를 의미하는 것이 아니라, 모든 것이 타자에 의존하여 생기한다고 하는 연기에 근거하여, 모든 것은 고유의 본성(svabhāva, 自性)을 결여한다는 의미로 해석했다. 그러므로 나가르주나에게 있어서 공은, A가 A의 본질을 결여한 것, 즉 A에게는 A의 본질이 없는 것(無自性)을 의미한다. 여기서 말하는 본질은 '만들어지지 않고, 타자와 관계하지 않는다'고 규정된 것이고, 고유하고 불변하는 성질이다. 또한 여기서 A에 해당하는 수레와 옷감 등의 사물에 대해서, 불교는 전통적으로 그것을 '가명(假名)'이라고 부른다. 나가르주나도 이를 계승하지만 나가르주나는 그 A에는 세간의 구성요소인 여러 다르마도 포함된다고 보는 점에서 그 이해를 달리한다. 오온과 십팔계 등의 여러 다르마도 또한 고유한 본질을 가지지 않고, 모든 것이 공이라는 승의적인 진리(第一義諦)를 이해시키기 위해 불가결하게 사용한 언어표현이라고 한다. 그는 이러한 이해에 기반을 두어 다르마를 포함한 세간에 통용되는 언어표현과 언어관습을 승의적인 진리에 이르기 위해서 불가결하게 사용한 세속적인 진리(世俗諦)라고 한다. 그리고 또한 본질이 결여된 수레에 대하여 '수레'라는 말을 적용하는 근거를 『회쟁론』에서는 나무나 풀이나 흙을 운반하는 목적을 수행하는 기능에서 구하고 있다.

이렇게 나가르주나를 필두로 하는 중관학파의 논사들은 '공'이라는 진리표현을 하는 목적이 모든 희론(prapañca, 개념적 다양성)을 소멸시키는 것이라고 말한다. 해탈을 방해하는 근원적인 요인을 희론, 즉 언어 또는 개념에 의한 세계의 분절화 내지 다양화라고 파악한 나가르주나는, '공'이라고 불리는 진실의 모습에 대해서 '다른 것에 의존하지 않고, 적정하며, 희론에 의해 희론되지 않고, 분별이 없고, 다양하지 않다. 이것이 진실의 특징이다(『중론』 18.9).'라고 말한다. 이처럼 희론과 분별(vikalpa)을 문제시하는 배경에는 언어에 의해 세계를 분절화하고 이것저것 사물을 구별하는 것이 사물 각각에서 본질(自性)을 보고 집착하는, 우리 마음의 모습과 같다는 인식이 있다.

5. 유가행유식사상과 여래장사상

유가행파는 특히 실천이론으로서 삼성설(三性說)에 천착하는 가운데, 공을 한정된 의미로 사용하면서 공의 주체화와 내면화를 시도했다. 유식론자(모든 것은 오직 識이라고 설하는 논자)라고도 불린 유가행파는 일상적인 식(지각, 의식, 무의식)을 분석하고, 그 식이 다양하게 전변하면서 객관적 요소(식의 대상)와 주관적 요소(식) 두 가지를 잘못 분별(虛妄分別)하는 활동을 논구했다.

유가행파에서 설하는 공은, 식(識)에는 본래 이렇게 분별되는 주관과 객관이라는 두 요소가 없다는 것을 의미한다. 다른 한편 유가행파는 주관과 객관이라는 두 요소는 없지만, 허망분별하는 식에는 허망분별하는 활동 그 자체가 존재하며, 그 때문에 허망분별은 공이 아니라고 말한다. 또한 유가행파는 주관과 객관이라는 두 요소가 없는 것을 식의 완성된 성질(圓成實性)이라고 부르고, 그러한 성질도 또한 있다고 말한다.

이상의 교리를 설할 때 종종 인용되는 경전이 「소공경」의 한 구절이다.

"어떤 것(B)이 그곳(A)에 없을 때, 그것(A)은 그(B)에 대해서는 공이라고 그는 관찰한다. 하지만 또한, 그곳(A)에 어떤 것(C)이 남아 있을 때, 그 드러나 있는 것(C)을, 그는 '이것은 있다'고 안다." 이 문장은 공으로서 부정할 수 없는 무언가가 남아 있다는 것을 보여준다.

와수반두(Vasubandhu, 世親, c.4c)도 『중변분별론』에 대한 주석 가운데 이 경전을 인용하면서 거기에서 공이 아닌 것으로서 남겨졌다고 간주한 것은, 주관·객관의 두 요소가 공하다는 것(空性)과 허망분별(虛妄分別)의 두 가지이다. 허망분별이라는 식의 활동(A)에서 주관·객관의 두 요소(B)가 없는 것을 공이라고 하고, 공성과 허망분별(C)은 남겨진 것으로서 공하지 않다(不空)고 말한다. 여기서 말하는 공성은 주관·객관의 두 요소를 넘어선 절대적인 경지를 가리킨다.

그리고 유가행파의 하나의 흐름으로서, 이러한 공성은 본성적으로 청정한 마음의 모습 그 자체를 가리킨다고 보아서, 그 본래 청정한 마음이 보통은 우연적이고 외래적인 번뇌에 의해 더럽혀져 있다고 하는 사상계보가 있었다. 여래장사상과 연관된 흐름이다. 여래장사상을 설하는 대표 경전의 하나인 『승만경』은 여래장(=불성)과 공의 관계를 서술하면서 여래장에서 모든 번뇌의 창고는 공이지만, 부처의 불가사의한 여러 덕성은 불공(不空)이라고 말한다. 여래장사상을 체계적으로 설명하는 『보성론』도 이 문장을 인용하면서, 앞의 「소공경」의 한 구절을 인용한다. 이 해석에 의하면 여래장(A)에 있어서 번뇌(B)는 우연적인 것, 즉 공이며, 이에 반해서 부처의 여러 덕성(C)은 공하지 않고, 남겨진 것으로서 틀림없이 있다고 한다.

6. 중국불교

중국에 불교가 전해졌을 때, 불교의 교리는 당초 노장(老莊)사상과 신선

(神仙)사상 등 중국사상에 기반을 두어서 이해(格義)되는 경향이 있었다. 공 또한 예외가 아니어서, 노장사상적인 무(無)의 관념과 대비해서 주목을 받았다. 이러한 불교이해는 점차 궤도를 수정하여 특히 공에 관한 고찰은 구마라집(鳩摩羅什, 334-413)이 번역한 『중론』에 기초하면서 길장(吉藏, 549-623)을 필두로 하는 삼론학파, 천태 지의(智顗, 538-597) 등에 의해서 더욱 깊어졌다.

길장의 공 이해의 특색은 비유비공(非有非空)의 중도라는 표현에서 나타나듯이 공을 무와 거의 같은 의미로 이해하는 가운데, 유=세속제, 공=제일의제라고 규정하는 점이다. 지의는 『중론』의 이른바 삼제게(三諦偈, 24.18)를 기초로 해서, 일체제법은 공·가·중(空·假·中)이라는 세 가지 모습으로 관찰된다고 여기고, 궁극적인 세 가지 모습은 원융하고 있다고 관찰하는 것(三諦圓融觀)의 중요성을 설했다.

이렇게 중국에서는 다소 허무적인 느낌을 가진 '공'이라는 단어는 진리표현을 대표한다기보다는, 유(有)와 가(假)의 대립개념으로서 보다 현실긍정적인 뉘앙스가 풍부한 '중도'와 '삼제원융'이라는 말에 의해서 하나의 중요하고 궁극적인 관점을 표현하는 개념으로서 자리하는 경향이 있다.

❋ 문헌

中村元 他(1981, 1982), 『空』上·下(仏教思想 6·7), 平楽寺書店.

高崎直道 他編(1982), 『唯識思想』(講座·大乘仏教 8), 春秋社.

平井俊榮(1976), 『中国般若思想史研究ー吉蔵の三論学派』, 春秋社, pp.405-477.

[齊藤 明]

브릿지 2 붓다의 행복관

【링크】→ 건강심리학, 근기, 사섭법, 세간팔법, 삼학

『숫따니빠따』의 「망갈라 숫타(Mangala Sutta, 吉祥經)」에서 붓다는 행복에 관한 종합적인 견해를 드러내고 있다. 이 경은 어떤 신의 질문에 대해서 붓다가 38가지의 행복을 다음과 같이 열 가지 그룹으로 분류해서 열거하는 형태로 설한 것이다.

① 1. 어리석은 자를 가까이 하지 않는다, 2. 현명한 사람을 가까이 한다, 3. 존경해야 하는 것을 존경한다.

② 4. 적절한 장소에 산다, 5. 공덕을 쌓는다, 6. 스스로 바른 서원을 세우고 있다.

③ 7. 폭넓은 견문을 갖춘다, 8. 기술을 익힌다, 9. 좋은 예의범절을 익힌다, 10. 말을 선하게 한다.

④ 11. 부모를 섬긴다, 12. 처자식을 기르고 지킨다, 13. 질서정연하게 일을 한다.

⑤ 14. 보시한다, 15. 법에 맞게 행동한다, 16. 친족을 사랑하고 보호한다, 17. 비난받는 행위를 하지 않는다.

⑥ 18. 악을 즐기지 않는다, 19. 악을 떠난다, 20. 음주를 삼간다, 21. 법의 실천을 게을리하지 않는다.

⑦ 22. 존경, 23. 겸손, 24. 만족, 25. 은혜를 안다, 26. 적적한 때에 법을 듣는다.

⑧ 27. 인내, 28. 충고를 솔직하게 받아들인다, 29. 출가 수행자를 만난다, 30. 적절한 때에 법에 대해서 이야기한다.

⑨ 31. 수행한다, 32. 청정한 행을 실천한다, 33. 성스러운 진리를 본다, 34. 열반을 실제로 체험하여 확인한다.

⑩ 35. 세간의 부침에도 마음이 동요하지 않는다, 36. 근심이 없다, 37. 번뇌가 없다, 38. 안온하다.

①에서는 행복에 이르는 나침반을 얻기 위한 전체적인 방향성을 보여주고 있다. 현명한 사람이란 괴로움의 소멸인 열반에 이르는 길을 보여주는 사람이고, 어리석은 사람이란 괴로움을 괴롭다고 알지 못하고 재생산하는 순환에 빠져 있는 사람일 것이다. 공양해야 할 사람이란 공양을 받을 가치가 있는 사람(아라한)이고, 해탈을 마주하고 함께 수행하면서 해탈을 체현하고 있는 승가이다.

②에서는 환경과 과거로부터의 영향력의 소중함과 스스로 나아가는 방향을 조율하는 서원, 기도, 비전을 가지는 것의 소중함을 설하고 있다. 여기서는 전생의 업에 따라서 어떤 부모 밑에서 태어나고, 그 환경의 영향을 받으면서 스스로 가지고 있는 기질에 기반을 두어 성격을 형성해가는 과정을 서술하고 있는 것이라고 생각된다.

③에서는 건전한 부모자식관계 안에서 인생으로부터 학습하는 능력을 몸에 익힐 수 있는 행복, 자연에서 살아남고 사회에서 살아가기 위한 기술을 몸에 익히는 행복, 인간관계에서 호혜적으로 문제를 해결하는 태도를 훈련하고, 자신의 마음을 상대에게 솔직하게 말할 수 있는 행복을 설하고 있다. 이것은 사주기(四住期)에서 학생기에 해당한다.

④에서는 가정을 꾸리고 처자식을 지키는 체험을 통해서 자신이 부모로부터 받은 은덕을 알고, 부모에게 은혜를 갚고, 직업을 가지고 가정도 꾸리면서 사회에도 공헌하는 인생의 행복을 설하고 있다. 이것은 사주기에서 가주기(家住期)의 행복에 해당한다.

⑤에서는 보시를 통해서 나누어주거나, 내려놓는 것이 행복하다는 것을 확인하는 것, 진리와 맞먹는 행동이 가져오는 안락함과 행복감을 아는 것, 친족을 돌봄으로써 자신의 가계가 공유하는 괴로움과 즐거움의 유형을 숙지하는 것, 세간으로부터 비난받고 후회하게 되는 행위를 멀리함으로써 건전함을 배우는 것을 설하고 있다. 이것도 가주기에 해당하지만, ④가 자신의 집을 지키는 것으로부터 배우는 것인 반면 ⑤는 사회에 공헌하는 가운데 행복을 탐구하는 것을 설하고 있다.

⑥에서는 지금까지의 인생체험이 가져오는 윤리성이 싹트는 것으로 인한 행복을 설하고 있다. 악에서 멀어지기 위해서는 악을 즐기지 않게 되는 것을 이해하고 통찰하는 것을 전제로 한다. 무엇을 위해서 술을 마시는지, 취함으로써 무엇을 채우려고 하는지, 취함이 가져오는 고양감은 무엇을 숨기려고 하는지를 자각할 수 있는 지혜가 있다면, 자연스럽게 의존성 물질을 멀리할 수 있게 된다. 다양한 의존으로부터 벗어나는 것을 지원하는 현대적인 프로그램 가운데, 유년기에 형성되지 못한 친밀감과 버림받지 않고 보호받는 따뜻한 느낌을 재구축하려는 시도가 이루어지고 있는 사실과도 통하는 바가 있다.

⑦에서는 자타가 서로를 비춤으로써 세계관과 자기관이 구축되는 것을 알아차리고, 해탈로 나아가려는 지향성이 싹트는 단계의 행복을 설하고 있다. 참된 자신을 소중히 함으로써 타자에 대한 존경이 몸에 배이고, 자신을 높이 보려고 하는 자존감을 자각함으로써 겸허함을 익히고, 살아 있다는 것에 대한 만족감을 알고, 타자에 의해서 살아가는 것에 대한 감사의 마음이 끓어올라서, 해탈에 대한 가르침으로 관심을 기울이게 된다. 충분히 세간을 체험함으로써 초월적인 행복에 대한 깨달음이 생겨나는 것이다.

⑧에서는 진실을 직면하기 위한 인내력을 익혀서, 자신의 약점을 지적

해주는 말에 귀를 기울이게 되고, 세간적인 가치관을 초월해서 살아가는 자세를 체현한 사람들을 만나서, 진리에 관한 대화를 통하여 다양한 의문이 명백해지는 과정의 행복감을 설하고 있다.

⑨에서는 계정혜 수행에 의해서 열반을 깨닫고, 해탈을 실현하는 행복을 설한다. 이것이 불교에서 최고의 행복이다.

⑩에서는 그 최고의 행복에 의해서 일상을 살아가는 경지가 괴로움과 즐거움, 얻음과 얻지 못함, 유명과 무명, 칭찬과 비난 등의 세간의 바람에 휩쓸려도 마음이 동하지 않는 안온함과 청정함이라고 설하고 있다.

경전은 서른여덟 가지 모든 행복이 최상이라고 하면서도, 거기에 발달적 계층성이 포함되는 구조로 되어 있다. 행복에 관한 이들 계층성은 이후 『화엄경』의 십지사상이나 쿠카이(空海, 774-835)의 『십주심론』 등에 비견할 만한 것이고, 그러한 사상의 원천이라고 추측된다.

❋ 문헌

ウ・ウェープッラ(1980), 『南方仏教基本聖典』, 仏教書林中山書房, pp.14-16.

[井上ウィマラ]

붓다의 깨달음

10 삼법인·사법인

【링크】→ 진리, 연기, 해탈, 무아, 열반, 삼특상(三相)

제행무상, 제법무아, 열반적정을 삼법인(三法印), 이것에 일체개고를 더하여 사법인(四法印)이라고 하는 것이 통설이다. 법인이란 '이것은 확실히 불교의 가르침이다'라는 인장이며, 그것이 불교에 맞는지 맞지 않는지를 판단하는 기준이 된다. 삼법인은 붓다의 직접적인 가르침은 아니지만, 가르침의 본질을 딱 들어맞게 계승하여 널리 보급했다. 『담마빠다』에 삼법인을 정리하는 다음과 같은 세 가지 게송이 있다.

"'일체의 형성된 것은 무상하다(諸行無常)'라고 밝은 지혜를 가지고 관찰할 때에 사람은 괴로움으로부터 멀어진다. 이것이야말로 사람이 청정하게 되는 길이다."

"'일체의 형성된 것은 괴로움이다(一切皆苦)'라고 밝은 지혜를 가지고 관찰할 때에 사람은 괴로움으로부터 멀어진다. 이것이야말로 사람이 청정하게 되는 길이다."

"'일체의 사물은 나 아닌 것이다(諸法無我)'라고 밝은 지혜를 가지고 관찰할 때에 사람은 괴로움으로부터 멀어진다. 이것이야말로 사람이 청정하게 되는 길이다."[1)]

무상·고·무아는 삼특상(三特相)이라고 불리고, 삼매에 의해서 차분하고 안정된 마음으로 일체 사물의 실상을 여실지견하는 통찰을 나타내는 것이다. 붓다가 설한 해탈을 얻기 위해서는 ① 인생의 변천, ② 삶에 수반되는 고통, ③ 현실을 생각대로 지배하지 못하는 안타까움이라는 세 가지 관점에서 인생을 있는 그대로 통찰할 필요가 있다.

무상을 통찰해서 해탈하는 문을 무상해탈문(無相解脫門), 괴로움을 통찰해서 해탈하는 문을 무원해탈문(無願解脫門), 무아를 통찰해서 해탈하는 문을 공해탈문(空解脫門)이라고 부른다.[2] 사원의 산문(山門)이 세 가지 문(三門)으로 나뉘어 있는 것은 이 삼해탈문에서 유래한다.

괴로움의 소멸이 열반이므로 삼특상 가운데 '일체개고'를 '열반적정(涅槃寂靜)'으로 바꾸는 것이 통례의 삼법인이라고 할 수 있다. 불교의 특징을 괴로움으로 내세우는 대신 열반을 불교의 목표로 내세우는 쪽이 친숙해지기 쉽다는 판단일 것이다.

붓다의 입멸 직후에 제석천이 읊었다고 하는 '만들어진 것은 실로 무상하며, 태어나면 죽는 것이 정해진 것이다. 태어나면 죽는다. 이것들(만들어진 것)이 쉬는 것이 안락이다'는 게송은 무상게(無常偈)로 알려져 있다.[3] 여기에서 읊은, 만들어진 것이 종식될 때에 느껴지는 안락이 열반이다. 열반의 안락에 대해서 반복해서 상기하는 수행은 고요함을 계속해서 생각함(upasamānussati, 寂止隨念)이라고 불린다. 이것은 열반의 특성을 개념적으로 반복해서 숙고하는 것으로 마음을 안정시키기 위한 것이지만, 그것만으로는 해탈을 얻을 수 없다. 고요함을 계속해서 생각함에 의해서 얻어진 집중력을 토대로 삼특상을 통찰함으로써 해탈을 얻게 된다. 이루어야 할 목적인 열반과 실제로 열반을 체험하는 해탈문에 나타난 삼특상에 대한 고찰을 축적하는 과정에서 형성된 판단 기준이 삼법인이라고 생각된다.

✻ 문헌

水野弘元(2006),『佛教要語の基礎知識』, 春秋社, pp.158-172.

1) 中村元 訳(1978),『ブッタの真理のことば, 感興のことば』, 岩波文庫, p.49.

2) アヌルッダ, ウ・ウェープッラ, 戸田忠 訳(1992),『アビダンマッタサンガハ』, アビダンマッタサンガハ刊行会, p.303.

3) 中村元 訳(2003),『原始仏典 第2巻 長部経典 II』, 春秋社, p.208.

[井上ウィマラ]

현실에서 발심으로

11 출가

【링크】→ 해탈, 삼학, 삼귀의, 보리심, 배치, 동기부여

집을 나와서 집 없는 수행생활을 시작하는 것을 출가(pabbajjā, 出家)라고 한다. 초전법륜에서 법안이 열린 꼰단냐는 붓다의 가르침 이외에는 마음을 둘 곳이 없다는 것을 확신하여 '세존이시여, 나는 세존의 곁에서 출가하고 싶습니다. 구족을 얻고 싶습니다.'라고 말했다. 붓다는 '자, 오너라, 비구여. 법은 잘 설해졌다. 괴로움을 멸진하기 위해서 범행을 잘 행하라'라고 대답하며 구족을 주어 출가가 성립했다.[1)]

구족(upasampadā, 具足)은 어떤 상태에 이르는 것, 그것을 얻는 것, 몸에 익히는 것 등을 의미한다. 20세 이상의 남성에게 비구, 여성에게 비구니의 구족이 주어진다. 구족은 일반적으로 구족계(具足戒)라고 번역되며 비구가 지켜야 할 227가지 계 등을 가리키는 경우도 있지만, 원래는 붓다의 가르침과 승가의 규범에 따라 출가수행을 하기 위해서 몸에 익혀야 하는 수행자로서의 신분 또는 그 본질(지혜와 자비)을 구족이라고 불렀다. 20세 이하에 출가한 사람은 구족을 받을 수 없으므로 사미, 사미니로서 수행한다.

붓다가 포교를 시작한 이후 당분간은 일정 경지에 도달한 사람이 이러한 요청을 했을 때에 붓다 자신이 '오라, 비구여(ehi bhikkhu)'라고 대답한 것에 의해서 출가와 구족이 성립했다. 그 이후 수행자가 늘어나고 승가가 확대됨에 따라서 삼귀의를 통한 출가와 구족이 인정되고, 나아가서는 승가에 의한 승인의식에 의해 출가와 구족이 인정되도록 변천해왔다.[2)]

『디가니까야』의 「사문과경」은 출가수행의 성과를 ① 신분제도로부터 해방된다, ② 납세와 노동 등의 의무로부터 해방된다, ③ 청정한 생활습관인 계를 지킴으로써 두려움으로부터 해방된다, ④ 오감에 의한 행위를 제어함으로써 마음에 번뇌 없는 안온함을 얻는다, ⑤ 주의력과 명석한 의식을 유지하고, 만족을 알고, 흐린 마음에서 벗어나 마음이 안정되고 집중력을 얻을 수 있다, ⑥ 선정에 의해 신통을 얻는다, ⑦ 생사에 의해서 짜여진 생명의 순환을 선정을 기반으로 통찰하고 번뇌를 넘어서 해탈한다 등 단계적으로 나누어 설명하고 있다.[3)]

해탈을 성취한 아라한은 기존사회의 가치관이나 관습과는 맞지 않기 때문에, 자연스럽게 출가의 삶의 방식을 선택하게 된다고 한다. 해탈을 성취해도 가르침을 설하지 않는 독각(pacceka-buddha, 獨覺)의 삶이 그러한 방식의 전형일 것이다. 하지만 성냄과 욕망을 초월한 해탈의 세 번째 단계인 불환(不還)에서는, 성생활은 하지 않고 가족의 일원으로서 속세의 생활이 가능하다.

경제적 자립이 가능하고 신앙과 사상의 자유가 보장되는 현대사회에 있어서, 전통적 계율을 받아들인 출가의 의미에 대해서는 재고의 여지가 있을 것이다. 자신이 태어난 가족 안에서 몸에 익은 패턴을 알아차리고, 그 틀에서 벗어나는 첫 발걸음으로서 출가를 선택하는 것은 자신을 객관적으로 바라보는 데 도움이 된다. 하지만 자신을 속박하는 틀의 패턴을 벗어나서, 자신의 새로운 삶의 방식을 일상생활에 뿌리내리고 재구축하는 것이 재가생활에서도 불가능한 것은 아니다.

❋ 문헌

1) ウ・ウェープッラ(1980), 『南方仏教基本聖典』, 仏教書林中山書房, pp.71-72.

2) 渡辺照 訳(1938), 『南伝大蔵経 第3巻 律蔵 3』, 大蔵出版, p.98.

3) 森祖道 訳(2003),「修行の成果ー沙門果経」,『原始仏典 第1巻 長部経典 I』, 春秋社, pp.76-107.

[井上ウィマラ]

브릿지 3 염리와 종교심의 발현

【링크】→ 출가, 보살, 회심, 종교심리학, 집착, 애착

염리(saṃvega, 厭離)는 인도의 대표적인 미술사가인 아난다 쿠마라스와미(Ananda Coomaraswamy, 1877-1947)에 의하면 어원적으로는 두려운 자(것)를 봤을 때, 기가 죽거나 뒷걸음치고 몸을 떠는 것을 의미하고, 더 나아가 뛰어난 예술작품을 봤을 때 느끼는 거대한 충격, 경외, 경이, 일종의 깊은 평온도 의미한다. 이것은 우리의 존재 자체를 내면 깊은 곳으로부터 동요시켜서 중대하고 결정적인 의식변용을 가져오는 체험이며, 종교적 진리의 체험과도 통하는 중요한 체험이다. 현실과 사실에 직면해서 마음속 깊이 두려워하고, 그 결과 진실에 눈을 떠서 더욱 그 진실을 지향하는 것까지 포함한다고 봐도 좋다.

불교가 특히 지옥이나 아귀라고 하는 무시무시한 세계를 설하는 것은, 염리를 체험시키기 위한 수단이기도 하다. 'saṃvega'는 전통적으로는 '염리(厭離)'라고 번역되지만, 의미상으로는 정토사상을 상징하는 '염리예토흔구정토(厭離穢土 欣求淨土)'라는 표현의 '염리'와 '흔구'를 포함한다고 봐도 좋다. 하지만 아래의 사례가 보여주듯이, 이것을 한 단어로 번역하기에는 그 의미가 넓고 깊다. 내면 깊은 곳에 있는 것은 두려움, 전율, 떨림이며 신체적인 변화로부터 심리적·영적·종교적 변용에까지 미치는 체험이다. 다음과 같이 용례를 크게 네 가지로 분류해서 보려고 한다.

1. 염리체험 → 출가

붓다는 '사문유관'에서 노인, 병자, 죽은 사람을 보고 출가를 결심했다

고 하며, 그때 생겨난 것이 염리(saṃvega)였다고 한다. 또한 붓다 자신의 체험담에서도 사람들이 무기를 가지고 싸우는 것을 보고 염리가 생겨났다고 한다.

붓다의 제자 중에서도 염리를 체험한 결과 출가를 결심한 사람들이 있다. 웃빨라와나(Uppalavanā) 비구니는 모녀가 같은 남자를 남편으로 삼았다는 사실을 알고, 미증유의 소름끼치는 염리가 생겨나서 출가를 결심한다. 우루웰라 까사빠(Uruvela Kassapa)는 붓다의 뛰어난 능력을 보고서도 계속해서 질투와 오만으로 자신을 속이고 순순히 귀의하지 않았으나, 그 오만을 붓다가 일갈함으로써 처음으로 염리가 생겨나 출가를 결심한다. 아침에 가지가 휘도록 열매가 달려 있던 망고나무가 저녁에 열매를 약탈당해서 무참한 모습을 하는 반면, 열매가 없는 망고나무는 언제나 변함없이 당당하게 망가지지 않는 모습을 보고, 어떤 왕은 염리가 생겨서 자신의 모습에 비추어보며 반성하고 출가하기에 이른다. 출가의 계기가 되는 이러한 염리체험에 특징적인 것은, 만물은 모두 무상하다는 근원적인 진리를 알아차리는 것이다. 이것이 그대로 정리되어서 붓다의 가르침에서 '무상·고·무아'라는 삼특상을 깨닫는 체험이 되고 나아가서는 '생로병사'라는 사고(四苦), 악취에 떨어지는 괴로움, 과거의 윤회로 인한 괴로움, 미래에 윤회할 괴로움, 현재의 음식을 구하는 괴로움이라는 여덟 가지로 정리되기도 한다.

2. 출가 → 자신의 염리체험 → 깨달음

출가한 사람 가운데 수행이 순조롭게 진행되지 않고 벽에 부딪치는 사람도 많다. 수행이 안 되는 것이 계기가 되어 스스로 염리를 만들고, 그것을 계기로 벽을 돌파하여 깨닫는 사람도 있었다. 밋따깔리(Mittakālī) 비구니는 붓다에 대한 믿음으로 출가한 사람으로, 명리를 원하고 번뇌에 져서 수행의 목적을 소홀히 하였으나, 암자에 앉았을 때 '갈애에 져서 잘못된 길을 걷고 있다. 목숨은 짧고 이 몸은 곧 사라질 것이다. 나태할 시간이 없다'고 염리가 생겨나서, 거기에 앉은 채로 무상·고·무아의 가르침을 여실히 관찰하여 마음이 해탈했다. 우사바 장로(Thera Usabha)는 탁발을 하기 위해 색이 화려한 옷을 입고 코끼리 머리에 올라타고 마을로 들어가서, 코끼리 어깨에서 내려왔을 때 염리가 생겼다. 그때에 우쭐함은 완전히 사라지고 번뇌가 멸했다.

3. 출가 → 다른 활동에 의한 염리체험

출가해서 각자 숲에 들어가 수행에 힘쓰는 여러 사람 중에서 부주의, 자만심 등으로 마음이 지금 여기에 있지 않은 자들이 있다. 그런데 숲에 사는 이름 없는 신이 그를 불쌍히 여겨 도와주고 싶은 생각에 염리를 생겨나게 하려고 다가가서 말을 걸었다. 그 이유, 격려, 질책, 충고, 경고의 내용은 각각 다르지만 길에서 헤매는 사람을 바른 길로 돌아오게 하는 것이 목적이었다. 질책의 한 예를 들겠다. 식후에 휴식을 취하면서 잠들어버린 수행자에게 다가가서, 신은 '일어나라. 왜 자느냐. 잠들어서 어쩌려느냐. 화살촉이 꽂혀서 괴로워하는 사람이 잠들어서 어쩌려느냐. 믿음에 의해서 출가했으니, 그 믿음을 완수하라. 졸음에 지지마라'고 질타한다. 게다가 신을 대신한 모친의 '채찍질'의 예도 있다. 여기서 준마는 채찍의 그림자를 보는 것만으로도 달리기 시작한다는 유명한 '채찍 그림자'의 비유가 사용되고 있다. 자식에 대한 연민 때문에 모자의 정을 끊어내는 모친의 사랑의 채찍질로 인하여, 나태한 아들 수행자는 '가르침(dhamma)에 대하여 염리'가 생겨나서 수행에 힘써 최고의 평온함에 이르렀다고 한다. 이 경우의 염리는 종교심에 해당한다고 여겨진다.

4. 붓다를 보는 것, 붓다의 성지를 참배하는 것 → 염리

타가미 타이슈(田上太秀)는 '붓다가 된 세존을 만났을 때 결코 범접할 수 없는 마음상태를 경험하고, 그 거룩하고 깊이를 알 수 없는 아주 드문 신비적인 경외감을 마주하여 엄숙함에도 불구하고 무시무시함을 느끼고, 두려워서 황송한 심경이 된다. 이것이 염리라는 한 단어에 들어 있다'고 말한다. 붓다가 보여주는 인격적 모습을 만났을 때 저절로 몸이 떨리는 감동은 믿음으로 향하고, 출가수행으로 나아가게 되는 결정적 계기가 된다. 그리고 붓다가 열반한 이후에는 사대성지(탄생처, 성도처, 최초설법처, 열반처)가 참배하는 자에게 염리를 생기게 하는 장소라고도 한다. 붓다를 직접 만나는 것과 같은 효과가 성지에 있다고, 붓다 자신이 그 의미를 부여하고 있다. 여기에서는 '염리'라는 전통적인 번역어는 이미 통용되지 않는다.

❋ 문헌

谷川泰教(1994), 「厭離考 (上)」, 『高野山大学論叢』 29, pp.49-68.

[谷川泰教]

현실에서 발심으로

12 삼귀의

【링크】→ 진리, 법안, 해탈, 출가, 염불, 근기

붓다(buddha, 佛), 담마(dhamma, 法), 상가(saṅgha, 僧)를 세 가지 보배로 하여, 이 삼보를 스스로 믿고 의지하여 돌아갈 곳이라고 서원하는 것을 삼귀의(tisaraṇa-gamana, 三歸依) 또는 삼보귀의(三寶歸依)라고 한다.

붓다가 포교를 시작하고 얼마 후 제자들이 여기저기 흩어져서, 출가지원자를 그때그때 붓다에게 데려오기 곤란하게 되었을 때, 삼보귀의를 통해서 출가를 인정하게 되었다. 이것은 그 이후 상가에 의한 출가의식이 제정될 때까지 이어졌다.

1. 붓다에 귀의하다

붓다는 눈을 뜬 사람, 깨달은 사람을 의미한다. 붓다에게 귀의하는 것의 의미를 확인하기 위해서 불십호(佛十號)를 외면서 염불(念佛)한다. 불십호란 붓다가 가진 열 가지 덕으로, 사람들이 붓다의 어떠한 측면에 동경과 경의를 품어야 하는지를 알게 해주는 지표가 된다. 이것들은 ① 보시를 받을 가치가 있는 사람(應供), ② 올바르게 스스로 깨달은 사람(正遍知), ③ 지혜와 실천을 겸비한 사람(明行足), ④ 잘 온 사람(善逝), ⑤ 세간을 모두 아는 사람(世間解), ⑥ 가장 높은 사람(無上士), ⑦ 사람을 잘 다스리는 사람(調御丈夫), ⑧ 사람들과 신들의 스승(天人師), ⑨ 눈 떠서 깨달은 사람(佛), ⑩ 세상에 존귀한 사람(世尊)이다.

2. 담마에 귀의하다

담마는 붓다에 의해서 설해진 해탈로 이끄는 진리의 가르침을 의미한다. 담마의 여섯 가지 특징(六德)을 반복해서 상기하는 것이 염법(念法)이다. 그것은 ① 세상에 존귀한 사람에 의해서 잘 설해진 것, ② 스스로 보아야 할 것, ③ 시간을 넘어선 것, ④ '와서 보시오'라고 초대받은 듯이 느끼는 것, ⑤ 자기 안에서 얻어야 할 것, ⑥ 현자가 각자 알아야 할 것의 여섯 가지이다.

3. 상가에 귀의하다

상가는 함께 수행하는 공동체를 의미한다. 상가의 아홉 가지 특징(九德)을 반복해서 상기하는 것이 염승(念僧)이다.

그것은 ① 잘 수행한다, ② 올바르게 수행한다, ③ 이치에 맞게 수행한다, ④ 사람들의 존경에 어울리는 수행을 한다, ⑤ 예류, 일래, 불환, 아라한이라는 네 단계의 깨달음을 향하여 수행하고 그것을 획득하고 있다, ⑥ 멀리서 가져오는 공양물을 받을 만하다, ⑦ 손님을 위해서 준비한 것을 받을 만하다, ⑧ 업과 업의 결과를 믿고 공양한 것을 받을 만하다, ⑨ 사람들이 복덕의 씨앗을 뿌리는 복의 밭(福田)이다라는 아홉 가지이다.

4. 삼귀의의 확립

삼귀의가 실로 견고해지는 것은 해탈의 최초 단계인 예류에 도달하여 의혹이 맑아지고 진정한 자기신뢰가 확립되었을 때이다.

삼귀의는 인생을 꿋꿋하게 살아가는 모델로서 어떤 사람을 이상으로 할 것인가, 어떤 가르침을 소중히 하여 현실을 마주해야 할 것인가, 어떤 사람들과 함께 생활하며 목표를 달성하려고 해야 할 것인가에 대해서 스스로 무의식적으로 의지하는 곳을 확인하기 위한 지표가 된다.

❃ 문헌

ウ・ウェープッラ(1980),『南方仏教基本聖典』, 仏教書林中山書房, pp.3-6.

[井上ウィマラ]

현실에서 발심으로

13 자등명·법등명

【링크】→ 열반, 진리, 해탈, 자기, 분별지, 지금 여기

1. 자등명·법등명의 의미

'자기를 섬으로 여기고 자기에게 의지하며 다른 것에 의지하지 않고, 법을 섬으로 여기고 법에 의지하며 다른 것에 의지하지 말라.'[1)]

고타마 붓다가 임종할 때에 남긴 이 말은 '자등명·법등명(自燈明·法燈明)' 또는 '자주·법주' 또는 '자귀의·법귀의'로서 잘 알려져 있다. 위에서 '섬'이라고 번역한 빨리어 디빠(dīpa)에는 '등불'과 '섬'이라는 두 가지 의미가 있다. 일본에서는 어둠 속에서 헤매고 있을 때 의지가 되는 등불 쪽이 익숙하게 느껴지므로, 전통적으로 '자등명·법등명'이라고 불러왔다.

인도의 우기에 종종 있는 건너편 강가가 보이지 않을 정도의 홍수에서 의지할 수 있는 섬이라는 표현을, 우리는 그다지 실감하기 어려울지도 모른다. 그 밖의 주석으로 판단하자면, '섬'이라고 해석하는 쪽이 타당하다고 생각된다. 대해 가운데 섬, 갠지스 강 같은 큰 강 가운데 있는, 흙이나 모래가 퇴적되어 물 위로 드러난 작은 섬이 이미지화되어 있는 것 같다.

2. 자기란 무엇인가, 법이란 무엇인가

불교의 중요한 장면에서 사용되는 자기(自己)는 수행의 주체로서 자기, 수행자 각자를 가리킨다. 더 자세히 말하자면, 실천주체가 그때그때 의식적으로 또는 무의식적으로 자기라고 보는 것, 즉 자기 자신이며 타자와

구별되는 개체로서의 자기라고도 말할 수 있다. 수행자는 수행의 단계에서 특히 내면적으로 다양한 체험을 한다. 수행자 자신에게도 무엇 때문에 화가 나는지, 어떻게 판단하면 좋을지를 잘 모르는 상황이 생긴다. 그때에 기존에 절대시했던 가르침 또는 관념에 의지해버리면, 자기 자신의 내면에서 현실적으로 화내고 있음에도 불구하고, 그 현실을 부정하게 된다. 그것은 자기를 놓치게 되고, 깨달음의 계기를 잃어버리게 되기도 한다.

우리에게 소중한 것은 자기 자신을 신뢰하고, 미지의 상황에서 자기를 분석하고 이해하는 것이다. 자등명이란 기존의 자기에게 예민한 것, 즉 '지금 여기의 자기야말로 의지가 되는 기준이다'라는 것을 보여준다.

법등명의 법은 명상하는 주체에게 나타나는 [자타분리적인 견해를 넘어선 자타융합적인 견해의] 세계와 그 진실한 의미이다. 불교적으로는 명상수행을 한 사람의 경지, '불사를 얻다', '열반은 적정하다' 등의 표현으로 일컬어지는 세계이다.

'이것이야말로 진리의 세계이다'라고 말하지 않을 수 없게 되는 체험은 통상의 기억처럼 소멸되어 사라지지 않고, 더없이 선명하게 남는다. 그리고 그것이야말로 수행자에게 있어서 유일하고 확실한 세계, 의지할 곳으로 삼아야 하는 세계라고 말할 수 있을 것이다. 법등명이란 자기분리적인 세계를 포함하면서도 이를 넘어선 '자타융합적인 세계가 바로 의지가 되는 기준이다'라는 것을 보여주는 것이다.[2]

❃ 문헌

1) DN. ii, p.100.

2) 羽矢辰夫(2003), 『ゴータマ・ブッダの仏教』, 春秋社, pp.29-60.

[羽矢辰夫]

14 오온

【링크】→ 법안, 무아, 유분심, 알라야식, 수면, 해탈, 열반, 중도, 무기, 희론, 집단무의식, 발달심리학, 자기의식, 애착형성, 분리불안

오온(pañca khandha, 五蘊)은 인간 존재를 색수상행식(色受想行識)의 다섯 가지 집합체로 관찰하는 관점에서 무아를 통찰하기 위한 틀이다.

붓다는 초전법륜 직후에 설한 「무아상경(無我相經)」에서 "비구들이여, 색(물질적 신체)은 무아이다. 만약 색이 나라면, 색은 병에 걸리는 일이 없고, 또한 색에 대해서 '나의 색은 이렇게 되어라, 나의 색은 이렇게 되지 말아라'라고 명령할 수 있을 것이다. 하지만 실제로 색은 무아이므로 색은 병에 걸리고, 게다가 색에 '나의 색은 이렇게 되어라, 나의 색은 이렇게 되지 말아라'라고 명령할 수 없다. 수는 무아이다……"라고 서술하고 있다. 인간존재의 어디를 살펴보아도 변화하지 않고 자신의 생각대로 되는 것은 없고, 자아의식은 괴로움을 가져온다는 것을, 이해하고 납득하고 관찰하기 위해서 사용된 틀이 아래의 다섯 가지로 이루어진 오온이다.

① **색**(rūpa, 色)은 일반적으로 모양이 있는 물질을 의미하지만, 오온에서 색은 물질적 신체를 의미한다.
② **수**(vedanā, 受)는 감각기관과 대상의 접촉으로 생겨나는 원초적인 감각인상이며, 괴로운 느낌, 즐거운 느낌, 괴롭지도 즐겁지도 않은 느낌(중성)의 세 가지로 분류된다. 감수(感受)라고도 불리며, 신체감각

에 가깝다.

③ **상**(saññā, 想)은 대상을 인지하는 의식활동이며, 이미지, 개념, 언어활동 등을 포함한다.

④ **행**(saṅkhāra, 行)은 선악의 업을 만드는 의도(cetanā, 意思)를 중심으로 하는, 감정과 사고에 의한 형성 작용이다.

⑤ **식**(viññāṇa, 識)은 수·상·행 이외의 의식활동 전반을 가리키지만, 윤회전생의 주체로서 상정된 영혼에 상응하는 기억정보의 의미로 사용되는 경우도 있고, 이것이 곧 유식사상의 알라야식(기억정보의 저장고)이라는 개념 등으로 계승된 것이라고 생각된다.

붓다는 병에 걸린 수행자를 문안할 때에도 오온의 각각에 대해서 애착과 집착과 갈망이 있으므로 심신(오온)이 지금까지와는 다른 상태로 변화전변하여 비탄과 고뇌를 불러들이게 된다는 것을 알아차리도록 설하고 있다. 병과 임종의 때는 오온의 무상과 무아를 여실하게 관찰하는 좋은 기회라고 할 수 있다.

1. 오취온과 자아의 발생과정

이 오온을 나의 것이라고 집착할 때, 그것은 오취온(pañca-upādāna-khandha, 五取蘊)이라고 불린다. 오취온은 '집착의 대상이 되는 오온'이라고도, '집착된 오온'이라고도 해석할 수 있다. 오온과 오취온의 구별이 불명료한 곳이 많고, 여러 가지를 섞어서 사용하는 경우도 적지 않다. 해탈해서 법안이 열려야 오온을 명확하게 파악할 수 있게 된다.

오온이 오취온이 되는 과정에서는 '(내가) 있다(asmi)'라는 생각의 발생이 중요한 역할을 한다. 주객이 미분화된 채로 존재를 느끼는 상태로부터 주체가 분화해서 '나'라는 관념이 발생하고, '나의 것이다(etaṁ mama)'라는 소유관념이 나타나서, '나는 그것이다(eso aham asmi)'라고 객체화되어, 그러한 과정 속에서 '그것은 나의 자아이다(eso me attā)'라는 실재적인 자아 존재를 느끼고 집착하게 된다.

이러한 자아에 의한 인격개념이 발달하는 과정에 관한 고찰은 '존재한다고 하는 확신(asmi-māna)', '나라는 생각을 만드는 것(ahaṁ-kāra)', '나의 것이라는 생각을 만드는 것(mamaṅkāra)', '내가 존재한다고 하는 미세한 번뇌(asmīti anusayo)', '자만하는(慢) 미세한 번뇌(mana-anusaya)' 등 미세한 관찰표현으로 경전에 남아 있다.

또한 이러한 과정에서 다양한 견해(diṭṭhi, 見)와 개념적 복잡성(papañca, 戱論)의 역할도 이미 중요시되고 있으며, 그것들에 가까워지고(upeti), 그것을 '나'라고 결정짓는다(adhiṭṭhāti)는 표현도 사용되고 있다. 이것들은 이후에 불교사상사의 전개에서 방편(upāya, 方便)과 가지(adhiṭṭhāna, 加持)라는 형태를 취하고, 성장과정을 돌이켜보는 가운데 개인적 자아기능을 돕는 방법을 연구하는 기반이 된다고 생각한다.

오온관찰에서 자아기능을 고찰하는 것은 어른의 의식에 잔존하는 자아 발달사의 잔향이며, 현대의 애착이론과 분리개체화 이론에 기반을 둔 발달심리학과 비교검토함으로써 그 진가가 재발견될 것이다.

2. 오온관찰의 여러 모습

현실적인 명상체험 중에는 오취온(일상적인 개인체험)을 반복해서 바라보고, 나라는 관념의 생기와 소멸, 그 매력과 위험성 등을 관찰하는 가운데 오온 그 자체를 살짝 엿볼 수 있게 된다. 그것은 '보면 본 대로, 들으면 들은 대로'라고 불리는 순수체험의 흐름에 닿는 순간이기도 하다. 이렇게 느낀 것과 생각한 것을 그대로 수용할 수 있게 되면, 그 소멸을 지켜볼 수 있게 되고(무상의 통찰), 소유개념과 주체관념 등이 가상(假想)이라는 것을 알아차리게 되고(무아의 통찰), 자아의식에서의 실존적 고뇌가 자연스럽게 해소되는 것(열반)을 실제로 체험할 수 있게 된다.

오온의 무상과 무아를 통찰하는 것은 '나'라는 주체개념이 낳은 전생과 내세에 관한 다양한 불안과 의심을 초월하는 것으로 이어진다. 오온의 생기와 소멸을 있는 그대로 지켜봄으로써, 개념적 복잡성이 초래하는 상주론과 단멸론의 이원론적 양극단에 빠지지 않고 중도적인 실천을 행하는 무기(無記)의 자세를 몸에 익히게 된다.

또한 오온을 있는 그대로 바라볼 수 있게 되면, 인간관계와 사회에서 몸으로 하는 비언어적 의사소통, 인지형식과 이미지와 표상 등의 통문화적 집합성, 기억을 매개로 한 에너지 정보의 전달양식 등을 통찰하게 된다. 그것은 개인적인 관점만으로는 얻을 수 없는, 세계에 대한 새로운 양자론적 관점의 획득과도 이어지는 지혜의 획득이라고 말할 수 있다.

「무아상경」에서는 과거, 현재, 미래의 모든 오취온에 대해서 '이것은 나의 것이 아니다, 이것은 내가 아니다, 이것은 나의 아(我)가 아니다'라고 여실지견함으로써 오온에 대한 집착을 떠날 수 있고, '더 이상 태어나는 일은 없다. 이루어야 할 것은 끝마쳤고, 수행은 완성됐다. 이제 두 번 다시 이러한 상태가 되는 일은 없다'라는 해탈지견이 생겨난다고 설하고 있다.

✻ 문헌

ウ・ウェープッラ(1980), 『南方仏教基本聖典』, 仏教書林中山書房, pp.75-79.

井上ウィマラ(2008), 「五蘊と無我洞察におけるasmiの位相」, 『高野山大学論叢』第43巻, 高野山大学, pp.61-94.

[井上ウィマラ]

① 불교의 심신론

15 심과 심소(마음을 보는 방법)

【링크】→ 열반, 사념처, 번뇌, 업, 선정, 해탈, 유분심, 오온

붓다의 가르침은 마음을 정화하여 괴로움으로부터 벗어나 열반의 행복을 실현하는 것에 있고, 그 가르침에는 사념처로 대표되는 심신(心身)에 대한 다양한 관찰법이 있다. 사념처에서는 마음이 어떻게 더럽혀지고 깨끗해지는지에 관하여, 여섯 가지 감각기관이 대상과 접촉함으로써 시작되는 인지과정을 중심으로 상세하게 관찰한다. 경전에는 이러한 실천 가운데 체험되는 마음의 상태가 종종 표현되고 있지만, 그것이 심(citta, 心)과 심소(cetasika, 心所)라는 체계로 정리되지는 않았다. 심소는 마음에 속하는 작용과 특성이다.

논장(論藏)이 성립하는 과정에서 마음의 다양한 상태를 정리하여 계통적으로 해석하는 동시에, 각각의 마음을 특징짓는 작용(마음의 속성)에 대해서도 경전의 말씀을 인용하여 열거하고 있다. 이렇게 해서 '심과 심소'라는 패러다임이 등장하지만 이를 전제로 우리들이 태어날 때, 감각기관에서 대상을 경험할 때, 마음으로 무엇인가를 생각할 때, 깊은 잠에 들었을 때, 선정에 들었을 때, 해탈할 때, 죽을 때 등에서 마음이 어떻게 전개되고 연속되는지를 관찰하는 암묵적인 체계가 존재했다.

논장을 서술하는 배경에는 살아 있는 인간의 다양한 마음을 바라보는 관찰체계가 있고, 그것은 아마 스승과 제자 사이에서 전승되어 주석 문헌 시대에 명문화된 것일 것이다. 마음의 기능과 구조에 관하여 구체적인 관

찰과 논의가 행해졌을 것이다. 심과 심소에 관해서는 부파에 따라서 그 파악하는 방식과 분류하는 숫자에 차이가 있지만[1] 여기서는 상좌부불교의 실천적 전통에 따라서 고찰하고자 한다.

1. 마음의 분석

마음은 89종류로 분류된다. 우선 그 마음이 발생하는 영역에 따라서 욕계마음(54가지), 색계마음(15가지), 무색계마음(12가지), 출세간마음(8가지)의 4종류로 분류된다.

욕계마음(欲界心)은 욕망과 성냄 등의 영역에서 활동하는 마음으로 불선심(不善心, 12가지), 선심(善心, 8가지), 불선이숙심(不善異熟心, 7가지), 선이숙심(善異熟心, 16가지), 유작심(唯作心, 11가지)으로 분류된다.

불선심(不善心)은 욕계에서만 생기고, 탐욕(lobha, 貪)을 근본으로 하는 마음(8가지), 성냄(dosa, 瞋)을 근본으로 하는 마음(2가지), 어리석음(moha, 癡, 확실히 알지 못하는 것)을 근본으로 하는 마음(2가지)이다. 탐욕을 근본으로 하는 마음(貪根心)은 기쁨의 유무, 사견의 유무, 자발적인가 타율적인가에 따라서 8종류로 나뉜다. 성냄을 근본으로 하는 마음(瞋根心)은 자발적인가 타율적인가에 따라서 2종류로 나뉜다. 어리석음을 근본으로 하는 마음(痴根心)은 대상을 확정할 수 없는 의심에 상응하는가, 마음이 산란한 들뜸에 상응하는가에 따라서 2종류로 나뉜다.

욕계선심(欲界善心)은 기쁨의 유무, 지혜의 유무, 자발적인가 타율적인가에 따라서 8가지의 경우의 수를 가진다.

이숙심(異熟心)은 과거의 선업과 악업의 결과로 초래된 마음이고, 오감에 의한 전의식(前意識)과 그것들을 받아들이고 구분하고 의식체험을 등록하는 활동을 하면서, 생존의 기반이 되는 생명현상과 인지과정을 뒷받침하는 마음으로서 발생한다.

유작심(唯作心)은 아라한에게 생기는 선악의 업을 넘어선 유작심, 전의식(前意識)과 의식에 의한 인지과정을 지지하는 기계적인 유작심으로 구분된다. 이것들은 결과를 가져오지 않는 마음이다.

색계마음(色界心)은 선정에 의해서 생기는 마음이고, 선정의 깊이에 따라서 선심(5가지), 이숙심(5가지), 유작심(5가지)으로 분류된다.

무색계마음(無色界心)은 물질적인 신체세계로부터 해방된 선정의 마음이고, 그 대상의 유형에 따라서 선심(4가지), 이숙심(4가지), 유작심(4가지)으로 분류된다.

출세간마음(出世間心)은 해탈의 단계에 따라서 해탈을 가져오는 선심(4가지), 그 결과를 맛보는 이숙심(4가지)으로 분류되고 도(道)의 마음, 과(果)의 마음으로도 불린다.

2. 심소의 분석

이상과 같이 분류되는 모든 마음에 공통되는 심소로서, 접촉(phassa), 느낌(vedanā), 인지(saññā), 의도(cetanā), 집중(ekaggatā), 생명기능(jīvitindriya), 작의(manasikāra)의 7가지가 있다.

선·불선의 어떤 마음과도 상응하는 심소에는 사고(vitakka, 尋), 관찰(vicāra, 伺), 확신(adhimokkha), 정진(viriya), 희열(pīti), 의욕(chanda)의 6가지가 있다. 이들 13가지 심소는 선, 불선 등 서로 성질을 달리하는 그 밖의 심소와 동조할 수 있다.

불선심에만 상응하는 심소에는 어리석음(moha), 양심 없음(ahirika), 수치심 없음(anottappa), 들뜸(uddhacca), 탐욕(lobha), 사견(diṭṭhi), 자만(māna), 성냄(dosa), 질투(issā), 인색(macchariya), 후회(kukkucca), 해태(thīna), 혼침(middha), 의심(vicikicchā)의 14가지가 있다.

선심, 선이숙심, 유작심을 합하여 깨끗한 마음이라고 부른다. 모든 깨끗한 마음에 상응하는 심소에는 믿음(saddhā), 마음챙김(sati), 양심(hirī), 수치심(ottappa), 탐욕 없음(alobha), 성냄 없음(adosa), 중립(tatramajjhattatā), 몸의 경안(kāya-passaddhi), 마음의 경안(citta-passaddhi), 몸의 가벼움(kāya-lahutā), 마음의 가벼움(citta-lahutā), 몸의 부드러움(kāya-mudutā), 마음의 부드러움(citta-mudutā), 몸의 적합함(kāya-kammaññatā), 마음의 적합함(citta-kammaññatā), 몸의 능숙함(kāya-pāguññatā), 마음의 능숙함(citta-pāguññatā), 몸의 올곧음(kāya-ujukatā), 마음의 올곧음(citta-ujukatā)의 19가지가 있다.

바른 말(sammā-vācā), 바른 행위(sammā-kammanta), 바른 생계(sammā-ājīva)의 3가지를 이심소(離心所)라고 부른다. 악을 멀리하고 즐기지 않는 것이 계의 근본이 된다.

함께 슬퍼함(karuṇā), 함께 기뻐함(muditā)의 2가지를 무량심소(無量心所)라고 부른다. 사무량심의 자애는 성냄 없음에, 평온은 중립에 포함된다.

지혜의 기능(paññā-indriya)은 아는 작용을 담당하고, 지혜, 미망 없음과 동일하다.

깨끗한 마음에 공통적인 심소, 이심소, 무량심소, 지혜심소를 포함하는 깨끗한 심소는 25가지가 된다. 이상으로 심소는 52가지로 분류된다.

❈ 미주

1) 『구사론』에 의하면 ① 색법(11가지), ② 심법(1가지), ③ 심소법(46가지), ④ 심불상응법(14가지), ⑤ 무위법(3가지) 5위75법이 있고, 유식에서는 ① 심법(8가지), ② 심소법(51가지), ③ 색법(11가지), ④ 심불상응법(24가지), ⑤ 무위법(6가지) 5위100법이 있다. 이와 관련하여 아비담마에서는 심불상응법을 설하지 않기 때문에 ① 색법(28가지), ② 심법(89가지), ③ 심소법(52가지), ④ 무위법(1가지) 4위170법이 있다.

심왕 — 의식

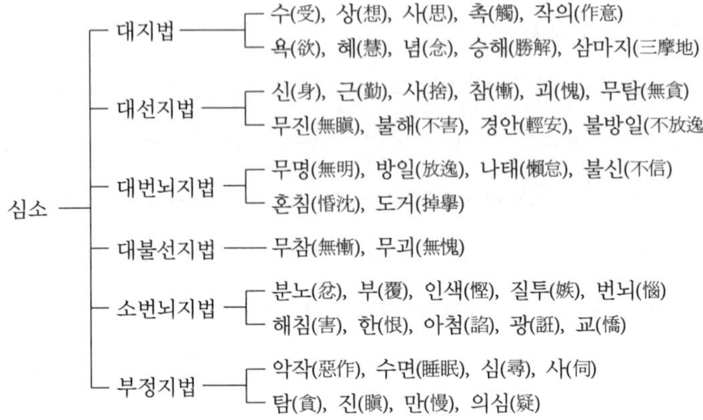

색 — 안근, 이근, 비근, 설근, 신근
　　 색경, 성경, 향경, 미경, 촉경, 무표색(無表色)

불상응 — 득(得), 비득(非得), 동분(同分), 무상과(無想果), 무상정(無想定), 멸진정(滅盡定), 명근(命根), 생(生), 주(住), 이(異), 멸(滅)
　　　 명신(名身), 구신(口身), 문신(文身)

무위 — 택멸무위(擇滅無爲), 비택멸무위(非擇滅無爲), 허공무위(虛空無爲)

❋ 문헌

水野弘元(1964), 『パーリー仏教を中心とした仏教の心識論』, 山喜房仏書林.

アヌルッダ, ウ・ウェープッラ, 戸田忠 訳(1992), 『アビダンマッタサンガハ』, アビダンマッタサンガハ刊行会.

竹村牧男(1992), 『唯識の探究―『唯識三十頌』を読む』, 春秋社.

[井上ウィマラ]

① 불교의 심신론

16 24연(연기의 상세한 분석)

【링크】→ 연기, 오온, 선정, 사식, 유분심, 명상대상, 심과 심소, 업

빨리논장 가운데 『발취론(paṭṭhāna)』에 등장하는 24연이라는 개념은 12연기에 내포된 요소를 한층 더 상세하게 분석한 것이다. 거기에는 수정할 때, 깊은 무의식에서 생명현상을 유지하고 있을 때, 감각체험, 의식적 인지, 업을 만드는 순간, 선정에 들었던 때, 해탈의 순간, 열반을 맛볼 때, 죽음 직전에 인생을 떠올릴 때, 업의 에너지 정보가 내세로 전해질 때, 죽는 순간 등의 장면에서 심신이 어떻게 지속되는지에 관한 과정을 상세하게 관찰하고 고찰하기 위한 틀이 전제되고 있다.[1)]

1. 마음의 길

이러한 심리과정은 오감을 경유하는 것(五門心路, 오문인식과정)과 마음에서 직접 전개되는 것(意門心路, 의문인식과정)으로 대별된다. 오문인식과정의 일례로서 눈(망막)에 대상(광양자)이 접촉할 때에는 다음과 같은 심리과정이 상정되고 있다.

유분심(有分心)이라고 불리는 가장 깊은 무의식이 동요해서 단절되고, 시각의식에 의해서 전의식(前意識)적인 심리과정이 열리고, 지각된 대상이 음미되고, 기억에 등록되고, 다시 유분심으로 떨어진다.

이것들은 17마음찰나로 구성된다. 물질이 한 번 생멸하는 동안에 마음은 17번 생멸한다고 생각되기 때문이다. 17찰나 가운데 처음의 3찰나는 깊은

무의식인 유분심이기 때문에, 그것 이후의 14찰나를 마음의 과정으로 여기기도 한다. 대상이 감각기관에 접촉할 때, 그 수명이 어느 정도 남아 있는가에 의해서 14찰나의 심리적 과정이 전개되지 않고 끝나버리는 경우도 있다.

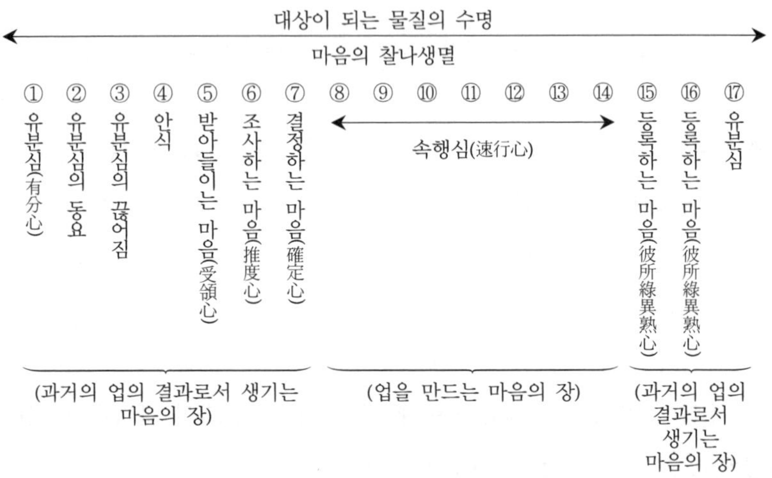

17찰나의 마음의 과정

그 심리과정에 있어서 속행(javana, 速行)이라고 불리는 7찰나 사이에서 일어나는 마음에 의해서 업이 만들어진다. 또한 그 마음이 7찰나의 어느 위치에서 일어나는가에 따라서, 그 업의 결과가 발생하는 시기에 영향을 끼친다고 생각된다. 업을 만드는 마음의 세력을 속행이라고 한다. 17찰나 가운데 속행을 제외한 10찰나는 과거의 업의 결과로서 발생한 이숙심이 담당하고 있다.

의문(意門)에 대상이 접촉한 경우에는 12찰나의 마음이 상정되어 있지만 대상이 명료한지, 선정에 들었는지 등에 따라서 찰나의 숫자는 변한다. 여기서는 처음의 2찰나가 유분심이다.

눈으로 뭔가를 보고 '저것은 빨간 꽃이다'라는 언어적 인식이 성립하기 위해서는 이러한 오문(五門)과 의문(意門)에 의한 많은 심리과정의 집적이 필요하다. 눈에는 비치고 있어도 나의 의식은 보고 있지 않는 상황이 일어나는 것도 이러한 심리과정의 다층성에 의한 것이다.

육근·십이처·십팔계에서 의근(mano-indriya, 意根), 의처(mano-āyatana, 意處), 의계(mano-dhātu, 意界)는 의식활동을 위한 기관에 상응하는 것이다. 의계는 오감에 의해서 감각의식을 받아들여 전의식(前意識)적인 심리과정을 준비하는 마음의 활동을 한다고 여겨지며(다음에 설명할 24연 가운데 ④ 무간연, ⑤ 극무간연 참조),[2] 유식사상에 있어서 말나식(manas, 末那識)에 대응하는 것으로 생각된다. 아마 유분심의 흐름이 의식의 스크린으로서 활동하는 것을 의계(意界)로 파악했을 것이다. 이러한 마음의 전개과정은 심로(vīthi, 心路)라고 불린다.[3]

2. 24연

이러한 심로에 관한 암묵적인 이해가 있었기 때문에 『발취론』에서 전개된 24연이라는 분석체계가 생긴 것이라고 생각된다. 그것들은 심로에서 전개된 다양한 마음과 마음의 상관관계, 의식활동의 기반이 되는 물질적 신체와 마음의 심신상관현상에 관한 연기를 한층 더 깊이 분석한 것이다. 24연은 다음과 같다.

① **인연**(hetu-paccaya, 因緣) : 탐진치와 무탐, 무진, 무치는 선(善,) 불선(不善), 무기(無記)라는 세 가지에 대한 인(因)으로서, 이들 인(因)에 상응하는 마음, 그 마음에 의해서 발생하는 물질적 신체 그리고 태어날 때 업에 의해서 생기는 물질적 신체에 대하여 인연(因緣)이 된다.

② **대상연**(ārammaṇa-paccaya, 對象緣) : 심·심소에 의해서 의식의 대상이 되는 것으로서 연(緣)이다. 빛, 공기의 진동, 미세한 화학물질, 물체 등이 오감의 대상이 되고, 모든 현상이 의식의 대상이 된다.

③ **주연**(adhipati-paccaya, 主緣) : 의욕(chanda), 정진(viriya), 마음(citta), 고찰(vīmaṁsā)은 그것들이 상응하는 현상에 대해서 리더십을 발휘하는 주연이 된다.

④ **무간연**(anantara-paccaya, 無間緣) : 심·심소에 의한 현상의 직전에 있는 것이 무간에 의해서 연이 된다. 오감에 의한 감각의식현상은 그것을 받아들인 의계(意界)에 의한 의식현상의 무간연이 되고, 의계와 그것에 상응하는 현상은 의식계(manoviññāṇa-dhātu, 意識界)에 의한 의식현상의 무간연이 된다.

⑤ **극무간연**(samanantara-paccaya, 極無間緣) : 무간연과 같다.

⑥ **동생연**(sahajāta-paccaya, 同生緣) : 동시에 일어나는 것에 의한 연이다. 오온에서 수상행식(受想行識)이라는 네 가지 정신활동, 지수화풍(地水火風)이라는 네 가지 요소, 수정하는 순간의 심신은 동생연에 의한 연이다. 심·심소의 현상은 마음에 의해서 생기는 물질현상에 대한 동생연에 의한 연이고, 사대요소는 사대요소에 의해서 일어나는 물질현상에 대한 동생연에 의한 연이다.

⑦ **상호연**(aññamañña-paccaya, 相互緣) : 오온에서 수상행식, 지수화풍, 수정하는 순간의 심신은 서로 연이 되는 상호연이다.

⑧ **의존연**(nissaya-paccaya, 依存緣) : 오온에서 수상행식, 지수화풍, 수정하는 순간의 심신은 서로 의존연이 되는 연이다. 심·심소의 현상은 마음에 의해서 일어나는 물질현상에 대한 의존연에 의한 연이고, 사대요소는 그것들에 의해서 일어나는 물질현상에 대한 의존연에 의한 연이다. 오감의 대상은 감각의식현상에 대하여 의존연에 의한 연이고, 의계와 의식계의 의지처가 되는 물질적 신체는 의계와 의식계현상에 대한 의존연에 의한 연이다.

⑨ **친의존연**(upanissaya-paccaya, 親依存緣) : 가깝게 의존하는 것에 의한

연이다. 자연, 음식, 인간은 친의존연이 된다. 이전의 선법(善法)이 이후의 불선법(不善法)의 친의존연이 되는 경우도 있고, 이전의 불선법이 이후 선법의 친의존연이 되는 경우도 있다.

⑩ **전생연**(purejāta-paccaya, 前生緣) : 감각기관과 그 대상은 감각의식현상에 대한 전생연에 의한 연이 된다.

⑪ **후생연**(pacchājāta-paccaya, 後生緣) : 이후에 일어난 심·심소의 현상은 이전에 일어난 신체에 대하여 후생연에 의한 연이 된다.

⑫ **습숙연**(āsevana-paccaya, 習熟緣) : 이전의 선법은 이후의 선법에 대하여, 이전의 악법은 이후의 악법에 대하여 습숙연에 의한 연이 된다.

⑬ **업연**(kamma-paccaya, 業緣) : 선업과 불선업은 그 결과로 발생하는 정신활동과 업에 의해서 일어나는 물질적 신체에 대한 업연에 의한 연이 된다. 업에 따라오는 의도(思)는 상응하는 현상과 그것에 의해 발생하는 물질적 신체에 대한 업연에 의한 연이다.

⑭ **이숙연**(vipāka-paccaya, 異熟緣) : 업의 결과로서 발생한 수상행식이라는 정신활동은 서로에게 이숙연에 의한 연이다.

⑮ **식연**(āhāra-paccaya, 食緣) : 물질로서의 음식은 이 신체에 대한 음식연에 의한 연이다. 정신적 음식(접촉, 의도, 식)은 그들에 상응하는 현상과 그것이 발생되는 물질적 신체에 대하여 식연에 의한 연이 된다.

⑯ **근연**(indriya-paccaya, 根緣) : 오감의 감각기관은 오감의 감각의식과 그것에 상응하는 현상에 대하여 근연에 의한 연이다. 물질적 신체의 명근(jīvitindriya, 命根, DNA에 상응하는 것)은 업에 의해서 발생하는 물질적 신체에 대하여 근연에 의한 연이다.

⑰ **선연**(jhāna-paccaya, 禪緣) : 선의 구성요소는 선정에 상응하는 현상과 이것과 함께 발생하는 물질적 신체에 대하여, 선연에 의한 연이다.

⑱ **도연**(magga-paccaya, 道緣) : 팔정도, 잘못된 견해, 잘못된 사유, 잘못된

정진, 잘못된 집중은 올바른 도와 잘못된 도에 상응하는 현상과 그에 수반하는 물질적 신체에 대하여, 도연에 의한 연이 된다.

⑲ **상응연**(sampayutta-paccaya, 相應緣) : 심·심소인 수상행식은 서로에게 상응인에 의한 연이다.

⑳ **불상응연**(vippayutta-paccaya, 不相應緣) : 물질적 신체현상은 정신현상에 대하여, 정신현상은 물질적 신체에 대하여 불상응연에 의한 연이다.

㉑ **존재연**(atthi-paccaya, 存在緣) : 수상행식의 정신활동, 지수화풍의 사대요소, 수정할 때의 심신은 서로에게 존재연으로서의 연이다. 심·심소의 정신현상은 마음에 의해서 생겨나는 물질적 신체에 대하여, 감각기관과 그 대상은 감각의식현상에 대하여, 감각대상은 의계와 그것에 상응하는 현상에 대하여 존재연에 의한 연이다.

㉒ **부재연**(natthi-paccaya, 不在緣) : 직전에 소멸한 심·심소의 현상은 현재의 심·심소현상에 대하여 부재연에 의한 연이 된다.

㉓ **이거연**(vigata-paccaya, 離去緣) : 직전에 떠난 심·심소현상은 현재의 심·심소현상에 대하여 이거연에 의한 연이 된다.

㉔ **불이거연**(avigata-paccaya, 不離去緣) : 존재연과 같다.[4)]

❋ 문헌

1) 水野弘元(1964), 『パーリー仏教を中心とした仏教の心識論』, 山喜房仏書林, pp.847-852.

2) 水野弘元(2006), 『佛教要語の基礎知識』, 春秋社, p.150.

3) アヌルッダ, ウ·ウェープッラ, 戸田忠 訳(1992), 『アビダンマッタサンガハ』, アビダンマッタサンガハ刊行会, pp.92-108.

4) ウ·ウェープッラ(1980), 『南方仏教基本聖典』, 仏教書林中山書房, pp.184-196.

[井上ウィマラ]

마음의 분석

① 불교의 심신론

17 유분심(생명을 유지하는 마음)

【링크】→ 연기, 임종심로, 알라야식, 광명, 심과 심소

꿈도 꾸지 않는 숙면상태와 혼수상태에서는 어떤 마음이 일어나고 있는 것일까? 태어나서 죽을 때까지 신체가 항상성을 간직하면서 유지되는 것은 어째서일까? 그 신체에 기반을 두어서 '나'라는 관념이 발생하지만, 의식이 없을 때에도 나라는 존재의 동일성을 연결해주는 것은 무엇일까? 이러한 질문에 대한 대답이 유분심이다.

유분심(bhavaṅga citta, 有分心)은 과거의 업의 결과로서, 현생에서 수정(結生)되는 순간부터 죽는 순간까지 의식적인 마음이 일어나지 않는 가장 깊은 무의식상태에서 생존을 유지해주는 마음이다. 의식적인 마음의 과정이 발생하기 위해서는 유분심의 흐름이 단절될 필요가 있다. 의식활동이 일단 종료되면 다시 유분심으로 떨어진다.

유(bhava, 有)는 생존 또는 존재를 의미한다. 유(有)에는 의식에 의해서 업을 만드는 업유(kamma-bhava, 業有)와 과거의 업의 결과로서 유지되는 심신으로부터 발생하는 무의식적인 생기유(upapatti-bhava, 生起有)가 있다. 유분심은 후자를 유지하는 마음이다. 분(aṅga, 分)은 그 생존을 유지하는 구성부분이라는 의미이다.

유분심으로 활동하는 마음은 평온(捨)과 함께하는 조사하는 마음 2가지, 욕계 이숙심 8가지, 색계 이숙심 5가지, 무색계 이숙심 4가지라는 19가지의 이숙심(과거의 업의 결과로서 생기는 마음)의 하나이다. 유분심으로

활동하는 이숙심의 대상은 과거생의 임종 시 임종심로에서 마음이 파악한 대상이다. 즉, 우리들은 무의식의 가장 깊은 차원에서 과거생에 이루어진 가장 힘 있는 업에 달라붙은 이미지를 생각해내고, 그 정보를 받아들여서 일정한 심신상태를 유지한다고 생각된다.

유분심은 알라야식에 상응하는 것이고, 동시에 이숙심이라고 여겨진다. 그러나 유분심은 의식활동이 발생하고 있을 때에는 단절되는 반면, 알라야식은 표면적인 의식활동의 유무에 상관없이 연속적으로 존재한다고 여겨지는 점이 다르다.

『앙굿따라니까야』에는 '이 마음은 빛나고 있다. 그 마음이 밖에서 들어오는 번뇌에 의해서 흐려진다. 이것을 있는 그대로 통찰하는 것이 마음의 수행이다'라는 가르침이 있다. 지혜도 빛에 비유되지만, 본래적인 마음의 존재방식도 빛의 비유로 표현된다. 마음이 빛나고, 흐리는 다양한 상태를 주의 깊게 관찰하는 명상수행이 이후의 아비담마시대의 심과 심소라는 분석개념의 출현에 커다란 영향을 준 것임에 틀림없다.

명상을 할 때 유분심에 접촉하는 체험을 한 경우에는 희미하면서도 따뜻한 빛을 본 것 같은 느낌이 드는 경우가 있다. 이것은 생명이 가진 빛이고, 현재 밝혀지고 있는 생명광양자(biophoton)와 밀접한 연관이 있을 것으로 생각된다. 살아서 호흡대사를 하고 있는 세포는 대단히 미세한 빛을 매우 빠른 속도로 연속적으로 발생시키고, 그 광양자를 통해서 뭔가 정보전달이 행해지고 있다고 생각된다.

❋ 문헌

水野弘元(1964), 『パーリー仏教を中心とした仏教の心識論』, 山喜房仏書林, pp.853-855.

アヌルッダ, ウ・ウェープッラ, 戸田忠 訳(1992), 『アビダンマッタサンガハ』, アビダンマッタサンガハ刊行会, pp.74-75.

荻原雲來 訳(1935), 『南伝大蔵経 第17巻 増支部経典 1』, 大蔵出版, p.15.

[井上ウィマラ]

브릿지 4 불교와 신체감각

【링크】→ 오온, 업, 연기, 사념처, 지관타좌, 족첸, 감각·지각·인지, 감각의 양태, 포커싱, 프로세스 지향 심리학

불교에서는 신체감각을 중요하게 여긴다. 오온의 하나인 느낌(受, vedanā)은 그 신체감각에 가장 가까운 관찰시점이다. 느낌은 십이지연기에서 여섯 가지 감각기관(六入, 제5지)에 대상이 접촉(觸, 제6지)해서 발생하는 것이고, 느낌(受, 제7지)을 조건으로 갈애(愛, 제8지)가 생기는 과정에 위치하고 있다.

우리들의 생명현상은 경계막을 통해 외부와 내부의 교환에 의해서 유지되고 있고, 그곳에서 접촉을 계기로 발생하는 최초의 심리현상으로서 신체감각을 볼 수 있다. 그 경계막의 대표인 피부에서는 촉각, 온도, 통증 등이 피부감각으로 느껴진다. 시각, 청각, 후각, 미각에 관한 감각수용기도 몸의 표면에 존재하지만, 그곳에서는 특별한 방식으로 외부로부터의 자극이 신경활동정보로 변환되고 뇌로 운반되어 인지로서 처리된다.

느낌명상은 뇌에 의한 인지활동이 수행되기 이전에 감각기관에서 최초의 정보전환이 이루어지는 때에 발생하는 심리작용에 주목한다. 불교에서 마음은 신체 전체에서 발생하고 있다고 생각된다. 시각도, 청각도, 후각도, 미각도, 그 원초적 형태에 있어서는 일종의 접촉감각으로 체험되는 것을 볼 수 있다. 오감 전체를 접촉체험으로 소급해서 봄으로써 공감각이라고 불리는 세계와 접촉할 수 있다.

느낌에서는 대상과의 접촉에 의해서 발생하는 감각체험이 즐거운지, 괴로운지, 중성인지가 확인된다. 이것으로부터 즐거운 느낌, 괴로운 느낌,

즐겁지도 괴롭지도 않은 느낌이라는 감각적 색채로 욕망과 성냄 등이 감정적으로 충전되는지를 반복해서 주시한다. 감각으로부터 감정이 환기되는 과정을 자세히 관찰하는 것이다. 중성의 감각에 주목함으로써, 일상에서는 자동화되어 무의식적이 되어버린 셀 수 없을 만큼 많은 생명활동에 의해서 우리의 생명이 유지되고 있다는 것을 알아차리는 기회를 가지게 된다.

이러한 관찰작업은 포커싱에서 말하는 느낀 감각(felt sense)을 언어화하는 작업과 유사한 것일지도 모르고, 프로세스 지향 심리학에서 말하는 지각 있는 존재(sentient)에 의해서 언어 이전의 경향성과 함께 있으면서 그것을 일으키는 방법을 탐구하는 작업과도 유사점을 발견할 수 있다. 어떤 경우에도 인간의 체험과정을 미세한 신체감각의 관점에서 되돌아보는 것이 중요한 관건이 된다. 이러한 관점에서 느낌을 되돌아보는 것은 불교명상을 현대적 관점에서 재해석하는 데 유용할 것이다.

사념처에서 마음을 관찰할 때 마음이 욕망과 성냄에 물들어 있는지를 확인하는 작업을 한다. 그 이유는 감각정보가 인지로 이어지면서 감정적 색채가 인지과정의 배경에서 큰 영향을 미치기 때문이다. 또한 욕망과 성냄이라는 기본감정의 관찰법에서는 그 감정이 어떠한 신체감각(또는 접촉체험)으로 발생하는지를 관찰하고, 그 감정체험이 가지고 있는 매력과 결점과 괴로움 등을 자세히 살펴본다.

이렇게 글을 쓰면 불교는 신체감각을 포함해서 매우 체계적으로 관찰하는 것처럼 생각할지 모르지만, 실제 명상은 매우 단순하다. 기본적으로는 그때그때 자연스러운 호흡을 의식하면서 뭔가를 느끼고, 떠올리고, 생각날 때마다 그것에 순수한 주의를 기울이고 다시 호흡으로 돌아가는 것을 담담하게 반복할 뿐이다.

순수한 주의로 향하는 것은 다음의 세 가지 단계를 포함한다. 첫 번째 단계는 그때에 느끼거나, 떠오르거나, 생각나는 것이 무엇인지를 '생각났다', '화가 난다', '고요하다'라고 언어적으로 확인하는 작업이다. 이것은 사념처에서 감정과 사고 등의 존재와 부재를 확인하는 작업에 상응한다. 두 번째 단계는 그들 감정과 기억과 사고 등이 신체의 어떤 부분에 어떠한 영향을 주는지를 '가슴 주변이 따뜻하다', '오른쪽 어깨에 통증을 동반한 무거움을 느낀다' 등과 같이 느끼는 작업이다. 이러한 감정과 사고를 신체 차원에서 느끼는 것이 현실의 수용으로 이어진다. 세 번째 단계는 감정과 사고 등이 신체에 미치는 영향이 차츰 변화해가는 것을 본 이후에, 자세와 신체 전체의 균형을 확인하고, 편안하게 호흡으로 돌아가는 것이다.

실제로 이러한 단계는 계속해서 반복하는 가운데 어딘가 하나가 인상에 남는 경우가 많다. 선(禪)과 족첸 등에서는 이것들을 일괄적으로 '무엇이 떠오를지라도 그것을 재단하지 않고 받아들여, 그것이 변화해서 사라지는 것을 호흡하면서 확실히 지켜보라'고 지도하는 경우도 있다.

가장 깊은 신체감각의 관찰은 몸 안의 점막과 내장 등의 감각(內臟感覺)과 근육과 힘줄과 관절 등의 감각(深部感覺)을 관찰하는 것이다. 이것은 앉아 있든, 서 있든, 비스듬히 있든 일정 시간을 되도록이면 움직이지 않도록 노력하면서, 호흡을 기본으로 심신을 응시하는 명상에 의해 가능하게 된다. 불쾌감 등에 의해서 충동적으로 움직이는 기분을 응시하고, 신체가 어떻게 움직이려 하는지를 관찰한다. 평상시라면 무의식적으로 움직여버렸을 상황에서 굳이 움직이지 않고 주시함으로써, 일상적인 행동을 유지하는 다양한 감각, 의도, 운동계의 연결상태가 자각된다. 이렇게 스스로의 신체감각과 미세한 신체활동이 의식화됨에 따라서 타자의 미세한 움직임과 심신의 변화도 민감하게 알아차릴 수 있게 된다.

또한 호흡에 대한 감각을 갈고 닦으면 코에서 폐까지 가는 외호흡(가스교환)으로부터 신체의 구석구석에 도달하는 내호흡(에너지 대사)까지 호흡에 대한 자각범위가 확대되고, 호흡에 의해서 전신을 의식할 수 있게 된다. 이것은 경락과 기의 흐름 등으로 불리는 것에 대한 알아차림이기도 하다. 이 차원의 신체감각에 눈을 뜨면, 신체 전체가 세포 내의 이온화된 물의 수용기로서 파동차원에서 에너지 정보를 수송하고 있다는 것도 알아차리게 된다.

이처럼 다양한 차원에서 신체감각을 주시하는 것이 업과 연기에 대한 깊은 이해를 가지는 기반이 된다.

[井上ウィマラ]

마음의 분석

② 업과 번뇌

18 업

【링크】→ 연기, 오온, 번뇌, 수면, 루(漏), 해탈, 오계, 공, 유식, 윤회, 기억

업은 우리들이 일상적으로 행하는 '행위', 행위가 그 행위자에게 미치는 '영향력', '잠재력'을 의미하고, 빨리어 'kamma'(산스크리트어 karma)를 그 원어로 한다. 이루어진 행위는 잠재력이라는 형태로 행위자에게 속하는 것이고, 장래 어떤 결과와 과보를 행위자에게 가져다준다.

1. 자업자득

위와 같이 불교에서는 어떤 사람이 어떤 행위를 할 경우 그 행위의 선악에 상응하는 과보를 그 당사자가 향유한다고 하는 이른바 '자업자득'의 사고방식이 전제되어 있다. 다만 이것은 불교 특유의 사고방식은 아니고, 브라만교가 전승한 브라흐마나 문헌과 우빠니샤드 문헌에서 그 심원을 볼 수 있는 이른바 인도사상의 통념이라고 말할 수 있는 것이다.

한편 붓다가 살아 있을 때에는 업이 과보를 가져오지 않는다고 주장하는 사상가가 활동하였다는 사실도 전해지며, 육사외도(六師外道) 가운데 뿌라나 까사빠(Pūrana Kassapa)와 아지따 께사깜발리(Ajita Kesakambali) 등이 여기에 해당된다.[1]

다른 한편 같은 육사외도라도 자이나교의 개혁자인 마하비라(Mahavira)는 업과 그 결과의 존재를 승인하고 있다. 여기에서 붓다가 살아 있을 때의 사상계에서 업과 업의 결과의 존재를 승인하는지, 부정하는지가 큰 문

제였던 것을 엿볼 수 있다. 이와 관련하여 업과 업의 결과의 존재를 부정하는 입장을 취하는 자는 '허무론자'라고 비하되고, 인도사상에서 항상 비정통파의 입장에 놓이게 된다.

2. 업의 분류

업은 그 종류에 따라서 다양하게 구분된다. 여기에서는 경전에 전승된 대표적인 분류만을 소개한다.

신구의업(身口意業)

업이 신체의 어떤 기관에서 행해지는지에 따른 세 가지 분류이다. 즉, 신업(身業)은 육체에 의해 가시적으로 행해지는 것이고, 구업(口業)은 발화 등에 의해 음성적으로 행해지는 것이고, 의업(意業)은 의도 등 정신적인 것이다. 불교에서는 이들 세 가지 업 가운데 의업을 가장 중요시한다.

따라서 어떤 행위가 신구의(身口意) 삼업이 복합적인 형태로 이루진 경우에도, 그 행위가 어떤 의도와 마음에 기반을 두어서 행해지는지가 중요해진다. 반면 위에서 언급한 자이나교에서는 같은 삼업 가운데서도 신업(身業)을 중요시하는 입장을 취하고 있어, 사상적인 차이를 보인다.

십종업도(十種業道)

십종업도는 ① 살생, ② 절도, ③ 부적절한 성행위, ④ 허언 ⑤ 비방, ⑥ 거친 말, ⑦ 무의미한 말, ⑧ 탐욕, ⑨ 악의, ⑩ 사견을 말한다.

열 가지 행위는 십불선업(十不善業) 또는 십불선업도(十不善業道)라고 비난받는 반면 반대로 열 가지 행위를 행하지 않는 것은 십선업(十善業) 또는 십선업도(十善業道)라고 장려한다.

또한 위의 신구의업의 분류를 적용하면 ①부터 ③까지는 신업, ④부터

⑦까지는 구업, ⑧부터 ⑩까지는 의업이 되며 십종업도는 신구의에서 만들어지는 대표적인 선업과 불선업을 예로 들고 있음을 볼 수 있다.

이와 관련해서 '업도(kammapatha, 業道)'라는 말의 의미는 정해져 있지 않지만, 예를 들어 비교적 후대의 빨리주석 문헌에서는 '(선업을 행한 자를) 천계로 이끄는 길'이라는 설명이 더해져, 업도는 업의 별칭이라고 해석되고 있다.

또한 '십선업을 행한 자는 천계로, 십불선업을 행한 자는 지옥 등의 악도로'라는 기술은 이미 경전단계에서부터 존재한다. 이것으로부터 이들 십업도에 의해서 초래되는 과보는 어디까지나 행위자의 지속적인 윤회를 전제로 하며, 불교수행자의 궁극적인 목표인 윤회로부터 벗어남과는 구분되는 것을 알 수 있다.

이것 이외에 특히 후대에 논서와 주석 문헌이 만들어지는 시대가 되면 '과보가 생기는 시기', '만들어진 업이 다른 업에 미치는 영향' 등 다양한 관점에서 업을 분류하려는 시도가 이루어지게 된다. 이들 분류가 존재한다는 것은 업에 대한 관심이 높다는 것을 보여주는 것이고, 자업자득을 철저하게 하려는 필연적인 작업이었다고 할 수 있을 것이다.

또한 이러한 자업자득의 원리에 대한 철저한 분석이 진행됨에 따라서, 이상기후와 천재지변 등이 업의 과보라는 견해가 생기게 된다. 그러나 이러한 이상현상을 개인 단독의 업의 과보라고 생각하는 경우에는, 그 과보로 인해서 괴로움을 당하는 자는 마을 전체, 국가 전체라는 다수이므로 자업자득의 원칙과 맞지 않게 된다. 이와 같은 불합리한 사정을 해결하려고 생각해낸 것이 '공업(sādhāraṇa kamma, 共業)'이라는 개념이고, 그것은 여러 사람의 행위의 과보에 의해서 초래된 업의 결과를 의미하며, 말하자면 과보의 공유(共有)를 인정하는 것이다. 다만 이러한 공업이라는 사고방식은 경전시기까지 거슬러 올라가는 것은 아니고, 주석 문헌과 논서가 만들어지는 시대에 처음으로 등장한다.

3. 업의 주체

위에서처럼 업의 관념은 윤회사상과 밀접한 연관을 가진다. 그런데 두 사상이 양립할 때에는 업이 현세에서 내세로 전생(轉生)하는 데 있어서 업을 움직이는 주체가 문제가 된다. 인도사상에서는 일반적으로 윤회의 주체가 되는 역할을 아트만(我)이 담당하지만, 불교는 아트만의 존재에 관해서 긍정적인 언급을 삼간다. 따라서 어떤 경우에는 오온 가운데 인식작용(識)이, 보다 후대의 유식 문헌에서는 알라야식이 그 역할을 담당하게 된다.

4. 업과 수행

행해진 업은 종종 오온 가운데 행온(saṅkhāra-khandha, 行蘊)과 동일시된다. 이것은 둘 다 같은 동사(√kar, 하다)의 파생어라는 것뿐만 아니라 인도에서는 행위, 작용을 의미하는 말인 동시에 그 행위가 초래하는 결과도 의미하는 언어문화적 전통에서 기인하는 것이다. 즉, 어떤 행위를 행하려고 하는 의도(行)를 가리키는 말에, 그 의도의 결과(業)의 의미도 포함된다.

또한 불교경전에서는 불교수행자는 윤회에 있어서 재생의 원인이 되는 업을 막아야 한다고 강조한다. 그를 위한 대표적인 방법으로 팔정도의 실천 또는 선정수행에 의한 사무량심의 실천 등을 들 수 있다. 그리고 이들 수행의 성과로서, 새롭게 만들어지는 업의 영향력을 받지 않는 상태로 수행자 자신이 도달하는 것을 말한다. 즉, 깨달음이란 수행에 힘써서 업이 무력화되고, 결과로서 윤회를 지속하는 원동력이 상실되는 상태라고 말할 수 있을 것이다.

*** 문헌**

1) 長尾雅人 訳(1969),『世界の名著1 バラモン教典·原始仏典』, 中央公論社, pp.509-515.

[畑 昌利]

브릿지 5 삼업과 심리학

【링크】→ 업, 루(漏), 해탈, 배치(constellation), 반복강박, 근기, 자기와 자아, 자기일치

업은 신체에 의한 행위인 신업(kāya-kamma, 身業), 입에 의한 발화행위인 구업(vacī-kamma, 口業), 마음으로 생각하는 것에 의한 의업(mano-kamma, 意業)으로 분류되고, 삼업(三業)이라고 불린다.

붓다는 출가한 아들 라훌라에게 다음과 같은 가르침을 설하고 있다. '삼업 가운데 어떤 것이라도 하고 싶다고 생각이 들거나, 하고 있을 때, 그 행위를 하고 난 이후에 그 행위가 자신을 해치는 것은 아닌지, 남을 해치는 것은 아닌지, 양자를 함께 해치는 것은 아닌지, 그 행위가 불건전해 괴로움을 가져오는 것은 아닌지를 관찰해야 한다. 만약 그 신업과 구업이 아픔과 괴로움이라는 불선을 가져올 때에는 신뢰할 수 있는 타자에게 숨김없이 털어놓고, 앞으로는 고치도록 하라. 그 의업이 괴로움과 악을 가져올 때에는 스스로 부끄러워 혐오하고 괴로워하며 앞으로는 조심하도록 하라. 그 반대로 그 행위가 자신을 해치지 않고, 남을 해치지 않고, 양자를 함께 해치지도 않고 건전하게 즐거움을 가져오는 것이라면, 그 만족과 즐거움에 기반을 두어서 배움을 계속하도록 하라.' 붓다는 업을 이해하고 정화하기 위해서 이러한 관찰법을 가르쳤다.

삼업 가운데 의업이 가장 중요하다고 생각된다. 신업도, 구업도, 의업으로부터 발생하기 때문이다. 한편 의업에 관해서는 본인도 자신의 마음속에 그러한 생각을 가지고 있는 것을 자각할 수 없는 경우가 많다. '눈은 입만큼 사물을 말한다.', 말은 그렇게 하지 않아도, 눈이 본심을 드러내는

경우가 적지 않다.

신체언어와 비언어 소통에 관한 연구가 진행되면서, 사람의 본심은 언어적인 것이 아닌 그 사람의 무의식적인 몸짓, 표정, 숨결 등에 의해서 표현되고, 우리들은 무의식 가운데 그것들을 느끼고 받아들이면서 교류하고 있다는 것이 분명해졌다. 그러한 몸짓과 숨결 등은 신업과 구업일까 또는 의업으로 해석해도 좋을까? 의업에는 무의식적인 몸짓과 어조 등으로 드러나는 것이 있는 것 같다.

융은 '가족배치(constellation)'에 관한 강연에서 부모에게서 자식으로 세대 간 전달을 담당하는 것은 몸짓이라고 서술하고 있다. 자식은 부모의 몸짓을 흉내 내고, 그것에 감정을 담게 된다. 그런데 부모는 자신의 몸짓과 어조를 의식하지 않기 때문에, 자신이 자식에게 무엇을 전하고 있는지 이해할 수 없다. 자식에게 전달되는 것은 부모가 말로 의식적으로 명한 것이 아니라 무의식적으로 반복하고 있는 정동적인 태도(느끼는 방식, 사고방식, 행동 패턴)이다. 교사와 학생의 관계도 이와 같다.

프로이트는 우리들이 언어기억으로 떠올릴 수 없는 것을 무의식적인 행위로서 재현하는 것을 반복강박이라고 불렀다. 여기서 행위는 신업과 구업에 상응한다. 신업과 구업에 의해서 자신과 타인에게 괴로움을 초래한 경우 그것을 신뢰할 수 있는 누군가에게 숨김없이 털어놓고 이야기해보라는 붓다의 가르침은, 신체적인 행위와 발화행위의 반복강박을 알아차리기 위해서는 타자와 소통할 필요가 있다는 것을 시사한 것으로 해석할 수 있다. 신뢰할 수 있는 타자란 신업과 구업에 관련된 그 사람의 이야기에 귀를 기울이고, 상대편의 기분을 충분히 헤아리며, 상대방이 자각하지 못하는 마음의 행위에 관하여 자각할 수 있도록 잘 이끌어주고, 지원해주는 사람일 것이다.

발달적 관점에서 생각하면, 삼업이라는 개념이 성립하는 것은 언어를 익숙하게 사용하는 자아의식이 성립한 이후이다. 유아는 자신의 요구를 말로 표현하는 대신 울음, 손발의 움직임, 얼굴표정 등으로 신호를 보낸다. 이것은 신구의(身口意) 삼업이 미분화된 상태라고도, 순수에 일치하는 상태라고도 이해할 수 있다. 아기는 거짓말을 하지 않는다.

위니캇(Donald W. Winnicott, 1896-1971)에 의하면, 아기의 이러한 신호에 대한 엄마(역할의 양육자)의 응답이 진정한 자아의 기반이 된다. 우는 소리와 몸짓으로 표현한 요구에 엄마가 응답해서 돌보아주면, 이 신체로 살아가도 괜찮다는 안심과 신뢰의 토대를 얻을 수 있는 것이다. 그러나 엄마가 자신의 욕구와 불안에 갇혀 있다면, 아이는 엄마의 요구에 맞추는 것을 배워야 하고, 그것은 거짓자아의 기반이 된다. 완벽한 부모는 없기 때문에 누구나 어느 정도 거짓자아를 가질 수밖에 없지만, 건전한 거짓자아는 성장해서 사교성이 된다. 이렇게 해서 속내와 겉치레가 생기게 된다.

트레브센(Colwyn Treverthan)과 말록(Stephen Mallock)의 연구에 의하면, 아이의 '아~, 우~'라는 발성과 엄마와의 대화를 음악적으로 해석하면 거기에는 리듬, 멜로디, 줄거리 등 커뮤니케이션의 음악적 기반이 충분히 성립하고 있다고 한다. 언어 이전의 구업의 기반이 되는 것이 과학적으로 해명되는 것이다. 이러한 비언어차원에서 서로 반응하면서, 유아의 요구를 이해하여 받아들이는 것을 정동조율(affect attunement)이라고 부르고, 그 요구에 응답하는 자세는 정서적 응답성(emotional availability)이라고 부른다. 정동조율과 정서적 응답성은 성인의 심리치료에서도 가장 중요한 요소 중 하나이지만, 그것은 삼업이 하나로 융합해서 서로 반응하는 상태라고 표현해도 좋을 것이고, 공감과 수용의 뿌리도 거기에 있다고 생각된다. 이처럼 유아는 보살핌을 받아서 자아가 형성되고 언어를 획득한다는 사실이, 언어적 의식으로 떠올릴 수 없는 자기 근원의 중요한 부분을 구성하고 있다는 것을 잊어서는 안 된다.

삼업이 명상수행으로 정화되는 과정에는 마음으로 생각하는 것, 말로 이야기하는 것, 신체로 행하는 것 사이의 해리를 자각하고, 그것들의 연결 관계를 바로잡는 것이 포함된다. 느끼는 것과 말하는 것이 일치하는 상태, 심리치료에서 말하는 자기일치와 순수성이라는 주제이다.

❋ 문헌

片山一良 訳(1999),「アンバラッティカ·ラーフラ教誡経」,『中部中分五十経篇 I』, 大藏出版, pp.200-207.

C. G. ユング, 林道義 訳(2000),「家族的布置」,『連想実験』, みすず書房, pp.118-120.

S. フロイト(1970),「想起, 反復, 徹底操作」,『フロイト著作集 6』, 人文書院, p.52.

D. W. ウィニコット, 牛島定信 訳(1977),「本当の, および偽りの自己という観点からみた, 自我の歪曲」,『情緒発達の精神分析理論』, 岩崎学術出版社, pp.177-178.

Stephen Mallock, Colwyn Treverthan(2009), *Communication musicality*, Oxford University Press.

D. N. スターン, 小此木啓吾 監訳,『乳児の対人世界 : 臨床篇』, p.ii.

[井上ウィマラ]

마음의 분석

② 업과 번뇌

19 번뇌

【링크】→ 업, 루(漏), 오온, 해탈, 수면, 속박, 유식, 심과 심소

글자대로 해석하면 번뇌는 '번거롭고 성가신 것'이고, 통상 우리 마음에서 일어나는 나쁜 정신작용을 가리킨다. 번뇌는 업과 함께, 생명이 태어나고 변화하는 연속(윤회)의 원인이 되는 것으로 간주되고 있다. 따라서 윤회로부터 벗어나는 것을 지향하는 불교는 자신의 마음속에 있는 번뇌를 없애는 것을 궁극적인 목표로 설정한다. 전통적으로 붓다는 보리수 아래에서 번뇌가 없는 상태에 도달했다고 하고, 그 경지는 수행도에서 아라한과에 상응한다. 아래에서는 번뇌에 관한 수많은 가르침 가운데 빨리어로 전승된 남방상좌부의 이론을 중심으로 소개하고자 한다.

1. 번뇌의 정의

번뇌의 원어로는 'kilesa'와 그것에 접두사가 붙은 'saṃkilesa', 'upakkilesa'를 들 수 있다. 'kilesa'(산스크리트어 kleśa)는 '괴롭히다'를 의미하는 동사 'kliś'로부터 만들어진 명사이고, 남방상좌부의 논서『청정도론(Visuddhimagga)』에서는 '번뇌란 그 자신이 괴롭힘을 받는 상태에 있고, 또한 그것에 대응하는 대상물을 괴롭히는 것이므로, (그렇게 이름 붙여진다)'라고 해설한다.[1]

2. 번뇌의 성질

경전에서 번뇌는 수행자 또는 재가자를 괴롭히는 것으로 등장한다. 번뇌

가 일어난 자는 통상적인 마음의 활동을 유지할 수 없고, 따라서 여러 가지 괴로움을 당하게 된다. 한마디로 번뇌라고 해도 그 표현방식은 다양하고, 일부의 번뇌는 때때로 정해진 숫자를 가진 채로 다른 이름으로 불리기도 한다.

'오개'(pañca nīvaraṇā, 五蓋, 마음을 덮어버리는 것), '수면'(anusaya, 隨眠, 마음속 깊이 잠재하는 것), '루'(āsava, 漏, 마음에서 새어 나오는 것), '족쇄'(saṃyojana, saññojana, 分結, 마음을 결박하는 것) 등이 있고, 다른 이름이 존재한다는 것은 사람들이 각각의 번뇌에 대해서 가지고 있는 이미지가 다양하다는 것을 보여준다고 할 수 있다.

3. 번뇌의 분류

비교적 초기경전의 단계에서는 수많은 번뇌가 정연하게 분류되지 않고, 앞에서 언급된 '낄레사(kilesa)', '우빠낄레사(upakkilesa)', '삼낄레사(saṃkilesa)'도 각자 약간의 뉘앙스 차이는 가지지만 그것들이 특별한 의도를 가지고 구분해서 사용되는 것은 아니었다.

한편 후대에 정리된 논서에서는 모든 번뇌를 정리하고 구분하려는 시도가 이루어지고, 결과적으로 논서를 작성한 부파마다 다양한 번뇌의 분류가 생기게 되었다. 예를 들어 앞에서 서술한 남방상좌부의 『청정도론』에서는 다음과 같이 열 가지 종류의 번뇌를 다루고 있다.

① 탐욕(lobha, 貪)
② 성냄(dosa, 瞋)
③ 미혹(moha, 痴)
④ 자만(māna, 慢)
⑤ [잘못된] 견해(diṭṭhi, 見)
⑥ 의심(vicikicchā, 疑)
⑦ 혼침(middha, 昏沈)
⑧ 들뜸(uddhacca, 掉擧)
⑨ 양심 없음(ahirika, 無慚)
⑩ 수치심 없음(anottappa, 無愧)

또한 이 열 가지 종류 가운데 특히 ①, ②, ③을 모든 악의 근원이라는 의미를 담아 '삼불선근(akusalamūla, 三不善根)' 또는 '삼독(三毒)'이라고 부르기도 한다.

한편 설일체유부의 전승을 전하는 『구사론』에서는 'kleśa'와 'upakleśa'를 구분하여 후자에 번뇌의 하위구분인 '수번뇌'라는 별개의 위치를 부여한다. 그 가운데 번뇌는 여섯 종류, 즉 탐심(rāga, 貪), 분노(pratigha, 瞋), 미혹(moha 癡), 자만(māna, 慢), 의심(vicikitsā, 疑), [잘못된] 견해(dṛṣṭi, 見)이다. 수번뇌에 관해서 『구사론』은 19종류를 소개하고 있지만, 유식계통의 문헌에서는 20가지 내지는 24가지 종류의 수번뇌를 들고 있어서 설이 일치하지 않는다(대응관계도 참조).

또한 특히 일본에서 번뇌의 수로 정착되어 있는 108이라는 수는 설일체유부가 전하는 98가지 수면에 10종류의 속박(纏)을 추가하여 108가지를 헤아리는 것을 근본으로 한다. 그 108이라는 숫자는 고정시켜둔 채로 각 종파마다 다양한 해석과 분류가 더해진 것이라고 생각된다. 다른 한편 남방상좌부의 『위방가 주석서』에서는 번뇌를 811가지 수로 분류하고 있다.[2)]

4. 번뇌의 차단

위에서 언급한 모든 번뇌는 수행의 과정에서 제거할 수 있다. 경전에서는 그때그때 언급된 번뇌의 성질에 대응해서, [번뇌를] '뿌리치다', '버리다', '덮인 것을 걷어내다', '[불을] 끄다' 등의 표현으로 번뇌를 제거하는 모양을 묘사한다.

또한 『청정도론』에서는 앞의 10가지 번뇌가 수행의 어느 단계에서 제거되는가에 관한 언급이 있다. ⑤ [잘못된] 견해와 ⑥ 의심은 예류도(sotāpattimagga, 預流道)에서, ② 성냄은 불환도(anāgāmimagga, 不還道)에서, 그 밖의 7종류는 아라한도(arahattamagga, 阿羅漢道)에서 제거된다고 설하고 있다.[3] 다만 '족쇄(分結)의 관점에서 보자면 ⑤는 유신견과 계금취견에 대응하고, ① 가운데 욕탐(欲貪)은 불환도에서, 색탐(色貪)과 무색탐(無色貪)은 아라한도에서 제거된다.

그리고 그 이전에 있는 모든 번뇌가 소멸된 단계가 아라한과를 얻은 상태이고, 이른바 '깨달음'의 경지라는 것이 된다.

『구사론』의 번뇌, 수번뇌와 남방상좌부의 10가지 대번뇌와의 대응관계도

『구사론』	남방상좌부 (10가지)
〈번뇌〉 (6가지)	
I. 탐심(rāga, 貪)	① 탐욕(lobha)
II. 분노(pratigha, 瞋)	② 성냄(dosa)
III. 미혹(moha, 癡)	③ 미혹(moha)
IV. 자만(māna, 慢)	④ 자만(māna)
V. 의심(vicikitsā, 疑)	⑥ 의심(vichikicchā)
VI. 견해(dṛṣṭi, 見)	⑤ 견해(diṭṭhi)
〈수번뇌〉 (19가지)	
i. 방일(pramāda, 放逸)	
ii. 태만(kauśīdya, 懈怠)	
iii. 불신(āśraddhya, 不信)	
iv. 무참(āhrīkya, 無慚)	⑨ 양심 없음(ahirika)
v. 무괴(anapatrāpya, 無愧)	⑩ 수치심 없음(anottappa)
vi. 질투(īrṣyā, 嫉)	
vii. 인색(matsarya, 慳)	
viii. 들뜸(auddhatya, 掉擧)	⑧ 들뜸(uddhacca)
ix. 후회(kaukṛtya, 惡作)	
x. 혼침(styāna, 惛沈)	
xi. 수면(middha, 隨眠)	⑦ 혼침(middha)
xii. 분노(krodha, 忿)	
xiii. 은폐(mrakṣa, 覆)	
xiv. 기만(māyā, 諂)	
xv. 불성실(śāṭhya, 誑)	
xvi. 교만(mada, 憍)	
xvii. 고집(pradāśa, 惱)	
xviii. 원망(upanāha, 恨)	
xix. 해침(vihiṃsā, 害)	

❃ 문헌

1) 水野弘元 訳(1940),『南伝大蔵経64: 清浄道論 3』, 大蔵出版, p.446.

2) 浪花宣明 訳(2004),『分別論註』, 平楽寺書店, p.768.

3) 水野弘元 訳(1940),『南伝大蔵経64: 清浄道論 3』, 大蔵出版, p.449.

[畑 昌利]

20 속박

【링크】→ 번뇌, 오개, 윤회, 해탈, 삼계, 에로스와 타나토스

붓다는 깨달았을 때 '나의 마음의 해방은 부동이다'라고 선언하였다.[1)] 붓다가 말하길 열반은 '일체의 속박(gantha)으로부터 해방'이다.[2)] 즉, 깨달음과 열반을 얻지 못하는 한, 우리들은 반드시 무엇인가에 속박되어 있다. 따라서 많은 불교경전이 속박으로부터의 해방을 주제로 하는 것은 당연하고, 자료를 상좌부경전에 한정해도 그 예는 무수히 많다.

예를 들어 탐심(lobha), 성냄(dosa), 미혹(moha)이라는 이른바 삼독과 탐욕(rāga), 자만(māna) 또는 집착(upadhi)은 결박(bandhana)이다. 뭔가를 취착하면(ādāna) 그것은 속박(gantha)이 된다. 속박은 또한 미혹으로 가는 길(mohamagga) 또는 인식력의 결여를 동반한다(aññāṇapakkha)고 말한다. 종교적인 규칙과 습관(vatasīla)에 속박되면 피안에 도달할 수 없다. 세간의 사람들은 기쁨과 결합되어 있다(nandisaṃyojana). 남자는 여성과 욕망의 대상(kāma)에 마음을 사로잡히고(paṭibaddhacitta), 속인에게는 속인으로서의 족쇄(gihisaṃyojana)가 있다. 애초에 인간끼리 속박하고, 상처 주는 상태이다.

숫자로 보자면 다음의 6가지가 있다.

(1) 4가지 신체를 속박하는 것(kāyagantha, 四繫)

① 원하는 것(abhijjhā, 강한 욕망, 간탐), ② 악의(vyāpāda, 성냄, 분노), ③ 종교적 생활습관과 규칙에 묶이는 것(sīlabhataparāmāsa), ④ 이것

만이 진실이라는 생각에 대한 고집(idaṃsaccābhinivesa)

(2) 4가지 멍에(yoga, 四軛)

① 감각적 욕망(kāma), ② 생존(bhava), ③ 종교적·사상적 견해에 갇히는 것(diṭṭhi), ④ 무지(avijjā)

(3) 3가지 족쇄(saṃyojana, 三結)

① 심신을 구성하는 5가지 요소(五蘊)를 영원불변의 영혼(atta)이라고 오해하는 것(sakkāyadiṭṭhi, 有身見), ② 가르침에 대한 의심(vicikicchā), ③ 종교적인 생활습관과 규칙에 갇히는 것(戒禁取見)

(4) 5가지 하위의 족쇄(五下分結)

(3)에서 열거한 3가지 족쇄에 더해서 ④ 욕망이 있는 세계(欲界)에 대한 욕구(kāmachanda), ⑤ 악의(vyāpāda, 성냄, 분노)

(5) 5가지 상위의 족쇄(五上分結)

① 물질만이 남은 세계(色界)에 대한 욕망(rūparāga), ② 물질적 존재를 떠난 세계(無色界)에 대한 욕망(arūparāga), ③ 자만, ④ 안정되지 않음(uddhacca), ⑤ 무지

(6) 7가지 족쇄(七結)

① 애착(anunaya), ② 성냄(paṭigha, 노여움), ③ 종교적·사상적 견해에 갇히는 것, ④ 가르침에 대한 의심, ⑤ 자만, ⑥ 생존의 욕구(bhavarāga), ⑦ 무지

이들이 '속박'이라고 불리는 것은 우리의 심신이 이것들에게 속박되어 있기 때문이기도 하지만, 동시에 우리를 윤회의 세계에 계속 속박하는 원인이기 때문이기도 하다. 생사는 되풀이되는 것이고, 그것은 결국 속박에 지나지 않는다. '죽음의 결박(mārabandhana)', '생존의 결박(bhavabandhana)', '생존의 즐거움의 결박(bhavasātabandhana)'이라는 표현이 종종 보이는 이유이다.

❃ 문헌

1) 宮元啓一 訳(2005), 『仏教かく始まりき―パーリ仏典『大品』を読む』, 春秋社, p.81.

2) 中村元 訳(1986), 『ブッダ悪魔との対話』, 岩波書店, p.234.

[河崎 豊]

마음의 분석

② 업과 번뇌

21 수면(잠재적 번뇌)

【링크】→ 번뇌, 속박, 유식사상, 알라야식, 심과 심소, 자만(만심), 무의식, 그림자, 콤플렉스

수면(anusaya, anuśaya, 隨眠)은 동사 'anu-śay', '옆으로 눕다', '자다'로부터 유래한 명사이지만, '옆으로 눕다' 등을 의미하는 예는 경전에서 찾아보기 어렵다. 넓은 의미로는 '(잠재적) 경향, 기질'을 가리키지만, 선악의 어느 것에도 치우치지 않는 가치중립적 '경향'을 가리키는 경우는 매우 드물고, 실제로는 '나쁜 심리적 경향, 기질'을 가리키는 용례가 대단히 지배적이다. '어떠한 수면도 없이 모든 불선근이 근절되어 있다'[1]라고 할 경우의 수면이 여기에 해당될 것이다.

상좌부경전을 보면 자만(māna), 갈애(taṇhā) 또는 탐욕(rāga)을 단독적인 수면으로 들고 있고, 탐욕, 성냄(paṭigha), 무지(avijjā)의 3가지, 또는 자만, 생존욕(bhavarāga), 무지의 3가지, 또는 내가 실재한다고 하는 의식(ahaṃkāra), 내가 소유하는 것이라는 의식(mamaṃkāra) 2가지를 자만이라고 하며, 이것들을 수면이라는 설이 있다.

가장 정리가 잘된 설에서는 ① 욕망의 대상에 대한 탐욕(kāmarāga), ② 성냄, ③ 다른 종교적, 사상적 견해에 대한 집착(diṭṭhi), ④ 가르침에 대한 의심(vicikicchā), ⑤ 자만, ⑥ 생존욕, ⑦ 무지를 든다. 설일체유부는 이것들을 정리하고 세분화하여 수면을 98종류로 분류하기에 이른다.

1. 수면과 번뇌의 관계

이러한 내용을 가진 수면은 번뇌(kleśa)와 동의어처럼 보이지만 그렇게 단순한 것은 아니고, 번뇌와 수면의 관계를 둘러싸고 다양한 해석이 행해졌다. 예를 들어 '유아에게는 가르침이 있다는 의식이 없기 때문에 가르침에 대한 의심이 생기지 않고, 다만 의심이라는 수면이 잠재되어 있다'라는 취지로 서술하는 경전이 있다.[2)]

여기에서는 어떤 대상에 대해서 그 대상에 관한 전제지식의 유무에 관계없이, 나쁜 심리상태에 빠질 가능성을 우리는 반드시 가지고 있다고 상정할 수 있다. 즉, 나중에 번뇌를 생기게 하는 잠재력과 같은 것이고, 이미 드러나버린 번뇌와는 개념상 구별해야 하는 것으로 볼 수 있다.

그런데 5세기의 붓다고사(Buddhaghosa)는, 번뇌는 속박이라는 의미에서 '족쇄(saṃyojana)', 아직 드러나지 않았다는 의미에서 '수면'으로 표현된다고 설명한다. 즉, 수면과 번뇌는 별개가 아니고, 관점에 따라서 번뇌가 A로도, B로도 표현된다고 말하는 것이다. 이것은 번뇌를 어떻게 정의하는가, 즉 잠재상태에서 표면으로 드러나지 않고도 번뇌라고 불릴 수 있는지 없는지에 관한 문제이다.

유부는 그들의 존재론적 요청에 따라서 수면을 번뇌와 동일시하는 반면, 대중부와 화지부는 수면상태의 번뇌를 수면, 각성상태의 번뇌를 속박(paryavasthāna, 纏)으로 불렀다고 한다. 경량부에서는 속박을 야기하는 잠재력으로서 수면을 이해했다고 하며, 정량부는 번뇌를 수면과 비수면으로 이분화했다고 전해진다. 유식학파는 수면을 알라야식에 잠재하는 번뇌의 종자라고 한다.

❃ 문헌

1) 村上真完·及川真介 訳(1985, 2009), 『仏のことば註 (一)』, 春秋社, p.43.

2) 浪花宣明 訳(2004), 『原始仏典 第5巻 中部経典 II』, 春秋社, pp.316-317.

[河崎 豊]

마음의 분석

② 업과 번뇌

22 루

【링크】→ 업, 번뇌, 수면, 해탈, 사성제, 삼계, 리비도

루(산스크리트어 āsrava, 빨리어 āsava, 漏)는 불교뿐만 아니라 자이나교에서도 교리상 중요한 위치를 차지하는 용어이고, 나쁜 것의 유입 또는 대상에 대한 번뇌의 활동을 의미한다.[1), 2)]

자이나교의 교리에서는 신체적·언어적·정신적 행위를 할 때에 물질이 영혼으로 흘러들어가는 것이 '아스라와(āsrava)'이고, 그 흘러들어간 물질이 영혼에 붙어서 업이 되고, 한편 '아스라와(āsrava)'를 방지하는 수행을 제어(saṃvara)라고 부른다.

불교에서 루는 윤회의 요인으로 그 소멸 자체가 수행의 최종목표이고, 번뇌(kleśa)의 동의어로 외부의 대상으로 흘러나가는 것으로 해석되어 왔다.

그러나 한자의 '루'는 원래 '지붕에서 비가 샌다'라는 의미이고, 새는 방향은 외부에서 내부로이다. 산스크리트어 '아스라와(āsrava)'도 '~로 흐르다'를 의미하는 'ā-√sru'에서 유래하고, 불교 이전의 베다 문헌에서는 배에 물이 흘러드는 것을 '아스라와띠(āsravati)'라는 말로 표현하였다. 자이나교의 초기경전에서도 '아스라와(āsrava)'와 같이 'ā-√sru'에서 유래하는 '앗사위니(assāviṇī)'라는 말로 물이 새어 들어오는 배를 신체에 비유하여 표현한다. 초기불교경전에서는 '유입'을 가리키는 루의 용례가 있고, 그 밖에 '안와사와띠(anvāsavati)'라는 'anu-ā-√sru'에서 유래하는 말도 '유입'을 가리키며, 그것을 제어하는 수행이 자이나 문헌에서도 등장하는 '삼와라

(saṃvara)'이다. 한편 마음이 대상으로 향하는 상태도 'ā-√sru'에서 유래하는 '앗사위(assāvī)'라는 말로 표현되고, 후대에 성립한 초기불교경전에서는[3] '아스라와(āsrava)'의 동사형태인 '아사와띠(āsavati)'가 '(마음이) 대상으로 향하다'는 것을 표현하고 있다.

위에서 볼 때 초기불교에서 루 그 자체는 '유입'하는 것이지만, 루의 작용은 '유출'이었다고 생각된다. 또한 초기불교 문헌의 루에는 후대의 교의체계에 있는 것처럼 '번뇌'뿐만 아니라 업과 고난을 가리키는 용례도 있다.

루는 욕루(kāmāsrava, 欲漏), 유루(bhavāsrava, 有漏), 무명루(avidyāsrava, 無明漏) 세 종류로 분류되고, 빨리어 초기경전에서는 견루(diṭṭhāsava, 見漏)를 더해 사루(四漏)도 설한다. 초기불교경전의 삼루와 사루의 원래 의미는 명확하지 않지만, 후대의 문헌에서는 삼루에 관하여 욕루는 무명 이외의 욕계의 번뇌, 유루는 무명 이외의 색계, 무색계의 번뇌, 무명루는 욕계, 색계, 무색계의 무명으로 설명된다.[4] 사루에 관해서는, 욕루는 모든 욕망의 대상에 대한 욕구와 같은 모든 번뇌, 유루는 모든 생존에 대한 욕구와 같은 모든 번뇌, 견루는 사견(邪見) 그 자체, 무명루는 무명 그 자체로 정의된다.[5]

❋ 문헌

1) 榎本文雄(1979), 「āsrava(漏)の成立について－主にジャイナ古層経典における－」, 『仏教史學硏究』 22(1), pp.17-42.
2) 榎本文雄(1983), 「初期仏典におけるāsava(漏)」, 『南都佛教』 50, pp.17-28.
3) 水野弘元 訳(1940), 『南伝大蔵経 第44巻 小部経典 22』, 大蔵出版, p.25.
4) 小谷信千代·本庄良文(2007), 『倶舎論の原典解明 随眠品』, 大蔵出版, pp.172-174.
5) 佐藤良智 訳(1938), 『南伝大蔵経 第45巻 法集論』, 大蔵出版, pp.285-286.

[榎本文雄]

② 업과 번뇌 23 오개(마음을 흐리게 하는 것)

【링크】→ 연기, 번뇌, 선정, 여실지견, 사념처, 족첸, 억압, 방어기제

좋은 것과 건전한 것을 가리고 방해하여 장애가 되는 5가지 마음의 활동을 오개(pañca nīvaraṇā, 五蓋)라고 한다. ① 감각적 욕망(kāma-chanda), ② 적의(byapāda), ③ 게으름과 혼침(thīna-middha), ④ 들뜸과 후회(uddhacca-kukkucca), ⑤ 의심(vicikicchā)이다. 오개가 가라앉음으로써 선정이 일어난다. 이때 대상과의 일체화에 의해서 소외감과 격리감이 채워져 감각적 욕망이 중화되고, 기쁨에 의해서 적의가 용해되고, 대상으로 마음을 향하는 심(尋)에 의해서 게으름과 졸음이 깨어나고, 이완에 의해서 들뜸과 후회가 안정되고, 대상을 상세하게 관찰하는 사(伺)에 의해서 의심이 풀린다.

오개의 관찰법으로는 ① 그때그때 오개 각각이 마음에 있는지, 없는지를 확인하는 것, ② 그 발생과정을 관찰하는 것, ③ 발생한 것이 어떻게 제거되는지를 반복해서 주시하는 것, ④ 제거된 것이 어떠한 경우에 다시 일어나고, 어떠한 경우에 다시 일어나지 않는지를 끝까지 잘 지켜봄으로서 제대로 아는 것이 설명되고 있다. 예를 들어 누군가를 상처 입히고 싶어 하는 성냄을 바라보는 동안, 우선 자기 안에 성냄이 있다는 것을 확인한다. 이때에 성냄을 나쁜 것이라고 단정하거나 억제하려고 하지 않은 채로 알아차리고 인정하는 것이 중요하다. 또한 성냄이 없을 때에는 성냄이 없는 것을 확인한다. 이렇게 함으로써 성냄이 있는 동안의 압박감과 긴장감을 있는 그대로 느끼게 된다.

다음으로 그 성냄이 어떻게 발생하는지 주시한다. 무엇을 보고, 무엇을 듣고, 무엇을 느끼고, 무엇을 떠올리고, 무엇을 생각해서 성냄이 올라오는지 반복해서 주시한다. 그 반복에 의해서 자각적으로 성냄을 체험할 수 있게 된다.

우리들은 무의식적으로 성냄을 억압하는 습관이 있지만, 그렇게 억압된 성냄은 일시적으로 소멸된 것처럼 보여도 또 다른 기회를 찾아서 다시 발생한다. 한편 자각적으로 성냄을 체험할 수 있게 되면, 그 성냄이 가진 힘을 사용하여 자신을 지키거나 재치 있게 자신의 기분을 상대편에게 전달할 수 있게 된다. 이렇게 상황을 전환할 수 있는 경우에는, 그 성냄은 자연스럽게 해결되어 재발하지 않는다. 이러한 관찰을 통해서, 성냄이 발생하는 배경에는 충족되지 않은 욕구와 불만감 또는 슬픔과 허전함 등이 잠재해 있다는 것도 알아차리게 된다. 이러한 발견은 자연스럽게 연기의 이해로 이어진다.

있는 그대로 반복해서 주시함으로써 오개를 가라앉히는 데 도움이 되는 조건이 드러난다. **감각적 욕망**에는 시체와 신체의 내부관찰, 감각체험의 자제, 적절한 식사량을 아는 것 등이 있다. **적의**에는 배려, 공감, 자업자득의 이해, 관점의 전환 등이 있다. **게으름과 혼침**에는 자세를 바꾸는 것, 빛에 접촉해서 빛을 이미지화하는 것, 야외에서 지내는 것 등이 있다. **들뜸과 후회**에는 넓은 견문, 확실히 묻는 것, 자신을 살피는 것, 경험이 풍부한 사람을 존경하는 것 등이 있다. **의심**에는 넓은 견문, 분명하게 묻는 것, 자신을 살피는 것, 자신을 믿고 이해하려고 하는 것 등이 있다.

❋ 문헌

片山一良 訳(1997), 「念処経」, 『中部根本五十経篇 I』, 大蔵出版, pp.177-178.
水野弘元 訳(1937), 『南伝大蔵経 第62巻 清浄道論 1』, 大蔵出版, pp.289-291.

[井上ウィマラ]

24 희론(개념적 복잡성)

【링크】→ 오온, 수면, 번뇌, 갈애, 견해, 자만, 해탈, 무아, 공, 무기, 사념처, 가지, 우울상태, 상징형성

이미지, 개념, 언어에는 현실 자체에서 분리되어 생각과 사고를 다양화하고, 인식을 복잡하게 하고, 인식을 왜곡하면서 망상하는 활동이 있다. 희론(prapañca, 戲論)은 그러한 증장작용을 가리키는 말로, 희론에 의해 발생하는 차별화와 사유화에 기반을 두어서 허망한 개념적 논의가 전개된다. 경전에서는 희론을 떠난 것, 희론이 소멸하는 것, 희론이 없는 것이 열반과 붓다를 수식하는 표현으로 사용되고 있다.

『상윳따니까야』의 「온품(蘊品)」은 오온에 대하여 갈애(taṇhā), 견해(diṭṭhi), 자만(māna)이라는 3종류의 희론이 활동하여 '나는 존재한다'라는 생각이 발생하고, 그것들과 가까운 '나이다'라는 확신에 의해 오취온(五取蘊)이 발생하는 과정을 설명하고 있다. '나는 존재한다'는 감각에는, 아직 주객이 혼연일체인 채로 다만 '있다'는 감각, '나'라는 명백한 주체에 대한 관념(자기표상)을 수반한 감각이 있다고 여겨지고, '있다'는 감각은 아직 견해와 상응하지 않는다고 분석된다. 견해는 '나'라는 자기표상과 신체를 동일시함으로써, 개념의 다양성을 초래한다. 갈애는 '나는 이러고 싶다'는 이상적인 존재양식과의 동일화충동, 그 이상에 맞지 않는 것을 배제하고 파괴하고 싶다는 공격충동에 의해서 개념적 복잡성을 초래한다. 자만은 '자신은 타인보다 우월하다, 동등하다, 열등하다'고 하는 비교에 의해서

희론을 만들어낸다.

이처럼 희론은 오온과 그 주변에 떠오르는 것에 다가가서(upeti), 집착하고, 그것을 '나'라고 확신하여 결부하는(adhiṭṭhāti) 것이며, 그 과정에는 다음과 같은 계층성이 보인다.

① 주객이 분화되지 않은 존재를 느낀다.
② 명확한 자기표상을 수반하는 나를 느낀다.
③ 소유관념이 드러난다.
④ '나'가 객관화된다.
⑤ 나의 배후에 자아(또는 魂과 같은 것)를 감지한다.

여기서 '다가가다', '확신하여 결부하다'라는 동사는 대승불교와 밀교에서 중요시되는 방편(upāya, 方便)과 가지(adhiṭṭhāna, 加持) 등과 연관된 말이다. 자기의식이 발현하는 과정에서 나타나는 마음의 활동에 부합하여, 그 사람이 무의식적으로 강하게 동일화하는 것에 다가가서, 그것에 동조하면서 힘을 북돋아준 후에, 한층 더 진리를 통찰하도록 이끄는 방법론이다. 사람은 무조건적으로 수용되는 안심과 기쁨을 얻고 나면, 비로소 통찰을 수용할 바탕을 갖추게 된다.

붓다는 『맛지마니까야』 가운데 18경인 「꿀과자경」에서 희론이 발생하는 기반에 대하여 기쁨에 집착하지 않으면, 탐욕, 성냄, 견해, 의심, 자만, 생존의 욕구, 무명이라는 잠재적인 번뇌가 소멸되고, 다양한 논쟁에 휩쓸리지 않게 된다고 설명하고 있다. 상징형성과 언어의 분절화기능에 관한 현대적 연구에서 조명해보면, 희론에 대한 이해와 심리학에서의 응용 가능성이 깊어질 것으로 생각된다.

❃ 문헌

井上ウィマラ(2008),「五蘊と無我洞察におけるasmiの位相」,『高野山大学論叢』第43巻, 高野山大学, pp.61-94.

片山一良 訳(1997),「蜜玉経」,『中部根本五十経篇 I』, 大蔵出版, p.299.

[井上ウィマラ]

브릿지 6 탐진치의 신경생리학

【링크】→ 번뇌, 삼독, 의존, 스트레스, 공황장애, 생리심리학, 정동, 인지과학, 지관, 마음챙김

번뇌에는 탐진치 3가지 마음이 있다. 이들에 대응해서, 신경과학에는 즐거운 정서를 유발하는 도파민신경, 불쾌한 스트레스 반응을 중개하는 노르아드레날린신경, 특수한 자각의 상태를 형성하는 세로토닌신경이 존재한다. 이들 3가지 신경은 서로에게 영향을 주는 관계에 있고, 그것은 빛의 삼원색인 빨강, 파랑, 초록의 빛이 서로 섞이면 모든 색이 나타나는 자연법칙과 유사한 관계에 있다. 3가지 신경이 뇌 안에서 서로 영향을 줌으로써 모든 정서가 형성된다고 생각된다. 이것을 나는 '마음의 삼원색' 가설이라고 부르고 있다(그림 참조). 그 개요를 아래에서 설명하고자 한다.

빨간색의 마음은 탐내는 마음에 상응하고, 그것은 중뇌의 복측피개야에 있는 도파민신경이 담당한다. 무엇인가 '보상'을 얻고 싶다는 갈망으로 인해 스트레스가 발생하면 도파민신경이 활성화되고, '의욕'이라는 마음의 상태가 형성된다. 그리고 노력에 보답해서 순조롭게 '보상'이 획득될 때에는 도파민분비가 늘어나고, 날아오를 것 같은 우쭐한 기분이 된다. 그런데 이 도파민신경에는 함정과도 같은 곤란한 특징이 숨겨져 있다. 즐거운 정서가 오래 지속되기는커녕 금방 식어서 다시 '보상'을 요구하며 활성화되는 성질이 있다. 즉, '보상'을 끝없이 요구하는 마음, 즉 탐욕의 마음을 만들어내는 신경인 것이다.

'보상'의 구체적인 내용은 학교생활에서 좋은 성적을 얻고, 시합과 경쟁에서 이기는 것 등이다. 지망하는 학교에 순조롭게 합격할 수 있다면 날

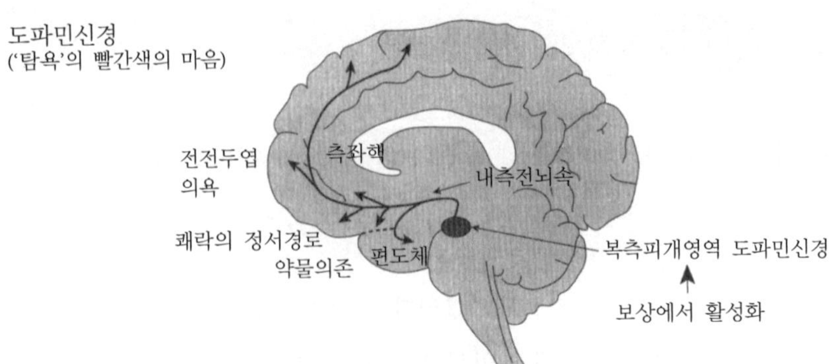

도파민신경
('탐욕'의 빨간색의 마음)
전전두엽
의욕
측좌핵
내측전뇌속
쾌락의 정서경로
약물의존
편도체
복측피개영역 도파민신경
보상에서 활성화

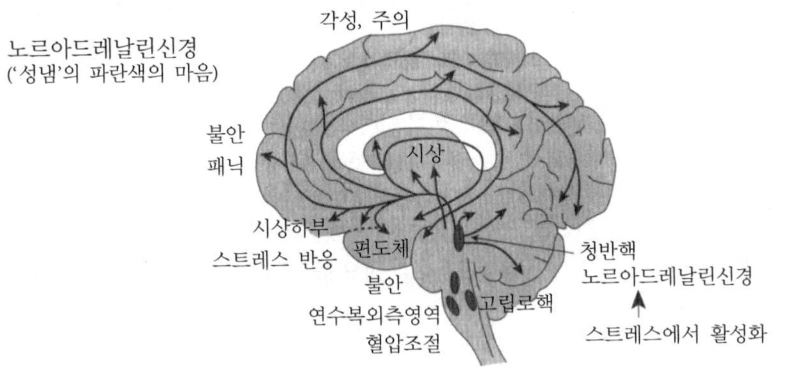

각성, 주의
노르아드레날린신경
('성냄'의 파란색의 마음)
불안
패닉
시상
시상하부
스트레스 반응
편도체
불안
연수복외측영역
혈압조절
고립로핵
청반핵
노르아드레날린신경
스트레스에서 활성화

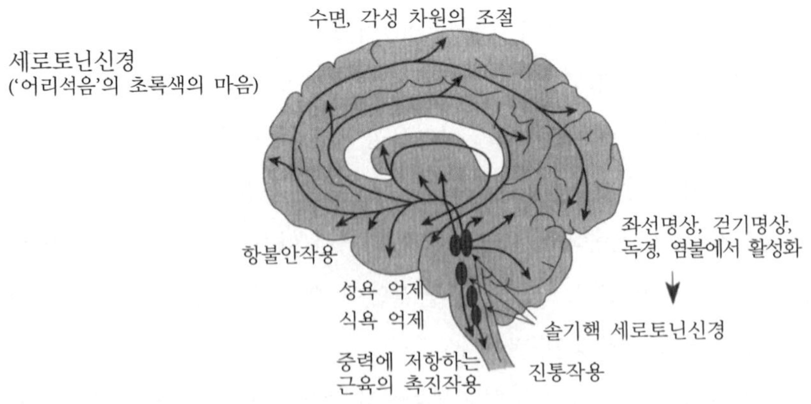

수면, 각성 차원의 조절
세로토닌신경
('어리석음'의 초록색의 마음)
좌선명상, 걷기명상,
독경, 염불에서 활성화
항불안작용
성욕 억제
식욕 억제
솔기핵 세로토닌신경
중력에 저항하는
근육의 촉진작용
진통작용

그림 마음의 삼원색 가설

아오를 것처럼 우쭐한 기분이 되는데, 그것은 도파민신경의 격렬한 흥분에 의한 것이다. 사회생활에서 '보상'은 높은 보수와 상금, 지위와 명예, 아름다운 부인(멋있는 남편)과 화려한 생활 등이다. 꿈을 안고 그것을 실현하기 위해서 열심히 일하는 마음이 도파민신경의 활성화에 의해서 형성된다. 대단히 고마운 신경이 뇌에는 구비되어 있는 것이다. 청년기의 젊은이가 큰 의지를 품을 때, 틀림없이 도파민신경이 활성화되고 있다. 아메리칸드림은 도파민신경을 활성화시킨 가치관과 생활방식이다.

문제는 모두가 '이길' 수는 없다는 것이다. 인간에게는 반드시 좌절이 있다. 그때 도파민신경은 폭주를 시작하는 성질이 있다. 수단을 가리지 않고 '보상'을 얻고자 하는 이상행동이다. 부정행위, 위법행위, 윤리위반 등 제어의 효과가 없고 '보상'을 향해서 돌진한다. 이것은 의학적으로 '의존증'이라고 불린다. 도파민신경은 '의존증'의 신경으로서 유럽과 미국에서 활발히 연구되고 있다.

의존증에는 약물의존증, 도박의존증, 게임의존증, 쇼핑의존증, 주식과 같은 머니게임 등 다양한 것이 있다. 자본주의, 자유주의경제는 도파민원리의 사회이다. 우리는 꿈꾸지 않고 살아가긴 어렵지만, 거기에 함정이 숨어 있다는 것을 잊어서는 안 될 것이다. 이것을 붓다는 '탐욕의 번뇌'라고 경계하고 있다.

다음으로 파란색의 마음은 성냄의 번뇌이다. 이것에 상응하는 뇌는 청반핵의 노르아드레날린신경이다. 이 신경은 외부로부터 불쾌한 스트레스가 부과될 때 흥분하고, 곧바로 성난 표정과 목소리, '싸울 것인지 도망칠 것인지' 하는 행동을 발생시킨다. 또한 각성상태를 '주의'와 '집중'의 차원으로 끌어올리고, 긴장과 불안의 심리상태를 형성시킨다. 자율신경에서는 혈압을 올리고, 호흡을 거칠게 하고, 에너지대사를 활발히 해서 전투태세를 갖춘다. 일종의 '뇌 속의 위기관리센터'의 역할을 담당한다. 외부로부터 위기를 끊임없이 감시하고, 필요하다면 직접 전체 뇌에 경보를 울리고, 전투태세를 갖춘다. 이 신경 덕분에 우리들 개체는 살아남을 수 있었다고 말할 수 있다.

하지만 대단한 것이 아닌데도 늑대소년 이야기처럼 함부로 경보를 울리면 곤란하게 된다. 공황장애와 불안신경증, 과긴장으로 인해 고조된 상황 등은 이 청반핵 노르아드레날린신경이 폭주한 상태이다. 사람은 목이 졸릴 때 당연히 공황상태가 된다. 아니, 되어야만 한다. 그런데 전차에 타고 있는 것, 넓은 곳에 있는 것만으로 공황상태가 된다면, 일상적인 사회생활에 지장을 주게 된다. 지나친 긴장과 끊임없이 움찔거리는 것도 곤란하다. 또한 함부로 불만과 성냄을 주위에 모조리 털어놓는 것도 문제이다. 그것들은 청반핵의 노르아드레날린신경이 폭주할 때 발생하는 이상심리상태이다. 이것을 붓다는 '성냄의 번뇌'라고 경계하고 있다.

세 번째 초록색의 마음은 '어리석음'에 관계하는 솔기핵의 세로토닌신경이 작용한다. 연구에 따르면 이 신경에 대하여 다음과 같은 지식이 분명해지고 있다. 세로토닌신경은 좌선명상과 걷기명상에 의해서 활성화되고, 그 결과 특수한 뇌파가 형성되어 대뇌피질의 각성상태를 변용시킨다. 또한 직감능력과 공감능력을 증강시키고, 자율신경의 균형을 조정한다. 게다가 앞에서 서술한 빨간색의 마음인 도파민신경의 폭주를 저지하고, 파란색의 마음인 노르아드레날린신경의 과도한 흥분을 진정시켜 평상심을 발현시킨다.

세로토닌신경을 활성화시키기 위해서는 호흡, 걷기와 같은 리듬운동 또는 단순한 리듬운동에 잡념을 배제한 채 집중할 필요가 있다. 좌선명상, 걷기명상, 요가명상, 일념염불, 진언수행 등은 세로토닌신경을 활성화하는 방법으로서 모든 조건을 갖추고 있다. 붓다가 말한 '각성한 사람'이라는 것은 오랜 시간 동안 세로토닌신경을 계속 활성화시킨 사람을 일컫는 것일 것이다.

마지막으로 빨강, 파랑, 초록 빛의 삼원색이 모두 혼합되면 투명하게 되지만, 마음의 삼원색이 모두 활성화된 마음의 상태(非貪非瞋非痴)는 인간이 그러하여야 하는 이상적인 마음의 상태('空'의 경지)라고 말할 수 있을 것이다.

❋ 문헌

有田秀穂(2006), 『脳内物質のシステム神経生理学ー精神精気のニューロサイエンス』, 中外医学社.

Yu X., Fumoto M., Nakatani Y., Sekiyama T., Kikuchi H., Seki Y., Sato-Suzuki I., Arita H.(2011), "Activation of the anterior prefrontal cortex and serotonergic system is associated with improvements in mood and EEG changes induced by Zen meditation practice in novices", *International Journal of Psychophysiology* 80, pp.103-111.

Fumoto M., Oshima T., Kamiya K., Kikuchi H., Seki Y., Nakatani Y., Yu X., Sekiyama T., Sato-Suzuki I., Arita H.(2010), "Ventral prefrontal cortex and serotonergic system activation during pedaling exercise induces negative mood improvement and increased alpha band in EEG", *Behavioural Brain Research* 213, pp.1-9.

[有田秀穂]

브릿지 7 해탈로 가는 길

【링크】→ 해탈, 보살, 삼학, 위빠사나의 오염, 선정, 여실지견

해탈로 가는 길은 아라한으로서 해탈을 완성하기 위한 사향사과(四向四果)로부터 요가행자의 17지(十七地), 불위(佛位)에 이르기 위한 보살의 52위(五十二位)와 10지(十地)에 이르기까지 불교사에서 매우 다양하게 전개되고 있다. 여기서는 빨리경전과 그 주석서에서 확인되는, 붓다가 본 해탈로 가는 길의 풍경을 그려보고자 한다.

『맛지마니까야』 24경 「역마차 교대 경－수행의 7가지 단계」에는 붓다의 수제자인 사리뿟따(Sāriputta)와 뿐나 만따니뿟따(Puṇṇa Mantāṇiputta)가 7가지 청정이라고 불리는 수행단계에 관한 논의를 주고받는다. 논의에 따르면 그들은 집착이 없는 완전한 평온(열반)을 얻기 위해서는 7대의 마차를 이어서 타고 목적지에 도달하는 것처럼 각각의 단계에 필요한 것을 달성하면서 해탈에 도달해야 한다는 견해를 공유하고 있다. 7청정의 구체적인 내용에 관해서는 『청정도론』 등의 주석서를 기다려야 하지만, 그 개요는 다음과 같다.

1. **계청정**(戒淸淨) : 출가자로서의 생활규범, 감각기관의 제어, 생활방식의 정화, 의식주와 약을 바르게 사용하는 것에 의해서 생활습관을 정리하고, 후회 없이 생활할 수 있는 상태이다.
2. **심청정**(心淸淨) : 명상수행으로 얻어진 집중력에 의해서 번뇌가 억압되고, 마음이 청정하게 되는 상태이다.

3. **견청정**(見淸淨) : 자기존재를 심신현상으로 보고, 그 특징, 작용, 드러나는 방식, 원인 등을 관찰하는 것에 의해서 '나'라는 확신(我見)을 떠나 있는 상태이다. 오온과 심·심소의 분석은 그 관찰을 위한 틀이다.
4. **도의청정**(渡疑淸淨) : 심신현상이 연기에 의해서 일어나는 것을 이해함으로써 과거세, 현세, 내세에 관한 의문과 붓다에 관한 의문 등이 눈 녹듯이 사라진 상태이다. 연기의 이해는 자기개념을 구축하는 것을 벗어나고, 자기개념의 그림자가 되는 삼세의 문제도 저절로 해결된다. 이 단계는 해탈의 첫 번째 단계와 유사하여 소예류(小預流)라고도 불린다.
5. **도비도지견청정**(道非道智見淸淨) : 지금까지의 청정에서 체험한 것을 무상·고·무아의 삼특상으로 새롭게 바라보는 동안에 현상의 생기와 소멸을 자세히 지켜보게 된다(生滅智). 그때 관찰의 집중력에 의해서 광명 등의 신비체험이 발생하고, 그와 함께 일어나는 미세한 집착을 알아차리지 않으면 위빠사나가 오염된다. 미세한 영적 집착을 끝까지 지켜보고, 종교적 신비체험을 넘어서, 바른 길을 분별할 수 있게 되는 상태이다.
6. **행도지견청정**(行道智見淸淨) : 위빠사나의 오염을 넘어서 생멸지가 성숙하는 것으로, 위빠사나의 지혜가 점차로 성장해가는 상태이다. 위빠사나의 지혜의 발달과정은 ① 무너짐을 보는 지혜, ② 공포를 보는 지혜, ③ 위험을 보는 지혜, ④ 염오해서 떠나는 지혜, ⑤ 벗어나고 싶다고 생각하는 지혜, ⑥ 뒤돌아보는 지혜, ⑦ 평정하게 지켜보는 지혜, ⑧ 흐름에 따라서 보는 지혜 등으로 분류된다. ③, ④, ⑤에 걸쳐서 우울한 상태와 유사한 체험을 하는 경우도 있지만, 그것은 자기개념과 자아이상을 내려놓기 위한 예기불안으로서, 우울한 체험이다.
7. **지견청정**(智見淸淨) : 유신견과 의심을 끊고 성자의 흐름에 들어가는

해탈의 지혜에 의해서, 열반의 평온을 실제로 체험하는 상태이다. 그 이후에는 무엇이 일어나고, 어떤 변화가 있는가를 관찰하는 지혜가 발생한다. 그러나 사람에 따라서는 이 관찰지가 발생하지 않는 경우도 있다. 해탈해도 자각이 없는 채로 평온하게 생활을 지속하는 경우도 있는 것이다.

다음으로 『맛지마니까야』 39경 「앗사뿌라 긴 경-사문으로서 배워야 하는 것」에서는 출가수행자로서 사람들로부터 공양을 받는 것에 보답하는 자가 되기 위해서, 참된 사문과 바라문이 되기 위해서 배워야 하는 것에 관하여 붓다는 다음의 17가지 항목으로 모아서 정리하고 있다.

1. 참괴를 몸에 익힌다.
2. 몸에 의한 행을 청정하게 하고, 그것으로 우쭐거리거나 깔보지 않는다.
3. 말에 의한 행을 청정하게 하고, 그것으로 우쭐거리거나 깔보지 않는다.
4. 생각에 의한 행을 청정하게 하고, 그것으로 우쭐거리거나 깔보지 않는다.
5. 생활방식을 청정하게 하고, 열고, 결함 없이 지키고 있다.
6. 감각체험을 제어하고, 지각을 자각적으로 지킨다.
7. 식사에 있어서 적절한 양을 알고, 청정한 행의 완성을 위하여 식사를 받는다.
8. 좌선과 경행 등에서 각성하도록 힘쓰고, 주의 깊게 일상생활을 한다.
9. 일상의 일거수일투족에서 알아차림을 유지하고, 올바르게 자각한다.
10. 고요한 자연 가운데 혼자서 명상하고, 마음을 가리는 활동(五蓋)으로부터 마음을 정화한다.
11. 대상으로 마음을 향하여 관찰하는 생각이 있고, 즐거움과 안락이 있

는 제1선에 머문다.

12. 생각이 소멸하고, 즐거움과 안락으로 충만한 제2선에 머문다.
13. 즐거움을 떠나고, 평정과 알아차림과 자각을 갖추고, 신체가 이완된 제3선에 머문다.
14. 안락을 떠나고, 평정에 의해서 알아차림이 정화된 제4선에 머문다.
15. 많은 과거생을 떠올리는 지혜에 마음을 기울인다.
16. 죽음과 재생의 과정을 보는 지혜에 마음을 기울인다.
17. 번뇌를 소멸하는 지혜에 마음을 기울인다.

14에서 15로 이행할 때에는 선정에서 나와서 여실지견에서 마음을 향하는 것이 필수적이고, 15에 관해서는 우주론적, 진화론적 관점에서 인생을 응시하는 것, 16에 관해서는 애착이론과 상실에 관한 연구와 비교함으로써 현대적인 관점에서 이해를 증진시킬 수 있을 것이다.

✻ 문헌

羽矢辰夫 訳(2004),「七つの修行の階梯ー七車経」,『原始仏典 第4巻 中部経典 I』, 春秋社, pp.353-363.

平木光二 訳(2004),「沙門として学ぶべきことがらー大馬邑経」,『原始仏典 第4巻 中部経典 I』, 春秋社, pp.597-614.

水野弘元 訳(1940),『南伝大蔵経 第64巻 清淨道論 3』, 大蔵出版, pp.286-475.

水野弘元(2006),『佛教要語の基礎知識』, 春秋社, pp.231-241.

[井上ウィマラ]

수행과 명상

① 다양한 수행덕목

25 37보리분법(깨달음의 요건)

【링크】→ 사념처, 칠각지, 사성제(팔정도), 신통력, 동기부여

37가지 깨달음을 돕는 요소(bodhi-pakkhiya-dhamma, 三十七菩提分法)는 4가지 알아차림의 확립(satipaṭṭhāna, 四念處), 4가지 올바른 노력(sammappadhāna, 四正勤), 4가지 성취의 기초(iddhipāda, 四神足), 5가지 능력(indriya, 五根), 5가지 힘(bala, 五力), 7가지 깨달음의 요소(bojjhaṅga, 七覺支), 8가지 성스러운 길(八正道)이라는 7가지 그룹을 말한다.

4가지 알아차림의 확립(四念處)은 ① 몸, ② 느낌, ③ 마음, ④ 심신상관 현상과 법칙성이라는 4가지 영역에서 있는 그대로를 반복해서 보고, 알아차림을 확립해서 위빠사나의 통찰지를 기르는 것이다. 상세한 것은 「26 사념처」 항목을 참조할 수 있다.

4가지 올바른 노력(四正勤)은 ① 예방하기 위한 노력정진, ② 버리고 떠나기 위한 노력정진, ③ 성장하기 위한 노력정진, ④ 완성하기 위한 노력정진으로 이루어진다. ① 예방하기 위한 노력정진은 감각기관에 대상이 접촉하여, 인상과 이미지가 생기고, 감정적인 충전이 발생해서 이야기가 형성되는 과정을 지켜보고, 불선과 불이익을 가져오는 행동이 일어나지 않도록 몸을 지키는 노력정진이다. ② 버리고 떠나기 위한 노력정진은 불선과 불이익을 가져오는 감정과 사고, 그것들의 행동화가 시작되는 것을 알아차려서, 그것들에게서 가능한 한 빨리 떠나고, 그것들을 종식시키도록 궁리하는 노력정진이다. ③ 성장하기 위한 노력정진은 아직 일어나지

않은 칠각지 등과 같은 마음활동이 일어나도록 의욕을 일으켜 노력정진하는 것이다. ④ 완성하기 위한 노력정진은 일어난 좋은 마음을 지키고, 성장시키고, 완성으로 유도하는 힘을 일으켜서 노력정진하는 것이다.

4가지 성취의 기초(四神足)는 의욕, 정진, 마음, 탐구심이다. 성취는 신통력이라고 불리는 초능력도 의미하지만, 여기서는 깨달음과 해탈의 완성이라고 해석된다. 마음은 한곳에 모으는 것(一境性), 즉 삼매를 가리킨다. 즉, 해탈에 대해서 의욕을 일으키고, 노력하고, 마음을 집중해서 진리를 탐구하는 것으로 불교 최고의 초능력인 해탈을 얻는다.

5가지 능력(五根)은 믿음, 정진, 알아차림, 삼매, 지혜이다. **5가지 힘**, 즉 오력(五力)도 같은 내용이지만, 능력이라고 부르는 경우에는 심신의 활동을 이끌면서 나아가는 측면을 강조하고, 힘이라고 부르는 경우에는 불신, 나태, 산란, 어리석음 등의 반대작용에 대항해서 극복해가는 측면을 강조한다. 믿음(saddhā)은 그것에 마음을 둠으로써 마음이 맑게 개이고, 진실과 마주하는 용기가 생기고, 괴로움을 수용해서 마음을 온화하게 하는 활동이다. **7가지 깨달음의 요소**(七覺支)와 **8가지 성스러운 길**(八正道)에 대해서는 「27 칠각지」와 「3 중도」, 「4 사성제」 항목을 참조할 수 있다.

위와 같이 37가지이지만, 반복해서 나오는 것이 있기 때문에 실제로는 ① 알아차림(8곳), ② 노력(9곳), ③ 의욕, ④ 일경성(4곳), ⑤ 믿음(2곳), ⑥ 희열, ⑦ 마음, ⑧ 관찰, ⑨ 지혜(5곳), ⑩ 심경안, 신경안, ⑪ 평정하게 바라봄, ⑫ 올바른 말, ⑬ 올바른 행위, ⑭ 올바른 생업의 14가지 요소로 정리할 수 있다.

이들 37가지 활동을 여신상과 존격으로 상징화하는 것으로부터 밀교운동이 시작되었다고 하는 설이 있다.

❋ 문헌

岡田行弘 訳(2004),「信仰の喜びー自歓喜経」,『原始仏典 第3巻 長部経典 III』, 春秋社, p.145.

水野弘元 訳(1940),『南伝大蔵経 第64巻 清浄道論 3』, 大蔵出版, pp.440-442.

[井上ウィマラ]

① 다양한 수행덕목

26 사념처(알아차림의 확립)

【링크】→ 해탈, 무아, 공, 오온, 오개, 연기, 칠각지, 사성제, 탈동일화, 자기이미지, 알아차림, 마음챙김, 위빠사나, 호흡법

사념처(satipaṭṭhāna, 四念處)는 몸, 느낌, 마음, 법(심신상관현상과 그 법칙성)이라는 네 가지 영역에서 대상을 반복해서 주시함으로써, 해탈의 지혜를 낳는 알아차림과 깊은 주의를 확립하는 수행이다. 경전에서는 사념처가 '비구들이여, 이 도는 중생들이 청정하고, 슬픔과 탄식을 건너고, 괴로움과 근심을 없애고, 올바른 방법을 얻고, 열반을 실현하기 위한 하나의 길이다'라고 설하고 있다. 하나의 길(ekāyana)은 일승도(一乘道)이기도 하다. 불교가 대승, 금강승 등으로 나누어지더라도, 모든 불교에서 공통되는 가장 기본적인 수행법이라고 말할 수 있다.

네 가지 영역 모두에서 공통적으로 얻을 수 있는 통찰은 다음과 같이 표현된다.

"그렇게 하면 '몸(느낌, 마음, 법)만이 있다'라는 알아차림이 드러난다. 그것이야말로 지혜를 위한 것이고, 한층 더 알아차리게 된다. 그는 의존하는 것 없이 지내고, 세상의 어떤 것에도 집착하지 않는다."

이것은 '나'라는 실체개념에 의해서 '나의 몸', '나의 마음' 등으로 소유화되기 이전의 현상 그 자체를 통찰하는 것이고, 몸과 감정과 생각 등으로 동일시하는 상태로부터 벗어나서(탈동일화) 사물을 있는 그대로 지켜보는 관점이다.

① **몸**(kāya, 身)에서는 호흡, 자세, 일상적인 동작, 신체를 구성하는 부분, 지수화풍의 요소(딱딱함과 무거움, 점성과 친화성, 뜨거움과 차가움, 움직임과 에너지의 흐름), 시체가 부패하는 과정을 주시한다. 신체의 부분과 시체의 관찰은 성욕을 제어하기 위함이라고 설명한다.

② **느낌**(vedanā, 受)에서는 즐거움, 괴로움, 즐겁지도 괴롭지도 않음이라는 세 종류의 신체감각을 보고, 그것들이 욕망, 성냄, 망각과 무자각을 동반하는 습관적 감정과 생각으로 연결되는 모습을 관찰한다.

③ **마음**(citta, 心)에서는 욕망, 성냄에 의해서 오염되어 있는지, 무자각과 미망에 의해서 오염되어 있는지, 자유를 느끼는지 갇혀 있다고 느끼는지, 안정되어 있는지 산란한지, 갇혀 있는지 해방되어 있는지 등의 관점에서 마음의 분위기를 확인한다.

④ **법**(dhamma, 法)에는 오개, 오온, 감각장소(눈, 귀, 코, 혀, 몸이라는 감각기관)에서 발생하고, 변화하고, 소멸하는 심신상관현상과 그 떠오르는 감정과 생각 등을 보고, 칠각지와 사성제의 실천에 의해서 무엇이 어떻게 변화하는지를 관찰한다.

또한 사념처의 특징 가운데 하나로 자신의 내면뿐만 아니라 타자 또는 타자와의 관계성도 반복해서 관찰하는 경우가 있다. 안(ajjhatta, 內), 밖(bahiddhā, 外), 안팎(ajjhatta-bahiddhā, 內外)이라는 세 가지 관점에서 관찰한다는 의미는, '나'라는 실체개념이 그때마다 관계성 안에서 만들어지는 습관적인 이야기와 동일화하는 현상이었다는 것을 알아차리는 것이다. 주체와 객체가 있고, 관계성이 있다고 하는 관점에서 주체와 객체라는 이원론적 구조는 관계성이라는 매트릭스로부터, 그때마다 떠오르는 가상적인 것에 지나지 않는다고 하는 관점으로 이행한다.

❃ 문헌

片山一良 訳(1997),「念処経」『中部根本五十経篇 I』, 大藏出版, pp.164-187.
井上ウィマラ(2005),『呼吸による気づきの教え』, 佼成出版社.

[井上ウィマラ]

수행과 명상

① 다양한 수행덕목

27 칠각지(깨달음을 떠받치는 것)

【링크】→ 여실지견, 중도, 해탈, 삼매, 알아차림, 마음챙김

깨달음을 떠받치는 7가지 요소를 칠각지(bojjhaṅga, 七覺支)라고 한다. 칠각지는 ① 알아차림(sati, 念), ② 현상의 분석(dhamma-vicaya, 擇法), ③ 노력(viriya, 精進), ④ 희열(pīti, 喜), ⑤ 진정(passaddhi, 輕安), ⑥ 삼매(samādhi, 三昧), ⑦ 평정하게 바라봄(upekkhā, 捨)의 7가지이다.

① **알아차림**(念覺支)은 지금 여기서 일어나는 것에 대한 자각이고, 깊은 주의, 순수한 관심으로서 드러난다.

② **현상의 분석**(擇法覺支)은 대상을 반복해서 있는 그대로 보는 지혜의 활동이고, 혈액을 원심분리기에 돌리면 비중에 따라서 성분이 분리되어 층차가 보이듯이, 반복해서 보는 것에 의해서 대상이 가지는 다양한 성질과 측면이 직관적으로 이해된다.

③ **노력**(精進覺支)은 아직 일어나지 않은 악을 예방하고, 이미 일어난 악을 제거하고, 아직 일어나지 않은 선을 일어나게 하고, 이미 일어난 선을 완성하기 위해서 근면하게 정진하는 것이다. 자신을 나무라거나 경쟁심을 동기로 하는 것이 아니라, 좋은 것에 대한 긍정적인 의욕으로부터 일어나는 생명의 에너지이다.

④ **희열**(喜覺支)은 생명이 약동하는 기쁨이다. 처음으로 희열의 흥분을 체험할 때에는 몸에 털이 쭈뼛쭈뼛 곤두서고, 소름이 돋는 경우도

있다. 번개가 반복해서 치는 느낌이고, 생명의 에너지가 파도처럼 밀려오는 느낌이고, 힘이 넘치는 느낌이고, 몸이 가볍게 뜨는 듯한 느낌이고, 눈부시게 빛나는 느낌이기도 하다.

⑤ **진정**(輕安覺支)은 희열의 흥분과 자극이 진정되고, 깊이 이완해서 안정되는 것이다.

⑥ **삼매**(定覺支)는 마음이 대상에 집중해서 안정되고 침착해지는 상태이다.

⑦ **평정하게 바라봄**(捨覺支)은 괴롭거나 즐겁거나, 좋아하거나 싫어하거나 하는 구별 없이, 오는 것을 막지 않고 가는 것을 쫓지 않고, 모든 대상을 치우치지 않고 평정하게 바라보는 자세이다.

현상의 분석, 노력, 희열의 세 요소에는 활성화하는 작용이 있고, 진정, 삼매, 평정하게 바라봄에는 안정화시키는 작용이 있다. 두 그룹이 균형을 취하는 것이 중요하다. 알아차림이 두 그룹의 균형의 요점이 된다.

어떠한 수행에서도 주의 깊은 알아차림을 가지고 대처하면서, 거기서 만나는 것에 대하여 현상을 분석한다. 그렇게 노력정진하면 맑은 희열이 생기고, 심신도 함께 이완되고, 안정되어 간다. 이렇게 모든 현상을 평정하게 바라보는 것이 가능한 구조가 몸에 배이면, 수행의 지혜는 생활 전체에 충만하고 깨달음은 완성되어 간다.

붓다는 제자들이 병이 들었을 때, 병문안을 하면서 칠각지를 설한 적이 있었다고 한다. 또한 자신이 병으로 누웠을 때에는 제자에게 칠각지를 외우게 하고 귀를 기울였다고 한다. 진실에 접촉하는 희열, 진실을 말하는 언어가 가지는 힘에 의해서 병이 치유되기를 기원했을 것이다.

❋ 문헌

ウ・ウェープッラ(1980),『南方仏教基本聖典』, 仏教書林中山書房, pp.37-39.
井上ウィマラ(2005),『呼吸による気づきの教え』, 佼成出版社, pp.230-233.

[井上ウィマラ]

수행과 명상

① 다양한 수행덕목

28 여리작의(이치에 맞게 마음씀)

【링크】→ 사성제, 연기, 해탈, 사섭법, 사무량심, 삼명

마음씀(manasikāra, 作意)은 모든 마음에서 활동하는 작용이다. 마음 전체를 움직여 대상으로 향하게 하는 활동이다. 일상생활에서 마음이 향하는 방식부터 선정이라고 불리는 깊은 집중에서 마음이 향하는 방식까지, 넓은 범위에서 중요한 역할을 한다.

이치에 맞게(yoniso, 如理)는 그것이 좋은 건전함, 살아가는 기쁨에 이어지는지를 자세히 보는 관찰지(觀察知)의 활동을 가리킨다. '요니(yoni)'는 자궁 또는 사물이 생겨나는 근원과 그 성질을 의미한다.

'이치에 맞게 마음씀(yoniso manasikāra, 如理作意)'은 해로운 것에서 멀어져 유익한 것으로 향하게 하고, 괴로움이 소멸된 평안과 접촉해서 평안이 생겨나는 길로 이끈다.

일상생활에서 '이치에 맞게 마음씀'에는 다음과 같은 것이 있다. 솔직한 것, 좋은 친구와 가까이 지내는 것, 만족을 아는 것, 잘 보살펴주는 것, 말 걸기 쉬운 분위기를 갖추는 것, 거만하지 않은 것, 자질구레한 일을 늘리지 않는 것, 간소한 삶의 방식, 감각에 놀아나지 않는 것, 사려 깊음, 거칠고 사납지 않는 것, 남에게 많은 것을 기대하지 않는 것, 비판과 조언을 소중하게 받아들이는 것, 사람을 속이지 않는 것, 사람을 가볍게 여기지 않는 것, 타인이 괴롭기를 바라지 않는 것, 은혜를 알고 감사하는 것, 타인과 비교하지 않는 것, 독선적이지 않는 것, 겸허한 것, 인생을 이끌어주는

가르침을 탐구하는 것, 인내, 후회가 적은 생활습관을 몸에 익히는 것, 마음을 안정시키는 것, 사물의 이치를 통찰하는 것 등이다.

이것들이 매번 반드시 잘 되는 것은 아니다. 그때마다 결과를 음미해보고, 그때의 상황에 맞는 '이치에 맞게 마음씀'이 가능하도록 반복해서 시행착오를 겪는 것이 중요하다. 『숫따니빠따』에서 설한 다음의 두 종류의 관찰법은 이를 위한 참고가 된다.

① 괴로움과 아픔을 확인하고, 그 원인을 탐구하는 것
② 괴로움과 아픔의 소멸을 확인하고, 괴로움의 소멸에 이르는 길을 보는 것

선정과 관련해서 '이치에 맞게 마음씀'에는 다음과 같은 것이 있다. 선정에서 나와서 고요하고 안정된 마음이 다음과 같이 관찰하도록 향하는 것이 좋다.

① 이 신체는 물질적인 형태를 가지고, 딱딱함, 무거움, 축축함, 친화성, 따뜻함, 차가움, 움직임으로 되어 있고, 부모로부터 태어나고, 음식에 의해서 성장하고, 항상 변화하고, 곧 늙어가고, 죽음으로 분해되어 무너져가는 성질의 것이다. 그리고 이 '나'라는 의식은 이 신체에 의존하고, 밀착되어 있다.
② 사람이 태어나서 자라는 과정과 죽어가는 과정의 관련성을 관찰한다.
③ 괴로움의 모습을 모두 알고, 괴로움의 원인을 보고, 괴로움의 소멸을 실제로 느끼고, 괴로움의 소멸에 이르는 실천방법을 안다.

❃ 문헌

中村元 訳(1984),『ブッタのことば』, 岩波文庫, p.156.

渡辺研二 訳(2003),「真のバラモン一種徳経」,『原始仏典 第1巻 長部経典 I』, 春秋社, pp.172-195.

[井上ウィマラ]

수행과 명상

① 다양한 수행덕목

29 삼학(계정혜)

【링크】→ 해탈, 선정, 삼매, 육바라밀, 위빠사나의 오염, 통찰, 공감, 배려의 기원

계정혜는 불교수행의 세 가지 배움의 단계인 삼학(tisso sikkhā, 三學)을 말한다.

계(sīla, 戒)는 어원적으로 생활습관과 성질 등을 의미한다. **계학**(sīla-sikkhā, 戒學)에 의해서 후회가 적은 생활습관을 몸에 익힐 수 있으면, 마음을 안정시키기 쉬워지고, 사물의 진리를 통찰하고, 마음을 정화시켜 해탈을 얻기 위한 기반을 얻을 수 있다.

계에는 나쁜 것을 막는 측면과 유익한 것을 기르는 측면이 있다. 일반 재가에서는 ① 살아 있는 것을 죽이지 않고, ② 주지 않는 것을 훔치지 않고, ③ 성적 관계에 있어서 무책임한 행동을 하지 않고, ④ 거짓말을 하지 않고, ⑤ 마음을 혼미하게 하는 술과 마약을 취하지 않는다고 하는 오계(五戒)에 따라서 생활습관을 가지런히 한다. 이러한 계의 근본은, 어떤 행위를 자신도 모르게 즐기는 것으로부터 멀어지는(virati) 마음이다. 그 행위에 수반되는 고통을 아는 마음으로도 해석할 수 있을 것이다.

칠불통계게(七佛通戒偈)라고 불리는 '모든 악을 행하지 말고, 선을 행하라. 자기의 마음을 깨끗하게 하는 것, 이것이 모든 붓다의 가르침이다(諸惡莫作 修善奉行 自淨其意 是諸佛敎).'라는 붓다의 말에는 계에 기반을 둔 정·혜에 의해서 마음을 정화하는 삼학(三學)의 사상이 들어가 있다.[1)]

정학(samādhi-sikkhā, 定學)에서는 마음을 하나의 대상에 집중하여, 안정

되도록 훈련한다. 이것은 삼매라고도 불린다. 정(定)의 근본은 마음이 대상과 일체화된 상태(citte-ekaggatā, 心一境性)이다. 일체화하는 것에서 대상과 분리감이 없어지고, 마음이 안정된다.

정(定)은 완전하게 몰입한 집중상태(appanā-samādhi)와 몰입에 가까운 집중상태(upacāra-samādhi)라는 두 종류로 분류된다. 완전한 몰입상태에 들어가면, 미세한 물질세계(色界)와 정신세계(無色界)만의 상태를 체험한다. 몰입상태에서는 마음의 고요를 맛보고, 신비적 체험을 수반하는 경우도 있다. 몰입에 가까운 집중상태에서는 주위를 잊어버릴 정도의 몰입까지는 이르지 않는다.

혜학(paññā-sikkhā, 慧學)에서는 정(定)으로 길러진 집중력에 의한 레이저 광선과 같은 관통력으로, 사물을 있는 그대로 통찰하도록 훈련한다. 완전한 몰입상태에서는 지혜가 활동할 여유가 없기 때문에 일단 정(定)에서 나와 혜(慧)의 수행으로 옮겨가야 한다. 몰입에 가까운 집중상태에서는 그대로 혜로 이동하는 것이 가능하다.

정에 의한 고요와 신비체험에 대한 미세한 집착을 주시하는 것도 지혜의 중요한 작업이고, 그것들을 사유화(私有化)해버리면 새로운 괴로움이 발생한다는 것을 이해하는 것도 지혜의 중요한 작업이 된다.[2] 이러한 언어와 개념과 이미지 등의 표층이 벗겨지고, 통찰이 무상·고·무아의 실상에 닿을 때에 해탈의 문이 열린다.

해탈에 이르는 지혜의 단계에는 오랜 자기로부터 탈피할 때의 불안과 억눌림을 있는 그대로 주시하는 것도 포함되어 있고,[3] 이러한 지혜의 체험에 의해서 타인에게 꼭 맞는 배려와 타인과 공감할 수 있는 능력을 기를 수 있다.

❃ 문헌

1) 中村元 訳(1978),『ブッタの真理の言葉, 感興のことば』, 岩波文庫, p.36.

2) 水野弘元 訳(1940),『南伝大蔵経 第64巻 清浄道論 3』, 大蔵出版, pp.363-371.

3) 水野弘元 訳(1940),『南伝大蔵経 第64巻 清浄道論 3』, 大蔵出版, pp.382-392.

[井上ウィマラ]

30 삼혜(문사수)

【링크】→ 해탈, 삼매, 공, 무아, 통찰, 반복강박, 통합이론

지혜는 듣는 것에 의해서 얻어지는 지혜(suta-mayā paññā, 聞慧), 생각하는 것에 의해서 얻어지는 지혜(cintā-mayā paññām 思慧), 수행에 의해서 얻어지는 지혜(bhāvanā-mayā paññā, 修慧)의 세 종류로 분류된다. 이들을 문사수(聞思修) 삼혜(tisso paññā, 三慧)라고 부른다.1)

진심으로 정성을 기울여서 일을 하거나 인생과 씨름한다면, 지금까지의 경험과 사물의 섭리로부터 자연스럽게 많은 것을 배울 수 있다. 이것이 생각에 의해서 길러진 지혜(思慧)이다. 독서를 하거나 가르침을 들어서 얻어진 지혜(聞慧)는 생각에 의해서 길러진 지혜를 얻는 데 도움을 준다. 그리고 집중력과 통찰력을 기르는 명상수행에 의해서 무상·고·무아가 깊이 통찰되어 해탈에 이르는 문을 여는 지혜(修慧)를 얻을 수 있다.

'알고 있지만 그만둘 수 없는' 상태로부터 '알았더니 더 이상 하고 싶지 않게 되는' 상태로 변화하는 것은 수행에 의해서 지혜로 이행하는 것과 상응한다.

자신의 생각대로 되지 않는 현실의 괴로움과 만났을 때, 거기에 머무르면서 주시할 수 있다면, '인생을 생각대로 할 수 있다'고 확신하던 '나'의 무근거성(空相, 無我)을 이해할 수 있는 순간이 다가온다. 이러한 통찰은 지금까지의 '나'라는 착각이 붕괴하는 데서 오는 불안과 답답함을 수반한다. 그 때문에 그것을 견뎌내는 강한 마음이 필요하다. 수행에 의해서 얻어지는 기쁨과 이완은 그러한 강한 마음이 부드럽게 되도록 도와준다.

수행이 인생 전반에 응용된다면 인생에서 일어나는 일에서도 마음을 만족시키는 기회가 제공된다. 마음이 만족되면 통찰이 뿌리내릴 여지가 생긴다. 이러한 순환을 거쳐서 이전과 동일한 장면을 만났을 때, 여느 때와는 다른 대응을 할 수 있게 된다. 그렇게 하면 그러한 괴로움과 만나는 것의 의미를 점차 발견하게 된다. 의미의 열림은 괴로움의 수용을 재촉한다. 착각의 원인이 되는 확신과 얽매임을 놓아버림으로써 시야가 변화한다. 이렇게 해서 무의식적인 반복으로부터 빠져나와서, 창조적으로 시행착오를 겪으면서 살아갈 수 있게 된다.

이러한 설명을 읽고서 알게 되는 것은 '듣는 것에 의한 지혜(聞慧)'이고, 인생에 응용하면서 궁리하는 것은 '생각에 의한 지혜(思慧)'이고, 깊은 집중력 가운데 통찰이 생겨서 변용을 체험하는 것이 '수행에 의한 지혜(修慧)'일 것이다. 이들 삼혜는 순환적으로 깊어지게 할 필요가 있다.

삼혜의 배경에는 식별해서 두루 아는 것(ñāta-pariññā, 知遍知), 공통성을 발견해서 두루 아는 것(tīraṇa-pariññā, 審察遍知), 확신을 버림으로써 두루 아는 것(pahāna-pariñña, 斷遍知)이 있다.[2] 버리는 것에 관해서는 고찰이라는 순간적 조건에 의해서 버리는 것(tadaṅga-pahāna), 집중력에 의해서 억제해서 버리는 것(vikkhambhana-pahāna), 통찰에 의해서 근절해서 버리는 것(samuccheda-pahāna) 등의 구분도 있다. 이러한 고찰이 지혜에 관한 다양한 구분으로 이어졌다고 생각된다.

❋ 문헌

1) 浪花宣明 訳(2004), 「教義の集成一等誦経」, 『原始仏典 第3巻 長部経典 III』, 春秋社, p.296.
2) 水野弘元 訳(1940), 『南伝大蔵経 第64巻 清浄道論 3』, 大蔵出版, pp.319-320.

[井上ウィマラ]

수행과 명상

① 다양한 수행덕목

31 사무량심(자비희사)

【링크】→ 선정, 중도, 수희, 통렌, 무아, 공감, 양가성, 정체성, 죄책감, 감사, 붓다의 행복관

자비희사(慈悲喜捨)라는 네 가지 마음을 유지하는 방법을 사무량심(catasso appamaññayo, 四無量心) 또는 청정한 생활방법인 사범주(brahma-vihāra, 四梵住)라고 부른다. 자비(慈悲)는 사무량심의 첫 번째 두 단어를 합쳐서 부르는 것이다.

자(mettā, 慈)는 상대방의 행복과 건강과 평안을 기원하는 마음이고, 그 본질은 성냄을 떠난 마음이다. 어떠한 성냄도 존재하지 않는 순간에는 상대방의 존재를 그대로 수용할 수 있기 때문이다.

전통적인 자애수행에서는 우선 자애의 마음을 자신에게 향하게 한다. 구체적으로는 '나는 적의 없는 존재가 되기를, 해치는 마음이 없는 존재가 되기를, (자신을 비난하며) 괴로워하는 일이 없기를, 자신이 마음 편안하게 지내기를'이라고 기원한다. 자기 자신이 자애로 충만해진 이후 타자에게 자애의 마음을 보낸다.

개별적으로 자애를 보내는 경우에는, 처음에는 존경하고 친애하는 마음을 쉽게 품을 수 있는 사람, 다음으로는 좋아하는 사람, 관계가 없는 사람, 마지막으로는 적대적인 관계에 있는 사람에게 보내도록 노력한다.

만약 적대자에 대해서 성냄이 올라오는 경우에는 쉽게 자애의 마음을 품을 수 있는 사람에게로 마음을 되돌려 조절한다. 적대자에 대한 성냄을

가라앉혀 극복하는 방법으로서는 ① 상대방이 성냄으로 인해서 악행을 해버린, 그 자신의 과보를 받는 괴로움을 생각해본다. ② 상대방의 어떤 부분이 성냄을 이끌어내는가를 고찰한다. ③ 상대방의 감정에 책임을 질 필요가 없다는 것을 생각한다. ④ 자신과 상대방이 닮은 점이 없는지 생각한다. ⑤ 긴 윤회전생 가운데 부모 자식 또는 가족으로 태어난 적이 있을지도 모른다고 상상해보는 등의 노력을 해본다. 그런데도 소용이 없는 경우에는 잠깐 휴식을 취하면서 거리를 둔다.

특정한 대상 없이 자애를 보내는 경우에는 주위의 사방, 팔방, 상방, 하방의 방위에 머물고 있는 모든 살아 있는 것들을 향해서 자애의 마음을 순서대로 넓혀 나간다.

자애수행에는 다음의 11가지 효과가 있다고 한다. ① 편안하게 잠을 잔다. ② 편안하게 잠에서 깨어난다. ③ 악몽을 꾸지 않는다. ④ 남에게 사랑받는다. ⑤ 정령 등으로부터 사랑받는다. ⑥ 여러 천신이 보호한다. ⑦ 불, 독, 칼의 해를 당하지 않는다. ⑧ 마음이 빠르게 집중된다. ⑨ 안색이 좋다. ⑩ 명료한 의식으로 숨을 거둔다. ⑪ 해탈할 수 없어도 천계에 태어난다.

비(karuṇā, 悲)는 상대방의 괴로움과 고통이 누그러지기를 기원하는 마음이다.

희(muditā, 喜)는 상대방의 성공과 행복을 함께 기뻐하고 그것이 오래 지속되기를 기원하는 마음이다.

사(upekkhā, 捨)는 상대방 인생의 부침을 자업자득의 관점에서 적절한 거리를 두고 지켜보는 마음이다.

사무량심 전체에서 선정을 얻을 수 있지만, 희열(pīti)을 느끼는 것은 자비희(慈悲喜)까지이고, 사(捨)에는 희열이 없다.

사무량심을 자식을 키우는 과정에 비유한다면, 자심은 부모가 자식의 행복을 기원하는 마음이고, 비심은 자식이 병과 상처로부터 치유되기를 기원하는 마음이고, 희심은 세계와 인연을 맺기 시작하는 아이의 즐거움을 함께하는 마음이고, 사심은 자립한 아이에 대해서 거리를 두고 지켜보는 마음에 해당한다.

❃ 문헌

水野弘元 訳(1938),『南伝大蔵経 第63巻 清浄道論 2』, 大蔵出版, pp.134-202.

[井上ウィマラ]

32 사식(四食)

【링크】→ 연기, 업, 오온, 식염상, 알아차림, 신체감각, 감각·지각·인지, 기억, 감각차단, 대상관계론

식(食)의 원어인 '아하라(āhāra)'는 음식, 자양분, 섭취 등의 의미를 가진다. 사식(四食)은 목숨을 지탱하는 네 가지 영양소이고, 그 배경에는 정신적인 것을 포함한 많은 것을 먹고, 소화하고, 흡수하고, 배설하면서 살아가는 생명현상으로 우리 존재를 관찰하는 관점이 있다.

① **음식의 자양분**(kabaliṅkāra-āhāra, 段食)

전통적으로 '단식(段食)'으로 번역되는 이유는, 인도에서는 손을 사용해서 한입 크기의 공 모양으로 둥글게 뭉쳐 먹었기 때문이다. 음식으로서의 자양분은 생명유지를 위해서 먹고 마시는 것을 통해서 일상적으로 섭취하는 것이다. 기호품과 약품도 여기에 포함시킬 수 있다. 먹을 것을 약으로 보는 '오관게(五觀偈)'의 네 번째 게송 '먹을 것을 좋은 약으로서 섭취하는 것은 이 신체의 고갈을 치유하기 위해서이다(몸을 지탱하는 약으로 알아).'라는 사상도 이것과 통한다.

② **접촉의 자양분**(phassa-āhāra, 觸食)

눈으로 들어오는 시각정보에서 빛, 귀로 들어오는 청각정보에서 공기의 진동, 코로 들어오는 후각정보에서 공기 중의 화학물질, 혀로

들어오는 미각정보에서 음식물 중의 화학물질, 피부와 점막에서 느끼는 접촉정보에서 대상물 등이 각각의 감각기관에 접촉하는 것이다. 이는 직간접적인 접촉에 의해서 눈으로 접촉하고, 손으로 접촉하고, 마음으로 접촉하면서 살아간다는 관점이다. 몸 안의 점막과 근막 또는 세포 내의 이온물질 등에 의한 미세한 파동정보와 접촉하는 것은 직관적인 인지에 영향을 줄 가능성이 높다.

접촉이 정신적인 자양분이 되어 건강을 유지하는 데도 영향을 주는 것은 감각차단실험으로도 명백해지고 있다. 진심 어린 손길과 포옹에 의한 접촉은 아이의 신뢰감과 안정감을 형성하는 데 필수불가결한 것이다.

접촉은 12연기의 여섯 번째 고리이고, 접촉을 매개로 무엇이 일어나는지를 관찰하는 것이 연기의 이해로 이어진다.

③ **의도의 자양분**(mano sañcetana-āhāra, 意思食)

마음에서 무엇을 어떻게 생각하는지, 어떻게 주의를 기울이는지도 그 이후의 정신상태에 큰 영향을 준다. 마음은 생각을 먹고서 활동을 계속한다. 같은 상황을 만나더라도 그것을 어떻게 해석하는지, 어떤 의미를 발견하는지에 따라서 그 이후의 대응과 심신의 상태에 다른 영향을 준다. 현대의 긍정심리학과도 연결되는 관점이다.

④ **식의 자양분**(viññāṇa-āhāra, 識食)

여기서 말하는 식은 인식작용이 발생할 때에 사용되는 기억을 가리키는 것이라고 생각된다. 혼(魂)이라고 불리는 것도 현재의 우리의 느낌, 인지, 행동과정의 배경에 깊은 영향을 주고 있는 과거 기억정보의 집적이라고 생각할 수 있다. 하나하나의 인지과정 가운데 과거의 기억정보가 어떻게 사용되고 있는지를 관찰하는 것은 마음이 무엇을 소재로 어떤 음식을 만들고, 어떻게 먹어서 생명을 유지하는지를 아는 것과 연결된다.

❋ 문헌

片山一良 訳(1998),『中部根本五十経篇 II』, 大藏出版, p.224.

ティク・ナット・ハン, リリアン・チェン, 大賀英史 訳(2011),『味わう生き方』, 木楽舎, pp.76-103.

[井上ウィマラ]

수행과 명상

① 다양한 수행덕목

33 사섭법

【링크】→ 붓다의 행복관, 차제설법, 자비, 공감, 감사, 나르시시즘

가족과 동료를 지키고, 조화를 가져오고, 평화를 실현하기 위한 보시(布施), 애어(愛語), 이행(利行), 동사(同事)로 이루어진 네 가지 실천을 사섭법(cattāri saṁgaha vatthūni, 四攝法)이라고 한다.

보시(dāna, 布施)는 나누어주는 것이다. 돈, 먹을 것, 의복 등의 물질적인 것을 주는 것이다. 안전하고 안심할 수 있는 환경을 찾아서 제공하는 것이다. 정보와 기술과 지혜를 배우도록 지원하는 것이다. 보시는 서로 나누어 가짐으로써 행복에 대한 가치관을 전환하는 실천이고, 웃는 얼굴 한 번도 보시가 된다. 보시의 본질은 탐욕을 떠난 마음, 관대함이고, 자본주의사회에 있어서는 이익의 재분배를 가져오는 동기가 되는 것이다.

애어(piya-vacana, 愛語)는 배려를 담은, 상처 주지 않는 상냥한 말을 하는 것이다.

이행(attha-cariyā, 利行)은 상대를 위한 것과 이익이 되는 것을 실천하는 것이다. 비록 상대에게 도움이 되는 것이라도 상대가 바라지 않을 때에는 때가 되기를 기다리는 것이 바람직하다.

동사(samāna-attatā, 同事)는 상대를 자신처럼 보고 공감적으로 이해하고 받아들이는 것이다. 대승불교에서 '동사(同事)'라고 번역되는 것은 타인을 자신처럼 생각한다는 의미를 이어받은 것이다.

어떤 때에 빠세나디(Pasenadi) 왕이 말리까(Mallikā) 왕비에게 '자신보다 사랑스러운 사람이 누가 있을까?'라고 묻자, 왕비는 '자신보다 사랑스러운 사람은 아무도 없습니다. 대왕이시여, 당신에게는 자신보다 사랑스러운 사람이 있습니까?'라고 대답했다. 왕도 '나도, 자신보다 사랑스러운 사람은 아무도 없다'라고 대답하고, 붓다에게 이 이야기를 했다. 붓다는 그 진의를 통찰하고 다음의 게송을 말하였다.

'생각은 모든 방향으로 움직이며 돌아다니지만, 자신보다 사랑스러운 것을 찾을 수 없다. 이처럼 다른 사람들도 자신이 사랑스럽다. 그러므로 자신을 좋아한다고 생각한다면 타인을 해칠 수 없다.'

사람은 자신이 가장 사랑스럽다. 그것을 인정하고서야 비로소, 서로 의존적인 관계성을 해치지 않고 타자를 소중하게 여길 수 있다. 사람은 자신을 소중하게 여기는 것 이상으로는 남을 소중하게 여길 수 없을지도 모른다. 이러한 사상이 '동사(同事, 同自)'라는 실천의 배경에 있다.

또한 붓다는 신들로부터 행복이란 무엇인가라는 질문을 받았을 때, 38 종류의 행복에 관해서 대답한 적이 있다. 거기에서 '부모를 돌보고 처자식을 사랑하고 보호하는 것'을 행복의 하나로 들고 있다. 최종적인 행복은 해탈에 있다 할지라도, 가족과 가까운 사람들을 소중하게 지키는 것도 행복의 하나이고, 그러한 배움의 실천이 쌓이는 가운데 깨달음과 해탈의 행복이 있다(「브릿지 2 붓다의 행복관」 참조).

사섭법은 지혜와 공감과 배려를 토대로 해서 사회를 평화롭게 지키기 위한 실천법이다.

✻ 문헌

浪花宣明 訳(2004),「教義の集成一等誦経」,『原始仏典 第3巻 長部経典 III』, 春秋社, p.309.

赤沼智善 訳(1937),『南伝大蔵経 第12巻 相応部経典 1』, 大蔵出版, pp.129-130.
中村元 訳(1984),『ブッタのことば』, 岩波文庫, p.58.

[井上ウィマラ]

34 무기(無記)

【링크】→ 열반, 사성제, 희론, 무아, 공, 염리, 비사량, 중관사상, 조건부여, 비지시적 상담

무기(avyākata, avyākṛta, 無記)에는 크게 2가지 의미가 있다.

① 대답하지 않은, 설하지 않은 것

'세계는 영원한가, 영원하지 않은가. 세계는 유한한가, 무한한가. 영혼과 신체는 같은가, 다른가. 여래는 죽은 이후에도 존재하는가, 존재하지 않는가, 존재하면서 존재하지 않는가, 존재하지 않으면서 존재하지 않는 것도 아닌가.'[1)]

고타마 붓다는 이러한 질문에 대해서 어떤 대답도 하지 않고, 침묵을 지키는 태도로 일관하고 있다. 당시의 수행자들이 공통적으로 탐구하였던 형이상학적 문제에 관여하지 않은 것이다. '왜 나는 이[러한 형이상학적 문제]에 대하여 단정해서 설하지 않는 것인가? 그것은 목적에 부합하지 않고, 청정한 수행의 기초가 되지 않는다. [세속적인 것을] 염오해서 떠나는 것, [자타분리적인 사고방식에 의한] 색채(조건)를 부여하지 않는 것, [번뇌를] 제어해서 소멸하는 것, 마음의 평안, 뛰어난 지혜, 올바른 깨달음, 열반을 위해서 쓸모가 없기 때문이다.'[2)]

예를 들어 '세계는 영원하다'와 '세계는 영원하지 않다'는 것은 양쪽

이 동등한 권리를 가지고 자신의 올바름을 주장할 수 있는 이율배반적 명제이고, 어느 쪽이 옳은지는 영원히 결정되지 않는다. 어느 한쪽이 절대적으로 옳다고 단정해버리면, 다른 쪽은 절대적으로 잘못된 것이 된다. 이 문제는 말로 논의를 아무리 반복해도 모든 사람이 납득할 만한 대답을 찾을 수 없는 문제이며, 그런 까닭에 입장이 다른 편과의 싸움이 끊이지 않는다. 비록 일시적으로 해결했다 하더라도 그로 인해 우리가 괴로움으로부터 해방되는 것은 아닐 것이다. 고타마 붓다의 목적은 괴로움으로부터 해방되는 것이었다.

이것은 독화살에 맞았는데도 그것을 쏜 사람의 이름과 신분 등을 알기 전에는 화살을 뽑지 않겠다고 말하고 그대로 죽어버리는 어리석은 행위에 비유된다. 괴로움을 안고 있는데도 형이상학적 질문에 대답해주기 전까지는 수행을 하지 않겠다고 말한다면, 고타마 붓다는 그것에 대답하지 않기 때문에 그 사람은 괴로움을 해결하지 못한 채로 죽어버릴 것이다. 고타마 붓다는 형이상학적 질문에 관한 논의에 시간을 소비할 것이 아니라, 우리 자신의 현실의 괴로움을 있는 그대로 절실히 느끼고, 그로부터 어떻게 하면 해방되는지를 문제로 삼아야 한다고 생각했다. 그런 까닭에 고타마 붓다가 설한 가르침은 현실적인 괴로움, 괴로움이 일어난 원인, 괴로움의 소멸, 괴로움의 소멸로 이끄는 길이라는 사성제였다.[3)]

② 구별되지 않은, 분류되지 않은 것

부파불교에서 사물의 성질을 3가지로 나누어서 생각한 것 가운데 하나이다. ① 유익한 것(善), ② 해로운 것(不善), ③ 무기(유익한 것으로도 해로운 것으로도 분류되지 않은 것, 無記)로 나뉜다.

❃ 문헌

1) MN. i, p.426.

2) MN. i, pp.431-432.

3) 羽失辰夫(2003),『ゴータマ・ブッダの仏教』, 春秋社, pp.3-28.

[羽失辰夫]

수행과 명상

① 다양한 수행덕목

35 대기설법·차제설법

【링크】→ 사성제, 무기, 방편, 비지시적 상담, 내담자 중심 치료, 인간 중심 접근법

1. 대기설법

기(機)라는 것은 근기(根機)라고도 하고, 능력을 가진 인간을 가리킨다. 대기설법(對機說法)이란 가르침을 받는 자의 능력과 소질에 따라서 가르침을 설한다는 의미이다. 병에 따라서 약을 주는 것에 비유되듯이 고타마 붓다는 듣는 사람의 이해력, 성격, 상황에 맞추어 정교하게 가르침을 설하고, 최종적으로는 깨우침으로 이끌었다고 한다.

상대방의 세계관과 가치관을 인정하면서, 그것에 입각해서 상대방을 교화하는 것이다. 입장이 다르다고 해서 처음부터 거절하거나 배척하지 않는다. 무익한 다툼을 피하고 가르침으로 이끄는 것이다. '[고타마 붓다는] 다양한 교설에 의해서 진리를 설했다'고 전해진다.[1)]

상대방에 맞춘 가르침을 설하기 때문에, 그 상황을 무시하고 말만 받아들인다면 때로는 모순되는 경우도 있고, 혼란이 생기는 경우도 있었다. '혼자서 가라'고 말하거나 '선한 사람과 함께 가라'고 말한다면, 어느 쪽이 올바른지에 대한 논의가 생겨나는 것은 당연하다. 말에만 구애되면 그것은 해결해야만 하는 중대한 문제인 것처럼 생각된다.

이것은 예를 들자면 더 이상 버틸 수 없는 사람에게 '힘내지 않아도 괜찮아'라고 말하고, 버티는 사람에게는 '힘내라'고 말하는 것이다. 단순히 '힘내라'라고 하면 안 된다든지, '힘내지 않는' 것이 무조건적으로 좋은 것

은 아니다. 상대방의 상황을 확실히 보고서 말을 거는 것이 중요하다. 혼란을 피하기 위해서는 가르침(의 말)에도 구애되지 않아야 한다는 의미에서 '뗏목의 비유'를 설하였다.[2)]

"수행승들이여, 예를 들어 먼 길을 여행하는 사람이 큰 강을 만났다고 해보자. 이쪽 언덕은 위험해서 두렵고, 맞은편 언덕은 안전해서 공포가 없다. 그러나 [그에게는] 이쪽에서 맞은편 언덕으로 건너갈 배도, 다리도 없다고 해보자. 그는 이렇게 생각한다. '나는 풀, 나뭇조각, 가지, 잎을 모아서 뗏목을 엮어서, 그 뗏목에 올라 손발을 부지런히 사용해서 안전하게 맞은편 언덕으로 건너자'라고. 맞은편 언덕으로 건넌 그는 이렇게 생각할 것이다. '이 뗏목은 나에게 매우 도움이 되었다. 나는 이 뗏목을 머리에 이고 또는 어깨에 메고 가고자 하는 곳으로 출발하자'라고. 너희들은 그것을 어떻게 생각하느냐? 과연 이렇게 하는 사람은 그 뗏목을 제대로 다루는 사람인가?"

"세존이시여, 그렇지 않습니다."

"수행승들이여, 맞은편 언덕에 도달한 그가 이렇게 생각한다고 해보자. '이 뗏목은 나에게 매우 도움이 되었다. 나는 이 뗏목을 육지에 놓아두거나 또는 물에 두고서 갈 곳으로 출발하자'라고. 이렇게 하는 사람은 그 뗏목을 제대로 다루는 사람일 것이다. 그처럼 나는 뗏목의 비유의 가르침을 설한다. [뗏목은 강을] 건너기 위해서 [있는 것이고], 가지기 위해서 [있는 것이] 아니다 [라는 것을]. 너희들은 여러 가지 가르침이라고 하더라도 버리고 가야 하는 것이다. 물론 여러 가지 나쁜 가르침에 대해서는 더 그러하다."

맞은편 언덕으로 건너면 목적은 달성된 것이고, 건너버리면 그것으로 된 것이다. 또한 어떤 방법으로 건넜는지를 문제 삼을 필요도 없다. 자신이 건넌 방법만이 맞은편 언덕으로 건너는 유일한 방법이라고 생각해서는 안 된다. 다양한 방법이 있어도 괜찮은 것이다. 자신의 방법에만 집착해서는 안 된다. 건너기 전부터 올바르게 건너는 방법은 무엇인가 하는 점에 구애받는 사람은 결국 건널 수 없게 될 것이다. 중요한 것은 건너는 것이다. 방법의 우열은 문제되지 않는다.

초기불교경전 가운데 성립이 가장 빠르다고 하는 『숫따니빠따』에서는 바라문교의 용어를 사용하면서, 그 내용을 불교적인 의미로 바꾸는 방법을 취하고 있다.

예를 들어 이상적인 출가수행자를 바라문이라고 부르는 경우가 있다. 고타마 붓다는 바라문교의 신들과 바라문의 권위를 인정하지 않는다. 그러나 새롭게 흥기하는 불교의 용어인 붓다보다도 바라문 쪽에 친근함을 느끼는 사람들에게는 어떤 구애됨도 없이 바라문이라는 말을 사용한다.

게다가 출생에 의해서 바라문이 되는 것이 아니라, 행위에 의해서 바라문이 되는 것이다. 혈통의 순수성에 의해서 사회에서 군림해온 바라문의 형식적인 권위를 부정하면서도, 고결한 행위에 의해서 사람들의 존경을 받아온 바라문의 실질적인 내실에 관해서는 인정하며, 그것에 불교적인 의미를 부여해준 것이다.

2. 차제설법

고타마 붓다는 가르침을 설할 때에 상대방의 이해력에 맞추어 가면서, 처음은 쉬운 가르침으로부터 순서대로 본래적인 가르침으로 이끌었다고 한다. 이것을 차제설법(次第說法)이라고 부른다. 우선은 보시하라는 가르침, 계를 지키라는 가르침, 천상에 태어난다는 가르침을 설했다고 한다. 수행자와 가난한 사람들에게 보시함으로써 복덕을 쌓고, 살아 있는 것을 죽이지 않고, 훔치지 않고, 거짓말하지 않는 등의 계를 지키면서 생활한다면, 죽은 이후에 천계에 태어날 수 있다는 가르침이다.

인도에서는 베다시대부터, 현세에 선하게 행동하면 죽은 이후에 야마(yama)가 지배하는 나라에 태어나고, 그곳에서 가까운 사람과 조상을 다시 만나서, 함께 영원히 지낼 수 있다고 믿어왔다. 또한 우빠니샤드 이후 유포되는 윤회사상에서도 내세에 좋게 태어나기 위해서는 현세에서 선한 행동을 할 필요가 있다는 것이 널리 알려져 있었다. 따라서 이 가르침은 당시에 있어서는 누구라도 이해할 수 있는 가르침이다. 누구라도 이해할 수 있는 가르침으로 시작해서, 순차적으로 불교의 핵심으로 이끌어가는 것이다.

더하기 빼기밖에 할 수 없는 사람에게 갑자기 미분, 적분을 가르치면 무리가 되듯이, 자기 중심의 나태한 생활을 하는 사람에게 고타마 붓다의 가르침을 설해도 이해할 수 없다. 실제로 가르침이 가장 필요한 사람임에도 불구하고 그 필요성조차 느끼지 못하기 때문에, 가르침을 들으려고 하지 않을 것이다.

적더라도 선한 것을 하고, 악한 것을 하지 않는다고 하는 정도의 윤리관을 가지고 있어야 한다. 그것을 확인하고, 어느 정도 가르침을 들었다는 전제하에, 여러 가지 욕망의 대상에 대해서 근심하고, 그것을 떠나는 것의 공덕을 듣고, 가르침을 듣는 사람의 마음이 맑고 유연하게 되고, 편견이 없게 된다. 듣고자 하는 의욕이 생겼을 때에 괴로움, 괴로움이 일어난 원인, 괴로움의 소멸, 괴로움의 소멸로 이끄는 길이라는 사성제와 팔정도를 설하고, 불교의 본래적인 가르침으로 이끌어가는 것이다.

❋ 문헌

1) Sn. 86.

2) 及川真介・羽失辰夫・平木光二 訳(2004),『原始仏典 第4巻 中部経典 I』, 春秋社, pp.331-332.

[羽失辰夫]

36 명상대상

【링크】→ 지관, 삼매, 삼귀의, 삼특상, 사무량심, 사식, 선정, 육수념, 관상염불, 성격

붓다는 상대방의 자질과 상황에 맞게 명상에 대한 다양한 접근법(kammaṭṭhāna, 瞑想對象)을 설했다. 『청정도론』은 마음의 안정과 집중(사마타명상, 止)에 관한 명상대상을 40종류(四十業處)로 분류하고 있다. 위빠사나 명상(觀, 통찰)은 이것들을 포함해서 모든 것을 대상으로 하고, 그것들의 무상·고·무아를 통찰하는 것을 목표로 한다.

40종류에는 십편(十遍, 원반의 이미지), 십부정(十不淨, 시체의 이미지), 십수념(十隨念), 사무량(四無量), 식염상(食厭想), 요소분별(要素分別), 사무색(四無色)이 있다. 사마타명상은 한 가지 대상에 반복해서 마음을 집중하기 위한 다양한 이미지와 말과 감각 등을 40종류로 정리한 것으로 생각된다.

십편(kasiṇa, 十遍)에는 지편(地遍), 수편(水遍), 화편(火遍), 풍편(風遍), 청편(青遍), 황편(黃遍), 적편(赤遍), 백편(白遍), 허공편(虛空遍), 광명편(光明遍)이 있다. 지편의 경우 흙으로 직경 30cm 정도의 원반을 만들어, 그것을 응시하면서 '지, 지, 지…'라는 말을 반복하고, 눈을 감고 떠오르는 잔상에 마음을 집중한다. 이렇게 얻은 잔상의 이미지를 취상(uggaha-nimitta, 取相)이라고 부른다. 실제로 흙 원반을 보지 않고서도 마음 안에서 만들어낸 이미지를 사상(paṭibhāga-nimitta, 似相)이라고 부른다. 사상을 얻으면 몰입

에 가까운 삼매에 들 수 있다. 흙으로 만든 원반 등의 취상을 얻기 위한 기반이 되는 것은 준비상(parikamma-nimitta, 準備相)이라고 불린다.

수편의 경우에는 자연 가운데 있는 연못과 바다 등을 주시하여 자연스럽게 마음을 집중하고, 더욱 수행하면 마음 가운데에 안정된 원반상태의 이미지를 얻게 된다. 풍편은 뺨에 닿는 바람, 광명편은 나뭇잎 사이에 비치는 햇빛, 허공편은 벽의 구멍 등으로부터 대상이 되는 이미지를 얻는다.

십부정(asubha, 十不淨)은 경전에서는 9종류의 묘지관찰로 표현하고 있지만, 『청정도론』은 약간 다른 양상의 10종류의 시체로 정리하고 있다. 그것들은 ① 부풀어 오른 시체, ② 검푸르게 변색된 시체, ③ 고름이 흘러나오는 시체, ④ 둘로 절단된 시체, ⑤ 동물에게 먹힌 시체, ⑥ 머리, 손, 다리 등이 여기저기 흩어진 시체, ⑦ 절단되어 흩어진 시체, ⑧ 피로 칠해진 시체, ⑨ 벌레가 끓는 시체, ⑩ 뼈가 된 시체이다.

부정관은 성욕을 진정시키기 위해서 설한 것으로, 첫 번째 선정까지만 도달한다. 시체는 혐오감과 공포를 가져오기 때문에 견고한 정신력을 필요로 한다. 붓다가 살아 있을 당시 부정관을 수행하던 비구들이 몸에 대한 혐오감으로 인해서 자살을 하는 사례가 생기고, 불살생계가 정해졌다. 그러므로 경험 많은 스승과 도반에게 의지하면서 실천해야 한다. 다양한 시체의 이미지는 마음으로 그려도 좋고, '우리 몸도 또한 이러한 것에 지나지 않는 것이고, 이러한 것이고, 이렇게 되는 것이다'고 생각하는 것에서, 위빠사나로 이행해간다.

십수념(anussati, 十隨念)에는 ① 붓다의 열 가지 덕(佛隨念), ② 담마의 여섯 가지 덕(法隨念), ③ 승가의 아홉 가지 덕(僧隨念), ④ 스스로 지키는 계의 덕(戒隨念), ⑤ 스스로를 놓는 실천의 덕(捨隨念), ⑥ 신의 덕과 같은 자신의 덕(天隨念), ⑦ 열반의 고요함(寂止隨念), ⑧ 죽음의 불가피성(死隨念), ⑨ 신체를 구성하는 32가지 부분(身至念), ⑩ 호흡에 마음을 반복적으로 두는 것(出入息念)이 있다.

사수념(死隨念)에서는 여러 가지 죽음의 가능성을 구체적으로 마음속으로 그려보지만, 그 가운데는 돌발적인 사고사, 수정란과 태아의 죽음도 포함된다. 사수념은 게으르지 않게 하고, 죽음에 직면하여 놀라서 어찌할 바를 모르는 일 없이 평온하게 임종을 마주할 준비를 하게 한다.

신지념(身至念)에서는 우선 32가지 신체를 구성하는 요소를 말로 암송하고, 그것으로부터 구체적으로 색과 형태와 위치 등을 이미지화할 수 있도록 노력한다. 신지념은 삶에 대한 감사를 가져오고, 의식이 신체에 확실히 머무르면서 강한 인내심으로 두려움 없이 살아갈 수 있게 한다.

불수념(佛隨念)에서 천수념(天隨念)까지는 육수념(六隨念)으로 불리고, 예류에 도달해서 의심을 넘어서 신과 붓다를 혼동하지 않게 된 성자들이 나머지 번뇌를 정화하기 위한 명상대상으로 추천하였다.

사무량(四無量)은 자비희사의 네 가지 무량한 마음이다.

식염상(食厭想)은 음식과 연관된 다양한 괴로움과 생명을 빼앗는 것의 괴로움 등을 상기한다. 생태계의 먹이사슬, 음식의 섭취, 소화, 흡수, 동화, 배설 등 일련의 현상 가운데 존재하는 고통을 상기함으로써 음식에 대하여 지나치게 집착하거나 거부하는 불균형이 사라지고, 감사를 알고, 음식으로 심신을 건전하게 유지하여, 수행을 완성하는 토대를 갖춘다.

요소분별(要素分別)은 신체를 지수화풍의 사대요소로 분석한다. 땅은 딱딱함과 무거움의 감각, 물은 축축함과 친화력의 감각, 불은 뜨거움과 차가움의 감각, 바람은 움직임과 이동을 유지하는 감각을 가리킨다. 이러한 신체감각을 분석하는 동안에 '나의 신체' 또는 '인간'이라는 관념을 떠나서 생명현상을 주시하게 된다. 요가에서 말하는 챠크라와 쿤달리니각성 등의 체험도 그 이미지에 사로잡히지 않고 사대요소의 변화로 봄으로써 기대감과 불안감이 극복된다.

사무색(四無色)은 물질적 신체의 세계를 넘어서 정신만의 세계를 체험할 때 대상이 된다. ① 공간의 무한성, ② 의식의 무한성, ③ 아무것도 없는 것, ④ 고요 가운데 상념이 있는 것도 아니고 없는 것도 아닌 것이라는 관념이다. 이것들은 신체감각이 소실된 이후의 미세한 고요 가운데서 마음의 움직임을 관찰하고, 여실지견하기 위한 근거가 된다.

이러한 명상대상 가운데 불수념부터 사수념까지의 여덟 가지 수념과 식염상과 요소분별은 대상이 복잡하기 때문에 몰입에 가까운 삼매 밖에 얻을 수 없고, 그 이외는 몰입삼매를 얻을 수 있다. 십편과 출입식념은 제4선정까지, 십부정과 신지념은 제1선정까지, 자비희(慈悲喜)는 제3선정까지, 사(捨)는 제4선정까지 얻을 수 있다.

명상대상과 수행자의 성격경향을 보면 ① 탐하는 경향의 사람에게는 부정관과 신지념, ② 성내는 경향의 사람에게는 사무량심과 청편, 황편, 적편, 백편, ③ 어리석은 경향의 사람에게는 출입식념, ④ 생각이 많은 경향의 사람에게는 출입식념, ⑤ 믿는 경향의 사람에게는 육수념, ⑥ 지적인 경향의 사람에게는 사수념, 적지수념(寂止隨念), 식염상, 요소분별이 적합하다고 한다.

준비상과 취상은 모든 명상대상에서 얻을 수 있지만, 사상(似相)은 십편, 십부정관, 신지념, 출입식념의 22가지 대상에서 얻을 수 있다. 사무량에서는 생명이 있는 것이라는 개념과 이미지가 대상의 역할을 담당한다.

❋ 문헌

水野弘元 訳(1937),『南伝大蔵経 第62巻 清淨道論 1』, 大蔵出版.
水野弘元 訳(1937),『南伝大蔵経 第63巻 清淨道論 2』, 大蔵出版.

アヌルッダ, ウ・ウェープッラ, 戸田忠 訳(1992),『アビダンマッタサンガハ』, アビダンマッタサンガハ刊行会.

[井上ウィマラ]

브릿지 8 다양한 종교의 명상수행

【링크】→ 지관, 명상대상, 자유연상법, 고르게 떠 있는 주의, 위빠사나의 오염, 관상염불, 칭명염불, 내관요법, 아자관, 진언, 만다라

일상생활을 하면서 마음의 피로와 초조함을 알아차리지 못하거나, 그것들을 억누르려고 하는 경우가 우리에게는 적지 않다. 일상의 소음처럼 마음속에 가득한 잡음을 가라앉히고, 마음의 상태를 관찰하려는 노력이 명상의 핵심이다. 아래에서는 불교의 핵심을 이루는 명상수행을 심리학적 측면에 초점을 맞추어서 다양한 종교의 유사한 수행과 비교해보고자 한다. 너무나도 무질서한 우리의 일상적인 의식상태를 한 가지에 집중함으로써, 통상과는 다른 의식상태로 이행할 수 있다. 명상에 들어가는 다양한 방법에 따라서 정리해보고자 한다.[1)]

◇ 일상을 정지하다

무질서한 잡음이 마음속에서 울리고 있는 상황을 일단 멈추어본다. 이를 위한 한 가지 방법은 신체의 움직임을 멈추는 것이다. 요가와 선에서 등을 펴고 다리를 단단히 꼬고 앉는 결가부좌는 글자 그대로 자세를 고정시키고, 몸을 가지런히 하는 것(調身)과 호흡을 가지런히 하는 것(調息)을 병행하면서, 마음을 가지런히 하는 것(調心)이다. 경전은 호흡을 멈추거나 음식을 끊는 등 다양한 금욕과 고행을 전하고 있다.

반대로 무엇인가에 얽매인 마음을 탈중심화하거나 무엇인가를 막으려고 하는 마음의 활동을 그치기 위해서 몸을 이완시키는 방법도 있다. 전형적인 것으로는 정신분석에서 소파를 사용하는 것, 자유연상법, 꿈분석

등이 여기에 해당할 것이다.

◇ 수를 세다

진언과 주문, 성구, 신, 붓다 등 성스러운 존재의 이름을 반복해서 외우는 것에 집중하는 방법은 반복해서 이름을 부름으로써 성스러운 존재에게 도움을 청하는 것이지만, 동시에 집중에 의해서 잡념을 배제하고자 하는 시도이기도 하다. 불교의 염주, 크리스트교의 묵주, 이슬람교의 타스비흐 등 기도의 횟수를 헤아리는 도구가 보편적으로 사용되고 있다. 말할 것도 없이 헤아리는 횟수의 많고 적음이 중요한 것은 아니고, 한 번 한 번 마음을 집중하는 것이 핵심이며, 특히 선(禪)의 수식관은 매우 천천히 그리고 주의 깊게 '하-나, 두-울' 등으로 읊조리듯이 한다. 염불(稱名念佛)과 만다라(眞言) 등을 반복하는 불교의 기도는 잘 알려져 있다. 베네딕토수도회와 관련이 있는 크리스트교 명상(Christian Meditation)이라는 그룹에서는 '마라나타(주여 오시옵소서)'라는 말을 외우면서 명상한다.[2)]

◇ 보다

만다라와 얀트라라고 불리는 명상법의 도형적 그림, 십우도와 같은 상징적 설명, 마음을 묘사하기 위한 신불화(神佛畵), 산스크리트어의 아자(阿字)를 본존으로 응시해서 명상하는 아자관 등 마음속에서 시각화하는 방법도 다양하다. 집중해서 마음속에 떠올리는 것은 『마하지관』과 『천태소지관』에서 설하고 있는 '지관(止觀)'의 '지(samatha, 止)'의 명상법이다. 『관무량수경』은 무량광불(아미타불)의 장엄한 장식과 정토의 모습을 마음속에 떠올려 아름다운 장식을 하나하나 시각화해가는 명상법(觀想念佛)을 설하며, 이것에는 아미타불에게 장엄을 봉헌한다는 취지도 있다.[3)] 유교에는 선(禪)적인 수행법과 대응하는 정좌(靜坐)라는 수행법, 궁리격물(窮理格

物)이라고 불리는 사물을 상세하게 관찰하는 수행법이 있다.

◇ 느낀다

노력해서 특정한 마음의 상태를 만들어내는 것이 아니라, 있는 그대로 느끼는 것을 중시하는 것은 '지관'의 '관(vipassanā, 觀)'의 명상법이다. 코밑에서 호흡이 미세하게 드나드는 것을 느끼거나, 몸에 흐르는 기 또는 호흡을 느끼려고 노력한다.

◇ 움직이다

선(禪) 등의 명상을 막 시작한 사람은 얼굴이 가려워지는 등 신체감각이 의외로 예민해지는 것에 놀라고, 또한 시달린다. 신체를 움직이는 것으로 마음의 다른 영역을 두드러지게 할 수 있다. 참선하는 중간에 걸으면서 명상하는 경행의 의의는, 졸음을 깨우거나 발이 저린 것을 푸는 것뿐만 아니라 천천히 걸으면서 마음의 상태를 다른 측면에서 관찰하는 것이기도 하다. 태극권 등은 움직임과 결합된 명상으로 생각할 수 있을 것이다. 터키의 메브레빌릭(Mevlevilik) 교단이 하고 있는 이슬람 세마(sema) 명상은 오른쪽 손바닥으로는 하늘로부터 은혜를 받고, 왼쪽 손바닥으로는 대지로부터 은혜를 받으며, 명상하는 사람들이 둥글게 회전하면서 기도하는 아름다운 모습이다.

◇ 기도하다

명상과 기도는 구별되지만, 기원, 서원, 청원에 앞서 의식상태를 가지런히 하는 관상(觀想)이 선행하는 것을 보면, 기도와 명상이 밀접한 관계임을 알 수 있다.

◇ 반성하다, 상기하다

요시모토 나이칸(吉本內觀)은 정토진종의 '몸을 가지런히 한다(身調)'는 것에서 발생한 수행법을 요시모토 이신(吉本伊信, 1916-1988)이 재구성하여, 개인이 받은 은혜를 상세하고 구체적으로 상기함으로써 자기를 다시 태어나게 하는 시도이다. 옆에서 상기하고 반성하는 사람의 소리가 들릴 정도로, 칸막이로 둘러싸인 특별한 공간에서 일주일간 합숙한다. 상황을 구체적으로 떠올리면서 반성하고 상기하는 시간을, 경청하는 사람과 함께 진지하게 이야기하면서 보낸다. 탈종교화된 이 방법은 교정교육과 기업연수 등의 현장에서 사용되고 있다.4)

이러한 여러 가지 방법을 살펴보면, 다양한 종교에서 다양한 방법을 사용하더라도 공통적인 것을 추구하는 것으로 보인다. 목표로 하는 경지, 만나고자 하는 실재의 유무와 양태는 다양하지만, 이즈쓰 토시히코(井筒俊彥, 1914-1993)는 선, 이슬람 수피즘, 유대교의 카발라, 쿠카이(空海, 774-835)가 설한 진언밀교, 주역, 유교의 정좌, 사르트르 등의 현대철학을 동일지평에서 비교 고찰하고 있다. 각자가 어떻게 본질을 부여하는지 또는 본질의 존재를 부정하는지, 그러한 본질과 만나기 위해서 어떤 의식에서 생각하고 있는지 하는 관점에서 각자의 차이점을 만들기 시작하는 언어의 그물을 풀어내는 방법은, 만교동근(萬敎同根)이라는 전제로부터 출발하는 '영원의 철학' 그리고 최근의 뇌과학과 비교해볼 때, 신중하게 기반을 다지는 연구라고 말할 수 있을 것이다.5)

❋ 문헌

1) 葛西賢太(2010),『現代瞑想論－変性意識がひらく世界』, 春秋社.

2) Freeman, Laurence, OSB(2003), *Christian Meditation: Your Daily Practice,*

MedioMedia, p.20.

3) 中村元 訳(1990),『浄土三部経』 上, 岩波文庫.

4) 吉本伊信(2007),『內觀法』, 春秋社.

5) 井筒俊彦(1991),『意識と本質』, 岩波文庫.

[葛西賢太]

37 삼매

【링크】→ 심일경성, 선정, 공, 지관, 삼해탈문, 명상대상, 상징형성

마음이 하나의 대상으로 향하여 안정적으로 유지되고 있는 상태를 삼매(samādhi, 定)라고 부른다. 마음이 대상과 일체화되는 것(citte-ekaggatā, 心一境性)이 그 본질이다. 삼매를 얻으면 마음의 산란이 사라진다. 긴장을 풀고 이완하는 것이 삼매를 얻는 기반이 된다.

마음은 좋은 것에도, 나쁜 것에도 집중할 수 있으므로, 무엇에 대해서 어떻게 집중하고 있는지를 주의해서 지켜볼 필요가 있다. 이것이 팔정도의 정정(正定)이다.

주거환경, 대인관계, 건강상태 등에 마음을 쓰는 것도 삼매를 얻기 위한 중요한 조건이 된다.

삼매는 계, 혜와 함께 삼학(三學)을 구성하는 중요한 요소이고, 오감을 제어하는 것, 확고하게 깊은 주의를 유지하는 것, 만족하는 것, 오개로부터 해방되는 것 등의 많은 측면을 가지고 있다. 계에 의해서 후회가 적은 생활을 하는 것은 삼매를 얻기 쉽게 하고, 삼매는 지혜의 통찰력을 레이저와 같이 예리하고 강하게 한다. 지혜는 삼매가 나아가는 방향과 세기를 상황에 따라서 능란하게 바꾸고, 보다 좋은 생활습관을 형성하도록 이끈다.

삼매의 깊이에는 관(觀)에 의해서 하나하나의 대상을 주의 깊게 주시하는 것에 의한 순간적인 찰나삼매(khaṇika-samādhi), 하나의 대상에 주의를 지속적으로 향하는 몰입상태에 가까운 근접삼매(upacāra-samādhi), 완전히 몰입한 몰입삼매(appanā-samādhi)라는 세 단계가 있고, 몰입삼매에 의해서 선정에 든다.

삼매수행에서는, 눈으로 보이는 대상에 대해서는 우선 눈으로 확인하고, 눈을 감고서 잔상이 떠오르는 것을 기다린다. 잔상에 의해서 생긴 대상의 이미지를 취상(uggaha-nimitta, 取相)이라고 부른다. 취상이 안정적으로 이어지고, 언제 어디에 있더라도 그것과 유사하며 안정적이고 아름다운 이미지인 사상(paṭibhāga-nimitta, 似相)을 떠올리게 된다. 사상은 상념의 활동에서 생겨난 것이고, 눈에 보이는 색깔과 모양이 아니라 마음으로만 파악되는 것이다. 사상을 얻음에 따라서 마음은 다섯 가지 장애로부터 벗어나 몰입에 가까운 근접삼매를 얻을 수 있고, 그것을 숙련되게 익힘에 따라서 완전히 몰입한 몰입삼매에 들어간다.

호흡을 대상으로 하는 취상은 신체와 호흡의 흐름에 의한 접촉감각에 기반을 둔 것이고, 사상은 호흡을 담당하는 근육의 움직임 등과도 관련되며 미세한 신체감각에 기반을 둔 것이다. 이러한 명상대상, 취상과 사상의 관계에 익숙해지는 것과 함께, 그것들을 반복해서 주시하는 관(觀)의 힘에 의해서 상징형성에 관한 자연스러운 통찰을 얻을 수 있다.

무엇을 대상으로, 무엇을 계기로 깊은 집중에 들어갔는지에 의해서 삼매는 다양하게 표현된다. 경전에는 무상을 통찰해서 마음이 집중하는 것을 무상(無相, 일정한 모양이 없는 것) 삼매라고 부르고, 무아를 통찰해서 마음이 집중하는 것을 공(空, 세계를 지배하는 실체가 없다는 것) 삼매라고 부르고, 고를 통찰해서 마음이 집중하는 것을 무원(無願, '나'라는 관점에서 바람을 놓아버린 것) 삼매라고 부른다. 이들은 삼해탈문(三解脫門)에 대응하는 것이고, 관(觀)에 의해서 삼매가 유도되는 것을 시사하고 있다.

✻ 문헌

水野弘元 訳(1937), 『南伝大蔵経 第62巻 清浄道論 1』, 大蔵出版, pp.171-182, pp.250-252.

[井上ウィマラ]

수행과 명상

② 불교명상의 실천적 기초

38 선정

【링크】→ 해탈, 삼매, 여실지견, 내관법, 사선, 지관, 명상대상

선(jhāna, 禪那)의 어원은 숙고하는 것, 달구어서 끓이는 것을 의미한다. 마음을 하나의 대상에 집중함으로써 마음의 번뇌를 태워 없애고, 언어와 개념에 의한 표층을 뚫어 파괴하고, 사물의 실상에 직접적으로 닿는 명상 체험이다. 선정(jhāna-samāpatti, 禪定)만으로는 해탈을 얻을 수 없지만, 선정에 기반을 두어서 모든 사물을 있는 그대로 통찰하는 여실지견으로 마음이 향함으로써 해탈의 문이 열린다.

선정은 ① 대상으로 마음을 향하는 활동(vitakka, 尋), ② 대상을 상세하게 관찰하는 활동(vicāra, 伺), ③ 희열(pīti, 喜), ④ 이완(sukha, 樂), ⑤ 일체화(ekaggatā, 一境性)라는 다섯 가지 마음의 작용(jhāna-aṅga, 禪支)에 의해서 이루어진다.

마음을 대상에 집중시키기 위해서는, 우선 언어와 개념적 사고에 의해서 대상을 파악하고 잘 관찰할 필요가 있다. 능숙하게 대상을 파악하고 고찰함으로써, 탐진치의 번뇌가 일시적으로 가라앉고 마음이 안정된다. 그렇게 되면 생명의 기쁨이 희열로서 솟아오른다. 번뇌에 의한 교란이 고요해짐으로써, 그때까지 숨어 있던 생명력이 즐거움으로서 빛을 발하기 시작하는 것이다. 그러나 희열은 흥분과 자극을 수반하기 때문에 희열로 충만해지면 마음은 자연스럽게 그것을 떠나서, 보다 섬세하게 이완된 상태로 나아간다. 그렇게 이완된 편안함도 망각하고, 대상과의 일체감에 몰

입한 상태가 가장 깊은 선정이다.

경전에서는 선정의 깊이를 제1선부터 제4선까지 4단계로 표현한다.

	심(尋)	사(伺)	희(喜)	락(樂)	일경성(一境性)
제1선	○	○	○	○	○
제2선	×	×	○	○	○
제3선	×	×	×	○	○
제4선	×	×	×	×	○

아비담마에서는 경전의 제1선을 심(尋)과 사(伺) 각각 2단계로 구분하여 5단계로 분류한다. 제4선에 익숙해지면, 선정의 깊이로서는 같지만 거기에는 ① 공간의 무한성을 느낀다, ② 의식의 무한성을 느낀다, ③ 아무것도 없음을 느낀다, ④ 깊은 고요 가운데서 상념이 있는 것도 아니고 없는 것도 아닌 것을 느낌으로써, 물질을 뛰어넘는 세계와 접촉해서 몰입하게 된다. 이러한 선정체험은 물질로서의 신체를 망각하고 우주공간에 떠 있는 것에 보다 가까운 체험이다. 이것들은 사무색정(四無色定)이라고 불린다.

1. 선정력의 사용방법

제4선에서 나와서, 안정되고 집중된 마음의 힘을, 일상을 넘어서는 현상과 그 이미지에 사용함으로써 신통력을 얻게 된다. 이것은 붓다 이전부터 존재한 종교적으로 신비적인 현상이었다. 이러한 마음의 힘을 여실지견으로 향하는 것에 의해서 해탈의 문을 연 것이 붓다의 획기적인 업적이었다.

✻ 문헌

森祖道 訳(2003), 「修行の成果ー沙門果経」, 『原始仏典 第1巻 長部経典 I』, 春秋社, pp.93-106.

片山一良 訳(1997), 「消滅経」, 『中部根本五十経篇 I』, 大藏出版, pp.124-125.

水野弘元 訳(1937), 『南伝大蔵経 第62巻 清淨道論 1』, 大藏出版, pp.283-291, pp.300-337.

[井上ウィマラ]

수행과 명상

② 불교명상의 실천적 기초

39 지관(사마타·위빠사나)

【링크】→ 선정, 여실지견, 삼매, 해탈, 위빠사나의 오염, 마음챙김, 탈중심화

고타마 싯다르타는 출가해서 웃다까 라마뿟따(Uddaka Rāmaputta)와 알랄라 깔라마(Alara Kalama)라는 당시의 요가스승으로부터 선정을 배우고, 무색계선정이라는 최고의 경지를 얻었다. 그러나 그것들이 일시적인 경지이며, 생로병사의 괴로움에 대한 근원적인 해결이 되지 않는다는 것을 깨닫고, 독자적인 수행을 시작한다. 고행을 거치면서 중도의 중요성을 알아차리고, 선정에 들었을 때의 상쾌함을 떠올린 싯다르타는 선정을 토대로 사물의 본질을 여실지견하는 통찰지를 얻음으로써 해탈의 문을 열 수 있었다. 이러한 붓다의 수행과정이 지관의 역사적 배경이 되고 있다.

지(samatha, 止)는 마음을 가라앉혀 안정시키는 것이고, 선정과 삼매가 그 본질이다. 관(vipassanā, 觀)은 모든 것의 본질을 무상·고·무아의 관점에서 통찰하는 것이고, 여실지견이 그 본질이다. 지관(samatha-vipassanā, 止觀)은 선정과 삼매에 기반을 두어서 여실지견하는 수행체계이다.

붓다가 포교를 시작했을 때에는 이미 선정을 몸에 익힌 제자들이 많았고, 그 토대 위에서 여실지견이라는 새로운 관점을 부여하는 것만으로 그들은 해탈을 얻을 수 있었다. 그러나 아라한으로서 해탈했지만 신통력을 얻지 못한 자들이 있었기 때문에, 여실지견을 위해서 선정을 어느 정도까지 얻어야 하는지를 묻게 된 것이라고 생각된다.

또한 후대로 가면서 선정을 얻는 것이 목적이 되거나 또는 선정을 얻는

것조차 어려운 제자들이 늘어났다. 이러한 경험을 배경으로, '선정에서 여실지견으로'라는 흐름이 지관(止觀)이라는 도식으로 치환되고, 주석 문헌 시대가 되면서 여실지견의 중요성을 '위빠사나(vipassanā)'라는 용어로 분명하게 재해석하게 된 것이다.

1. 지관의 조합방법

지관을 어떻게 수행하는지에 관하여 경전에서는 ① 지를 수행하고 관으로 옮겨가는 접근법, ② 관을 수행하고 지를 수행하는 접근법, ③ 지관을 번갈아 반복하면서 수행하는 접근법, ④ 관만을 수행하는 접근법을 들고 있다.

지를 수행하고 관으로 옮겨가는 경우에는 선정에 의해서 몰입한 집중 상태로부터 나온 이후에 그 선정 가운데에서 움직이고 있는 마음의 작용을 돌아봄으로써 마음의 성질을 이해한다. 그리고 그 마음의 기반이 되고 있는 신체성과 물질성을 관찰하고, 몸과 마음의 무상·고·무아를 있는 그대로 통찰한다.

관을 수행하고 지로 옮기는 경우에는 관에 의해서 몸과 마음의 구체적인 실제 느낌과 실상을 반복해서 주시함으로써, 완전한 선정에는 이를 수 없을지라도 해탈에 필요한 집중력을 얻을 수 있다. 해탈을 체험한 이후에는 새롭게 지의 수행에 몰두해 선정을 얻는다.

지관을 번갈아 반복하면서 수행하는 경우에는 선정에 가까운 집중력을 얻은 단계에서 관으로 전환하고, 관에서 마음이 안정되지 않게 되면 지로 돌아간다. 이러한 집중에 의한 즐거움과 편안함, 통찰에 의한 직면과 수용을 잘 조합하면서 수행을 진전시킨다.

관(觀)만을 수행하는 경우에는 인생의 모든 장면을 신중하게 살아가면서 명상적으로 바라봄으로써, 무엇인가를 계기로 하여 마음이 안정되고,

깊은 통찰이 얻어진다. 이 경우의 집중력은 하나하나의 대상에 마음을 모아서 일어나는 순간적인 것이다. 관(觀)만을 수행하는 경우에는 아라한이 되어도 신통력을 얻을 수 없다.

이러한 여러 가지 접근법은 수행자의 성질과 그때의 상황에 맞게 명상 수행을 연구하는 가운데 생겨난 방편이기도 하다. 지관의 본질은 집중력과 통찰력이므로, 현재 일본불교에서 이루어지고 있는 좌선, 염불, 제목(題目) 등의 모든 수행법에 지관의 요소가 교묘하게 어우러져 있다고 생각해도 좋을 것이다.

마음이 안정되거나, 즐거움으로 충만할 때에는 지(止)의 요소가 중심적으로 활동하고 있는 것이고, 모든 것이 변하고, 인생이 생각대로 되지 않는 것을 절실히 맛보면서 괴로움의 의미가 드러나는 순간에는 관(觀)이 중심적으로 활동하고 있는 것이다.

주석 문헌에서는 관(觀)을 지탱하는 지(止)의 강함에 관하여 ① 완전히 몰입한 집중상태(appanā-samādhi, 몰입삼매), ② 몰입에 가까운 집중상태(upacāra-samādhi, 근접삼매), ③ 순간적인 집중상태(khaṇika-samādhi, 찰나삼매)라는 세 단계의 집중상태(삼매)가 있다고 해석한다.

또한 얕은 관(觀)에 의해서 번뇌를 조건적으로 제거하는 것(tadaṅga-pahāna), 선정에 의해서 번뇌를 억제해서 제거하는 것(vikkhambhana-pahāna), 해탈을 가져오는 깊은 관에 의해서 번뇌를 근절해서 제거하는 것(samuccheda-pahāna)이라는 세 분류의 제거도 된다.

2. 신비체험 다루기

지(止)를 수행해서 선정을 얻게 되면 종종 신비적인 체험이 발생한다. 그 신비체험에 부수적으로 따라 나오는 다양한 욕망과 유혹을 관(觀)에 의해서 여실지견할 수 없다면, 자신의 열등감을 보상하거나 타인을 지배하기 위해서 신비체험을 이용하게 된다. 이러한 명상의 미로를 벗어나 해탈로 가는 길을 판별하기 위해서라도, 관이라는 여실지견이 필요한 것이고, 이것이 붓다의 가르침이 획기적인 이유이다.

3. 천태의 지관체계

천태 지의(天台 智顗, 538-597)는 이러한 지관의 실천을 조신(調身), 조식(調息), 조심(調心)을 중심으로 순차적으로 연구해서 『천태소지관』으로 정리하고, 또한 처음부터 높고 깊은 경지로 받아들인 '원돈지관', '일념삼천관법' 등의 관점을 핵심으로 하는 『마하지관』을 저술하였다. 붓다의 지관체계에서는 수행의 빠르기, 어려움의 정도 등을 여러 가지로 분류하고 있지만, 원돈지관에서는 번뇌즉보리(煩惱卽菩提)와 생사즉열반(生死卽涅槃)이라는 대승불교 특유의 관점에 기반을 두어서 지관을 받아들이는 자세를 서술하고 있다.

4. 마음챙김

현대의 서양불교에서는 이러한 지관의 방법을 마음챙김이라는 이름으로 실천하고 있고, 의료와 심리치료를 중심으로 임종간호와 육아, 의존탈출 프로그램과 평화활동에 이르는 광범위한 영역에서 응용하고 있다. 마음챙김에는 지관에 의한 해탈의 본질을 '틀을 벗어나다', '탈중심화'라는 개념으로 일상적인 실천체계 속에 포함시키고, 보다 좋은 자신으로 새롭게 태어나는 방법을 제공하도록 연구하고 있다.

❋ 문헌

片山一良 訳(1998), 「聖求経」, 『中部根本五十経篇 II』, 大藏出版, pp.39-46.
森祖道 訳(2003), 「修行の成果ー沙門果経」, 『原始仏典 第1卷 長部経典 I』, 春秋社,

pp.96-107.
荻原雲来 訳(1940),『南伝大蔵経 第18巻 増支部経典 2』, 大蔵出版, pp.275-277.
井上ウィマラ(2005),『呼吸による気づきの教え』, 佼成出版社, pp.169-177.
J. カバッジン, 春木豊 訳(2007),『マインドフルネスストレス低減法』, 北大路書房, pp.2-3.

[井上ウィマラ]

수행과 명상

② 불교명상의 실천적 기초

40 해탈

【링크】→ 법안, 깨달음, 번뇌, 수면, 루, 속박, 심과 심소, 사무량심, 사섭법, 자기실현, 탈동일화

해탈(vimutti)에는 (1) 예류(預流), (2) 일래(一來), (3) 불환(不還), (4) 아라한(阿羅漢)의 네 단계가 있다.

1. 성자의 흐름에 드는 조건

(1) **예류**(sotāpanna, 預流)는 성자, 또는 법의 흐름에 도달한 자라는 의미이다. '생하는 것은 모두 멸하는 것이다'라는 법안이 열리면 다음과 같은 유신견, 계금취견, 의심이라는 세 가지 속박(三結)이 끊어진다.

① **유신견**(sakkāya-diṭṭhi, 有身見)은 이 몸이 자신의 소유물이라는 확신이다. 유신견을 초월하는 것은 스스로의 유한성을 수용하는 것이고, 죽음을 수용하는 것과 연결된다. 통상적으로는 억압하고 있는 죽음에 대한 불안을 직면할 수 있게 되고, 그것에 대응해서 죽음의 불안을 떠안은 종말기 환자 등 타인에게 공감적으로 다가갈 수 있게 된다.

② **계금취견**(sīlabbata-parāmāsa, 戒禁取見)은 종교적 의례와 사회문화적 관습에 사로잡힌 것이다. 계금취견으로부터 해방되면 관혼상제를 시작으로 하는 의식과 의례에 참가할 것인지, 하지 않을 것인지 등을 주체적으로 판단할 수 있게 되고, 필요하다면 그 경우에 맞는 새

로운 의식과 의례 등을 창출하고, 사람들이 그곳에 모여 행해야 하는 것의 본질에 형태와 순서를 부여할 수 있게 된다. 계승해야 하는 의례와 관습을 중요하게 여기고, 필요한 의례와 관습을 창출하는 창조자와 촉진자의 역할을 담당할 수 있게 된다.

③ **의심**(vicikicchā, 疑)은 진리와 해탈에 관하여 의심하는 것이고, 마음이 미혹하여 외적인 권위에 의존하는 경향을 일으킨다. 의심을 초월함으로써 해탈로 가는 길에 관한 확신이 들고 진리에 접촉한 안심을 얻으므로, 외적인 권위에 의존하는 일 없이 자기신뢰감을 확립한다.

예류의 해탈을 얻고 성자가 되어도 탐진치의 번뇌는 남아 있고, 인생의 혼란에 휩쓸릴 가능성도 남아 있다. 그러나 그러한 혼란 가운데 지금까지 해결하지 못한 문제의 소재와 그 원인을 깨닫고, 충족되지 않은 감정적 요구를 충족하는 기회를 얻을 수 있다. 인생의 위기를 성장의 기회로 전환시키기 위해서 방향을 잡을 수 있게 된다. 이것은 탈동일화와 관찰자아의 확립으로 파악할 수 있을 것이다. 경전 가운데 예류가 되면 최대 일곱 번까지 인간계에 다시 태어나더라도 그 이후에는 반드시 해탈이 완성된다고 설한 것이 이 때문이다.

붓다는 탐진치의 번뇌는 남아 있지만, 의심을 넘어선 예류의 성자들이 지내는 방식으로 육수념(六隨念)을 설했다. 육수념은 불수념(佛隨念), 법수념(法隨念), 승수념(僧隨念), 계수념(戒隨念), 사수념(捨隨念), 천수념(天隨念)이다. 신과 붓다를 혼동하지 않고, 신을 포함한 모든 생명과 함께 살아가기 위해 자타의 균형 잡힌 덕성을 반복하여 봄으로써 마음을 정화해가는 수행이다(「브릿지 9 붓다를 생각하다, 신을 생각하다」 참조).

(2) **일래**(sakadāgāmin, 一來)는 탐진치의 삼독이 옅어지고, 이후 인간계에 한 번만 다시 태어나 해탈을 완성하는 두 번째 단계의 성자이다.

2. 재가의 극한

(3) **불환**(anāgāmin, 不還)은 ④ **탐욕**과 ⑤ **성냄**을 넘어서기 위해서 인간계에 다시 태어나는 일없이 미세하고 맑은 몸을 가지고 천계에 태어나 그곳에서 해탈을 완성하는 세 번째 단계의 성자이다.

①에서 ⑤까지는 하위의 존재계와 결부된 속박(orambhāgiya-saṁyojana, 五下分結)이라고 불린다.

불환에 이르면 성욕을 초월하므로 가족 간에 접촉은 있어도 성관계는 없다. 반드시 출가한다는 제약 없이 재가생활을 유지할 수는 있지만, 부부간에 서로의 변화에 관해서 조정할 필요가 있다.

3. 해탈의 최종단계

(4) **아라한**(arahant, 阿羅漢)은 ⑥ **미세한 물질세계에 대한 탐욕**(色貪), ⑦ **정신세계에 대한 탐욕**(無色貪), ⑧ **자만**(慢), ⑨ **들뜸**(掉擧), ⑩ **무자각**(無明)이 없어지고, 윤회의 재생으로부터 해탈하는 네 번째 단계의 성자이다. 이들 다섯 가지 속박은 상위의 존재계와 결부된 속박(uddhambhāgiya-saṁyojana, 五上分結)이라고 불린다.

아라한이 되었을 때의 마음상태는 경전에서 다음과 같이 표현하고 있다.

"해탈하면 '해탈했다'라는 지혜가 생긴다. '생한 것은 멸한다. 청정한 행은 이루어졌다. 이루어질 것은 이루어졌다. 이제 다시 이러한 상태가 되는 일은 없다'라고 확실히 안다."

아라한이 되면 가치관이 세속적인 것을 떠나버렸기 때문에 재가에서 출가로 생활방식이 변화한다. 세간과 거리를 유지하면서도 사회와 교류하면서 사회공헌에 뜻을 둔 아라한이 있는가 하면, 완전히 세간을 떠난 사람이 되어 자연생활을 즐기며 사회와 교류하지 않는 아라한도 있다. 그것은 해탈을 완성하기 이전의 그 사람의 의지와 서원에 의한 것이다.

4. 증상만에 대한 대응

해탈의 여부는 위의 조건으로 각자가 판단해야 하는 것으로 여겨진다. 열심히 수행하는 사람에게는 아직 해탈하지 않았는데 해탈했다고 확신해버리는 증상만(adhimāna, 增上慢)이 생기는 경향이 있다. 그러나 인생은 그러한 확신에서 깨어나 겸허함을 발견할 기회를 풍부하게 제공하고 있다. 솔직한 수행자라면 그러한 것에도 마음을 쉽게 연다.

5. 해탈 이후의 흐름

해탈한 마음을 지속하기 위해서 자연스럽게 사무량심(四無量心)과 사섭법(四攝法)으로 나아가는 경우가 많다. 그 이유는 해탈의 과정에서 연기의 법을 깨달음으로써 만물의 연결과 막힘을 이해하기 때문이다.

포유류로서 진화의 전략을 선택한 인류는 어린아이를 생물학적 미성숙 상태로 출산하고, 부모를 중심으로 한 밀도 있는 보살핌을 제공하여 언어와 문화라는 사회적 장치를 몸에 익힘으로써 많은 곤란을 공동체의 힘으로 꿋꿋하게 견뎌낼 수 있었다. 보살핌 없이는 인간이 될 수 없었기 때문에, 해탈한 이후에도 스스로가 살아온 힘을 공동체에게 자연스러운 형태로 환원하고자 하는 경향이 남아 있다. 지혜와 자비가 불교의 두 바퀴가 되는 이유이다.

❋ 문헌

渡辺研二 訳(2003), 「マハーリの問い―マハーリ経」, 『原始仏典 第1巻 長部経典 I』, 春秋社, pp.267-268.

荻原雲来 訳(1935), 「布薩経」, 『南伝大蔵経 第17巻 増支部経典 1』, 大蔵出版, pp.336-342.

渡辺照 訳(1938), 『南伝大蔵経 第3巻 律蔵 3』, 大蔵出版, p.26.

アヌルッダ, ウ・ウェープッラ, 戸田忠 訳(1992), 『アビダンマッタサンガハ』, アビダンマッタサンガハ刊行会, p.211.

[井上ウィマラ]

브릿지 9 붓다를 생각하다, 신을 생각하다

【링크】→ 염불, 해탈, 선정, 명상대상

「마하나마 경(Mahānāma Sutta)」에서 '성스러운 제자는 어떻게 살아갑니까?'라는 질문을 받은 붓다는 '성스러운 제자는 육수념(六隨念)에 의해서 살아가는 경우가 많다'라고 대답했다. 육수념은 불수념(佛隨念), 법수념(法隨念), 승수념(僧隨念), 계수념(戒隨念), 사수념(捨隨念), 천수념(天隨念)이다.

육수념을 수행하면 탐진치의 번뇌로부터 해방된 마음이 바르게 된다고 하는 기술에서, 여기서 말하는 '성스러운 제자'는 해탈했더라도 아직 탐진치의 번뇌가 남아 있는 성자를 가리키고 있다는 것을 알 수 있다. 주석서에 의하면 이 질문을 한 마하나마(붓다의 종형제로 석가족의 왕)는 해탈의 첫 번째 단계인 예류에 도달한 성자의 생활태도에 관하여 알고 싶었던 것 같다.

불수념은 불십호(佛十號)에 따라 붓다의 덕을 반복해서 떠올리는 것이다. 즉, ① 세상에서 존귀한 사람(世尊), ② 보시를 받을 가치가 있는 사람(應供), ③ 올바르게 스스로 깨달은 사람(正遍知), ④ 지혜와 실천을 겸비한 사람(明行足), ⑤ 잘 오신 사람(善逝), ⑥ 세간을 모두 아는 사람(世間解), ⑦ 가장 높으신 사람(無上士), ⑧ 사람을 잘 다스리는 사람(調御丈夫), ⑨ 사람들과 신들의 스승(天人師), ⑩ 눈 떠서 깨달은 사람(佛)이라는 말을 반복하면서, 마음에 그 덕을 상세하게 떠올리기를 계속하는 것이다. 대상이 이렇게 복잡하므로 불수념에 의해서는 선정에 들 수 없고, 몰입에 가까운 삼매에 머문다고 한다. 실제로 대상이 육수념 전체에 걸쳐서 복잡하게 있으므로, 육수념 가운데 어느 것에 의해서도 완전한 선정에는 들 수 없다고

되어 있다.

그러나 미얀마와 태국 등에서는 '아라한'이라든가 '붓다'라는 말을 만트라처럼 반복해서 읊조리는 것에 의해서 선정을 얻을 수 있다고 가르치는 경우가 있다. 실제로 미얀마의 쉐다곤 파고다에서 불수념을 할 때, 나는 '삼마삼붓도(sammā-sambuddho, 올바르게 스스로 깨달으신 분)'라는 말에 마음이 끌려 반복하다가 정신을 차려보니 한 시간 이상이 흘러버렸던 적이 있다. 이것은 기분 좋은 체험이었지만, 완전히 몰입한 선정에 들어가는, 불수념의 본질로부터는 떠나 있는 체험이다. 이처럼 실제 명상체험은 경전과 주석서에서 설명하고 있는 노선에서 일탈하기 쉬운 것이다.

육수념에 있어서 계수념(戒隨念)은 스스로 지키는 계의 청정을 반복해서 떠올리는 것이고, 사수념(捨隨念)은 자신이 관대함을 나누는 마음으로 실천하는 것을 떠올리는 것이다. 성자의 계(戒)도, 사(捨)도 상당히 청정한 것이므로 스스로의 존재방식을 떠올려보는 것으로 마음이 안정된다.

이것들에 비해서, 천수념(天隨念)의 명상대상은 더욱 복잡하다. 천수념에서는 ① 신을 생각에 떠올려, ② 그 신이 신으로서 그 천계에서 사는 원인이 된 덕에 관하여 고찰하고, ③ 그 신의 덕과 같은 자신의 인덕(人德)을 생각에 떠올릴 것을 요구한다. 천수념은 신을 증인으로 마음을 맑게 하여 안정시키기 위한 수행이고, 해탈해서 신과도 같은 인덕(人德)을 기르는 것이 가능한 성자이므로 그것이 가능한 것이었다. 물론 이러한 복잡한 명상수행에서는 선정에 들어갈 수 없다.

거기에서는 왜 육수념 모두가 선정에 들어가지 않는 것으로 설정되고 있는 것일까? 이 수수께끼를 해결하는 열쇠는 선정에 동반되는 신비체험에 있다. 선정 이후에 생기는 생각 가운데 선정에 들어갈 때에 사용하는 붓다와 신들의 호칭과 이미지의 영향을 받은 신비적인 또는 신화적인 이야기가 생기기 쉽다. '붓도(Buddho)'라고 읊조리거나, '파라미밋따왓사왓

띠데와'라고 읊조리는 것은, 신비적 체험에서 촉발된 이야기 가운데에서, 당사자의 선호에 따라서 신과 붓다가 혼동되어버리기 쉬운 것이다.

한편 예류의 해탈을 체험하면 수행법과 진리에 관한 의심을 넘어서고, 붓다와 신을 혼동하는 경우가 사라진다. 그러므로 붓다는 성자에게 육수념을 장려한 것이라고 생각된다. 예류의 성자가 넘어선 속박은 첫째 이 신체가 자신의 것이라는 확신, 둘째 사회문화적 관습과 종교적 관습과 의례에 묶이는 것, 셋째 의심이다. 유신견(有身見)을 넘어섬으로써 자신의 죽음을 수용하게 되고, 그만큼 죽음에 직면하는 타자에게 공감적으로 깊게 다가간다. 계금취견(戒禁取見)을 넘어서는 것으로 관습과 의례로부터 자유롭게 되고, 필요한 의례 등을 그 경우에 맞게 창조해서 그 경우의 흐름을 촉진할 수 있게 된다. 의심을 넘어섬으로써 진정한 의미의 자기신뢰를 얻을 수 있다.

그리고 천수념(天隨念)에서는 타인과 자신과 관련된 세 종류의 대상을 반복해서 상기하는 것에 의해서, 자타(自他)라는 이원론적 틀을 넘어서는 관점이 열린다. 이것은 의미라는 것을 깊이 이해하고, 언어를 넘어서 현상의 본질을 직관하는 체험이기도 하다. 이와 같이 신이라는 초월적으로 생각되는 존재자에게 (구제적인 관계를 매개로 하는 것에 의해서) 의존하는 경향을 넘어서게 된다. 신에 의존하지 않고 신과 공생할 수 있는 자세가 몸에 배게 된다.

그런데 열심이지만 해탈을 얻지 못한 사람들이 이러한 수행을 시도할 때에는 이전에 신앙했던 토착신들에 대한 동경이 붓다와 겹치고, 붓다와 유사한 새로운 불보살과 그 존상이 생기고, 그것에 기반을 둔 신앙체계가 출현한다는 것은 상상하기 어렵지 않다.

『청정도론』에서는 '마라에 의해서 만들어진 불상'의 훌륭함에 감격한 장로가 진짜 붓다의 덕은 더욱 빛날 것이라고 생각을 바르게 하고, 위빠사나에 힘써 아라한의 해탈을 얻었다고 하는 옛 스리랑카 자료의 이야기를 소개하고 있다. 상좌부불교에서 보면 불교미술의 부흥과 새로운 제불보살의 창조는 마라가 만드는 활동이라고 생각할지도 모른다.

불교사의 이러한 조류를 전망할 수 있는 현대의 우리들은 붓다의 가르침을 어떻게 발굴해서 현대사회에 활용할 것인지를 역사로부터 배워야 한다. 과학기술에 의해서 유전자 조작이 가능하게 되고, 지금까지는 신의 영역으로 있던 세계로 한 걸음 들여놓고 있는 우리들은, 지금 다시 한번 붓다를 생각하고, 신을 생각하는 것에 관하여 생각해볼 필요가 있을 것이다.

✻ 문헌

荻原雲来 訳(1937),『南伝大蔵経 第20巻 増支部経典 4』, 大蔵出版, pp.9-14.
水野弘元 訳(1937),『南伝大蔵経 第62巻 清浄道論 1』, 大蔵出版, pp.391-451.

[井上ウィマラ]

수행과 명상

② 불교명상의 실천적 기초

41 삼명육통(붓다의 신통력)

【링크】→ 연기, 37보리분법, 선정, 삼매, 지관, 사무량심, 윤회

신통의 원어 '잇디(iddhi)'는 본래 '성취'를 의미한다. 신통과 깨달음을 성취한다는 의미이다. 성취에 필요한 의욕(chanda), 정진(viriya), 마음(citta), 관혜(vīmāṃsā, 觀慧)라는 '사신족(cattāro iddhi-pādā, 四神足)'을 수행하면 깨달음과 신통력을 성취한다.

그렇다고 해서 반드시 두 가지를 함께 얻는 것은 아니다. 깨달음은 성취할 수 있다. 사신족이 37보리분법에 들어가므로 사신족의 네 항목을 열심히 수행하면 반드시 깨닫는다. 하지만 신통력을 습득하는 데는 개인차가 있다.

신통력을 몸에 익히기 위해서는 우선 사신족 가운데 하나에 의해서 선정에 들어야 한다. 세간의 일반적인 초능력이라면 우연히 가능한 것일지도 모르지만, 불교에서 예로 드는 신통력은 선정상태에서 마음을 강력하게 통일하지 않으면, 그 어떤 것도 발휘할 수 없다.

신통을 불교에서는 여섯 종류, 즉 육신통(六神通)으로 나눈다.

1. 다양한 신통

몸과 물질을 구성하는 요소, 즉 지수화풍을 마음의 힘으로 변화시켜서 물질을 자유자재로 조절하는 능력이다. 다만 간단한 것부터 어려운 것까지 여덟 종류를 들 수 있다. 그것들 전부는 세간의 염력 등으로는 생각도

할 수 없는 고도의 능력이다. 선정에 들어 마음, 몸과 물질의 차이를 끝까지 지켜본 수행자는 실험과 확인을 위하여 마음의 힘으로 몸과 물질을 이것저것으로 변화시켜보는 것이다.

① 분신술

지수화풍의 사요소(四大)를 자유자재로 조작해서 몸의 분신을 만든다. 같은 마음을 가지기 때문에 본래의 몸과 똑같이 움직인다.

② 투명술

몸이 보이지 않는다. 소멸되는 것은 아니고, 다만 시각에 비치지 않게 된다.

③ 통과술

담과 벽과 산을 통과한다. 장애물의 바람 요소를 강하게 해서 구멍을 연다.

④ 토둔술

땅속에 숨거나 땅 밖으로 나온다. 땅의 물 요소를 강하게 해서 땅을 물처럼 다룬다.

⑤ 물 위를 걷는 기술

물의 흙 요소를 강하게 해서 단단하게 한다.

⑥ 공중부양술

신체의 바람 요소를 강하게 해서 난다.

⑦ 태양을 만지는 기술

달과 태양을 손으로 어루만지면서 돌린다. 신체의 요소를 어떻게 변화시키고 어떻게 날아가는지는 경전에 설해지지 않지만, 손으로 실제 접촉한다고 설해지고 있다.

⑧ 범천계를 여행하는 기술

통상의 천계보다도 차원이 높은, 선정상태가 아니면 들어갈 수 없는 범천계를 몸의 구성을 변화시켜서 방문한다.

2. 천이통

아무리 멀더라도, 천신과 인간의 소리를 들을 수 있다. 소리만이 아니라, 말로 할 만큼 구체적인 생각을 읽는 것도 가능하다. 세간의 초능력에서 말하는 텔레파시이다.

3. 타심통

텔레파시는 아니다. 다른 이의 마음의 수준과 성질을 읽는다. 스승은 제자에게 탐진치의 삼독, 즉 번뇌가 있는지, 마음이 선정으로 향하는지, 선정에 들었는지, 깨달았는지를 읽고서 적절하게 지도한다.

육신통의 나머지 세 가지는 단순한 초능력이 아니라 깨달음에 직결되는 지혜이므로, 특별히 삼명(te-vijja, 三明, 세 가지 지혜)이라고도 부른다. 삼명을 가장 잘 기술한 것은 붓다가 하룻밤에 깨달았다는 이야기이다. 즉, 초저녁에 숙명통을 얻고, 한밤에 천안통을 얻고, 마지막으로 새벽 전에 누진통을 얻어 깨달음을 완성하였다. 이것으로 불교교리적으로는 삼명이 먼저 알려지고, 나중에 여러 가지 신통, 천이통, 타심통을 더해서 육신통이 된 것을 알 수 있다.

삼명이라는 호칭은 원래 바라문들이 자신들의 세 가지 베다를 세 가지 지혜(三明)라고 불렀던 것에서 유래한다. 세 가지 베다는 리그 베다, 야쥬르 베다, 사마 베다이고, 네 번째인 아타르와 베다는 붓다시대에는 아직 이전에 있었던 세 가지 베다와 동등한 지위를 얻지 못했던 것을 알 수 있다. 바라문들이 '불교에 세 가지 베다와 같은 지혜가 있는가'라고 물은 것에 대해서, 붓다는 '불교에도 삼명이 있다. 그 세 가지 지혜는 숙명통, 천안통, 누진통이다'라고 항상 대답했기 때문에 불교의 '삼명'으로 정착되었다(『맛지마니까야』 71경 「삼명 왓짜곳따 경」 등).

또한 붓다는 바라문들에게 '바라문교의 세 가지 베다(三明)로는 바라문들이 목표로 하는 최고의 경지인 '범아일여'에 도달할 수 없다'고 알리고, '범아일여'를 이루기 위해서는 자비희사의 사범주(四梵住, 四無量心)를 수행해서 색계선정에 들어야 한다고 권하고 있다(『디가니까야』 13경 「삼명경」).

4. 숙명통

자신의 과거 생애를 한두 생이 아니라, 여러 번의 생멸을 넘어서 얼마든지 생생하게 생각해낼 수 있다. 이것은 깨달음의 핵심인 인과법을 파악하는 것으로 가능해진다. 끊임없이 생멸을 계속하는 자기 마음으로 인과의 연속을 거꾸로 거슬러 올라가서 마음에 새겨진 '경험'을 추체험할 수 있는 것이다. '체험'은 '기억'으로서 현재의 마음에 받아들여지고 있으므로, 지금 여기에서 생생하게 다시 체험할 수 있다.

숙명통이 깨달음의 지혜인 이유는, 지적으로는 인과법칙을 속속들이 알고 자유자재로 인과를 재현할 수 있기 때문이고, 정서적으로는 깨달을 정도의 강한 마음의 힘이 없다면 과거의 괴로운 끝없는 죽음과 재생 등의 추체험을 마음이 견딜 수 없기 때문이다.

5. 천안통

북전의 한역아함경전과 『구사론』에는 혼동이 있는 것 같지만, 깨달음의 지혜인 삼명 가운데 천안통은 타자의 죽음과 전생을 보는 지혜이다. 멀리 있는 것과 숨겨져 있는 것을 보는 천리안(千里眼)과 투시를 의미하는 천안(天眼)은 물질에 관한 육신통 가운데 첫 번째인 '다양한 신통'의 하나이지만, 이 정도는 어렵지 않기 때문인지 여덟 종류 가운데 하나로 거론되지 않는다.

천안통이 깨달음의 지혜인 이유는 타자의 인과와 윤회를 보고, 숙명통에서 본 사실이 모든 생명에게 불변의 진리인 것을 속속들이 알기 때문이다. 오도(육도) 윤회의 사정을 속속들이 알고, 윤회로부터 해탈을 완수하는 것이다.

6. 누진통

숙명통과 천안통에서 자신을 포함한 전체 생명의 인과와 윤회를 생생하게 관찰하여 진리를 깨달은 수행자는 생존의 집착과 번뇌가 자연스럽게 소멸된다. 삼명과 육신통의 최후에 놓여 있는 누진통은 수행의 목표이고 번뇌(漏)가 다한 깨달음 그 자체이다.

❋ 문헌

藤本晃(2011), 『ブッダの神通力』, サンガ選書.

藤本晃(2010), 『悟りの階梯』, サンガ新書.

[藤本 晃]

수행과 명상

② 불교명상의 실천적 기초

42 위빠사나의 오염

【링크】→ 해탈, 선정, 최면, 변성의식상태, 마경, 그림자, 자율훈련법

위빠사나 수행이 진전되면 자연스럽게 그 성과로서 ① 광명, ② 지혜, ③ 환희, ④ 가벼움, ⑤ 이완, ⑥ 확신, ⑦ 분발, ⑧ 확립, ⑨ 평정하게 바라봄, ⑩ 미세한 욕구가 발생한다.

미세한 욕구(nikanti)는 매우 미세하며, 그 자체가 위빠사나의 성과에 수반되어 생겨나는 미세한 기대이기 때문에 그것을 번뇌라고 알아차리기 어렵고, 숙련되지 않았을 때에는 놓치기 쉽다. 미세한 욕구를 자각할 수 없다면, 마음은 차츰 그것들에 사로잡히고 들떠서 해탈을 얻었다고 확신해버리기도 한다. 광명 등의 신비체험과 동일화하고, 타인과 비교하고, 생각대로 사유화(私有化)하려고 하면, 무상·고·무아의 관점에서 여실지견할 수 없게 되고 수행이 정체된다. 그 때문은 이것들은 '위빠사나의 오염(vipassanā-upakkilesa)'이라고 불린다.

위빠사나의 오염은 그 신비적 성질 때문에 수행자의 열등감과 채워지지 않는 마음을 보상하는 형태로 무의식적으로 움직이기 쉽다. 대인관계에서는 구제라는 이름으로 지배관계가 일어나기 쉽기 때문에, 종교단체와 종교집단의 발생과정에서 주의를 필요로 하는 현상이기도 하다.

광명(obāsa)은 위빠사나의 위력에 의해서 번뇌가 일시적으로 제어되고, 신체의 생명활동과 함께 일어나는 빛이 밝게 보이는 것이다. 신체의 주위에 오라처럼 보이는 것, 방 안을 가득 채운 듯이 보이는 것, 넓은 공간에서 넓게 퍼져나가는 것 등이 있다. 신비적 체험이므로 특히 깨달음이나 해탈

로 착각하기 쉽다.

지혜(ñāṇa)는 전광석화처럼 모든 사물을 명석하게 끝까지 지켜보는 위빠사나의 예리한 통찰력이다.

희열(pīti)은 위빠사나에 의해서 번뇌가 일시적으로 억제되기 때문에 생명이 살아가는 즐거움이 떠오르는 것이다.

가벼움(passaddhi)은 심신을 짓눌러 괴롭히는 것이 위빠사나에 의해서 소멸되어 어떤 일에도 적응할 수 있는 상태이다. 그것에 의해서 마음에 즐거움이 생겨난다.

이완(sukha)은 위빠사나에 의해서 전신이 편안해지고, 매우 미세한 안락함 가운데 마음이 편안해진다. 이것도 해탈이나 깨달음으로 착각해서 집착하기 쉽다.

확신(adhimokkha)은 위빠사나에 의해서 생겨난 믿음이며, 마음이 투명해지고, 무슨 일이든 자신감과 용기를 가지고 대응할 수 있는 상태가 된다.

분발(paggaha)은 위빠사나에 의해서 균형이 잡힌 노력이며, 무슨 일이든 자발적으로 생기 있게 몰두하게 된다.

확립(upaṭṭhāna)은 위빠사나에 의해서 활성화된 알아차림이 드러난 형태이며, 어떠한 대상에 대해서도 안정적이고, 민첩하게 대응하는 자세가 된다.

평정하게 바라봄(upekkhā)은 위빠사나의 통찰력이 '오는 것은 막지 않고 가는 것은 쫓지 않는다'라는 부동의 자세가 되는 것이다.

위빠사나의 오염을 넘어서기 시작하면 올바른 수행의 길을 끝까지 지켜볼 수 있다.

❋ 문헌

水野弘元 訳(1940), 『南伝大蔵経 第64巻 清浄道論 3』, 大蔵出版, pp.363-371.

[井上ウィマラ]

브릿지 10 호흡법의 활용

【링크】→ 관상염불, 칭명염불, 진언, 중도, 지관, 명상대상, 마음챙김, 최면, 변성의식상태, 영적 위기

호흡은 생명활동에 있어서도 더없이 중요한 동시에 의식상태와도 밀접하게 관련되어 있다. 그 때문에 불교뿐만 아니라 여러 종교의 다양한 명상과 기도법에서도, 호흡의 신중한 활용을 중요하게 생각한다. 그것은 안정되고 신중한 호흡이 생명활동을 담당하는 교감신경과 부교감신경에 좋은 영향을 미치고, 심신을 이완하는 효과 등이 있기 때문이다. 그러나 단지 그뿐만이 아니라는 것을 명상지도자의 가르침에서 엿볼 수 있다.

1. 고행과 그 부정

생명활동에 중요한 호흡을 방해하는 것은 고통이기 때문에, 호흡을 멈추는 것은 고행이 된다. 붓다가 초기에 시도한 단식 등의 다양한 고행 가운데 숨을 쉬지 않는 것도 있었다. 입과 코를 막고 숨을 참으면 귀에서 소리가 나고, 대장간의 풀무처럼 호흡이 나가므로 귀도 막으면, 움직일 장소를 잃은 호흡은 몸 안을 돌아다니며 머리와 몸을 칼로 찌르는 것 같은 고통을 준다. 그 이후에 붓다는 다양한 고행에 신체를 내맡기는 극단을 피하고, 또한 수행을 하지 않는 게으름을 피하고, 그 중도에 있는 현상을 관찰하는 선정에 몰입해서 깨달음을 얻었다고 전해진다.[1)]

2. 호흡 관찰에 의한 마음의 제어

참선을 하면 앉는 법과 자세와 함께 수식관(數息觀)과 수식관(隨息觀)이

라는 방법을 기본으로 가르치는 경우가 많다. 수식관(數息觀)은 천천히 호흡 한 번에 '하－－(내쉬고) 나－－(마시고)'라고 수를 헤아리고, 열까지 세고, 또다시 하나부터 헤아리기 시작한다고 가르치는 경우가 많다. 이 경우 열까지 헤아리는 것이 중요한 것이 아니고, 하나하나를 부르는 것에 마음을 기울이는 것이 중요하다. 또한 수식관(隨息觀)은 내쉬는 호흡과 마시는 호흡에 의식을 집중하는 것이다. 호흡에 집중하는 것에 의해서 그 밖의 대상을 향해 헤매는 잡념이 자연스럽게 물러간다. 익숙해지면 호흡에 집중하려고 의식할 필요조차 없어진다.

호흡의 관찰이라는 방법의 의의는 예를 들어 『잡아함경』 제814경, 제815경에서 설해진다. 주의할 것은 호흡의 관찰만을 테크닉으로 따로 사용하는 것이 아니라, 마음을 평온하게 조절하기 위한 일상 행동, 적절한 식생활, 수행에 적절한 장소(길에서 멀지도 가깝지도 않은, 등)에 대해서도 구체적으로 보여주고 있다는 점이다. 그렇다고 하더라도 호흡의 관찰은 탐욕을 끊기 위한 부정관 수행, 분노를 넘어서기 위한 자심(慈心) 수행, 확신과 자만을 끊기 위한 무상관 수행에 비해서, 생각이 흩어지기 쉬운 경향을 보이지 않는다는 점에서, 무엇보다 뛰어나다고 할 수 있다. 몸을 피곤하게 하는 것 없이, 눈이 아픈 것도 없이, 관찰되는 대로 즐거움을 맛보고, 게다가 그 즐거움에 집착하는 일 없이, 명상이 깊어져 깨달음에 이르는 것이 가능하다고 설해진다.[2)]

3. 호흡에 따른 심신의 제어

주의 깊게 심호흡하는 것은 폐로 많은 산소를 운반해주는 것만은 아니다. 호흡을 천천히 행하는 것으로 이산화탄소가 정신의 안정을 가져온다는 것이 최근 밝혀졌다. 좌선을 지도할 때 '천천히 호흡하듯이'라고 말하는 것이 있다. 실제로 호흡을 천천히 해보면, 혈액 중의 이산화탄소농도가 높아지고, 혈액의 산성도가 높아져서, 세로토닌 신경이 활성화되고, 세로토닌이 많이 방출되는 것으로 보고되고 있다.[3] 세로토닌은 뇌 안에서 감정을 담당하는 물질로, 정신의 안정과 평정을 유지하는 작용을 한다. 이 때문에 호흡을 천천히 하는 것은 정신의 안정을 가져온다.

『잡아함경』에서 호흡을 의식적으로 천천히 하는 것이 아니라, 평소처럼 호흡을 하고, 그것을 있는 그대로 관찰하라고 설하는 것에 주의를 기울이고 싶다. 관찰하고 있는 동안에 자연스럽게 호흡이 느려진다. 위와 같은 정신의 안정이 결과로서 얻어지지만, 그것에도 집착하지 않고 호흡으로 주의를 돌리는 것이다.

호흡은 정묘한 균형 위에서 이루어지는 것이고, 들이마신 산소가 지나치게 적은 것뿐만이 아니라 지나치게 많아도 문제가 생긴다. 예를 들어 과호흡증후군은 강한 스트레스와 불안으로 인해서 호흡이 급하고 얕아져서, 혈액 중의 산소와 이산화탄소의 균형이 무너져서 일어나는 것이다. 두통과 현기증, 손발 끝과 입 주위의 마비, 호흡을 하고 있는데도 호흡이 되지 않는 숨막힘, 실신 등이 일어나고, 죽음의 불안을 느끼는 증상이 있다. 과호흡은 치료의 대상이지만, 반대로 이것을 응용해서 의식상태를 변용시키고, 신비체험을 하려고 하는 사람들이 있다.

체코 출신의 정신과의사인 그로프(Stanislav Grof, 1931-)는 중증의 암환자가 1938년에 제약회사에서 합성에 성공한 환각제 LSD-25를 사용해 신비체험을 경험함으로써, 죽음에 대한 공포를 없앤 것에 주목했다. 그러나 가짜약과 유사품의 사용 또는 LSD 복용 중 자동차 운전사고와 추락사고 등으로 인하여 각국에서 LSD의 소지와 사용을 금지하였다.

LSD를 대신해서 그로프가 시작한 것이 과호흡을 활용한 홀로트로픽 치료(holotropic therapy)이다. 파트너를 설정하여 둘 중 한 사람이 보조자가 되어 안전한 가운데 빠르고 얕은 호흡을 반복해서 의식상태를 변용시켜,

그때의 체험을 통해서 인생을 새롭게 보도록 하는 것이다. 그로프는 홀로트로픽 치료에 근거하여 태어날 때, 산도를 통과하면서 체험한 괴로움(출산외상)이 개인의 자기형성에 커다란 영향을 미친다고 한다.[4)]

미얀마 상좌부불교의 순룬 사야도(Sunlun Sayadaw, 1878-1952)는 안정된 자세를 유지하면서, 괴로울 정도로 강하고 빠른 호흡을 하고, 몸 안에서 일어나는 불쾌감, 코와 윗입술에 들숨과 날숨이 닿는 감촉에 집중하여 관찰하는 방법을 제창하였다.[5)] 이것도 과호흡을 활용한 명상이라고 생각된다. 호흡의 횟수를 헤아리는 것도, 호흡의 길이를 관찰하는 것도, 호흡이 들고 남을 관찰하는 것도 의미가 있지만, 신체감각에 집중하는 것에 의해서 보다 깊은 통찰(vipassanā)이 가능하게 된다고 한다. 명상 중에 일어나는 다리의 통증과 신체의 가려움 등의 신체감각은 '아픔', '가려움'이라고 인식되는 것으로, 오히려 집중의 대상(잡념)이 되어버린다. 신체감각을 느끼고 있는 것에 철저하게 집중함으로써, 잡념과 망상에 집착하는 것으로부터 해방된다고 한다. 잡념과 망상을 감각하는 자기도, 실은 잡념과 망상에 의해서 비로소 드러나게 되는, 만들어진 것일 뿐이라고 인식된다고 한다.[6)]

4. 다른 종교의 호흡법

호흡법을 활용한 수행은 불교에만 국한되지 않는다. 불교에 앞서 힌두교의 요가에서 조식(調息)을 설한 것은 말할 것도 없지만, 이슬람 수피즘과 크리스트교 수도사의 수행에서도 호흡을 가지런히 하는 수행법이 있다는 것은 그다지 알려져 있지 않다고 생각된다.

동방정교회의 수도사들이 14세기에 시작한 헤쉬카즘(hesychasm, 靜寂主義)이라는 수행법이 있다. 거기에서는 높이 20cm 정도의 낮은 자리에 무릎을 끌어안고 걸터앉아서, 턱수염을 가슴에 붙이게 한다. 이 자세로 인해서 신 앞에 자신은 작아지게 된다. 그리고 호흡을 가지런히 하면서 '주 예수크리스트 신의 아들이시여, 죄인인 저를 가엾게 여기소서'라고 외우면서 아랫배에 의식을 둔다.[7] 여기서는 요가와 선 등의 동양적 수행법에서 배꼽 밑 단전에 의식을 두는 것과 공통적인 것을 찾을 수 있다.

독경, 칭명염불, 진언, 창제 등 특정한 말을 반복해서 외우는 행위는 간접적으로 호흡에 영향을 주고, 또한 같은 행위를 반복하는 것에 의해서 의식상태를 변용시키기 쉬워진다. 그러나 단지 의식이 변용된다고 해서 좋은 것은 아니다. 어떠한 방향으로 의식을 변용시킬 것인가가 중요하다. 체험하기 이전에는 알 수 없다고 할지라도, 우리들은 무관심해서는 안 된다.

✽ 문헌

1) 片山一良 訳(1998), 『パーリ仏典 中部根本五十経篇 II』, 大蔵出版, pp.209-212.

2) T.2.209a-210a. 井上ウィマラ(2005), 『呼吸による気づきの教えーパーリ原典「アーナーパーナサティ・スッタ」詳解』, 佼成出版社.

3) Severson, C. A., et. al.(2003), "Midbrain serotonergic neurons are central pH chemoreceptors", *Nature Neuroscience* 6, pp.1139-1140.

4) スタニスラフ・ゴロフ, 吉福伸逸・菅靖彦・聖川淳 訳(1988), 『脳を超えて』, 春秋社.

5) 佐藤幸治(2008), 「ビルマ・タイ等におけるSatipathanaによる人格形成について」, 『東南アジア研究』 3(1), pp.15-21. 京都大学情報レポジトリ(http://hdl.handle.net/2433/55028)

6) Jack Kornfield(1977), *Living Dharma: Teachings of Twelve Buddhist Masters*, Shambhala, pp.83-115.

7) 久松英二(2009), 『祈りの心身技法ー十四世紀ビザンツのアトス静寂主義』, 京都大学出版会, pp.108-124.

[葛西賢太]

브릿지 11 호흡을 바라보는 붓다의 시선

【링크】→ 여실지견, 지관, 사념처, 삼업, 마음챙김에 기반을 둔 인지치료, 영성, 배치, 대상관계이론

『맛지마니까야』 118경 「호흡을 통한 알아차림의 가르침」은 호흡을 바라보는 16가지 접근법을 설하고 있다. 그것들은 『맛지마니까야』 10경 「알아차림의 확립에 관한 가르침」에서 설한 몸, 느낌, 마음, 법이라는 네 가지 영역에서 호흡을 어떻게 관찰하는가 하는 구체적인 훈련 매뉴얼이 되고 있다. 주석서 등 후대의 문헌은, 호흡을 바라보기 위한 수식관(數息觀)과 수식관(隨息觀), 조신, 조식, 조심 등의 접근법을 채용하게 된다. 여기서 소개하는 호흡을 보는 16가지 시선은 이것들의 원형이 되는 붓다의 가르침이라고 보아도 좋을 것이다.

◇ 이끄는 글

비구(출가수행자)들이여, 이 가르침과 지도 가운데, 비구는 숲으로 가거나 또는 나무 아래로 가거나 또는 빈집으로 가서, 발을 엇갈리게 앉고, 몸을 바르게 유지하고, 호흡이라는 대상을 향하여 분명하게 알아차림을 확립하고, 알아차리며 숨을 들이쉬고, 알아차리며 숨을 내쉰다.

◇ 몸에 관한 수관(隨觀)

(1) 길게 숨을 들이쉴 때에는 '길게 숨을 들이쉰다'라고 알고, 길게 숨을 내쉴 때에는 '길게 숨을 내쉰다'라고 안다.

(2) 짧게 숨을 들이쉴 때에는 '짧게 숨을 들이쉰다'라고 알고, 짧게 숨을

내쉴 때에는 '짧게 숨을 내쉰다'라고 안다.

(3) '온몸을 느끼면서 숨을 들이쉰다'라고 훈련하고, '온몸을 느끼면서 숨을 내쉰다'라고 훈련한다.

(4) '몸의 움직임을 고요히 하면서 숨을 들이쉰다'라고 훈련하고, '몸의 움직임을 고요히 하면서 숨을 내쉰다'라고 훈련한다.

◇ 느낌에 관한 수관

(5) '기쁨을 느끼면서 숨을 들이쉰다'라고 훈련하고, '기쁨을 느끼면서 숨을 내쉰다'라고 훈련한다.

(6) '편안함을 느끼면서 숨을 들이쉰다'라고 훈련하고, '편안함을 느끼면서 숨을 내쉰다'라고 훈련한다.

(7) '마음의 움직임을 느끼면서 숨을 들이쉰다'라고 훈련하고, '마음의 움직임을 느끼면서 숨을 내쉰다'라고 훈련한다.

(8) '마음의 움직임을 고요히 하면서 숨을 들이쉰다'라고 훈련하고, '마음의 움직임을 고요히 하면서 숨을 내쉰다'라고 훈련한다.

◇ 마음에 관한 수관

(9) '마음을 느끼면서 숨을 들이쉰다'라고 훈련하고, '마음을 느끼면서 숨을 내쉰다'라고 훈련한다.

(10) '마음을 기쁘게 하면서 숨을 들이쉰다'라고 훈련하고, '마음을 기쁘게 하면서 숨을 내쉰다'라고 훈련한다.

(11) '마음을 안정시키면서 숨을 들이쉰다'라고 훈련하고, '마음을 안정시키면서 숨을 내쉰다'라고 훈련한다.

(12) '마음이 해탈하면서 숨을 들이쉰다'라고 훈련하고, '마음이 해탈하면서 숨을 내쉰다'라고 훈련한다.

◇ 법에 관한 수관

(13) '무상을 반복해서 보면서 숨을 들이쉰다'라고 훈련하고, '무상을 반복해서 보면서 숨을 내쉰다'라고 훈련한다.

(14) '욕망이 빛바래가는 것을 반복해서 보면서 숨을 들이쉰다'라고 훈련하고, '욕망이 빛바래가는 것을 반복해서 보면서 숨을 내쉰다'라고 훈련한다.

(15) '소멸을 반복해서 보면서 숨을 들이쉰다'라고 훈련하고, '소멸을 반복해서 보면서 숨을 내쉰다'라고 훈련한다.

(16) '놓아버림을 반복해서 보면서 숨을 들이쉰다'라고 훈련하고, '놓아버림을 반복해서 보면서 숨을 내쉰다'라고 훈련한다.

◇ 해설

몸에 관한 수관(隨觀)에서는 우선 호흡의 길이를 있는 그대로 자각하는 것이 전체의 기본이 된다. 호흡을 제어하는 것이 아니라, 그때의 몸에 드러나는 호흡의 길이와 깊이 등을 있는 그대로 느끼고, 본다. 제어하지 않고 여실지견하므로, 긴장해서 호흡이 빠르고 얕아지는지, 이완해서 호흡이 길고 깊어지는지, 몸과 마음이 서로 관계있다는 것이 저절로 이해된다.

온몸을 느끼면서 호흡하는 훈련에서는 호흡의 시작과 끝을 끝까지 주시하는 접근법과 몸 전체를 느끼면서 호흡하는 두 가지 접근법이 있다. 후자의 경우에는 가스 교환에 의한 외호흡에서 에너지대사인 내호흡으로 관찰의 차원이 질적으로 전환되고, 호흡의 리듬에 따라서 몸 전체를 스캔한다. 스캔하면서 느껴지지 않는 부분과 특이한 긴장감 등이 있는 경우에는 그것을 계속 지켜보면, 트라우마와 관련된 기억과 감정이 떠오르는 경우가 있다.

몸을 움직이지 않도록 노력하는 것으로, 무의식적으로 행하고 있는 몸짓과 동작의 배경에 있는 생각과 그것에 얽혀 있는 감정 등을 알아차리게 되고, 감각, 인지, 감정, 동작의 연쇄관계가 명확하게 보이게 된다. 일상생활에서 동작을 천천히 하는 것도 도움이 된다. (1)번부터 (4)번까지에 의해서 선정과 삼매에 의한 집중력이 얻어지고, 마음으로 명상의 기쁨을 느끼게 된다.

느낌에 관한 수관(隨觀)은 그 기쁨을 주시하는 것에서 시작한다. 기쁨에 잠재하고 있는 자극성과 흥분성이 가라앉으면, 이완되어 편안함이 느껴지게 된다. 초심자에게 이러한 편안한 고요는 해탈의 경지처럼 생각되어, 무의식적으로 그것을 구하려는 영적인 욕망이 발생한다. 편안함과 고요함을 추구하고, 불쾌함을 물리치고, 생명현상을 유지하는 호흡 등의 즐겁지도 괴롭지도 않은 느낌을 망각하는 경향성에 대해서도 주의를 기울여야 한다.

마음에 관한 수관(隨觀)에서는 마음이 탐진치의 번뇌에 물들어 있는지를 확인한다. 삼매에 의해서 생기는 기쁨도 있지만, 여기에서는 마음이 부정적인 생각에 사로잡혀 있다는 것을 자각하고 살며시 놓아줌으로써 작은 편안함과 기쁨이 생긴다는 것을 확인할 수 있다. 그렇게 되면 일상에서 잊혀지는 작은 기쁨도 알아차리게 된다. 그렇게 반복해서 호흡에 주의를 되돌리는 생각이 들면, 위빠사나에 의한 집중력이 높아진다. 마음에 사고와 감정과 상념이 떠오를 때, 그것을 재지 않고 있는 그대로 자각하는 것에 의해서, 자연스럽게 대상으로부터 거리를 두고, 마음을 가두는 것으로부터 해방되는 훈련을 쌓게 된다.

법에 관한 수관(隨觀)에서는 호흡을 주시하고, 잡념을 알아차리고, 모든 것이 생성, 변화, 소멸을 계속하는 것에 의식을 향한다. 무상을 보는 것은 몸으로 다양한 감정과 긴장상태를 체험해도 괜찮다는 자신감을 가지는 것과 연관된다. 격정적인 감정이 떠오르더라도 그것이 힘을 잃고 퇴색되어 소멸할 때까지, 필요 이상으로 휩쓸려 자신을 보지 못하는 일 없이 지켜볼 수 있기 때문이다. 호흡은 그 지켜봄에 대해서 페이스메이커 같은 역할을 담당한다. 성내는 마음으로 무엇인가를 단절하는 것이 아니라, 있는 그대로를 주시함으로써 대상의 자연스러운 소멸을 지켜보는 형태로 놓아버리는 수행인 것이다.

1. 의사소통을 유지하는 호흡

「알아차림의 확립에 관한 가르침」에서는 모든 대상을 자신의 내부에 있는 대상, 타자라는 외부에 있는 대상, 자타의 사이에 있는 대상이라는 세 가지 관점에서 반복해서 바라 볼 것을 설하고 있다. 자신의 호흡만이 아니라 타자의 호흡과 자타의 호흡을 보고 있으면, 숨결로서 의사소통을 유지하는 호흡의 역할도 알아차릴 수 있다.

말을 할 때 숨을 내쉰다는 사실을 알아차리면, 사람의 이름을 부르거나 이야기를 할 때, 숨결을 통해서 자신의 감정에도 주의를 향할 수 있게 된다. 또한 우리들이 상대방의 숨결을 어느 정도 민감하게 살피면서 의사소통하는지도 실감할 수 있다. 이렇게 호흡의 자각을 통하여 의사소통의 장에서 명상적인 실천을 응용하는 길이 열린다. 그것은 의사소통에 있어서 무의식적이었던 것을 의식화하는 것으로 연결하는 방법이다.

2. 신구의 삼업과 호흡

몇 사람이 무거운 것을 들어 올릴 때, 우리는 소리를 질러 마음을 모으고, 힘을 합한다. 숨을 합하여 몸을 움직이면 동작이 여느 때보다 즐겁거나 안정된다. 손을 올리거나 내리는 등 일거수일투족에는 그것에 알맞은 호흡사용법이 있다. 천천히 주의 깊게 동작하는 것이 동작과 호흡의 의사소통을 알아차리는 것을 촉진시킨다.

무엇인가에 깜짝 놀라거나 근심이 깊어지고 있을 때에는 호흡이 멈추어져 있다. 한 번 숨을 깊이 쉬면, 어깨의 힘이 빠져 이완이 가능하다. 생각으로부터 탈동일화하기 위해서도, 말과 동작에 마음을 기울이기 위해서도, 신구의(身口意) 삼업을 보다 일관성 있게 하기 위해서도, 호흡은 명상수행의 출발점으로서 중요한 역할을 담당한다.

3. 생명의 요람으로서 호흡

유아기에는 여러 가지 체험을 함께 하는 양육자의 숨결과 말을 반복해서 따라하면서 언어와 사고를 몸에 익힌다. 이렇게 몸짓과 숨결을 매개로 세대 간에 전달되는 삶의 방식의 패턴이 배치(Constellation)이다. 병간호의 경우에서 그냥 호흡을 맞출 수밖에 없는 상황이 적지 않지만, 그렇게 하는 것으로도 미세한 신체의 움직임이 보내는 메시지를 받기 쉽게 되고, 마침내 고요한 의사소통을 하기 쉬워진다. 호흡은 생명의 요람인 것이다.

4. 호흡을 알아차리는 것과 영성

영성(spirituality)의 어원은 호흡하는 것을 의미하는 라틴어 스피라레(spīrāre)로 거슬러 올라간다. 동서양을 막론하고 호흡은 생명의 근원과 이어져 있는 것으로 파악하는 것에는 차이가 없다. 자타(自他)라는 관념의 울타리를 넘어서 호흡이라는 생명의 행위를 본 붓다의 시선은, 생로병사를 반복하는 우리의 생명의 연속성을 전체적으로 조감하는 탁월함을 두루 갖추고 있고, 현대사회의 모든 임상현장에서 적용 가능한 '지켜보는 환경'의 모델이 될 것으로 생각된다(그림 참조).

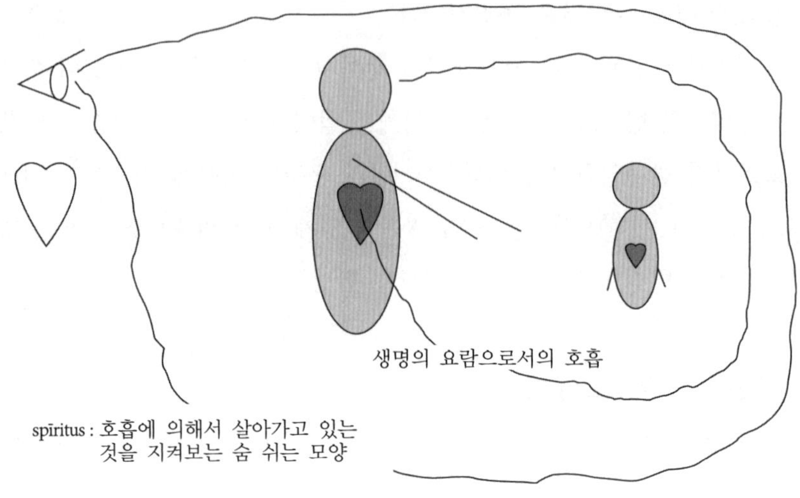

지켜보는 환경으로서의 영성

❋ 문헌

井上ウィマラ(2005), 『呼吸による気づきの教え』, 佼成出版社.

ラリー・ローゼンバーグ, 井上ウィマラ 訳(2001), 『呼吸による癒し』, 春秋社.

片山一良 訳(1997), 「念処経」, 『中部根本五十経篇 I』, 大藏出版, pp.164-187.

片山一良 訳(2001), 「出息入息念経」, 『中部後分五十経篇 I』, 大藏出版, pp.289-308.

[井上ウィマラ]

불교심리학과 연관되는 대승불교의 주요 개념

43 보살

【링크】→ 사홍서원, 육바라밀, 사섭법, 상처받은 치료자, 보살적 인격

산스크리트어의 보디삿뜨와(bodhisattva)를 보리살타(菩提薩埵)로 음역하고, 이 가운데 '菩', '薩' 두 글자로 약칭한 것이다. '보디(bodhi)'는 보리(깨달음)이고, '삿뜨와(sattva)'는 사람이다. 따라서 '깨달음을 구하는 사람', '깨달음이 확정된 사람'이라는 의미가 된다.

『대비바사론』에서는 붓다의 전신을 보살이라고 일컫고, 삼천대천세계(三千大千世界, 천의 삼승, 즉 십억 개의 태양이 있는 우주)에서는 동시에 많은 붓다가 출현하지 않고, 석가모니 붓다 한 분만이 있다고 한다. 그 때문에 붓다 사후에는 다음으로 성불할 미륵보살만을 보살이라고 한다. 그러나 대중부에서는 복수의 붓다를 인정하기 때문에 많은 보살이 존재한다. 게다가 대승불교에서는 보리를 구하는 사람을 모두 보살이라고 일컫는다.

『대비바사론』에 의하면 성문들은 최소 세 번 다시 태어나고, 최대 육십겁의 시간을 수행하면 깨달음(아라한과)을 얻지만, 보살은 아승지겁(무한에 가까울 정도의 헤아릴 수 없이 오랜 기간)을 세 번 반복해서 수행하고, 게다가 백대겁의 시간에 백복장엄(百福莊嚴, 백 가지 선근공덕에 의해 서른두 가지 붓다의 특성 가운데 하나를 성취)하기 때문에, 장기간의 고행과 난행을 인내하는 사람만이 보살이 된다. 게다가 보살은 이타행을 만족시키기 위해서 여러 가지 존재로 다시 태어나 구제활동을 하지만, 세 번

째 아승지겁에 이르러 보리를 얻는 것이 확정되고, 다음 생이 결정된다. 이때까지 보살이라고 칭해진다고 설하고 있다.

1. 보살의 모델

또한『구사론』등에서는 붓다를 모델로 한 보살론이 전개되고 있다.

첫 번째 아승지겁에는 옛날 대광명(大光明)이라는 기와쟁이가 있었던 때에 석가불이라는 붓다가 있었고, 그 제자들을 사리불, 목련, 아난 등으로 불렀다. 석가불과 제자들은 대광명의 집에서 하룻밤을 지내게 되었고, 대광명은 붓다와 제자들을 지극히 공양하였다. 대광명은 미래 오탁악세에 붓다가 되어 지금의 석가불과 함께 석가라고 불리고, 제자들도 동일하게 사리불, 목련 등으로 불리고, 일체중생을 구제하고 싶다는 서원을 세웠다. 그 이후 시기불(보계불)까지 칠만 오천 명의 붓다를 만나서 공양한 것이, 첫 번째 아승지겁이다. 또한『대지도론』에 의하면, 보살은 지옥, 아귀, 축생, 아수라의 네 가지 악취에는 태어나지 않고, 인간계나 천계에 태어나고, 귀한 집안에 태어나고, 남성이고, 모든 감각기관을 구족하고, 숙명을 알고 있는 것으로 정의한다. 이 첫 번째 아승지겁에서는 아직 지혜가 약하고, 붓다가 될 수 있다고 자각하지 않고 있다.

두 번째 아승지겁에는 시기불(尸棄佛)에서 연등불(燃燈佛)까지 칠만 육천 명의 붓다를 만난다. 오백 명에게 강의를 하고 오백문의 돈을 얻은 아이는 연등불이 설법에 온 것을 알고, 왕가의 규수가 일곱 가지의 연화를 가지고 붓다에게 공양하는 것을 보고서, 오백문으로 다섯 가지의 연화를 사서 공양하고자 하였을 때, 규수는 아이의 뜻을 알고 나머지 두 가지의 연화를 주어서 공양하도록 하였다. 일곱 가지의 연화를 가지고 연등불과 처음으로 만났지만, 길이 비에 질퍽여서 진흙이 붓다의 발을 더럽힐 것을 헤아린 아이는 걸치고 있던 옷을 벗어 진흙길에 덮었다. 그러나 더럽혀진 길을 덮기에는 충분하지 않기 때문에 머리카락을 풀어헤쳐 땅에 덮고, 머리카락을 밟고 지나가도록 하여 존경의 마음을 드러내었다. 그 뜻 때문에 미래에 붓다가 되고, 석가불이라고 불릴 것이라는 기별(예언)을 받았다. 이때가 되어서야 붓다가 된다는 것을 비로소 알았지만, 그것을 남에게 이야기하지 않았다.

다음으로 연등불로부터 비바시불(毘婆尸佛)까지 칠만 칠천 명의 붓다를 만난 것이 세 번째 아승지겁이다. 이때에는 남에게도 미래의 붓다가 된다는 것을 공언할 수 있고, 자신과 타인 모두 의심하는 이가 없었다.

보살은 삼아승지겁에 걸쳐서 육바라밀수행이 끝나면, 거기에 더해서 백겁의 수행이 남아 있다. 삼천대천세계의 맹인을 치료해서 눈을 뜨게 해주는 것을 한 가지 복으로 하고, 백 가지 복에 의해서 삼십이상(三十二相) 가운데 하나를 성취할 수 있다.

2. 팔상성도

이리하여 붓다와 같은 삼십이상을 갖추면, 도솔천에서 내려와 성도한다. 그 생애는 예로부터 다음의 여덟 종류(八相成道)에 의해서 설명되고 있다.

① **강도솔**: 이전의 붓다의 뒤를 이어서 성도하기 위해서 일생보처(一生補處)였던 도솔천으로부터 내려온다. 보처의 '보(補)'라는 것은 끊어지지 않게 수행을 이어나가는 것이고, '처(處)'는 이전의 붓다가 입멸한 흔적이라는 의미이다. 미륵보살은 석가불 이후에 붓다가 되는 보살로, 현재 도솔의 내원(內院)에 있고, 수명이 다하면 인간계에 태어나서 석가불 사후에 이어서 성불하게 되어 있다. 앞으로 한 번의 생이면 성불하므로 '일생보처의 보살'이라고 한다.

② **탁태**: 어머니는 흰 코끼리가 오른쪽 옆구리로부터 태내로 들어가는

꿈을 꾸고서 회임한다.

③ **출태**

④ **출가**

⑤ **항마**

⑥ **성도**: 삼십사심(三十四心)을 끊고 성도한다. 윤회하는 중생을 교화하기 위해서 최후까지 남아 있는 번뇌를 삼십사심에서 끊는다(『구사론』 참조).

⑦ **전법륜**: 범천의 요청에 의해서 법륜을 세 번 굴리는 삼전법륜(三轉法輪)이다. 첫 번째 법륜을 굴린 것은 '시전(示轉)'이라고 하고, 이것은 괴로움이고, 이것은 괴로움의 원인이고, 이것은 괴로움의 소멸이고, 이것은 괴로움의 소멸로 이끄는 길이라는 사성제의 법을 보이는 것이다. 두 번째 법륜을 굴리는 것은 '권전(勸轉)'이라고 하고, 사성제를 설하고, 괴로움의 본질을 알고, 그 원인을 끊고, 괴로움을 끊기 위한 수행을 하고, 깨달으라고 권하는 것이다. 세 번째 법륜을 굴리는 것은 '증전(証轉)'이라고 하고, 자신이 깨달은 바를 타인이 깨달아야 하는 증처(証處, 근거)로서 가르치는 것이다.

⑧ **입멸**: 마치 땔감이 타기를 마치고 불이 꺼지는 것처럼 이후에는 아무것도 남지 않는다. 이것을 '무여열반'이라고 한다.

3. 보살의 서원

석가모니 붓다를 모델로 한 보살의 생애는 불전문학이 되고, 관음보살, 법장보살(아미타불의 전신) 등으로 대승경전에 나타난다. 법장보살의 사십팔 서원처럼 보살 각자의 본원 등이 설해지고, 『법화경』에서는 지금까지의 자업자득의 논리를 넘어서, 악의 세계에 태어나 구제하기를 원한다고 하는 원생(願生)으로 전개된다. 특히 지의(智顗, 538-597)는 보살의 활동을 사홍서원으로 정리했다.

사홍서원은 비록 살아 있는 모든 것은 끝이 없더라도 반드시 구한다는 서원(衆生無邊誓願度), 번뇌는 무수할지라도 반드시 끊는다는 서원(煩惱無數誓願斷), 배워할 것은 다함이 없어도 반드시 모두 배운다는 서원(法門無量誓願學), 이 위없는 존귀한 불도를 반드시 완성한다는 서원(佛道無上誓願成)의 네 가지 서원을 말한다.

이러한 대승불교에서 보살은 특별한 사람을 말하는 것이 아니라, 살아 있는 모든 것이 행복하기를 서원하고 행동하는 사람을 모두 보살이라고 일컫는다. 또한 그 행동은 '공', '불이'의 사고방식에 입각하므로, 타인과 자신의 구별 없이 타인의 괴로움도 자신의 괴로움으로 받아들이는 것이지, 위에 있는 사람이 아래에 있는 사람을 구한다는 사고방식은 아니다.

[三友健容]

44 바라밀

【링크】→ 삼학, 보살, 참여불교, 선정, 여실지견

보살이 행해야 하는 여섯 종류의 수행인 보시(布施, 주는 것), 지계(持戒, 계율을 지키는 것), 인욕(忍辱, 참고 견디는 것), 정진(精進, 근면한 것), 선정(禪定, 마음이 어지럽지 않은 것, 좌선), 지혜(智慧, 도리에 밝은 것)를 육바라밀(六波羅蜜)이라고 한다. 바라밀은 산스크리트어 '빠라미따(pāramitā)'의 음역으로 미혹의 이 언덕으로부터 깨달음의 저 언덕에 이르는 것이다. 각각의 바라밀의 성취에 관해서 다음과 같은 이야기를 경전에서 설하고 있다.

1. 보시바라밀의 성취이야기

시비왕(尸毘王)은 대정진, 자비심이 있고, 일체중생을 어머니가 자식을 보듯이 하였다. 마침 붓다가 없는 세대였기 때문에 제석천은 죽기 전에 자신의 의심을 풀어줄 지혜로운 자를 구하였다. 신하인 위슈마카루만 천신이, 시비왕은 지계청정해서 곧 붓다가 될 것이라고 아뢰자, 제석천은 시비왕을 시험하기 위해서 위슈마카루만 천신을 비둘기로 변하게 하고 자신은 매로 변해서, 비둘기를 쫓아 시비왕의 옆구리 밑으로 도망가게 했다. 시비왕은 비둘기를 구하려고 했지만, 매는 '일체중생을 불쌍히 여긴다는 서원을 세운 왕이 어떻게 내가 먹을 것을 취해버리는가'라고 비난했다. 거기서 비둘기를 돕기 위해서 비둘기 무게에 상당하는 자신의 살을 잘라주려고 하지만, 비둘기의 무게에 해당하는 무게에 미치지 못하여, 마침내 모든 살을 잘라주었다. 그래도 후회하지 않고, '지금은 지혜바라밀을 구족하고 있어도, 여전히 이 고통에 괴로워하고 있다. 하물며 지옥에서 지혜가 없는 것의 괴로움은 오죽하겠는가. 나의 이 육신은 항상 노병사에 괴로워하고, 머지않아서 썩어갈 것이므로, 기쁘게 나의 몸을 줄 것이다'라고 신명을 아끼지 않고 비둘기를 구했다고 한다. 이것에 의해서 보시바라밀을 만족시킨 왕이 석가모니 부처님의 전생이다(『대지도론』 T.25.87c).

대승불교에서는 보살행의 실천으로서 사회로 환원하는 보시를 특히 중요시하고, 재물을 주는 것(財施), 사람이 세상을 살아가는 방식을 가르치는 것(法施), 어머니가 하나뿐인 아이를 사랑하듯 지키고 두려워하지 않아도 좋다고 안심시키는 것(無畏施)을 권하고 있다. 또한 그 밖에도 재물이 없이 하는 일곱 가지 보시로서 안시(眼施, 다정한 눈길), 화안열색시(和顔悅色施, 미소), 명언사시(名言辭施, 다정한 말), 신시(身施, 노력 제공), 심시(心施, 배려), 상좌시(上座施, 자리양보), 방사시(房舍施, 잠자리 제공)를 권하고 있다(『잡보장경』 T.4.479a).

2. 지계바라밀의 성취이야기

옛날 천라국의 반족태자(班足太子)는 외도의 가르침을 믿고 임금 천 명의 머리를 베어 신에게 제사 지내면 왕위에 오른다고 배워서, 구백구십아홉 명의 왕을 붙잡았다. 그리고 드디어 마지막 왕(普明王)을 붙잡았지만, 보명왕은 '사문에게 음식을 공양하고 삼보에 정례만이라도 하고 싶다'라고 하루만 말미를 달라고 했다. 반족태자는 이를 허락했고, 왕은 백 명의 사문을 초대하여 백 자리를 마련하고 반야바라밀을 듣고, 모든 것은 공하다는 것을 깨달았다. 그 이후에 반족태자에게 돌아와서, 붙잡혀 있는 천 명의 왕과 함께 머리가 베이게 되자, 보명왕은 '삼계는 괴롭고, 인연에 의해서 제법은 생길 뿐이고, 실체는 공하다'고 하는 반야바라밀의 가르침을 설하였다. 이를 들은 다른 왕들도 이 게송을 외우며 공을 깨달았다. 반족태자는 왕들이 암송하는 게송을 듣고 환희하면서, 삿된 가르침을 버리고 공을 깨달았다고 한다. 이 보명왕이 석가모니 부처님의 전생이다. 이것은 비록 자신의 목숨을 버리게 되는 일이 있더라도 약속을 지킨 보명왕의 지계바라밀의 완성을 의미한다(『법화문구』 T.34.5a).

3. 인욕바라밀의 성취이야기

어느 때 가리왕(歌利王)은 유녀들을 데리고 숲속에서 놀다가 피곤해서 잠이 들었다. 왕이 잠들자 유녀들은 숲속을 산보하다가, 찬제선인(羼提仙人)을 만나서 이야기를 듣고 있는 동안에 시간이 지나가는 것을 잊고 말았다. 왕이 눈을 떴을 때 아무도 없어서, 화가 난 왕은 칼을 빼들고 유녀들을 찾아 돌아다녔다. 마침내 선인의 앞에서 법을 듣고 있는 유녀들을 보고서 질투가 난 왕이 선인에게 어떤 자인가라고 묻자, 선인은 인내와 자비를 수행하는 사람이라고 대답한다. 분노와 질투로 미친 왕은 선인의 수행을 시험하겠다고 말하고, 귀, 코, 손, 발을 잘랐다. 그래도 선인은 움직이지 않고, 원망하지 않았고, 붉어야 할 피가 흰색 우유가 되어 흘렀다. 두려움에 놀란 왕은 성으로 달아나려고 했지만, 번개에 의해서 목숨을 잃었다. 이때의 선인이 석가모니 부처님의 전생이다(『대지도론』 T.25.166c).

4. 정진바라밀의 성취이야기

석가모니 부처님이 보살이었을 때, 대의왕(大醫王)으로서 사람들의 병을 치유하였지만, 병자는 많은데 힘이 미치지 못하는 것이 괴로워서 죽어버렸다. 그 이후에 도리천에 태어나서 전생에 의왕이었던 때의 공덕의 보답을 받았지만, 길게 이익을 받을 것은 아니라고 생각하고, 스스로 멸신

(滅身)해서 천수를 버리고, 용왕의 태자로 태어났다. 부모에게 사랑을 받았지만, 금시조에게 몸을 주어 먹히고 말았다. 부모는 괴로워서 슬펐지만, 이번에는 남염부제(우리가 살고 있는 지구)의 능시(能施)라는 태자로 태어나서, 시자에게 명해서 사람들에게 보시하려고 했다. 그런데 사람들은 태자를 귀신처럼 두려워해서 도망쳐버렸다. 태자의 어머니는 이 태자의 뜻을 설명했고, 점차 사람들도 보시를 받았다. 태자는 부왕으로부터도 받아서 베풀었지만, 가난한 자는 많고 재물에는 한정이 있기 때문에 부족하였다. 그래서 일체중생에게 보시하기 위해서 여의보주를 구하려 오백 명의 젊은이와 바다로 나갔지만, 오백 명은 보물을 얻고 만족해 돌아가버렸다. 태자는 혼자서라도 나아가서, 드디어 용왕의 거처에 도달하게 되었다. 용왕의 왕비는 곧바로 예전의 자기 자식이라는 것을 알고, 찾아온 이유가 고상한 것을 알고서 용왕에게 요구해보라고 알려주었다. 태자는 마침내 이것을 얻어서 돌아갔지만, 자고 있는 사이에 해신에게 도로 빼앗겨 버렸다. 거기서 서원을 세워 해수를 몽땅 길어내어서라도 중생을 위해서 여의보주를 구하겠다고 결심하고, 기진맥진해서 목숨이 다해도 후회하지 않음으로써 정진바라밀을 완성했다고 한다(『대지도론』 T.25.151a).

5. 선바라밀의 성취이야기

옛날 석가모니 부처님이 상사리(尙闍梨)라는 선인이었던 때, 나무 아래에서 제사선에 들고, 출입식(出入息)마저 그치고 움직이지 않았다. 새는 나무라고 생각해서 선인의 상투 가운데 알을 낳아서 품었다. 선인은 선정에서 깨어나서 머리 위에 둥지가 있으며 알이 있다는 것을 알고서, 만약 움직였다가는 어미새가 놀라서 날아가버리면 알은 부화하기는커녕 죽어버리지 않을까 두려워, 다시 선정에 들어 새끼가 독립할 때까지 움직이지 않았다. 이것에 의해서 선바라밀을 성취했다고 한다(『대지도론』 T.25.89b).

6. 지혜바라밀의 성취이야기

영토를 둘러싼 싸움을 계속하는 나라들을 화해시키기 위해서, 현명한 대신이 남염부제의 큰 땅, 큰 성, 작은 성, 취락 등을 모두 일곱으로 나누어 싸움을 그치게 했다고 한다. 이 대신이 석가모니 부처님의 전생이다. 이것은 지혜를 활용하여 싸움을 중지시킨 공덕을 의미하고, 지혜바라밀을 성취했다고 한다(『대지도론』 大正25, 89b).

이 육바라밀에 방편(方便), 원(願), 력(力), 지(智), 또는 상·락·아·정(常·樂·我·淨)을 더해서 십바라밀이라는 설도 있다. 십은 십진법에 의하면 가득 찬 숫자라고, 특히 『화엄경』 계통의 경전에서 설해지고 있다.

[三友健容]

불교심리학과 연관되는 대승불교의 주요 개념

45 유가행과 유식사상

【링크】→ 공, 윤회, 오온, 연기, 유분심, 훈습, 번뇌, 수면, 조건부여, 반복강박, 무의식, 원형, 집단무의식

'유가행'의 원어는 '요가짜라(yogācāra)'이고, '요가의 실천'을 의미한다. 또한 이 원어는 4세기경에 성립한 인도대승불교의 일파인 '유가행파'를 가리키는 고유명사이기도 하다. 그 경우 '요가행자'의 의미로도 이해되고 있다. 유가행파는 그 학파명이 가리키는 대로, '유가(요가)'의 실천을 중시한 학파이고, 지관과 삼매 등 이른바 요가에 숙련되어 있다고 생각되고 있다. 지관과 삼매 등의 명상수행에서는 마음 가운데 대상을 그리며, 그것이 마치 눈앞에 있는 듯이 관찰한다. 마음속에 그려낸 대상은 영상이라고 불리지만, 이것은 마음의 움직임 그 자체이고, 외계의 실재는 아니다. 유가행파는 이러한 체험을 일반적인 인식대상에까지 적용시키고, 모든 현상은 인식의 결과로서 표현되고 있는 것에 지나지 않고, 외계의 실재는 아니라고 생각했다. 그 때문에 일반적으로 유가행파의 사상은 유식사상이라고 불린다. 유가행파는 유식을 이론화하기 위해서 삼성설과 알라야식이라는 독자적인 교리를 생각해냈다. 게다가 유식사상을 실천면에서도 완성시키기 위해서 깨달음의 수행론을 유식과 관련지어 체계화했지만, 그 핵심을 이루는 발상은 전의(轉依)라고 불린다. 유식, 삼성설, 알라야식설, 전의는 유가행파의 사상의 근간을 이루는 중요한 개념이다.

1. 유식

유식(唯識)이란 다만 인식의 결과가 있을 뿐이고, 외계의 대상은 존재하지 않는다고 하는 의미이다. '유식'의 원어는 '위즈납띠마뜨라(vijñaptimātra)'이고, '위즈납띠마뜨라'는 '알려지게 하는 작용' 또는 '인식된 결과'를 의미하고, '마뜨라'는 '~뿐'을 의미한다. '유심(cittamātra, 唯心)'이라는 경우도 있다. 또한 보다 상세하게 '유식무경(唯識無境)'이라고 할 경우도 있다. '경(境)'은 외계의 인식대상인 것이고, 원어는 '아르타(artha)'이다.

유가행파는 외계의 인식대상이 실재하지 않는 것을 다양한 예를 들어서 설명한다. 예를 들어 꿈속의 인식처럼 실재하지 않는 것을 마치 존재하는 것처럼 지각하는 것이다. 기억에 기반을 두어서 무엇인가의 대상을 상기하는 경우에도, 경험한 대상이 눈앞에 있는 것은 전혀 아니다. 이렇듯 일상적인 경험에 있어서도, 인식은 반드시 실재의 대상을 필요로 하지 않는다. 또한 인식기능에 문제가 있는 경우, 잘못된 인식이 일어나는 경우가 있다. 예를 들어 눈에 질환이 있는 사람은 실제로는 아무것도 없는 공간이어도, 눈앞에 날벌레가 날아다니는 것처럼 느끼는 경우가 있다. 게다가 인식기능에 문제가 없어도 신기루처럼 실재하지 않는 대상을 지각하는 경우도 있고, 노끈을 보고 뱀이라고 착각하는 경우도 있다. 불교적인 세계관에 기반을 두어서 예가 제시되는 경우도 있다. 예를 들어 이 세계의 사람에게는 맑은 물로 경험되는 강도, 지옥의 아귀에게는 고름과 피가 흐르는 것으로 경험된다고 하는 이야기가 예로서 사용되고 있다. 이것은 인식주체가 다르면, 대상이 동일할지라도 다른 인식이 생기는 것을 보여주는 예이다.

이러한 것으로부터 인식의 결과로서 경험되고 있는 세계는, 대상을 있는 그대로 파악한 것이 아니라, 인식주체에 의존하고 있다는 것을 알 수 있다. 따라서 인식대상은 실재하지 않고, 다만 인식의 결과가 현현하고 있을 뿐이라고 유가행파는 설한다.

이러한 실례는 현대인의 관점에서 본다면 심리학과 의학, 물리학 등의 지식에 의해서 설명 가능한 것이고, 외계 대상의 비존재를 증명할 수 있을지도 모른다. 그러나 그것이 유가행파가 주장하는 유식사상의 의의를 손상시키는 것은 아니다. 애초에 유가행파는 일원론적 유심론의 확립을 목표로 하는 것이 아니라, 인식된 세계의 불확실성을 설명하려고 하는 것이다. 인식을 통해서만 경험 가능한 현상적 세계는 존재의 있는 그대로의 모습이 아니다. 그러한 현상적 세계의 허구성을 다양한 각도에서 지적하고, 그 원인을 인식의 작용에서 발견했다는 점에서 '유식'이라는 발상의 의의를 인정해야 할 것이다.

2. 삼성설

삼성(三性)은 변계소집성(parikalpitasvabhāva, 遍計所執性), 의타기성(paratantrasvabhāva, 依他起性), 원성실성(pariniṣpannasvabhāva, 圓成實性)이고, 현상적 세계의 세 가지 존재양식이다. 예전에는 삼상(三相)이라고도 했다. 이들 세 가지 존재양식은 서로 연관되어 있고, 의타기성 가운데 잘못 상정된 존재양식이 변계소집성이며, 의타기성에서 변계소집성을 제거한 상태가 원성실성이다. 변계소집성은 잘못 상정된 본질이라는 의미이다. 무엇인가의 대상에 대해서 '색' 등의 명칭을 부여하는 경우 마치 그 명칭에 의해서 보여진 그대로 대상이 존재하는 것처럼 믿어버린다. 이처럼 명칭에 기반을 두어서 대상이 실체시되는 상태가 변계소집성이다. 이 변계소집성의 바탕이 되는 의타기성은 다른 원인에 의존해서 연기적으로 일어나는 본질을 의미한다. 다만 유식에서 의타기성은 인과관계 가운데 일어나는 현상적 존재를 막연하게 표현하는 개념이 아니다. '분별(vikalpa)' 또는 '허망분별(abhūtaparikalpa)'을 연기적으로 일으킨 것을 의타기성이라고 한다. 분별과 허망분별은 인식의 작용이고, 알라야식으로 해석되는 경우도 있다. 원성실성은 완성된 본질을 의미한다. 의타기성으로부터 변계소집성이 제거된 상태, 바꿔 말하면 인식의 작용인 분별에서 나오는 언어에 기반을 두어서 대상을 파악하는 것이 소멸된 상태이다. 변계소집성은 분별로서의 의타기성의 작용에 의해서 발생되는 것이고, 요가의 실천을 통해서 의타기성으로부터 변계소집성이 제거될 때, 무분별지(nirvikalpajñāna)를 얻고, 세계를 있는 그대로 직관하게 된다. 이 상태가 원성실성이다. 변계소집성도 원성실성도, 의타기성이라는 바탕 위에서 성립한 것이고, 미혹의 세계와 깨달음의 경지가 인식의 작용인 분별을 매개로 표리의 관계에 있다는 것을 보여준다.

이 삼성설은 『반야경』과 나가르주나에 의해서 설해진 공사상을, 세 가지 존재양식의 관계에 의해서 재해석한 것이다. 『반야경』에서는 공성(空性)을 '색이 색 등의 본질을 결여하고 있는 것'으로 설명하지만, 이것은 '색은 본질적으로 색으로서 존재하지 않는다'는 것을 의미하고, 끝까지 파고들면 아무것도 존재하지 않는 것이 되어버리는 듯하다. 이와 대조적으로 유가행파는 공성을 두 항 사이의 관계로 파악한다. 예를 들어 '색(色)'이라는 명칭과 그것에 의해서 지시되는 대상 사이에 본질적인 관계는 없고, 대상에는 '색'이라는 명칭을 부여할 필연성이 없다. '색'이라는 명칭으로 대상을 지시할 수 있는 것은 언어표현에 관한 관습을 공유하고 있는 것에 지나지 않는다. 유가행파는 이러한 명칭과 대상 사이에 성립한 관계가 공성이라고 생각한다. 이것을 발전시킨 것이, 의타기성이 변계소집성을 떠나 있다고 하는 의미에서의 공성, 즉 원성실성이다. 이 경우 변계소집성은 부정되지만, 의타기성의 존재는 부정되지 않는다. 그러나 의타기성도 다른 원인에 의존해서 연기적으로 일어나는 것이고, 항상 불변의 실체를 의미하는 것은 아니다.

유가행파가 목표로 한 것은 단순히 인식론적 세계관을 구축하는 것은 아니다. 그들은 미혹한 세계의 근원을 탐구한 결과, 그것을 마음의 깊은 곳에서 발견한 것이고, 게다가 그 마음을 제어함으로써 해탈로 향하는 길을 모색한 것이다.

3. 알라야식

알라야식은 유가행파 특유의 개념이고, 일반적으로 잠재적 하부의식, 심층심리 등으로 설명된다. 다만 단순히 최심층의 심리현상이 아니라 모든 현상적 존재의 본질로서 자리하는 특징이 있다. 알라야식은 산스크리트어 '알라야(ālaya)'의 음차어이고, '주거', '장소'를 의미하며, 현상적 존재의 원인을 유지하는 장으로서의 정신의 기능이 '알라야식'이라고 불린다. 그 기본적인 역할로서는 윤회의 주체, 개체생존의 유지, 모든 현상적 세계의 현현을 들 수 있다.

인도사상에서 윤회의 주체는 아트만(我)이다. 불교는 이 아트만의 존재를 부정하고 무아를 주장하였지만, 불교에서도 윤회를 부정하는 것은 아니고, 사람은 사후에 생존 중 행위의 결과(業)에 상응해서 다음 생에 다시 태어난다고 생각하고 있다. 그 때문에 현재의 생존과 내세의 생존의 연속성을 설명할 필요가 생기고, 몇 부파는 윤회의 주체를 상정하기에 이르렀다. 예를 들면 대중부의 근본식(根本識) 등이 그것에 상응한다. 알라야식도 그러한 사상경향 가운데서 요청된 개념이다. 윤회 가운데서 다음 생으로 이행할 때, 전생의 업이 원인이 되어서 이숙(vipāka)식이 생기고, 그것이 태아에게 들어가게 된다고 여겨진다. 유가행파에는 이 '이숙식(異熟識)'이 알라야식의 다른 이름이 된다.

이것과 연관해서 알라야식은 태어나면서부터 목숨이 다할 때까지 신체의 기능을 유지하고, 인격의 통일성을 유지하는 역할을 담당하고 있다. 잠

잘 때와 기절했을 때에 통상의 인식작용이 완전히 정지해 있는 듯이 보여도, 각성 시나 호흡을 할 때처럼, 그 이전의 인격은 유지되고 있다. 또한 어떤 종류의 선정(명상)에서는 정신활동이 정지한다고 생각되지만, 선정 중에도 육체가 사멸하는 것은 아니고, 선정에서 나올 때에는 이전처럼 개인으로서 활동할 수 있다. 유가행파는 이처럼 통상 의식할 수 있는 정신 기능이 정지해도, 그것이 당장 개인의 죽음을 의미하지 않고, 정지하는 전후에 개인의 동일성이 유지되는 것은 알라야식의 기능에 의한 것이라고 생각했다. 알라야식의 신체유지기능에 주목하는 경우, 특히 '아다나식'이라고 불린다. '아다나(ādāna)'는 '유지'를 의미한다.

게다가 유가행파는 외계 대상의 존재를 인정하지 않고 유식을 주장하기 때문에, 외계의 실재 없이 대상인식이 일어나는 구조를 설명할 필요가 생겼다. 유가행파의 사고에 의하면 대상인식과 행위는 그 결과를 알라야식에 인상으로 부여한다. 이것을 옷에 냄새를 배이게 하는 것에 비교해서 훈습(vāsanā, 薰習)이라고 부르고, 인상이 부여된 결과를 습기(習氣)라고 부른다. 과거 인식의 결과로서 인상이 부여된 습기는 동시에 원인(bīja, 種子)으로서 현재의 대상인식 등의 현상을 이끌어내고, 게다가 그 현상이 잠재인상으로서 습기를 다시 알라야식에 심게 된다. 이렇듯 알라야식은 과거의 인상을 결과로서 유지한 채 그것을 미래의 원인으로 변용시키는 장으로서 기능하고 있다. 특히 모든 현상적 세계의 원인인 종자를 유지하고 있으므로 '일체종자식'이라고 불리기도 한다.

이처럼 알라야식은 윤회에 있어서 전생으로부터 내생으로 인과를 전하는 것이고, 윤회의 주체로 간주된다. 또한 개인의 생존에 있어서는 잠을 잘 때나 어떤 종류의 명상을 할 때에 일단 통상의 인식이 끊어져도, 알라야식의 활동에 의해서 각성 이후에 원래의 인격을 회복하여, 개체를 유지하는 것으로 생각되고 있다. 대상인식에 있어서 알라야식은 잠재인상의 현재화에 의해서 전육식(能取)을 일으키고, 동시에 그 대상(所取)을 표출하는 것에서, 인식을 성립시키는 근원으로 자리한다.

4. 전육식

유식사상 이전의 전통적인 불교, 특히 설일체유부의 아비달마사상에서 인식은 감관에 의한 대상인식이고, 안이비설신의 여섯 종류가 있다고 여겨진다. 이것을 전육식(前六識)이라고 한다. 눈에서 몸까지 다섯 가지의 인식은 감각기관(indriya, 根)에 기반을 두어서 지각하고, 색깔과 모양, 소리, 냄새, 맛, 촉각을 대상으로 하며, 전오식(前五識)이라고 총칭된다. 이것과는 대조적으로 의식(manovijnāna, 意識)은 의근(mano-indriya, 意根)이라는 특별한 기관에 기반을 두고, 과거, 현재, 미래에 걸쳐서 정신적, 물질적 현상을 인식대상으로 하는 것 이외에, 기억의 상기와 추리, 언어활동에 관여한다고 한다. 전오식에 의식을 더한 것이 전육식(前六識)이다. 유가행파는 이들 전육식을 '현행식(pravṛttivijñāna, 現行識)'이라고 부른다. 현행식은 알라야식을 원인으로 일어나고, 잠재인상인 종자를 알라야식에 남기는 형태로 상호인과관계에 있다고 보고 있다.

5. 마나스

마나스(manas)는 자아의식(自我意識)에 상응한다. 알라야식으로부터 생겨나므로 알라야식을 대상으로 하고, 그것을 자아로서 오인하여 집착을 일으킨다. 전통적으로 불교는 아트만(我)의 존재를 부정하기 때문에 자아에 대한 집착은 최고의 번뇌이므로, 마나스는 '번뇌에 오염된 마음'이라는 의미이고, '염오식(kliṣṭmanas, 染汚識)'이라고도 불린다. 원어는 전육식 가운데 의식(意識)과 같지만, 기능이 다르기 때문에, 제칠 마나식이라고 불러 구별하는 경우가 있다. 전육식에 마나스와 알라야식을 더해서 팔식설

(八識說)이라고 한다.

6. 전의

'전의(轉依)'는 원어가 '아슈라야빠라브르띠(āśrayaparāvṛtti)'라고 하고, 글자대로는 기체(基體)인 '의(āśaya, 依)'를 '바꾸는 것(parāvṛtti)'을 의미한다. 일반적으로 기체로서 의(āśaya)는 '몸'을 의미하지만, 유식사상에서는 신체를 유지하는 기초는 알라야식이므로 기체는 알라야식으로 이해된다. 알라야식은 모든 현상세계의 원인인 종자를 유지하고, 대상인식을 일으키고, 또한 자아의식을 일으킨다. 그 결과 번뇌가 생기고, 윤회의 생존을 반복하게 된다. 그러나 불교에 귀의해서 그 가르침을 들음으로써 일어나는 힘(聞薰習力)에 의해서, 오염된 마음을 일으키는 힘이 점차 약해지고, 마나스와 전육식이 일어나지 않게 된다. 이 상태에서는 자아의식도 대상인식도 움직이지 않게 되고, 그 결과 주관·객관(所取·能取)의 구조도 소멸하고, 다만 식만이 있다는 것을 깨닫는다. 게다가 요가행자의 수행단계 가운데 '다만 식만이 있다'라는 상념마저도 사라질 때, 언어를 넘어선 완전한 유식성을 직감하게 된다. 이때 기체인 알라야식은 식으로서의 기능을 떠나서, 무분별지가 된다. 이렇게 현상적 세계의 미혹의 근원인 알라야식이 청정무구한 무분별지로 반전하는 것이 '전의(轉依)'이고, 또한 식이 지혜로 변용된다는 점에서 '전식득지(轉識得智)'라고 한다. 이때의 무분별지는 대원경지(大圓鏡智)라고도 불린다. 동시에 마나스는 평등성지(平等性智), 제육의식은 묘관찰지(妙觀察智), 전오식은 성소작지(成所作智)로 전환된다. 이것들을 네 가지 지혜(四智)라고 부른다.

전의는 이론적인 교학이해에 의해서 얻을 수 있는 것이 아니라, 유가행의 수행단계 가운데 습득된 것이다. 유가행파는 자량위(資糧位), 가행위(加行位), 견도위(見道位), 수도위(修道位), 구경위(究竟位)라는 다섯 가지 수행의 단계를 두고 있다. 가행위 최후의 단계에서는 유식성의 깨달음에 도달한 이후에 보살의 초지견도위에 들어가고, 무분별지를 얻게 된다. 전의는 유가행 수행의 완성을 의미하지 않고, 구경위에 도달하기까지 계속되고, 그 이후에 붓다의 경지에 들어가게 된다.

✻ 문헌

高崎直道(2009), 「第一部 唯識入門」, 『高崎直道著作集 第三卷 大乘仏教思想論 II』, 春秋社, pp.1-152.

三枝充悳(2004), 『世親』, 講談社學術文庫, pp.123-153.

[高橋晃一]

브릿지 12 유식과 심리학

【링크】→ 인본주의 심리학, 자기실현, 자기초월, 자아초월심리학

유식의 개요에 관해서는 「유가행과 유식사상」에서 다루고 있으므로 여기서는 유식과 심리학의 관계의 가능성에 대해서 서술하고자 한다.

결론부터 먼저 말하자면, 필자는 유식을 '대승불교의 심층심리학'이라고 평가하고, 특정 종교로서의 불교의 틀을 넘어 보편타당성이 있는 이론체계이며,[1] 현대심리학과의 대화와 통합이 가능하다고 생각한다.[2]

그러나 '심리학'이라는 말에서 볼 수 있는 내용은 놀라울 정도로 다양하므로, 아래에서 크게 네 가지 흐름으로 정리하고, 각각의 관계를 보고자 한다.

1. 심리학의 네 가지 조류

우선 서양에서 학문으로서 '심리학'이 '**실증주의적·실험주의적 심리학**'으로부터 시작한 것은 말할 것도 없다. 이는 심리학의 첫 번째 조류이고, 지금까지도 강단 심리학의 주류를 이루고 있다.

그러나 그러한 외면적 접근법으로는 인간의 마음의 병에 대한 이해와 치료가 반드시 잘 되는 것은 아니라는 비판에 대해서, 내면적인 접근법으로 프로이트의 정신분석, 융의 분석심리학, 아들러의 개인심리학 등의 '**심층심리학**'이 생겨났다. 이것이 두 번째 조류이다.

게다가 실험주의 심리학은 마음의 기계적 측면, 정신분석은 마음의 병적인 측면밖에 보지 않는다는 비판에 대해서, 마음의 보다 건강하고 고차적이며 적극적인 측면, '자기실현'이라는 차원까지의 성장 가능성을 보는

마슬로의 세 번째 조류, 즉 '**인본주의 심리학**'이 창시되었다.

이 심리학의 커다란 세 가지 조류에 더해서, 마슬로 자신이 인간에게는 '자기초월'이라고도 부를 수 있는 한층 더 고차적인 마음의 성장 가능성이 있다는 것을 인정하고, '**자아초월심리학**'을 창시했다. 자아초월심리학의 필요성, 필연성에 관해서는 여러 가지 사정이 있어서 일본의 강단 '심리학'의 세계에서는 아직 충분히 인지되지 않고 있는 것 같지만, 미국과 영국에서는 이미 무시하기 어려운 네 번째 조류가 되고 있다.

2. 유식의 가능성

그러한 심리학의 네 가지 조류 가운데 지금의 유식과 가장 거리가 있는 것은 실증주의적 심리학이다. 유식도 원래는 불교의 명상체험으로부터 생겨난 이론이었지만, 현재에는 명상수행의 전통이 끊어졌기 때문에, 좌선에서의 뇌파 연구와 위빠사나 명상의 인지과학적 연구와 같은 실증적 연구를 할 수 없기 때문이다. 그러나 지금부터 방법을 고안함으로써, 유식이론에 기반을 둔 수행이 실제로 이론에 부합하는 인간 성격의 성장과 변용을 가져오는지, 그것이 생리적 변화와 행동 패턴의 변화에 어떻게 반영되는지에 대한 장기간에 걸친 실증적 연구가 가능할지도 모르겠다.

또한 마음을 심층구조적으로 파악하여 마음을 분석하고 이해한다는 점에서, 프로이트 심리학, 융 심리학과 접점이 있고, 또한 상보적으로 종합하는 것이 가능하다고 생각된다.[3] 유식은 프로이트보다 천 수백 년 먼저 이미 마나식, 알라야식이라는 마음의 심층 영역이 있다는 것을 통찰했다. 그러나 말할 것도 없이 프로이트와 융 각자가 통찰한 마음의 현상에는, 유식의 통찰이 거의 보이지 않는다.

게다가 인간의 긍정적인 측면에 주목한다는 점에서는 인본주의 심리학의 통찰에 의해서 수정·증보되는 것이 많을 것이다. 물론 전통적·고전적인 유식의 교의를 절대적이고 수정 불가능한 진리라고 보는 원리주의적 입장에서는 수정도, 증보도 받아들일 수 없을 것이지만, 「브릿지 39 아들러 심리학과 불교」의 항목에서 서술하듯이 불교는 본래 원리주의로서는 있을 수 없다고 생각된다. 중생구제의 방편으로서 도움이 된다면, 수정도, 증보도 적극적으로 수용될 것이라고 생각한다.

특히 마음의 존재방식, 사물의 파악방식, 인지의 존재방식이 마음의 건강에 깊이 관여하고 있다는 점에서, 유식은 아들러 심리학과 논리치료, 인지치료, 인지행동치료와의 접점이 충분히 있고, 또한 통합도 가능하다고 필자는 생각하며, 일정 정도까지 실제로 시도하였다.[4]

3. 유식과 자아초월심리학

마지막으로 사람의 마음이 자아가 미확립된 상태에서 자아가 확립된 상태에 이르고, 인본주의 심리학의 이른바 '자기실현' 차원에서 그치지 않고, '자기초월'이라고 불리는 고차원의 의식상태로까지 발달할 수 있다고 파악하는 점에서, 유식은 자아초월심리학과 겹치는 부분이 많다.[5] 그러나 현 단계의 자아초월심리학에는 아래의 통찰이 부족한 듯이 생각된다는 점에서 유식과 자아초월심리학이 통합되는 경우는 없다고 생각된다.

① 인간의 부정적인 마음의 활동(번뇌)은, 모든 것(사람과 사물)을 그 자체로 존재하게 하고, 그 자체의 변화하지 않는 본성을 가지고 영원히 존재한다는 의미에서 '실체'(무명, 분별지)로부터 생긴다는 통찰이다(유식의 '삼성설'과 관련되어 있다).

② 그러한 실체화와 무명은 단순히 의식만이 아니라 오히려 무의식에 뿌리가 있고('마나식', '알라야식'을 포함한 '팔식설'), 지적 인식과 의식의 훈련뿐만 아니라 무의식의 정화를 위한 방법론이 필요하다는

('육바라밀'설) 통찰이다.

위와 같은 의미에서 유식은 여러 학파의 '심리학'과 접점이 있고, 또한 상보적인 종합이 가능하며, 그것들의 종합은 인간 마음의 부정적인 활동 또는 병의 치유와 구제라는 임상심리학적인 측면에서 매우 소득이 많을 것으로 기대된다.

❃ 문헌

1) 岡野守也(2005), 『唯識の心理学』, 青土社; 岡野守也(2011), 『大乘仏教の深層心理学』, 青土社.
2) 岡野守也(1998), 『唯識のすすめ』, NHKライブラリー.
3) 岡野守也(1998), 『唯識のすすめ』, NHKライブラリー, 제10장 참조.
4) 岡野守也(2004), 『唯識と論理療法』, 佼成出版社; 岡野守也(2010), 『仏教とアドラー心理学』, 佼成出版社.
5) 岡野守也(1998), 『唯識のすすめ』, NHKライブラリー, 제11장 참조.

[岡野守也]

46 중관사상

【링크】→ 중도, 연기, 공, 진리, 유식사상, 티베트불교의 명상법

중관사상은 한마디로 말하면, 중[도]를 관찰하는 불교사상이다. 유식사상과 양립하면서 대승불교를 대표하는 사상의 하나이고, 『중론』의 저자 나가르주나(Nāgārjuna, 龍樹, c.150-250)가 이것의 기초를 닦았다. '중관'이라는 말은 『중론』(청목 주, 구마라집 역)이 때때로 '중관론(中觀論)'이라고 불렀던 것에서 유래한다. 구마라집(Kumārajīva, 鳩摩羅什, 344-413)의 제자인 담영(曇影)은 『중론』에 대한 서문에서 당시에 이미 '중관론'이라는 별칭이 있었다는 것을 전하고, '관은 마음으로 구분하고, 론은 말로 알린다'라고 '관(觀)' 한 글자에 의미를 부여하고 있다. 한편 '중관'에 대응하는 인도어는 일반적으로 마디야마카(Madhyamaka)이고, 티베트어로는 우마(dBu ma)이지만, 둘 다 중도의 학설을 설하는 논서와 사상의 입장을 드러낸다.

1. 중관사상의 세 가지 의미

중관사상이라는 말은 크게 구별하여 세 가지 의미로 사용되고 있다. 그 첫 번째는 나가르주나의 대표작으로 알려져 있는 『중론』의 사상이다. 때로는 더 넓게 제자인 아리야데와(Āryadeva, 提婆, c.170-270)가 지은 『사백론』 또는 『백론』 등의 『중론』과 관련된 논서의 사상을 가리키는 것이다. 중국에서는 『중론』, 『백론』과 함께 동일한 나가르주나에게 귀속되는 『십이문론』을 더해서 세 가지 논서를 기초로 삼론학파가 성립한다. 길장(吉藏,

549-623)이 대성한 이 삼론학파의 사상은 중국의 중관사상이고,『중론』을 중심으로 한 초기 중관사상을 전한다.

두 번째로 중관사상은 중관파(Mādhyamika)의 사상을 가리킨다. 유가행파에 대항해서 바와위웨카(Bhāvaviveka, 清弁, c.490-570)가 6세기에 확립한 중관파라는 학파의 사상이다. 의정(義淨, 635-713)은『남해기귀내법전(南海寄歸內法傳)』의 서장에서 인도의 대승에 '중관'과 '유가'가 있다고 말하지만, 이것들도 또한 학파로서의 중관파와 유가행파를 가리킨다.

세 번째로 중관사상은 때때로 나가르주나가 활약한 2-3세기 이후 후기 중관파의 아띠샤(Atiśa, 982-1054)가 활약한 11세기경까지 유지되고, 그 사이에 티베트로도 전승된 중관정설을 가리킨다. 즉, 중관파는 진리관으로 이제(二諦, 두 가지 진리)설을 기초로 하여 공(空) 또는 무자성(無自性, 모든 사물은 고유불변의 본질을 가지지 않는다는 것)으로 대표되는 승의(第一義)에 관한 정설 및 관습적 진리(世俗諦)로서 마음과 외부 세계의 사물 가운데 마음만(나중에 서술하는 '유가행중관파') 또는 양자의 존재를 인정하는 인식론에 관한 정설을 전통으로 공유한다.

이러한 중관사상은 언급된 문맥에 따라서『중론』의 사상, 중관학파의 논사의 사상, 이들 양자가 공통적으로 가지는 중관정설이라는 세 가지 의미를 가진다. 그런데 바와위웨카의 저작 가운데 중관파의 독립을 선언한 저작이라고도 일컬어지는『중관심론(中觀心論)』이 있다. 그 주석서인『논리염론(論理炎論)』은『중관심론』이라는 제목의 일부인 '중관', 즉 마디야마카(Madhyamaka)의 어의를 분석해서 마디야마카에는 중[도]를 설하는 논서, 중[도]를 선포하는 사람, 중[도]의 정설이라는 세 가지의 의미가 있다고 한다. 이것들은 위에서 든 중관사상의 세 가지 의미와 대부분 겹친다.

2. 중관사상사

중관사상은 크게 나누어 위에서 본 것처럼 세 가지 의미로 사용되지만, 아래에서는 중관파라는 학파의 성립과 발전이라는 관점에서, 초기, 중기, 후기의 세 가지 역사적 단계로 크게 나누어 중관사상의 전개를 살펴보고자 한다.

【초기】

나가르주나와 그 제자인 아리야데와는 각자 『중론』과 『사백론』 및 『백론』에서 이후에 바와위웨카에 의해서 확립되는 중관파의 정설의 기초를 닦았다. 특히 『중론』은 후세에 중관파에 있어서 가장 중요한 전적으로서 큰 영향을 끼쳤다. 『중론』의 주요한 의도는 모든 것이 공이라는 것, 즉 정신적, 물질적인 구성요소(法, dharma)와 그것에 의해서 구성된 모든 것은 다른 것에 의존해서 일어나므로(緣起), 고유한 본질을 가지지 않는다(無自性)는 논증에 있었다. 나가르주나에게 '공'은 '무자성'과 동의어이다. 또한 그는 '연기를 우리들은 공이라고 부른다. 그것은 [다른 것에] 의존하는 가명이고, 그것은, 즉 중도이다(『중론』 24.18).'라고 말하듯이, '공'은 연기의 다른 표현이라고 말한다.

『중론』이라는 책이름은 모든 것은 고유의 본질을 가지지 않으므로 본래는 있다고도, 없다고도 말할 수 없다는 의미를 지닌 앞의 인용문에 있는 '중도(madhyamā pratipat)'라는 말에 기인한다. 이 논서에는 나가르주나의 자주(自注)라고도 불리는 『무외론(無畏論)』(티베트어역만 현존)이 있고, 이것과 내용적으로 일치하는 곳이 많은 청목주(青目注)의 『중론』(한역만 현존)과 5세기경에 활약한 붓다빨리따(Buddhapālita, 仏護, 470-550)의 주석서인 『불호주(仏護注)』(티베트어역과 산스크리트 단편이 현존)도 또한 귀중한 초기의 주석 문헌이다. 『중론』에 대해서 유가행파의 논사들도 적극적으로 주석서를 저술했고, 아상가(Asaṅga, 無着, c.395-470)의 『순중론(順中論)』(한역만 현존)도 그 가운데 하나이다. 『사백론』도 또한 중관파뿐만 아니라 유가행파에 속하는 다르마빨라(Dharmapāla, 護法, 530-561)와 나아가서는 중국의 삼론학파에 대해서도 사상적으로 큰 영향을 주었다. 이러한 초기중관학파는 3-5세기에 대승불교계의 여러 논사들에게 광범위한 영향을 끼쳤다는 특색이 있다.

【중기】

중관파를 확립한 것은 6세기에 유가행파에 의한 유식(vijñaptimātratā, 唯識)설의 비판을 통해서 '중관파'를 자칭한 바와위웨카(c.490-570)이다. 그는 주저인 『중관심론』과 『중론』에 대한 주석서인 『반야등론(般若燈論)』에서 유가행파의 대표적인 교리의 하나인 삼성설과 『십지경』에서 보이는 '삼계유심'설에 관한 유가행파의 해석을 비판한다.

즉, 유가행파는 자타(自他)는 원래 눈과 귀 등과 그 대상인 형색과 음성 등의 안팎의 물질(色法)의 존재를 인정하지 않고, 단순히 잘못 실재한다고 오해한 것(변계소집성)에 지나지 않으며, 공하다고 본다. 또한 한편으로 유가행파는 마음과 마음작용은 의타기성(다른 것에 의존하는 성질의 것)으로서 존재하고, 공은 아니라고 위치짓는다. 게다가 또한 유가행파에 의하면 마음과 마음작용이 변계소집성을 떨쳐내고 주체와 객체를 넘어설 때, 원성실성(완성된 성질)의 진여가 드러나게 되고, 그것은 또한 공이 아니라 실재한다고 주장한다. 이러한 삼성설과 유식무경설을 바와위웨카는 강하게 비판하고, 『십지경』에서 보이는 '삼계유심'설에 관해서도 그것은 외계대상의 존재를 부정하는 것이 아니라, 마음과는 별도의 행위주체와 과보의 향수주체가 존재한다는 것을 부정한다고 해석하는 것이 어울린다고 한다. 이후에 바와위웨카의 중관사상과 논증방법을 비판한 짠드라끼르띠(Candrakīrti, 月称, c.600-650)도 또한 중관파를 자칭하면서 유식설과 디그나가(Dignāga, 陳那, c.490-540)의 논리학에 대해서 적극적인 비판을 전개한다. 그는 주저인 『입중론』과 『중론』의 주석서인 『쁘라산나빠다(名句論)』에서 고유의 본질(자성)의 존재를 전제로 한 상대방의 주장은 반드시 오류에 빠진다는 것을 지적한 나가르주나류의 귀류논증법을 정당한 논증법으로 보고, 바와위웨카가 디그나가의 영향을 받아서 채용한 자립논증법에 의존하는 것을 강하게 비판했다. 또한 후대 티베트에서는 이것에 의해서 중관파는 바와위웨카로 대표되는 자립논증파와 이것을 비판한 짠드라끼르띠로 대표되는 귀류논증파로 분열된다고 설명한다.

【후기】

그 이후 8세기가 되면 산띠데와(Śāntideva, c.690-750), 즈냐냐가르바(Jñānagarbha, c.700-760), 게다가 산따락시타(Śāntarakṣita, c.725-788)와 까말라실라(Kamalaśīla, c.740-795) 사제(師弟)가 활약한다. 그들의 다수는 바와위웨카의 중관사상의 영향하에 있었지만, 후기중관파의 가장 큰 특색은 많은 논사들이 어떠한 형태로든 유가행파의 학설을 자신의 사상체계 가운데로 편입시켰다는 점에 있다. 산티데와는 『입보리행론』를 유려한 시문으로 저술하여, 보리심, 육바라밀, 회향을 주요한 주제로 하는 보살의 수행도의 존재방식을 보여준다. 즈냐냐가르바는 『이제분별론』에서 현현하는 것 가운데 같은 세속의 사물도, 효과적인 작용능력의 유무에 의해서 옳고 그름이 구별된다고 한다. 그가 말한 올바른 세속과 잘못된 세속의 규정은 각각 유가행파의 삼성설에 있어서 변계소집성과 의타기성의 특색과 거의 겹친다. 또한 그가 세속의 옳고 그름의 기준을 효과적인 작용능력의 유무로 보는 점에서는 같은 능력을 가진 개별상만이 지각의 대상이라고 하고, 효과적인 작용능력을 가진 것이 존재의 정의라고도 말하는 다르마끼르띠(Dharmakīrti,

法称, c.600-660)의 지각론과 존재론의 영향을 엿볼 수 있다.

산따락시타는 후기중관파를 대표하는 논사이다. 그는 『중관장엄론』에서 물질(色)이고, 인식(識)이고 모든 것은 하나와 다수의 어떤 성질도 가지지 않는(離一多性) 무자성이라는 주장을, 자립논증을 많이 사용하면서 전개했다. 즉, 이교도에 의한 여러 학설, 비바사사의 학설, 경량부설, 유형상식설, 무형상식설 각각을 순차적으로 부정하고, 모든 것이 무자성이라는 중관정설의 결론을 타당하다고 했다. 다만 이 책에서 산따락시타는 유가행파에 의한 유식관을 관습적인 진리로서는 인정하고, 또한 승의적 진리인 무자성을 이해하는 데도 유효하다고 했다. 또한 인식의 성립에 관해서도, 디그나가와 다르마끼르띠에 의한 앎의 자기인식론을 긍정했다. 이러한 까닭에 그는 예세데(Ye shes sde)가 활약한 9세기 초에는 이미 '유가행중관파'를 대표하는 논사로서 자리한다. 그의 제자인 까말라실라는 삼예사의 논쟁을 통해서 티베트에 본격적으로 인도계 불교가 전해지는 계기를 만들었다.

그 이후의 인도불교는 힌두교의 딴뜨리즘의 영향도 있고, 전반적으로 점차 밀교화되는 방향을 따라간다. 이러한 흐름 가운데 10세기 후반 이후가 되면 쁘라즈냐까라마띠(Prajñākaramati, c.950-1030)와 자야난다(Jayananda)에 의해서 짠드라끼르띠의 중관사상이 재평가된다. 후기불교 전파기에 티베트로 몸소 건너가서 활약한 아띠샤도 또한 짠드라끼르띠의 중관사상을 높이 평가함과 동시에 밀교를 전면적으로 받아들이고 있다. 주저인 『보리도등론』에서 그는 중관사상을 반야바라밀승으로 비밀진언승 밑에 둔다. 이러한 인도불교 측의 사정에 호응하듯이, 티베트에서도 11세기에는 자야난다, 아띠샤, 티베트인 역경가 니마닥(Nyima Drak, c.1055-1145) 등에 의해서 짠드라끼르띠의 중관사상이 본격적으로 도입되기 시작한다. 그리고 티베트불교 특히 쫑까빠(Tsong kha pa, 1357-1419)를 개조로 하는 겔룩파에서는 귀류논증파를 중관파의 정계로 보는 전통이 형성되었다.

❋ 문헌

D.S. Ruegg(1981), "The Literature of the Madhyamaka School of Philosophy in India", *A History of Indian Literature*, vol.VII-1.

A. Saito(2007), "Is Nāgārjuna a Mādhyamika?", 『法華經と大乘経典の研究』, 山喜房佛書林, pp.153-164.

[齊藤 明]

47 번뇌즉보리

【링크】→ 번뇌, 보리심, 깨달음, 죄책감, 리비도, 양가성

번뇌즉보리(煩惱卽菩提)는 번뇌 그 자체가 보리(깨달음)라는 대승불교의 독자적인 교학이다. 초기불교 이래 번뇌는 끊어야만 하는 것이고, 이것을 끊는 것에 의해서 보리, 열반을 얻을 수 있으며, 생사윤회로부터 해탈할 수 있다고 생각했다. 부파불교에서는 붓다는 말할 것도 없고 아라한과를 얻기 위해서는 최단 세 번을 윤회하면서 수행하거나, 최장 육십겁의 수행을 필요로 한다. 이 때문에 범부는 깨달음과 인연이 없는 사람이 되어버리므로, 본래 번뇌를 끊어서 깨달음을 연다는 붓다의 가르침은 형해화되어버렸다.

대승불교 시대가 되면 지금까지의 분석능력(분별지)에 의한 정치한 교학에 의한 것이 아니라, 일체제법은 분석할 것도 없는 허깨비, 아지랑이와 같은 실체가 없는 것으로, 그대로 공(卽空)이라는 가르침(무분별지)으로 발전하며, 번뇌에도 실체가 없고 보리에도 실체가 없기 때문에 번뇌와 보리는 차이가 없다고 생각하게 되었다.

이 사상이 특히 현저하게 표현된 것은 대승불교의 교리를 대표하는 『유마경』이다. 유마거사와 문수보살의 대론 가운데 번뇌즉보리(煩惱卽菩提), 생사즉열반(生死卽涅槃), 선즉불선(善卽不善), 유루즉무루(有漏卽無漏) 등이 설해지지만, 명확히 번뇌즉보리라고 표현된 것은 『법화현의』 등 이른바 천태삼대부(天台三大部)이다.

천태대사 지의(智顗, 538-597)는 『법화경』에 설해진 '제바달다라는 극악한 사람도, 겨우 여덟 살 된 용의 딸도 성불할 수 있다', '아이가 장난으로 합장만 해도 성불할 수 있다'라는 주장, 『열반경』에 '살아 있는 것에는 모두 불성이 있다(一切衆生悉有佛性)', 『화엄경』의 '하나 가운데 모두가 있다(一卽一切)'라는 사상을 기반으로 일념삼천(一念三千) 십계호구(十界互具)의 교리를 수립했다. 이 '일념'은 선인과 악인, 남녀, 생류, 현명함과 어리석음을 구별하지 않고 모든 것에 불성이 있고, 번뇌즉보리라는 것이다.

그러나 번뇌즉보리이면 수행을 할 필요도 없다는 오해를 일으킬 염려가 있었다. 사실 일본의 중고(中古) 천태에서는 본각사상으로서, 범부 자체로 붓다라는 사상이 생겨나 타락한 양상을 드러냈다.

지의는 이러한 염려를 피하기 위해서 '즉'에도 여섯 단계(六卽)가 있다고 '공을 공이라고 할 뿐이라면, 새도 공이라고 울기 때문에 붓다이고, 즉을 즉이라고 할 뿐이라면, 쥐도 즉이라고 울기 때문에 붓다가 될 것이다. 어디에 수행도 하지 않고 깨달음을 연 천연의 미륵보살과 자연스럽게 깨달은 붓다가 있을까? 모두 고행 끝에 깨달음이 있었던 것은 아닐까? 생사즉열반, 번뇌즉보리라는 원교(圓敎, 완전히 원만한 가르침)를 조금만 주워듣고서 '이 마음이 붓다이다. 수행을 하지 않고도 깨달음을 열었다'고 말하는 것은 리(理)로서 '즉'을 말하는 것이고, 육즉의 첫 번째 단계이다'라고 경계한다.

육즉(六卽)이라는 것은 번뇌즉보리를 도리로서만 알고 있을 뿐인 단계(理卽), 좋은 친구와 지도자를 만나 그 도리를 듣고 납득하는 단계(名字卽), 그 도리를 실천해보는 단계(觀行卽), 실천을 통해서 도리를 더욱 납득할 수 있는 단계(相似卽), 점점 더 번뇌즉보리의 일부분을 깨닫는 단계(分証卽), 궁극적인 깨달음에 도달하는 단계(究竟卽)라는 여섯 종류의 '즉'이 있다.[1]

❃ 문헌

1) 安藤俊雄(1968),『天台学』, 平樂寺書店.

[三友健容]

불교심리학과 연관되는 대승불교의 주요 개념

48 불성·여래장

【링크】→ 번뇌즉보리, 발달심리학, 개성화, 동기부여, 유전과 환경

붓다의 본성, 여래의 본성을 몸속에 가지고 있는 것, 여래의 본성을 태아로서 품고 있다는 사고방식을 '여래장·불성사상'이라고 한다. 일체중생은 본래 붓다와 같은 본성을 가지고 있기 때문에 범부는 붓다와 같이 깨달음을 열 수 있다는 대승불교의 사상이다.

그 원어는 '따타가따 가르바(tathāgata-garbha, 여래의 모태)', '붓다 다뚜(buddha-dhātu, 붓다의 요소, 붓다의 세계)', '붓다 고뜨라(buddha-gotra, 붓다의 종성)' 등이다. 다만 불교는 무아설을 주장하므로 만물의 근원인 '계(界, dhātu)'로부터 제법이 생긴다고 하는 생각은 없다.

여래장사상은 『여래장경』으로부터 시작해서 『부증불감경』, 『승만경』, 『대승기신론』, 『보성론』으로 체계화되었다.

여래장사상으로부터 여래장연기라는 사고방식이 완성된 것은 『대승기신론』에 이르러서이다. 여기서는 붓다의 본성을 본각(本覺)이고, 범부는 깨닫지 않았기 때문에 불각(不覺)이고, 붓다의 본성이 드러난 때를 시각(始覺)이라고 한다. 진여에 불변(不變)과 수연(隨緣)의 활동이 있고 자성청정심(본래 청정한 마음)이 있는데도 왜 미혹하는가를 설명하기 위해서, 불생불멸의 진여와 무명이 불일불이(不一不異)하게 화합하는 것을 알라야식이라고 부르고, 여래장에는 진여와 무명이 서로 영향을 끼친다고 하는 여래장연기를 설하고 있다. 또한 대승의 『열반경』에서는 여래장을 불성

(佛性)이라는 말로 표현하고, '일체중생실유불성(살아 있는 것에는 모두 불성이 있다)'이라고 설하고 있다.

1. 불성을 둘러싼 해석의 차이

중생에게는 붓다와 같은 자성청정심이 머물고 있지만, 다만 객진번뇌(āgantuka kleśa, 客塵煩惱, 외부의 먼지와 같은 번뇌)에 의해서 덮여 있기 때문에 미혹이 생긴다고 하고, 그 덮은 것을 없애면 본래의 청정한 마음이 드러나고 성불이 가능하다고 한다. 『열반경』에서는 '불성은 제일의공(第一義空)이고, 지혜이고, 중도이고, 아뇩다라삼막삼보리 중도의 종자이다(T.12.523b)'라고 하고, 중생은 객진번뇌에 덮여 있으므로 불성이 드러나지 않는다고 한다.

또한 『열반경』에서 설하고 있는 '일체중생실유불성(一切衆生悉有佛性)'의 해석을 둘러싸고, 일천제(一闡提, 정법을 비방하는 오역죄를 범한, 욕망이 많은 대단히 악한 사람)를 제외할 것인지에 대한 대논쟁이 중국불교에서도 일본불교에서도 있었고, 일본에서는 개개인에게는 태생적인 차이가 있다고 하는 오성각별설(五性各別說, 중생을 다섯 종류로 분류하여, 불성이 없는 무성의 중생은 영원히 성불할 수 없다고 한다)을 주장하는 법상종의 토쿠이츠(德一, c.760-835)와 천태교학의 전통에 따라서 모든 중생이 성불할 수 있다고 하는 사이초(最澄, 767-822) 사이의 논쟁(三乘一乘權實論爭)이 있었다.

토쿠이츠는 『법화경』에서 설하는 '무일불성불(無一不成仏)'은 '무의 하나는 성불할 수 없다'라고 읽어야 한다고 주장하고, 사이초는 '혼자서 성불할 수 없는 것은 아니다'라고 읽어야 한다고 주장하였다. 토쿠이츠는 '사이초의 불성은 이불성(理佛性)이지 행불성(行佛性)은 아니다. 진여의 이치(진리)는 당연히 부동(不動)이므로 이불성의 유무는 성불과 관계없고,

행불성의 유무야말로 성불, 불성불을 결정하는 것이고, 이 유무에 의해서 오성각별을 세운다'라고 반론한다. 여기서 사이초는 '진여는 불변인 것만은 아니고, 수연(隨緣, 활동)도 한다. 따라서 이(理)라면 행(行)이다'라고 반복하며, 서로 수많은 경전과 논서를 인용하면서 논쟁했지만, 사이초의 입멸에 의해서 일단락되었다.

현재에도 『법화경』과 『열반경』은 차별되는 사상을 설하는 것으로 볼 수 있지만, 『법화경』, 『열반경』은 일천제도 마침내 성불할 수 있다고 하는 사상이 원점이다.

여래장은 여래를 여래답게 하는 본성으로서 법신(法身, 붓다가 본래 가지고 있는 진리로서의 법의 몸)에 다름 아니고, 다만 그것이 번뇌에 묶여 있기 때문에 아직 여래의 활동을 발휘하지 못하는 상태라는 사고방식에서, 우리를 '속박된 법신'이라고 한다. 즉, 인간의 본성은 완전한 붓다이지만, 번뇌에 덮여 있기 때문에 붓다를 이루지 못할 뿐이며, 번뇌라는 속박을 제거하면 거기에 완전한 붓다가 있다는 사고방식이다.

2. 천태사상에서 보는 불성론

불성을 가지고 있다고 하더라도, 불성을 붓다가 될 가능성으로 파악하는 관점과 붓다가 가져야만 하는 것, 즉 붓다의 본성을 본래 가지고 있다고 하는 관점이 있다. 천태대사 지의(智顗, 538-597)는 이 불성을 우리 범부도 본래 가지고 있는 것으로 보고, 우리 범부만이 아니라 이승(二乘)도, 보살도, 초목에 이르기까지 가지고 있다고 하는 것이, 일색일향무비중도(一色一香無非中道, 하나의 물질에도 하나의 향에도 중도불성을 가지지 않는 것은 없다)라고 한다. 왜냐하면 우리를 둘러싸는 외부 세계의 존재인 돌멩이 하나, 초목 한 그루라고 해도 우리와 무관하게 존재하는 것이 아니라 밀접한 관계를 가지고 있다. 바로 색심불이(色心不二, 몸과 외계세계는 마음과 떨어지지 않는다),[1] 의정불이(依正不二, 우리의 의지할 곳인 세간과 우리는 불가분의 관계에 있다)이다. 우리 마음 밖에 우리와 무관하게 존재하는 것은 하나도 없다. 우리 마음의 인식이 있기 때문에 외계의 존재가 있다고 말한다.

그리고 지의는 우리가 깨달으면, 천지만물이 모두 깨달음의 세계가 되고, 본래의 모습을 찬란하게 밝히고, 사바세계 그 자체가 불국토가 된다고 보는 '일념삼천(一念三千, 범부의 일념에 삼천을 구유하고 있다)'[2]의 논리를 전개했다. 다만 일체중생에게 평등하게 구유되어 있는 불생불멸의 불성은 보편적인 진여(진리)에 다름 아니고, 진여를 구유하는 것만으로는 성불을 실현할 수 없으므로, 삼인불성(三因佛性)을 세운다. 즉, 정인불성(正因佛性, 본성으로서 원래부터 갖추고 있는 불성)을 드러내기 위해서는 지혜의 활동이 필요하므로, 그것을 요인불성(了因佛性, 불성을 비추어 드러내는 지혜)이라고 하고, 그 지혜의 활동은 선한 행위 등이 기연이 되어서 드러나므로, 연인불성(緣因佛性, 지혜로서 발휘되기 위한 연이 되는 선한 행위)이라고 한다. 우리는 모두 정인불성을 가지고 있지만, 그것이 불성으로서의 활동을 일으키는 것은, 연인불성과 요인불성에 의한 것이다. 다만 이들 세 가지는 하나의 불성의 활동을 말하는 것이고, 별개로 세 종류가 있는 것은 아니다.

※ 미주

1) 불이(advaya, 不二)는 자타, 선악, 남녀, 생사, 고락 등 현실세계의 사물과 사상(事象)을 구성하는 두 가지 서로 대립되는 것이 각자 독립적이고 고정적인 실체를 가지고 존재하는 것이 아니고, 무아, 공을 바탕으로 근본토대로서 하나를 이루고 있다고 하는 사고방식이다(中村元 他編(2002), 『岩波仏教辞典』, 岩波書店).

2) 일념(一念)은 범부가 일상에서 일으키는 일순간 일순간의 마음을 가리키고, 삼천(三千)은 십계(지옥, 아귀, 축생, 수라, 인간, 천신, 성문, 연각, 보살, 붓다의 열 가지 경지)가 서로 다른 세계를 구족하고 있다(十界互具)는 것에서부터 백계(百界), 그 백계의 하나하나에 각자 십여시(十如是)가 있는 것에 천여시(千如是) 그리고 천여시가 삼종세간(오음세간, 중생세간, 기세간) 각각에 걸쳐 있으므로, 삼천(三千, 삼천세간)이라는 것이다. 십여시는 제법실상(諸法實相, 존재의 진실한 존재방식)이 상(相, 속성), 성(性, 본질), 체(体, 형체), 력(力, 잠재력), 작(作, 작용), 인(因, 원인), 연(緣, 조건, 간접적 원인), 과(果, 결과), 보(報, 과보, 간접적 결과), 본말구경(本末究竟, 상에서 보에 이르는 9가지가 궁극적으로 무차별 평등한 것)이라는 10가지 범주로 알려지는 것을 말한다. 실천적으로는 자기의 마음 가운데 구족되어 있는 불계(佛界)를 보는 것을 말한다(中村元 他編(2002), 『岩波仏教辭典』, 岩波書店).

[三友健容]

불교심리학과 연관되는 대승불교의 주요 개념

49 즉신성불

【링크】→ 여실지자심(如實知自心), 보리심, 삼매, 만다라, 진언, 동일화

즉신성불이라면 일반적으로 데와산잔(出羽三山)의 슈겐(修驗) 신앙에서 보이듯이 선정에 든 채로 신체만 남아서 미라화되는 것(留身入定)처럼 생각된다. 그리고 일본의 그 전형적인 모습을 홍법대사 쿠카이(空海, 774-835)에 대한 입정신앙(入定信仰)에서 볼 수 있다. 홍법대사 쿠카이는 실제로 『즉신성불의(卽身成仏義)』라는 책을 저술하였다. 책 제목과 홍법대사의 입정신앙으로부터 즉신불신앙이 즉신성불이라는 식으로 이해되어온 것이라고 생각된다. 그러나 『즉신성불의』에서 설해진 사상이 반드시 그러한 신앙은 아니다.

성불은 붓다가 되는 것을 의미한다는 그러한 사고방식은 기원 전후의 대승불교 흥기와 함께 시작된다. 그때까지의 불교수행자는 붓다의 가르침을 기초로 아라한이 되어 괴로움이 소멸된 열반의 경지를 구하는 것을 목표로 했다.

붓다의 전생의 생애가 불전문학으로 집대성됨에 따라 붓다의 수행을 이상으로, 그 서원을 전형으로, 붓다와 동일한 최고의 깨달음(無上等正菩提)에 이를 것이라는 보리심을 일으킨 대승보살들이 출현한다. 성불이라는 단계에 이르기까지의 수행은 오히려 붓다의 덕의 한없는 위대함에 대응하고, 완성까지 긴 기간을 필요로 한다.

7세기경에는 이미 확립된 대승의 무자성공(無自性空), 범성불이(凡聖不

二)라는 이론을 기초로 구체적인 의례와 본존관(本尊觀) 등의 신비적 동일화의 명상을 통하여 성불의 도를 선택하는 이른바 진언문(眞言門)을 수행하는 보살이라는 밀교적 불도수행자가 자립하게 된다.

1. 밀교의 생명관

진언문의 수행은 역사를 초월해서 바로 여래의 비밀스러운 경지에 참여한다고 하는 신비주의적 방법으로, 장대한 시간을 두고 목표를 완성하기보다는 명상과 의례를 통한 유가에 의해서 본존과 합일하는 것을 목적으로 한다. 즉, '지금 여기에 여래의 경지가 현현하는 것을 관한다'고 하는 성불관을 지지한다.

『대일경』은 자신의 마음 가운데 붓다의 경지를 발견하는 것(如實知自心)을 성불로서 표현한다. 『보리심론』은 진언문의 가르침을 부모로부터 받은 이 살아 있는 몸 그대로 성불하는 방법이라고 설한다(父母所生身卽証大覺位). 이러한 밀교적 관점을 전개하여 '즉신성불(卽身成佛)'을 설하는 것이 홍법대사 쿠카이의 『즉신성불의』이다.

이른바 대우주인 우주적 생명의 신구의(身口意)의 신비한 활동을 소우주인 자신의 신구의의 활동에서 발견하고, 신비주의적 체험을 통해서 그 현현을 스스로 구현한다. 우주적 생명이 정확히 이 현실에 드러나는 자신의 신구의가, 그것을 둘러싼 환경으로서 드러나고 있다고 하는 현실을 인식하고, 그것을 몸과 기도와 말과 행위라는 네 종류의 만다라(순차적으로 大, 三昧耶, 法, 羯磨라는 이름의 만다라)로서 표현되는 형태를 밝힌다.

바로 여기서 이 현실의 생명을 영위하는 것 이외에 피안의 이상세계를 추구하는 것이 아니라, 지금 여기의 생명을 이상으로 구현하려는 의도이다. 그러한 의미에서, 매우 현실적인 상황에서 붓다의 현현(加持)을 관하려고 하는, 여래의 기도를 구체화한 신비적 동일화(三昧耶)를 구사하는 세계인식의 방법이다.

❀ 문헌

空海(1994),『即身成仏義』,『定本弘法大師全集』 卷3, 密教文化研究所.

[生井智紹]

불교심리학과 연관되는 대승불교의 주요 개념

50 정토와 왕생

【링크】→ 염불, 해탈, 윤회, 임종심로, 사생지, 진종 카운슬링, 여실지견

1. 정토경전

정토(淨土)는 붓다의 대비(大悲)에 의해서 중생에게 개시된 피안의 세계로서 다양하게 설해져왔다. 특히 그중에서도 정토의 성립과 그 구제에 관해서 주제적으로 밝힌 『무량수경』, 『관무량수경』, 『아미타경』은 호넨(法然, 1133-1212)에 의해서 '정토삼부경(淨土三部經)'이라고 불린다.

『무량수경』에서 아미타불의 전신인 법장보살은 고뇌하는 중생을 구제하기 위해서 '나는 반드시 수행해서 불국토를 성취하고 청정하게 무량한 묘토(妙土)를 장엄하고자 한다'고 서원하고, 스승(世自在王佛)에게 '모든 붓다와 여래의 정토수행'을 설하고 싶다고 서원하고, 불국토를 장엄하고 성취한다. 그 정토로 구제하는 것을 『관무량수경』은 자식인 아자세에 의해서 왕사성에 유폐된 위제희 왕비가 붓다의 인도에 의해서, 정토로 돌아가는 이야기로서 구체적으로 서술한다. 또한 『아미타경』은 정토의 화려한 장엄상과 여러 붓다가 이것을 찬탄한 것을 설하고 있다. 여기서 고뇌의 세계로 유전하는 중생에게 가야 할 방향성과 귀의처가 주어진다.

2. 정토의 명칭

정토라는 말은 원래 '수카와띠(sukhāvatī)'라는 산스크리트어 어원에서 유래하고 있다. 이것은 '편안함이 있는 곳', '즐거움이 있는 곳'이라는 의

미이다.

그러나 '정토삼부경'에는 '정토'라는 말은 거의 보이지 않는다. 『무량수경』에는 이것에 상응하는 말로, 안양국(安養國), 안락(安樂), 안락국(安樂國), 안락국토(安樂國土)가 보이고, 정토는 한 번 나올 뿐이다. 『관무량수경』에는 극락국, 극락국토, 극락세계, 극락이라고 기록되어 있다. 원어인 극락(안락)을 정토라는 용어를 가지고 적극적으로 표현하게 된 것은 담란(曇鸞, 476-542), 도작(道綽, 562-645), 선도(善導, 613-681) 등에 의해서이다.

정토의 가르침은 말법시대에 태어난 범부가 구제되는 유일한 문으로서, 도작에 의해서 '정토문(淨土門)'이라고 불리고, 성자의 길인 '성도문(聖道門)'과 대치되지만, 이것은 마침내 정토종, 정토진종이라는 명칭을 생기게 하는 것이 된다.

3. 정토의 의의

(1) 청정한 세계

세친(世親, 天親)은 『정토론』(『무량수경우바리사원생게(無量壽經優婆提舍願生偈)』)에서 피안의 정토를 널리 장엄하는 것을 칭송하는 동시에 장행(산문 부분)에서 이 정토는 세 종류(국토, 부처, 보살)의 이십구종 장엄으로 이루어지는 원심장엄(願心莊嚴)의 세계라고 한다. 또한 이것을 해석한 담란은 그의 『정토론주(淨土論註)』 상권에서 정토 장엄의 본질(体性)을 논하고, 하권에서 각각의 장엄의 활동(力用)을 명시하고 있다.

이십구종 장엄은 모두 피안의 정토의 무언가를 상징적으로 드러내지만, 모두 국토의 청정성(器世間淸淨) 그리고 불보살의 청정성(衆生世間淸淨)을 나타내며, 이 전도되고 부정한 현실 세계(穢土)와 대치된다. 이렇게 정토는 고뇌하는 중생에게 그 생존 전체가 정화되어 진정한 안락을 실현하는 세계로서 그려지고 있는 것이다.

(2) 존재의 고향

도작, 선도, 호넨은 '정토삼부경'에서 설하고 있는 장엄세계를, 불국토론에서 아미타불의 본원을 갚는 땅(報土)이며, 말세의 범부를 위하여 방향과 형상을 정하는 것(指方位相)으로 논한다. 특히 선도는 '귀거래 마경에 머물러서는 안 된다. 이 생애(일상생활)를 마친 이후에 열반의 성으로 들어간다(『관경정선의(觀經定善義)』).'고 고백하고, 정토가 부처의 깨달음의 열반세계이며, 본래 돌아가야 할 '본가(本家)', '본국(本國)'(『법사찬(法事贊)』)인 것, 즉 삼유(三有, 욕계·색계·무색계),[1] 사생(四生, 태생·난생·습생·화생)[2]이라는 미혹의 세계를 유전하는 중생에게 가향(家鄕) 이른바 존재의 고향이라는 것을 보여주었다.

(3) 진실의 국토

겐신(源信, 942-1017)은 '보(報)의 정토에 왕생하는 자는 극히 적고, 화(化)의 정토에 사는 자는 적지 않다(『왕생요집(往生要集)』)'라고 설하며 보토(報土)와 화토(化土)를 분별했지만, 신란(親鸞, 1173-1263)은 『교행신증(敎行信証)』에서 진불토(眞佛土)와 방편화신토(方便化身土)에 대해서 저술하고, '참과 거짓을 알지 못함으로 인해서 여래의 광대한 은덕을 미혹해서 잃어버린다'고 서술하면서, 겐신의 교의에 부연해서 진불토(진정한 報佛土)와 화신토(가짜 佛土)의 의의를 명백하게 했다.

이것에 의해서 정토는 진가(眞假)의 중층적 구조를 이루고 있다는 것과 또한 중생이 안립(安立)해야 할 진실한 국토(眞佛土)는 진실한 신심(信心)에 의해서 열리지만, 의혹된 믿음에 의한 진실하지 않은 국토(化身土)에 태어난 사람도 아미타불의 방편에 의해서 진실한 국토로 나아갈 수 있다는 것을 명료하게 했다.

4. 왕생의 의미

정토교의 전통에 의하면 이 사바세계에서 목숨을 다한 이후에 아미타불의 극락정토에 태어나는 것을 '왕생(往生)'이라고 한다. 이 말은 어원적으로는 산스크리트어로 된 『무량수경』과 『아미타경』에서는 '태어난다'를 의미하는 '프라띠야자야떼(pratyājāyate)' 또는 '우빠빠디야떼(upapadyate)' 등의 동사를 시작으로 다양하게 나타난다고 한다.

『무량수경』, 『관무량수경』, 『아미타경』, 즉 호넨의 이른바 '정토삼부경'은 정토에 왕생하는 것을 주제로 설하고 있다. 경전에서는 '그 나라에 태어나고자 서원하면 왕생을 얻어서 불퇴전에 머물고'(『무량수경』 하권), '오직 바라건대 세존이시여, 저를 위해서 널리 괴로움 없는 곳을 설하소서. 제가 반드시 왕생할겁니다'(『관무량수경』), '이 사람, 목숨이 끝날 때 마음이 전도되지 않고, 즉 아미타불의 극락국토에 왕생할 수 있습니다'(『아미타경』) 등으로 기록되어 있고, 고뇌하는 중생을 구제하는 법으로서 염불에 의한 왕생정토의 길이 설해지고 있다.

5. 왕생의 개념

왕생은 일반적으로 다른 세계에 태어난다는 의미로 해석되는 경우가 많지만, 인간과 동물 등은 태어나는 방식이 완전히 다른 것이다. 『무량수경』 하권에서는 '화생(化生)'이라는 말로 표현하고 있지만, 세친(世親)은 '여래 정화(淨華)의 중생은 정각(正覺)의 꽃으로부터 화생한다'(『정토론』)고 말하고 있다.

중국정토교의 조사인 담란(曇鸞, 476-542)은 '범부의 실제 중생은 실제 생사라고 말하는 것과 같지는 않다'(『정토론주(淨土論註)』 상권)라고 말하고, 왕생이란 범부가 단순히 존재개념으로 생각하듯이 실생실멸(實生實滅)의 생은 아니며, 또한 '생이라고 말하는 것은 이 생을 얻은 자의 정(情)의 나락일 뿐'(『정토론주(淨土論註)』 하권)이라고 하여, 본원에 상응하는 무생(無生)의 생이라고 하였다.

이처럼 왕생은 전생(轉生), 즉 윤회의 의미가 아니라 중생의 헤매는 삶을 마치고 부처의 정각의 세계인 정토로 가는 것을 의미한다.

6. 왕생의 의의

(1) 임종의 중시

정토교의 왕생사상은 일본에 큰 영향을 주어서, 그중에서도 겐신(源信, 942-1017, 恵心僧都)이 저술한 『왕생요집』은 천태정토교의 교학에 선 염불 생활의 지침서로서 널리 받아들여졌다. 이것에 호응하듯이, 헤이안시대 중기 이후에 『일본왕생극락기(日本往生極樂記)』(요시시게노 야스타네(慶滋保胤) 저), 『속본조왕생전(續本朝往生傳)』(오오에노 마사후사(大江匡房) 저), 『습유왕생전(拾遺往生傳)』(미요시노 타메야스(三善爲康) 저) 등의 왕생전이 만들어졌다.

왕생에서 임종을 중시하는 것은 특히 『관무량수경』에서 현저하며, 중국불교의 영향을 받아서 일본에서는 『관무량수경』 정토교가 주류를 점하고, 임종을 일생의 일대사(一大事)라고 여겼다. 『왕생요집』이 성립되고, 염불결사를 위한 『이십오삼매식(二十五三昧式)』이 만들어진 이후에, 임종을 중시하는 풍토가 번성하게 되어 임종의 때에 마음을 바르게 하고, 아미타불을 맞이할 것을 기대하는 임종정념(臨終正念)이 중요하다고 여겨졌다.

또한 이것과 수반해서 아미타불의 손으로부터 오색의 실을 뽑는데, 병자가 그것을 쥔다고 하는 임종의례(이토히키 왕생)도 중시되었다.

(2) 호넨의 전회

호넨은 '숨이 끊어질 때는 아미타불의 힘으로 정념을 이루어서 왕생을 하오며(往生淨土用心)'라고 하고, 임종과 왕생이 밀접하게 관련되어 있다고 설했다. 하지만 한편으로는 임종정념에 의해서 아미타불을 맞이한다고 하는 설을 부정하고, 아미타불이 맞이하러 오기 때문에 망념이 일어나지 않고 바르게 염불할 수 있다는 임종정념(臨終正念)을 위해서 아미타불이 온다고 하는 생각을 드러내었다(『역수설법(逆修說法)』).

호넨이 입멸한 이후 임종을 중시하는 입장에 선 제자와 평상시의 삶을 중시하는 입장에 선 제자의 두 흐름이 나온 것은 호넨의 언설이 중의적이었던 것에서 기인한다. 호넨 문하에서, 왕생에서 임종을 중시하는 입장에 선 사람으로는 정토종 진서파(鎭西派)의 쇼코보 벤쵸(聖光房 弁長, 1162-1238)와 천태종의 츄라쿠지 류칸(長楽寺 隆寬)이 있고, 평상시의 삶을 중시하는 입장에 선 사람으로는 정토종 서산파(西山派)의 젠네보우 슈쿠(善慧房 證空, 1177-1247)와 천태종의 아구이 세이카쿠(安居院 聖覚, 1167-1235)를 들 수 있다.

(3) 신란의 전개

호넨을 평생 '좋은 사람'(『탄이초(歎異抄)』)이라고 우러른 신란은 호넨의 진의를 헤아려서, 임종주의적 사상을 불식하고, 종래의 『관무량경』 중심의 정토교를, 현생에서 본원의 성취를 설하는 『무량수경』 중심의 정토교로 전개시켰다.

신란은 자신이 정토로 나아가는 발자취를 회고하며 '쌍수림하왕생(雙樹

林下往生)'(『관무량수경』의 왕생)을 벗어나 '난사왕생(難思往生)'(『아미타경』의 왕생)으로 돌아 들어와서 '난사의왕생(難思議往生)'(『무량수경』의 왕생)으로 이룬다고 고백한다(『교행신증』 화신토권(化身土卷) 「삼원전입(三願轉入)」). 이 고백이 보여주듯이 신란에게 왕생은 임종이라는 한 지점에 한정되는 것이 아니라, 불자가 궁극의 증과(대반열반)를 향하여 걷는 과정, 즉 원생정토(願生淨土)의 불도를 표현하고 있다. 여기에 '점(点)'으로 왕생을 이해하는 데 얽매인 종래의 정토교학은 '선(線)'으로 왕생을 이해하는 것으로 열리고 있는 것이다.

❋ 문헌

藤田宏達(2007), 『淨土三部經の硏究』, 岩波書店.
曾我量深(1970), 『本願の仏地』, 『曾我量深選集』 第五卷, 弥生書房.
安田理深(2000), 『存在の故郷』, 『安田理深講義集』 4, 弥生書房.
石田瑞麿(1968), 『往生の思想』, 平樂寺書店.
曾我量深(1972), 『往生と成仏』, 『曾我量深選集』 第12卷, 弥生書房.

❋ 미주

1) 욕계는 욕망에 사로잡힌 생명이 머무는 영역(dhātu), 색계는 욕망을 초월하였지만 물질적 조건(色, rūpa)에 사로잡힌 생명이 머무는 영역, 무색계는 욕망도 물질적 조건도 초월하였지만 정신적 조건만은 가지고 있는 생명이 머무는 영역을 말한다. 이들 삼계(三界)에서 각각의 살아 있는 존재(bhāva)가 존재하는 방식을 삼유(三有)라고 한다(中村元 他編(2002), 『岩波仏教辭典』, 岩波書店).
2) 사생(catur yoni, 四生)은 생명이 살아가는 방식의 차이에 의해서 네 가지로 분류한 것이다. 태생은 포유동물 등 어미의 태내에서 태어나므로, 인간도 포함된다. 난생은 어류, 조류 등 알 속에서 태어나는 것이고, 습생은 축축하고 습기가 많은 곳에서 태어나는 벌레 등이고, 화생은 아무것도

없는 곳에서 홀연히 태어나므로, 천신과 지옥의 중생 등은 여기에 해당한다(中村元 他編(2002),『岩波仏教辭典』, 岩波書店).

[安冨信哉]

불교심리학과 연관되는 대승불교의 주요 개념

51 왕상회향과 환상회향

【링크】→ 지관, 여실지견, 회향, 보살, 관상염불과 칭명염불, 상처받은 치료자

1. 왕상과 환상

세친(世親, c.400-480)은 『정토론』(『무량수경우바리사원생게(無量壽經優婆提舍願生偈』)에서 아미타여래(아미타불)의 불국토에 왕생하여 열반을 증득하는 대승보살의 불도를, 오념문(五念門)의 행으로서 설했다. 즉, 자리(自利, 스스로를 완성시키는)행으로서의 예배문, 찬탄문, 작원문, 관찰문과 이타(利他, 사람들을 구제하는)행으로서의 회향문의 다섯 가지에 의해서 자리와 이타를 원만하게 성취하는 불도이다.

담란(曇鸞, 476-542)은 『정토론주』(『무량수경우바리사원생게주』)에서 세친의 『정토론』을 해석하고, 오념문의 '회향'에 두 종류가 있다고 했다. 즉, '회향에 두 가지의 상(相, 모습)이 있다. 하나는 왕상(往相), 또 하나는 환상(還相)이다. 왕상이란 자신이 쌓은 공덕을 일체중생(사람들)에게 나눠주고, 함께 그 아미타여래의 안락정토에 왕생하고자 원을 일으키는 것이다. 환상이란 그 안락정토에 태어나서 사마타와 위빠사나의 행에 의해서 사람들을 구제하는 힘을 완성시킨 후에, 생사미혹의 세계에 들어가서 일체의 사람들을 가르쳐 구제해내고 함께 불도로 나아가는 것이다. 왕상도, 환상도 사람들을 구제하고 생사미혹의 바다를 건너려고 하는 것이다'[1]라고 해석했다. 왕상(往相)이란 불도를 걷는 중생 스스로가 일체중생에게 공덕을 회시(回施, 회향)하여 함께 왕생을 목표로 하는 행이며, 환상(還相)이란 아

미타여래의 정토로부터 미혹의 세계를 향하고, 고뇌하는 사람들을 이끄는 것이다. 그리고 '정토에 태어나는 것과 그 보살, 사람, 천신들이 하는 다양한 수행은 모두 아미타여래의 본원력에 의한 것'[2)]이고, 왕상과 환상의 회향문을 포함한 오념문행(五念門行) 전부가 아미타여래의 본원력에 의한 것이라고 여겼다.

2. 신란의 왕상과 환상

신란(親鸞, 1173-1263)에게 왕상이란 중생이 아미타불의 정토에 왕생하여 열반을 증득하는 자리(自利)의 불도이며, 환상이란 정토에 왕생하여 성불한 이후 생사(미혹)의 세계에서 고뇌하는 사람들을 보살로서 구제하는 이타(利他)의 불도이다. 이들 두 가지가 중생 자신의 힘이 아니라 아미타여래의 본원력의 회향(스스로가 쌓은 공덕을 남에게 돌리는 것)에 의해서 성취되기 때문에 두 종류의 회향, 즉 왕상회향, 환상회향이라고 부른다. 신란은 스스로를 완성하는 행도 전부 아미타여래의 본원력(타력)의 회향에 의해 성취되는 것이라고 여겼다. 그리고 세친과 담란은 '중생 자신이 남에게 회향하는 행'으로서 설한 왕상과 환상을 '아미타여래로부터 중생으로의 회향'으로 전환하는 것에 의해서 정토진종의 불도를 확립했다.

신란은 주 저서인 『교행신증』(『현정토진실교행증문류(顯淨土眞實敎行証文類)』)에서 정토진종의 불도를 명확하게 했지만, 그 「교문류(敎文類)」의 시작에서 '삼가 정토진종의 불도에 대해서 깊이 생각을 하면, 두 종류의 회향이 있다. 하나는 왕상, 또 하나는 환상이다. 왕상의 회향에 대해서 진실의 교행신증(敎行信証)이 있다'[3)]고 서술하고, 「증문류(証文類)」에서는 '정토진종의 교행신증에 대해서 깊이 생각을 하면, 아미타여래의 대비(大悲)에 의해 회향되는 이익이 있다. 인(因)도 과(果)도 한 가지 일로서, 아미타여래의 청정한 원심(願心)에 의해서 회향되고 성취되지 않았던 것은 없다'[4]고 설한다. 정토진종의 불도, 즉 교(敎, 가르침), 행(行, 수행), 신(信, 신심), 증(証, 깨달음) 전부가 중생 자신의 힘이 아니라, 아미타여래의 본원력의 회향에 의한 것이라고 한다. 환상회향이란『교행신증』「증문류」에 '둘째로 환상의 회향이란, 즉 이타교화지(利他敎化地, 사람들을 이끌어서 구제할 수 있는 지위)의 이익이다. 즉, 이것은 필지보처(必至補處)의 원(다음 생에서 반드시 부처가 될 수 있는 지위에 이른다는 제22원)에서 나온 것이다'[5]라고 설하고, 아미타여래의 정토에서 대반열반을 증득한 후에 환상의 보살이 되어 고뇌 가운데 있는 사람들을 구제하는 활동을 성취하는 것이다. 이것도 아미타여래의 본원력의 회향에 의한 것이다.

3. 왕상회향의 불도에서 자력과 타력

신란은 왕상회향에 의한 정토왕생의 길을 걷는 중생이 아미타여래의 본원력, 즉 불지(佛智)를 의심하고, 분별심(理性)에 의해서 파악하려고 하는 것을 '자력 분별'이라고 부르고, 불지의 활동을 방해하는 것으로 여겨 물리쳤다. 왜냐하면 불지는 중생의 지성에 의해서는 파악되지 않는 불가칭, 불가설, 불가사의(말로 하기 어렵고, 설명하기 어려운 공덕이 있어, 범부의 마음이 미치지 못하는)인 것이기 때문이다. 한편 신란은 변계를 떠나서, 불지의 움직임을 믿고, 그것에 자기의 존재 전부를 맡기고 걷는 불도를 타력 자연법이(自然法爾)의 불도, 인간이 가져야 할 삶의 방식으로서 사람들에게 권했다. 현대인의 지성에 기초한, 말과 개념에 의한 이해와 인식을 기반으로 하는 삶의 방식은, 신란이 말한 '자력 분별'과 통한다. 지성에 의해서는 눈에 보이지 않는 움직임, 세계, 관계, 인연을 느낄 수 없기 때문에 물질주의, 이기주의, 찰나주의, 욕망추구의 삶의 방식에 휩쓸려버린다.

현대인은 서구 근대의 과학적 지식을 기반으로 하는 교육을 통해서, 추상화된 말과 개념을 사용하고, 지성에 의해서 두뇌로 이해하고, 인식하는 삶의 방식을 몸에 익혀왔다. 그 때문에 관념의 세계(가상세계)에 갇히고, 관계의 감각을 상실했다. 이것은 무명이며, 신란이 말한 자력이다. 다수의 현대인이 안고 있는 고독, 고립, 불안, 불신, 부자유함, 허무감, 죽음에 대한 공포 등 고뇌의 원인이 여기에 있다. 이들을 해결하기 위해서는 인식방법의 전환이 필요하다. 스스로를 넘어선 보이지 않는 이끌림의 움직임에 자기 존재의 전부를 맡기고, 몸과 마음을 사용하여 감성에 의한 세계에 직접 접촉하여 파악해가는 인식방법이다. 이렇게 해서 우리는 현실의 세계를 있는 그대로 아는(여실지견하는) 것이 가능하고, 고뇌에서 해방된다. 이것이 '타력'의 삶의 방식이며, '지혜의 불도'임에 틀림없다.

4. 환상회향의 실존적 의의

정토진종의 불도는 오로지 아미타여래의 본원력에 의한 두 종류의 회향에 의해서 성립한다. 그렇기는 하지만 불도를 걷는 주체는 어디까지나 중생이며, 본원력의 회향에 의하면서도 중생 자신이 아미타여래의 명호를 듣고, 지혜의 신심을 획득하고, 현생에서 정정(正定)에 이르고, 임종 시에 대반열반을 증득하고, 환상의 보살이 되어 중생구제의 활동을 하는 것이다. 그러므로 아미타여래의 본원력의 회향에 의한 불도이지만, 중생은 신심의 지혜에 이끌려서, 자신과 세계를 있는 그대로의 모습으로 알고, 열반으로 향하는 주체적인 걸음을 걷는 것이다.

신란은 스승인 호넨(法然, 1133-1212)을 정토로부터 내생한 환상의 세지보살(勢至菩薩)로 받아들였지만, 환상회향의 해석에 대해서는 다양하게 논의되어 왔다. 왜냐하면 환상회향은 정토진종이 대승보살도이기 때문에 필요한 이타행이지만, 『교행신증』은 그것을 정토에 왕생하여 열반을 증득한 후의 일이라고 여기기 때문이다. 우리들이 매일 일과 만남 가운데서 진실한 삶의 방식으로 이끄는 기연으로서의 의의를 발견할 수 있다면, 그것을 환상의 활동이라고 받아들일 수 있을 것이다.

✻ 문헌

1) T.40.836a.
2) T.40.843c-844a.
3) T.83.589b.
4) T.83.617a.
5) T.83.617a.

[藤 能成]

브릿지 13 정토사상과 심리학

【링크】→ 정토, 관상염불과 칭명염불, 진종 카운슬링, 지관, 참회

1. 정토사상의 종교철학

일본 정토사상의 특징을 한마디로 말한다면, 관상염불에서 칭명염불로 전개해왔다는 것이다. 아미타불과 그 극락정토를 이미지화하는 관상염불은 곧 입으로 '나무아미타불'을 칭하는 것과 같다고 여겨지지만, 중국에서 발전한 이 사상은 카마쿠라시대의 정토종, 정토진종을 통해서 민중에 널리 퍼지게 되었다.[1]

현대의 영성에 관한 여러 정의를 살펴보면, '절대적인 수동성'(절대타력)이 그 요소에 포함되어 있는 것을 알 수 있다. 이것은 실존적인 자각의 극한점에서 무엇인가 위대한 것에 의하여 '소생되고 있다'는 수동적·수신적·수용적 느낌이 생겨나는 것을 의미한다.[2]

일본의 종교철학자인 니시다 키타로(西田幾多郎, 1870-1945)는 '장소의 논리'를 구축한 것으로 알려져 있다. '장소'란 '자기가 자기에게서 자기를 보는 것'라고 정의된다. 니시다는 인식을 주관에 의한 대상의 구성작용이라고 생각하지 않고, 자기 안에 대상을 포함하는 작용이라고 생각했다. 그것은 일체의 대상물을 자기의 그림자로써 비추는 근원적 자각이다. 이렇게 니시다는 인식을 대상의 방향으로 생각하지 않고, 내재적 방향으로 생각했다. '무'라는 것은, 즉 '대상적으로는 무'라고 말하는 것이고, 오히려 근원적 실재인 것이다.

니시다에게서 특징적인 것은 '보는 것'과 '보이는 것'의 관계를 논리적 판단의 주어와 술어 관계로 치환한 것이다. 이때에 주어의 방향이 '보이는

것'으로 생각되고, 술어의 방향이 '보는 것'으로 생각된다. 술어가 주어를 포섭한다는 것은 그것 자신은 무(無)이지만 일체의 것을 자기 자신에게 비추는 거울과 같은 것이지만, 거울에서는 전부가 있는 그대로의 것이 되며, 또한 자기가 자기 자신을 포함한다(자각한다)고 하는 구조가 성립한다. 니시다는 이렇게 인간이 자기를 자각한다고 하는 구조에서, 이미 '부처가 부르는 목소리'가 있다고 생각했다. 절대자(신, 부처)가 단순히 절대자인 것만으로는 진정한 절대자가 아니다. 그리고 어떤 상대에 대하여 절대자였다고 한다면 그것도 또한 상대자이지 절대자가 아니다. 절대자는 자기를 부정하는 것으로 인간을 구제하는 것이며, 인간은 개인을 부정함으로써 절대자에 의해서 살려진다고 하는 구조를, 니시다는 역대응이라고 불렀다.[3)]

전쟁 이전에 이러한 정토교에 대한 종교철학적 해석은, 전후에 예를 들어 타나베 하지메(田邊元, 1885-1962)의 참회도(懺悔道, Metanoetik)에서 특징적으로 전개되고 있다. 타나베는 이성이 그 한계를 넘어서서 무제약자(절대자)를 인식하려고 하는 노력을 이성의 이율배반이라고 부르고, 그것은 조만간 좌절되는 것이라고 생각하고 있다. 하지만 이성은 그러한 자기의 기능을 철저하게 비판하는 것에 의해서 무력(無力)에 빠지지만, 거기서부터 유력(有力)으로 바뀐다. 철학은 철학이 아닌 것으로 소생되는 것이다. 이러한 자력의 좌절로부터 타력으로의 전환을 타나베는 정토교와 통하는 것으로서, 이 과정을 참회도라고 한다.[4)] 또한 타케우치 요시노리(武內義範, 1913-2002)는 인간의 유한성에 대한 절망적인 깊은 자각을 위로 초월하는 것이 아니라 아래로 초월하는 것을 역초월론적(transdescendence)이라는 말로 나타내고, 거기서부터 초월적 나(신, 부처)가 침투한다고 한다.[5)] 이렇게 정토교의 종교철학적 해석에서 특징적인 것은, 인간의 유한한 자각의 깊이는 오히려 그 무력(無力)을 기점으로 구제가 생겨난다고 생각하는 것에 있다.

2. 염불의 심리학적 연구

스즈키 다이세츠(鈴木大拙, 1870-1966)는 『일본적 영성』에서 정토사상을 영성(spirituality)의 정의적(情意的) 전개로서 파악하고, 자아의 소유라고 생각되는 것을 버리거나, 유보하자고 생각하지 않고 그대로 부처의 대비(大悲)에 몸을 맡기는 것을 그 본질이라고 생각했다.[6)]

선적(禪的) 소양을 배경으로 하는 스즈키의 '즉비(卽非)의 논리'는 이러한 '그대로'의 모습에 근거를 부여하는 것이다. 'A는 A가 아니다. 그러므로 A이다'라는 것으로, 부정이 긍정이라는 논리형식으로 나타나고 있다. 스즈키에 의하면 모든 관념이 우선 부정되고, 다음에 또 그것이 부정되어서 긍정으로 돌아간다고 하는 것이 즉비의 논리이다. 우리는 통상 예를 들어 '산은 산'이라는 관념을 가지고 있다. 하지만 그것은 말에 의해서 분절된 세계를 실체시하고 있는 것이기도 하다. 마치 '산'이라는 실재물이 거기에 있는 것처럼 생각해버리는 것이다. 하지만 그것이 개념에 의한 구축물이라는 것을 알아차리는 시점에서 이러한 상식은 한번 부정된다. 그래도 일상적인 세계에서는 여전히 '산은 산'이다. 한 번 부정된 상식이 지금 다시 한번 긍정되는 것이다. 이러한 이론적 고찰에 머무르지 않고 스즈키는 『선과 염불의 심리학적 기초』에서 염불의 심리학적 고찰에 박차를 가한다. 스즈키는 염불의 심리적 효과에 대해서, 고도의 사고와 의지의 집중에 의해서 의식의 표면에 있는 관념과 감정을 없애고 신심을 획득하는 과정이라고 생각했다.[7)] 스즈키의 고찰은 실험심리학적 방법에 기반을 둔 것이 아니라, 문헌해석학과 그 자신의 종교체험을 기반으로 했다. 그 때문에 현대심리학에서 축적된 지식에 의한 재고가 필요하지만, 이렇게 '집중'이라는 측면에서 정토사상에 대한 심리학적 해석을 전개하는 것은 명상의 분류가 '집중'형과 '통찰'형으로 분류된다는 견해에 비추어보아도, 깊은 의의를 가지는 선행연구라고 말할 수 있을 것이다.[8]

❋ 문헌

1) 中村元 他編(1989),『岩波仏教辭典』, 岩波書店, p.438.

2) 西平直(2007), 「スピリチュアリティ再考ールビとしてのスピリチュアリティ」, 安藤治·湯淺泰雄 編,『スピリチュアリティの心理学ー心の時代の学問を求めて』, せせらぎ出版, p.78.

3) 西田幾多郎(1989),「場所的論理と宗教的世界觀」, 上田閑照 編,『西田幾多郎哲学論集 III』, 岩波書店, pp.299-397.

4) 藤田正勝 編(2010),『懺悔道としての哲学ー田辺元哲学選 II』, 岩波書店.

5) 武內義範(2000),「行爲と信仰」, 長谷正当 他編,『武內義範著作集』第2卷.

6) 鈴木大拙(2011),『日本的靈性 完全版』, 角川書店, pp.142-143.

7) 鈴木大拙(2000),『禪と念仏の心理学的基礎』, 大東出版社.

8) 井上ウィマラ(2005),『呼吸による気づきの教えーパーリ原典「アーナーパーナサティ·スッタ」詳解』, 佼成出版社, pp.10-11.

[甲田 烈]

다양한 구도

52 만다라

【링크】→ 밀교, 모래놀이치료, 원형, 연금술과 명상법, 배치

1. 만다라란

만다라(maṇḍala)는 어원적으로는 '사물의 본질'을 의미하는 'maṇḍa'와 소유를 나타내는 어미 '-la'로 이루어지며, 중심을 가진 원륜, 같은 핵심을 공유하는 모임 등을 의미한다. 종교적으로는 인도에서 일반적으로 보이는 성스러운 공간의 구축(조단)이라는 의례의 장이 가장 현저한 의미이다.

7세기경 대승불교의 교리적인 배경을 근저로 범인도적인 종교의례가 도입되어, 진언문(眞言門)이라는 밀교적 불교수행법이 확립되었다.

대승불교의 최종단계로서 밀교적 방법에 의한 성불을 표방한『대일경』에서는 대일(Mahāvairocana, 大日) 여래의 성불 후에 전개된 여래의 끝없는 신구의(身口意)의 불가사의한 활동의 경지(여래비밀경지)가 설해진다. 거기서는 신구의가 무한하게 활동하는 신변장엄의 모습이, 여래의 신구의(身口意) 세 종류의 무한한 자비의 활동(三密)으로서 구현되고, 순차적으로 대비태장생(大悲胎藏生) 만다라, 전자륜(轉字輪) 만다라, 비밀(秘密) 만다라로서 묘사된다. 그 신구의 세 가지 만다라를 만드는 의례를 통해서, 여래의 자비활동이 현실 의례의 장에서 나타나는 모습을『대일경』의 원래 이름은 대비로자나성불신변가지(大毘盧遮那成佛神變加持)라고 표현하고 있다. 현실 의례의 장에서 만다라행이 여래의 비밀장엄의 장으로서 신비적으로 합일화되는 것이다. 티베트어역만이 현존하는『대일경』의 외편으로

부가되어 있는 공양의궤의 마지막 장인 「여래출생대만다라가지품」에서는 그 만다라의 이름을 '(석가) 여래 없는 세상에 여래를 현현시키는 만다라'라고 표현하고 있다.

이렇게 해서 지금까지 대승보살들은 여섯 가지 내지는 열 가지 붓다의 덕을 완성하기 위한 수행(바라밀행)을 통해 성불한 것에 반해서, 진언문의 보살들은 성불은 만다라에 참여함으로써 이루어진다는 확신을 명확하게 내세우게 되었다.

2. 만다라의 실제

본래 만다라는 한 번에 한하여 의례의 장에서 구축되는 성스러운 공간이며, 그 제단으로서 만다라는 의례가 끝나면 흔적을 남기지 않고 처리되지만, 사원의 예배당의 벽화와 회화로 남아서 의례에 사용되기도 한다. 그것이 오늘날 티베트불교권과 일본의 사원에서 볼 수 있는 만다라 그림이다.

일본에서는 홍법대사 쿠카이(空海, 774-835) 이래 전통적으로 『금강정경』계의 금강계 만다라와 『대일경』계의 태장생만다라가 양부만다라(그림 참

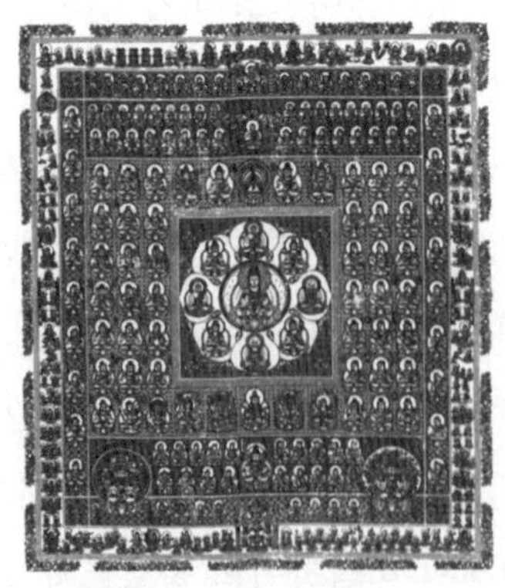

대비태장대만다라(왼쪽), 금강계구회대만다라(오른쪽)(長谷寺 소장)

조)로서 이론화되어 전해져오고 있다. 역사상 시간적으로 앞뒤로 전개되어온 이 두 가지 계통의 만다라를 대치하여, 그 양자에게 신체와 정신, 지혜와 자비, 보리로 나아가는 향상(向上) 과정과 보리에서 나아가는 향하(向下)의 현실화 등의 대응을 대치시켜서 양부만다라로 교리화하는 것은, 인도 후기밀교와 그것을 전개하는 티베트밀교사상에서는 발견되지 않는 일본의 독자적인 전개이다.

3. 만다라의 생명

만다라는 다양한 존격이 각각의 개성을 발휘하면서 전체가 정연하게 배치되어 있다. 그것은 대일여래(大日如來)라는 우주적 생명이 각각의 존격을 통해서 개개의 개성을 발휘하여 각각의 신구의 행위(三密)를 자유자재로 전개하고 있는 것으로 파악된다. 이 관점에서 말하자면, 위대한 생명이 다양한 생명들의 개성을 통해서, 생명의 장엄한 모습을 표현한 것이라고도 말할 수 있다. 진언밀교에서는 그 모습을 상호예배 상호공양, 즉 서로의 생명을 존중하고, 서로의 생명을 살리는, 생명의 존재 방식이라고 여긴다.

융이 만다라의 세계에 대하여 관심을 가졌던 것은 잘 알려져 있다. 그의 만다라관은 마음이 혼돈된 복합적인 상황이 전체로 표현된 것으로 보인다. 다만 만다라는 질서 정연하게 배치된(장엄된) 세계, 말하자면 우주 전체의 조화로서 파악되어야 할 것이다. 혼연일체가 된 세계 전체를 품은 것이 있다고 하더라도, 다양한 모든 내용구성원이 정연하게 배치되어, 있어야 할 곳에 있는 것이 만다라의 장엄의 모습이다.

심상이 통합화되어 배치되어 있다고 하는 방향성을 가질 때에, 만다라화하는 것이 의미를 가지게 된다고 말할 수 있다.

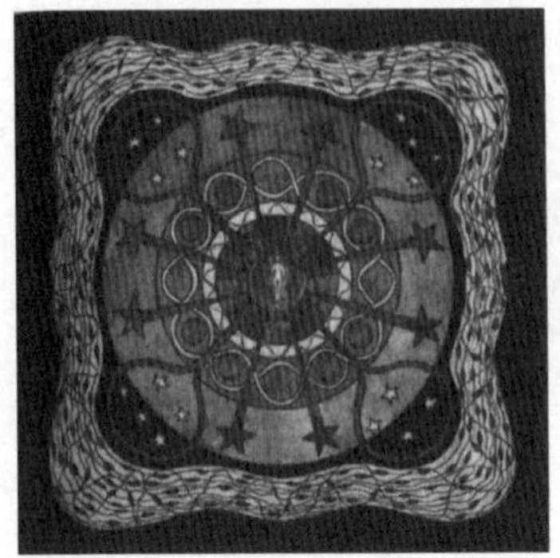
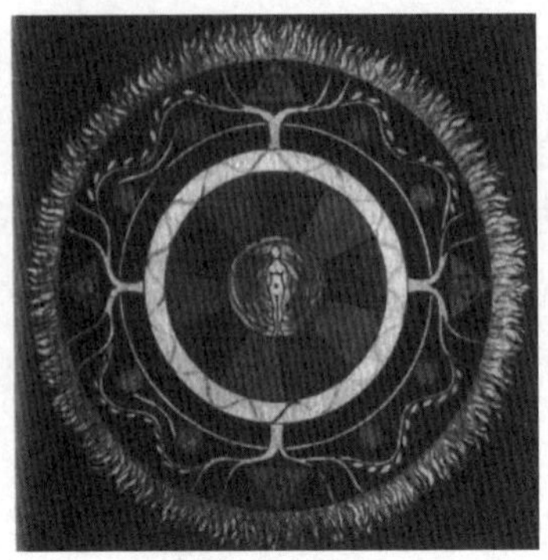

융의 만다라 그림(C. G. Jung, *Mandala Symbolism*, Princeton University Press, 1972)

[生井智紹]

다양한 구도

53 진언

【링크】→ 진리, 삼매, 염불, 제목(題目), 변성의식상태, 명상대상

산스크리트어 'a만트라(mantra)'는 어원적으로는 '√man(생각하다)'의 동사 어근에 도구, 수단을 의미하는 '-tra'의 어미가 붙어서 형성되었으나, 고대 베다시대의 종교의례에서 읊었던 주문을 의미해왔다. 인도 종교문화에서 특히 말에 대한 주술적인 신앙과 더불어서, 밀교 문헌이 중국어로 번역되었을 때, 성스러운 말로서 주문(mantra, 呪)이 진언(眞言)으로 번역되었다. 주문이기 때문에 다른 언어로 번역되지 않고, 산스크리트어 또는 그 방언이 음역되어, 한자문화권에서도 티베트불교권에서도 원어로 암송되었다. 『코란』 등이 아랍어 이외의 언어로 번역되는 일이 없는 것과 같은 신앙이다.

석가세존 재세 시 또는 열반 이후에 곧 불교 내부에서는 그러한 세속적인 바라문의 종교의례는 금지되었다. 하지만 사회생활상에서 일반적으로 행해진 뱀과 재난을 막는 보호주문은 순차적으로 승려와 재가 사이에 도입되었다. 한편 명상수행에서 삼매의 경지에 이르는 유가와 관련해서 다라니(dhāraṇī, 摠持)라고 불리는 주문이 사용되었으나, 재앙을 막고 복을 부르는 세간적인 기원을 담은 주문 문구도 다라니라고 일컬어졌고, 대승불교의 현세 구제와 관련해서 많이 전해지고, 관련된 경전도 많이 나타나게 되었다.

덕을 쌓은 성자와 진실을 말하는 자의 말에는 어떤 종류의 신비적인 힘이 머문다고 여겨진다. 고대 베다의 종교에서는 말 그 자체는 하늘의 계

시이며, 말 그 자체가 영적인 능력을 가지고 있다고 여겨서, 그것이 만트라의 신비한 힘 또는 그 근원인 브라흐만이라는 영적 에너지를 다루는 바라문 제사장의 전횡을 불러일으켰다. 다만 불교에서는 같은 주문도, 그것이 진실된 말(satyavāc) 또는 진리의 지혜로서 보증되는 말(vidyā), 바른 삼매의 경지를 드러내는 말(dhāraṇī), 수호자의 수호의 말(rakṣā) 등의 요인을 총괄적으로 포함하는, 부처의 진실의 말(如義言說)로서 진언을 이해하였다.

밀교 수행법에서 산염송(散念誦) 등으로 불리는 이러한 진언을 반복하여 수백, 수천 번 외우는 경우가 있다. 가톨릭 기도문과 이슬람의 아랍어 독송 등과 같이, 반복하여 단조롭게 외우는 진언 염송은 말의 기호적 의미를 넘어서 기도의 작용 등과 더불어 어떠한 심리적 변용의 작용을 가져오는 것도 사실이다. 그것은 염불, 제목(題目)과 같은 기도의 행위에도 보편적이다.

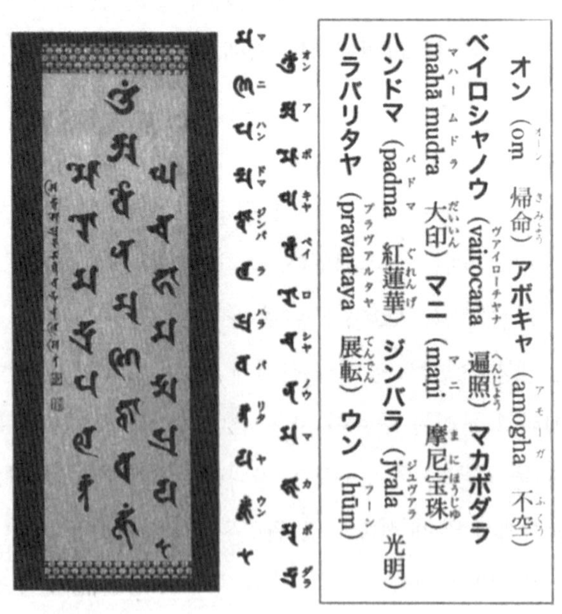

광명진언

❃ 문헌

氏家覚勝(1984),『陀羅尼の世界』, 東方出版.

児玉義隆(2002),『梵字でみる密教』, 大法輪閣.

[生井智紹]

다양한 구도

54 가지와 기도

【링크】→ 보살, 서원, 이행(利行), 진언, 방편, 영적 돌봄, 돌봄, 참여불교

기도는 비는 것, 가지(加持)는 위대한 힘의 현현을 의미한다.

다만 비는 마음은 다양하며, 그 현실의 바람은 절실하다. 그것에 응하는 주술적 요청으로서의 기도는, 일본불교의 역사에 있어서 기우(祈雨), 진호국가(鎭護國家), 귀족의 병환쾌유의 주술적 효능이 이래저래 강조되어온 측면이 있다. 확실히 불교 전래 이후 승려에게 기대된 것은 병환쾌유를 시작으로 사람들의 현세의 이익을 위한 기도에 대해서 실제적인 효용을 가지는 주술적 돌봄의 수행이었다. 『겐지모노가타리(源氏物語)』에서도, 학질을 앓은 히카루 겐지(光源氏)가 그 가지기도를 구하기 위하여 키타야마(北山)의 아사리의 암자를 방문하는 모습이 그려져 있다.

그 기도에 대한 실제적인 가지(加持), 위대한 자비의 구체적인 현현도 다양하게 전개되어오고 있다. 무시후우지(어린아이에게 경기가 일어나지 않도록 하는 액막이 또는 부적)와 큐우리(에도시대에 평민의 부형이나 그 자제가 죄를 지었을 때 연대책임을 면하기 위해 관에 신고하여 의절한 일) 가지 등의 풍습에서도 가지와 그 기도의 실제가 보인다. 가지라는 말도, 그러한 의미에서는 크게 왜곡되어 해석된 일본어 가운데 하나이다.

애초에 가지(adhiṣṭhāna, 加持)라는 말은 '그 자리에 서서 드러나다, 구체화하다' 등의 의미를 가진다. 아주 고요한 수면에 부처의 자비의 빛이 빛나는 모습으로 비쳐서 나타나고 있듯이, 기도하는 마음과 거기에 나타나

는 부처의 자비가 구현된 상황이라고, 홍법대사 쿠카이(空海, 774-835)는 『즉신성불의(卽身成仏義)』에서 해설하고 있다. 즉, 가지를 두 글자로 분석하면, 부처가 중생에게 하는 활동을 '가(加)'라고 하고, 수행자가 부처의 움직임을 받아들여서 가지는 것을 '지(持)'라고 파악하는 것이다.

사람들의 이러한 기도에 대한 주술적 돌봄의 효용을 메이지시대 이후 합리주의의 풍조 아래에서는 음사(陰祀) 또는 삿된 가르침으로 비난하는 경향이 현저했으나, 그때까지의 일본의 정신문화에서는 종교의 당연한 기능으로서 존재했다. 가지란 구체성을 가진 것, 구현하는 것이기 때문에 이것이야말로 현세와 밀접하게 이어져 있는 것이었다. 기도하는 마음에서 부처의 구체적 현현을 보는 신비주의적인 고도의 명상체험뿐만 아니라 악령퇴치, 병환치유, 수험합격, 좋은 인연 만나기, 사업번창 등의 생활에 밀착한 기도 또는 오곡풍성, 세계평화, 만민평안 등 현실사회의 절실한 기도와 그 주술적 돌봄이라는 종교현상 전부를 포함하여, 가지기도(加持祈禱)라는 말이 사용되어 왔다.

기도하는 것은 종교의 가장 현저한 특징이다. 그것에 응답하는 행위가 종교인의 기능으로 기대된다. 자기 개인의 구제만을 비는 것이 아니라, 현실의 고난에 비탄하는 모든 살아 있는 존재들의 기도에 응답하려고 하는 바람을 기도한다. 불보살의 서원을 자신의 신구의의 활동으로 구체화하려고 하는 종교인의 기도는, 감추어진 생각이라고 할지라도 구체화에 대한 적극적인 의지의 드러냄(加持)이다.

현세의 기도가 절실하면 절실할수록 구체적인 현세에 대한 이익을 구현하는 것을 종교인에게 기대하게 된다. 확실히 역사상 비난할 만한 종교인의 행위는 있었다. 사건으로서 들 수 있는 것도 헤아릴 수 없이 많다. 하지만 의도는 결코 음사, 삿된 가르침과 같은 것으로 무시할 것은 아니다. 가지기도는 종교가 가진 본래의 돌봄인 것이다.

[生井智紹]

다양한 구도

55 아자관

【링크】→ 보살, 진언, 명상대상, 보리심, 다양한 종교의 명상수행

아자관(阿字觀)이 목적으로 하는 것은, 우주의 근원적인 모습, 본래 생기하거나 소멸하는 일 없는 현상의 공한 모습이라는 진리를 체득하는 것이다. 이것이 보리심, 즉 처음 발심한 이래 수행자들 자신의 마음이라는 향상적인 측면과 생명의 본래의 모습인 대일여래라는 궁극적 진실의 생명의 현재화라는 두 가지 측면에서 진리를 나타내는 것이 된다.

1. 아자

산스크리트어의 음운표는 '아(a)'에서 시작된다. '아'는 근원적인 발음의 최초의 소리이다. 보리심(bodhicitta, 菩提心)은 우주의 진실(菩提)과 스스로의 마음(自心)의 관계를 나타낸다. 이 최초의 관계, 즉 우주의 진리를 깨달은 붓다의 경지를 이상으로 그곳으로 나아가고자 하는 발심을 시작으로, 보살이라는 수행자가 안을 살피는 마음, 보리와 그 마음의 동일성에 대한 인식, 어느 과정에 있어도 보리와 관련되어 있는 마음을 말한다.

산스크리트어에서 '아(a)'로 시작하는 모음과 '까(k)'로 시작하는 자음의 조합으로부터, 온갖 음절의 다양한 울림이 드러난다. 모든 음절, 모든 문자도 기본적으로는 가장 기본이 되는 모음인 '아(a)'를 포함한다. 즉, 알파벳의 최초 음절인 '아(a)'는 모든 음절에 보편적으로 내재된 소리이기도 하다. 모든 존재에 보편적인 생명을 근원적 생명인 대일여래의 생명으로

여겨서, 온갖 존재를 그 근원적 생명의 현현으로 보는 밀교적 우주관은 ‘아(a)’라는 음절로부터 전개되어 나타나는 모습을 통해서 이해된다. 그 구체적인 관상법이 아자관(阿字觀)이다.

아자관 본존

2. 아자관의 실천

아자관 수행의 목적은 이러한 교리를 지적으로 인식하는 것뿐만 아니라 구체적인 명상의 순서를 따라서 체험해나가는 것이다.

수행할 때에는, 유파에 따라서 작법에 약간의 차이가 있지만, 달을 나타내는 원 안에 연꽃을 대좌로 해서 산스크리트 문자인 아자(특히 한자문화권과 그 영향 아래에 있는 문화권에서는 실담문자라고 불리는 서체)를 그린 도상을 눈앞에 둔다. 그 앞에 단좌하여 호흡을 가지런히 하고, 그 도상을, 우선 달을 자신 마음의 본래 모습으로 여기고, 아자를 본존대일여래의 현현으로 관상하고, 보리의 마음을 실제로 느껴진다. 신비주의적인 명상법이므로 적절한 지도자(아사리) 아래에서 그 명상을 함으로 인해서 진언밀교의 깊은 의미를 얻는 것과 깊은 체험에 이르는 것이 가능하다. 또한 복잡한 작법상의 제약도 적기 때문에, 일반인에게도 널리 열려 있는 수행법으로 알려져 있다.

✻ 문헌

山崎泰廣(2003), 『眞言密教 阿字觀瞑想入門』, 春秋社.

[生井智紹]

다양한 구도

56 제목·창제

【링크】→ 염삼천(念三千), 삼업, 삼매, 지관, 다양한 종교의 명상수행

제목(題目)은 일반적으로 책 제목, 책 호수, 조항, 문제, 명칭, 염불법 등의 의미가 있지만, 일련종에서는 '묘법연화경'이라는 다섯 글자, '나무묘법연화경'이라는 일곱 글자를 의미한다. 니찌렌(日蓮, 1222-1282)은 많은 경전 가운데 『법화경』에 석존의 궁극의 가르침이 설해져 있다는 것을 발견하고, '석존의 인행(因行)과 과덕(果德)의 두 가지 법은 묘법연화경의 다섯 글자에 구족되어 있다. 우리가 이 다섯 글자를 수지한다면, 자연스럽게 그의 인과의 공덕을 물려주시리라'[1]라고 하며, 우리 범부도 석존의 모든 것을 손에 넣을 수 있게 되는 '묘법연화경'의 다섯 글자를 믿고 수행한다면, 석존의 수행의 공덕과 깨달음을 얻게 되는 공덕 전부(一念三千)를 수지할 수 있다고 여겼다. 니찌렌은 이 다섯 글자와 일곱 글자의 관계를 '나무묘법연화경의 다섯 글자'[2]라고 기술하고 있다. 니찌렌은 '공덕을 모르는 사람이 나무묘법연화경이라고 외치는 공덕을 얻을 수 있는 것은, 어린아이가 아무것도 모르는 채로 자연스럽게 젖을 입에 머금어서 몸을 이롭게 하는 것과 같다'[3]고 서술하고, 『법화경』을 믿고 '나무묘법연화경'이라고 제목(題目)을 외치는 창제(唱題)야말로 모든 신행의 요점이라고 하고 있다. '묘법연화경'의 다섯 글자의 의미에 관해서는 중국 천태종의 지의(智顗, 538-597)가 『법화현의』에서 드러내고, 『법화경』에 의한 수행법도 『마하지관』에서 드러내고 있지만, 니찌렌은 지의의 교학을 답보하면서도, 말세의

중생제도를 위해서 '남의 일에 유지(有智), 무지(無智)를 구별하지 않고, 한 목소리로 다른 일을 버리고 나무묘법연화경이라고 외울지어다'[4] 등으로 말하고, 또한 석존의 깨달음의 세계를 일념삼천(一念三千, 수행자의 일순간의 마음 가운데에 모든 현상이 포함되어 있다)이라고 한다. 천태교학도 '일념삼천의 관법에 둘이 있다. 일리(一理), 이사(二事)이다. 천태, 전교 등의 시대에는 리(理)이다. 지금은 사(事)이다. 관념이 이미 승하기 때문에 큰 어려움이 더해진다. 그것은 적문(迹門)의 일념삼천이고, 이것은 본문(本門)의 일념삼천이다'[5]로, 수행자뿐만 아니라 중생제도의 측면에서도 파악하여, 『법화경』에 의한 구제사상을 전개하였다.

제목·창제에 관해서 니찌렌의 저술을 기본으로 제목의 의미를 평이하게 설명한 것이 켄세이(元政, 1623-1668)이며, 창제행(唱題行)이라는 행법을 명확하게 한 것이 니치키(日輝, 1800-1859)이다. 겐세이가 친어머니에게 제목수행을 권하는 것을 목적으로 쓴 '신구의 세 가지로 행하는 제목이 바른 행을 살아가는 근원이 된다(取意)'라는 『제목화담초(題目和談鈔)』는 제목수행의 지침서로서 중시되고 있다. 니치키의 『충흡원례송의기(充洽園禮誦儀記)』는 일련종 승려의 법요작법을 확립시킨 책이며, 창제행에 대해서도 '하기 싫어하면서 또는 마음이 산란할 때 제목을 외워서는 안 된다. (창제행에 대해서) 괴로운 마음을 가지지 말고, 즐거운 마음으로 제목을 외워야 한다.', '큰 소리로 느리지도 급하지도 않게, 마음을 고요하게 일심으로 외워야 한다. 마지막 십창(十唱) 정도는 목소리를 느긋하게, 정성 어린 마음으로 외우면서 주위 사람들과 마음을 합하듯이 외워야 한다(取意).'라고 한다.

니찌렌이 입멸한 후 제목론, 창제론은 교학상의 과제로서 다양한 관점에서 발표되고 있다. 또한 최근에 창제행을 불교명상의 관점에서 보려는 경향도 있다.

✽ 문헌

1) 『觀心本尊抄』(『昭和定本 · 日蓮聖人遺文』), p.711.

2) 『觀心本尊抄』(『昭和定本 · 日蓮聖人遺文』), p.719.

3) 『四信五品抄』(『昭和定本 · 日蓮聖人遺文』), p.1298.

4) 『報恩抄』(『昭和定本 · 日蓮聖人遺文』), p.1248.

5) 『富木入道殿御返事』(『昭和定本 · 日蓮聖人遺文』), p.1522.

[福士慈稔]

다양한 구도

57 관상염불과 칭명염불

【링크】→ 왕상회향과 환상회향, 정토, 사성제, 37보리분법, 희론, 불수념

1. 염불의 기원

아미타불(아미타여래)의 정토에 왕생하기 위한 대표적인 수행법으로 부처의 상호와 덕을 관상하는 관상염불(觀想念佛)과 부처의 이름을 부르는 칭명염불(稱名念佛)이 있다.[1)]『반주삼매경』에서는 반주삼매에 의한 견불(관상염불)이,『관무량수경』에서는 아미타불과 그 불국토를 관상하는 관상염불과 칭명염불이 설해진다. 반주삼매(般舟三昧)는 현재불실재전립삼매(現在仏悉在前立三昧)라고도 하며, 현재 여러 부처가 현전에 보이는 삼매에서, 특히 서방 아미타불을 칠일간 염하여 견불하는 행법이 알려져 있다.

용수(龍樹, c.150-250)는『십주비바사론』「이행품」에서 초지(初地)에 이르기 위한 신방편이행(信方便易行)을 중심으로 하는 쉬운 수행으로서 여러 부처, 여러 보살의 이름을 칭하는 행(稱名念佛)을 보여주었고, 세친(世親, c.400-480)은『정토론』(『무량수경우바리사원생게(無量壽經優婆提舍願生偈)』)에서 아미타불의 정토에 왕생하기 위한 행으로서 오념문(五念門)을 설했다. 즉, 자리(自利, 스스로를 완성시키는)의 행으로서 예배문(禮拜門, 신체를 사용하여 아미타불에게 예배하는), 찬탄문(讚嘆文, 아미타불의 이름을 입으로 칭하는), 작원문(作願門, 아미타불의 나라에 왕생하는 것을 일심으로 바라는), 관찰문(觀察門, 불국토와 아미타불과 보살의 모습을 관찰하는)과 이타(利他, 사람들을 구하는)의 행으로서 회향문(回向門, 고뇌하는 사람

들을 구제하는 마음을 가지는)의 다섯 가지 행에 의한 자리와 이타의 원만한 불도이다. 그중에서 찬탄문은 칭명염불, 관찰문은 관상염불이다.

염불의 원어는 '붓다 아누스므르띠(buddha-anusmṛti, 붓다를 수념, 의념, 반복해서 떠올리는 것)', '붓다 마나시까라(buddha-manasikāra, 붓다를 사념하고, 붓다에 대한 마음을 일으키는 것)'이며, 염(smṛti, 念)은 기억하여 잊지 않고, 마음에 머무른다는 의미이다. 초기불교의 수행법인 오근·오력과 팔정도 어느 쪽에서도, 정(定) 앞에 염(念)이 놓이고, 염은 정과 하나로 수행된다. 또한 육수념(仏·法·僧·施·戒·天을 염해서 선정에 드는 방법)의 첫 번째는 붓다와 붓다의 덕을 염하는 불수념이고, 여기에 염불의 기원이 있다.[2)]

2. 관상염불에서 칭명염불로

중국에서 염불왕생 수행의 효시는 노산(盧山)의 혜원(慧遠, 334-416)이다. 그는 반주삼매에 의한 견불에 의해서 아미타불의 정토에 왕생하는 것을 원하여, 사람들과 함께 백련사(白蓮社)를 결성하고 관상염불을 수행했다.

담란(曇鸞, 476-542)은 세친의 『정토론』의 주석서인 『정토론주』(『무량수경우바리사원생게주』)에서 보살의 행이었던 오념문을 범부의 행으로 하고, 아미타불의 원력을 증상연으로, 억념(憶念)과 칭명염불에 의해 왕생이 가능하다고 설했다. 담란을 존경한 도작(道綽, 562-645)은 말법시대에 상응하는 가르침으로서 정토에 왕생하는 것을 설하고, 칭명염불을 사람들에게 권했다. 도작의 제자인 선도(善導, 613-681)는 『관무량수경』의 중심사상은 관불(관상염불)이 아니라 칭명염불에 있으며, 억념과 칭명은 하나(念聲是一)인 것으로, 칭명염불에 의한 정토왕생을 권했다.

일본에서는 호넨(法然, 1133-1212)이 '편의선도일사(偏依善導一師)'의 입장에서 정토종을 열고, 칭명염불에 의한 왕생의 가르침을 펼쳤다. 그 제자인 신란(親鸞, 1173-1263)은 아미타불의 본원타력에 의한 정토진종의 불도를 설하고, 진실한 신심과 칭명염불은 떨어져 있지 않다고 했다. 이렇듯 정토교의 조사들은 민중의 구제를 원하고, 관상염불을 칭명염불로 승화시켜왔다.

3. 자력에서 타력으로

담란은 계를 유지하고 선정을 수행하는 종래의 불교를 자력(難行道)이라고 여기고, 아미타불의 본원력에 의해 정토에 왕생하는 타력(易行道)의 불도를 설했다. '이행도(易行道)란 단지 부처를 믿는 인연에 의해서 정토에 태어나는 것을 원하는 것이다. 부처의 원력에 올라타서, 그 청정한 땅에 왕생하고, 불력에 의해서 대승의 올바른 선정 가운데로 들어간다'[3]고 설한다. 또한 '그 정토에 태어나는 것과 보살·사람·천신들이 일으키는 다양한 행은 모두 아미타여래의 본원력에 의한다'[4]라고 설한다. 세친이 개시한 오념문의 행이 모두 아미타불의 본원력에 의한 것이었다. 그리고 『무량수경』의 제18원 성취에 의해 왕생하고, 제11원 성취에 의해 멸도에 이르고, 제22원 성취에 의해 일생보처의 지위에 오르는 불도의 전부가 '타력(아미타불의 본원력)을 증상연으로 한다'[5]라고 하고, 『무량수경』 제18원, 타력의 염불에 의한 왕생, 성불의 도를 개시했다.

담란과 도작을 받아들인 선도는 『관경소』(『관무량수경』의 주석서)에서 『관무량수경』은 석존이 설한 정산이선(定散二善)을 수행하는 정토의 요문이며, 말하자면 자력의 불도이지만 『관무량수경』의 본래의 의미는 『무량수경』에서 설한 아미타불이 연 홍원(弘願, 본원타력)에 있다고 했다. 즉, '일체 선악의 범부로 (정토에) 왕생하는 것은 모두 아미타불의 대원업력에 올라타서, 증상연이 아닌 것이 없다'[6]라고 드러냈다. 또한 '(『관무량수경』에서는) 이렇게 정산양문(定散兩門)의 이익을 설하지만, 부처의 본원을 생각하면 그 의도는 중생에게 오로지 미타불의 명호를 칭하게 하는 것이다'[7]라고, 『관무량수경』의 중심은 『무량수경』 제18원의 본원타력의 염불을 권하는 것에 있다고 한다.

호넨은 『선택본원염불집(選擇本願念佛集)』에서 선도의 『산선의(散善義)』에 기반을 두어 칭명염불이 왕생을 위한 정정업(正定業, 틀림없이 왕생이 정해지는 행위)이며, 아미타불의 본원의 행이라고 했다. 제자 신란은 '타력이란 여래의 본원력이다'라고 드러내고, 『무량수경』 제17원(제불칭명의 원) 성취의 명호를 듣고(稱名), 제18원(염불왕생의 원) 성취의 진실한 신심을 얻어서, 현생에서 정정취(正定聚, 반드시 부처가 될 불퇴전의 몸)에 든다고 하는, 본원타력의 불도를 개현했다. 이렇게 담란에서 시작한 본원타력의 사상은 면면히 계승되었다.

신란은 자력(自力, 불지에 대한 의심)을 떠나서, 타력(他力, 진실한 신심)의 불도로 들어간 자신의 정신적 경지의 깊이를 '삼원전입(三願轉入)의 문(文)'에서 보여주고 있다.[8] 즉, '논서를 저술한 용수와 세친의 의미풀이를 우러르고, 담란 이후의 스승의 권화(勸化)에 의해서, 오랫동안 수많은 행과 여러 가지 선(萬行諸善)의 가문(假門, 제19원)을 나와서, 선본덕본(善本德本)의 진문(眞門, 제20원)에 들어가고, 결과를 성취하는 서원(제20원)의 움직임보다 선택의 원해(願海, 제18원, 眞實信心)로 전입했다'고 기쁨과 감사의 마음으로 술회한다. 여기에서 전폭적인 믿음에 의해 불지와 본원력의 움직임에 몸을 맡기고, 이끌려서 걷는 타력의 불도가 성립한다.

4. 염불의 현대적 의의

염불이란 부처(또는 佛智, 보이지 않는 이끌림의 움직임)를 마음으로 염하는 의식의 집중이며, 명상의 한 형태이다. 또한 염불은 칭하는 사람의 지적·관념적 사고를 억제하고, 감성적 직관에 의해 있는 그대로의 현실에 접촉시키는 활동이다. 현실의 체험에 기반을 두지 않는 추상적인 기호로서의 말과 개념을 사용하여 사고하고 인식하는 관념의 세계에 머물면서 다양한 고뇌에 시달리는 현대인의 마음을, 있는 그대로의 현실로 되돌려서 마음의 본래성을 회복하는 유효한 방법이다.

❋ 문헌

1) 坪井俊英(1980),『淨土教汎論』, 隆文館, pp.130-131.
2) 藤田宏達(2005),『淨土三部經の研究』, 岩波書店, pp.550-551.
3) T.40.826b.
4) T.40.843c.
5) T.40.844a.
6) T.37.246a.
7) T.37.278a.
8) T.83.632c.

[藤 能成]

다양한 구도

58 공안

【링크】→ 희론, 공, 지관타좌, 선정, 해탈, 인지치료

'공안(公案)'은 '공부지안독(公府之案牘)(『선림보훈음의(禪林寶訓音義)』上二)'의 생략형이라고 생각되며, 원래는 중국의 공적인 법칙조문을 의미했다. 사적인 감정을 나누지 않고 준수해야 할 절대적인 기준이라고 말해야 할 것이다. 그것을 선문(禪門)에서는 참구해야 할 불법의 도리 그 자체라는 의미로 사용했다.

당나라 시대부터 그런 의미로 '공안'이라는 말이 사용되어 왔지만, 현재와 같이 이른바 선문답의 문제라는 의미에서는 송나라 시대에 오조법연(五祖法演, 1024-1104)이 '무자(無字)'를 창도한 것이 효시라고 여겨진다. 제자인 원오극근(圓悟克勤, 1063-1135)을 거쳐서, 손제자인 대혜종고(大慧宗杲, 1089-1163)에 의해서 대성되었다고 하는 것이 일반적이다.

애초에 공안은 논리적으로 따져서는 파악할 수 없는 것이 많다. 예를 들어 앞의 '무자'도 어느 때에 조주화상(趙州和尙, 778-897)에게 스님이 물었다. '개(狗子)에게도 불성이 있습니까?' 그러자 조주는 '없다'고 대답했다. 이 '무(無)'자를 '참구하라'고 말하거나, '무자를 지켜라' 등으로도 말했다.

선문에서는 공안을 마주하는 것을 '염제(拈提)'라고 하지만, 중요한 것은 논리로 해결하는 것이 아니라 그 공안 그 자체를 끌어안거나 또는 일체화해버리는 것이다.

처음에는 어떻게 해도 논리에 구애된다. 불성이 '있는가', '없는가' 하는

문제라든가 '어째서 조주는 없다고 말하는가' 등 여러 가지 생각을 하게 된다. 하지만 스승은 제자가 그러한 이원론에 사로잡히는 동안에는 어쨌든 계속해서 부정한다. 제자는 괴로워하며 모든 사고의 가능성을 잘라내 버리고 서게 된다. 이 상태를 도겐(道元, 1200-1253)은 '신심탈락(身心脫落)'이라고 불렀는데 가히 오묘하다고 할 수 있다. 이윽고 제자는 공안 그 자체와 일체가 되어, 거기에 유무의 무가 아니라 '무'가 나타나게 된다.

공안을 사용한 선은 간화선(看話禪)이라고 불리고, 그것을 사용하지 않고 묵좌하는 묵조선(默照禪)과 대치된다. 대혜종고의 선은 굉지정각(宏智正覺, 1091-1157) 등의 묵조선을 비판하는 입장에서 제창되고, 장준(張浚) 등의 외호도 있어 당시의 선문을 석권한 것이다. 그 이후 원나라, 명나라 시대에 이르면 조동종(曹洞宗)도 포함하여, 선문 전체가 간화선 일색이 되었다고 말해도 과언이 아니다.

주로 『무문관』, 『벽암록』, 『종문갈등집』 등에 의거한 공안에 대한 견해에서는 다양한 답을 얻을 수 있다. 하지만 현재에는 에도시대 중기에 나온 하쿠인 에카쿠(白隱慧鶴, 1686-1768)의 흐름만이 있고, 공안을 사용하는 임제종(臨濟宗)은 거의 일원화되었다고 말할 수 있을 것이다. 하쿠인이 발명한 '한 손으로 치는 박수소리'라는 공안은 실로 효과적으로 깨달음의 길로 이끈다고 여겨진다. 아마 서구에서 참선하는 사람들에게 가장 유명한 것이 이 '한 손으로 치는 박수소리'일 것이다. 양손의 소리는 누구나 알고 있지만, 한 손의 소리를 들으라는 것이다.

공안은 전부 천칠백 개라고도 말하지만, 물론 이것을 전부 투과한다고 해서 끝인 것은 아니다. 도겐은 '신심탈락(身心脫落)'을 체험한 후에 현실을 마주하는 경우의 자기를 '탈락신심(脫落身心)'이라고 표현했지만, 무상의 현실은 언제나 이 '탈락신심'이 마주해야 할 '현성공안(現成公安)'이다.

❃ 문헌

鈴木大拙(2000),『禪の諸問題』, 大東出版.

小川隆(2011),『語錄の思想史』, 岩波書店.

安永祖堂(2010),『笑う禪僧』, 講談社.

[玄侑宗久]

다양한 구도

59 견성

【링크】→ 유식사상, 해탈, 공, 자기와 자아, 전·초의 오류

견성(見性)은 통상 자기의 본성을 철저하게 보는 것(『禪学大辞典』) 등으로 여겨지지만, '견(見)'은 '현(現)'의 생략형이라고 보는 쪽이 현실적이다. 그렇다면 '본성을 드러내는 것'이 되지만, 그것이 하나의 이상이 되기 위해서는 인간의 본성에 대한 절대적 신뢰가 필요하다.

행동과 생각이 차례차례 훈습되고, 적집되어 간다고 생각하는 유식사상에서는 원리적으로 그러한 자기는 도입되지 않는다. 하지만 유식이 항상 유가(요가)를 함께 익히기를 권했다는 것이, 아마도 중대한 힌트일 것이다.

본성에 대한 신뢰는 기본적으로는 『대승기신론』의 '자성청정심', '여래장심' 등에 의거한다고 생각되지만, 이것도 아마 명상, 좌선 등에 의한 체험적 실제 느낌일 것이다. 오감을 녹여내어서 말나식을 깨고, 더욱이 제팔 알라야식을 투과한 곳에 청정한 본심, 열반묘심이라고도 불릴 수 있는 본심을 느낄 수 있는 것이다.

보량(寶亮, 444-509)의 『대열반경집해』 권33에 '견성성불 즉성위불(見性成佛 卽性爲佛)'이라고 있는 것이 문헌상 '견성'의 첫 출현으로 여겨지며, 이것은 이윽고 달마(達磨)에게 귀속되는 『혈맥론』에서 강조되고, 『육조단경』, 『전심법요』 등을 거쳐서 이윽고 선종의 슬로건으로서 '직지인심 견성성불(直指人心 見性成佛)'이 고취된다.

즉, 이것은 부처가 밖에서 절하는 대상으로서 있는 것이 아니라, 스스로 성(性)을 드러내서 이루는 것이라는 선종의 독특한 입장을 대변하는 것이라고 말할 수 있을 것이다. '견'을 '현'이라고 읽는 이유이다.

『장자』「천지편」에는 '성을 닦으면 덕으로 돌아가고, 덕이 지극하면 처음과 같아진다. 같아지면 비워지고, 비워지면 큼에 이른다'고 한다.

초기선종에서 노장사상의 영향은 심대하지만, 이 '성을 닦는다'라는 표현에서 '견성'의 싹이 느껴진다. '덕'으로부터 '처음(初)', '빔(虛)'으로부터 '큼(大)'으로 점점 대우주로 확대되는 자기는, 이미 자기라고는 부를 수 없을 것이다. '견성'에 있어서 나타나는 '성'은, 내가 아닌 인간 그 자체로서의 '성(性, 이미 타고난 것)'이라고 파악해야 할 것이다. 그렇게 되면 보량의 '즉성위불'이라는 말을 한층 더 깊게 맛보게 된다. '아(我)'가 '무아(無我)'가 되고, 거기에 '성(性)'이 나타나서 '부처(佛)'가 되는 것이다.

근세에 하쿠인 에카쿠(白隱慧鶴, 1686-1768)는 이 '견성'을 무엇보다도 중시하여, '언제 보아도', '어떻게 보아도' 등으로 찬탄한 반신달마도를 엄청나게 많이 그렸다. '언제 보아도', '어떻게 보아도'의 다음에는 '견성하라는 달마의 눈' 등이 생략되어 있음이 틀림없다.

하쿠인은 다양한 방법을 들면서, 선정이야말로 '견성'에 이르는 가장 좋은 방법이라고 말했다. '삼매무애(三昧無礙)의 하늘은 넓고, 사지원명(四智圓明)의 달은 맑다'라고 그 경지를 노래했지만, 이 자기 이전의 상태를 '퇴행'이라고 받아들인 미국의 민속학자 루스 베네딕트(Ruth Benedict, 1887-1948)의 해석(『국화와 칼』)은 받아들일 수 없다. 하지만 그 정도로 동양의 '나의 해체' 체험은 서양인에게 있어서 놀랄 만한 것일지도 모른다.

✽ 문헌

沖永宜司(2002), 『無と宗教體驗－禪の比較宗教学的考察』, 創文社.

西谷啓治, 八木誠一(1989), 『直接體驗－西洋精神史と宗教』, 春秋社.

[玄侑宗久]

다양한 구도

60 지관타좌

【링크】→ 무아, 삼학, 희론, 선정, 삼매, 육바라밀, 신심탈락, 깨달음, 지금 여기, 게슈탈트 치료, 신체성, 지관법

지관타좌(只管打坐)란 조동종 전통에서 행해지는 좌선이지만, 다른 입장에 기초한 다른 종류의 좌선, 예를 들어 임제종 전통의 좌선과 남방불교 전통의 앉아서 행하는 명상수행 등과 특별히 구별할 때에 사용하는 경우가 많다(단적으로 '타좌'라고만 호칭하는 경우도 있다). 도겐(道元, 1200-1253)의 『보권좌선의(普勸坐禪儀)』는 지관타좌의 의의와 규칙을 격조 높게 설명하고, 모든 사람에게 그 실천을 촉구하는 기본 문헌이다.

그는 지관타좌의 좌선이야말로 부처와 조사가 바르게 전한 좌선이며, 불도의 정문(正門)이라고 역설하고 있다('佛祖께서 바르게 설하신 正法은 단지 打坐뿐이다'). 또한 그는 '좌선은 습선(習禪)이 아니다'라고 말한다. 이 경우의 좌선이란 지관타좌이며, 그것은 계·정·혜라는 삼학 가운데 정 또는 보시·지계·인욕·정진·선정·지혜라는 육바라밀 가운데 선정이라고 말하듯이, 다양한 불교의 수행방법 가운데 일부분으로서 선정을 수습하는, 하나의 수단으로서의 명상수행이 아니라고 말할 수 있을 것이다. 지관타좌는 '바야흐로 알아야 할, 이것(좌선)은 불법의 전도(全道, 불도의 전체)이다', '타좌는, 즉 정법안장, 열반묘심(대우주의 진실)이다'라는 입장에서 행해져야 할 것이다.

'지관(只管)'이란 '단지', '오로지'라는 의미이고, '타(打)'는 동사의 접두어로 어떤 동작을 행위한다는 의미를 강하게 한다. 이러한 표현은 신심(身

心) 전체를 들어서 과장 없이 다만 '좌(坐)'에 철저한 것이 전부라는 것을 명확하게 드러내고 있다. 따라서 신체적으로 앉아 있는 것에 더해서 심리적으로 여러 가지 방법과 기술(예를 들어 숨을 헤아리고, 숨을 관찰하고, 신체의 특정 부위의 감각에 주의를 집중하고, 공안을 염제하고, 아자와 만다라 등의 특정 대상물을 관상하고, 진언과 다라니를 마음속으로 외우는 등)을 구사하고, 특정한 마음의 상태에 도달하거나 깨닫거나 하는 특별한 경지를 열듯이, 일정한 성과와 체험의 획득을 목표로 추구하는 것은 일체 행하지 않는다. 온갖 자기만족과 지적 납득을 포기하고 무소득(無所得, 얻을 것이 없는), 무소오(無所悟, 깨달을 것이 없는)를 성실하게 행하는 지관타좌에서는, 자신이 의식적으로 노력을 하고, 스스로의 생각을 이루려고 하는 인간적 행위와 작위는 전부 미루어야 하는 것이다('坐禪은 不爲이다').

자아의식에서 기인하는 의도적인 활동을 포기하고, 대자연에서 생겨나 살아가고 있는 본래의 자기 모습으로 돌아가는 실제 모습을, 도겐은 다음과 같이 표현하고 있다.

> 다만 나의 몸도 마음도 잊고서, 부처의 거처에 던져져, 부처의 방향으로 행한다. 그러나 이것에 연결될 때, 힘을 들이지 않고, 마음이 식지 않은 채, 생사에서 떠나 부처가 된다.
>
> (『정법안장』「생사(生死)」)

이러한 모습을 실제로 수행하고 증득하는 지관타좌에서는, 부처와 조사의 좌법이라는 결가부좌 또는 반가부좌의 좌상을 엄정하게 지켜서 몸을 바르게 하고 단정하게 앉는 것을 가장 중요한 것으로 여긴다. 그리고 모든 것을 그것에 맡길 때, 자연스럽게 호흡과 마음이 조절된다('납자의 좌선은 바로 몸을 단정하게 하고 바르게 앉는 것을 우선으로 해야 한다.

그 후에 호흡을 고르게 하고 마음에 이른다').

여기서 주의해야 할 것은 어디까지나 '힘을 들이지 않고, 마음이 식지 않은 채' 앉아야 하므로, 조신(調身), 조식(調息), 조심(調心)이라고 해도, 앉아 있는 당사자가 어떤 방식에 따라서 목적을 의식하며 노력하여 자세, 호흡, 정신상태를 인위적으로 조절하는 것('自力自調의 行')이어서는 안 된다는 것이다. 또한 그것들을 어떤 일정하게 바람직한 형태와 상태로 유지하고, 고정한다는 것도 아니다. '나의 몸도 마음도 잊고서, 부처의 거처에 던져져, 부처의 방향으로 행한다. 그러나 이것에 연결된다'고 말하고 있는 것처럼, 시시각각 자연스럽게 변화하고 있는 심신에 개입하지 않고, 그 흐름을 어지럽히지 않고, 그것에 철저하게 임해서 가는, 자연스럽게 따르는 것이 여기서 말하는 '조(調)'인 것이다('심신을 고르게 하여 불도에 들어간다'). 지관타좌는 일체의 인간적 힘이 빠진, 부드러우면서도 생생한 좌(坐)가 아니면 안 된다.

자신의 개인적 욕망의 충족을 추구하는 것에 몰두하는 근본적 습성을 가진 우리에게 이러한 의미의 '조(調)'를 실천하는 것은 쉬운 일이 아니다. 자칫하면 자아활동의 방향으로 일탈하여, 떠오르는 생각을 쫓아서 사고를 시작하거나, 지루해서 졸기 시작하여 몸을 바르게 하고 단정하게 하는 것이 금세 사라져버린다. 그러므로 절대로 안일하게 흘러가는 일 없이 기력을 충실히 하여, 시시각각 깨어서 앉은 모습이 무너지는 것을 바르게 하고, 어디에도 걸리거나 치우치지 않고 타좌로 돌아오는 노력을 참을성 있게 계속해야만 한다.

지관타좌에 있어서 주관적인 현상은 어떠한 것이라도, 우리의 심신을 살리는 무량무변의 대자연의 생명활동의 그때그때의 무늬무늬에 지나지 않는 것이며, 좌선 중의 한 경치일 뿐이다. 개인의 경험과 심리를 그러한 것으로 이해하고, 그것에 손대지 않고 일어나는 그대로 그것들에게 끌려다니는 일 없이 묵묵하게 타좌를 행할 뿐이다. 따라서 지관타좌를 체험주의적 또는 심리주의적으로 이해하는 것은 엄격히 삼가야 한다. 타좌는 외부로부터 단절된 개인의 내면적, 개인적인 심리적 조작이 아니라 어디까지나 '진대지(盡大地, 대자연)와 함께' 행하고 있는 열린 행위이기 때문이다.

종종 심리학적으로 해석되어, 어떤 특수한 심리적 상태와 체험 내용이라고 생각되는 '삼매', '신심탈락', '비사량', '무념무상' 등의 말은 사실 앉아 있는 당사자가 깨달아서 알 수 있는 범위 내의 주관적 사건을 의미하는 것이 아니라, 그 자신은 감각하는 것도 경험하는 것도 불가능한, 그 사건 자체를 나타내는 의식 이전의 신심(身心)의 사실을 가리키고 있다. 그것들은 좌선에 의해서 만들어내야 하는 정신상태가 아니라, 좌선이라는 행위 그 자체의 기술(記述)로서 이해해야 할 것이다. 예를 들어 삼매는 정신이 통일된 상태가 아니라, 우리가 태어나서 살아간다고 하는 본래의 모습을 의미하고 있다.

개인을 초월한 생명의 보편적인 사실(대승)의 입장에서, 개인의 심리적 문제인 것처럼 해석되고 있는 선(禪)의 여러 개념을 근본적으로 바로 읽어서, 거기에서 새로이 개인의 심리적 문제를 조사하고 해결하는 길을 여는 것이, 이후 불교심리학의 중요한 과제일 것이다.

✻ 문헌

酒井得元, 鏡島元隆, 桜井秀雄 監修(1988-1993), 『道元禪師全集 全7巻』, 春秋社.
(『普勸坐禪儀』, 『弁道話』, 『正法眼藏 三昧王三昧』, 『正法眼藏 坐禪箴』, 『正法眼藏 坐禪儀』, 『正法眼藏隨聞記』, 『学道用心集』)
內山興正(2003), 『坐禪の意味と実際ー生命の実物を生きる』, 大法輪閣.

[藤田一照]

다양한 구도

61 티베트불교의 명상법

【링크】→ 족첸, 마하무드라, 리비도, 보리심, 에로스와 타나토스

티베트불교의 명상법은 다종다양하여 그 전부를 망라하는 것은 곤란하지만, 다음에서는 주요한 것을 골라서 소개하고자 한다. 우선 티베트불교의 명상법은 지관을 축으로 하는 현교(顯教, 바라밀승)의 명상법과 다양하게 전개되는 밀교(密教, 금강승)의 명상법으로 크게 구별할 수 있다. 어느 쪽도 인도불교의 명상법을 기반으로 하여, 그것을 계승 또는 전개시킨 것이다.

1. 현교의 명상법

현교의 명상법은 무수히 많지만 그중에서도 '도차제(lam rim, 道次第, 람림)'와 '마음의 훈련(blo sbyong, 로종)'이 저명하다. 도차제란 ① 준비행, ② 재가자(小士)의 수행, ③ 출가자(中士)의 수행, ④ 대승불자(大士)의 수행이라는 네 가지 항목을 단계적으로 순서를 밟아가는 수행법으로, 그 가운데에 다양한 명상법이 포함된다. 인도에서 티베트로 불교를 도입해서 오늘날의 티베트불교의 기초를 세운 아띠샤(Atiśa, 982-1054)에게서 유래하여, 로덴 세랍(Ngok Loden Sherab, 1059-1109) 등을 경유한 후에, 쫑까빠(Tsong kha pa, 1357-1419)에 의해서 정리되었다.[1)]

① 준비행은 스승을 모시는 것과 수행 환경을 정리하는 것(有暇具足)으로 이루어진다. ② 재가자의 수행은 죽음을 생각하는 것, 내세의 일을 생

각하는 것, 귀의, 선업과 악업과 그 과보를 이해하는 것이다. ③ 출가자의 수행은 고제, 집제를 마음에 새기는 것, 해탈을 목표로 하기 위해서 출가하는 것으로 이루어진다. ④ 대승불자의 수행은 보리심을 일으키는 것, 일곱 가지 인과의 비결(온갖 살아 있는 것이 긴 윤회 가운데 일찍이 자신의 어머니였다는 것에 생각을 두고서 자비로부터 보리심을 발하는 것), 자타교환의 명상, 보살행(육바라밀행), 지관, 밀교수행으로 이루어진다. 최후의 밀교수행은 아래에서 기술할 밀교의 명상법으로 이어진다. 티베트에서 지관명상은 중국불교의 목우도에서 모범을 가져온 목상도(牧象圖)를 사용하는 방법이 있고, 순서에 따라서 조복되는 코끼리 그림을 사용해서 아홉 단계로 마음이 안정되는 것을 단계적으로 밟아간다.[6)]

한편 '마음의 훈련'은 아띠샤에서 유래하고, 체까와(Chekawa, 1101-1175)에 이르기까지 까탐파의 여러 스승에 의해서 정비된 명상법이다. 이는 특정한 관상을 일상적으로 반복하는 것에 의해서 이기적인 사고방식을, 타자를 불쌍히 여기는 이타적인 사고방식으로 전환하여, 두 가지 종류의 보리심(세속의 보리심과 승의의 보리심)을 개발하는 것을 목표로 한다. 그중에서도 요점이 되는 것이 '주고(gtong)' '받는(len)' 명상이다. 이 명상법(gtong len, 통렌)은 자타교환의 명상이라고도 불리며, 스스로 경험해야 할 안락을 타자에게 주고, 타자의 고뇌를 자신이 대신 받는 것을 호흡법을 사용해서 관상하고, 그것을 몇 번이고 반복함으로써 자비심을 기르는 것이다.[3)]

2. 밀교의 명상법

밀교의 명상법은 현교의 명상법과는 다른 기원과 체계를 가지므로, 지관의 명상법을 비판하기도 하지만, 대응되는 요소도 많기 때문에 양자는 서로 관련되어 있다. 현교의 명상법과 밀교의 명상법의 커다란 차이의 한 예를 들면, 현교의 관불삼매 등이 부처를 '타자'로서 염하는 것에 대해서,

밀교에서는 부처를 '자기'로서 관상한다고 하는 점을 지적할 수 있다. 이것은 고대와 중세의 인도 힌두사회에서 박티주의에서 딴뜨라주의로 축이 변화하는 것과 호응한다. 딴뜨라주의의 한 예로서 힌두교 시바파의 초기 딴뜨라 『니슈와사 따뜨와삼히타(Niśvāsatattvasaṃhitā)』에서는 행자의 각 신체 부분에서 시바신의 종자 만트라를 관상하고, 그것에 의해서 자신이 시바신과 일체화되는 '사깔리까라나(sakalīkaraṇa)'(진언배치에 의한 자기신격화)라는 명상법을 설한다. 이것은 대일여래의 진언을 행자의 신체각부위에서 염하면서 대일여래와 동체화하는 밀교의 관법 '오자엄신관(五字嚴身觀)' 등의 원형으로 보인다. 이러한 인도밀교를 충실히 계승한 것이 티베트밀교의 명상법이며, 인도밀교의 2대 요소인 '생기차제(skyed rim, 生起次第, 생성의 프로세스)'와 '구경차제(rdzogs rim, 究竟次第, 완성의 프로세스)는 티베트밀교의 명상법에서도 핵심을 이루고 있다.

(1) 생기차제

생기차제란 밀교성전에서 설하고 있는 존격(尊格) 또는 제존(諸尊)을 모은 만다라를 시각적으로 관상하고, 그것들과 자신을 합일화해가는 명상법이며, 진언밀교의 만다라관법과 본존유가와 원류를 함께한다. 관상의 대상인 존격은 다양하다. 예를 들어 달라이라마를 옹립하는 겔룩파에서는 『비밀집회 딴뜨라(Guhyasamājatantra)』, 사캬파에서는 『헤바즈라 딴뜨라(Hevajratantra)』가 설하는 제존을 선호한다. 이러한 주존의 차이는 있지만, 그들 명상 전체의 틀은 공통적이다. 즉, ① 준비, ② 존격의 생기와 합일, ③ 중생에 대한 이익, ④ 존격의 귀환의 네 가지 요소로 이루어진다. 이것은 고대인도 이래 연속적으로 이어지고, 공양(pūjā) 의궤차제에서 모범을 취하고 있다.[7]

이 중에 생기차제의 본체는 ② 존격의 생기와 합일이며, 그 상세한 내용은 다음과 같다. 우선 공성(空性)의 관상을 행하고, 이 세상 만물에 영원불멸한 실체는 무엇 하나 존재하지 않는다는 것을 이해하고, 나아가 자신과 부처가 공이라는 성질을 매개로 등가라는 것을 경험적으로 안다. 그리고 다음으로 존격의 관상을 행한다. 즉, 자신의 심장 위에 연꽃과 금강저 등 존격을 상징하는 상징인 삼매야형(三昧耶形)을 관상하고, 삼매야형이 각자 대응하는 존격의 종자 만트라로 변화하여, 거기에서 존격의 모습이 역력히 나타나는 시각 이미지를 관상한다. '삼매야살타(samayasattva)'라고 불리는 이 시각 이미지는 존격의 신체가 되어, 그 위에 '지살타(智薩埵, jñānasattva)'라고 불리는 존격의 마음을 강림시켜, '자 훔 왐 호(jaḥ hūṃ vaṃ hoḥ)'의 진언을 외우면서 삼매야살타와 지살타가 합일하는 모습을 관상한다. 다음으로 관상 중에 헌화 등의 공양의례를 제존에게 행한 이후, 행자는 자신이 존격과 동체인 것을 확신한다. 그리고 부처가 된 행자 자신은 다른 제불로부터 관정을 받고, 부처로 인가받는다.

(2) 구경차제

생기차제가 상징적 조작을 통해서 부처와 합일하는 것을 목표로 하는 '시각적인' 명상법인 것과 대조적으로, 구경차제는 정신생리학적 방법을 사용하여 인공적으로 신비체험을 만들어내는 명상법이다. 양자는 각각 다른 기원을 가지고 있다고 여겨지지만, 인도에서는 늦어도 즈냐나빠다(Jñānapada, 8세기 후반) 시대에는 겸하여 수행되고, 또한 후기밀교성전인 『짜뚜삐타 딴뜨라(Catuḥpīṭhatantra)』와 『헤바즈라 딴뜨라』 가운데에서는 구경차제의 명상법이 극명하게 드러난다. 10세기경 융성했다고 여겨지는, 하타요가를 가르치는 힌두교 나따파의 요가기법인 '쿤달리니(kuṇḍalinī) 각성'과 또한 같은 파의 성적인 요가는 밀교의 구경차제의 생리학적 요가와 공통점이 많이 보이고,[8] 당시 인도에서 불교와 힌두교 수행자들은 종파의 틀을 넘어선 다양한 요가의 기법을 공유하고 있었던 것으로 보인다. 예를 들어 11세기의 인도밀교도였던 마이뜨리빠(Maitripa, 1007-1078)가 밀교를 하타요가로부터 구분하려고 노력한 태도에서는, 오히려 양자의 유사성이 널리 인지되어 있었다는 사정이 드러난다. 티베트에 전해진 구경차제의 명상법은 이러한 전통을 그대로 계승하는 것이고, 인도에서는 구경차제의 명상전통이 이미 단절된 지 오래이기 때문에, 오늘날 티베트불교에서 실천되고 있는 명상법이야말로 유일하게 현존하는 것이다.

◇ 영적 신체론

구경차제의 명상법이 전제로 하는 생리학은 근대적인 물질적 신체론이 아니라, 영적 신체론이라고도 말할 수 있는 사고방식이다.[4] 즉, 인간의 신체에는 미세한(즉, 볼 수 없는) 영적 신체가 존재한다. 이 신체는 생명을 유지하는 에너지인 '바람(rlung, 룽, 산스크리트어 prāṇa)', 그 통로인 '맥관(nāḍī, 나디)', 맥관이 결속하여 바람이 소용돌이치는 신경총과 같은 장소인 '륜(cakra, 짜끄라)'으로 구성된다. 맥관은 온몸을 돌아다닌다고 하는 설도 있지만, 특히 정수리에서 회음부에 이르기까지, 몸을 세로로 관통하는 가운데가 비어 있는 중앙맥관(avadhūtī), 그 옆을 좌우로 달리는 두 개의 맥관(lalanā, rasanā)이 명상의 요점이 된다(또한 이것들은 각각 하타요가의 수슘나, 이다, 핑갈라라는 세 가지 나디에 대응한다). 이 세 가지 맥관이 접합하는 부분인 짜끄라는 정수리, 목구멍, 심장, 배꼽의 네 곳에 위치한다. 짜끄라의 수에 대해서는 여러 가지 설이 있고, 그 기원을 더듬으면 『대일경』의 오륜설 그리고 그것에 선행하는 시바파의 옛 딴뜨라까지 거슬러 올라간다. 이상은 『비밀집회 딴뜨라』 성자류(聖者流)의 설에 따른 것이지만, 『헤바즈라』 계열의 체계에서는 세 맥관의 내용물은 정액, 혈액, 양자의 혼합물이라는 등 상이점도 있다. 또한 『비밀집회』 계열의 명상법에서는 심장 짜끄라에 미세한 의식과 룽을 봉인한 겨자씨 크기의 둥근 '불괴의 점(akṣara-tilaka)'이 있고, 정수리에 아버지로부터 유래한 '점', 배꼽에는 어머니로부터 유래한 '점'이 있다고 말한다.[1), 3)]

◇ 성과 죽음의 요가

이러한 영적 신체론을 사용한 구경차제의 명상법에서는, 주로 성적 에너지를 사용해서 '락(樂)'의 체득을 목표로 하는 '성의 요가'와 호흡의 제어에 의해 가사상태를 만들어내서 '공(空)'의 체득을 목표로 하는 '죽음의 요가'가 있다.[3)] 처음에는 실제로 또는 관상에 의해서 여성 파트너(karmamudrā, jnānamudrā)와의 성요가를 통해서 하복부에 '락'이라고 불리는 쾌감을 관상하고, 처음에는 똬리를 감은 상태로 머물고 있는 그 에너지의 덩어리를 순차적으로 위의 짜끄라로 밀어 올려서, 최후에는 최고의 '환희'를 얻는다고 하는 명상법이다(하타요가에서는 하복부의 짜끄라에 잠재된 쿤달리니를 순차적으로 두정부까지 밀어 올려서 해탈을 이룬다). 즉, 성적 쾌감의 증진과 성욕의 충족에 네 단계의 '환희'(歡喜, 最勝歡喜, 離歡喜, 俱生歡喜)를 설정하고, 그것들을 배꼽, 심장, 목구멍, 정수리의 사륜(四輪, 짜끄라)의 순서로 상승시켜서, 순차적으로 고차원의 락(樂)을 얻는 명상법이다.

'죽음의 요가'란 『비밀집회』의 해석학파 '성자류(聖者流)'에 의하면 평상시에는 가운데가 비어 있는 상태에 있는 중앙맥관에 룽을 보내서, 죽을 때의 신비체험을 시뮬레이션하는 명상법이다. 즉, 임종 시에 나타나는 의식이 해체되는 네 단계(顯明, 顯明增輝, 顯明近得, 光明)를 설정하고, 사륜과 대응시킨다. 그 가운데 앞의 세 단계의 경지를 체득한 후에는, 생명의 기체(氣體)인 '룽'과 의식의 혼융체로 이루어진 보이지 않는 영체 '환신(幻身)'(또는 '虹身')을 낳고, 영과 몸이 유리된 것 같은 상태를 만들어낸다. 그것에 의해서 사후에 경험하게 될 중유(中有)의 상태를 선취하고, 살아가면서 가상체험을 한다. 그리고 최후에는 심장에 있는 '불괴의 점'에 모든 룽을 모으는 관상인 '취집(聚執, piṇḍagrāha)'과 세계의 구성요소를 순차적으로 해소시켜서 공무(空無)로 돌아가게 한 후에 자기 자신도 공무로 돌아가는 관상인 '수멸(隨滅, anubheda)'이라는 두 가지 명상법에 의해서 임사상태를 만들어내고, 거기에서 수많은 상을 초월한 절대적인 '광명(光明)'을 지혜의 눈으로 보는 것이다.

이러한 구경차제의 성과 죽음의 명상법은 각각 모(母) 딴뜨라계, 부(父) 딴뜨라계의 밀교성전에서 설한 것이지만, 인도에서도 이른 시기에 양자는 통합되어, 티베트로 도입되었다. 그것이 티베트불교에서도 특히 저명한 명상법인 '나로육법'이다. 이것은 인도의 대성취자 나로파(Nāropā, 1016-1100)에게서 유래하고, 그것을 전수받은 티베트 번역가 마르파(Marpa, 1012-1097)가 티베트에 전했다. 이후 마르파와 관계 깊은 티베트불교 까규파뿐만 아니라 종파의 틀을 넘어서 오늘날에 이르기까지 널리 실천되고 있다. '나로육법'은 ① 짠달리(caṇḍālī)의 불(gtum mo), ② 환신(sgyu lus), ③ 꿈(rmi lam), ④ 중유(bar do), ⑤ 광명('od gsal), ⑥ 천이('pho ba, 遷移)와 입혼(grong 'jug, 入魂)이라는 여섯 항목으로 이루어진다(전승에 의하여 배분과 순서에 다소 차이가 있다).[1), 3), 5)] ①은 성의 요가에, ② 이후는 죽음의 요가에 각각 상응한다. 우선 ①에 의해서 네 가지 환희를 체득한다. 그리고 ②에 의해서 일상의 현상을 환상으로 파악해 일체가 공이라고 이해하고, ③과 ④에 의해서 같은 것을, 수면 중의 의식에서 그리고 임종 시에 각각 행한다. 그리고 ②, ③, ④를 통해서 모든 것을 초월한 절대적인 빛인 ⑤를 얻는다. ⑥의 천이는 임종 시에 특수한 생리학적 기법을 사용해서 자신의 의식을 육체로부터 뽑아내어 새로운 생으로 이전시키는 수행법이며, 다른 한편 입혼(入魂)은 그것을 타인이나 동물의 사체 등으로 전이시키는 수행법이다.

이상 육법의 기본구조는 짠달리의 불에 의해서 육체와 중유를 환상이라고 보고, 광명을 낳으며, 의식을 보다 고차원적인 존재로 옮기는 것이다.[5]

(3) 그 밖의 명상법

그 밖에 인도의 수행법을 기초로 티베트에서 고안된 '쬐(gcod, 斷)'라는 명상법이 있다. 그 고안자인 여성 밀교행자 마찍 랍키된마(Machik Lapkyi Drönma, 1055-1143)는 시제파라는 일파로 분류되지만, 그 수행법은 종파를 묻지 않고 널리 티베트에서 실천되어 오늘날에는 뵌교에서도 수행되고 있다.[5] 이 명상법은 위에서 기술한 ⑥ 천이의 요가를 통해서, 자신의 의식을 정수리의 범공(梵孔)으로부터 뽑아내서 자신의 죽음을 가상체험하면서 육체로부터 의식을 분리시킨 후, 허물이 된 자신의 육체를 각 부위로 나누어, 공물로서 아귀 등의 다양한 존재들에게 보시하는 모습을 관상하고, 공포를 극복하는 동시에 공의 경지를 체득하는 것을 목표로 한다. 그리고 티베트불교에는 까규파의 '마하무드라'(mahāmudrā, 大印, 마음의 본성을 직접지, 공성, 광명으로 파악하는 것을 목적으로 하는 가르침), 사캬파의 '람데'(lam 'bras, 道果, 수행도에는 반드시 결과가 수반된다고 하는 가르침), 닝마파의 '족첸'(rdzogs chen, 大圓滿, 마음의 본성을 만물의 본원으로 파악하는 것을 목적으로 하는 가르침)이라는 각 종파를 대표하는 교학체계가 존재한다.[1), 5)] 그것들은 하나하나가 정교하고 치밀한 교리와 다양한 명상법으로 구축된 장대한 체계이며, 위에서 설명한 기초적인 명상법에 입각하고 있다.

✽ 문헌

1) 沖本克己, 福田洋一 編(2011),『新アジア仏教史 09 チベット須弥山の仏教世界』, 佼成出版社.

2) ゲシェ・ーソナム・ギャルツェン・ゴンタ, 藤田省吾(2000),『チベット密教・心の修行』, 法藏館.

3) 田中公明(1997),『性と死の密教』, 春秋社.

4) ツルティム・ケサン, 正木晃(2005),『チベット密教』, ちくま学芸文庫.

5) 長尾雅人 外(1989),『岩波講座東洋思想 11巻・チベット仏教』, 岩波書店.

6) 御牧克己 外(1996),『大乗仏典 中国・日本篇 <15> ツォンカパ』, 中央公論社.

7) 森雅秀(2011),『インド密教の儀礼世界』, 世界思想社.

8) 山下博司(2009),『ヨーガの思想』, 講談社.

[加納和雄]

다양한 구도

62 족첸

【링크】→ 광명(빛), 공, 해탈, 삼매, 쬐(gcod, 斷), 티베트불교의 명상법

족첸(rdzogs chen, 大圓滿, 위대한 완성)은 티베트불교 닝마파와 뵌교에서 전승되는 철학이면서 명상체계이다. 고대 북서인도의 웃띠야나(Uddiyana) 왕국과 서티베트의 상슝(Zhang Zhung) 왕국에서 연원한다고 여겨지지만, 그 기원에 대해서는 명확하지 않은 점이 많다. 인도 후기밀교의 마하무드라(mahāmudrā)와 공통적인 요소를 가지고 있지만, 마하무드라에서 보이지 않는 매우 독특한 빛의 철학과 수행법을 가진다.

닝마파에서 전승되는 족첸은 셈데(sems sde, 心部), 롱데(klong sde, 界部), 멘가기데(man ngag gi sde, 秘訣部)의 세 가지 체계로 이루어지며, 각자 독자적인 용어, 철학, 수행법을 가지고 있다. 그 가운데 가장 고도로 발달한 멘가기데에 입각해서 설명하겠다.

존재의 토대(gzhi, 基)는 본래 청정(ka dag, 本來淸淨)과 함께 자연 그대로 완성되고 있다(lhum grub, 任運成就). 두 가지 측면의 통일체라고 여겨진다. 전자는 공성(空性)을, 후자는 공성에 내포되어 있는 무한한 에너지를 각각 의미하고 있다. 그에 더해서 본체는 공, 자성은 광명, 자비의 에너지는 끊어지지 않는다고 하는 삼위일체에 따라서 표현하는 경우도 있다.

이 존재의 토대는 소리, 빛, 광선이라는 세 가지 모드를 통해서 현상의 세계에 나타난다(基의 현현). 그 현현을 스스로의 토대가 드러난 것이라고 자각한다면 붓다이며, 그렇지 않으면 윤회의 무명에 빠지게 된다.

수행은 모든 지각되는 세계와 의식현상(감정, 사고 등)이 스스로의 존재의 토대에 내장되어 있는 에너지의 발로라는 것을 투명하게 자각하고, 주체와 객체의 이원론을 넘어선 자각(rig pa, 明知)을 항상 유지하는 것을 기본으로 한다. 번뇌에 대해서, 어떤 개념과 이미지를 대치하거나 변용시키는 것이 아니라, 투명한 자각을 유지한다. 그것에 의해서 번뇌의 에너지는 자연스럽게 법계에서 해방된다(自然解脫). 명지의 예지(叡智)를 가리는 번뇌와 지식의 더러움은 맑아지고, 심신의 긴장은 풀어지며, 자유롭게 된다. 이 삼매의 경지를 지속하는 것을 '떼쬐(khregs chod, 속박이 끊어진다)'라고 부른다.

이 떼쬐의 토대 위에서, 기(基)에 내장된 빛의 에너지의 현현에 몰두하는 것이 '퇴게(thod rgal, 초월)'와 '양띠 나뽀(yang ti nag po, 어둠의 명상)'라는 고도의 수행이다. 순수한 빛의 비전은 네 단계를 거치면서 깊어지고(네 가지의 현현), 최종단계에 이르면 육체는 그 구성요소인 원질의 에센스인 순수한 빛에 녹아들어서 '빛의 몸'을 얻는다. 최근에 이르기까지 이 '무지개의 몸(ja 'lus)'의 깨달음의 실례는 티베트 각지에서 목격, 보고되어 왔다.

사후의 의식에 나타나는 빛의 신들을 순회하는 『바르도 퇴돌』(bar do thos grol, 『티베트 사자의 서』)의 기술도, 존재의 근원을 순회하는 족첸의 빛의 철학에도 근거하고 있다.

❋ 문헌

ナムカイ・ノルブ, 永沢哲 訳(1992), 『虹と水晶』, 法藏館.

Sgra thal 'gyur chen po'i rgud(8세기)

Klong chen rab 'byams dri med 'od zer, *Theg mchog rin po che'i mdzod*(14세기)

[永沢 哲]

다양한 구도

63 마하무드라

【링크】→ 여래장, 보리심, 가지, 지관, 티베트불교의 명상법

마하무드라(mahāmudrā, 大印, phya rgya chen po, 위대한 인장)는 인도 후기밀교와 티베트불교 신역파(까규파, 사캬파, 겔룩파 등)에서 전승되는 철학과 명상의 체계이다. 마음을 안으로 향하여 대락(大樂)과 공성(空性), 광명과 공성이 둘이 아닌 마음의 본성('통상의 마음', '여래장', '보리심')을 발견하고, 그대로 내려놓고 느긋하게 이완하는, 사하자(sahaja, 俱生)의 자연지(自然智)의 가르침을 핵심으로 한다. 스승이 제자에게 준 깨달음의 노래(doha)가 중요한 역할을 담당한다.

마하무드라라는 용어는 요가딴뜨라에서 네 가지 무드라(mudrā, 印契) 가운데 하나로 사용되며, 또한 『하타요가 쁘라디삐카』에서는 자세의 하나로 표현된다. 8세기 이후 인도 후기밀교에서 호흡법, 관상, 신체적 요가와 함께 맥관, 바람, 방울로 이루어진 미세신(微細身)에 몰두하는 '짠달리(caṇḍālī, gtum mo, 뚬모)'의 수행과 밀접하게 연관되어 있으며, '모든 개념을 넘어선 자연 그대로의 원초적 지혜'라는 독자적인 의미를 가지게 되었다.

외부의 현상(顯現)은 모두 마음의 표현이다. 마음 그 자체는 어디에도 존재하지 않으며, 실체 없는 공(空)이다. 더구나 빛나고 있다. 이 마음의 본성을 깨달을 때, 세계는 위대한 상징(마하무드라)으로 나타난다.

나가르주나가르바(Nāgārjunagarbha, 11세기)에 의하면 마하무드라는 모든 현상이 무자성(無自性) 그 자체인 것을 잘 알고, 소지장(所知障)을 시작

으로 하는 장애를 넘어서고 있다. 가을의 활짝 갠 넓은 하늘처럼 얼룩 하나 없이 맑은, 온갖 원만한 덕의 토대이다. 대상이 없는 자비로 가득 찬 신체, 대락(大樂) 그 자체라고 여겨진다.

티베트불교에서는 11세기 이후 인도의 대성취자들로부터 유래된 계보가 전해져서, 뛰어난 수행자가 많이 배출되었다. 콘툴 욘텐 갸쵸(Kong sprul yon tan rgya mtsho, 1813-1899)에 의하면 그 수행과정은 현교, 밀교, 진수(眞髓)의 마하무드라 세 종류로 분류할 수 있다.

밀교의 마하무드라는 강렬한 열과 쾌락을 이끌어내는 짠달리 수행에 의해서, 락(樂)과 공성이 둘이 아닌 경지를 반복 체험하고, 그것을 통해서 사하자의 자연지를 발견한다. 진수의 마하무드라는 높은 깨달음을 얻은 스승의 가지(加持)에 의해서, 순식간에 마음의 본성을 깨닫게 된다.

이 두 가지와는 대조적으로 현교의 마하무드라는 호흡, 불상, 이미지 등에 의식을 집중하고, 마음을 고요하게 하는 사마타(止), 마음과 몸을 관찰하고 음미하는 위빠사나(觀) 명상을 순차적으로 행하고, 그것을 통해서 주체와 객체라는 관념을 넘어서 불이(不二)의 지혜를 깨닫는다. 마하무드라 명상의 첫걸음은 '한 점에 집중(一点集中)', '무희론(無戲論)', '일미(一味)', '무수습(無修習)'의 네 단계(네 가지의 요가)로서 표현되는 경우가 있지만, 앞의 두 가지는 '지(止)', '관(觀)'에 각각 대응하고 있다. '일미'에 이르면 명상과 그 이외의 시간의 구별은 사라진다.

❋ 문헌

Tilopa, *Mahāmudrā-upadeśa*(11세기)

Nāgārjunagarbha, *Caturmudrāviniścaya*(11세기)

Dwags po bkra shis rnam rgyal, *Nges don phyag rgya chen po'i sgom rim gsal bar byed pa zla ba'i 'od zer*(14세기)

Kong sprul yon tan rgya mtsho, *Shes bya kun khyabs*(19세기)

[永沢 哲]

브릿지 14 티베트불교와 뇌과학

【링크】→ 자비, 인지심리학, 신체심리학, 공감, 선심리학, 뇌파

티베트불교와 뇌과학의 본격적 만남은 1980년대에 시작된다. 1987년 인도에서 망명생활을 하는 달라이라마 14세와 칠레 출신의 생물학자이면서 신경과학자로 명상수행을 하는 프란시스코 바렐라(Francisco Varela, 1946-2001)는 과학과 티베트불교의 대화를 주제로 하는 마음과생명연구소(Mind and Life Institute)를 설립하였다. 여기서부터 곧 일인칭과 삼인칭, 불교명상과 뇌과학을 잇는 '명상신경과학(contemplative neuroscience)'이 첫발을 내딛게 된다.

1990년대는 뇌과학 내부에서 커다란 패러다임 변환이 일어난 시대이다. 첫 번째로 기능적 자기공명영상(fMRI)을 시작으로 하는 비침습적인 뇌측정 방법이 발전하여, 살아 있는 인간의 두뇌 속 활동을 보다 상세하게 측정하는 것이 가능하게 되고, 그 대상의 범위도 크게 넓어졌다. 두 번째로 고차원의 정신활동은 뇌의 다양한 부위가 횡단적으로 포함하는 것뿐만 아니라, 보다 큰 상위 차원의 네트워크가 자기조직적으로 창발하는 것과 관련되어 있다는 것이 명백하게 되었다. 자기조직적인 시스템에서는 창발한 매크로(macro)한 질서가 하위 차원에 있는 마이크로(micro)한 요소의 활동을 톱다운(topdown) 방식으로 제어한다. 이러한 고차원의 정신활동에 의해서 신경세포군 차원의 활동이 제어되는 가능성이 중요한 주제로 부상하게 되었다. 세 번째로 뇌가 체험, 사고에 의해 크게 변화한다는 신경가소성이 기능 영역의 커다란 재편성, 시냅스 결합의 변화, 신경세포의 신생이라는 세 가지 차원에서 명백해졌다.

마음과생명연구소의 주요 멤버인 리처드 데이빗슨(Richard J. Davidson, 1951-) 등이 2004년 대상 없는 자비명상을 주제로 발표한 논문은 이러한 인지과학의 혁명적 변화를 토대로 하고 있다. 이 논문은 인간 속에 커다란 자기변용의 가능성이 내포되어 있다는 것을, 신경과학의 언어로 처음 명확하게 밝혔다.

가장 중요한 발견은 자비명상이 감마파 대역(주로 40Hz)에서 좌우뇌의 동기화(공명)를 가져온다는 것이었다. 감마파 영역에서 좌우뇌의 동기화는, 직관적 이해와 번쩍임을 시작으로 하는 '아하체험'의 경우, 0.1초 정도 지속된다. 게다가 장기간의 은둔수행을 하는 승려들의 경우는 5분에서 10분까지도 지속된다. 자비명상은 말하자면 '연속적인 아하체험'을 일으키는 것이다.

그때까지 명상은 알파파나 세타파와 관련해서 논의되는 경우가 많았다. 하지만 실제로는 다양한 유형의 명상이 있고, 그것이 가져오는 마음의 상태도 다르다. 이 연구는 서로 다른 명상이 서로 다른 뇌의 활동상태와 대응한다는 것을 매우 명확히 드러내는 것이었다.

두 번째는 수행시간이 길수록, 명상 중의 감마파 강도, 이완된 중립상태의 감마파 비율 둘 다 높아진다. 이것은 명상이 신경가소성에 의해서 장기적인 변화를 뇌에 가져온다는 것을 의미한다. 또한 인간의 고통을 표현하는 날카로운 비명소리와 같은 인공음을 들려주었을 경우, 감마파의 진폭이 큰 피험자일수록 보다 민감한 반응을 보였다. 즉, 명상에 의해서 자비와 공감은 강해진다고 생각된다.

세 번째는 좌측 전전두엽이 활성화되고 우측 전전두엽의 활동이 저하되는 것이 현저하게 보인 것이다. 좌측 전전두엽의 활성화는 적극성, 행복감, 기쁨에 대응하고, 그것과는 대조적으로 우측 전전두엽의 활성화는 억눌린 상태와 대응하는 것으로 알려져 있으며, 자비명상은 기쁨과 행복을 가져온다고 생각된다. 이것은 자비명상이 행복을 가져온다고 하는 불교 전통과 깊이 일치하고 있다.

네 번째로 오른쪽 미상핵이 활성화된다. 이 네트워크는 일반적으로 공감이나 모성애와 관련되어 있고, 자비명상이 공감이나 모성적인 사랑을 포함하는 과정인 것과 대응한다. 또한 전측 대상피질, 뇌섬엽, 체성감각피질, 소뇌라는 광범위한 피질도 활성화된다. 이 네트워크는 보통, 자타 어느 쪽이라도 고통을 느끼고 있을 때 활성화되는 것으로 알려져 있고, 자비명상은 고통에 대한 감수성을 강하게 한다고 생각된다.

다섯 번째로 사고와 관련된 전두엽과 행동과 관련된 두정엽 사이에 동기화 활동이 일어난다. 자비명상은 행동을 준비한다고 생각되는 것이다.

이렇게 특정 대상이 없는 자비명상은 적극성, 공감, 행복감, 기쁨을 증진시키고, 번쩍임, 창조성과 관련되는 뇌의 네트워크를 활성화시키고, 행동을 준비한다. 인간의 내적 변용을 가져오는 힘을 가지고 있는 것이 명백해졌다. 이 발견을 근거로 자비명상을 현대에 맞게 조정하여 교육, 경제, 우울증 치료에 응용하는 시도가 진행되어 왔다.

이것에 더해서 티베트불교에서 '열린 자각' 명상 등에 대해서도 뇌과학에 의한 해명이 이루어져 왔다. 그중에서 가장 미래의 가능성을 품고 있는 것은 '툭담(thugs dam)'의 측정이다.

죽을 때에는 다양한 의식 현상을 넘어서, 근원적인 '마음의 본성'(明知, 극도로 미세한 마음, 光明)이 적나라하게 나타난다. 그 경지에 머무르는 것이 가능한 뛰어난 수행자는 심장도 호흡도 멈춘 상태에서 사후경직도 없이, 몇 주간에 걸쳐서 명상자세를 유지한다. 그것이 '툭담'이다. 그 측정 결과는 현대의학의 상식을 뿌리부터 뒤집어엎는 것이다. 확실히 심장도, 호흡도 멈춰 있다. 뇌파도 거의 없다. 그럼에도 불구하고 명상자세는 유지한 채로 있는 것이다. 인간의 죽음을 어떻게 이해할 것인가? 툭담의 연구는 심장과 뇌의 문제 그리고 뇌사장기이식을 시작으로 하는 임상의학에 근본적인 의문을 제기하고 있다.

✻ 문헌

永沢 哲(2011),『瞑想する脳科学』, 講談社選書メチエ.

Lutz, A., et al(2004), "Long-term meditators self-induce high-amplitude gamma synchrony during mental practice", *Proceedings of the National Academy of Sciences*, 101, pp.16369-16373. (www.pnas.org/cgi/doi/10.1073/pnas.0407401101)

Slagter, H. A., et al(2007), "Mental Training Affects Distribution of Limited Brain Resources", *PLoS Biology* Vol.5, No.6, et138, pp.0001-0008. doi: 10.1371/journal.pbio.0050138.

[永沢 哲]

브릿지 15 도와 불교심리학

【링크】→ 삼매, 깨달음, 참여불교, 다양한 종교의 명상수행

1. 불도에서 불교로

불교는 메이지시대 이전에는 불도나 불법 등으로 불렸다. 크리스트교와 서구문명의 압도적인 힘에 직면한 불도, 불법은 일본적인 것이라는 것을 재확인하고 강조하기 위해서, 크리스트'교'같이 교리(creed)를 강조하는 불'교'라는 형태를 취한 것이다.[1] 불도라는 이전의 명칭에서 이미지를 확장시켜보면, 무, 공, 부동심, 평상심을 얻기 위해서 배움을 중시하는 구도라는, 무도(武道)와 예도(藝道)와의 공통점이 눈에 띈다.

일본 임제종의 개조인 묘안 에이사이(明菴栄西, 1141-1215)가 차문화를 일본에 가지고 온 것에서 엿볼 수 있듯이, 다도(茶道)는 선(禪)과 깊이 연결되어 있다. 선의 어휘를 빌려서 무도나 예도의 궁극을 풍부하게 표현하려고 한 것이, 미야모토 무사시(宮本武蔵, 1584-1645)의 『오륜서(五輪書)』, 야규 무네노리(柳生宗矩, 1571-1646)의 『병법가전서(兵法家伝書)』, 제아미(世阿弥, 1363-1443)의 『풍자화전(風姿花伝)』과 같이 무도론, 예도론이라고 불리는 것이다. 『활과 선』을 저술한 오이겐 헤리겔(Eugen Herrigel)과[2] 『차의 책』을 영어로 저술한 오카쿠라 텐신(岡倉天心)과[3] 같이 무도와 예도의 깊은 의미를 선사상에서 발견하려고 한 근대 이후 다른 문화의 관점은 일본인에게 새로운 발견을 가져왔다. 예를 들어 다양한 '도'를 통해서 오히려 불교의 본질을 파악할 수 있다고 하는 이해이다. 다도로 이어지는 남방선의 다례에는 노자와 도교의 청담가의 사상이 도입되어 있다는 점에서 보이듯이, 불교의 도는 노장사상과도 연관이 있다는 것을 확인할 수 있다.

2. 예도론과 무도론의 실제

『오륜서』에서 미야모토 무사시는 자신의 검에 대한 사상이 독자적인 것이라고 설명하지만, 직접적인 영향관계의 유무는 어찌 되었든, 『오륜서』에서 말하는 내용은 선사상의 어휘와 가깝다. 「물의 권」에서 무사시는 마음이 물과 같이 자유자재로 움직이고, 평상시에도 전시에도 하나의 형태에 머물지 않고 움직이면서, 때를 보고 치고 나오는 '관(觀)하는 눈'을 기르도록 설한다. 미혹과 표현하기 곤란한 것을 단지 '공(空)'이라고 말하는 것이 아니라, 정해진 형태를 가지지 않은 자유롭고 활달한 것을 '공'이라고 부른다고 말하는 「공의 권」은[4] 선의 공안과 함께, '유도(柔道)'의 어원인 '부드러움으로 강함을 제압한다'의 전거이기도 한 『도덕경』의 한 구절 '유약승강강(柔弱勝剛强)'(36장)을 상기시킨다.[5] 또한 '관(觀)하는 눈'은 제아미(世阿弥)가 무도(舞踏) 이론서인 『화경(花鏡)』에서 설한 객관적 시점, 즉 '견을 떠난 견(見)'으로부터도 영향을 받는다.

일본적인 무도론(武道論)은 적으로부터 몸을 지키고, 적을 살상하기 위한 무술이었지만, 폭력을 넘어선 궁극의 목적이 설정되어, 선수행과 같이 원숙한 인간을 목표로 하는 무도(武道)로 치환되었다. 도쿠카와(德川) 장군가의 병법 사범인 야규 무네노리는 임제종의 선승 타쿠앙 소호(沢庵宗彭, 1573-1646)로부터 사사받는다. 타쿠앙은 야규에게 준 검선일여(劍禪一如)의 가르침을 『부동지신묘록(不動智神妙錄)』에 정리했고,[6] 이 가르침을 받아들인 야규는 『병법가전서』에서 '살인도(殺人刀)'에서 '활인검(活人劍)'으로 나아가는 길을 설했다. 『병법가전서』 등의 무도서에서 설하고 있는 것은 살상의 기술로서의 검술을 관통하면서도, 기술을 넘어선 자기정신단련의 방법론이며, 애증의 감정(妄心)을 제거한 무심(本心)으로 사람과 화합하는 모습을 이상으로 한다.[7]

유아사 야스오(湯浅泰雄, 1925-2005)는 무도의 심신관을 이해하는 힌트로서, 움직임 명상을 예로 든다. 천태밀교의 수행법인 상행삼매(常行三昧), 장시간의 좌선 사이에 들어가는 경행 등은 모두 움직임 명상이다. 무도에서 신체의 단련을 통해서, 명상이 깊어질 때에 열리는 삼매와 무심의 상태에 도달하는 것은 무도에서 일반적으로 보이는 목표이다. 그는 신체의 '동(動)'의 상태의 중심에서, 언제나 삼매와 무심 등으로 불리는 고요한 '부동(不動)'의 중심을 발견할 것이 요구된다고 한다.[8] 유아사는 무도에서의 '부동심'을 단순한 단련의 성과가 아니라, 명상에 의한 심신의 변용이라고 해석한다.

> 명상의 방법은 정서의 불안정을 해소하는 효과를 가지고 있다. 명상은 피질기능과 이어진 의식활동을 저하시키는 것에 의해서, 무의식 영역에 가라앉아 있는 콤플렉스와 정서를 표면화시켜서 해방시키고, 나아가서는 해소시키는 작용도 더불어 얻을 수 있다. 원리적으로 이것은 최면이나 임상심리학자가 사용하는 각종 치료법과 같은 의미를 가지고 있다.[9]

다양한 구도와 불교가 깊은 의미에서 하나라고 믿는 입장에서는 야마오카 테슈(山岡鉄舟, 1836-1888)와 같이 검과 선을 동시에 연구한 인물의 존재가 설득력 있는 사례가 될 것이다.

3. 도에서 사회참여로

하나의 도를 습득하는 과정에서 도장과 같은 (마음을 쓰는 경우도 많은) 배움의 장에서 인간관계에 휩쓸려 들어가는 경우도 있다. 인류학자 레이브(J. Lave)와 웬거(E. Wenger)는 조직의 핵심으로 이동하면서 순차적으로 중요한 역할을 맡게 되는 과정과 학습과정, 이 두 가지는 밀접하게 이어져 있어서 분리할 수 없다고 강조한다.[10] 다양한 통신교육을 통해서 혼자서 공부하고 그것을 비밀로 하는 것도 가능한 현대이지만, 배운 도를 통해서 타인과 관계하는 가운데 의미가 새삼스럽게 확인될 것이다. 활인검의 주장은, 베트남에서 공중폭격과 남북대립 가운데에서 선승이 담당해야 할 역할을 질문하면서, 상호의존의 인연(interbeing)이라는 사상을, 살아 있는 존재의 평화공존사상으로 새로이 설명한 선승 틱낫한(Thich Nhat Hanh, 1926-)과 아우슈비츠에서 명상수행을 하는 젠 피스메이커(Zen Peacemakers)의 사상과도 통한다.

❋ 문헌

1) 三枝充悳(1990),『仏教入門』, 岩波新書, p.10.

2) オイゲン・ヘリゲル 著, 稲富栄次郎, 山田武 訳(1981),『弓と禅』, 福村出版. (柴田治三郎 訳(1982),『日本の弓術』, 岩波文庫.)

3) 岡倉天心 著, 桶谷秀昭 訳(1994),『茶の本』, 講談社学術文庫, pp.32-44.

4) 宮本武蔵 著, 鎌田茂雄 注(1986),『五輪書』, 講談社学術文庫, p.92, p.100, p.242.

5) 蜂屋邦夫 訳注(2008),『老子』, 岩波文庫, pp.169-172.

6) 沢庵 著, 池田論 訳(2011),『不動智神妙録』, タチバナ教養文庫.

7) 柳生宗矩 著, 渡辺一郎 校注(2003),『兵法家伝書ー付・新陰流兵法目録事』.

8) 湯浅泰雄(1986),『気・修行・身体』, 平河出版社, p.46.

9) 湯浅泰雄(1990),『身体論ー東洋的心身論と現代』, 講談社学術文庫, p.283.

10) J. レイブ, E. ウェンガー 著, 佐伯胖 訳(1993),『状況に埋め込まれた学習』, 産業図書.

[葛西賢太]

64 임종심로

【링크】→ 업, 유분심, 해탈, 숙주념지(宿住念智), 선 호스피스 프로젝트, 장례와 법사

수명이 다하고, 이 생존을 가져오는 업이 다하고, 그 양자가 다하고, 또는 사고 등 갑작스러운 일에 의해서 죽음을 맞이한다. 그 죽음의 때에, 최후의 죽음의 마음(結生, 有分과 같은 마음) 직전에 발생하는 의식과정을 임종심로(maraṇāsanna vīthi, 臨終心路)라고 부른다.

임종심로에서 의식되는 대상은 지금 여기에서 체험하고 있는 것과 같은 현실감을 가지고 그것에 빠져들기 때문에, 그 에너지 정보는 다음 생애를 결정하는 것으로서, 죽음의 마음이 다하는 즉시 다음 생존의 결생심(結生心)으로 보내진다고 생각된다.

임종 시 의식의 대상이 되는 것에는 업(業), 업상(業相), 취상(趣相)의 세 종류가 있다. 업이란 다음 생의 생존을 위한 결생심으로서, 결과를 가져오는 업(어떤 것을 하려고 하는 의도) 가운데 하나가 대상이 될 수 있는 기회를 얻어서 온다. 업상이란 그 업이 만들어질 때에 보고 들은 온갖 대상으로, 구체적인 색깔과 형태, 음성 등을 수반하는 이미지이다. 업상에는 그 행위가 향하는 대상과 그 행위를 하기 위한 수단이 되는 것, 두 종류가 있다. 취상이란 다음 생애에서 태어나게 될 세계와 관련된 온갖 대상이다.[1)]

예를 들어 동물을 죽여서 지옥에 떨어진 경우, '죽이자'라는 의도가 업, 죽인 동물의 모습과 울음소리 등이 대상으로서의 업상, 죽일 때 사용한

무기에 묻은 피의 이미지 등이 수단으로서의 업상, 지옥의 풍경과 불꽃과 비명소리 등이 취상이 된다.

임종심로를 고찰하는 배경에는 숙주념지(宿住念智)라는 명상지(瞑想智)의 존재가 크지만, 출가수행자들이 병에 걸렸을 때에는 서로 간병해주고, 최후를 돌보는 수행도 있었다. 율장에는 좋은 간호자가 되기 위한 다섯 가지 조건과 간병하기 힘든 사람의 다섯 가지 조건 등이 정리되어 있다. 간병할 때와 간병받을 때 어느 쪽도, 최후까지 마음의 상태를 지켜보는 것이다.[2] 중병으로 누워 있었던 왁깔리(Vakkali)는 붓다의 문병을 받았지만, 해탈했다는 증상만(增上慢)을 일으킨 채로 병고를 자살로 끝내려고 했다. 하지만 목에 칼이 닿는 순간의 아픔에 대한 자신의 반응에 아직 해탈하지 못했다는 것을 깨닫고, 남아 있는 얼마 남지 않는 시간에 그 아픔을 대상으로 여실지견하는 명상을 깊이 하여 해탈을 완성하고 죽음을 맞이했다고 한다.[3]

『앙굿따라니까야』「십법경」에는 최후의 때에 수행 동료로부터 해탈과 선정 등의 출가의 목적을 달성했는가라는 질문을 받을 때 부끄럽게 생각하지 않도록 수행에 힘써야 한다고 설하고 있다.[4]

이러한 수행의 지혜를 밟아서, 할 수 있는 한 좋은 상황에서 임종의 때를 맞이할 수 있도록, 죽은 사람이 좋아하는 꽃을 장식하는 등 간호에 대한 다양한 연구도 이루어져왔다.[5] 침경(枕經)과 『티베트 사자의 서』와 임종의례 등의 전통도 이러한 수행계통의 일환인 것이다.

✽ 문헌

1) アヌルッダ著, ウ・ウェープッラ, 戸田忠 訳(1992),『アビダンマッタサンガハ』, アビダンマッタサンガハ刊行会, pp.163-164.

2) 渡辺照宏 訳(1937),『南伝大蔵経 第3巻 律蔵 3』, 大蔵出版, pp.525-528.

3) 井上ウィマラ(2008), 「五蘊と無我洞察におけるasmiの位相」, 『高野山大学論叢』第43巻, 高野山大学, pp.69-70.

4) 渡辺照宏 訳(1940), 『南伝大蔵経 第22巻 増支部経典 6』, 大蔵出版, pp.324-325.

5) 水野弘元(1964), 『パーリー仏教を中心とした仏教の心識論』, 山喜房仏書林, pp.945-946.

[井上ウィマラ]

65 중유

【링크】→ 윤회, 비탄 돌봄, 티베트불교의 명상법, 임종심로

불교의 사후관에서는, 살아 있는 것은 이승에서 임종을 맞이하여 신체 기능을 잃게 되어도, 이승의 경험의 인상을 가진 마음은 매 순간 생멸을 반복하며, 다음 생의 모태에 머물면서(結生識) 새로운 신체를 형성하고, 윤회의 세계를 유전하기를 계속한다고 여겨진다. 이 임종으로부터 다음 생존이 시작되는 모태에 결생하는 순간까지의 중간(antar)의 생존형태(bhava)를 중유(antarbhava, 中有) 또는 중음(中陰)이라고 한다.

불교에서는 의식을 가진 생물(有情)이 태어나서는 죽음으로, 또는 다시 태어나는 생사유전과 윤회의 과정에 네 가지 상태(四有)가 있다고 설하고 있다(그림 1 참조). 중유 이외에 아래의 세 가지 상태를 설한다. 생유(生有)란 누군가로서 탄생하는 찰나의 상태이고, 본유(本有)란 탄생 이후 죽음까지 일생 동안의 상태이고, 사유(死有)란 죽음을 맞이하는 찰나의 상태를 가리킨다.

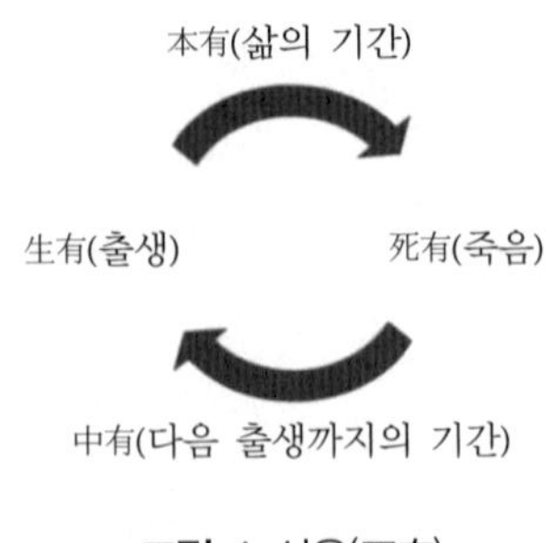

그림 1 사유(四有)

석가모니의 입멸 이후, 불교교리가 정리되는 부파불교시대에 특히 설일체유부 등의 주요 부파는 중유에 대한 이론을 구축하였으나, 반드시 그러한 존재를 상정하지 않은 부파도 있었다. 남전(南傳)의 상좌부불교는 중유의 존재는 인정하지 않고, 사후에 순간적으로 다음 생으로 환생하여 생유에 이른다고 여기고 있다(「64 임종심로」 참조).

중국 등으로 전해진 이른바 북전(北傳) 불교의 전통설에서 중음기간은 49일이라고 생각되며, 이 기간에는 냄새에 의해서 생존을 유지하며(食香), 자신의 전생의 경험에 기반을 둔 경향성(習氣)에 의해서 자신에게 어울리는 부모의 교합을 보고 모태에 들어간다고 여겨진다. 일본의 전통불교에서는 이 기간 동안 죽은 사람에 대한 공양을 의례화하여 애도의 기간에 슬픔을 돌보는 것(grief care)에 상응하는 관습을 형성해왔다(그림 2 참조).

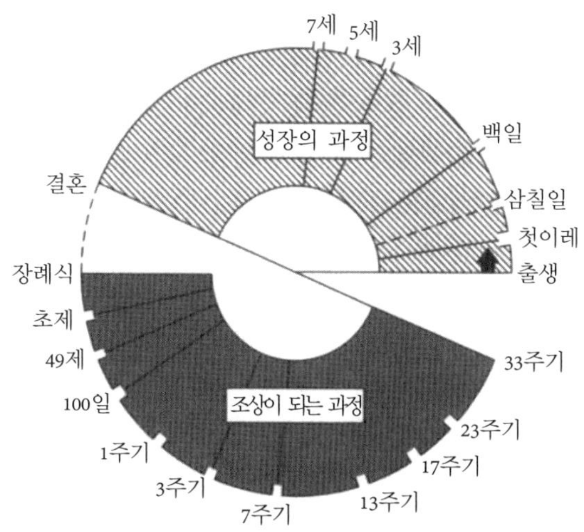

그림 2 일본인의 2가지 라이프스타일

한편 『티베트 사자의 서(Tibetan Book of the Dead)』의 원어인 '바르도 퇴

돌(bardo thos grol)'은 중유의 기간 동안에 사자를 불도(仏道)로 이끄는 것을 의미하지만, 중유의 존재를 해설하는 것과 독송을 통하여 사자를 인도하는 것이라는 두 가지 계통의 흐름이 전해지고 있다. 이 경우에도 역시 티베트불교가 독자적으로 전개된 것이라 생각된다.

❃ 문헌

山崎信定(1993),『原典訳 チベットの死者の書』, 筑摩書房.

柳川啓一·阿部美哉(1985),『宗教理論と宗教史』, 日本放送出版協会.

[生井智紹]

① 불교의 생사관과 법요

66 장례와 법사

【링크】→ 열반, 비탄, 임종심로, 임사체험, 죽음의 요가, 죄책감

일본의 불교는 장례불교라고 비판받는 경우가 있다. 하지만 장례와 법사(法事)는 불교 역사상으로도 심리학적으로도 간단하게 다룰 수 없는 무게를 가지고 있다.

1. 장례와 법사의 심리학적 의미

유족에게 차분히 장례의식을 검토할 틈이 주어지지 않는 것, 고액의 비용, 찾기 어려운 장례의식의 의의, 형식적인 장례의식과 형식적인 조문 등을 보면, 현대의 장례의식은 구폐, 허례라거나 쓸데없다고 의심되기도 한다. 시마다 유미(島田裕巳)의 『장례의식은 필요 없다』는 그러한 의심의 표현이었다.

하지만 장례의식은 죽음이라는 심리적, 사회적 상실을 완화시키는 시간이며, 고인을 기념하여 기억에 새기는 행사이고, 고인을 통해 산 사람을 이어주는 의식이다. 고인의 죽음을 애도하며 감사하는 것뿐만 아니라 고인의 후손과의 관계, 유족과의 관계, 다른 조문객과의 관계가 중요하다고 생각하기 때문에 밤을 새면서 조문하는 경우도 있다. 장례의식은 먼 곳에서 친척이 달려오고, 다시 만나고, 오랜 사귐을 따뜻하게 하는 장이 된다.

그러므로 장례의식은 망자만을 위한 것이 아니라, 유족과 친구 등 살아있는 자를 위한 기능을 맡는다. 분향, 망자의 몸을 깨끗이 닦아주고 목욕

시키는 것, 입관, 조문, 하관 등의 장면에서 생자들은 하나하나 멈추어 서서 고인의 모습과 삶의 방식을 확인한다. 이것은 최근 나타나고 있는 산골과 수목장 등의 비종교적인 장례의 경우에도 해당된다.[1] 그리고 조문객들은 유족과 고인의 '심경'에 마음을 쓴다. 이 점에서 고인은 사라지는 것이 아니라 확실히 유족과 일가친척의 '마음속에서 살아간다'고 말할 수 있을 것이다.

장례의식 등 선조를 공양하는 의식은 비불교적인 일본풍의 민속적인 '장례불교'로서, 불교학에서는 경시하고 있었다. 하지만 최근의 연구는 원시불교에서도 장례의식이 중시되었다는 것을 보여주고 있다. 불교학자인 스에키 후미히코(末木文美士)는 장례불교가 사자와 생자의 공통성을 다루는, 진지하고 의의 있는 접촉이라고 강조한다.[2]

2. 고인은 장례의식을 어떻게 체험하는가

이른바 『티베트 사자의 서』(bardo thos grol [chen mo], 중유에서 묻고 듣는 것에 의한 대해탈)라는 경전은 사자의 곁에서 읽어주는 이른바 침경(枕經)에 해당한다고 생각된다. 죽음으로 가는 자에게는 청각이 최후까지 남아 있어서, 경전을 사후의 행동지침으로서 머리맡에서 읽는다. 이 문맥에서 사자(死者)는 사라지는 것이 아니라, 귀를 가지고 49일간 그곳에 있는 것이다. 경전 중에서는 마음이 담기지 않은 독경과 불성실한 유족 등을 한탄할 것이 아니라(경전 중의 극중극과 같은 언급이 재미있다), 무서운 모습으로 맞이하는 여러 부처와 여러 존격에게 진심으로 매달려 몸을 맡기자고 반복해서 설한다. 죽음과 함께 고인은 완전히 무로 돌아가 버린다고 생각한다면, 이런 임사체험담은 미신이다. 하지만 체험의 진위에 사로잡히는 것이 아니라, '삶에서 죽음으로 변화하는 장례의식을 고인으로서 체험 가능하다면 어떨까'라는 사고실험의 소재로 보면, 장례의식의 의의를 재고할 수도 있을 것이다.[3] 실제 미국의 히피들은 이 경전을 명상과 약물체험을 이해하는 근거로서 사용했다.

3. 고인을 대변하는 것

한편 승려에 의한 인도(引導)와 조사(弔辭)는 마치 고인이 그 장소에 있는 것처럼 행해지는, 사자를 위한 대변이다. 축사의 경우 본인을 앞에 두고 욕하고 칭찬하며, 말하는 사람 외에는 알지 못하는 에피소드를 소개하고, 최종적으로 본인의 모습을 보다 잘 소개하는 것이 목적이다. 인도와 조사도 같은 기능을 담당한다. 고인은 부재하지만, 거기에서는 실제 살아 있는 것처럼 고인을 소개하고, 또한 고인에게 이야기를 건다.

인도(引導)는 고인의 생전의 됨됨이와 노력과 공적을 말로 하면서 거기에 어떤 불교적인 진리를 발견하는 것으로, 고인을 이미 깨달은 존재(부처)로서 위치지으려 한다. 또한 새롭게 붙여진 계명(戒名)을 부르는 것으로 삶의 종언을 고하고 깨달음으로 전환시키는 역할을 한다. 예를 들어 소방관을 위한 인도라고 하면, 불 속으로 뛰어들어서 인명구조에 헌신한 모습을 칭송하고, 어떤 고난을 당하여도 이것을 초월하여 염두에 두지 않으면 괴로움을 느끼지 않는 경지, 무상한 신체를 초월한 경지에 이른다고 확인한다.[4]

조사(弔辭)를 하는 사람은 깨달은 승려가 아니라 미혹한 속인이다. 어디까지나 이승에 머무르는 자의 입장에서, 고인이 듣고 있는 것처럼, 고인의 생전의 사람됨과 노력과 공적을 서술하고, 슬픔을 표현하고, 사자에 대한 맹세와 유족에 대한 격려와 위로를 전한다. 고인도 조문객도 이미 알고 있는 일을 재확인하는 것도 있고, 조문객이 잊고 있는 것을 떠올리게 하거나 또는 조사를 하는 사람만이 아는 에피소드를 밝히는 경우도 있다.

위와 같이 장례의식은 고인을 대변하는 기능을 가진다. 대변기능이 있으면, 종교 없는 장례의식(추모회 등)도 이론적으로는 가능하다. 이미 개인 장례에서 다양한 시도가 있으며, 소설 등의 형태로도 모색되고 있다.[5)]

4. 복상과 비탄의 과정

유족은 상(喪)으로 인해서 며칠간 일을 쉬거나, 다음 해의 연하장에 대한 답장을 삼간다. 본래대로라면, 복상(服喪)은 고인이 돌아가심으로 인해서 남겨진 자들이 입게 된 아픔을 치유하는 기간이겠지만, 실제로는 끊임없이 찾아오는 조문객에 대한 인사, 재산과 유품 정리에 쫓겨서 아픔은 몇 달에서 일 년까지도 미루어지는 경우가 있다. 또한 시간이 흘러도 아픔이 누그러지지 않는 경우도 많다. 고인에 대한 애착이 강할수록, 슬픔은 사실 간단하지 않다. 종종 고인에 대한 분노(왜 이런 때에 죽었는가), 강한 죄책감(내 탓으로 죽은 것이다 또는 살아남은 것이 면목 없다), 후회(이렇게 할 걸 그랬다)에 더해서 불안, 억울, 신체의 부조화로 괴로워하게 된다. 장례의식과 복상과 법사(法事)는 사랑하고 있는데도 어째서 분노가 치솟는가라는 의문을 안은 채, 상실에 의한 비애라는 과제를 완수하기(working through) 위한 하나의 방법이다. 사람만이 아니라 학교와 직장과 집과 고향을 상실한 경우에도, 같은 과제가 있는 것에 유의할 필요가 있다.[6)]

✽ 문헌

1) 山田慎也(2007), 『現代日本の死と葬儀－葬制業の展開と死生観の変容』, 東京大学出版会.

2) 末木文美士(2010), 『他者·死者たちの近代』, トランスビュー.

3) 山崎信定 訳(1993), 『チベットの死者の書』, ちくま文庫: ユング, 湯浅泰雄·黑本幹夫 訳(1983), 「チベットの死者の書の心理学」, 『東洋的瞑想の心理学』. 이 책은 이 경전에 대한 주석이지만, 사후의 체험을 신체의 생성과정으로부터

내려오는, 넓은 의미의 심리학적 과정이라고 말한다.

4) 高橋竹迷(1984),『新編 應用引導大全』, 名著普及会, pp.374-375.

5) 葛西賢太(2010),「死者を代弁すること」,『死生学年報 2010』, 東洋英和女学院大学死生学研究所. 이 논문에서 소개하고 있는 シーボルト『ラブリー・ボーン』, 天童『悼む人』, カード『死者の代弁者』라는 저서도 시사하는 바가 크다.

6) 小此木啓吾(1979),『対象喪失ー悲しむということ』, 中公新書.

[葛西賢太]

브릿지 16 윤회사상과 심리치료

【링크】→ 여실지견, 해탈, 공, 무아, 윤회, 사악취, 고르게 떠 있는 주의, 공격성, 근기(器)

자신이 행한 업에 따라서 지옥, 아귀, 축생, 수라, 인간, 천계라는 여섯 가지 세계에서 환생한다고 하는 윤회사상은, 인식론적 관점에서 재해석을 시도함으로써 불교명상과 심리치료가 만날 수 있는 공통의 토대를 제공할 수 있다.

1. 지옥의 세계

지옥은 잘리고, 찔리고, 삶기고, 태워지는 등 극히 잔혹한 고통을 받으면서 아비규환하는 공포와 불안의 세계이다. 우리가 음식물을 먹을 때, 먹히는 쪽에 몸을 두어보면, 그것이 바로 지옥체험이다. 살인과 전쟁 등의 현장에서도, 그곳에서는 지옥이 전개되고 있는 것이 아닐까.

최근 학대에 관한 연구가 진행되면서, 많은 수의 다중인격자가 유소년기에 성적인 학대를 받았다는 것이 밝혀졌다. 눈앞의 세계에서 이 몸에 일어나고 있는 믿을 수 없는 괴로움에 대해서, 어딘가 다른 세계에서 살고 있는 다른 자신을 만들어내는 해리현상은 그러한 지옥의 괴로움을 살아가려고 하는 의식의 전략 가운데 하나인지도 모른다.

이러한 지옥체험에 대한 구제는 그 공포와 공격성을 비추어보고, 보듬고, 멈추는 체험일 것이다. 울부짖는 아기를 안고 미소지을 때까지 돌볼 수 있는 '좋은 어머니'의 돌봄은 지옥의 요소와 천국의 요소를 자신이 살아가는 세계의 일부로서 통합하기 위해서 필요한 환경인 것이다.

2. 아귀의 세계

아귀는 기아상태에 빠져서도 배는 부풀어 오르고 목구멍이 지나치게 좁아졌기 때문에 음식물이 자신을 괴롭히지만 정말로 원하는 것을 얻을 수 없는 존재이다. 현대의 섭식장애로 인한 괴로움 중에서는 이러한 아귀의 심성과 통하는 괴로움이 있다. 영유아기에 애정과 정서조율이 부족한 것으로 인해서 토할 때까지 먹는 것으로 공허함을 채우려고 하거나, 부모의 형편 때문에 반복되는 지배와 침입에 의해서 내재화된 지배자나 침입자로부터, 거식을 통해서 자신을 지키려고 한다. 과거의 채워지지 않았던 것에 집착한 나머지, 눈앞에 있는 기쁨과 만족을 받아들일 수 없게 되어버리는 것이 아귀의 고뇌의 본질이다. 자해행위와 의존 등에도 이러한 성장이력이 가져오는 고뇌가 내재한다.

아귀체험에서 구제는 선악을 판가름하는 일 없이 지켜보는 영성적인 자양분을 키우고, 과거의 아픔으로부터 해방되고 싶은 욕망을 욕망으로 자각하는 것이다. 그것은 낮은 자존심이라는 가면을 쓴 채 풍요로움에 대해 갈망하는 것을 응시하는 것으로도 이어진다.

3. 축생의 세계

축생은 식욕과 성욕이라는 본능적 욕구에 떠밀려 움직이게 되는 세계이다. 자기가축화(自己家畜化) 현상에 의해 우리 자신도 모르는 채로 경제시스템 가운데 생산과 소비의 톱니바퀴가 되어버리고, 매스미디어에 의한 이미지 조작에 선동되어 식욕이나 성욕의 본래의 모습과 사용법을 잊어버렸다. 축생체험에서 구제는 그러한 본능적 욕구를 본래적인 곳에서, 대자연 가운데에서 생로병사하면서 움직이는 것으로서 사용할 수 있도록 배우는 것이다.

4. 인간의 세계

인간세계는 육도윤회의 모든 세계를 체험하면서 자신은 대체 누구인가 하는 주제를 탐구하는 것이 가능한 세계이다. 하지만 영유아기에 진짜 자신에게 정착하기 위한 양육환경을 얻지 못하고 거짓된 자기가 몸에 배어 버리면, 스스로를 자기 자신으로부터 분리하게 되는 인간 특유의 괴로움이 생겨난다.

인간세계에서 구제는 자신은 누구인가 하는 탐구에 의해 육도윤회의 모든 요소를 통합하고, 진정한 자신이라는 표현 뒤에 숨겨진 공성(空性)에 닿아서, 생명현상에 불가피한 불확실성을 창조적으로 꿋꿋하게 살아가는 자세를 몸에 익히는 것이다. 인간세계가 육도윤회로부터 해탈할 수 있는 유일한 곳인 것은 인간의 심신이 육도윤회의 모든 요소를 체험할 수 있을 만큼 강하기 때문이다.

5. 하늘의 세계

많은 능력과 재능의 혜택을 받은 천계의 특징은 지고체험으로 불리는 지복과 만족 가운데서 자아경계를 일시적으로 누그러뜨리는 융합의 체험이다. 하지만 그 신체는 미세하여 성냄 등의 격정은 견딜 수 없다. 또한 천계에서는 쾌락이 일시적이라는 것과 타자의 고뇌를 잊어버리기 쉽다.

천계에서 구제는 무상과 무아를 아는 것이다. 인간을 지도하고 수호하는 것이 그들의 수행이 되는 이유도 거기에 있다. 생각대로 되지 않는 것을 돌보는 것으로부터 배운다. 인간이 자아의 경계를 누그러뜨려 타인과 이어지는 기쁨을 알고, 예술이나 학문의 즐거움을 맛보고, 뛰어난 능력과 재능을 구사하는 것은 천계로부터 배운 것이다.

6. 아수라의 세계

아수라는 후대에 윤회에 추가된 세계로, 신들의 항쟁에서 패배한 존재이다. 아수라가 상징하는 것은 상황을 바꾸면서 바라는 것을 획득하기 위해 분투하는 자아의 공격성이다. 이것은 인간이 신에게 가까워지려고 하는 과정에서 생겨나는 현상인지도 모른다. 유소년기에 양육자가 돌보지 않음을 무기로 그를 지배하였기 때문에, 성장해서 안정된 인간관계를 맺지 못하거나 극단적인 기대에 의한 친근과 비난에 의한 거절 사이에서 격렬하게 흔들리는 경계성 인격장애의 성격경향은, 아수라적인 괴로움의 특징으로 생각된다.

아수라에서 구제는 자각적으로 식별하는 지혜에 의해서 지켜보는 것이다. 자아는 안정된 거리감과 틀에 의해서 지켜봄으로 인해서, 그 공격성을 자타를 위해서 구사하는 것을 배워나간다.

7. 윤회로부터 해탈

여실지견에 의해 육도윤회의 원동력이 되는 탐진치(貪瞋痴)가 함께하는 마음, 배려, 있는 그대로에 대한 알아차림으로 변용되면, 윤회는 인식론적으로 해체된다. 윤회로부터의 해탈이란 어딘가 다른 세계로 옮겨가서 사는 것 같은 일이 아니다. 실제로 육도세계가 어디에 있는가 하는 실재론적 논의는 양자역학과 우주물리학이 발전하면서, 비국재성과 다중세계론이 명백하다고 여겨짐에 따라 인식론적 해석과 통합되면서 이해가 발전한다.

8. '나'와 윤회

윤회와 전생 및 내세에 관한 문제는 '나'라는 관념의 구조와 그 성립과정에 깊이 관련된 것이다. '나'가 어떻게 생겨난 것인가를 탐구하여 무아와 공을 통찰하는 것을 통해서 윤회와 전생과 내세에 관한 의문은 얼음 녹듯이 사라진다. 이것이 해탈의 제1단계로 의혹을 넘어서는 것을 의미한다.

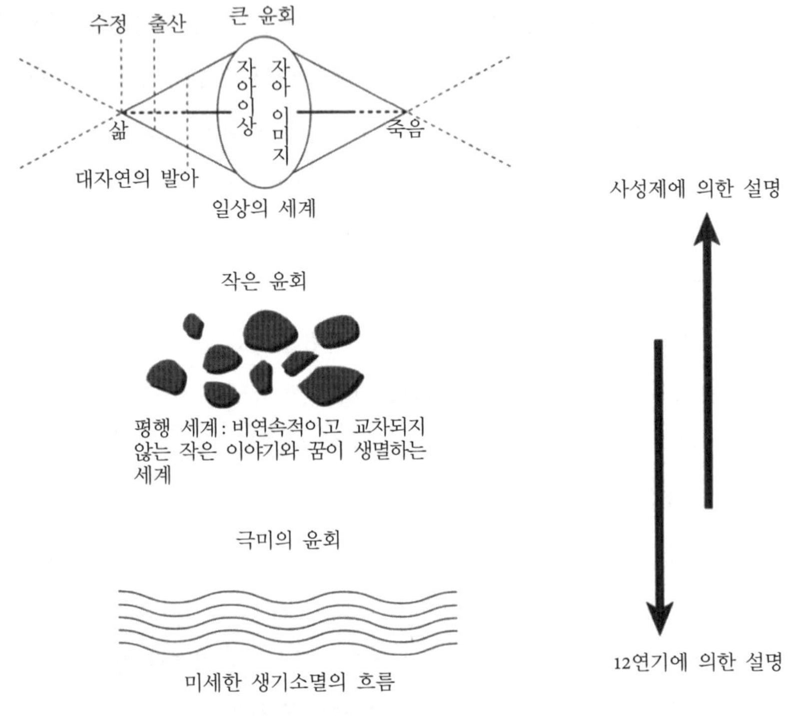

연기와 사성제를 연결하는 세 가지 세계

'나'라는 관념에는 다음과 같은 세 가지 차원이 내포되어 있다. 첫 번째 시점은 한 번의 탄생과 죽음을 양극으로 자아동일성에 의해서 유지되는 '나'이다. 이 '나'를 맹신하기 때문에 전생과 내세가 신경이 쓰인다. 하지만 '나'를 생각해낼 수 없는 태아와 영유아기의 기억에 대해서 깊이 음미하는 경우는 없다. 푹 잔 후에도 '나'가 또 눈을 뜬다고 확신하기 때문에,

치매가 되었을 때에는 '나'는 어떻게 되는 것일까 하는 불안에 사로잡힌다. 마음의 어딘가에 '나'의 불사를 믿고 안심하므로, 암 등으로 스스로의 유한성을 선고받으면 충격을 받는다.

두 번째 시점은 일상적 의식상태와 변성의식상태 중에서 다양한 생각에 맴도는, 뿔뿔이 흩어진 이야기의 모임 속에 있는, 여러 가지의 '나'이다. 명상 중에 떠오르는 잡념과 수면 중의 꿈 등은 그러한 이야기가 나타나는 것이고, 일상의식이 억압하려고 하는 자기 자신의 그림자를 엿보게 하여, 다시 만나게 해주는 기회가 되는 것이다.

세 번째 시점은 '나'가 성립하기 이전에 보이는 그대로, 들리는 그대로 순수체험의 흐름(생명 그 자체)에 닿는 체험이다. 이 차원에서 생겨나는 것을 아는 것은 시공간의식을 넘어서 영원에 닿는 체험이기도 하며, 살아가는 것에 대한 감사를 알고, '나'가 살아 있다는 확신 속에서 해온 다양한 것에 대하여 자연스러운 후회로 이어지는 것이다.

이러한 세 가지의 시점을 자각적으로 왕복할 수 있게 되면, 순수체험이라는 미세한 차원에서 생명현상의 생멸의 흐름에 닿는 것으로, 비연속이고 만남이 없는 나의 이야기라는 작은 윤회세계에 얽매이는 패턴이 누그러진다. 그러면 커다란 윤회의 세계에 사는 '나'의 삶의 괴로움과 고통스러움이 해소되고, '나'라는 관념의 공성을 알아차릴 수 있게 된다. 그것은 '나'의 생기와 소멸의 과정을 지켜보면서 반복하여 생명 그 자체의 흐름에 닿음으로써 '나'의 이야기가 가져오는 답답함에서 벗어나고, '나' 의식 그 자체가 미분되는 체험이기도 하다.

이러한 명상체험을 거쳐 '나'를 교묘하게 구사하면서, 생각대로 되지 않는 인생을 창조적으로 시행 착오해가는 부드러운 자아(무아)가 길러진다. 심리치료는 이러한 명상수행의 과정에서, 명상이란 이름하에 억압되기 쉬운 감정체험을 받아들이는 것을 가르쳐준다. 한편 명상에 의한 무아와 공에 대한 이해는 프로이트가 '고르게 유지되며 자유롭게 떠 있는 주의력' 이라고 부른 치료사의 능력을 양성하는 데 귀중한 일조를 하며, 치료사가 내담자와의 공동체험을 통해서 성장하고, 나르시시즘을 극복해가기 위한 지침을 부여해주었다.

❋ 문헌

マーク·エプスタイン, 井上ウィマラ 訳(2009),『ブッダのサイコセラピー』, 春秋社, pp.21-59.

井上ウィマラ(2005),『呼吸による気づきの教え』, 佼成出版社.

[井上ウィマラ]

67 대상상실과 비탄

【링크】→ 억압된 상태, 해탈, 의미, 장례와 법사, 투영

대상상실이란 사랑하는 것을 잃는 것이지만, 사랑하는 대상에는 구체적인 사람만이 아니라 조국, 자유, 이상 등과 같이 추상적인 것도 포함된다. 프로이트는 사랑하는 사람을 잃음으로써 발생하는 비애와 멜랑콜리(melancholy, 우울증 전반)를 비교하면서 ① 심각한 고통으로 가득 찬 불쾌함, ② 외부에 대한 흥미의 포기, ③ 사랑하는 능력의 상실을 공통점으로 들고, 멜랑콜리에만 특유한 차이점으로는 ④ 모든 행동을 제지하고 자책하고 자조하는 형태를 취하는 자아감정의 저하(망상적으로 처벌을 기대할 정도가 되는)를 들고 있다.

이러한 제지와 자책의 생각을 수반하는 자아감정 저하의 배경에는 잃어버린 대상에 대한 무의식적인 증오와 공격성이 있으며, 잃어버린 대상과 자신을 동일시함으로써 대상을 향하고 있는 분노가 자기 자신에게 향해져서 자아감정이 상해를 입게 된다.

사랑하는 사람을 잃었을 때, 그 사람은 이제 없다는 것을 알아도 당분간은 사모의 생각이 강해서, 마음속에 남아 있는 대상에 매달리려고 한다. 다양한 추억과 기대에 마음을 빼앗겨서 슬픔의 눈물을 흘리면서, 조금씩 시간을 들여 현실을 받아들일 수 있게 되면, 자신에게 있어서 잃어버린 외적 대상이 어떠한 의미를 가지고 있었는지(내적 대상)를 이해할 수 있게 된다. 그렇게 되면 대상과 새로운 관계성을 맺게 되고 내적 공허함이

채워지고, 그 추억을 가슴에 안고, 새로운 인생으로 한 걸음 내딛을 수 있게 된다.

이러한 과정에서 표출되는 슬픔을 비탄(grief, 悲嘆)이라고 부른다. 애도(mouring, 喪)는 세상일과 떨어져서 슬퍼하는 일에 전념하는 것을 보증하기 위한 사회적 관습이다. 비탄작업(grief work)이 일단락되어 그쳤다고 하더라도, 슬픔이 완전히 사라질 리가 없다. 슬픔을 인생의 일부로 통합하여 살아가는 힘이 몸에 베이는 것이다.

오코노기 케이고(小此木啓吾, 1930-2003)에 의하면 비탄작업은 슬픔과 원통한 일을 포함하여 고인에 대한 다양한 생각을, 누군가 신뢰할 수 있는 좋은 청자에게 말하는 것(전이에 의한 애도, 들려주는 것)과 자신이 누군가의 슬픔을 경청하며 돌보는 것(투사 동일시에 의한 애도, 들어주는 것)이라는 쌍방향 작업에 의해서 진행된다. '상호 간'의 관계성 가운데서 대상상실의 아픔을 치유하는 지혜는 사람들이 모여서 행하는 장례의식과 법사(法事) 등의 장례의례의 본질이 아닐까 생각된다.

자기의 죽음을 수용하는 것은 '자신은 죽지 않는다'라는 만능감과 자아이상이라는 추상적인 의존대상에 대한 상실체험이다. 퀴블러 로스(Elisabeth Kübler-Ross, 1926-2004)의 죽음수용의 오단계설도 이러한 맥락에서 이해할 수 있다. 해탈의 제1단계에서 유신견(有身見)을 넘어설 때에도, 지금까지 자신이라고 확신한 것을 놓는 비탄을 경험한다. 그것들은 『청정도론』에서 위험과 염리를 바라보는 지혜로서 자리하고 있다.

❋ 문헌

S.フロイト(1970), 「悲哀とメランコリー」, 『フロイト著作集 6』, 人文書院, p.138.
小此木啓吾(1979), 『対象喪失』, 中公新書, pp.97-152.

井上ウィマラ(2010),「互いにケアし合う『悲嘆』という仕事」,『ケア従事者のための死生学』, ヌーヴェルヒロカワ, pp.335-348.

[井上ウィマラ]

68 참괴

【링크】→ 죄책감, 배려의 기원, 자타, 자아, 근기, 무명, 오력

참괴(hirī-ottapa, 慚愧)는 악(불선, 불건전함)을 부끄러워하고, 악을 싫어하고, 악으로부터 멀어지려고 하는 마음이다. 참(慚)은 자기 자신의 내심에 대해서 악을 부끄럽게 생각하고, 괴(愧)는 타자에 대해서 악을 부끄럽게 생각한다는 차이가 있다. 참(慚)은 악을 싫어하는 마음으로부터 생기고, 괴(愧)는 악과 악을 가져오는 것을 두려워하는 마음으로부터 생긴다. 참(慚)은 좋은 것을 공경하고, 괴(愧)는 죄를 두려워한다. 참(慚)에 의해 자기 자신을 소중히 존중하고, 괴(愧)에 의해 타자를 소중히 존중하게 된다. 참괴는 자기를 지키고 사회를 지키는 것이 된다. 참괴는 모든 의도적인 선심(善心)에 상응하는 움직임이다.[1)]

경전에 의하면, 연장, 동년, 연하 어느 쪽에 대해서도 참괴의 마음을 가져야 한다고 한다. 무명에 의해 참괴의 마음을 잃으면, 잘못된 견해에 빠져서 마음을 향하는 방법이 잘못되고, 잘못된 말을 내뱉고, 잘못된 행위를 하고, 잘못된 생업에 종사하고, 잘못된 노력을 하고, 주의력을 잘못 사용하여, 잘못된 집중력으로 유도된다. 일체 사물을 명확하게 알 수 있다면, 선법과 함께 참괴의 마음이 생겨나서, 팔정도를 실천할 수 있다.[2)]

참괴하는 사람은 자신의 덕을 과시하지 않고, 자신의 부덕을 드러낼 수 있다. 타인의 덕을 칭찬하고, 타인의 부덕을 드러내는 데 주저한다. 타자의 눈을 부끄럽게 여기는 것은 함께 생활하고 신뢰하는 것과 깊이 관련되

어 있다.3)

스승에 대해서 참괴를 품는 것은 친근함과 존경에 깊이 관련되어 있다. 그렇다면 다양한 일에 대해서 물을 수 있고, 그 문답에 의해서 의심이 맑아진다. 홀로 고요하게 수행하고, 생활규범이 정리되고, 좋은 법을 많이 듣고, 노력하고, 좋은 사귐 가운데서 침묵을 알고, 오온의 생멸을 응시하고, 수행이 완성으로 나아간다.4)

참괴를 품으면, 오온의 경험을 자각적으로 조정하게 되며, 생활습관이 정리되고, 마음이 침착해지며, 사물을 있는 그대로 볼 수 있게 되고, 여실지견에 의해 무상·고·무아를 통찰하여 마음을 내려놓게 되고, 해탈로 나아간다.5)

참력(慚力)과 괴력(愧力)은 믿음, 정진, 지혜와 함께 공부해야 할 다섯 가지 힘으로 불린다.6) 믿음(信), 정진(精進), 알아차림(念), 집중력(定), 지혜(慧)로 구성되는 오력(五力)과 비교하면, 참괴는 알아차림과 집중력에 대응한다. 참괴는 주의를 향하는 움직임, 마음을 안정시켜 유지하는 움직임과 어떤 대응관계가 있는 것으로 생각된다.

참괴가 자아의식을 수반하는 모든 선한 마음에 상응하고, 전오식(前五識, 전의식 또는 무의식적 인지)에는 상응하지 않으므로, 자아가 발달하는 과정과 참괴를 취득하는 것이 관련성이 있다고 추측된다. 양육자를 시작으로 하는 타자와의 관계성 가운데서 형성된 자아의식의 모습과 참괴는 구조적으로 깊이 이어져 있는 것으로 생각된다.

❋ 문헌

1) 水野弘元(1964), 『パーリー仏教を中心とした仏教の心識論』, 山喜房仏書林, pp.614-619.
2) 立花俊道 訳(1940), 『南伝大蔵経 第16巻 相應部経典 5』, 大蔵出版, pp.139-140.
3) 荻原雲來 訳(1936), 『南伝大蔵経 第18巻 增支部経典 2』, 大蔵出版, pp.133-136.

4) 渡辺照宏 訳(1939),『南伝大蔵経 第21巻 増支部経典 5』, 大蔵出版, pp.4-8.

5) 土田勝彌 訳(1938),『南伝大蔵経 第20巻 増支部経典 4』, 大蔵出版, pp.4-8.

6) 荻原雲來 訳(1936),『南伝大蔵経 第18巻 増支部経典 2』, 大蔵出版, p.265.

[井上ウィマラ]

현대사회에서 불교의 발전을 위하여

① 불교의 생사관과 법요

69 참회

【링크】→ 37보리분법(사정근), 삼귀의, 참괴, 후회, 내관요법, 죄책감

불교의 참회는 상대에게 사죄하는 것이 주목적이 아니다. 자신의 마음을 청정하게 하는 것에 주안점을 두는 계(戒)의 실천이다.

후회는 '그렇게 할 걸 그랬다', '그렇게 하지 말 걸 그랬다' 등 과거의 사실을 싫어하는 '성냄'이다. 더구나 후회할 때에, 일어난 일은 한 번이지만 마음에 몇 번이고 같은 싫어하는 마음인 '성냄'을 만들게 된다. 후회는 마음의 악한 행위이다.

사죄는 대면으로도, 편지나 전화로도, 상대와 접촉하여 상대의 용서를 얻는 것을 필요로 한다. 상대가 이미 잊었을 경우, 사죄 자체가 불가능하게 되는 불충분한 행위이다. 크리스트교 등의 '신'에 대한 참회는 특정 상대를 이미지화하는 것으로 사죄에 다가간다. 하지만 용서를 받았는지는 불분명하다.

반성은 후회의 마음을 일으키지 않고 자신의 과거 행위를 냉정하게 되돌아봐서, 같은 잘못을 하지 않도록 마음에 새겨서 성찰한다면, 반성을 하는 의의가 있다.

불교의 참회는 사죄와 반성을 합친 것과 닮아 있으나, 그 행위가 완전해지도록 연구되고 있다. 우선 특정 상대를 포함한 일체 생명에 대해서 자신의 죄를 참회한다. 참회해야 할 상대가 사망하여 어디에 윤회하였어도, 모든 생명에게 참회하기 때문에 문제가 생기지 않는다. 하지만 개미나

지렁이에게까지 참회한다고 하는 것도 위화감이 있다. 그때 실제로는 불법승 삼보라는 상위의 존재에게 참회한다. 삼보에게 자신의 악업을 숨김없이 솔직하게 보고하여 용서를 청하는 것이다. 비구가 범했는지도 모르는 모든 잘못을 2주일마다 포살(布薩, 하루 낮밤 계속해서 비구 전원이 참가하는 반성회의) 때마다 비구승가에게 참회하는 것도 같은 원리이다.

삼보에게 자신의 죄를 고백하는 동시에 자기 자신이 범한 죄를 성찰하고, 같은 잘못을 두 번 다시 범하지 않도록 결의한다. 이 결의는 ① 범한 잘못을 두 번 다시 범하지 않는다. ② 범하지 않은 잘못을 절대로 범하지 않는다. ③ 행한 선을 더욱더 행하도록 마음먹는다. ④ 행하지 않은 선을 행하도록 마음먹는다는 37보리분법의 '사정근'을 통하여, 지계에 의해서 깨달음으로 나아가는 길이기도 하다.

참회에 의해 상대와 일체생명과 삼보에게 용서를 받았는지는 중요하지 않다. 자신의 죄를 거짓 없이 인정하고 고백하여, 마음을 청정하게 하고 새롭게 시작하는 것이 참회의 주목적이기 때문이다. 단지 누군가가 자신의 잘못을 정직하게 인정하고, 두 번 다시 하지 않겠다고 결의하는 강한 선심을 기반으로 참회한다면, 그것을 들은 사람에게는 인정하고 용서하는 것 이외에 올바른 길은 없다.

참회의 원어 '카마띠(khamati)'는 그것을 들은 사람이 '용서하는' 것뿐만 아니라 오히려 객관적으로 참회한다는 선한 행위를 '인정하는', '받아들이는' 것을 의미한다. 참회의 말 '용서해주십시오(khama)'는 일체 생명에게 자신의 참회를 '인정해주십시오', '(나도 아픔을 떠맡으므로) 참고 견뎌주십시오'라는 의지의 표명인 것이다.

✻ 문헌

A. スマナサーラ(2002), 「『後悔』は美徳ですか?」, 『パティパダー』 No.88, 日本テーラワーダ仏教協会.

[藤本 晃]

70 회향

【링크】→ 수희, 참괴, 내관법, 죄책감, 배려의 기원

회향(回向) 또는 공덕회향(功德回向)이라고 한다. 자신이 행한 선한 행위의 공덕을 타자에게 주기 위해서 '돌려서 향하는' 것으로 회향이라고 부른다. 회향된 공덕을 타자가 얻는지 여부는 회향이 아니라 「71 수희」에서 설명하는 수희의 문제이다.

학계에서는 '자신의 공덕을 타자에게 주기 때문에 회향할 때에는 자업자득의 법칙이 깨진다'라는 견해가 주류였다. 하지만 후지모토(2002)가 이것을 반증하여, 회향해도 공덕과 업이 실제 타자에게 이행하는 것이 아니라, 회향을 받는 사람이 자신의 마음으로 타자의 선한 행위를 기뻐하는 수희라는 선한 행위를 해서 그 공덕을 얻는 것이기 때문에, 공덕회향이 자업자득의 법칙을 깨는 것이 아니라고 밝혔다.[1]

공덕회향을 하는 사람은 그것에 의해서 자신의 공덕을 멸하게 되는 '자업타득'이 되는 것이지만, 반대로 원래의 선한 행위에 회향이라는 선한 행위가 더해져서 공덕이 점점 증대되는 것이다.

또한 일본불교계에서는 '자신의 선한 행위의 공덕을 타자에게 회향하는 이타행은 자기의 해탈만을 목적으로 하는 자리(自利)의 소승불교에서는 없었던 대승불교의 독자적인 사상이다'라는 오해가 있었지만, 그레고리 쇼팽(2000)이 기원전 3세기로 거슬러 올라가는 비문을,[2] 후지모토(2002)가 늦어도 기원전 3세기 이전으로 거슬러 올라가 얻은 빨리어 초기불교경

전을, 예시로 하여 회향이 초기불교 이래의 것이라는 것을 밝혔다.

초기불교 이래 회향을 나타나는 원어의 정형구가 없다. 보시 등의 선한 행위를 하여 그 공덕을 나누고 싶은 상대에게 '이것은 부모를 위해서', '일체중생을 위해서' 등의 격변화로 표현하는 것과 '부모를 지정하여(uddissa)', '비구상가에게 지정하는(uddisati)' 등 회향의 상대를 특정하는 것으로 공덕회향의 의지를 나타내는 경우가 많다.

회향의 원어로 지목되는 '빠리나마나(pariṇāmanā)'는 초기불교경전과 비문에는 보이지 않는 대승경전 특유의 술어이다. 그래서 '빠리나마나(pariṇāmanā)'로 표현되는 대승불교의 회향은 자리행으로부터 시작된다고 말할 수 있다.

대승 최초기의 '반야경전'군에서 보이는 회향(pariṇāmanā)은 자신의 선업 공덕을 자신의 깨달음으로 회향하는(널리 pari, 바꾸는 ṇāmanā) 것을 의미한다. 같은 대승 최초기의 『무량수경』에서 보이는 '회향하다(pariṇāmayati)'는 자신의 공덕을 자신의 극락왕생으로 회향하는 것이다.

하지만 같은 대승 최초기의 『법화경』에서는 초기불교 이래의 '지정하다(uddiśya)'에 의한 회향이 보인다. 그 대부분은 회향이 아니라 부처와 보살에 대한 공양을 의미하지만, 「화성유품」의 한 곳에서 타자에 대한 공덕회향의 용례가 보인다.

종래의 견해와는 반대로 공덕을 자신의 깨달음과 극락왕생을 위해서 회향한 대승불교가, 서서히 초기불교 이래의 타자에 대한 공덕회향사상을 도입했다고 생각된다.

❋ 문헌

1) 藤本晃(2002), 『パーリ仏教における業報輪廻思想ー自業自得の法則と布施の指定説の相克ー』, 広島大学提出博士論文. 藤本晃(2006), 『廻向思想の研究ー餓鬼救済物語を中心としてー』, 國際仏教徒協会.

2) G·ショペン, 小谷信千代 訳(2000),『大乗仏教興起時代 インドの僧院生活』, 春秋社.

[藤本 晃]

71 수희

【링크】→ 회향, 업, 사무량심, 사섭법(同自), 환희, 공감

수희(anumodanā, 隨喜)는 타자의 선한 행위와 그 공덕회향을 행위자와 '함께(anu) 기뻐하는(modanā)' 마음으로 행하는 선한 행위이다. 수희는 회향문만 기록한 비문과 자신의 깨달음으로의 회향에 주안점을 두는 대승경전에서는 반드시 나타나지는 않지만, 타자에 대한 공덕회향을 설하는 초기경전에서는 많이 나타난다.

'타자의 선한 행위를 함께 기뻐하는 정도가 선한 행위가 되는가'라고 한다면, 마음의 활동을 아는 사람이라면 쉽게 납득이 가는, 마음에 의한 명백히 선한 행위이다. 수희가 얼마나 어려우며, 청정한 마음을 필요로 하는 선한 행위인지는, 학생이라면 친구가 시험에서 자신보다 좋은 점수를 받았을 때, 사회인이라면 동료가 자신보다 먼저 승진했을 때, 그것을 순수하게 함께 기뻐할 도량이 자신에게 있는지를 성찰해보면 잘 알 수 있다.

자아의 껍질이 얇고, 오만하지 않고, 자타를 차별하지 않고 살아갈 수 있는 청정한 마음이 아니면, 수희는 행할 수 없다. 수희는 순수하게 마음만으로 행하는 것이기 때문에, 마음의 내용물이 있는 그대로 드러나는, 굉장히 행하기 어려운 고도의 선한 행위이다. 자비희사(慈悲喜捨) 사무량심(四無量心)의 희(muditā, 喜)와 통하는 마음이다.

보시는 시주가 시물을 받는 사람에게 주는 것으로 완성되듯, 공덕회향도 공덕을 회향받는 타자가 그것을 알고, 함께 기뻐하는 '수희(anumodanā)'

로서 완성된다. 공덕을 회향받는 사람은 타자의 선한 행위를 자신의 일처럼 함께 기뻐하는 수희라는 자신의 선한 행위를 통해서, 그 공덕을 얻는 것이다. 타인의 공덕을 받는 '타업자득'은 일어나지 않는다.

회향과 수희는 보시행과 닮아 있다. 보시 등의 선한 행위에 의해서 생겨나는 공덕을 받는 사람에게 회향해서 '함께 기뻐하여' 받아들이는 행위이기 때문이다. 그 때문에 빨리어 삼장에 비하여 기원후 5세기까지 완성되는 주석 문헌군에서는 회향과 수희를 보시와 함께 다루고 있다.

빨리 삼장에서는 선한 행위를 보시, 지계, 수습의 세 종류로 보고 있으나, 주석 문헌에서는 각각을 풀어서 보시와 함께 회향과 수희를, 지계와 함께 공경과 작무(作務)를, 수습과 함께 문법(聞法), 설법(說法), 견정업(見正業)을 넣어서 합계 10항목의 선한 행위를 '십복업사(十福業事)'라고 한다.

보시와 같은 부류인 것이 보다 명백하게 되도록 술어도, 보시(dāna)에 대하여 회향을 '빳띠다나(patti-dāna)', 수희를 '빳띠아누모다나(patti-anumodanā)'라고 부르고 있다. '빳띠다나(patti-dāna)'는 '(선한 행위에 의해서) 얻는 것, 즉 공덕(patti)을 보시하는 것(dāna)'이고, '빳띠아누모다나(patti-anumodanā)'는 '(타자가) 얻는 것, 즉 공덕(patti)을 함께(anu) 기뻐하는 것(modanā)'이다.

수희는 보시의 흐름과 달리, 누군가에게 공덕을 회향받지 않아도 자신의 마음만으로 할 수 있다. '당신도 이 (나의) 선한 행위를 함께 기뻐해주십시오'라고 공덕을 회향받으면 알기 쉽지만, 그렇지 않더라도 누군가가 무언가 선한 행위를 하면, '저 사람은 훌륭한 일을 했습니다'라고 마음만으로, 또는 말을 해서 함께 기뻐하면 되는 것이다. 자타를 비교하지 않고 타인의 선을 솔직히 기뻐하는 수희의 공덕이 곧 자신의 마음에 생겨나서, 마음이 가볍고 청정하게 된다.

[藤本 晃]

브릿지 17 선(禪) 호스피스 프로젝트

【링크】→ 종말기의료, 삼학, 사섭법, 사념처, 회향, 수희, 여실지견, 근기, 보살, 육바라밀, 상실, 비탄

샌프란시스코 선 센터(San Francisco Zen Center)는 1962년에 스즈키 슌류(鈴木俊隆, 1904-1971) 선사에 의해 설립되어, 현재는 주지를 비롯하여 조직의 거의 대부분을 현지의 미국인 제자들이 운영하고 있다. 호스피스 프로젝트(hospice project)의 발단은 1977년에 입주수행자가 암으로 사망하는 것을 센터에서 간호했던 경험이었다고 한다. 동료의 죽음을 간호하는 것은 수행단체 전체에 있어서 커다란 배움을 가져오는 것이었다. 그 이후 에이즈 환자의 폭발적 증대와 함께, 인연이 있는 사람들을 센터에서 맡아서 간호하게 되어, 1987년에 선 호스피스 프로젝트(zen hospice project)로서 독립했다. 센터의 전 책임자인 브란치 여사는 당시를 회고하며 다음과 같이 말했다.

"물질주의와 상업주의가 초래한 소비문화 속에서 죽음의 현실을 은폐하여 소중한 것을 놓친 미국적 풍조에 대하여, 불교의 무상관과 자비를 토대로 하여 생사를 마주하는 새로운 접근법을 제안할 필요가 있었습니다. 그것이 선 센터와 관계 깊은 사람들에 대한 간호활동이라는 형태로 실천되었던 것입니다."

선 호스피스 프로젝트는 센터 근처에 작은 호스피스를 가지고, 근처의 라그나 혼다(Laguna Honda) 병원의 호스피스 병동과 제휴하여, 독자적인 교육 프로그램에 의해 양성한 봉사자를 호스피스로 보내서, 그 활동의 코디네이트를 맡기고 있다. 프로젝트의 창시자인 프랑크 오스타제스키

(Frank Ostazeski)는 '미국을 바꾼 50인'에 선발된 적도 있으며, 프로젝트에 관해서 다음과 같은 견해를 드러내었다.

"스스로의 죽음을 받아들인다는 정답 없는 문제에 직면하고 있는 사람들을 지원하기 위해서는, 일상을 새로운 눈으로 바라보며, 인생의 불가지성(不可知性)에 익숙해지는 것이 중요하다. 자애는 괴로움을 괴롭지 않게 하는 공간을 제공해준다. 자기 자신의 아픔과 절망을 견디는 것으로부터 타자에 대한 공감이 생겨난다. 자애로 가득 찬 존재로서 다가가는 것은, 죽음에 직면한 사람들에게 친절한 환경을 제공하는 것이 된다. 이러한 지원을 얻어서 스스로의 죽음이라는 인생 최후의 일에 힘을 다해 마주함으로써, 내맡기는 것을 넘어서 수용이 깊어진다."

돌봄(또는 서비스)은 일방적인 행위가 아니다. 돌봄을 제공하는 사람과 돌봄을 받는 사람 사이에 호혜적인 순환이 생겨날 때에 진정한 돌봄이 성립한다. 보시하는 사람과 받는 사람, 보시물 세 가지가 동시에 공(空)일 때 진정한 보시가 이루어진다는 삼륜공적(三輪空寂, 보시의 세 가지 空) 사상이 호혜적인 돌봄으로써 실현되는 것이다.

선 호스피스 본당

1. 봉사자 트레이닝

죽음으로 나아가는 사람들에게 진정한 서비스를 제공하고자 한다면, 스스로의 마음을 바라보고 자기 자신의 슬픔과 죽음에 대한 불안을 바라보아야 한다. 그때에 타자의 괴로움이 실은 자기 자신의 괴로움이기도 하다는 것을 알게 된다. 종말기에 이러한 서비스가 제공될 수 있도록, 선 호스피스 프로젝트에서는 아래와 같이 봉사자 트레이닝을 제공하고 있다.

① 환영과 전체적인 개요에 대한 설명(4시간) : 기본적인 명상훈련과 서비스의 연계

② 죽음으로 나아가는 과정의 개요(4시간) : 의료적 견지에서 설명, 호스피스의 역사, 죽음과 죽음으로 나아가는 과정이 수반하는 여러 영역, 소그룹별 토론

③ 상실, 비탄, 죽음(1일) : 명상수행, 무상에 대한 체험적 훈련, 인생으로부터 분리하지 못한 상실과 비탄, 상실에 대한 체험적 훈련, 비탄에 관한 여러 지식, 자기의 상실체험을 글로 써보는 훈련, 비탄에 잠기는 의례행동, 접촉의 소중함, 소그룹별 토론

④ 서비스란 무엇인가?(1일) : 명상수행, 서비스의 호혜성, 서비스의 세 가지 행동기술, 롤플레이, 되돌아보기, 입원환자와 그 가족이 함께하는 패널 토론, 돌보는 사람과 봉사자에 의한 패널 토론, 공덕의 나눔

⑤ 시설의 상황과 여러 가지 주의점(라그나 혼다 병원에서 4시간) : 명상수행, 병원 둘러보기와 감상, 간호에 대한 학습, 일반적인 주의점, 옷 갈아입히기, 식사시중, 되돌아보기

⑥ 위치잡기와 신체기능(병원에서 4시간) : 명상수행, 침대 옆 돌보기의 기본, 간호에 대한 학습, 침대에서 휠체어로 이동, 침대시트와 기저귀 갈기, 되돌아보기, 종합 훈련

⑦ 결의와 전진(병원에서 4시간) : 명상수행, 호스피스 직원 소개, 질의응답
⑧ '안녕하세요'와 '안녕히 가세요'(병원에서 4시간) : 접촉하는 방법
⑨ 죽음이 가까워질 때의 신호와 증상(병원에서 3시간)
⑩ 대인관계의 범위에 대하여(병원에서 3시간)
⑪ 자기 자신의 죽음에 대하여 고찰하기(병원에서 3시간)

2. 교대시간과 교대 시의 공부

훈련을 끝낸 등록 봉사자는 여러 명의 그룹을 만들어서 1일 2교대체제로 활동한다. 각 교대시간의 전후와 교대 시에는 1시간 정도의 체크인 체크아웃 미팅이 이루어진다. 교대에 들어가기 전에는 한 사람 한 사람이 최근 일어난 가족과의 다툼과 기뻤던 일 등의 사건에 대해서 이야기하고, 다른 사람은 원칙적으로 조용히 경청한다. 교대를 끝낸 사람은 병동에서의 일과 거기서 느낀 점을 말한다. 마지막으로 코디네이터가 필요한 사항을 전달한다. 이 미팅에 의해서 밖에서 있었던 일을 호스피스에 끌고 들어가지 않고, 호스피스에서 있었던 일을 밖으로 가지고 나가지 않도록 심리적 완충 영역이 확보된다. 있는 그대로 바라보는 명상수행이 여기에서의 경청자세에도 응용되고 있다.

3. 전인적 돌봄을 떠받치는 단체정신

호스피스 병동의 게시판에는 다음과 같은 호스피스 활동에서 팀워크의 기본정신이 게시되어 있다.

① 서로 다른 전문성으로 함께 돌본다. 누구나 공헌하고, 책임을 맡고,

적극적으로 관여하도록 기대된다. 열린 소통이 기본이며, 결정은 다수결에 의한다.

② 호스피스 돌봄은 환자와 그 가족을 중심으로 한 공감적인 인간관계에 기초한 전인적 돌봄이다. 그러한 환경 가운데 환자는 안심하고, 자신이 소중하게 여겨진다고 실제로 느끼고, 존엄을 느낄 수 있다.

③ 돌보는 사람은 정직하고 열린 마음과 자각을 가지고, 서로 협력하고 팀으로서 활동한다. 일에서 자신의 진면목뿐만 아니라 기쁨과 충만함을 발견하며, 마음속 깊은 곳의 영성을 실천하는 것으로 활동한다.

라그나 혼다 병원의 호스피스 병동 정원

❋ 문헌

井上ウィマラ(2006), 「北米の仏教ホスピス・プロジェクト」, 『高野山大学選書3巻』, 小学館スクウェア, pp.128-141.

[井上ウィマラ]

브릿지 18 종말기의료와 불교

【링크】→ 오온, 장례와 법사, 상례, 비탄, 임종의례, 선 호스피스 프로젝트

세속화된 현대사회의 고도화된 의료에서는 불교가 파고들 여지가 없다고 생각된다. 지인을 문병 간 승려가 가사를 입고 있었더니 재수 없다는 소리를 들었다는 농담 같은 이야기가 있다. 하지만 불교는 사후에만 관여하는 종교가 아니라, 그 시작부터 생로병사와 함께하면서 어떻게 살아갈 것인가에 몰두해온 지혜이기도 하다.

아래에서는 현대의 종말기의료를 지지하는 호스피스와 재택돌봄이라는 사고방식 그리고 불교에서의 간호와 돌봄사상, 죽음을 맞이하는 의례의 하나로서 임종의례, 그 현대적 형태인 위하라와 불교 호스피스에 관하여 서술하고자 한다.

1. 호스피스의 이념

종종 오해를 받기도 하지만 호스피스는 안락사를 하거나 치료를 끝내는 장소가 아니다. 치료도 하지만 종말기 환자의 심신의 고통을 완화하는 것에 중점을 맞추어, 보다 나은 삶을 확보하려는 운동이다.

영국의 의사 사운더스(Cicely Saunders, 1918-2005)가 창시한 근대 호스피스 운동은 고통 완화 기술, 전인적 돌봄(신체, 심리, 사회, 정신의 4가지 전인적 고통을 돌보는 것과 그를 위한 시설과 재택돌봄, 팀에 의한 지원), 교육과 연수라는 세 가지를 안정적으로 행하는 거점인 성 크리스토퍼 호스피스(St Christopher's Hospice, 1967)에서 시작되었다고 여겨진다. 여행자의 수호자인 성 크리스토퍼의 이름은 환자와 가족과 지인의 '여행'을 지

원하는 구상과 어울린다.[1] 종말기 환자를 보살피는 장소는 이전에도 있었지만, 사운더스는 고통이 있고 나서야 진통제를 투여하는 것이 아니라, 계획적인 사전 투여를 통하여 고통 완화를 연구하고, 대량 투여로 잠재우거나 고통을 참도록 하지 않는 방법을 확립했다. 재택돌봄에 대해서도 환자를 팀으로 지원하여, 자주 방문하여 간호를 하고, 또한 비상시에는 돌아갈 병상을 확보하는 시스템을 확립함과 동시에 완화 돌봄에 대해서도 연구하고 의료인을 교육하는 장을 준비했다.

2. 불교의 생사관

불교에서는 처음부터 죽음이 우리 삶의 바로 뒤에 임박해 있다는 것을 명심하며 살아갈 것을 설하고,[2] 또한 붓다의 '살아 있는 것은 언젠가는 멸하는 성질을 가진다. 스스로의 생애를 돌이켜보니, 해야 할 것을 다 이루었다. 다시 이 미혹한 삶에 돌아오는 일은 없다'[3]라는 말처럼, 삶에 충실할 것과 죽음을 수용할 것을 동시에 중시한다. 초기불교 교단에서도, 출가자에게는 가족이 없으므로 병에 걸린 승려의 간호를 빠뜨리지 않도록 붓다는 설하였다.[4] 붓다는 간호와 동시에 설법을 하면서 환자가 깨달을 수 있도록 인도했다고 전해진다. 이것은 자비의 실천뿐만 아니라 지혜의 제공이라고도 생각할 수 있다. 코묘 코고(光明皇后, 701-760)가 세운 비전원(悲田院) 등은 자비를 실천하는 헌신봉사만을 강조하곤 한다. 하지만 불교는 생로병사에 대치하는 방법으로, 자비와 지혜가 공존하는 장소를 처음부터 상정하고 있었던 것이다.

임종간호라는 사고방식에는 정토종의 영향이 크다. 중국정토종 선도(善導, 613-681)의 『관념법문』이나 『임종정념결』 등에서 설하고 있는 간호의 작법은 일본 겐신(源信, 942-1017)의 『임종행의』 등에서 계승된다. 거기서는 머리를 북쪽으로 얼굴을 서쪽으로 향한 환자가 불상 앞에 눕거나 불상과 자신을 실로 묶어서, 자신을 위하여 함께 염불해주는 소수의 사람들과 함께 가장 좋은 때를 맞이하는 작법을 설하고 있다. 호넨(法然, 1133-1212)은 이러한 임종의례의 작법을 전수염불(專修念仏)의 입장에서 부정하고, 염불을 열심히 하면 아미타불의 마중을 받을 수 있다고 설했다.

불교에서도 위에서 이야기한 것과 같은 전통은 있었지만, 불교의 간호에 대한 사고방식과 임종간호에 대한 사고방식은 현대에 다시 생각해볼 필요가 있다. 특정 불자에 의한 헌신적인 구제활동은 인적·경제적 자원 확보가 어려워서 종종 당대에 한하여 끝나고, 또한 교단의 방침에 좌우된다. 사운더스와 같은 과학적인 조사연구와 방법론을 개척하는 운동을 일본불교 전체에 보급하는 것은 곤란했다. 일본에서는 결핵요양원에서 발전한 세이레이 미카타하라(聖隷三方原) 병원과 요도가와 크리스트교(淀川キリスト教) 병원이 호스피스 병동의 효시이다.[5] 호스피스의 이념을 따르면서도, 불교에 받아들여 복지와 간호의 사상을 체현한 장으로서, 타미야 마사시(田宮仁)가 구상한 것이 '위하라(vihāra)'이다. 이 말은 승원 또는 사원, 휴양의 장소, 기분전환이라는 의미를 가지며,[6] 치료를 받는 것뿐만 아니라 기도도 할 수 있는, 원하는 자에게는 법을 설해주는 장을 목표로 한다. 위하라는 1992년 니가타의 나가오카니시(長岡西) 병원에 설치되었다.[7]

불교 호스피스의 전개는 물론 일본에만 머무르지는 않는다. 위하라의 사상은 대만 등에서도 전개되고 있다. 한편 샌프란시스코 선 센터를 중심으로 전개되는 선 호스피스 프로젝트(zen hospice project)는 에이즈 환자를 보살피고, 또한 내원자가 불교로 개종할 것을 요구하지 않으며, 봉사자에게는 명상의 장을 제공하는 등 불교적 사고방식을 봉사자 측의 인재육성에도 활용하고 있다는 점이 주목된다.[8]

의료인과 봉사자의 헌신적인 생각을 받아들이면서도, 그들 자신에게 스스로의 한계를 인식시켜서, 그들 가운데 적절한 상호 돌봄의 방법을 전하는 것 등 과제는 많다. 종말기 간호의 대상을 불자만으로 끝내지 않고, 또한 충실한 돌봄을 제공하기 위해서는 어떠한 기관에서, 어떻게, 어떠한 자격을 가지고 인재를 육성하면 좋을까 하는 방법론의 탐구는 복지와 간호제도의 방향과 관련해서, 현재 진행 중이라고 말할 수 있다.

✻ 문헌

1) ドゥブレイ, S.(1989),『シシリー・ソンダースーホスピス 運動の創始者』, 日本看護協会出版会, p.103, pp.131-132, pp.256-260, p.311.
2) 中村元 訳(1982),『仏弟子の告白ーテーラガーター』, 岩波文庫, p.607.
3) 中村元 訳(1980),『ブッダ最後の旅ー大パリニッバーナ経』, 岩波文庫.
4) 藤堂俊英(1996),「仏教看護の原型とその基本」, 水谷幸正,『仏教とターミナル・ケア』, 法藏館, p.12.
5) 山内喜美子(1996),『日本で初めてホスピスを作った 聖隷 長谷川保の障害』, 文藝春秋.
6) 田宮仁(1996),「仏教ターミナル・ケアの方法論ー仏教福祉学の立場から」, 水谷幸正『仏教とターミナル・ケア』, 法藏館, p.229.
7) 田宮仁(2007),『「ビハーラ」の提唱と展開』, 学文社.
8) 葛西賢太(2010),『現代瞑想論ー変性意識がびらく世界』, 春秋社.

[葛西賢太]

브릿지 19 진종 카운슬링의 전개

【링크】→ 자등명·법등명, 영성, 인본주의 심리학, 내담자 중심 치료, 종말기의료, 위하라

'진종 카운슬링'을 제창한 사이코우 기쇼(西光義敞, 1925-2004)는 그 이름을 만년에 잠정적으로 '다르마에 기반을 둔 인간 중심 접근법(DPCA 또는 DPA, Dharma-based, Person-centered Approach)'이라고 영역하고 있다.[1] '다르마에 기반을 둔(Dharma-based)'은 '붓다의 각성을 기조로 한', '붓다가 깨달은 법(진리, 진실)에 기반을 둔'이라는 의미이기 때문에, 불법에 기반을 둔 인간 존중의 접근법이라고 정의할 수 있다. 이 영역은 진종과 상담의 양자의 접점을 나타내는 '와/과'에 초점을 맞춘, 주관성을 가진 심리 임상적 해석이라고 말할 수 있다. 왜냐하면 이 양자의 중층적 관계성(구조, 실천)을 명확하게 하고, 대립적(and)이 아닌, 통합적(based) 의의를 발견하려고 하는 것이기 때문이다. 이 관계성은 붓다의 유언이기도 한 '자등명, 법등명' 그리고 '불교 카운슬링'이라는 말을 생각해도 공통적이다. 그러므로 이 관계성에서 진종 카운슬링은 불교상담이며, 이 경우 진종은 한 종파의 이름이라기보다 불교정신에 기반을 둔 인간적 자각으로 위치지을 수 있다. 또한 '인간 중심 접근법(Person-centered Approach)'은 인본주의 심리학에 속하며, 내담자 중심 치료로 유명한 로저스(Carl R. Rogers, 1902-1987)의 기법이다.

진종 카운슬링에 영향을 준 불교상담의 제창자인 후지타 키요시(藤田淸, 1907-1988)는 당시 불교의 모습이 중세 교단의 봉건제와 근대 교단의 지식편중을 닮는 현상을 걱정하며, '공담불교(共談仏教)'를 제창했다(1959). 그리고 현대에서 불교를 소생시키고자 하는(불교를 살리고, 살아나는 불교)

바람에서 '불교는 본래 상담체계'이고[2] 그 실천법을 부정적(否定的) 계발법이라고 불렀다. 그런데 불교상담의 근본과제는 불교상담가의 입장과 자각에 있다. 그 불교를 상담가가 어떻게 구체적으로, 자각적으로 체득할 것인가? 사이코우(西光)의 경우 (정토)진종이라는 불교적 인간관과 불교상담가의 영성이라는 임상적 과제를 언급했다.

진종 카운슬링은 이를 표명하면서 직접적으로 한 사람씩 돕는다. 카마쿠라시대에 개화한 호넨(法然, 1133-1212)과 신란(親鸞, 1173-1263)의 전수염불에 기반을 둔 진정한 인간적 자각을 의미한다. 현재 종파를 초월한 불자에 의해 위하라(vihāra, 승원, 안주, 휴식의 장소 등을 의미) 활동이 진행되고, 이는 의료와 복지의 협력을 통한 전인적 돌봄을 목표로 하고 있다. 생로병사의 고뇌에 직면하여 고립된 채 지원을 필요로 하는 사람들을 고독 속에 내버려두지 않도록, 조금이라도 그 고뇌를 완화시켜주려는 자비의 서원을 가진 지원활동이다. 그 협력의 일원으로 사회적 책무를 다하는 것이 이후 과제의 하나일 것이다.

✻ 문헌

1) 西光義敞(2003), 「不法に基づく人間尊重のアプローチ」, 『人間性心理学研究』 21(1), pp.1-5.

2) 藤田淸(1964), 『仏教カウンセリング』, 誠信書房.

[吾勝常行]

브릿지 20 서양불교

【링크】→ 불교와 심리학, 불교와 심리학의 대화, 참여불교, 영성, 인본주의 심리학, 자아초월심리학

불교는 2,500년간 항상 동쪽으로 나아가 동양의 대표적인 종교가 되었으나, 오랫동안 '서양의 벽'을 넘어설 수 없었다. 하지만 마침내 1960년대부터 불교는 본격적으로 그 벽을 넘어서, 서양의 일반인 사이에까지 뿌리를 내리기 시작했다. 유럽에서 불교는 19세기 전반부터 학문적 연구대상이 되어, 동양과 철학 전문가 사이에서 관심을 끌게 되었다. 미국에 불교가 전해진 것은 19세기 중반경으로, 유럽의 '지식인 불교'와 중국으로부터 전해진 '이민불교'에 의한 것이다. 그 이후 일시 정체된 것이 1960년대부터 다시 두드러지게 발전하여, 현재에는 아시아의 주된 불교종파가 미국에 건너가, 많은 사람들이 입문하면서 발전을 계속하고 있다.

1. 미국불교의 현상

불교도의 수는 2007년 통계에서 약 300만 명으로 추정되며, 미국 인구의 약 1%에 달하고, 1960년대보다 15배나 늘어났다. 하지만 불교도라고 스스로 인정하지 않으면서도 불교로부터 어떤 영향을 받고 있는 사람들을 포함한다면, 약 2,500만 명이라는 놀랄 만한 숫자가 된다.

불교도는 크게 넷으로 나눌 수 있다. 첫 번째는 19세기 말에 전해진 주로 일본계·중국계 그룹이고, 두 번째는 1960년 이후에 전해진 동남아시아, 베트남, 한국, 대만계 그룹이다. 이 두 그룹에 소속된 사람은 약 160만 명으로 추정된다. 세 번째는 불교로 개종한 미국인의 불교로 선(禪), 티베

트불교, 남방불교 등 명상을 중심으로 하는 그룹이며, 대부분이 중산층 이상의 백인으로 교양도 매우 높다. 네 번째는 국제창가학회(SGI)로 나무묘법연화경을 되풀이하여 외는 것이 수행의 중심이지만, 흑인과 히스패닉계도 포함한 다인종에게 지지받고 있는 점이 특색이다. 이 두 그룹에 약 140만 명이 소속되어 있다고 추정된다.

2. 다섯 가지 특징

미국불교 가운데 특히 위에서 말한 세 번째 그룹에는 다음과 같은 5가지 특징이 있다.

① 출가와 재가, 남녀의 차이가 적어서 '민주화'라고도 말할 수 있는 경향이 강하다. 어떤 일파에서는 여성교사가 약 절반을 차지하며, 출가자가 없다. 다른 어떤 교단에서도 출가자는 적으며, 대부분 기혼자이다. 또한 샌프란시스코 선 센터와 같이 여성이 장을 맡는 교단도 상당수 존재한다.

② 가르침에 대한 신앙보다도 '수행'을 중시한다. 불교에는 다가가기 쉬운 수행이 있다는 이유로 이끌리는 사람이 많고, 이것은 영성에 대한 인기를 상징하고 있다. 그것에 관련해서 그들은 일상생활에서 종교의 효과를 강하게 요구한다. '이완할 수 있다, 집중력을 높일 수 있다, 건강이 좋아진다' 등 일상적으로 매력이 있는 수행법 가운데 하나인 명상에 매료되는 것이다.

③ 심리학, 심리치료와 협력한다. 심리학과 불교는 밀접한 관계에 있으며, 심리학은 불교를 도입하는 중요한 창구가 되고 있다. 어떤 교단의 교사 3분의 1은 심리치료사 등 전문가이며, 그 지도자인 잭 콘필드(Jack Kornfield, 1945-)는 심리학박사 학위를 가지고 있다. 심리학 중에서도

불교는 인간의 잠재능력에 관심을 가진 인본주의 심리학과 연관을 가지는 경우가 많다. 이 흐름은 1960년대부터 이어져, 심리학계의 주류를 점하고 있었던 제1의 정신분석, 제2의 행동주의 심리학과 어깨를 나란히 하는 제3세력이 되었다. 하지만 불교는 세 가지 세력 전부와 연관이 깊어지고 있으며, 최근에는 정신분석치료에서 환자가 자기를 바라보는 수단으로서 명상을 도입하는 경우도 늘고 있다. 또한 행동심리학의 실험대상으로서 명상의 효과가 오랫동안 연구되어 왔지만, 도구의 성능이 향상되면서 현저한 성과를 거두고 있다. 더욱이 제3세력의 흐름 가운데 하나인 자아초월심리학은 미자아(pre-personal), 자아(personal), 초자아(trans-personal)라는 인간성장의 세 번째 단계인 '자기초월'을 다룬다. 이 초자아 단계는 개인을 넘어서 타인, 공동체, 생태계, 우주와의 일체감을 강조하는 것으로, 종교적 체험과 세계관이 포함되며, 불교를 포함하는 동양종교가 중시되는 경향이 있다.

④ '참여불교(engaged buddhism)'라고 불리는 종교는 사회문제에 적극적으로 관여한다. 그 대표격인 초종파적인 불교평화협회(Buddhist Peace Fellowship)는 이라크전쟁에 대한 반전행진, 핵무기 제조와 실험에 대한 항의, 환경문제 등에 힘을 쏟고 있으며, 기관지 등을 통해 여러 가지 사회문제를 다루고 있고, 사회에 참여하는 행동이 개인의 수행과 단절되지 않도록 항상 노력하고 있다.

⑤ '개인화'라는 특징이다. 불교를 원하는 사람들 가운데 종교조직에 참여하기를 거부하고, 개인적으로 종교와 관련되는 방향을 원하는 사람이 많은 것을 가리킨다. 종교는 가족 단위가 아니라 개인이 정하는 것이며, 수행의 중심은 사찰과 같은 단체가 아니라 개인에게 있고, 종교 이해의 기준은 전통의 권위보다 경험에 기반을 둔 개인의 판단에 있다고 여기는 특징이 있다.

3. 유럽 불교의 현상

유럽의 불교도 인구는 약 100만 명 정도라고 추정된다. 이 가운데 약 70만 명은 주로 동남아시아계의 불교도이다. 한편 개종자는 약 30만 명이 되지만, 미국과 같이 불교에 흥미를 가진 사람들의 수는 정식 불교도 수의 몇 배를 상회할 것이다. 일반사회에서 불교의 영향력은 불교도의 수가 적음(어느 나라에서도 인구의 1%의 절반 이하)에도 불구하고, 수적인 비중보다 크다. 이것은 개종자 가운데 의사, 기자, 예술가 등 지식계급의 사람들이 많아서 사회에 호소하는 힘이 있기 때문이다.

불교도의 대부분은 영국, 프랑스, 독일에 집중되어 있으나 이탈리아, 네덜란드, 스위스, 오스트리아, 덴마크에서도 상당히 늘어나고 있다. 1989년 소련 붕괴 이후 동유럽과 러시아에서도 교세가 늘고 있으나, 미국과 같이 주로 선(禪), 티베트불교, 남방불교 등의 명상 중심 그룹이다. 또한 프랑스로 망명한 베트남스님 틱낫한(Thich Nhat Hanh, 1926-)은 프랑스를 중심으로 활동하면서, 미국에서도 지지를 얻고 있다. 유럽불교의 특색은 심리학과의 협력과 참여불교의 측면이 다소 약한 것 이외에는 미국과 거의 같다고 봐도 좋을 것이다.

4. 미래에 대한 전망

불교는 '유럽과 미국의 종교'의 하나로 정착하고 있으며, 폭발적인 성장은 기대할 수 없더라도 그 영향력이 줄어드는 경우도 없을 것이다. 사람들이 불교에 이끌리는 요인은 개인적인 수행에 의해서 현실생활 가운데에서 영성을 원하는 사람들의 요구에 답할 수 있다는 점에 있으며, 그 요구는 유럽과 미국이라는 선진국의 생활환경이기에 더욱 높아지고 있다. 인간의 가능성과 개인의 이성을 중시하는, 어느 정도 풍요롭게 사는 사람들에게 있어서 불교의 진가가 발휘되는 것이며, 그 가운데 불교와 심리학·심리치료와의 협력과 융합은 보다 활발하게 진행될 것이다.

✻ 문헌

ケネス·ダナカ(2010),『アメリカ仏教 仏教も変わる, アメリカも変わる』, 武蔵野大学出版会.

F·ルノワール, 今枝由郎·富樫瓔子 訳(2010),『仏教と西洋の出会い』, トランスビュー.

岩本明美(2010),「ユダヤ人とアメリカ仏教ー仏法を愛するユダヤの民」,『京都産業大学論集·人文科学系列』41号.

マーク·エプスタイン著, 井上ウィマラ 訳(2009),『ブッダのサイコセラピーー心理療法と"空"の出会い』, 春秋社.

五木寛之(2007),『21世紀 仏教への旅日本·アメリカ編』, 講談社.

川添泰信, 那須英勝 編集, 松本·デービッド監修(2005),『犀の角ー世界に拓く真宗伝道』, 永田文昌堂.

多田稔(1990),『仏教東漸ー太平洋を渡った仏教』, 禅文化研究所.

ケネス タナカ 著, 島津恵正 訳(2003),『真宗入門』(アメリカ浄土真宗入門書), 法藏館.

長尾佳代子(2003),「茶川龍之介『蜘蛛の糸』原作の主題ーポール·ケーラスが『カルマ』で言おうとしたこと」,『仏教文学』 第27号.

P. ヌームリック 著, 阿部貴子 訳(2008),『アメリカ仏教徒, ヒンドゥー教徒, シーク教徒』, 世界の宗教教科書プロジェクト『世界の宗教教科書』, 大正大学出版会.

ハモンド·フィリップ, デヴィッド·マハチェク 著, 栗原淑恵 訳(2000),『アメリカの創価学会—適応と転換をめぐる社会学的考察』, 紀伊國屋書店.

バチェラー·スティーブン 著, 藤田一照 訳(2002),『ダルマの実践—現代人のための目覚めと自由への指針 (世界からの仏教—アメリカ篇)』, 四季社.

水屋友江(2001),『アメリカ仏教の誕生ー二〇世紀初頭における日系宗教の文化変容』阪南大学叢書(64), 現代史料出版.

[ケネス·タナカ]

72 마음챙김

【링크】→ 여실지견, 지관, 명상과 정신의학, 참여불교, PTSD, 인지행동치료, 고르게 떠 있는 주의, 임상심리학, 탈중심화

마음챙김은 위빠사나와 선 등의 명상수행이 서양불교에서 심리치료에서부터 호스피스와 평화운동에 이르는 폭넓은 범위에서 응용 실천될 때에 사용되는 불교명상의 호칭이다. 1979년에 '마음챙김에 기반을 둔 스트레스 완화법(MBSR)'을 창시한 카밧진은 마음챙김을 다음과 같이 설명하고 있다.

"마음챙김명상법은 '주의집중력'을 높이기 위한 훈련을 체계적으로 조직한 것이다. 이것은 아시아의 불교에 뿌리를 둔 명상의 한 형식을 기본으로 한다. 주의를 집중한다는 것은 '각각의 순간에 의식을 향한다'는 단순한 방법이다. 이 힘은 지금까지는 전혀 의식하지 않았던 것에 의식적으로 주의를 기울임으로써 높아진다. 즉, 마음챙김명상법은 이완과 주의력, 의식, 통찰력을 가져오는 잠재적인 능력을 활용하여, 자신의 인생을 잘 관리하는 새로운 힘을 개발하기 위한 체계적인 방법인 것이다."

우울증의 재발방지에 효과가 있다고 입증된 '마음챙김에 기반을 둔 인지치료(MBCT)'의 창시자들은 지도자의 자세에 대해서 "지도자는 참가자가 불쾌한 사고와 감정을 단지 거기에 존재시켜 '해결을 필요로 하는' 입장을 취하기보다는, 그것들을 무리 없이 알아차리고, 그것을 '환영하는' 것 같은, 근본적으로 다른 접근법을 가르쳐준다."라고 서술하고 있다. 이것은 마음챙김이 붓다의 여실지견을 현대에 재구축하는 수행법이며, 거

기에 지관(止觀) 전체가 포함되어 있다는 것을 시사한다. 그 효과는 탈중심화라는 심리학적인 개념에 의해 이론화되고 있다.

1. 염(念)에서 알아차림으로

마음챙김(mindfulness)은 빨리어 동사 '사라띠(sarati, 떠올리다)'의 명사형인 '사띠(sati, 念, 기억, 주의 깊음)'의 영어번역이다. 전통적으로 한자로는 '념(念)'으로 번역되고, 기억, 떠올리는 것, 주의를 기울이는 것을 의미하는 사띠가 어째서 알아차림과 통찰을 포함하는 마음챙김으로 이어지는지를 이해하기 위해서 다음과 같은 사고실험을 시도해보자.

'5년 전의 사건을 떠올려본다. 1년 전의 사건을 떠올려본다. 어제의 사건을 떠올려본다. 1분 전의 사건을 떠올려본다. 1초 전을 떠올려본다. …'

이렇게 하여 떠올리는 대상과 지금 이 순간과의 시간적인 감각을 줄여가면, 몇 초 정도를 임계점으로 '내가 ~했다'라는 형태의 사고와 생각을 내는 것이 불가능하다는 것을 알게 된다. 생각해내려고 하는 것만으로 시간이 경과해버리며, 지금 여기에서 보이는 것, 들리는 것만이라는 순수체험의 흐름에 접촉할 뿐인 상태에 도달한다. '지금 여기에' 의식을 향하는 행위는 '나'라는 자아관념이 성립하기 이전의 순수체험 또는 전의식(前意識)적인 상태로 우리를 이끌어간다. 이것은 '의식의 미분(微分) 체험'이라고 부를 수 있는 자각 체험이다.

2. 알아차림이 자연스럽게 가져오는 통찰

마음챙김의 경전적 근거가 되는 「염처경(마음챙김의 확립에 관한 가르침)」에서는 호흡을 기본으로 심신의 다양한 현상을 관찰하여, 여기서는 '나'라는 행위자가 없다는 것을 통찰한다. 구체적인 '호흡만이 있다', '욕망만이 있다', '쾌감만이 있다'고 하는 알아차림은, 그것이 자신의 것이라는 확신에서 벗어나는 탈중심화를 촉진한다. 이것은 사물을 있는 그대로 바라보는 행위에 의한 자연스러운 체험과정이다. 이러한 여실지견에 의해 자연스럽게 유도되는 통찰이 위빠사나(觀)이며, 이 내용은 무상·고·무아의 삼특상으로 정리된다.

「염처경」이 시사하는 것은 일상생활에서 이러한 알아차림을 확립하는 것에 의해 일상의식과 순수체험을 자각적으로 왕복할 수 있게 되며, 그 통찰에 의해서 자아의식 스스로가 꾸려온 인생의 괴로움을 해소하는 삶의 흐름이 자연스럽게 생겨난다는 것이다. 그것은 자아의 발달과정과 활동을 숙지하여, 생각대로 되지 않는 인생을 보다 유연하게 살아갈 수 있도록 성숙하게 다루는 것을 배우는 체험과정이며, 마음을 담아서 살아가는 하나의 길이기도 하다.

3. 자타의 문제

「염처경」이 제시하는 또 하나의 주제는 다양한 관찰대상을 자타의 시점으로 바라볼 수 있다는 것이다. 최근 거울신경세포(mirror neuron)의 발견에 의해 자기개념과 공감의 활동에 관한 이해가 진행되고 있다. 라깡(Jacques Lacan, 1901-1981)이 말하는 '거울이미지단계'는 자기 이미지와 자기관념이 타자로부터 승인받는 것에 기반을 두어서 자기의 실제 느낌을 숨긴 채로 태어나는 과정을 통찰한 것이다. 이러한 연구와 논의는 자타라는 개념이 서로 지탱하고 얽히면서 떠오른다는 것을 시사하지만, 붓다는 알아차림의 확립이라는 명상기법에서 비슷한 관점을 제시하고 있다. 호흡이라는 하나의 현상을 파악하더라도, 자신의 호흡을 응시하는 것뿐만 아니라 타자의 호흡, 자타의 호흡리듬의 연동을 관찰함으로써 비언어적으로 의사소통하는 넓고 깊은 세계가 있는 것을 보게 된다.

4. 마음챙김의 범위

정신의학으로 불교명상과 심리치료의 혁신적인 중재를 시도한 마크 엡스타인(Mark Epstein, 1953-)은 마음챙김의 실천이야말로 프로이트가 정신분석을 위해 필요불가결하다고 여긴 '고르게 유지되는 자유롭게 떠 있는 주의'를 익히기 위해 유효한 수단이라고 서술하고 있다.

참여불교의 창시자인 틱낫한(Thich Nhat Hanh, 1926-)은 마음챙김의 실천에 의해서 내적인 고요함을 취득하고, 그것을 기반으로 평화활동 등의 사회적 실천에 관여해야 하며, 그것에 의해 가정의 평화와 사회 공헌이 양립 가능하다고 설한다. 마음챙김을 응용하는 최전방의 시도에는 외상 후 스트레스장애(PTSD)의 치료를 보완하는 것으로서, 지금 여기에서의 신체적 체험에 마음을 열고 모든 사물의 무상함을 응시하면서 거기에 머무를 수 있는 능력을 높이는 것이 있다. 그 유효성은 뇌과학적 관점에서도 주목하기 시작하고 있다.

✽ 문헌

J. カバッジン, 春木豊 訳(2007),『マインドフルネスストレス低減法』, 北大路書房, pp.2-3.

シーガル, ウィリアムズ, ティーズデール(2007),『マインドフルネス認知療法』, 北大路書房, p.33.

マーク·エプスタイン(2009),『ブッダのサイコセラピー』, 春秋社, pp.252-254, pp.254-267.

ティク·ナット·ハン(1999),『仏の教えービーイング/ピース』, 中公文庫, p.118.

B. A. Van Der Kolk(2006), "Clinical Implications of Neuroscience Research in PTSD", *Annals of the New York Academy of Sciences*, xxxx: pp.1-17, New York Academy of Sciences.

[井上ウィマラ]

73 참여불교

【링크】→ 보살, 육바라밀, 마음챙김, 연기, 사무량심, 사섭법

참여불교는 베트남 틱낫한(Thich Nhat Hanh, 1926-) 스님에 의해서 만들어진 실천적 개념이며, 서양불교에 전해져 사회참여불교(socially engaged buddhism)로 전개되어 세계평화를 향한 활동, 사회적 부정의와 경제적 착취를 없애는 활동, 환경문제, 호스피스 등을 실천적으로 널리 확대하는 현대불교의 조류이다.

베트남전쟁 당시 베트남의 불교도들은, 괴로움의 원인에는 개인적인 것뿐만 아니라 사회적인 것도 있다는 것을 실감하면서, 사회적 모순의 해소와 구조개혁을 위해 적극적으로 대항하고자 했다. 민중의 괴로움을 나의 괴로움으로 사회에 보여주려고 한 틱광둑(Thich Quang Duc, 1897-1963) 스님의 소신공양의 정신을 이어받아, 불교를 현실의 사회적 괴로움을 해결할 수 있도록 변화시키려고 노력한 틱낫한 스님은 그러한 불교의 모습을 참여불교라고 부르고, 14개 조항의 행동지침을 제안하고 있다.[1)]

평화란 단순히 폭력이 없는 상태가 아니라, 지혜와 자비가 행동으로 이어질 때에 실현된다. 그를 위해서는 마음챙김을 실천하고, 자신의 느낌, 생각, 행동, 그 결과를 제대로 의식할 필요가 있다. 그로부터 만물이 이어져 서로 지탱하며 존재하고 있다는 연기성(inter-being)을 이해하고, 다양한 대인관계에 의한 갈등을 선악, 가해자 대 피해자라는 이원론적인 시점을 넘어서 조감하는 방법을 체득할 필요가 있다.

또한 개인의 내면적인 평화, 가정의 평화, 사회와 세계의 평화가 연쇄적으로 이어진다는 것도 중요하며, 대외적인 사회활동의 대가로 가족을 희생양으로 삼는 경우 등이 있어서는 안 된다.

1. 서양에서의 구체적인 전개

1978년 하와이의 마우이 선당(禪堂)에서 로버트 에이트켄(Robert Aitken, 1917-2010) 등에 의해 설립된 불교평화협회(Buddhist Peace Fellowship)는 오랜 경력을 가진 최대 단체이며 평화활동, 반핵, 반원자력발전, 환경문제, 형무소문제 등에 대하여 불교에 기반을 둔 다채로운 활동을 이어가고 있다.

마에즈미 하쿠유(前角博雄, 1931-1995)의 법맥을 잇는 버니 글래스맨(Bernie Glassman, 1939-) 등에 의해 창시된 선 피스메이커즈(Zen Peacemakers)에서는 1996년부터 아우슈비츠 강제수용소에서 '증인하는 집중수행'을 개최하고 있다. 독일인, 유대인, 불교도, 크리스트교도, 유대교도 등의 테두리를 넘어, 사람들을 모아 함께 명상하고 기도하고 그 장소에서 느낀 것을 솔직하게 서로 나누는 협의회라는 방법에 의해 평화의 초석을 마련하는 활동을 이어가고 있으며, 성장이력을 이해하는 것의 중요성, 비탄과 트라우마를 돌보는 것에도 정통하고 있다.

조안 할리팍스(Joan Halifax, 1942-)는 한국선의 숭산, 틱낫한, 글래스맨 등의 가르침을 이어받아, 불교평화협회의 집중수행 설립에도 관여하여 마음챙김의 중요성을 강조했다. 그녀는 우빠야 선 센터(Upaya Zen Center)를 설립하고, 호스피스 간호활동에서 오랫동안 공헌하였다.

까루나 평화센터(Karuna Center for Peacebuilding)를 설립한 폴라 그린(Paula Green)은 심리학적인 바탕을 살린 다채로운 평화활동을 전개하는 가운데, 전통적인 의미의 깨달음이 반드시 현대사회에 적합한 형태로 살아 있지는 못하다는 점을 지적하고 있다.

2. 아시아에서의 전개

달라이라마(Dalai Lama, 1935-)는 틱낫한과 나란히 참여불교의 지도자이며 과학자들과도 적극적인 대화를 이어나가면서, 불교를 기반으로 하면서도 보다 넓은 맥락에서 평화구축과 행복실현으로 나아가는 길을 설하고 있다.

태국의 개발승(development monks, phra nak phattana) 흐름의 사상적 기반을 만들었다고 여겨지는 붓다다사(Ajahn Buddhadasa, 1906-1993)는 전통적인 상좌부불교의 교리에 비판을 가하면서, 대승불교와 타 종교에서도 배울 것은 배워야 한다는 관점을 가지고 있다. 농촌의 자력갱생을 위해 활동하는 개발승도 있고, 도회지에서 슬럼가 어린이들의 교육과 여성의 권리신장, 에이즈 말기의료에 관여하는 개발승도 있다.

아리야라트네(A. T. Ariyaratne, 1931-)에 의해 창시된 스리랑카의 사르보다야 운동(Sarvodaya Shramadana Movement)도 각성과 개발을 유기적으로 통합한 농촌개발운동으로서 실적을 쌓고 있다.

3. 지원사업을 통한 배움

참여불교가 근현대에 특유한 현상이라고 생각하는지 또는 불교 자체에 원래 갖추어진 요소라고 여기는지에 관해서는 학자의 의견이 나뉠 것이다.

2011년 3월 11일에 발생한 동일본 대지진 지원활동에 참가한 불교도 사이에서, 경청의 중요성을 강조하고 종교와 종파를 초월한 지원활동을 하는 자세를 모색하고 있다. 장례식 불교라고 야유를 받은 지 오래이지만, 다수의 사망자가 나오고, 위패와 불단과 과거장(過去帳)도 전부 떠내려가 버린 이재민에게 불교가 무엇을 제공할 수 있는지를 실천적으로 탐구하는 것은, 정보혁명이 진행되어 무연고화되고 있는 사회에서 적극적으로 사회에 공헌한다는 관점에서, 불교가 다시 태어나는 길을 발견하는 계기가 될 것이다.

그것을 위해서는 서양의 참여불교를 실천하는 다수가 심리학적인 지식을 발판으로 활동을 전개하고 있다는 것을 배워서, 외상 후 스트레스장애(PTSD)와 비탄에 관한 심리학적인 지식과 불교의 전통적 실천을 합쳐서 조정하면서 창의적으로 연구하는 것도 중요할 것이다.

✻ 미주

1) 참여불교의 행동지침

① 불교의 가르침이라도 절대적 진리로서 이상화하거나 얽매이지 않는다.

② 진리는 인생 가운데서 발견하는 것이며, 자신의 생각에 집착하지 않고 타인의 의견에 귀를 기울이는 것을 배운다.

③ 자신의 의견을 강요하지 않고 배려가 있는 대화에 의해서 완고함을 벗어날 수 있도록 지원한다.

④ 괴로움에서 눈을 돌리지 않고, 괴로워하고 있는 사람들에게 다가가는 방법을 발견한다.

⑤ 가난한 사람들 가운데서 사유재산을 쌓지 않고 지위와 명예, 쾌락을 목적으로 하지 않으며, 서로 나누어 가지면서 단순하게 산다.

⑥ 분노와 증오에 갇히지 않고 호흡으로 되돌아가면서 그 본질을 이해하고 변용시킨다.

⑦ 호흡을 알아차리는 것에 의해 지금 여기로 되돌아오는 것을 스스로 놓치지 않도록 마음을 기울이면서, 심층으로부터 변용을 촉진하기 위한 기쁨, 평화, 이해의 씨를 뿌린다.

⑧ 사이를 틀어지게 할 수 있는 말을 하지 않고, 만약 작은 갈등이라도 화해와 해결을 위한 노력을 아끼지 않는다.

⑨ 확실한 것을 성실하고 건설적으로 말하도록 마음을 기울이고, 부정한 상황이 있으면 발언하는 용기를 가진다.

⑩ 불교활동을 정치화하지 않고 억압과 부정에 대해 확고한 자세를 보이며 무력투쟁에 휘말리지 않고 상황을 변혁할 수 있도록 노력한다.
⑪ 파괴와 착취에 관련된 것을 직업으로 하지 않는다.
⑫ 죽이지 않고, 죽이도록 하지 않고, 생명을 지키며 전쟁을 예방하기 위한 길을 찾는다.
⑬ 타자에게 속한 것을 존중하며 인간과 지구 상의 생물을 괴롭게 하면서 이익을 얻는 것을 막는다.
⑭ 자신의 신체를 소중하게 여겨서, 깨달음을 위해 살아가는 데 힘을 쓰고, 성적인 관계를 가질 때에는 배려를 기반으로 하고, 새로운 생명을 지상에 내려주는 것에 대한 자각과 책임을 잊지 않는다.

❋ 문헌

ティク・ナット・ハン(2005),『禪的生活のすすめ』, アスベクト.
阿滿利麿(2003),『社会を作る仏教』, 人文書院, pp.15-19.
ランジャナ・ムコパディヤーヤ(2005),『日本の社会參加仏教』, 東信堂, pp.5-22.
西川潤・野田真理 編(2001),『仏教・開発・NGO』, 新評論.

[井上ウィマラ]

브릿지 21 유럽과 미국의 불교심리학

【링크】→ 유식, 아비달마, 마음챙김에 기반을 둔 스트레스 완화법, 변증법적 행동치료

2,500년 이상의 긴 전통을 가진 동양종교인 불교와 독립된 학문 분야로서 성립된 지 겨우 150여 년 정도의 서양과학인 심리학이 만났을 때, 거기에서 무엇이 일어날까? 동양과 서양, 종교와 과학이라는 서로 대립하는 것으로 보이는 범주의 틀을 넘어서려고 하는, 그러한 흥미로운 문화현상이 현재 주로 유럽과 미국에서 진행되고 있다. 이 만남은 불교에서도 심리학에서도, 서로의 막힌 곳을 타개하는 커다란 자극이 될 가능성을 품고 있다.

티베트불교 지도자였던 초캄 트룽파(Chögyam Trungpa, 1939-1987)가 일찍이 '불교는 심리학으로 서양에 다가올 것이다'라고 말했듯이, 불교는 일종의 심리학으로 유럽과 미국 사람들에게 받아들여지고 있다. 불교는 본래 심적 과정의 탐구를 중심으로 그 교의를 발전시켜왔기 때문이다. 명상수행에 의해서 배양된 고도의 내적 관찰력을 사용하여, 내면적 세계를 있는 그대로의 모습으로 탐구한다(여실지견). 그것을 통해서 불교는 마음에 관련된 많은 통찰과 지견, 다양한 이론과 기법을 축적해왔다. 그것은 이른바 '내적 세계에 관한 과학과 기술'로도 부를 수 있는 것이며, 망원경과 현미경이라는 도구를 사용하여 외적세계를 객관적으로 관찰함으로써 천문학과 생물학을 발전시켜온 서양의 자연과학에 비견할 수 있는 높은 차원을 가지고 있다(20세기 초에 이미 윌리엄 제임스가 이것을 평가하고 있다).

그 성과의 대표적인 것이 남방불교에서 전해지는 아비담마(붓다의 교법의 체계적 해석)에 의한 마음의 분석과 대승불교의 기초교학으로 여겨지는 유식(唯識)이다. 유럽과 미국에서 'Buddhist Psychology'라는 말이 사용되는 경우는 우선 불교교학 중에서도 특히 심리학적인 색채가 풍부한 이 영역을 가리키고 있다(이 의미로는 'Psychology of Buddhism'이라고 말하는 편이 적절할 것이다). 아비담마와 유식은 일찍이 문헌학적인 관심에서 불교학자가 연구하는 경우가 대부분이었으나, 최근에는 심리학자가 심리학적인 관심에서 접근하고 있다. 마음의 본질과 그 역동성에 관하여, 서양 심리학과는 이질적인 입장에 서서 독자적으로 발전해온 불교(의) 심리학으로부터 무언가 유익한 것을 배울 수 있을 것이라는 뜨거운 기대가 있기 때문일 것이다. 이러한 움직임 가운데 불교의 고전인 아비담마와 유식에 대한 연구가 서양에서 더욱 깊어지고, 현대적 관심을 바탕으로 새로운 표현과 가능성을 부여하여, 일반적으로 널리 살아나는 길이 열릴지도 모른다.[1)]

유럽과 미국의 불교도 가운데에는, 아비담마와 유식에 한정되지 않고 불교 그 자체를 소위 '(신앙적) 종교'와 '(사변적) 철학'으로서가 아니라 '(실천적) 심리학'으로서 제시하려고 시도하는 사람들이 나타나고 있다(이 경우는 'Buddhism as Psychology'로 써야 할 것이다). 통불교(通仏教)의 기본 교리인 삼법인, 사성제, 오온, 십이연기, 열반, 해탈, 공, 지관이라는 명상수행, 선에 있어서 공안, 견성, 무심, 좌선체험 등을 심리학적인 이론과 개념을 사용하여 설명하려고 하는, 이른바 '불교의 심리학화'이다. 그것은 불교를 심리학으로 '번역'하려는 시도라고도 말할 수 있을 것이다. 그들은 불교도인 동시에 심리학자(또는 심리치료사)인 경우가 많고, 각자가 의거한 다양한 심리학 이론(예를 들어 프로이트의 정신분석학, 융의 분석심리학, 행동과학과 인지과학, 로저스의 인본주의 심리학 등)에 따라 다른 '번역' 작품이 태어나고 있다.[2)]

이것에 대해서는, 불교는 생활 전반에 관한 좀 더 광범위한 '문화'로서 파악되어야 할 것이며, 그것을 단순히 '심리학'으로 환원해버리는 것은 불교의 왜소화라는 비판이 있다. 중요한 것은 얼마나 적절한 '번역'이 가능한가, 그 질이 어느 정도인가의 문제이다.

하지만 여기에는 커다란 난관이 놓여 있다. 예를 들어 서양의 심리학은 '개인적 자아'의 존재를 전제로, 그것을 확립하고 확대하는 것을 옳다고 인정하는 방향으로 발전해왔다. 한편 불교는 무아를 전제로 무상인 연기의 세계에서 어떻게 바르게 살 것인가 하는 문제를 추구하여 왔다. 연기론적, 관계론적인 불교에서 보면, '나'라는 개인을 가지고 전개해온 서양 심리학의 주류는 유아론적 또는 나르시시즘적인 것으로서 비판의 대상이 될 것이다. 이러한 양자의 패러다임 사이에는 쉽게 이어질 것 같지 않은 커다란 틈이 있다는 것에서 눈을 돌려서는 안 될 것이다.

현재 불교의 여러 교리, 여러 실천법과 심리학의 여러 이론, 여러 기법을 다양하게 조합하려는 시도가 주류를 이룬다. 장기적으로는 이러한 상호 교류가 깊어지는 가운데, 지금까지의 불교와 심리학 어느 쪽이나 오래된 껍질을 깨고, 새로운 불교이며 동시에 새로운 심리학인 '불교(=)심리학'의 이론과 기법이 탄생할 것으로 기대한다.

유럽과 미국의 불교심리학은 이론 면에서 탐구가 진행되는 한편, 응용임상 면에서는 원래 불교수행법이었던 것이 심리치료에 응용되거나, 불교적인 사고방식에서 촉발된 기법이 만들어져 성과를 올리고 있다. 가장 잘 알려져 있는 예로서는 존 카밧진(Jon Kabat-Zinn, 1944-)이 고안한, 남방불교의 전통에 기반을 둔 마음챙김명상을 중심으로 한 8주간의 실천프로그램인 마음챙김에 기반을 둔 스트레스 완화법(Mindfulness-based Stress Reduction, MBSR)과[3] 마샤 리네한(Marsha M. Linehan, 1943-)이 주로 선(禪)에서 배운 것을 기반으로 개발한 변증법적 행동치료(DBT, Dialectical Behavioral Therapy)

가[4] 있다. 앞으로도 실용주의적 경향이 강한 미국과 유럽에서, 실제로 도움이 되는 임상적 불교심리학이 더욱 계발될 것이다.

✻ 문헌

1) Andrew Olendzki(2010), *Unlimiting Mind: The Radically Experiential Psychology of Buddhism*, Boston: Wisdom Publication.

2) マーク・エプスタイン，井上ウィマラ 訳(2009),『ブッダのサイコセラピー―心理療法と“空”の出会い』，春秋社.

3) ジョン・カバッジン，春木豊 訳(2007),『マインドフルネスストレス低減法』，北大路書房.

4) マーシャ・M. リネハン(2007),『弁証法的行動療法実践マニュアル―境界性パーソナリティ障害への新しいアプローチ』，金剛出版.

[藤田一照]

브릿지 22 서양에서 불교와 심리학의 대화

【링크】→ 종교심리학, 융과 불교, 심층심리학, 영성

'즉심즉불(卽心卽仏)'이라고 말하듯이, 불교는 원래 심리학과 친화성이 있고, 그 자체가 심리학이라고도 말할 수 있다. 한편 서양문화의 중심적인 전통의 하나인 유대·크리스트교에서는 절대적 초월자인 신과의 관계가 대전제이며, 종교와 심리학은 원리적으로 구별된다. 다만 영지주의에서는 신을 아는 것은 자기를 아는 것이며, 구원의 지혜를 의미하는 영지(gnosis, 靈智, 대승불교의 반야(prajñā)에 상응한다)를 일단 얻은 제자들은 스승인 예수와 본질적으로 같다고 여긴다. 크리스트교 신학 내부에서조차 자연신학을 부정해온 것은 아니며, 신비주의는 인간의 영혼은 신에 필적할 정도로 중요하다는 것을 인정하고 있다. 이들 사조는 서양이 대체로 영성으로서 불교를 심리학적 문맥에서 수용하는 기반을 이루고 있다고 말할 수 있다.

근대 서양에서 불교와 그에 관련된 사상을 소개하고 연구한 것은 인도 식민지를 경영한 영국의 존스(Sir William Jones, 1746-1794)가 창간한 잡지 『아시아 리서치(Asiatic Researches)』를 시작으로, 영국 이외의 나라에서도 전개되었다. 미국에서 불교는 초절주의(Transcendentalism) 사상가 에머슨(Ralph Waldo Emerson, 1803-1882)에 의해 소개되었고, 소로(Henry David Thoreau, 1817-1862)는 숲속의 검소한 생활을 실천하였고, 이것이 이후의 비트선(beat zen)으로 이어진다. 올코트(Henry Steel Olcott, 1832-1907)와 블라바츠키(Helena Blavatsky, 1831-1891)는 신지학협회를 창시하여 아시아에서 불교의 여러 종파의 통일을 주장하였고, 그 지지자인 스리랑카 스님 다르마빨라(Dharmapala, 1866-1933)는 시카고에서 개최된 세계종교의회(1893)에서 만난 스즈키 다이세츠(鈴木大拙, 1870-1966)가 불교의 심리적인 면을 이해하는 데 영향을 미쳤을 가능성이 있다. 윌리엄 제임스(William James, 1842-1910)는 자신의 강의에 출석한 다르마빨라 스님의 불교를 '지금부터의 심리학'이라고 소개하고 있다. 또한 『종교적 경험의 다양성』에서 불교의 심리학적 성격에 주목하고 있다. 하지만 실제로 그의 예언이 바로 실현되지는 않았다. 그 이후 미국 심리학은 긴 시간 동안 행동주의가 전성기를 구가하였기 때문이다.

최초로 불교를 사상으로서 수용 및 연구하고, 자기 사상의 중심으로 통합한 철학자인 쇼펜하우어(Arthur Schopenhauer, 1788-1860)에 의하면, 인간은 스스로를 지배하고 있는 맹목적인 생을 직시하고, 그것을 단념함으로써 최초로 구원을 받는다. 이 불교적인 삶의 방식과 사고방식은 독일 작곡가 바그너(Richard Wagner, 1813-1883)의 악극의 중심사상 중 하나로서 자리 잡은 이후 프로이트와 융의 심층심리학을 준비하게 되었다.

1920년대 후반에 프로이트 자신은, 베단타 철학에 심취한 로맹 롤랑(Romain Rolland, 1866-1944)이 '큰 바다와 같이 되는 느낌'이라고 부르는 정신 상태에서 자타가 미분화된 나르시시즘을 발견하고, 경계할 것을 표명하고 있다. 하지만 이미 1924년의 논문에서 정신분석가 톰슨(Joseph Thompson, 1874-1943)은 정신분석과 불교가 어느 정도(심적결정론, 무의식, 자아의 상대성, 개인지향, 관계성의 중시 등) 유사하다는 것에 주목하고 있다. 불교를 포함한 여러 종류의 동양 사상을 서양에 소개하는 것에 중요한 공헌을 한 심리치료사는 융(Carl G. Jung, 1875-1961)이지만, 이것에 대해서는 「브릿지 43 융과 불교」를 참조하길 바란다.

1950년대 후반은 서양에서 심리학(특히 정신분석)과 불교(특히 선)의 만남이 첫 번째 정점을 이루고 있다. 이것을 상징하는 것은 1957년에 에리히 프롬(Erich S. Fromm, 1900-1980)이 서양에서 선(禪) 붐을 일으킨 스즈키 다이세츠를 초대해서 멕시코의 퀘르나바카에서 개최한 심포지엄이다. 프롬은 정신분석과 선이 인간의 이성에 대한 근본적 신뢰에서 공통된다고 보며, 또한 융과 다르게 서양인도 깨달음이 가능하다고 하고, 진정한 깨달음과 위선적인 깨달음을 구별하고 있다. 한편 스즈키는 거기서 우주적 무의식을 말하고 있다. 근대 서양 합리주의와 대비해서 설명되는 그의 선은 낭만주의와 (그의 아내가 관련되있던) 신지학과 가깝다는 것을 느끼게 해준다. 이 심포지엄 다음 해에 히사마츠 신이치(久松眞一, 1889-1980)가 융의 자택을 방문하여, 약간의 어려움이 있었지만 선과 심층심리학의 관계에 관하여 매우 자극적인 대화를 나누었고, 그 이후의 불교와 심리학의 대화의 출발점이 되었다.

1990년대 후반에 시작한 현재의 서양의 심리치료와 불교의 융합은 두 번째 전성기를 맞이한다. 이를 담당하고 있는 사람들은 첫 번째 전성기를 감수성이 예민한 십대에 경험한 사람들이다. 그들은 종종 처음부터 불교와 심리치료 양쪽에서 수업을 번갈아 들으면서 정체성을 형성하고 있다. 종파는 선(禪)에 한정하지 않고, 상좌부불교, 티베트불교 등 다양한 종파도 포함하며, 심리학의 학파도 융 심리학, 정신분석(프로이트 학파, 대상관계론, 라캉학파 등), 자아초월심리학, 인지심리학 등 다양하다. 그들에게 있어서 불교는 서양의 전통종교에 대한 대체물일 뿐만 아니라 자신들이 지향하는 영성을 가능하게 해줄 것으로 기대되는 심리학 그리고 학파의 차이를 넘어서 만남과 대화를 할 수 있는 자리이기도 하다.

불교와 심리학의 통합을 둘러싸고 종종 회의가 열리고, 그것을 기반으로 서적이 출판되고 있다. 예를 들어 1999년과 2006년에 교토에서 열린 회의가 그것이다. 다만 해외의 참가자 대부분이 불교와 심리치료 둘 다를 실천하고 있었던 것에 비해, 일본 측 참가자 대부분은 어느 한쪽만의 실천가 또는 연구자이며, 불교와 심리학의 관계에 관한 일본과 해외의 관심사의 차이를 의미 있게 생각하게 하였다.

불교동점(仏教東漸)이라는 말이 보여주듯이, 지금 불교는 태평양을 넘어 미국에서 독자적인 스타일을 형성하고 있으며, 이것에 심리치료가 중요한 역할을 하고 있다고 말할 수 있다.

❋ 문헌

Epstein, Mark(1995), *Thoughts without a Thinker: Psychotherapy from a Buddhist Perspective*, Basic Books.

Field, Rick(1981/1992), *How the Swan Came to the Lake: A Narrative History of Buddhism in America*, Third Edition, Revised and Updated.

Mathers, D., Miller, M., and Ando,. eds.(2009), *Self and No-Self: Continuing the Dialogue between Buddhism and Psychotherapy*, Routledge.

Molino, Anthony(1998), *The Couch and the Tree: Dialogues in Psychoanalysis and Zen Buddhism*, New York: North Point Press.

村本詔司(1998), 『西洋と仏教の出会い 心理学と禅』, 花園大学國際禅学研究所.

鈴木大拙, フロム, デマルティーノ(1960), 『禅と精神分析』, 東京創元社.

Young-Eisendrath, Polly and Muramoto, Shoji(2002), *Awakening and Insight: Zen Buddhism and Psychotherapy*, Routledge.

[村本詔司]

브릿지 23 바렐라에 의한 불교와 과학의 대화

【링크】→ 유식, 중관사상, 희론, 티베트불교와 뇌과학, 자기조직화

오토포이에시스(autopoiesis) 이론[1]의 제창자 가운데 한 사람인 프란시스코 바렐라(Francisco Varela, 1946-2001)는 하버드 대학에서 박사학위를 취득한 신경과학자이다. 생물의 신경 시스템 연구로부터 태어난 오토포이에시스 이론은, 외부와의 접촉에 의해서 자기를 유지하는 개방계 시스템이라는 관찰자적 시점의 생물의 정의를 멀리하고, 생물 그 자체의 시점에서 재귀적·자기언급적인 폐쇄계 시스템으로 파악하여, 그 특징을 기술할 것을 제안하는 대담한 시도였다. 1970년대 중반부터 오토포이에시스 이론을 생명 시스템 전반의 이해로 확장하는 연구를 계속한 바렐라는 과학자로서의 길을 착실하게 걷는 한편, 1970년대 중반부터 티베트불교의 명상을 실천하면서, 1987년 이후에 달라이라마와 함께 불교도와 과학자의 대화를 계속하여 시도해왔다.[2] 바렐라와 달라이라마가 시작한 이 대화는 세계 최정상의 과학자와 함께, 바렐라가 54세의 젊은 나이에 급서한 이후에도 마음과생명연구소(Mind and Life Institute)에 의해 계속되어 2010년에는 18회를 헤아리고 있다.[3] 또한 바렐라는 그러한 시도 중에서도 인지과학, 불교, 현상학이 협력하는 마음에 대한 새로운 과학의 모습을 제안한다.[4] 그 제안은 1990년대 중반부터 번창하게 된 학제 간 의식연구의 흐름에 의해서 뒷받침된다. 일인칭과 삼인칭의 접근을 통합하는 새로운 의식연구법은 '일인칭연구방법론(First Person Methodologies)'으로 발전하고 있다.[5), 6)]

바렐라가 티베트불교와 만나서 명상수행에 몰두하게 된 계기는, 그가 아엔데 정권하에서 경험한 사회적·정신적 혼란이었다. 아엔데 정권(1970-1973)

의 성립이 낳은 칠레사회의 자유로운 분위기는, 후에 오토포이에시스 이론으로 결실을 맺은 획기적인 아이디어를 태어나게 했으나, 다른 한편으로는 사회주의정권 내부의 파벌투쟁과 미국이 지원한 군사세력에 의한 사회적 혼란은 바렐라 자신에게 커다란 괴로움을 안겨주었다. 군사 쿠테타에 의해 친인척과 지인이 살해되는 가운데 부득이하게 망명을 하게 된 바렐라는, 그러한 혼란과 불안을 안고서 건너간 미국에서 티베트불교의 초캄 트룽파와 만나고, 그로 인해서 명상수행을 하게 되었다. 트룽파와의 만남을 통해서 바렐라는 스스로가 경험한 혼란의 원인이 인간이 안고 있는 인식론적 오류에 있다는 것을 깨달았을 뿐만 아니라, 신경과학자로서 추구해온 생물의 인지의 모습(지각의 무근거성)이 불교의 인식론에 의해 다른 말(空觀)로 일컬어지고 있다는 것을 발견했다. 말은 달라도 같은 현상을 가리키는 두 가지 다른 전통 사이에서 어떠한 대화가 가능할까라는, 바렐라가 안고 있던 불교와 과학의 대화라는 전망은, 그 자신의 실존적인 요구와 과학자로서의 관심으로부터 태어난 것이었다.

바렐라가 불교와 과학의 대화를 필요로 한 근저에는 현대사회의 니힐리즘의 문제가 있다. 포스트모던 이론과 인지과학에 의해서 서양사회가 발견한 일상생활의 무근거성이, 부정과 상실로서만 언급되어 '소외, 절망, 낙담 그리고 니힐리즘에 습격당하는 것이 필연'인 것은 '서양사상 전반에 직접적이고 실천적인 방법으로 인지와 삶의 경험에 끌어들이는 전통이 없기 때문'이라고 바렐라는 생각했다. 이에 반해서 '불교는 무근거성을 수용하고, 그 궁극의 결론으로 나아갈 때, 자발적인 자비로서 세계에 현현하는 본래의 선성(善性)이라는 무조건적인 감각이 생겨난다는 케이스 스터디가 있다'.[3] 바렐라에게 '(서양사회가 빠져 있는) 니힐리즘에 의한 소외감을 해결하기 위한 처방전'은 불교의 실천을 통해서 '새로운 근거를 발견하려는 것이 아니라, 무근거성을 추구하고, 무근거성을 더욱 실천하여,

진실의 수단을 발견하도록 훈련하는 것'이었다. 한편 과학자로 교육받아 온 바렐라에게 불교는 '문화적 장식을 단 특수한 전통'이기도 했으며, 현대사회에서 그 의의를 이해하기 위해서는 절대적 근거의 무근거성을 설명하는 포스트모던 이론과 인지과학이라는 '서양의 문화적 전제'가 필요했다. 과학에 의해서 불교가 가진 현대적 가치가 인정되고, 반대로 불교가 과학의 모습에도 영향을 주는 순환적인 관계로 바렐라는 양자의 대화를 파악하고 있었다.

종교체험을 자연과학의 지견과 결부시키려는 시도는 긴 역사를 가진다. 현대에서도 객관주의적·환원주의적 접근에 기반을 둔 자연과학자가 종교체험을 생물학적 과정으로 환원하여 이해하려고 하는(또는 애초에 그러한 경험 자체를 부정하는) 한편, 종교 측에서도 '과학'적 옷을 입힘으로써 스스로에게 권위를 부여하려는 경향이 깊다. 바렐라가 시작한 불교와 과학의 대화가 독특한 것은 엄밀한 훈련을 받은 과학자가 스스로 수행자로서 불교 명상을 실천하고, 어느 쪽도 절대시하지 않으며, 두 가지 전통의 대화를 통해서 각각의 성과를 깊게 하려는 점에 있다. 달라이라마와 협력하여 시작한 불교와 과학의 대화를 통해서 배운 이 자세를, 바렐라는 일인칭과 삼인칭이라는 보다 일반적인 표현을 사용하여 의식연구의 새로운 방법론으로 제안했다. 일인칭의 체험(종교)과 삼인칭의 기술(과학) 각각이 절대적인 것이 아니라 세계에 대한 하나의 모습일 뿐이라는 것을 받아들임으로써 '두 가지 인칭 사이의 간주관적 검증'이 열려 있고, 서로의 지견을 보다 풍부하게 하는 대화가 이루어진다. 바렐라가 생애에 걸쳐서 보여준 이 방향성은 21세기에 종교와 과학을 포괄하는 인류의 새로운 지적 활동에 대한 지침 가운데 하나가 될 것이다.

※ 문헌

1) H.R. マトゥラーナ, F.J. ヴァレラ, 河本英夫 訳(1991),『オートポイエーシス―生命システムとはなにか』, 国文社.

2) ヴァレーラ·F., ヘイワード·J., 山口泰司 他訳(1995),『心と生命 ― 徹底討議「心の諸科学」をめぐるダライ・ラマとの対話』, 青土社.

3) 永沢哲(2011),『瞑想する脳科学』, 講談社メチエ.

4) ヴァレーラ·F., ロッシュ·E., トンプソン·E., 田中靖夫 訳(2001),『身体化された心ー仏教思想からのエナクティブ·アプローチ』, 工作舎, pp.342-343.

5) Varela, F. and Shear, J. eds.(1999), "View from Within: First-person Approaches to the Study of Consciousness", *Special Issue of Journal of Consciousness Studies*, 6(2-3), Imprint Academic.

6) Petitmengin, C. ed.(2009), *Ten Years of Viewing from Within: The Legacy of Francisco Varela*, Imprint Academic.

[木川治彦]

브릿지 24 현대사상과 불교심리학

【링크】→ 유식사상, 불교와 심리학, 불교와 심리학의 대화, 통합이론, 모리타 요법, 내관요법

'현대사상'이라는 말에는 두 종류의 의미가 있다고 생각된다. 우선 넓은 의미에서는 현대에 이루어진 사상적 활동을 모두 '현대사상'이라고 말해야 할 것이다. 하지만 좁은 의미에서는 프랑스의 포스트모던 사상을 중심으로 1970년대부터 최근까지 일본의 아카데미즘과 저널리즘의 세계에서 유행한 사상경향을 '현대사상'이라고 불러왔다. 그래서 넓은 의미에서는 '불교심리학'도 현대사상의 한 흐름이다.

메이지시대의 사상가이자 불교학자이며 토요 대학의 창립자이기도 한 이노우에 엔료(井上円了, 1858-1919)가 저술한 『불교심리학』이라는 선구적인 저작이 있다. 하지만 이것은 서양의 심리학에 대해 동양에도 심리학이 있다고 하는 주장의 표현으로서 유식 등을 개론적으로 설명한 것으로, 서양심리학과 불교를 통합한 것이라는 의미에서 '불교심리학'을 정립하는 것을 목표로 한 것은 아니다.

내가 알고 있는 한에서 본격적으로 동양종교와 서양심리학을 통합하려는 최초의 시도는, 일찍이 자아초월심리학의 기수라고 평가되었으나, 이미 그것을 넘어선 완전히 독자적인 대사상가인 미국의 켄 윌버(Ken Wilber, 1949-)의 『의식의 스펙트럼』이지만,[1] 이것은 동양종교 전반을 다루고 있어서 '불교심리학'이라는 한정된 호칭은 어울리지 않는다.

일본에서는 이노우에 엔료 이후 그 밖에도 선구적인 업적과 저작이 있었다. 특히 모리타 마사타케(森田正馬, 1874-1938)의 '모리타 요법'과 요시모

토 이신(吉本伊信, 1916-1988)의 '내관법'은 '불교적 심리치료'라고 평가할 만한 내용을 가지고 있으며, 고마자와 대학을 중심으로 한 선(禪)의 심리학적 연구도 있지만, 의식적으로 양자의 통합을 시도한 것으로는 필자의 『유식의 심리학』이 처음이 아닌가 생각된다.[2] 필자는 자아초월심리학을 일본에 소개하고 도입하는 데도 관련이 있으나, 일본에서는 그것과 동시에 특히 일본의 정신적 전통인 불교와 심리학을 통합하려는 시도가 필요하다고 생각해왔다.

이후 필자는 두 영역에 걸친 연구를 이어가고 있는 분들로부터 많은 찬성을 얻게 되었으며, 2008년 12월에는 '일본불교심리학회'를 창설하기에 이르렀다. 즉, 하나의 사상과 학문의 흐름으로서 '불교심리학'은 이제 현대사상의 하나로서 대단히 최근에 태동했다고 할 것이다.

그런데 그러한 넓은 의미의 현대사상의 흐름의 하나로서 '불교심리학'이 이른바 '현대사상'과 어떠한 관련을 가지고 있는지 묻지만, 지금까지는 아쉽게도 대부분 엇갈려서 끝났다고 생각된다.

프랑스의 포스트모던 사상의 표어인 '해체(deconstruction)'에 대한 기억이 새롭다. 포스트모던 사상가들은 대략적으로 말하면 종래의 시스템 중에서도 사상 시스템 전부가 본질적으로 억압적인 것이라고 파악하여, 그것들이 실은 절대적인 근거가 없이 자의적으로 구축된 것에 지나지 않는다는 것을 파헤쳐서 탈구축하고, 해체하는 것을 목적으로 했다고 해도 좋을 것이다.

그리고 그러한 사상가들에게 불교는 이미 과거의 유물에 지나지 않는 동양종교이다. 그 사상 시스템 또한 자의적으로 구축된 것에 지나지 않는다는 예단에 의해서, 굳이 탈구축의 수고를 들일 정도의 필요도 없다고 느껴서, 연구와 비판의 대상으로부터 멀어져 있었던 것으로 생각한다.

그래서 떠오르는 생각은 필자가 편집자였던 시절, 포스트모던을 대표하는 한 사람인 미셸 푸코(Michel Foucault, 1926-1984)가 일본을 방문했을 때 인터뷰할 기회를 얻었을 때의 일이다. 푸코가 선사(禪寺)에 가고 싶다고 말했다는 신문기사를 보고 프랑스 대사관에 연락을 취했다. 선사로 안내하면서 인터뷰하기를 바란다는 청을 넣어 승낙을 받아서 오오모리 소겐(大森曹玄, 1904-1994) 노사가 지도하는 야마나시 현 우에노하라의 세이타이지(青苔寺) 도량으로 안내하였다.

나는 '서양사상이 니힐리즘으로 벽에 부딪힌 것을 자각하여, 이것을 극복하는 길은 서양에는 신비주의(esoterism), 동양에서는 불교 정도에 있는 것이 아닐까 하고 내다보고서, 선에 관심을 가지게 된 것입니까'라는 질문을 했다. 그것에 대한 푸코의 대답은 예상과는 완전히 반대로, '아니오, 그렇지 않습니다. 나는 선에서 스승과 제자의 관계에 동양적 지배의 비밀이 숨어 있는 것은 아닐까 하고 생각하여, 그것을 체험해보고 싶었던 것입니다.'라는 것이었다. 즉, 푸코의 관심은 동양적인 심리적 지배구조를 탈구축하는 것에 있었던 것이다. 그리고 그 이후의 오오모리 노사와의 대담도 대부분 엇갈린다는 느낌이었다.

이 에피소드가 상징적으로 보여주듯이, '현대사상'과 불교에는 접점이 확립되어 있지 않고, 한층 더 넓은 의미에서 '불교심리학'은 막 창시된 때이므로, 상호비판과 대화와 상호이해가 있을 수 있는 것이고, 이것이 또한 지금부터의 과제라고 할 수 있을 것이다. (그 이후 전해 듣기로는, 또 한 사람의 대표자인 자크 데리다(Jacques Derrida, 1930-2004)는 도겐의 『정법안장』의 프랑스어 번역을 읽었던 것 같지만, 그것이 그의 사상 전개에 어떤 영향을 끼쳤는지는 파악되지 않는다.)

솔직히 말하면 필자는 니체가 사상적으로, 자각적으로 명백하게 한 서양의 니힐리즘은 서양사상 전체에서 아직 극복되었다고 말할 수 없으며,

아직 모색 중인 것에 비해서, 동서를 넘어선 인류의 보편적 과제로서의 니힐리즘은 불교에서 이미 원리적으로, 선구적으로 극복되었다고 생각한다.[3] 이후의 문제는 원리적으로 극복되고 있는 것을 어떻게 서구인을 포함해서 현대인 전체에게 전할 것인가 하는 것이라고 생각된다.

그 경우 철학적·이론적 이해도 필요하지만 오히려 체험적·임상적 알아차림 쪽이 더욱 중요하다고 생각되며, 여기에 넓은 의미의 현대사상에 대해서, '불교심리학'이 할 수 있는 것과 해야 하는 것이 있다고 생각한다.

❋ 문헌

1) K. ウィルバー(1985),『意識のスペクトラム』, 春秋社.

2) 岡野守也(1990),『唯識の心理学』, 青土社.

3) 西谷啓治(1986),『ニヒリズム』, 西谷啓治著作集, 創文社; 西谷啓治(1987),『宗教とは何か』, 西谷啓治著作集, 創文社; 岡野守也(2004),『道元のコスモロジー『正法眼蔵』の核心』, 大法輪閣.

[岡野守也]

제2부

심리학의 키워드(1)

–기초와 임상

제2부는 네 부분으로 나누어져 있다.

'**심리학의 기초**'에서는 ① 심리학이란 어떤 학문인지(역사, 분야, 연구법)에 관하여 ② 심리학의 기초 분야에 관하여 다루고 있다. '심리학의 역사'에서는 1879년에 철학으로부터 독립한 새로운 학문인 심리학이 여러 학파로 나뉜 경위를 불교와 연관하여 살펴보고 있다. '심리학의 역사'와 '심리학의 분야'라는 두 가지 분야를 통해서 심리학의 전반적인 모습을 파악하고 있다.

이어서 심리학의 기초 분야('감각·지각·인지', '기억', '정동', '동기부여', '발달', '학습·사고', '성격', '사회')에 대한 개요를 살펴본다. 이들 기초 분야 사이의 관계에 대해서는 '심리학의 분야'에서 설명하고 있다.

'**응용심리학과 심리치료**'에서는 응용심리학의 한 분야로서 '건강심리학'과 '임상심리학'을 다루고 있다. '건강심리학'에서는 '스트레스', '공황장애', '트라우마·PTSD', 'EMDR'이라는 각각의 이론을 항목으로 다루고 있다.

'임상심리학'에서는 평가와 심리치료에 관하여 개략적으로 살펴보고, 이어서 심리치료의 종류를 네 가지, 즉 내담자 중심의 접근법, 정신분석적 접근법, 인지행동적 접근법, 기타 접근법으로 나누어서 설명하고 있다. 특히 인지행동적 접근법은 학습심리학 등의 기초심리학에서 발전한 것이다. 정신분석에 대해서는 제3부에서 상세히 설명하고 있다. '임상심리학' 다음에는 불교와 비교적 관계가 깊은 심리치료('게슈탈트 치료', '교류분석', '로고테라피', '포커싱', '내관요법', '모리타 요법', '인지행동치료')와 신체심리학을 다루고 있다.

'**명상을 둘러싼 심리학**'에서는 불교의 명상과 심리학의 관계를 연결하는 다리역할을 하는, 본 서가 아니고서는 할 수 없는 주제를 모아서, 유가행유식학파와는 다른 현대적인 불교심리학의 한 측면을 살펴보고 있다.

내관, 자기의식, 최면, 변성의식상태, 마음챙김 등을 키워드로 명상에 관한 과학적 검증과 치료기제, 의학과 심리학에서의 임상적 적용과 실천을 각각의 입장에서 소개하고 있다.

'**심리학과 영성의 문제**'에서는 우선 불교심리학의 위치를 살펴보고, '종교와 심리학'의 연관, 불교를 적극적으로 다루고 있는 '인본주의 심리학', '자아초월심리학', 그와 관련된 '영성', '정신통합', '하코미 테라피', '프로세스 지향 심리학', '통합이론', '영적 위기'를 다루고 있다.

심리학의 기초

74 심리학의 역사

【링크】→ 무아, 위빠사나, 학습된 무기력, 내관법, 정신분석, 분석심리학, 모리타 요법, 내담자 중심 치료, 포커싱, 내관요법, 자율훈련법, 인지행동치료

1. '심리학'의 성립에서 현대까지

◇ 심리학의 탄생

심리학은 철학교수였던 분트(Wilhelm M. Wundt, 1832-1920)가 라이프치히 대학에 만든 실험실이 1879년에 공식적으로 인정된 것에서 시작한다. 그런 까닭에 심리학은 불과 130년 남짓한 역사를 가진 신생학문이다. 최초의 심리학자가 된 분트는 직접 경험할 수 있는 자신의 '의식'을 심리학의 연구대상으로 하고, 심리학의 고유한 방법으로서 실험적인 내관법을 고안하여 생리학적 심리학을 제창한다. 또 내관법을 적용할 수 없는 고차원적 정신활동과 개인의 의식을 넘어선 집단적 정신활동에 관하여 민족의 신화와 관습을 통틀어 기술한 『민족심리학』 전 10권(1900-1920)을 저술한다.[1)]

분트의 심리학은 자신의 의식이 어떠한 구성요소로 이루어져 있는지를 조사한, 제자인 티체너(Edward B. Titchener, 1867-1927)의 공로로 **구성(주의) 심리학**이라고 불렸다.

◇ 작용심리학

이에 대해서 브렌타노(Franz Brentano, 1838-1917)는 의식내용에 대한 연구는 현상학에서 하고, 심리학은 표상(감각과 상상), 판단(인식과 지각),

애증(감정과 의지)이라는 능동적인 마음의 활동을 경험적 연구대상으로 한다고 했다. 브렌타노의 생각은 제자인 슈툼프(Carl Stumpf, 1848-1936)의 영향을 받은 후설(Edmund Husserl, 1859-1938)의 현상학 창시와 브렌타노의 제자 중 한 사람인 프로이트(Sigmund Freud, 1856-1939)의 정신분석 창시로 이어진다. 슈툼프는 감각은 자극에 대응해서 생기지만 그것을 의식하는지 아닌지는 마음의 활동의 결과에 의하고, 직접경험을 대상으로 하는 현상과 그것을 본다고 하는 능동적인 마음의 활동을 구별한다. 심리학은 현상과 마음의 활동의 관계를 연구하는 학문이었다. 슈툼프의 심리학은 작용심리학(Act Psychology)이라고 불리고, 제자인 베르트하이머(Max Wertheimer, 1880-1943), 코프카(Kurt Koffka, 1886-1941), 쾰러(Wolfgang Köhler, 1887-1967), 레빈(Kurt Lewin, 1890-1947)은 게슈탈트 학파에 영향을 끼쳤다.

◇ 뷔르츠부르크 학파

또한 분트의 제자인 퀼페(Oswald Külpe, 1862-1915) 등의 뷔르츠부르크 학파는 실험적 연구가 불가능하다고 분트가 가정한 고차의 정신기능 중 특히 사고, 판단, 의지에 관한 요소를 조사하는 것에 주목했다. 방법으로는 우선 피험자에게 사고와 판단의 활동을 필요로 하는 마음의 과정을 수행하도록 요구하고, 다음으로 어떻게 사고하고 판단했는지에 관하여 질문하고, 경우에 따라서는 피험자의 주의를 특정한 문제로 돌리는 질문을 던지는 체계적인 실험내관법을 사용하였다. 이것으로 사고가 감각과 이미지(심상)를 동반하지 않고서 생긴다는 것(無心象思考, imageless thought 또는 의식태도, consciousness attitude)을 입증했다.

◇ 기능주의

이러한 독일의 흐름에 대하여 실용주의적 풍조가 우세한 미국에서 제임스(William James, 1842-1910)는 '의식은 흐른다'라고 서술한다. 끊이지 않고 움직이거나 바뀌거나 변화하는 의식의 생물학적 움직임에 중점을 두는 기능(주의)심리학이 발생했다. 이것으로 인해서 훈련받은 성인남자의 의식뿐만 아니라 생물 일반의 행동이 심리학의 연구대상이 되었다. 이 흐름은 다윈의 진화론의 영향을 강하게 받은 동물심리학과 함께 이후에 발전할 행동주의의 기반이 되었다. 제임스는 스스로의 체험에 기반을 둔 『종교적 경험의 다양성』(1901)을 저술한다.[2)]

◇ 정신분석과 심층심리학

오스트리아에서 활동하고 만년에 영국으로 건너간 정신과의사인 프로이트는 무의식과 유아기의 경험 등을 마음의 병을 치료하는 데 활용하는 정신분석과 그 배경이 되는 정신분석학을 창시하였다. 프로이트는 모든 종교현상은 무의식에 잠재하는 성적 에너지인 리비도에 의해서 설명되는 것으로 파악했다.

프로이트와 한때 깊은 교우관계를 나누었던 정신과의사인 융(Carl G. Jung, 1875-1961)은 무의식에는 개인무의식과 그 밑에 인류의 보편적 잠재의식인 집단무의식이 있다고 보고, 꿈분석을 중시하는 분석심리학의 이론을 창시했다. 융은 정신의학, 신화와 종교의 공통점, 동양사상에 관심이 있어서, 스즈키 다이세츠(鈴木大拙, 1870-1966)의 『선불교입문』[3)](1939)의 독일어판 서문과 『쿤달리니요가의 심리학』을 저술하였다.[4)] 1958년에 융은 자신을 방문한 동양철학자이면서 선사상 연구자인 히사마츠 신이치(久松真一, 1889-1980)와 대담을 나누었다. 프로이트의 흐름을 따르는 정신분석의 여러 학파와 정신분석에 강한 관심을 가지고 있지만 이후에 결별한 융과 아들러(Alfred W. Adler, 1870-1937) 등의 학문은 심층심리학이라고 불린다.

사회적 요인을 중시하는 새로운 프로이트 학파인 호나이(Karen Horney,

1885-1952)와 프롬(Erich S. Fromm, 1900-1980)은 특히 선불교에 관심을 가졌고, 호나이는 스즈키 다이세츠와 모리타 요법의 후계자인 코라 타케히사(高良武久, 1899-1996)를 방문한다. 프롬은 1957년에 멕시코에서 개최된 '선불교와 정신분석' 심포지엄의 내용을 정리한 『선과 정신분석』을 공저로 출판하였다.[5)]

◇ 게슈탈트 학파

독일의 베를린에서는 베르트하이머, 코프카, 쾰러, 레빈 등에 의해 '전체는 부분의 총합보다 크다'라는 게슈탈트 심리학(게슈탈트 학파)이 생기고, 부분으로 나누어도 설명할 수 없는 현상을 다루었다.

◇ 행동주의

심리학과 심층심리학의 여러 학파의 등장과 공존 이후, 1913년 왓슨(John B. Watson, 1878-1958)은 공공성이 없는 의식을 대신하여 관찰 가능한 '행동'을 심리학의 대상으로 할 것을 주장하고, 눈에 보이는 행동의 '자극(stimulus)'과 '반응(response)'의 관계를 조사하는 것을 중시한다(S-R 이론). 이 주장은 행동주의라고 명명되고, '의식 없는 심리학'이라고도 불렸다. 이어서 거스리(Edwin R. Guthrie, 1886-1959), 헐(Clark L. Hull, 1884-1952), 톨만(Edward C. Tolman, 1886-1959), 스키너(Burrhus F. Skinner, 1904-1990) 등에 의해서 신행동주의가 일어나고, 행동주의는 심리학의 주요한 흐름이 되었다.

◇ 신행동주의

거스리는 왓슨의 행동주의를 계승하여, 자극과 반응 연합의 접근성을 중시하고 학습은 1회의 시행으로 성립한다고 주장했다. 한편 헐과 톨만 등은 자극과 반응 사이에 매개변수를 상정함으로써, 왓슨 등의 고전적 행동주의에서는 곤란했던 개인차의 설명을 시도했다.

헐은 'S-R 이론' 중간에 유기체(organism)라는 매개변수를 집어넣은 'S-O-R 이론'을 제창하고, 매개변수라는 동인에 의해서 행동이 환기되고, 이 동인이 만족되어 낮추어진 경우 반응은 강화된다고 하는 동인저감설을 주장한다.

톨만은 목적과 수단의 관계를 인지하는 것은 학습을 매개로 한다고 생각하여, 학습은 자극이 어떤 의미를 가지는 신호인지를 인지하는 것에 있다고 하고, 신호라는 부분성으로 전체성을 예측하는 인지지도를 작성하는 신호 게슈탈트설을 제창하였다.

그것에 대하여 스키너는 생체 내적인 요인의 추측을 배제하고, 매개변수를 설정하지 않고, 설명보다 기술에 주목하는 철저한 행동주의를 밀고나간다. 생체 행동의 예측과 제어(영향)를 목표로 하는 행동분석학을 창시하였다. 행동분석학은 실험적 행동분석과 응용행동분석으로 크게 나뉘며, 후자는 광범위한 발달장애에 대한 교육적 지원기법과 명상을 도입한 수용전념치료(ACT)를 낳았다.

◇ 인지심리학

1970년대에는 인간의 뇌를 컴퓨터에 비유하면서, 자극에 대한 옳고 그름 반응과 반응시간 등으로 뇌의 움직임을 추측하는 인지심리학이 태동하였다. 그로부터 현재 뇌과학 붐의 한 측면을 담당하고 있는, 인지신경심리학을 포함하는 인지과학이 생겨서 큰 흐름을 이루고 있다. 현재의 심리학은 인간을 포함한 유기체의 관찰 가능한 '행동'과 직접 관찰할 수 없는 '인지'를 대상으로 하는 학문이다.

2. 그 밖의 심리학의 입장

◇ 인본주의 심리학

한편 1960년대에 기계론적 입장에서 인간과 그 밖의 동물을 분명하게 구별하지 않는 행동주의와 운명 결정론적으로 주체성이 결핍된 정신분석에 대한 반성으로부터 '제3심리학'을 표방하고, 가치, 창조성, 자기실현, 지고체험이라는 인간의 건강한 측면을 중시하는 인본주의 심리학(Humanistic Psychology)이 마슬로(Abraham H. Maslow, 1908-1970)와 로저스(Carl R. Rogers, 1902-1987) 등에 의해서 제창된다.

◇ 자아초월심리학

그러나 인본주의 심리학이 제3심리학이 될 수 없는 가운데 1970년대에는 마슬로와 그로프(Stanislav Grof, 1931-) 등은 개인의 의식을 넘어선 인류의 보편적인 의식 영역을 가정하고, 의식과 뇌의 관계, 선정과 명상상태의 의식, 깨달음, 자아초월, 영성 등을 다루는 자아초월심리학을 제창한다.

켄 윌버(Ken Wilber, 1949-)에 의하면 의식의 수준은 전자아, 자아, 초자아의 세 단계로 나뉜다. 이것에 의해 선(禪)의 무아와 자아초월적인 의식의 유사성이 지적되었다. 윌버가 제창한 통합이론은 여러 가지 시점에서 현상을 통합적으로 파악한 것이고, 그 이후에 자아초월심리학을 발전적으로 해소시켰다고 보는 방향도 있다.

인본주의 심리학과 자아초월심리학은 심리학의 주류는 될 수 없었지만, 임상현장에서는 내담자 중심 치료, 엔카운터그룹, 포커싱, 게슈탈트치료, 실존분석, 현존재분석, 프로세스 지향 심리학 등에서 이러한 심리학적 입장에 기반을 둔 심리치료가 널리 사용되고 있다.

◇ 긍정심리학

또한 미국심리학회 회장을 지낸 셀리그만(Martin Seligman, 1942-)은 학습성 무력감을 발표한 이후, 반대로 학습경험에 의해서 긍정적으로 나아갈 가능성에 관심을 가지고, 1998년 학회에서 '긍정심리학'을 제창한다. 긍정심리학과 긍정심리치료는 인간의 정신병리적인 측면의 연구뿐만 아니라 긍정적인 감정과 심신의 웰빙(건강과 행복) 등에 관하여, 증거에 기초한 연구와 실천을 한다는 점에서 심리학계의 한 조류가 되었다.

프레드릭슨(Barbara L. Fredrickson, 1964-)은 확장구축이론을 통해서 긍정적 감정을 경험함으로써 사고와 행동의 레퍼토리가 일시적으로 확장되는 것을 보여준다. 그리고 감사의 마음이 동기부여와 대인관계의 사회성과 연관되고, 그 결과 개인의 웰빙이 얻어지고, 나아가서는 그 사람이 속한 사회에 좋은 영향을 미친다는 것을 지적하고 있다.[6] 불교의 인연의 개념과 '정(情)은 인간만을 위한 것이 아니다'고 하는 속담으로 드러나는 상황이 부분적으로 증명되고 있다.

3. 임상에서 불교의 응용

심리학과 불교의 연관은 심리치료에서 특히 강하다. 예를 들어 내담자 중심 치료와 참사문법(參師問法)은 대기설법과 비교되고, 근래에는 젠들린(Eugene T. Gendlin, 1926-)의 포커싱기법에서 느낀 감각(felt sense)의 감각과 상좌부불교 위빠사나 명상에서의 감각이 유사하다고 지적되고 있다.

카와이 하야오(河合隼雄, 1928-2007)는 융 심리학의 입장에서 불교설화와 가마쿠라시대의 화엄종 승려인 묘에쇼닌(明恵上人, 1173-1232)의 꿈 등을 소개하고 있다. 또한 교토의 다이토쿠지(大徳寺)에서 참선을 경험한 펄스(Fritz Perls, 1893-1970)가 만든 게슈탈트 치료는 '지금 여기(here and now)'라는 경험을 중시하고 있다.

일본 고유의 심리치료로, 정토진종(浄土真宗)에서 전해지는 '조신(調身)'을 가지고 요시모토 이신(吉本伊信, 1916-1988)이 내관요법(內觀寮法)을 창시하였다. 모리타 마사타케(森田正馬, 1874-1938)가 개발한 모리타 요법과 선(禪)의 유사성은 이전부터 지적되었고, 실제로 모리타의 제자인 우사 신이치(宇佐晋一, 1927-)는 선적인 모리타 요법을 제창하였다. 그 밖에 자기최면기술인 자율훈련법의 수동적 주의집중, 조동선의 지관타좌와 비사량,[7] 명상 중 마경현상과의 관계에[8] 관해서도 논의되고 있다.

심리학과 불교의 연관에 관한 실험적인 연구로는, 일본에서 시작된 선과 심리학에 관한 것이 압도적으로 많다(「브릿지 28 선심리학 : 연구의 역사」 참조). 좌선 중 심신의 상태를 생리적 지표를 사용하여 조사한 연구가 다수 있고, 그 밖에도 바이오피드백과 좌선의 심장박동 수 제어를 비교하는 시도가 있고,[9] 나카무라 쇼지(中村昭之, 1927-)가 인지의 전환과 임제종의 공안을 비교하였다.

이에 반해 미국에서는 초기에 초월명상에 관한 연구가 행해졌고, 서양에서는 이 밖에도 위빠사나 명상에 관한 연구가 성행했다. 근래는 행동(주의)심리학과 인지심리학을 기본으로 하고, 증거에 기초한 심리치료인 인지행동치료의 입장에서 상좌부불교의 위빠사나 명상의 임상적 효과에 관한 연구와 새로운 심리치료의 개발이 열정적으로 진행되고 있다.

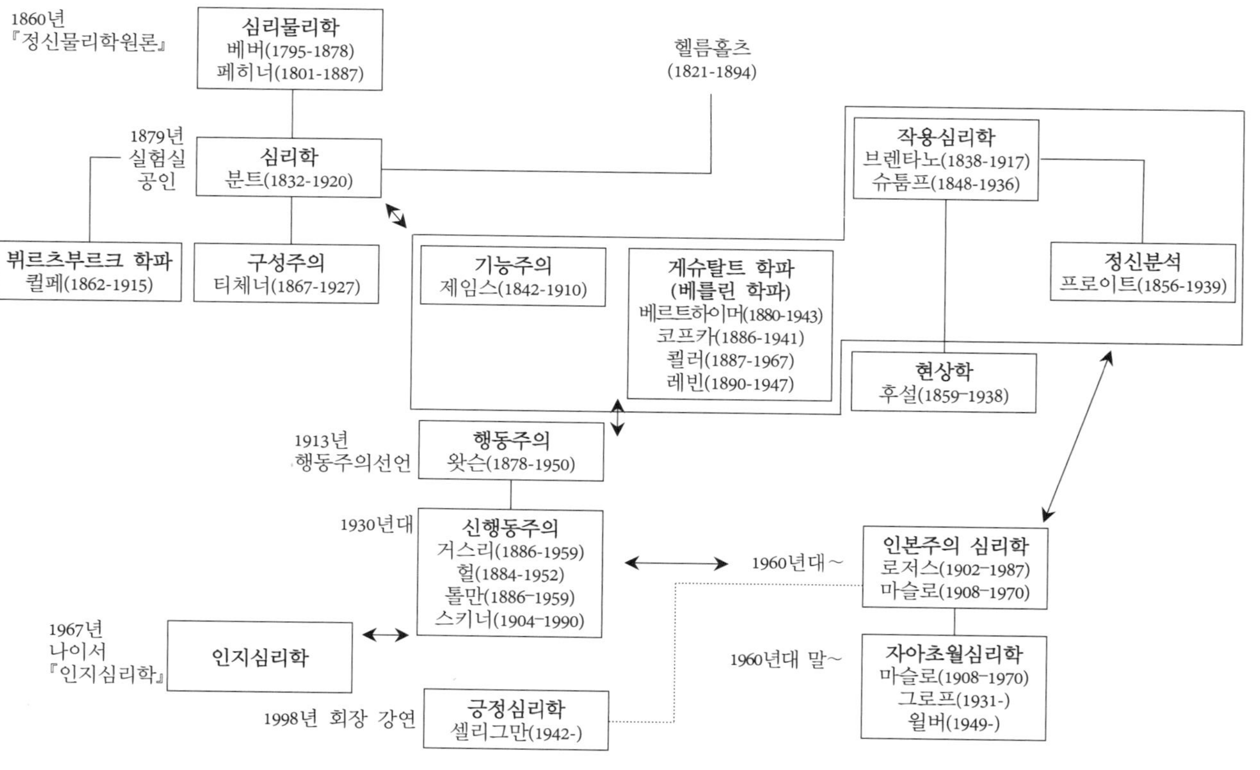
1860년
『정신물리학원론』
심리물리학
베버(1795-1878)
페히너(1801-1887)
헬름홀츠
(1821-1894)
1879년
실험실
공인
심리학
분트(1832-1920)
뷔르츠부르크 학파
퀼페(1862-1915)
구성주의
티체너(1867-1927)
기능주의
제임스(1842-1910)
게슈탈트 학파
(베를린 학파)
베르트하이머(1880-1943)
코프카(1886-1941)
쾰러(1887-1967)
레빈(1890-1947)
작용심리학
브렌타노(1838-1917)
슈툼프(1848-1936)
정신분석
프로이트(1856-1939)
현상학
후설(1859-1938)
1913년
행동주의선언
행동주의
왓슨(1878-1950)
1930년대
신행동주의
거스리(1886-1959)
헐(1884-1952)
톨만(1886-1959)
스키너(1904-1990)
1960년대~
인본주의 심리학
로저스(1902-1987)
마슬로(1908-1970)
1960년대 말~
자아초월심리학
마슬로(1908-1970)
그로프(1931-)
윌버(1949-)
1967년
나이서
『인지심리학』
인지심리학
1998년 회장 강연
긍정심리학
셀리그만(1942-)
심리학 제 학파의 관계도

✻ 문헌

1) Wundt, W.(1900-1920), *Völkerpsychologie: Eine Untersuchung der Entwicklungsgesetze von Sprache, Mythus und Sitte*, 10 Bde., Leipzig: Kröner.

2) ジェームズ, W., 桝田啓三郎 訳(1996),『宗教的経験の諸相 上·下』, 岩波書店.

3) 鈴木大拙(2008),『禅仏教入門』, 春秋社.

4) ユング, C. G., 老松克博 訳(2004),『クンダルリニー·ヨーガの心理学』, 創元社.

5) フロム, E., 鈴木大拙, デマルティーノ, R., 小堀宗柏, 佐藤幸治, 豊村佐知, 阿部正雄 訳(1960),『禅と精神分析』, 東京創元社.

6) Fredrickson, B. L.(2004), "Gratitude, like other positive emotions, broadens and builds", in R. A. Emmons & M. E. McCullough eds., *The Psychology of Gratitude*, New York; Oxford Press, pp.145-166.

7) 恩田彰(1966), 「宗教の行法の比較文化的研究ー禅とヨーガおよび自律訓練法との関係を中心にして」,『東洋大学アジア·アフリカ文化研究所年報』, pp.9-16.

8) 佐々木雄二(1983),「自律訓練中の「魔境現象」に関する一考察-症例を通して」,『自律訓練研究』, 5(1), pp.35-40.

9) 中村昭之, 佐藤信茂(1986),「調息·バイオフィードバックによる心拍制御の研究(2)」,『駒澤社会学研究』, 18, pp.165-194.

[加藤博己]

75 심리학의 분야

【링크】→ 심층심리학, 사회심리학, 종교심리학, 인지심리학, 생리심리학, 감각·지각·인지, 기억, 학습·사고, 정동, 동기부여, 발달심리학, 성격

1. 심리학의 위치

심리학은 생리학과 정신물리학의 영향을 받으면서 내관법이라는 실험적 접근법을 도입하여 철학으로부터 독립하고, 직접 경험할 수 있는 자기자신의 '의식'을 다루는 고유한 학문이 되었다. 그 이후 1913년에는 공공성이 없는 '의식'을 심리학의 연구대상에서 제외하고, 인간을 포함한 동물일반의 행동을 다루는 행동주의가 대두되어 생물학적·생리학적 기초를 보다 중시하게 되었다. 이 점에서 비교행동학과의 접점이 농후하다.

이러한 흐름과는 별개로 신경증 등 마음의 병을 다루는 정신분석이 일어나고, 의식의 배후에 있는 '무의식'을 대상으로 하거나, 어린 시절의 경험에서 개인의 성격과 발달을 보는 관점이 정신의학의 분야에서 생겨났다. 그리고 융(Carl G. Jung, 1875-1961)은 무의식의 배후에 인류의 보편적 잠재의식인 집단무의식을 가정하고, 정신의학·심층심리학과 신화·종교와의 관련성에 관심을 기울였다. 1950년대에는 정신분석학·심층심리학과 선의 비교와 대화가 적극적으로 이루어졌다. 또 최면기법에서 발전한 임상동작법, 자율훈련법, 정신분석에서 파생된 교류분석 등은 마음과 몸의 관계를 연구하여 의료에서 활용하는 심신의학과 밀접히 연결되어 있다. 그 밖에 건강심리학에서 삶의 질(QOL, Quality of Life)과 주관적 웰빙(행복감)이

라는 연구는 의학, 간호학, 사회복지학 등과 상호 연관되어 있다.

레빈(Kurt Lewin, 1890-1947)에 의해서 시작된 집단역동(group dynamics) 연구와 실행연구(action research)라는 실천적 연구법은 사회심리학의 발전에 크게 기여하고, 사회공학, 사회과학 영역과 가교적 역할을 담당하고 있다. 사회심리학의 개인공간에 관한 연구는 사회학과 인류학 등과 연결되어, 근접학(proxemics)이라는 학문 분야를 낳았다. 또한 노동을 할 때 건강·안전·쾌적 등을 연구하는 인간공학과 응용심리학의 한 분야인 산업·조직심리학 그리고 노동심리학은 상호 연관되어 있다.

1960년대가 되면서 컴퓨터의 발달과 더불어 사람의 인지를 다루는 인지심리학이 생기고, 정보과학, 언어학, 철학, 인공지능연구, 신경과학 등과 융합하여 인지과학이라는 영역이 형성되었다. 행동주의와는 다른 접근법을 제공한 인지심리학은 심리학에 대한 새로운 입장이고, 또한 연구가 거듭되면서 '기억' 분야 등과 연관해서 하나의 분야로서 받아들여지고 있다.

생리학적인 측정장치도 눈부시게 발전해서, 동물실험을 기반으로 하는 생리심리학과 인간을 대상으로 하는 정신생리학의 두 가지 흐름은 통합되고 있다. 생리심리학과 정신생리학 분야는 주로 뇌가 손상된 환자를 연구해온 신경심리학과 인지과학의 사고방식을 도입한 인지신경심리학을 만들고, 의학 영역과도 근접해서 뇌과학(인지신경과학)의 일단을 담당하고 있다.

응용심리학의 한 분야인 교육심리학, 장애심리학, 아동심리학, 청년심리학, 상담 등은 심리학을 교육현장에서 활용하려는 시도이며, 교육학의 방법론과 측정법의 발전에 기여했다.

게다가 학제 간 연구인 종교심리학은 신비체험 등의 '심리현상'에 관한 종교학적 연구와 심리학적 방법을 사용한 '종교적 현상'에 관한 연구라는 두 가지 학문적 방식으로 접근하고, 후자는 응용심리학에 자리하고 있다.

또 인간의 마음을 다루는 불교를 학문적으로 연구하는 불교학은 연구 대상이 심리학과 유사하다는 지적이 있으며, 불교는 동양의 심리학으로 표현되기도 한다. 특히 유가행유식학파의 마나식과 알라야식은 정신분석학의 무의식과 에로스, 분석심리학(심층심리학)의 집단무의식 등과 비교된다. 그 밖에 선(禪)에 관한 심리학적 연구는 점점 늘어나고, 그 연구의 일부는 국내외에도 비교적 잘 알려져 있다.

2. 심리학의 분야

심리학은 기초심리학 영역과 응용심리학 영역으로 크게 나눌 수 있다. 기초심리학 영역에는 감각·지각·인지, 기억, 정서, 동기부여, 발달, 학습·사고, 성격, 사회 등의 분야가 있다.

'기초심리학 영역'의 각 분야 간의 구조를 보면 우선 다양한 감각기관을 통해서 외부의 자극을 받아들이고, 그 자극을 과거의 경험에 참조하여 맞추고, 자기 나름으로 소화해서 이해하는 '**감각·지각·인지** 분야'가 있다. 그 자극정보를 뇌에서 처리하고, 판단하고, 보존하고, 활용하는 과정과 기능, 부위 등을 연구하는 것이 '**기억** 분야'이다. 최근에는 기억의 인지과정, 주의, 의식 등을 다루는 분야를 '**인지·기억**'이라는 형태로, 일괄적으로 다루기도 한다. 그곳에서 생긴 정동·감정·기분·정서·정조·분위기 등을 다루는 것이 '**정동** 분야'이다. 그것들을 측정할 때 뇌파와 근전도, 피부온도, 맥박, 호흡 등의 생리적 지표를 사용한다는 점에서 '**생리**'심리학으로 다루어지기도 한다. 그것으로부터 발생하는 다양한 욕구·요구·동기·동인, 좌절(frustration), 갈등 등을 다루는 것이 '**동기부여** 분야'이다.

한편 인간의 성장과정을 시간축으로 파악하면, 유전적·환경적 요인이 영향을 끼치는 심신의 내적 측면에서 생겨난 부분을 다루는 '**발달** 분야'와 다양한 환경을 통해서 경험하는 새로운 행동이 획득, 수정, 제거되는 부분을 다루는 '**학습·사고(·언어) 분야**'가 있다.

또한 같은 경험을 가지고서도, 그 경험에 대해서 파악하는 방식의 표출인 행동과 생활습관은 개인에 따라서 다르다. 이 개인차를 다루는 것이 '**성격** 분야'이다.

그리고 타자와 집단이 개인의 태도에 미치는 영향과 두 사람 이상이 서로 영향을 주는 상호 작용, 집단과 집단의 역동관계, 문화 등을 다루는 것이 '**사회** 분야'이다.

다른 한편 이러한 기초심리학의 방법과 견해를 실제 사회의 다양한 문제에 적용해서, 문제의 원인을 밝히고 해결을 도모하는 '응용심리학 영역'이 있다. 주로 안전, 안심, 건강, 능률, 쾌적 등에 관한 영역이라고 말할 수 있다.

응용심리학 영역에는 예를 들어 임상(상담을 포함한), 교육, 장애, 교통, 산업·조직, 환경, 재해, 범죄, 건강, 신체, 스포츠, 간호·의료, 복지, 정치, 법, 경제, 경영, 가족, 공동체, 문화·민족, 종교, 예술(미술, 음악을 포함한), 초심리학 등의 분야가 있다.

또 기초심리학에도 응용심리학에도 포함되지 않는, 타 학문과 관련한 심리학의 위치, 심리학의 기본원리·원칙, 이론, 연구법, 측정법, 통계법, 역사 등을 다루는 영역으로 '심리학론'이 있다. 최근 이러한 연구 영역이 나날이 발전하고 있다.

이들 기초심리학 영역, 응용심리학 영역, 심리학론이라는 분야와는 달리 발달심리학 분야를 중심으로 유아심리학, 아동심리학, 청년심리학, 노년심리학 등 대상자의 연령에 따른 분류 방법도 있다.

[加藤博己]

76 심리학의 연구법

【링크】→ 내관법, 내담자 중심 치료, 투영법, 연기, 24연

1. 심리학에서 연구법이란

심리학의 주요 연구대상은 의식의 구성요소, 능동적 정신작용, 의식의 기능, 사고와 판단 등 고차원적 정신작용, 무의식, 전체성을 지니는 통합적인 구조, 동물 일반의 행동, 인지 등 시대와 함께 변천했다. 마찬가지로 심리학의 연구접근법도 대상과 그것을 연구하는 입장에 따라서 다양하게 연구되고, 세련화되었다. 그러한 가운데 많은 학파들은 시종일관 객관성과 재현성을 추구하고, 실증적인 자세를 취하려고 했다. 그 자세의 원칙을 설명한 것 가운데 하나로 '모건의 공준'이 있다. 모건(Conwy L. Morgan, 1852-1936)은 사실로서 관찰된 동물의 행동과 관찰자가 행한 추측과 해석을 구별할 필요성을 설명하고, 동물의 의인화를 비판하면서 '어떤 행동이 보다 저차원적 마음의 능력의 결과라고 해석할 수 있는 경우에는, 고차원적 능력의 결과로서 해석해서는 안 된다'라고 했다. 이것에 의해서 엄밀하게 객관성을 추구하는 행동주의의 토대가 형성되었다.

일반적으로 과학적 연구에는 법칙정위적(양적) 접근법과 개성기술적(질적) 접근법이라는 두 가지 접근법이 있다. 주로 실험심리학은 전자, 임상심리학은 후자를 사용해왔지만, 최근에는 임상심리학에서도 법칙정위적인 방법으로 심리치료의 유효성을 과학적 근거에 기반을 두어서 실증하려는 풍조가 급속하게 보급되고 있다. 이러한 흐름은 증거 중심 접근법

(evidence based approach)이라고 불린다.

이러한 접근법 이외에 구로다 마사스케(黒田正典, 1916-2009)는 선(禪)에서 '무(無)'의 인식을 위해서는 무에 대한 분석적인 설명 없이 탐구자 자신이 무를 체험하고, 그것을 전체 행동으로 표현해야만 한다고 하고, 유교·도교·선불교 등 동양적 학문을 대상으로 할 경우 주체가 스스로 변용하는 것에 의해서, 문제의 본질에 대한 인식을 목표로 하는 주체변용 접근법을 제창하였다. 또 타트(Charles Tart, 1937-)도 이것을 특정상태과학(state specific science)으로 입론하고 있다.

2. 연구법의 발전과 연구법 사이의 관계

물리학자 페히너(Gustav T. Fechner, 1801-1887)가 고안한, 감각·지각연구에서의 정신물리학적 측정법을 받아들인 심리학의 연구법은 자신의 의식을 살피기 위해서 분트(Wilhelm M. Wundt, 1832-1920)가 고안한 내관법을 포함한 생리학적 방법에서 시작한다. 그 이후 외부로부터 무엇인가의 행동을 보고 받아들이는 관찰법, 2가지 이상의 변수 사이의 상관관계를 보는 조사법, 인간의 다양한 능력, 특성, 태도 등을 분명히 하는 검사법과 면접법, 어떤 일을 분류하고 순서를 부여하는 평정법, 인과관계를 확인하는 실험법, 단일 또는 소수 사례에 대해서 질적으로 이해하는 사례검토법, 심신상관에 관해서 조사하는 생리학적·신경학적 측정법 등이 개발되고 사용되어 왔다.

(자연적) 관찰법과 조사법은 주로 가설생성형(탐색형) 접근법이고, 복수의 데이터를 관찰하고 조사하여 가설을 세우고 결론을 도출하는 귀납적 연구법이다. 그에 비하여 실험법은 주로 가설검증형 접근법이고, 관찰과 조사 등에 기반을 두어서 세워진 가설에 대하여 데이터를 수집해서 가설을 입증하는 연역적 연구법이다. 실제로 관찰과 조사에 의해서 가설을

만들고 상관관계를 확인한 다음 실험으로 인과관계를 확인하듯이, 가설생성형 접근법과 가설검증형 접근법은 서로 보완적인 역할을 하고, 양자의 접근법을 서로 반복적으로 사용한다는 점에서 실증적 연구가 뒷받침된 확실한 이론이 구축된다. 또 실험이 곤란한 상황에서는 관찰법에 의해서 가설이 보다 강하게 지지되는 경우도 있다. 가설이 없는 실험은 얻어진 데이터로 무엇을 말할 수 있는지 불명확하고, 실험을 할 수 없다면 현상이 상관관계에 있는지, 그렇지 않으면 인과관계에 있는지를 확인할 수 없다.

3. 각 연구법의 특징

'**실험법**'에는 대부분 실험에 의해서 확인할 수 있는 요인을 포함한 군과 그렇지 않은 군을 비교하는 '통제군법'이라고 불리는 방법이 사용되지만, 다수의 피험자·피험체를 모집하는 것이 곤란한 경우에는 실험적 개입을 행하기 전후의 행동을 비교하는 '단일사례연구법'이 사용된다.

통제군법에는 모든 조건을 가능한 한 통일된 환경하에서 피험자를 무작위로 할당하든가, 피험자의 질이 일정하도록 균형을 잡아주고, 확인하는 요인을 포함하는 실험군과 통제군을 설정한다. 그리고 결과적으로 영향을 주는 그러한 잉여변수(다른 요인)를 가능한 한 배제·통제하고, 실험자가 자유롭게 선택 조작할 수 있는 독립변수(실험요인)를 조작하고, 그것에 의해서 변화하는 종속변수(결과)의 변화를 보고, 인과관계를 확인한다.

예를 들어 어떤 명상법을 날마다 계속해서 실제로 수행할 때, 명상 중에 어떤 생리적 변화가 생긴다는 것을 증명하려는 경우, 명상을 하지 않고 그냥 조용히 앉아 있는 것에 의해서, 또는 단순히 시간이 경과하는 것에 의해서 생리적 변화가 생길 가능성을 부정해야 한다. 이를 위해서는 명상을 하지 않고 그저 조용히 앉아 있도록 하는 통제군을 설정하거나, 다른 자세로 앉아 있도록 하는 군을 설정할 필요가 있다.

단일사례연구법(ABA법)에서는 실험군만이 설정된다. 기본기간을 설정하여 측정하고, 실험조건 A와 비실험조건 B를 설정하고, 실험조건 A에서만 종속변수가 변화하는 것을 확인한다는 점에서, 실험조건 A가 현상의 원인이 되는 것으로 특정짓는다. 예를 들어 명상 이전부터 명상 이후까지 연속적으로 생리적 지표를 얻어서, 명상 중에만 어떤 값이 변화한 경우에 명상(독립변수 : 원인)이 그 생리적 지표의 값(종속변수 : 결과)에 영향을 주었다고 보는 방법이다.

실험법을 사용할 때, 실험자가 '명상을 하면 어떤 좋은 효과가 당연히 일어날 것이다.'라고 생각하고 있다면 무의식 가운데 그 생각이 말과 행동으로 표현되는 것(실험자효과)이 있고, 피험자가 실험자의 기대를 이어받아서, 무의식적으로 기대에 맞추려고 하거나 실험자의 기대에 반발하는 것이 있다. 또 피험자 자신이 효과를 제멋대로 예상해서, 암시와 기대효과에 의해 실제로 어떤 값이 변화하는 플라시보(위약)효과가 생길 가능성도 있다. 그런 까닭에 실험의 목적을 알리지 않고, 단 한 사람의 실험자가 실험을 행하는 이중 맹검법을 사용해서, 피험자를 무작위로 선택한 가운데 실험의 목적과 내용을 피험자에게 일체 전달하지 않고, 피험자가 알지 못하는 절차를 사용해서 그것들의 영향을 적게 할 필요가 있다.

한편 '**조사법**'은 변수 x와 변수 y 사이의 (한쪽의 변수가 변하면 다른 한쪽의 변수도 변화한다고 하는) 상관관계(正의 상관, 負의 상관, 무상관의 어느 것이든)를 확인할 목적으로 사용된다. 상관관계에서는 어느 쪽의 변수가 원인인가 하는 인과관계는 특정할 수 없다. 예를 들어 맥주의 소비량이 많은 해에는 물에 빠져 죽는 사람의 숫자가 많다는 비례적 상관관계가 보이는 경우에 맥주의 소비량을 원인, 물에 빠져 죽는 사람의 숫자를 결과라고 잘못 파악해버리면, 바다와 강 등에서 빠져 죽는 사람을 줄이기 위해서 '맥주의 생산과 판매를 제한할 필요가 있다'는 잘못된 대책을 세우게 된다. 실제로는 기온이 높고 덥기(원인) 때문에 맥주를 비롯한 음료수의 소비량이 증가하고(결과), 물놀이를 하는 사람이 증가하고, 그 결과로 사고를 당하는 사람이 증가하는(결과) 인과관계가 양자의 상관관계의 배경에 있을지도 모른다.

'**관찰법**'은 단독으로 사용되지 않고 실험, 검사, 면접 등을 행할 때 보조 수단으로 사용되는 경우가 많지만, 가설생성을 목적으로 하는 관찰, 가설 검증을 목적으로 하는 관찰, 조사를 위한 관찰 등 다양한 용도로 사용되고 있다. 관찰의 방법으로는 임상장면에서 사용되는 경우가 많은 참가형 관찰법과 실험장면에서 사용되는 경우가 많은 비참가형 관찰법이 있다. 또한 관찰의 종류로는 행동묘사법, 체크리스트법, 평가척도법, 기기에 의한 관찰법 등이 있고, 관찰할 만한 내용에 따라서는 특정 행동이 일어나기 쉬운 장소와 시간을 한정하는 장면관찰법, 행동관찰을 행하는 시간을 나누고 그 시간 안에 어떤 행동이 일어나는 빈도를 보는 시간견본법 등이 있다. 그 밖에 자기관찰법으로서 내관법도 넓은 의미에서 관찰법에 포함되기도 한다.

'**면접법**'은 조사 등으로는 드러나기 어려운 개인의 특징을 아는 데 뛰어난 방법으로, 관찰법의 요소를 포함하고 있다. 미리 설정된 특정한 정보를 찾는 것으로 조사하거나, 타자와 비교하는 '구조화 면접', 내담자 중심 상담 등에서 사용하는 것처럼 피면접자가 비교적 자유롭게 말하는 '비구조화 면접'의 두 가지가 있으며, 그 가운데 미리 질문항목을 설정해두지만 어느 정도 면접의 흐름에 맡기는 양자 절충적인 '반구조화 면접'이 있다. 예를 들어 로샤 테스트(Rorschach test, 투영법이라는 성격검사의 하나)에서 사용되는 면접은 구조화 면접의 전형적인 예이다. 미국정신의학회 DSM(Diagnostic and Statistical Manual of Mental Disorders, 정신장애의 진단 및 통계 편람) 기준에 의거해서 의사가 행하는 진단은 반구조화 면접의 예라고 말할 수 있다.

'**검사법**'은 면접과 관찰에서 얻을 수 없는 객관적인 데이터를 얻는다는 점에서, 타인과의 비교를 가능하게 하는 방법이다. 특히 어느 정도의 훈련을 행하면, 실시, 채점에 관해서는 누가 행해도 같은 양상의 결과를 얻을 수 있고, 기록으로 남길 수 있고, 다른 전문가나 관계자와 정보를 공유할 수 있다는 이점이 있다. 검사법에는 질문지법, 투영법, 작업검사법 등의 성격검사와 지능검사, 발달검사, 신경심리학적 검사, 기억검사, 지각·감각·운동기능검사, 정신건강검사, 언어검사, 직업흥미검사, 직업적성검사, 친자관계검사, 행동·사회성 검사 등 다양한 검사가 있다.

'**사례검토법**'은 단일한 사례에 관하여 문제의 원인과 그 배경, 성장이력, 가족구성, 문제가 일어난 경위, 이후의 대응 등을 검토하고, 내담자에게 도움이 되기 위해서 행하는 것이다. 복수의 유사한 사례를 토대로 특정 문제에 대한 대처법을 일반화하여 추출하는 경우를 사례연구법이라고 부르며, 사례검토법과 구별하는 경우도 있다.

그런데 조사, 실험, 검사 등에서 측정한 어떤 데이터는 스티븐스(Stanley S. Stevens, 1906-1973)가 제시한 어떤 하나의 척도(명목척도, 순서척도, 등간척도, 비율척도)를 통해서 관측한다. 명목척도는 예를 들어 무리지어 달릴 때에 몸에 붙이는 등번호와 같은 것을 가리키고, 남과 구별하기 위해서 사용된다. 그에 비해서 순서척도는 무리지어 달릴 때 순위와 같은 것을 가리키고, 대상 간의 전후, 상하, 대소 등의 관계를 분명히 하기 위해서 사용된다. 등간척도는 순서척도에 같은 간격의 눈금을 추가하여, 예를 들어 온도계처럼 편의상의 기준을 정한 가운데, 순서뿐만 아니라 대상 간의 거리를 측정 가능하게 한다. 등간척도에서 기준이 되는 0은, 온도계의 0°C가 온도가 없는 것을 의미하지 않는 것처럼, 또는 −3°C의 2배만큼 따뜻하다고 하는 것이 불가능한 것처럼, 곱셈과 나눗셈을 적용할 수 없다. 이에 반해서 비율척도는, 예를 들어 사물의 길이나 무게처럼, 절대적인 0을 기준으로 덧셈, 뺄셈, 곱셈, 나눗셈을 모두 적용할 수 있다.

이러한 데이터 해석은 많은 양의 사실을 조사하고, 그것을 숫자로 정리하고, 그림과 표, 평균치, 표준편차 등의 통계량으로 표현하는 기술통계학, 표본데이터(부분)의 성질로부터 모집단(전체)의 성질을 확률적으로 추측하는 추측통계학(추계학), 게다가 세 가지 이상의 변수를 동시에 다루면서, 한 가지 변수를 복수의 변수로 예측, 설명, 판별하는 다변량해석 등을 포함하는 통계해석학의 방법을 사용해서 결론을 이끌어낸다. 주로 명목척도와 순서척도의 데이터에는 비파라메트릭 검증(데이터가 정규분포하지 않을 때에 사용되는 통계방법)이, 등간척도와 비율척도의 데이터에는 파라메트릭 검증(연속하는 값을 가지는 변수에 사용되는 통계방법)이 적용된다.

4. 불교의 심리학적 연구법

심리학의 연구법을 인칭적 관점에서 보면, 붓다와 분트 등이 사용한 내관법처럼, 숫자, 기호, 언어 등의 이차적인 지표로 치환하지 않고 자신의 체험을 통해서 있는 그대로 이해하는 방법과 어떤 것을 체감·체득하고 실천을 통해서 자신을 변용시키는 방법은 1인칭적 방법이라고 할 수 있다. 그에 반해서 정신분석과 심리치료에서 내담자와 그 관계자의 행위를 해석하거나, 특정 타자를 이해하거나, 내담자와의 관계성 안에서 내담자와 그 관계자의 인지, 태도, 행동 등을 변화시키는 방법은 2인칭적 방법이라고 부를 수 있다. 또한 현재 심리학에서 주류가 된 실험과 조사 등에 의해서, 일반적인 사람과 그 밖의 동물의 행동과 인지를 실증하거나, 재현, 예측, 통제하는 방법은 3인칭적 방법이라고 부를 수 있다. 이들 3가지 인칭적 방법을 함께 사용함으로써 우선 불교에서 다루는 우리들의 신(身, 신체적 행위)·구(口, 언어적 표현)·의(意, 언어화하기 이전의 마음작용)에 관한 문제를 3가지 다른 측면에서 이해하고, 실증하고, 달성하는 것이 가능하다고 생각된다.

불교에서 지향하는 깨달음과 열반의 경지 그리고 그에 이르는 과정과 방법을 분명히 하기 위해서, 붓다와 조사(祖師)에 대해서는 일시적·부차적 자료(문헌)의 기술로부터 이해하고, 현재 수행자의 상태에 대해서는 본인을 면접, 관찰, 질문지 등으로 조사한다. 그 가운데 선정 중의 상태와 선정과정을 생리학적 방법을 사용해서 측정하거나 실험하는 방법과 자신이 직접 체험하고 수행해서 체감하고 체득하는 방법을 생각할 수 있다.

특히 불교에서는 학문을 통해서 논리적·과학적으로 이해하는 것은 물론이거니와 또한 '행학일여(行學一如)'라고 해서 스스로 행을 통해서 체험적으로 이해를 얻는 것을 중시한다. 초기불교에서 고타마가 붓다가 된 이후 1,000명 이상의 비구가 아라한이 되었다고 하는 경전의 기술은, 붓다가 설한 법과 율을 지키는 생활의 실천에 의해서 많은 사람들을 열반으로 이끌었다는 연역적 성과를 보여주고 있고, 다시 체험하기를 기대한다.

또한 연기, 인연(연생·연멸), 상의성이라는 불교의 근본개념인 관계성을 어떻게 증명할 것인가 하는 것이 이후의 큰 과제가 된다.

[加藤博己]

심리학의 기초

77 감각·지각·인지

【링크】→ 오온, 연기, 24연(二十四緣), 심·심소, 사식(四食), 유식, 신체감각, 게슈탈트, 어포던스

감각·지각·인지라는 3가지 용어는 반드시 명확하게 구분하여 사용하지는 않고, 각각에 대한 표준적인 정의 역시 정착되어 있지는 않다. 굳이 그것들을 구별하자면, '앗, 뭔가 보인다', '앗, 뭐지'라고 느끼는 것이 감각이고, 그것을 과거의 경험에 비추어서 이해하는 것이 지각이고, 그것에 자신의 주관을 섞어서 판단하는 것이 인지라고 할 수 있겠다. 그런 까닭에 신생아에게도 감각은 있지만, 지각과 인지는 거의 생기지 않는다고 생각된다. 사탕은 누가 핥아도 달다고 지각되지만, 어떤 기하학적 도형을 아름답다고 느끼는지 아닌지는 개개인의 인지의 문제가 된다.

1. 감각

이전부터 감각은 오감(오관)이라고 불리고, 시각, 청각, 후각, 미각, 촉각의 5가지가 있다. 이것에 포함되지 않는 영감(inspiration)을 육감이라고 부르지만, 그 존재와 감각을 받아들이는 수용기관은 확인되지 않는다. 현대 심리학에서는 이들 5가지 감각 이외에 내장감각(유기감각), 근감각(운동감각), 평형감각의 3가지를 더해서 8가지 감각이 있다고 한다. 또한 촉각은 심리학에서는 피부감각이라고 부르고, 그 가운데 촉각·압각, 통각, 온각, 냉각이 있다고 한다. 감각이 8종류라는 것은 8종류의 감각에 각각 다

른 자극과 그것을 받아들이는 특정 수용기관이 있기 때문이다. 그들 자극과 수용기관의 관계는 눈에서 냄새를 느끼는 것이 불가능한 것처럼, 8종류는 서로 독립되어 있으며 서로 받아들이지 않는다. 이러한 여러 감각의 비연속성에 기초한 감각의 양상을 감각의 양태(modality)라고 한다.

그런데 최근에 '노란 소리'와 같이 문자와 소리에서 색을 느낀다고 하는 보고가 있다. 이것은 공감각이라고 불리며, 하나의 자극에 의해서 다른 양태의 감각이 불수의적으로 발생하는 특수한 현상이다. 공감각은 그 감각을 일으키는 계기가 되는 자극보다 강한 기억으로 남아서, 기억을 강화하는 것으로 연결되고, 문자와 색깔을 대응시켜서 기억하는 기억술이나 비유적 표현과 구별하는 것이 곤란하기도 하다. 그러나 자극 없이 공감각이 생기는 경우는 없고, 공감각의 지각을 자신의 의지로 변화시키는 것도 가능하지 않다.

커피에 아주 미량의 설탕을 넣을 경우 단맛이 나는지 아닌지 애매한 것처럼, 감각이 생기는 것에 대한 물리적 자극강도의 한계를 자극역치라고 한다. 반대로 커피에 설탕을 몇 컵이나 넣는 경우처럼, 그 이상 자극이 강하게 되면 감각의 크기가 변화하지 않게 되는(단맛이 증가했다고 느껴지지 않게 되는) 자극강도의 한계를 자극정점이라고 한다. 또한 2개 추의 무게 차이를 느낀다고 이야기하는 것처럼, 2개의 자극을 구별할 수 있는 최소의 자극차이를 변별역치라고 한다. 변별역치값은 표준자극의 강도에 비례하고, 그 비율은 일정하다(베버의 법칙). 게다가 감각의 크기 변화는 자극강도 변화의 로그값에 비례한다(페히너의 법칙). 또한 감각의 크기는 자극강도의 함수로 표현된다(스티븐스의 법칙). 즉, 자극이 순차적으로 커질지라도 그것을 받아들이는 감각의 강도는 완만하게 증가한다고 알려져 있다.

헤론(Woodburn Heron)은 대학생에게 시각자극을 차단하는 보안경을 쓰고 촉각자극을 차단하는 원통형의 커버를 팔에 끼우고, 소리자극을 차단하는 독방에 귀마개를 하고 장시간 들어가는 감각차단실험을 시행하였다.

그 결과 많은 피험자에게 감각의 예민화와 시간감각의 결여, 환시 등이 일어나고, 높은 보수에도 불구하고 몇 시간에서 며칠 만에 실험중지 요청이 있었다. 같은 현상은 장시간 운전이나 명상에서도 일어나는 것으로 보고되며, 감각자극은 단순히 외부의 정보를 제공할 뿐만 아니라 뇌기능을 정상적으로 유지하는 활동이고, 감각자극을 제한하는 것은 활동하려는 동기를 부여하는 것으로 이어진다.

또한 연속해서 자극을 주면, 그것을 받는 신경세포는 피로하여 자극을 감지하기 어렵게 된다. 이것을 순응이라고 한다. 특히 밝은 장소에서 어두운 장소로 들어가는 경우인 시각지각의 암순응과 그 반대인 명순응은 잘 알려져 있다. 암순응은 빛에 민감하지만 색깔, 모양을 구별하기는 곤란하고, 최초의 5분 정도에 급속히 순응이 진행되지만 눈이 완전히 어두운 곳에 순응하는 데는 30분에서 60분 정도의 시간이 걸리는 반면, 명순응은 색깔과 모양을 잘 구별하고, 순응하는 데는 1분 정도의 시간이 걸린다. 그러므로 영화관에서 영화가 시작하기 전에 하는 선전광고는 암순응의 관점에서 말하자면, 본 작품의 색깔과 모양을 상영 초기부터 정확히 구별하는 데 도움이 된다.

2. 지각

실험심리학을 창시한 분트(Wilhelm M. Wundt, 1832-1920)가 지각을 감각적 요소로 나누려고 하는 것에 반하여, 게슈탈트 심리학자들은 눈앞에 있는 현상으로서의 지각 체제에 관한 연구, 다른 대상과의 관계, 문맥에서 지각에 관한 연구에 관심을 가졌다. 예를 들어 시야 가운데 형태를 가지고 두드러져 보이는 영역을 전경이라고 하고, 그 밀려난 영역을 배경이라고 한다. 특히 루빈의 꽃병(Rubin's vase)처럼 객관적으로는 동일한 도형이지만 지각적으로는 두 가지 또는 그 이상의 모양이 성립하는 도형을 반전

도형 또는 다의도형이라고 한다. 밤하늘의 별자리처럼 그림으로 지각된, 몇몇이 어떤 형태를 가지고 보이는 경향을 군화(群化)의 법칙이라고 하고, 근접 요인, 유동(類同) 요인, 폐합 요인, 좋은 연속 요인, 나머지가 생기지 않게 하는 요인 등으로부터 성립한다.

또한 전광판의 문자처럼, 객관적으로 정지해 있는 물체가 출현과 소멸을 반복하며 마치 운동하는 것처럼 보이는 현상을 가현운동이라고 한다. 또한 주변 물체의 운동에 의해서, 정지된 물체가 마치 운동하고 있는 것처럼 느껴지는 현상을 유도운동이라고 한다. 예를 들어 마주 보고 서 있는 열차가 움직이기 시작할 때, 자기가 탄 열차가 움직이는 것처럼 느껴지는 현상이 여기에 해당한다.

시각 영역에서 착각은 착시라고 불리고 환각과는 다르며, 자극으로 인해서 생기는 것이 아니라 특정한 자극에 대해서 많은 사람이 공통적으로 일정하게 잘못 보게 되는 경향성이다. 이발소 앞에 있는 적, 백, 청색의 나선 모양이 위로 올라가는 것처럼 보이는 이발소 폴 착시는 잘 알려져 있다. 또한 직선과 원으로 묘사된 도형에서 생기는 기하학적 착시의 연구는 한창 행해지고 있고, 직선의 양 끝에 안으로 향하는 화살모양이 붙은 경우 '←→'와 밖으로 향하는 화살모양이 붙은 경우 '>—<' 직선의 길이가 다르게 보인다고 하는 뮬러 라이어 착시(The Muller-Lyer illusion)는 유명하다.

오후에 집 밖에서 독서에 열중할 때 해가 떨어져도 계속해서 책을 읽을 수 있는 것처럼, 우리가 지각하는 대상의 선명도, 색깔, 형태, 크기, 위치 등은 대상 자체의 외양이 변해도 지각되는 경향이 있다. 이것을 지각의 항상성이라고 한다.

3. 인지

통상 어떤 형태라고 해도 의자는 우리에게 '앉을 수 있다'는 정보를 준다. 그러므로 처음 보는 의자라고 해도 앉는 물건이라는 것을 알아차리지 못하는 경우는 거의 없다. 이렇듯 환경은 단순히 물리적인 형태를 제공하는 것이 아니라, 사용자에게 '부여하는 특성'을 정보로서 제공하고 있다. 이것을 깁슨(James J. Gibson, 1904-1979)은 어포던스(affordance)라고 불렀다. 예를 들어 차가운 물과 뜨거운 물 두 가지의 수도꼭지가 있고 조작을 틀리지 않도록 차가운 물의 수도꼭지의 표시에는 차가운 색인 파랑을, 뜨거운 물 쪽에는 따뜻한 색인 빨강을 사용하는 것은 어포던스 이론을 활용한 예라고 말할 수 있다.

또한 우리는 많은 정보를 동시에 처리하고 있다. 예를 들어 색깔에 붙인 색이름 단어(빨간색으로 쓴 '파랑'이라는 문자)의 색이름(빨강)을 재빠르게 대답하는 과제에서, 이렇게 문자의 색과 색이름 단어의 의미가 다른 경우에는 응답시간이 늦어지거나 틀린 대답을 하는 경향이 있으며 이것은 발견자의 이름을 따서 스트루프 효과(Stroop effect)라고 불린다. 이것은 단일한 대상(색이름 단어)의 어떤 한 가지 속성(색)에만 주의를 두는 경우에도 그 대상이 가진 복수의 속성(색과 문자의 의미, 크기, 형태, 방향 등)을 동시에 처리하고 있다는 것을 증명하는 것이며, 인간의 시각처리 시스템의 비독립성을 나타낸다.

머리에 떠다니는 시각상을 회전시켜 동일성을 조합하는 것을 심적회전이라고 부른다. 지도를 보면서 남쪽으로 길을 걷거나, 자동차로 목적지를 향하거나, 커다란 가구를 출입구에서 꺼내기 위해서 머릿속으로 이미지화할 때에 활용되는 것으로, 회전각도와 반응시간은 거의 정비례하는 경향이 있다.

대인인지에 관해서, 타인이 어떤 몇 가지의 측면에서 바라는(또는 바라지 않는) 특징을 가지고 있으면, 그 평가를 해당 인물 전체에 대한 평가로 확대해버리는 경향이 있다. 이것을 후광효과라고 한다. 또한 교사가 기대를 품은 특정 아동에게는 자연스럽게 관심을 기울이거나, 질문에 대한 대답을 기다리거나, 질문을 다른 것으로 바꾸어주거나, 힌트를 주는 세심한 지도를 하게 되며, 결과적으로 기대가 실현되는 것을 피그말리온 효과라고 한다. 암시효과와는 달리 교사는 아동에게 기대하고 있다는 것을 전할 필요는 없다.

4. 심리학에서 본 불교의 인식과정

불교에서는 인간의 몸과 마음은 오온(색온, 수온, 상온, 행온, 식온)이라고 불리는 다섯 가지 구성요소로 이루어지며, 그것들은 고정적인 것이 아니라 움직이는 것이라고 파악하고 있다. 그러므로 무상한 오온은 공하고 괴로우며, 무아라고 여겨진다. 오온의 색(色)은 물질인 몸을 가리키며, 심리학에서는 오온의 수(受)는 감각을, 상(想)은 지각 또는 거기에서 일어나는 표상(이미지)을, 행(行)은 의지와 감정을, 식(識)은 의식과 기억을 가리킨다고 생각할 수 있다.

또한 불교에서 인식은 인식되는 대상(境)과 인식기관(根)과 인식작용(識)의 세 가지에 의해서 처음 성립하는 것으로 파악되고 있다. 즉, 심리학에서 말하는 자극은 불교에서는 색, 성, 향, 미, 촉(감촉), 법(관념)이라는 여섯 가지 대상(六境)을 말하며, 그것을 받아들이는 수용기관은 안, 이, 비, 설, 신, 의라는 여섯 가지 감관(六根)을 말한다. 육처(六處) 또는 육입(六入)으로도 불리는 수용기관인 육근(六根)이 대상인 육경(六境)으로부터 받은 자극에 의해서 육식(六識), 즉 안식, 이식, 비식, 설식, 신식, 의식이 생겨난다. 색, 성, 향, 미, 촉의 오경(五境)과 안, 이, 비, 설, 신의 오근(五根)은 색온(色蘊)에 포함되고 심리학에서도 거의 대응하지만, 법처(法處)는 수온, 상온, 행온을 포함하고, 식온과 합쳐져서 복잡하다. 심리학적인 해명이 기다려진다.

[加藤博己]

브릿지 25 신체문제 : '마음'으로서의 '몸'이란 무엇인가

【링크】→ 연기, 무아, 삼법인, 신체감각, 자기의식, 신체심리학, 인지과학

모든 대상을 '유동적 상호의존성'이라는 관계성으로 파악하는 불교에서, '신체성' 또는 '신체와 정신의 관계'라는 주제는 교의와 수행론에서 붓다 이래로 주요한 주제였다. 거기서는 신체로부터 분리된 의식이라는 개념은 부정되고 있다. 우리가 자명하다고 종종 생각하는 '나'라는 개념조차도 신체로부터 독립된 것은 아니며, 여러 감각기관이나 인지작용이라는 관계성 가운데 떠다니는 환상 같은 것이다. 환경이나 신체와 의존하지 않고서는 존재하지 않는다고 생각된다. 그러면 이러한 '심신일원론'적인 생각이 전통적으로 약했던 서양적 사고, 즉 서양철학이나 과학은 '신체문제'라고 불리는 이 주제를 어떻게 고찰한 것일까?

1. 서양철학에서 신체문제

서양의 철학전통에서 본격적으로 '신체문제'가 무대에 등장한 것은 최근 삼백 년간의 일이다. 그 이전, 즉 인간의 이성이 자명하다는 대륙의 합리주의의 전통 가운데에서는, 17세기 데카르트(René Descartes, 1596-1650)의 이원론으로 대표되듯이 정신과 신체는 명확하게 구별되어 왔다. 게다가 정신은 인간이라면 가지고 있는 것이라고 일컬어지기 때문에 신체의 의의를 적극적으로 인정하는 움직임은 보이지 않고, 당연히 신체와 정신의 상관관계를 깊이 고찰하는 경우도 없었다.

하지만 18세기에 들어와 영국 경험론의 인식철학에서 흄(David Hume, 1711-1776)은 지각의 활동에 크게 주목하였다. 그는 "자기의 정신작용을

'신체' 내지 '내적으로' 확인하는 것은 불가능하다."라는 생각에 이르러, 의식을 고찰하기 위해서 신체를 수반하는 지각을 사색했다. 20세기에 들어서, 현상학적 전통에서 메를로 퐁티(Maurice Merleau-Ponty, 1908-1961)가 등장하여, 지각의 차원을 깊이 파고들어 '자기'와 '대상'의 개념에 정밀한 분석을 더해서 '신체성의 철학'이라고 불리는 사색을 전개하여 신체에서도 적극적인 의의를 발견했다.[1] 하지만 그 이후 서양철학에서 딱히 커다란 움직임이 없이 '신체성'에 대한 사색은 정체되었다.

2. 깁슨의 어포던스와 인지과학의 등장

이 정체상황을 타파하는 움직임은 철학이 아니라 심리학에서 일어났다. 그것은 프로이트 등이 제창한 정신역동적·무의식적인 것이 아니라, 보다 자연과학적·실험적인 경향을 가진 심리학에서였다. 그 대표적인 것이 메를로 퐁티와 동시대의 지각심리학자 깁슨(James J. Gibson, 1904-1979)이 전개한 주요한 이론인 어포던스(affordance)이다. 어포던스란 간결하게 정의하면 그것을 지각하는 생물에게 어떤 일을 생기게 하는 환경이나 물질이 가진 생태학적인 특성이다.[2] 예를 들어 쥐고 있는 커다란 물건은 '던지는' 것을, 둥근 물체는 '지면을 구르는' 것을 어포드하는(afford, 허용하는·파악하는) 것이 된다. 그는 '정신이란 무엇인가'라는 질문에 '자기지각'이라고 대답하였으나, 그것은 환경의 지각과 언제나 동시에 일어나는 의존적인 관계이며 환경으로부터 독립된 자기는 존재하지 않는다는 것이었다. 그래서 이 지각은 머리만으로 파악할 수 있는 것이 아니라, 신체와 환경도 포함하여 전신의 지각계를 사용한 종합적인 현상이라고 고찰하였다.

한편, 정신의 움직임을 계산기의 연산처리라는 은유로 부호화하여, 실험심리학을 중심으로 논리학, 인공지능, 신경과학 등 근접한 여러 과학과의 제휴를 통하여 자연과학적으로 탐구하려는 인지과학이 1960년대 이후 급속하게 발전했다. 그 성과로 '정신의 중추(또는 전부)인 뇌'라는 모델을 전면으로 내세웠다. 하지만 반대로 이 '신체' 기관이 환경으로부터 언제나 자극을 받아들이고 있다는 사실과 고도의 유연성으로 환경에 적응 가능한 성질을 가지고 있다는 것을 발견하였다. 뇌와 밀접하게 관계있는 우리의 정신과 자아도, 사실은 그만큼 자명하거나 튼튼한 것이 아닐 가능성을 시사한다. 정신이란 뇌의 인지처리의 총체이며, 그 뇌가 주위의 환경에 의해서 크게 규정된다고 하는 견해는, 서양 지성의 신체문제에 새로운 빛을 비추는 것이었다.

3. 신체성의 인지과학

특히 1990년대에 들어오면, 인지과학은 이후에 '신체화된 인지과학(Embodied Cognitive Science)'이라고 총칭되는 연구 분야를 낳는다. 여러 명의 노벨상 수상자를 포함한 신경과학자, 심리학자, 인공지능학자, 로봇공학자들이 중심이 되어 진행된 연구는 '뇌중심주의'와 '정보처리중심주의'에 대해 의문을 던지는 성과를 낳았다. 그것은 철학에도 영향을 끼쳐서, 메를로 퐁티 이후 정체되어 있던 '신체성의 철학'이 다시 주목을 받게 되었다.

뇌라는 신체기관은 물리적인 제약을 많이 가지고 있기 때문에, 그것을 사용하여 지각, 기억, 판단, 추론을 행하는 우리의 인지기능도 당연히 많은 한계를 가지고 있다. 그중에도 느린 연산속도는 주목할 만한 것이다. 컴퓨터가 의식활동의 은유로서는 효과적이지만, 실제로 컴퓨터와 동등한 연산속도로 뇌가 정보를 처리하는 것은 불가능하다. 예를 들어 단순히 두 발로 걷는 로봇이 시시각각 변화하는 지면의 상태로부터 자극을 받아들여 균형을 잡으면서 보행할 때, 그 막대한 연산처리를 행하는 중앙처리장치(CPU)에는 초고성능 컴퓨터가 필요하다. 하지만 풀길이나 진흙길에서도 어려움 없이 두 발로 걷는 것을 가능하게 하는 우리의 뇌가 그 정도의 고속연산을 행하고 있다고는 생각되지 않는다. 여기에서, 뇌를 중앙처리장치로 가정하는 종래의 계산주의적 로봇공학에 대해서, 신체성의 인지과학은 새로운 단면을 제공한다. 그 중요 개념이 '칩 디자인'이며, 신체문제에도 귀중한 시사점이 된다.

칩 디자인은 크기, 재질, 형태라는 물리적인 구체성을 가진 제약적인 신체를 잘 이용하는 것으로, 중앙처리장치를 가지지 않고 주위의 환경에 잘 반응할 수 있는 디자인이다. 마음을 가지지 않은 재료가 '마음을 대신' 담당한다고도 말할 수 있다.[3] 예를 들어 파리의 겹눈이 가진 동체시력은 날아오는 포탄을 인식할 정도의 능력을 가지고 있지만, 그 시력은 0.1도 되지 않는다. 여기서 기존의 로봇공학의 관점에서 이동하는 물체에 대한 감도가 뛰어난 파리의 겹눈과 같은 카메라를 만드는 경우에는, 초미세 해상도를 가진 센서와 1/1000초 단위로 입력되는 정보를 하나하나 처리하는 고가의 중앙처리장치를 탑재하겠지만, 신체화된 로봇공학에서는 다른 접근법을 취한다.

센서를 만들 때 파리의 겹눈 구조의 사이즈와 형질까지 모방해서 이동하는 물체에 대한 감도는 높이지만, 멈춰 있는 물체에 대한 해상도는 고려하지 않는 것을 만들어서, 정보처리의 부담은 극적으로 낮추고, 고성능 중앙처리장치는 많은 전력도 필요 없게 된다. 환경으로부터 입력되는 데이터를 중앙처리장치가 추상적인 논리연산으로 처리하는 것이 아니라, 환경을 바로 체험한 '신체'로서의 센서가 그대로 대응하는 구조이다. 여기서는 재질이 가지는 물리적인 특성이 처음부터 정보량을 한정함으로써, 결과적으로 연산처리를 효과적으로 대체하게 된다. 칩 디자인은 바로 '정신(기능의 일부)으로서의 신체'를 체현하고 있는 것이다. 조금 전에 두 발로 걷는 것에 관해서는, 미국 코넬 대학에서 개발한 수동보행 로봇의 흥미로운 동영상이 공개되어 있다.[4]

보다 고도의 인간 인지처리에 대해서도, 신체와 정신의 강한 결속, 특히 신체로부터 정신으로 강하게 영향을 미치는 구조가 연구되고 있다. 그 한 예는 의사결정에 있어서 선호판단과 시선의 움직임에 관한 것이다. 인지신경과학자인 시모조 신스케(下條信輔, 1955-)는 피험자에게 컴퓨터 화면상의 얼굴사진을 비교해서 보게 하여 어느 쪽이 보다 매력적인가를 판단하게 하는 일련의 실험을 행하면서, 선호하는 의사결정 버튼을 누를 때까지의 시선의 움직임을 정밀하게 계측했다. 그 결과 자각적 판단 이전에 시선이 그 대상에 집중하는 현상을 발견하고, 게다가 시선이동을 강제적으로 조작하여 피험자의 선호에 영향을 끼칠 수 있다고 하는 결과를 얻었다.[5] '(정신이) 좋아하니까 (신체의) 눈이 쫓아가는' 것이 아니라, '눈이 쫓아가면 좋아하게 된다'는 이 현상은 전통적인 서양철학의 '정신－신체'의 이미지를 크게 뒤집는 것이었다.

4. 신체문제는 '무아'에 수렴하는가?

신체와 환경의 상호관계에서만 정신은 활동한다. 상호의존성이 불가결하다는 점에서, 독립된 존재가 허용되지 않는 이 정신의 존재는 어떤 의미에서는 '불완전'하게 보인다. 하지만 이 불완전성이야말로 칩 디자인이 보여주는 유연한 환경적응능력을 낳는다고 하는 패러독스는 의미가 있다. 환경 가운데 '신체'를 통해서 매 순간 나타나는 인지처리의 총체를 정신이라고 파악하면, 어느새 거기에 서구의 '자명하고 강고한 자아'는 없고, 불교의 '무아'에 급속하게 접근하는 정신의 모습이 느껴질지도 모른다. 그 수렴 다음은 어찌되었든, 신체문제에 대한 과학적·철학적 연구는 우리의 지적 호기심을 계속해서 자극할 것이다.

✻ 문헌

1) 河野哲也(2006),『「心」はからだの外にある』(NHKブックス). 日本放送出版協会.

2) 佐々木正人(2008),『アフォーダンス入門』, 講談社学術文庫.

3) 平原憲道(2010), 「仏教心理学会に必要な「遠心力」ー望まれる「意識のサイエンス」=認知科学の活用」,『日本仏教心理学会誌』 no.1, pp.33-43.

4) http://ruina.tam.cornell.edu/research/topics/robots/

5) 下條信輔(2008),『サブリミナル・インパクト』, ちくま新書.

[平原憲道]

심리학의 기초

78 기억

【링크】→ 다라니, 유식사상, 학습·사고, 트라우마, PTSD

기억은 기억하고 있는지 아닌지의 두 가지로 이루어지는 것이 아니다. 힌트나 계기가 있으면 떠오르는 기억도 있고, 쓸 수 없지만 읽을 수 있는 문자가 있으며, 전에 기억하려는 노력을 했다는 것조차 잊고 있어도, 다시 기억하려고 하면 간단히 외우게 되는 경우도 있다. 기억의 과정은 각인－보유－상기의 3단계로 이루어진다. 상기에는 ○×문제, 택일문제와 같이 이전의 경험을 실마리로 해서 확인하는 재인법이 있고, 빈칸 채우기와 논술문제와 같이 이전의 경험을 실마리 없이 말, 그림, 동작 등으로 나타내는 재생법이 있다.

1. 기억의 길이에 의한 분류

기억은 길이에 의해서 감각기억, 단기기억, 장기기억의 세 가지로 분류된다.

감각기억은 눈에 들어온(감각기관에 들어온) 것 거의 모두를 기억하지만, 1초 이내에 잊혀지는 순간적인 기억이다. 스펄링(George Sperling, 1934-)이[1] 타키스토스코프(순간노출기) 화면에서, 12문자(3행×4열)를 50밀리세컨드(ms)(＝1/20초)로 제시하는 실험을 행했을 때, 피험자는 12자 가운데 평균 4.3자를 재생할 수 있었다. 이 제시시간을 10배인 500밀리세컨드로 하더라도, 재생 수는 같은 수였지만 이 결과보다도 실제로는 더 많이 보였다고 피험자가 주장하는 것을 받아들여, 재생할 때에 보고해야 할 내용을 상단, 중단, 하단의 세 가지로 나누었다. 그리고 문자를 제시하고 사라진 이후에, 고음의 버저가 울리면 상단의 문자만을 대답하도록 각 단계마다 다른 버저음을 설정하고 행을 지정하여 재생하도록 요구했다(부분보고법). 그랬더니 피험자는 3-4자 재생할 수 있었고, 이것을 환산하면 9-12자를 재생할 수 있었다. 그런데 문자를 제시하는 것에서 버저를 울릴 때까지의 시간을 늘려서 1초에 가까워지면, 재생 수가 1-3자(4-12자)가 되어버리는 것에서, 1초 이내에 잊히는 기억이 있다는 것을 증명했다. 감각기억에 '주의'가 향하게 되면 단기기억이 된다.

밀러(George A. Miller, 1920-2012)가 발견한 단기기억은, 전화번호를 모르는 상대의 전화번호 메모를 보면서 다이얼을 누르고, 전화가 연결되었을 즈음에는 그 번호를 잊어버리는, 약 20초 정도 유지할 수 있는 짧은 기억이다. 이 유지량은 무의미하게 엮인(무의미한 숫자나 문자의 나열) 경우, 7±2개 정도로 극히 소량이다.[2] 단기기억은 기능적으로는 워킹메모리(작업기억)로 불리며, 정보를 일시적으로 유지하고, 그 활성화된 정보를 이용하여 당면한 문제를 처리하는 데에 이용된다. 예를 들어 357+643이라는 계산을 암산으로 할 때에 이용되는 것과 같은 기억이다. 단기기억을 반복하거나, 인상이 강렬하면 장기기억이 된다.

장기기억은 자신의 성명을 잊지 않고 외우고 있듯이 반영구적으로 유지되는 기억으로, 그 유지 시간은 거의 무한대라고 생각된다. 이렇듯 감각기억부터 장기기억까지 연속성을 가정하는 파악방식을 기억의 삼단계설이라고 부른다.

또한 어떤 계열(일련의 것)을 기억하려고 할 때, 계열의 맨 앞에 있는 것(초두효과)과 맨 뒤에 있는 것(최신효과)은 비교적 기억에 남기 쉽다고 알려져 있으며, 이것을 계열위치효과라고 한다. 이 안에서 각인 직후에 미리 연습하는 것을 방해하기 위해 예를 들어 '700에서 3씩 뺄셈을 해나가주

세요' 등과 같은 과제를 부여하면 최신효과만이 약해지는 것에 의해서 초두효과는 장기기억, 최신효과는 단기기억에 의한 것이라는 것이 알려져 있으며, 이것을 이중 기억 모델이라고 한다.

2. 장기기억의 내용에 의한 분류

장기기억을 내용에 따라서 분류하면, 말로 설명 가능한 서술기억과 자동차를 타는 법과 같이 말로는 설명하기 어려운, 동작을 기억하는 절차기억의 두 가지로 나뉜다. 넓은 의미에서의 절차기억에는, 반응적 조건화와 지각운동학습(기능학습), 프라이밍 등도 포함된다. 프라이밍 효과는 미리 자극(단어 등의 힌트)을 주면 타깃이 되는 단어 등 자극의 인지처리(상기, 연상, 지각 등)가 촉진되는 현상을 말한다. 예를 들어 '뼈'라는 프라임(힌트가 되는 단어)을 주고 '고양이'라는 단어로부터 연상되는 말을 떠올려보라고 하면, '물고기'라는 타깃이 나오기 쉽고, '귤'이라는 프라임을 주면, '코타츠'라는 타깃이 나오기 쉽다. 서술기억은 '언제, 어디서'라는 것이 비교적 명확한, 경험적 기억인 에피소드기억, 일반적 지식과 말의 의미와 개념 등인 의미기억의 두 가지로 나뉜다. 에피소드기억의 일부인 자전적 기억의 특징에는, 3세 이전의 기억이 부족한 유아기건망과 50세 이상의 사람이 과거의 기억을 떠올리려고 하면, 20대 전후의 기억이 많이 생각난다고 하는 연상 범프라는 현상이 있다. 또한 기억이란 일반적으로는 과거의 일을 기억하는 회상기억을 가리키는 경우가 많지만, 그날 있을 예정인 미팅의 시작시간을 떠올리는 등의 전망기억이라는 것도 있다.

3. 망각

에빙하우스(Hermann Ebbinghaus, 1850-1909)는, 무의미하게 조합된 것에

대한 망각은 20분에 약 60%, 1시간에 약 45%, 9시간에 약 35%의 유지율을 가지며, 극히 단시간에 망각이 일어난다는 것을 확인하여, 그것을 망각곡선이라는 그래프로 나타냈다. 망각의 이유에는 여러 설이 있으며, 사용하지 않는 기억은 자연스럽게 붕괴된다는 불사용설(자연붕괴설), 기억하려고 하는 것의 전후에 비슷한 정보가 입력되면, 서로의 정보가 간섭하여 떠올리는 것을 방해받는다는 간섭설, 유지는 되고 있지만 적절한 단서가 발견되지 않았기 때문에 떠오르지 않는다는 검색실패설, 불쾌하고 괴로운 체험은 망각하는 경우가 있다는 정신분석에서의 억압설 등이 알려져 있다.

기억의 장애에는 위에서 기술한 기억의 분류법에 기반을 두어 단기기억 장애, 장기기억 장애, 서술기억 장애 등 기억의 길이와 내용에 따른 장애가 각각 별개의 것으로서 다루어지고 있다. 기억을 담당하는 부위로서는 해마가 서술기억의 형성에 관여하고, 편도체가 희로애락이라는 정동반응의 기억과 관련을 가진다고 생각되고 있다. 뇌의 손상과 연관되는 지각과 주의는 유지되지만, 기억만이 장애를 일으키는 건망증에서는, 서술기억은 장애를 일으켜도 절차기억에는 영향이 없다. 또한 에피소드기억과 의미기억 가운데 어느 한쪽이 장애를 일으키는 증상도 보고되어 있다.

✽ 문헌

1) Sperling. G.(1960), “The information available in brief visual presentations”, *Psychological Monographs*, 74, No.11, (Whole No.498), pp.1-29.

2) ミラー, G. 高木洋一郎 訳(1972),「不思議な数 “7” プラスマイナス2ー人間の情報処理容量のある種の限界」,『心理学への情報科学的アプローチ』, 培風館.

[加藤博己]

심리학의 기초

79 정동(정서)

【링크】→ 생리심리학, 건강심리학, 스트레스, 트라우마, PTSD, 최면치료

감정을 나타내는 용어는 여러 가지가 있다. 예를 들어 가장 넓은 의미의 감정을 나타내는 말은 정동(affection)이다. 그것에 비해서 쾌·불쾌 등 좁은 의미에서 감정을 나타내는 말로 느낌(feeling), 희로애락 등 비교적 강한 일회성의 감정을 나타내는 말로는 정서(emotion)가 사용된다. 정서(emotion)는 표정, 몸짓, 목소리의 상태 등 신체적 표출과 호흡, 맥박, 혈압 등의 자율신경계 신체반응을 동반한다고 여겨진다. 또한 딱히 원인을 필요로 하지 않는, 비교적 장시간에 걸친 지속적인 감정을 나타내는 기분(mood), 격렬한 욕구를 수반한 강렬하고 영속적인 감정을 나타내는 열정(passion), 사회적·문화적인 현상을 대상으로 어느 정도 가치적으로 통합된 복합적 감정을 나타내는 정조(sentiment, 情操), 그 외에 분위기(atmosphere) 등의 유사어가 있다. 하지만 최근 영어권에서는 주로 정서(emotion)라는 용어가 사용되고 있다.

분트(Wilhelm M. Wundt, 1832-1920)와 브릿지스(Katharine M. B. Bridges, 1897-1995)에 의하면, 유아의 정서 발생은 미분화된 흥분과 침잠으로부터 근육의 긴장과 독특한 울음소리로 표현되는 불쾌와 쾌가 구별되고, 이어서 미소로 표현되는 것과 같은 이완상태 또는 혐오, 공포, 성취, 애정 등 순차적으로 다양한 감정이 분화된다.

1. 정서의 발생

정서의 발생을 설명하는 것으로서, 제임스－랑게의 말초기원설, 캐넌－

버드의 중추기원설, 샤흐터(Stanley Schachter, 1922-1997)의 이요인설(인지설) 등이 있다. 말초기원설이란 "슬프니까 우는 것이 아니라, 우니까 슬픈 것이다."라는 말로 드러나듯이, 자극적인 현상의 지각에 이어서 신체적 변화(두근거림, 소름 등)가 생겨나고, 그 신체적 변화를 지각하는 것으로 정서가 생겨난다는 것이다. 이에 반해서, 예를 들어 발열 시의 오한상태에서는 두려움과 성냄이라는 정서상태에 있을 때와 동일한 말초신경의 변화가 생기지만, 발열 시에 성냄과 두려움이 일어나는 것은 아니듯이, 같은 생리적 변화로부터 다른 정서가 생겨난다고 반론한 것에서 제창된 것이 대뇌중추에서 정서가 생겨난다는 중추기원설이다. 한편 샤흐터의 이요인설(인지설)은 혈압의 상승, 심박수와 호흡수의 증가와 떨림 등의 흥분작용을 일으키는 약물을 투여한 후에, 실험협력자에게 즐거워하고 성내는 다른 정서가 함께 증가한 것을 볼 수 있으므로 정서체험은 생리적 변화와 그에 대한 인지적 평가로부터 생겨난다는 것이다. 현재 이들 세 가지 설 모두 옳은 것이라고 생각되고 있다.

2. 정서의 측정

정서의 측정에는 오스굿(Charles E. Osgood, 1916-1991)의 의미미분법(SD법, Semantic Differential technique)과 서스톤(Louis L. Thurstone, 1887-1955) 등에 의한 일대비교법, 생리적 변화 측정법 등이 사용되어 왔다. 의미미분법은 '따뜻하다－차갑다' 등 반의어의 형용사를 양 끝에 놓은 5-7단계의 척도를 복수로 나열하여, 감정적인 이미지를 객관적으로 측정한 것이다. 최근 심리학 분야에서는 덜 사용되지만 현재도 건축학 분야에서는 사용되고 있다. 일대비교법은 미추, 우열, 호오, 선악, 쾌불쾌 등 주관적인 가치판단, 식품의 맛과 향수의 냄새 등을 선호하는 정도, 차에 타는 느낌 등을 조사하는 경우에 사용되는 평정법의 일종이며, 오감검사로도 사용된다.

특히 비교대상이 복수여서 비교가 곤란한 것을 2개 1조의 짝을 지어서, 그 성질에 대한 주관적 가치판단에 대해서 강제 선택하는 것으로 비교를 용이하게 하고, 명목척도를 등간척도로 변환하는 것이다.

생리적 변화의 측정에는 뇌파, 피부전기저항, 심전도, 근전도 등 전기현상과 호흡, 심박, 혈압, 혈류, 혈액량의 변화, 피부온도, 안구운동 등의 전기적으로 변화하는 것이 복수의 지표로 사용된다. 이러한 생체현상을 조사하기 위한 복수의 생리적 측정장치와 그 기록을 폴리그라프(poly-graph)라고 한다. 허위검출장면에서도 사용되기 때문에, '거짓말 탐지기'라고 오해받는 경우가 있는데, 알고 있는지를 예측하는 판단재료는 되지만 거짓말을 간파하는 기능을 가졌을리는 없다.

3. 정서의 여러 현상

생리심리학에서는 정서의 변화를 측정하기 위해서 심리학 고유의 것은 아니지만, 스트레스와 타입A 행동,[1] 바이오피드백, 렘수면, 뇌파, 신경계와 뇌의 구조 등의 지식을 다룬다. 바이오피드백은 자신의 의지로 감지하거나 제어할 수 없는 것을 빛과 소리로 바꾸어 피드백하여 몸상태를 제어(이완 등)하는 방법으로, 자율신경계 질환의 치료와 스포츠 선수의 멘탈트레이닝 등에 활용되고 있다.

렘(REM, Rapid Eye Movement)수면은 급속안구운동으로 번역되는데, 목덜미 등의 자세를 유지하는 항중력근이 이완되어 휴식상태에 있음에도 불구하고, 각성 패턴과 닮은 뇌파를 보이며 급속안구운동이 일어나서 맥박 수와 호흡수가 불규칙하게 증가하고, 혈압이 상승하는 등의 자율활동이 항진되는 현상이다. 일반적으로 20분의 렘수면과 70분의 비렘수면으로 이루어지는 90분 주기의 수면을 반복하면서 높은 빈도로 렘수면 시에 명확한 꿈을 꾼다고 알려져 있다.

뇌파의 측정은 1924년에 정신의학자 한스 베르거(Hans Berger, 1873-1941)가 인간의 머리에서 전위변동의 파형이 기록된다는 것을 확인한 것에서 시작된다. 특히 후두부 시각중추로부터 현저하게 규칙적으로 물결치는 파형을 알파(α)파라고 명명했다. 어떤 뇌파가 고립되어 출현하는 경우는 드물지만, 알파파는 고르게는 1/8-1/13초의 지속시간을 가지는 하나의 파를 말하며, 최단이라도 0.5초 정도(파의 수로 4-7파) 연속하여 나타난다. 이것으로부터, 일본뇌파근전도학회에서는 뇌파를 기술하는 용어로 알파파가 아니라 '알파율동'을 사용하고 있다. 알파율동은 성인이 눈을 감은 채 각성하고 있을 때에 우측 후두부에서 나타나는 8-13Hz의 뇌파율동을 말한다. 오늘날에는 뇌의 좌우 차이(laterality)에 기초한 뇌과학이 주목받고 있다.

또한 빛과 소리 등의 자극과 손가락의 운동 등에 의해서 일회적으로 생기는 뇌의 전기적 반응이 있는데, 이것을 사건관련전위라고 부른다. 사건관련전위의 파형은 자극의 물리적 성질이 아니라, 자극에 의해 야기된 심적 과정(주의, 기억, 지각, 의사결정 등)의 성질의 차이를 반영한다고 생각된다. 그 외에 최면과 명상, 약물, 종교의례, 스포츠 등에 의해 일어나는 비일상적인 변성의식상태(ASC, Altered States of Consciousness)에 대해서도, 뇌파를 중심으로 생리적 변화를 측정하고 해석하려는 시도가 있다.

✽ 미주

1) 로젠만(R. Rosenman)과 프리드만(N. Friedman)은 관상동맥성 심장질환자는 스트레스에 대한 자각이 결여되어, 완전한 주의, 공격성, 대상을 한정하지 않은 적의, 시간에 대한 절박감 등을 가지는 경향이 있는데, 이를 타입A 행동 유형이라고 부른다.

[加藤博己]

심리학의 기초

80 동기부여

【링크】→ 사문유관, 생로병사, 열반, 삼독, 갈애, 애착, 번뇌, 방어기제, 콤플렉스, 오이디푸스 콤플렉스, 아자세 콤플렉스

동기부여(motivation) 분야에서는 동기(motive), 요구(need), 욕구(want), 동인(drive) 등의 말이 사용되지만, 이것들은 엄밀하게 구분되지 않는다.

1. 동기부여의 분류법

동기부여에는 다양한 분류법이 있다. 예를 들어 우리의 생존에 필수불가결한 호흡, 음식, 배설, 수면과 휴식의 욕구, 종의 보존에 필요한 성적 욕구 등의 일차적(생리적) 욕구와 생활의 질을 향상시키는 금전, 신분, 권력, 명예, 성취, 친화, 취미, 기호 등의 이차적(사회적) 욕구로 이분하는 방법이 있다.

또한 음식물, 금전, 이성 등의 외적 보수를 주는 것으로 의욕을 높이는 외발적 동기와 어떤 행위를 행하는 것 자체가 목적이 되고 기쁨이 되는 내발적 동기로 이분하는 방법도 있다.

또는 태어나면서 가지고 있는 생득적 욕구와 후천적으로 몸에 익힌 취득적 욕구로 이분하는 방법도 있다. 영(Paul T. Young, 1892-1978)은 어떤 종류의 영양소만을 주지 않고 사육한 특수기아상태에 있는 쥐를 피험체로 삼아, 등거리의 장소에 다양한 영양소를 포함한 용액을 놓고서 자유롭게 선택하여 섭취할 수 있도록 부채꼴의 카페테리아 박스를 사용하여 실험

을 행하였다. 그러자 쥐는 자신에게 결핍된 영양소를 포함한 용액을 선호하여 섭취했다. 이렇듯 생득적으로 갖추고 있는 생체의 균형을 일정하게 유지하려는 활동을 생리학자 캐논(Walter B. Cannon, 1871-1945)은 항상성(homeostasis)이라고 명명했다.

또한 허즈버그(Frederick Herzberg, 1923-2000)의 이요인이론에서는 업무상 개인에게 만족을 가져오는 요인과 불만을 가져오는 요인은 다르다는 것이 드러난다. 즉, 성취감은 주위로부터의 승인, 책임, 승진, 개인적 성장 등의 동기부여요인이 채워지면 커다란 만족을 얻지만, 채워지지 않아도 불만을 느끼는 것은 아닌 것에 비해서, 임금, 부가급여, 작업조건, 경영방침, 직장의 인간관계 등의 위생요인은 조건이 나쁘면 불만을 가져오지만, 개선되었다고 해서 만족을 가져오지는 않는다는 점이 지적되고 있다.

이들 이분하는 방법과는 달리, 생리적 욕구라는 저차원적 욕구로부터 안전욕구, 소속·애정욕구, 승인·존중욕구라는 결핍욕구를 순차적으로 채워가면서, 최후에 자신답게 창조적인 자기를 실현하여, 능력을 최고로 발휘하고자 하는 자기실현욕구가 생겨난다고 하는 마슬로(Abraham H. Maslow, 1908-1970)의 욕구계층설이 있다. 이후에 마슬로는 5단계의 최상층에 위치한 자기실현욕구보다 더 상층에 자기초월욕구를 가정했다.

2. 욕구불만과 갈등

개인에 따라서 또는 과제에 따라서, 완전성을 원하거나 타인과의 협조를 원하거나, 최저한도의 목표를 설정하는 요구수준은 다르다. 하지만 요구수준이 어떤 차원으로 설정되어 있다고 해도, 개인에게 있어서 목표에 대한 장애가 현저하여 소거와 극복이 불가능한 대상행위 등에 의해서 만족을 얻을 수 없으면, 욕구불만(frustration) 상태에 빠진다. 욕구가 저지되는 장면에서는 정서적인 행위를 억제하고 욕구불만에 대해서 인내하는 힘인 내성이 요구되지만, 최근 그 능력이 성장하지 않은, 이른바 청소년의 '열 받은' 행동이 끊이지 않고 지적되고 있다.

이 욕구불만 상태를 회피하고 마음의 평정한 균형을 유지하기 위해서, 프로이트(Sigmund Freud, 1856-1939)는 무의식적으로 자동화된 자아의 방어기제가 활동한다고 가정하고, 딸인 안나 프로이트(Anna Freud, 1895-1982)가 그것을 체계화했다. 방어기제 중에는 불쾌한 일을 무의식적으로 기억 깊숙이 간직하는 억압, 채워지지 않은 욕구에 대하여 이치에 맞는 적당한 이유를 만들어서 자신의 행동을 정당화하는 합리화, 억눌린 욕구를 예술작품과 스포츠 등의 사회적으로 바람직하다고 여겨지는 행위로 표현하는 승화, 질병, 백일몽 또는 현실적으로 닥친 문제와는 무관계한 행동으로 달아나는 도피 등이 있다.

욕구불만 상태가 장기화되면 레빈(Kurt Lewin, 1890-1947)이 말한 갈등상태, 즉 두 가지 이상의 동등한 욕구가 동시에 존재하며, 선택을 망설이는 심리적인 상태에 빠질 가능성이 있다. 레빈에 의하면 갈등에는 ① 바람직한 정도가 동등한 두 가지 이상의 것을 바라는 접근－접근형 갈등, ② 바람직하지 않은 정도가 동등한 두 가지 이상의 것으로부터 달아나려고 하는 회피－회피형 갈등, ③ 바람직하지 않은 상태를 통과하지 않으면, 바람직한 상태가 얻어지지 않는 접근－회피형 갈등 3종류가 있다. ①에서는 옷을 사고 싶지만 가방도 사고 싶은, ②에서는 피아노 레슨에 가는 것은 싫지만 레슨에 가지 않아서 부모에게 혼나는 것도 싫은, ③에서는 "호랑이 굴에 들어가야 호랑이 새끼를 잡는다."라는 속담을 예로 들 수 있다.

3. 콤플렉스

무의식 아래에 있으면서 감정으로 채색된, 자아를 위협하는 심적 복합상태를 융(Carl G. Jung, 1875-1961)은 콤플렉스라고 불렀다. 아들러(Alfred W.

Adler, 1870-1937)가 제창한 열등 콤플렉스가 일본에서 특히 유명하지만, 콤플렉스라는 용어에는 본래 '열등'이라는 의미는 없다. 프로이트가 제창한 오이디푸스 콤플렉스는 5, 6세가 된 남아가 어머니를 독점하는 데 방해가 되는 아버지에게 살의를 품지만, 현실에서 그것을 행하는 것은 곤란하기 때문에, 어머니의 애정을 이미 가지고 있는 아버지와 같은 행동과 말투, 취향과 복장 등을 따라하면서 아버지와 자신을 동일화하여 아버지가 얻은 애정을 어머니에게서 얻으려고 하는 복잡한 심적 상태를 말한다. 고자와 헤이사쿠(古澤平作, 1897-1968)가 제창하고 오코노기 케이고(小此木啓吾, 1930-2003)가 해석을 더한 아자세 콤플렉스는 아이의 출생에 대한 공포를 품은 어머니에게, 출생 후의 아이는 자립하면서 어머니와의 일체감과 신뢰감을 유지하지 못한 것에 대한 원망을 품지만, 마침내 모자는 서로를 용서한다는 것으로, 모자관계를 중시한 일본 특유의 정신분석이론이다.

4. 붓다의 출가 동기

고타마 싯다르타가 출가를 결심한 동기는, 사문유관의 일화를 보면 생로병사에 대한 불안을 해결하기 위해서였다고 생각된다. 그래서 성도 후에 사람들에게 설한 것은, 이들 불안이 고요해지는 열반의 상태, 즉 탐욕, 분노, 어리석음이 소멸된 상태이다. 또한 그것은 갈애를 소멸시킨 상태이다.[1), 2)]

또한 이후에 불도는 생득적 욕구인 번뇌를 소멸시키기 위해서, 취득적 욕구인 불성을 깨닫고, 해탈에 의한 열반의 길을 성취하는 것을 목표로 하는 것이라고 해석되었다.

❋ 문헌

1) 加藤博己(1997), 「精神的健康としてのゴータマ・ブッダの涅槃と涅槃に至る段階的な境地について」, 『駒澤社会学研究』, 29, pp.7-29.

2) 増谷文雄(1979), 『阿含経典』, 筑摩書房, 第2巻 pp.221-223, 第3巻 pp.87-88, pp.99-100, pp.126-127.

[加藤博己]

브릿지 26 집착과 애착(어태치먼트)

【링크】→ 번뇌, 깨달음, 애착형성, 분리불안, 탈감각, 지금 여기, 생리적 욕구, 욕구불만, 애착, 낯설기 기법

붓다(깨달은 자) 중의 한 사람인 석가가 체현했다고 여겨지는 '깨달음'이란, 번뇌에 대한 집착(abhiniveśa)으로부터 자유로운 경지 또는 번뇌와 잡념이 소멸된 상태라고 설해진다. '집착'은 영어로는 '어태치먼트(attachment)'라고 번역되는 경우가 많다. 하지만 심리학에서 어태치먼트는 통상 '애착'으로 번역되며, 집착과는 취지를 상당히 달리한다. 단적으로 말하면, 불교에서는 바람직하지 않은 것으로 파악하지만, 심리학에서는 영유아기에 양육자와의 사이에서 형성되어야 하는 바람직한 것으로 파악한다. 그러므로 영어로 '집착'에 대해서 논의할 때에는 '어태치먼트(attachment)'가 아니라 '클링(clinging)' 등의 용어를 사용하는 편이 원래의 의미를 전하기 쉽다고 생각된다. 아래에서 집착과 애착의 차이에 대해 검토해보자.

1. 집착

불교는 일반적으로 번뇌를 채우려고 발버둥치는 상태를 '집착'이라고 말하고 있다. 이 경우 '번뇌'에는 수분과 영양, 수면과 산소 등을 필요로 하는 생리적 욕구도 포함되는 경우가 있지만, 보다 의식하고 있는 것은 애정욕구와 우월욕구, 지배욕구와 공격욕구, 승인욕구와 성적욕구 등과 같은 기본적 욕구에서 받은 상처와 불만족일 것이다. 이들 욕구(=욕구불만)에 사로잡히면, 사람은 윤리적 욕구와 도움을 주고자 하는 욕구 그리고 영성의 심화와 향상에 뜻을 두는 고차원적 욕구로 나아가기 어려워질

지도 모른다.

심적 현상의 인과를 단순히 생각하면, 기본적 욕구가 채워지지 않는 괴로움에서 벗어나려면 그 '원인'이 되는 욕구를 소멸시키면 되고, 또 그러한 욕구를 수반한 이미지와 사고(잡념)를 소거하면 된다. 붓다도 그러한 의미로 설했다고 한다. 하지만 생리적 욕구를 느끼지 않으면 사람은 살 수 없을 것(이렇게 되면 성불은 죽음이 된다)이고, 아무도 성적 욕구를 채우지 않으면 인류는 멸망할 것이다. 사고정지만으로는 건설적인 '꿈'이 실현되지 않고, 사회는 진보하지 않을 것이다.

2. 애착

한편 심리학에서 말하는 '애착(어태치먼트)'이란, 볼비(John Bowlby, 1907-1990)가 종래의 정신분석적 관점에 비교행동학적 관점과 대상관계론적 관점을 더해서 1969년에 제창한 개념이다. '위기의 상황에서, 또는 잠재적인 위기에 대비해서 특정 대상과의 근접을 필요로 하고, 또는 그것을 유지하려고 하는 개체의 경향성'이라고 정의된다.[1)] 예를 들어 낯선 손님이 찾아온 것을 보고, 어린아이는 엄마의 뒤에 숨어서 매달린다. 그리고 조금씩 '안전기지(secure base)'인 엄마로부터 멀어져서 손님과 가까워지며, 어느 정도 소통을 한다. 하지만 엄마가 그 장소를 떠나려고 하면 갑자기 불안해져서 울음을 터뜨리고, 엄마 뒤를 쫓아가며, 다시 엄마에게 안기면 안심이 되고 웃는다. 이러한 일련의 행동이 전개될 때, 안정된 어태치먼트가 형성되고 있다고 간주하는 것이다.

애착이론가들은 낯선 상황(strange situation)을 실험적으로 설정하여, 거기서 보이는 영유아의 반응으로부터 어태치먼트의 4유형을 발견했다. 즉, 안정형(양육자와의 분리 시에는 울지만, 재회 시에는 신체접촉에 의해서 곧 안정되는), 회피형(양육자의 보살핌을 필요로 하지 않는), 양가형(강한 분리불안을 드러내는 한편, 양육자와의 재회 시에 격렬한 분노를 표명하는), 무질서·무방향형(얼굴을 돌리고서 다가오거나, 달라붙다가 갑자기 뿌리치기를 반복하거나, 양육자를 두려워하는 모습을 보이는 한편 실험자에게 친밀하게 접근하는)이다.[2] 애착의 건전한 발달과정에서는, 양육자의 이미지가 차차 내재화되어 '내적 작업 모델'이 형성되고, 양육자가 곁에 없는 상황에도 그 이미지에 의해 안정감을 얻을 수 있게 된다고 생각된다. 유아기의 4유형은 성인애착의 4유형(자율형, 경시형, 포로형, 미해결형)과 관련되는 것은 아닐까 하는 연구도 행해지고 있지만, 결과는 상정된 만큼 명확하지는 않았다. 하지만 종단(縱斷)연구라는 점을 감안하면 그 결과는 환경개선에 의해 보다 안정적인 애착이 형성된다는 것을 시사하는 것인지도 모른다.[3]

3. 무엇을 채우고, 무엇을 단념할 것인가

이렇게 대비해보면, 어떠한 욕구를 어느 정도 채우려고 하는 것이 바람직한지를 파악할 수 있다. 붓다도 생리적 욕구를 어느 정도 채웠기 때문에 살아 있었던 것이고, 유아가 애착을 형성하려는 애정욕구까지 부정하지는 않았던 것이다. 실제로 그는 아들을 제자로 삼았다.[4], [5] 또한 붓다는 자신이 신격화되는 것을 바라지 않았다고 생각하지만, 사람들이 그의 모습(일종의 내적 작업 모델)을 마음속으로 떠올리는 것을, 또는 불상과 관음상으로서 성스러운 이미지를 표현하는 것을 딱 잘라서 부정하지 않았다. 반대로 붓다를 시작으로 신란(親鸞, 1173-1263), 도겐(道元, 1200-1253), 묘에(明惠, 1173-1232) 등이 어려서 어머니를 잃은 것을 생각하면, 어쩌면 현실세계에서 애착을 단념하는 것(諦觀)이야말로 현상적인 작업 모델과 높은 영성을 기르는 계기가 되는 것일지도 모른다.

✻ 문헌

1) ピーター・フォナギー, 遠藤利彦, 北山修 監訳(2008),『愛着理論と精神分析』, 誠信書房.

2) 数井みゆき・遠藤利彦(2005),『アタッチメント-生涯にわたる絆』, ミネルヴァ書房.

3) 数井みゆき・遠藤利彦(2007),『アタッチメントと臨床領域』, ミネルヴァ書房.

4) 並川孝儀(2005),『ゴータマ・ブッダ考』, 大藏出版.

5) 山折哲雄(2006),『ブッダはなぜ子を捨てたか』, 集英社文庫.

[倉光 修]

심리학의 기초

81 발달

【링크】→ 갈애, 리비도, 정신분석, 각인, 애착, 집착, 애착형성, 분리불안, 통합이론

발달심리학은 진화론에 기반을 둔 계통발생적 발달과 개체발생적 발달을 포괄하고 있다. 현대의 발달심리학은 몸과 마음이 현저하게 성장하는 아동기뿐만 아니라, 수정에서 개체의 죽음까지 성장하고 나이를 먹으면서 동시에 기능이 저하되는 과정도 포함하는 광범위한 것으로 이루어져 있으며, 종종 생애발달심리학이라고 불린다. 학습 분야와 같이 시간적 경과에 의한 변화를 보이지만, 연속적으로 일정한 방향으로 순서를 가지고 진행되어 개인차가 크다는 점이 큰 특징이다.

1. 발달단계

발달은 연속적이면서도 특히 심신의 어떤 영역의 변화가 두드러지는 시기가 있으며, 그것들을 발달단계로서 파악하려는 시도가 무수히 행해져왔다.

발달단계에는, 예를 들어 주로 유아기에는 성적 리비도의 만족이라는 관점에서 행위를 이해하고, 구순기, 항문기, 남근기(오이디푸스기) 등의 발달단계를 가정하여 프로이트가 제창한 정신·성발달이론과 프로이트의 정신분석적인 사고에 사회적 적응 개념을 가미하여, 전 생애에 걸쳐 각 시기의 발달과제와 그것을 넘어설 때에 일어나는 심리적·사회적 위기가

생겨난다고 하는 에릭슨(Erik H. Erikson, 1902-1994)의 생애주기 8단계 등이 있다(도식 참조). 에릭슨은 자신의 삶에 비추어서, 청년기의 발달과제로 자아정체성(identity, 자신은 어떤 사람인가)의 획득을 들면서, 책임 있는 어른이 되는 것을 유예받는 시기로서 심리적 모라토리엄(지불유예)이라는 용어를 사용했다.

생애주기 도식(에릭슨)

① 영아기(출생-1·2세경)	기본적 신뢰감 vs 기본적 불신
② 유아기 전반(1·2-3세경)	자율성 vs 수치심과 의혹
③ 유아기 후반(3-6세경)	적극(자발)성 vs 죄책감
④ 아동기(6-12세경)	근면 vs 열등감
⑤ 청년기(12-20세경)	자아정체성 vs 정체성 혼미
⑥ 성인기(20-40세경)	친밀함 vs 고립(고독)
⑦ 장년기(40-60세경)	생산성 vs 침체
⑧ 노년기(60세경-)	완전성(통합성) vs 절망

그 외의 저명한 발달단계로는 피아제(Jean Piaget, 1896-1980)에 의한 인지 발달단계(감각운동기, 전조작기, 구체적 조작기, 형식적 조작기)가 잘 알려져 있다. 전조작기에서는, 모형정원의 3개의 산(山) 실험에서 보이듯이, 어떤 각도에서 보면 산이 3개로 보이고 다른 각도에서 보면 산이 2개밖에 보이지 않는 경우에, 현재 자신이 실제로 보고 있는 산의 개수를 사실이라고 파악하여 다른 각도에서 보고 있는 사람의 시점과의 차이를 인식하지 못하는 것처럼, 사물을 한 가지 측면에서만 파악하는 자기중심성이 보인다.

그 외에도 만물은 사람이 창조한 것이며, 태풍 등의 자연현상도 자유롭게 조작할 수 있다는 생각을 품은 인공론(人工論), 꿈에 나온 것과 생각한 것이 현실이 된다고 생각하는 실념론(實念論), '곰인형이 추워 보인다'라는 것과 같이 인형 등의 무생물에도 감정이 있다고 여겨서 의인화하는 애니미즘적 사고 등의 경향이 보인다.

다음으로 구체적 조작기에는 구체적인 사물이 없으면 논리적인 사고는 아직 곤란하며, 수, 길이, 질량 등의 보존 개념을 획득한다. 형식적 조작기가 되면 눈앞에 구체적인 사물이 없어도 x, y라는 기호 등의 추상적인 것을 머릿속으로 조작할 수 있게 된다.

2. 발달요인

유전과 환경(생득과 경험, 성숙과 학습, 가문과 성장) 가운데 어느 쪽이 보다 유기체의 발달에 영향을 주는가 하는 물음에 대해서, 일찍이 긴 시간에 걸쳐 논쟁이 전개되어 왔다. 왓슨(John B. Watson, 1878-1958)은 인간은 태어났을 때에는 백지와 같은 존재이며, '건강한 12명의 어린이와 그들을 양육하기 위한 적절한 환경이 주어지기만 하면, 재능과 적성을 문제 삼지 않고, 의사와 변호사도, 예술가와 기업가, 또는 거지조차도 길러낼 수 있다'고 주장하여, 학습경험에 의해서 다양한 능력이 획득된다는 것(학습우위설)을 주장했다.

그것에 대해서 게젤(Arnold L. Gesell, 1880-1961) 등은 학습에 의한 효과를 인정하면서도, 어떤 행동을 획득하기 위해서는, 즉 학습이 성립하기 위해서는 그 행동을 학습하기 위한 심신의 준비상태(readiness)가 필요하다는 것을, 유전적 요인을 통제한 실험(쌍생아 통제법) 결과로 보여주면서 성장우위설을 주장했다. 또한 노벨생리학과 의학상을 수상한 동물행동학자 로렌츠(Konrad Z. Lorenz, 1903-1989)가 발견한 각인(새김)현상도, 성장우위를 나타내는 것이다.

그 이후 슈테른(William L. Stern, 1871-1938)에 의해서 유전과 환경은 대립개념이 아니라 내적 성질과 외부 세계의 폭주의 결과(상호보완적)라는 생각이 널리 받아들여져서, 유전과 환경의 대립논쟁은 일단 결말을 보았다. 또한 룩셈부르거(Hans Luxemburger, 1894-1976)에 따르면 발달은 유전과 환경 쌍방의 영향을 받지만, 유전적 요인이 강하게 작용하면 환경적 요인의 영향은 약해지는 등 상대적으로 결정된다는 사고가 도식으로 나타난다.

그리고 헵(Donald O. Hebb, 1904-1985)은 행동발달을 유전과 환경을 단계별로 여섯 가지 요인으로 정리했다.[1] 즉, 최초에 ① '유전요인'이 있으며, 나머지 다섯 가지는 '환경요인'이 된다. 환경요인으로는 우선 ② 자궁 내 환경에서 영양과 독성물질의 영향 등의 '출생 전의 화학적 요인', 이어서 ③ 산소, 물, 음식, 약물 등 '출생 후의 화학적 요인'의 두 가지가 먼저 온다. 다음으로 경험요인인 ④ 각인과 같이 '종에 속한 이상 피할 수 없는 고유한 초기경험'이 오고, 그 이후에 ⑤ '개체에 따라 다른 경험요인'이 온다. 이 단계가 개인의 학습경험으로 생겨나는 개인차를 낳는다. 마지막으로 ⑥ '사고와 약물 등에 의한 외상적 요인'이 온다.

3. 애착(어태치먼트)

볼비(John Bowlby, 1907-1990)는 부모 등 특정 대상과의 사이에서 형성되는 특별한 정서적 연결을 애착이라고 불렀다. 1940년대에 부모와 헤어져, 영아시설에서 집단으로 양육될 때에 생겨나는 심리적·신체적 발육 부진과 높은 사망률 등이 관찰되었다. 스피츠(René A. Spitz, 1887-1974)는 이것을 시설병(hospitalism)이라고 불렀다. 이 현상은 양육자의 자극과 감각운동적 접촉이 결여된 것과 관계되는 것으로, 이후에 모성적 양육의 결여(deprivation of maternal care)라고 불렀다.

할로(Harry F. Harlow, 1905-1981)는 벵골원숭이를 철사로 만든 어미, 헝겊으로 만든 어미라는 대리모와 동거시키는 실험을 했다. 그 결과 헝겊으로 만든 어미와만 함께 아파하고, 공포자극을 넣으면 헝겊으로 만든 어미에게만 달라붙고, 불안이 해소되면 탐색행동이 일어나지만, 철사로 만든 어미밖에 없는 상황에서는 방의 모퉁이에 웅크리고, 탐색행동은 일어나지 않는 것이 관찰되었다.

에인즈워스(Mary D. S. Ainsworth, 1913-1999) 등은 모친이 영아를 낯선 인물에게 부탁한 뒤 방을 떠나고(분리), 다시 방으로 돌아와서 영아를 만난다고(재회) 하는 장면을 설정하고, 분리와 재회장면에서 영아의 행위를 관찰하여 애착의 정도를 측정하려고 시도했다. 이것을 낯선 상황법이라고 부르며, 어린이가 보이는 애착행동을 A '회피형', B '안정형', C '양가형'으로 분류했다. 또한 이후의 연구자들[2)]은 이들 세 가지의 형태에 해당하지 않는 것을 D '무질서형(확산형)'으로 분류했다.

4. 지각의 발달

깁슨(James J. Gibson, 1904-1979)은 절반이 체크무늬로 되어 있고, 나머지 절반은 투명한 유리를 끼웠지만, 그 바로 아래의 마루에 체크무늬가 그려져 있는 테이블 위에 영아를 올렸다. 그리고 체크무늬가 그려진 쪽에서 유리를 끼운 쪽으로 영아가 나아갈 수 있는지 없는지를 관찰하였다. 영아의 깊이지각(원근감)이 형성되는 시기를 확인하려고 했다(시각적 단절실험). 또한 환츠(Robert L. Fantz, 1925-1981)는 생후 3개월까지의 영아에게 색이 다른 원형 도형, 과녁 모양, 원의 가운데에 신문기사를 인쇄한 것, 원의 가운데에 사람의 얼굴을 그려놓은 것 등의 자극을 보여주면서, 주시시간과 영아의 시력을 측정한 결과 선호하는 것을 본다는 점을 명백하게 했다(선호주시법).

5. 발달의 연구법

발달을 연구할 때 어떤 시점에서 다른 연령인 자를 비교(횡단연구)하면, 연령(발달)에 따른 차이가 관찰되는 것인지, 아니면 단순한 개체 차이가 관찰되는 것인지를 구별하기 곤란하다. 그래서 발달에 의한 차이를 보는 방법으로, 동일 인물을 시간의 경과에 따라 관찰하는 종단연구가 쓰이고 있다. 하지만 종단연구에서는 적어도 수년 단위의 시간이 걸리며, 또한 그 때문에 피험자가 도중에 실험에 참가할 수 없게 되는 등의 위험이 크다.

그러므로 최근에는 주로 횡단연구와 종단연구를 조합한 코호트 연구(cohort study, 어느 시점에서 다른 연령의 사람을 동시에 관찰하면서 그들 관찰대상자를 시간의 경과에 따라서 관찰하는 것으로, 같은 인물의 연령적 발달과 다른 세대 동 연령의 인물 사이의 발달이 같은지 다른지를 비교할 수 있는)가 사용되고 있다.

6. 불교와의 관련

고대 인도의 베다 성전(聖典)의 보조 문헌인 『율법경(dharma sūtra)』은 카스트제도의 정점에 위치하는 사제계급인 바라문의 생활을 4주기(학생기, 가주기, 임서기, 유행기)로 규정하고 있으며, 붓다시대의 수행자도 이 생애주기의 영향을 강하게 받았다.

심리학과 정신분석에서는 어머니에 대한 적절한 애착은 인격형성에 있어서 바람직한 것으로 파악하는 것에 비해서, 불교에서 애착은 일반적으로 갈애에 대한 집착이라는 말로 표현되듯이, 끊어야 할 것으로 파악하고 있다.

✽ 문헌

1) ヘッブ, D, O. 白井常・鹿取廣人・平野俊二・金城辰夫・今村護郎 訳(1975),『行動学入門』第3版, 紀伊國屋書店.

2) Main, M. & Solomon, J.(1990), "Procedures for identifying infants as disorganised/disoriented, during the Ainsworth Strange Situation", *In Attachment in the Preschool Years*, Chicago: The University of Chicago Press.

[加藤博己]

심리학의 기초

82 학습·사고

【링크】→ 유식사상, 알라야식, 행, 행동치료, 원형, 집단무의식

학습심리학은 생활의 경험을 통해 새로운 태도와 행동을 획득하거나, 반대로 습관화되고 자동화된 행동을 소거하거나, 또는 행동을 증감시키는 것을 다룬다.

1. 반응적 조건화(파블로프)

반응적 조건화는 발소리를 듣는 것만으로 개가 먹이를 기대해서 침을 흘리거나, 손뼉을 치면 연못의 잉어가 수면으로 올라오는 것을 설명하는 이론이다. 이전에는 조건반사라고 불렸으나, 신경적 반사가 아닌 것이나 생득적이 아닌 새로운 행동을 습득하는 경우에 대해서는 조건반응 또는 (반응적, respondent) 조건화라고 부르는 쪽이 어울린다.

반응적 조건화의 원리는 발소리(중성자극, 반응을 유발하지도 억제하지도 않는 자극)와 먹이(무조건자극, 무조건적으로 반응을 일으키는 자극)를 함께 제시하는 것으로, 무조건적인 자극이 없어도 본래 침과는 무관한 발소리(중성자극)만으로 침(무조건반응, 조건화 후에는 조건반응이라고 불리는)을 흘리는 새로운 행동을 습득한다는 것이다.

조건화가 성립하고, 새로운 자극과 반응의 관계가 구축되는 것을 '강화', 그 조건화가 소실되는 것을 '소거'라고 한다. 일단 소거된 것으로 보이는 행동이 얼마간 시간이 지나면서 어떠한 때에 다시 나타나는 경우가

있으며, 이것은 자발적 회복이라고 불린다.

왓슨(John B. Watson, 1878-1958)은 영아에게 흰 토끼(중성자극)를 보여준 직후에 불쾌한 금속음(무조건자극)을 들려주면, 흰 토끼를 본 것만으로 무서워하게 되는(조건반응) 경우를 보였다('강화'). 특히 이러한 공포조건화의 경우에는, 여러 번의 제시를 필요로 하지 않는다. 그런데 이 조건화에 의해서 영아는 흰 토끼만이 아니라 하얗고 털이 복슬복슬한 흰 쥐를 보아도 똑같이 무서워하게 되었다. 이렇게 조건화를 성립시킨 원래의 자극(흰 토끼)과 유사한 자극(흰 쥐)에 대해서도 반응하게 되는 것을 '일반화', 반대로 회색 쥐에 대해서는 공포를 느끼지 않는 것처럼, 닮지 않은 자극에 대해서는 반응하지 않게 되는 것을 '분화'라고 부른다.

또한 파블로프(Ivan P. Pavlov, 1849-1936)는 개에게 동전과 같은 형태를 한 원형의 도형과 그것을 옆에서 본 평평한 도형을 제시하고, 원형 도형일 때는 먹이를 주는 강화 절차를 행하고, 평평한 도형일 때는 먹이를 주지 않는 소거 절차를 행하였다. 두 개의 도형이 타원형에 가까워지게 했을 때 개는 짜증을 내고 으르렁거리거나, 달려들어서 물게 되었다. 이것을 실험신경증이라고 한다.

2. 조작적 조건화(스키너)

한편 스키너(Burrhus F. Skinner, 1904-1990)에 의한 조작적 조건화는 상(강화자극)과 벌(혐오자극)을 주거나 없애는 것으로 생체의 행동을 증가시키거나 감소시키는 것이다. 예를 들어 비둘기가 쿡쿡 쪼아 먹는 행동의 빈도를 증감시키거나, 비둘기를 둥글게 회전시키는 등 동물의 조련에도 응용되고 있다.

조작적 조건화에서는 본래의 자발적인 행동의 빈도(조작적 수준)가 강화자극을 주거나 혐오자극을 소거하는 것에 의해서 늘어나는 것을 '강화'

라고 부르며, 혐오자극을 주거나 강화자극을 소거하는 것에 의해서 행동의 빈도가 줄어드는 것을 '소거'라고 부른다. 또한 강화시켜 증가한 행동 이외에도 유사한 행동의 빈도가 늘어나는 것을 '일반화', 이 자극과 다른 자극에서는 행동의 빈도의 증감이 생기지 않는 것을 '분화(변별)'라고 한다. 특히 혐오자극의 소거라는 도피훈련은 안심을 낳는 것으로 여겨진다.

강화자극은 행동 이후에 매번 주어지는 것보다도 주어지는 횟수를 제한하는 부분강화 쪽이 소거되기 어렵다(소거저항이 높다). 그 주는 방법은 강화 스케줄로 알려져 있는데, 반응에 대한 강화자극을 주는 빈도가 정해져 있는 고정비율 스케줄, 주는 빈도는 변화하지만 평균을 내면 몇 번에 1번이라고 정해져 있는 변동비율 스케줄, 빈도가 아니라 시간으로 정해져 있는 고정시간 스케줄, 주는 시간은 변화하지만 평균을 내면 일정한 변동시간 스케줄이라는 네 종류가 기본이다. 또한 강화와 소거를 조합해서, 좀처럼 일어나지 않는 행동의 빈도를 높이는 것을 반응형성(shaping)이라고 한다. 반응형성은 축차접근법이라고 불리는 방법에 의해서 이루어지며, 계통적 탈감각 등의 행동치료에서도 응용되고 있다.

셀리그만(Martin E. P. Seligman, 1942-)은 개에게 전기쇼크를 주어서, 미리 회피하는 것도 도중에 도피하는 것도 불가능한 상황에 몇 번이고 밀어 넣는 것으로 개가 ('무엇을 해도 소용없다'고 하는 것을 배워서) 달아나지 않게 되는 것을 실험해서, 학습된 무력감이라고 이름 붙였다.

3. 그 밖의 학습이론

두 가지 조건화 이외의 학습이론으로서, 다음의 것이 알려져 있다. 손다이크(Edward L. Thorndike, 1874-1949)는 문제상자라고 불리는 상자에 배고픈 고양이를 넣고, 세 가지 장치를 풀면 상자 밖에 있는 먹이를 얻을 수 있도록 하고, 상자 밖으로 나가면 바로 고양이를 상자 속으로 넣어서, 고양이가 상자 밖으로 나갈 때까지 걸리는 시간을 측정하여 그래프로 나타내었다. 이 결과 소요시간은 증감을 반복하면서 서서히 줄어드는 것을 확인하여 '**시행착오학습**'이라고 불렀다. 그는 이것을 다음과 같은 세 가지로 이루어진 '효과의 법칙'으로 설명했다. 즉, 만족을 얻게 되는 반응은 강해지고(만족의 법칙), 불만을 가져오는 반응은 약해지고(불만족의 법칙), 그 반응의 정도가 증감한다는 것이다(강도의 법칙). 그의 이론은 드릴학습으로 응용되었다.

이것에 대해서 퀼러(Wolfgang Köhler, 1887-1967)는 침팬지와 개를 대상으로 문제해결행동을 하게 해서, 고도의 동물에게서는 시행착오가 반드시 필요하지는 않으며, 문제를 구성하는 요소 간의 관계를 '앗'하고 알아차리는 것(통찰)에 의해서 학습이 생겨나는 경우가 있다고 하며, 이것을 '**통찰학습**'이라고 명명했다.

또한 타자의 행동을 통해서 학습한다는 사회적 학습이론이 생겨났다. 우선 밀러(George A. Miller, 1920-2012)와 달라드(John Dollard, 1900-1980) 등은 타자의 행동을 흉내 내서 강화를 받아들이는 것으로 학습이 성립한다고 하는 '**모방학습**'을 제창하였다. 그 이후 반두라(Albert Bandura, 1925-)는 직접 행동하지 않고, 보상 없이 타자의 행동을 관찰하는 것만으로도 학습이 성립한다고 하는 '**관찰학습**'을 제창했다. 이것은 타자가 대리로 강화자극을 받는(대리강화) 장면을 본다고 하는 점에서 모델링이라고도 불린다. 후에 그는 이 이론을, 스스로의 행동의 결과를 예측하는 것과 관련이 깊다는 점에서, 자기효력감의 연구에 적용하거나 건강증진의 연구에 도움을 주었다.

그 외에 과제를 인지하고 반복연습을 행하는 것으로 지각적인 피드백을 얻어서, 부분적인 기능이 일련의 동작으로 정리되고, 동작을 자동화하여 숙련하는 지각운동학습(기능학습) 등이 알려져 있다.

이들 학습이론과는 별개로, 생후 얼마 되지 않은 시기에 일어나서 생명체의 그 이후의 성장에 커다란 영향을 끼치는 것으로 초기학습이 있다. 그중에서도 노벨생리학과 의학상을 수상한 동물행동학자 로렌츠(Konrad Z. Lorenz, 1903-1989)가 발견한 각인(새김)현상은, 갓 태어난 조류 새끼가 눈앞에서 움직이는 비교적 커다란 것(통상은 어미새에 대한 것이지만, 사람이나 장난감 등에 대해서도 일어나는)을 따라다니는 경향이 있으며, 생후 16시간을 피크로 생겨난다. 30시간을 넘기면 거의 생겨나지 않게 되며, 이 한계시간을 임계기(민감기)라고 부른다. 각인이 통상의 학습과 크게 다른 것은 생후 극단적으로 이른 시기에만 일어나고, 소거와 재학습이 극도로 곤란하다는 점이다. 초기학습의 중요성을 보여주는 예로는 프랑스의 의사 이타르(Jean M. G. Itard, 1774-1838)가 숲에서 발견한 야생아 빅터가 알려져 있다. 그는 여러 가지 것에 무관심하고, 주의력, 기억력, 판단력이 크게 결여되어 있었으며 심지어 말을 하지도 못했다.

4. 사고

사고심리학은 분트(Wilhelm M. Wundt, 1832-1920)의 제자 퀼페(Oswald Külpe, 1862-1915) 등 뷔르츠부르크 학파의 연구에서 시작되어, 문제해결, 추론, 의사결정, 언어 등 고차원적인 심리현상을 다루는 분야이다.

왈라스(Graham Wallas, 1858-1915)에 의하면, 문제해결에서 발견의 양상은 1) 준비기(정보를 수집하여 예비적 해결을 시도하는 단계), 2) 부화(알을 품는)기(정보를 조작하고 과거의 경험과 조합하여 모색하는 단계), 3) 계시(번쩍임)기(돌연 통찰이 생겨서 해결책을 발견하는 단계), 4) 검증기(해결의 타당성을 음미하여 확인하는 단계)의 4단계로 이루어진다.

또한 발견의 방법에는 보행 가능한 미로에서 한 손으로 벽을 짚은 채로 벽을 타고 모든 길을 순서대로 걸어간다고 하듯이, 이치로 따져서 풀어내면 반드시 정답에 이르는 알고리즘적 방법과 해결에 도달한다는 보증은 없지만 성공의 가망이 높아 보이는 것부터 가늠을 해보는 발견적 방법의 두 가지 길이 있다.

웨이슨(Peter C. Wason, 1924-2003)에 의한 4장의 카드 문제는 대학생에게 'A/K/4/5'라는 한쪽 면에만 표시되어 있는 4장의 카드를 보여준다. 그리고 '카드의 한쪽 면에 로마자의 모음이 있다면, 뒤의 숫자는 짝수이다'라고 말하고, 이 규칙이 올바르다는 것을 확인하기 위해서는 어떤 카드를 조사하면 되는지를 물었다. 그 결과 대학생의 정답률은 10%, 일반인은 더 낮아서 5%였다. 이렇게 낮은 정답률은 인간은 가설을 지지하는 증거를 찾으려고 하지만 반증은 찾으려고 하지 않는 경향(confirmation bias, 확증 편향)이 있다는 것을 반영하고 있다.

이어서 존슨 레어드(Philip Johnson-Laird, 1936-)는 '개봉/밀봉/500원/400원'과 같은 것이 한쪽 면에 표시되어 있는 4장의 카드를 보여주면서, '봉투가 밀봉되어 있다면, 개봉보다 100원이 비싼 500원 우표를 붙여야 한다. 이 규칙이 지켜지는지의 여부를 우체국 직원의 눈으로 체크하라'는 과제를 내주었을 때, 24명 중 20명(83%)이 정답을 맞혔으며, 문제가 구체적이면 정답률이 대폭 상승하는 것을 확인했다.

5. 학습심리학적 관점에서 본 불교

우리는 어떤 자극을 보고 듣고 느낄 때, 반응적 조건화에서 보듯이, 어떤 종류의 이미지가 자동적으로 떠오르고 패턴화된 행동양식을 취하게 되는 경우가 있다. 이렇게 자동화된 무의식적 반응은, 가장 깊은 곳인 알라야식에 묻혀서 이후의 행(saṅkhāra, 行, 상카라)을 형성한다. 이 패턴을 명상의 실천에 의해서 의식화하고, 자극과 관련해서 자동화된 행을 자극에서 잘라내고(탈감작), 자극을 단지 있는 그대로 그 자체로서 느끼도록 노력한다. 이 자동화된 심상과 행동양식을 자극으로부터 잘라내는 작업(탈동일화)은 반응적 조건화와 조작적 조건화에 의해서 자발적 회복이 보이지 않을 때까지 행해지는 소거절차라고 일컫는다.

[加藤博己]

83 성격

【링크】→ 지혜, 보살, 사홍서원, 육바라밀, 무아, 구조론, 자기와 자아

1. 퍼스널리티란

라틴어 '페르소나(persona, 가면, 역할)'를 어원으로 하는 '퍼스널리티(personality)'라는 용어는 '인격'으로 번역되며, 성장에 따라서 나타나는 표면적 특질을 나타내는 말로 여겨지고 있다. 거기에는 "저 사람은 인격자이다."라고 말하는 것과 같은 도덕적 의미는 포함되있지 않다. 한편 그리스어의 '카락터(kharakter, 새겨진 것, 조각된 것)'를 어원으로 하는 '캐릭터(character)'라는 용어는 '성격'으로 번역되며, 주로 아직까지 드러나지 않은 특질을 나타낸다. 그 때문에 "인격은 변하지만, 성격은 변하지 않는다." 등으로 말하는 경우가 있다. 또한 '템프라멘트(temperament)'라는 용어는 '기질'로 번역되며, 유전적·본질적으로 규정되어 있는 정서적 측면(성급함, 차분함 등)을 나타낸다. 현재는 이들 세 가지의 용어를 총괄해서, '퍼스널리티'라고 표기하는 경우가 많다.

2. 퍼스널리티의 분류법

퍼스널리티의 분류법은 크게 나누어 역동론, 유형론, 특성론이 있다. '**역동론**'에서 구조론은 프로이트(Sigmund Freud, 1856-1939)가 제창한 것으로 영아에게는 본래 갖추어져 있는, 만족을 원하는 이드(쾌락원리)가 있으며, 그것이 충동을 밀어붙여 움직이게 한다고 여겨진다. 그 이후 욕구를

억제하고 사회적 규범에 맞추려고 하는 초자아(도덕원리)가 생겨나서, 이드에 의한 충동을 억누르는 힘이 활동한다. 그리고 이드의 충동적 욕구와 초자아의 억제심 사이를 중개하는 자아(현실원리)가 활동해서, 이드, 자아, 초자아라는 삼자의 역학관계의 움직임에 의해서 퍼스널리티가 성립된다고 한다. 정신분석에서 파생된 교류분석에 의하면, 자아상태를 그래프로 나타내는 에고그래프의 근저에도 이 삼자관계가 있으며, 초자아는 '엄격한 부모(아버지)'와 '자애로운 부모(어머니)'로, 자아는 '성인'으로, 이드는 '자유로운 어린이'와 '순종적인 어린이'의 모두 다섯 가지로 나뉜다.

한편 '**유형론**'은 인간관찰에 기반을 두어서 인간을 소수의 유형으로 분류하여 직관적으로 퍼스널리티의 전체상을 파악하는 것으로 크레치머(Ernst Kretschmer, 1888-1964)는 『체격과 성격』(1931)에서[1] 흥미와 관심에 의해 사람을 외향, 내향의 두 종류로 나누고, 거기에 사고, 감정, 직관, 감각의 네 가지로 분류하는 융(Carl G. Jung, 1875-1961)의 유형론은 유명하다. 유형론은 무수히 있고, 일본인이 특히 믿고 있는 '혈액형과 성격'과의 관련 등은 넓은 의미에서의 유형론에 포함된다. 실제로 혈액형과 성격의 관련은 발견되지 않았지만, 많은 사람에게 적용되는 듯한 애매하고 일반적인 성격 기술을, 자신의 성격을 표현한다고 믿어버리는 바넘 효과에 의해서, 양자 사이에 관계가 있다고 확신해버리는 이유를 설명할 수 있다는 지적이 있다. 유형론의 단점은 억지로 어느 쪽이든 유형에 넣어서 중간형이 무시되거나, 인격의 변화를 설명하기 힘들거나, 각 개인의 미세한 특징을 놓치기 쉽다는 점이다.

선과 요가 등의 수행을 했던 교토 대학의 사토 코지(佐藤幸治, 1905-1971)는 보살적 인격과[2] 선적 인격[3]이라는 것을 제안했다. 보살적 인격은 사홍서원, 즉 중생무변서원도(衆生無邊誓願度, 중생의 번뇌를 제도하는 것), 번뇌무진서원단(煩惱無盡誓願斷, 번뇌를 물리치는 것), 법문무량서원학(法門

無量誓願學, 붓다의 가르침을 배우겠다는 것), 불도무상서원성(佛道無上誓願成, 이들 수행에 의해 원을 실현하고, 불도를 성취하는 것)의 네 가지 근본적 서원을 중심으로, 육바라밀(六波羅蜜, 보시, 지계, 인욕, 정진, 선정, 지혜)에 의해 형성된다. 보시(布施)는 타인에게 돈, 법, 무외(無畏, 사람에게 두려운 생각을 일으키지 않는 것)를 주는 것, 지계(持戒)는 계율을 지키는 것, 인욕(忍辱)은 참아내는 것, 정진(精進)은 근면하고 게으르지 않는 것, 선정(禪定)은 지관에 의해 마음을 한곳에 모아서 정신을 가라앉히는 것, 지혜(智慧)는 반야로도 불리는 연기, 무상·고·무아, 사성제, 중도 등의 법을 생각하는 것이다. 보살적 인격은 사홍서원과 육바라밀을 합한 열 가지의 '지(智)'에 의해 개개의 상황에서 인식적 구조를 밝히고, 적응성이 있는, 이상적 인격을 얻는 것이라고 한다.

한편 선적(禪的) 인격은 보살적 인격을 중심으로 하면서도 중국적 성격이 가미된 것이다. 그 인격의 특색은 첫 번째로 80세가 된 중국의 백장화상(白丈和尙, 749-814)이 매일 밭일을 하는 것을 보고, 제자들이 괭이를 숨긴 것에 대해서 "일하지 않으면 먹지 마라."라고 대답했듯이, 노동을 중시하는 점이다(이것은 탁발제도를 근본으로 하는 인도불교에서는 보이지 않는 것이다). 두 번째로 "큰 지혜는 어리석음과 같다."라는 노장사상에 있다. 세 번째로 『임제록』에서 "부처를 만나면 부처를 죽이고, 조사를 만나면 조사를 죽여라."라고 하듯이, 붓다와 조사를 넘어서는 것에 있다.

'**특성론**'은 올포트(Floyd H. Allport, 1897-1967)에 의해 제창된 것으로, 캐텔(Raymond Cattell, 1905-1998)이 개발한 인자분석법에 의해서 일관되게 출현하는 행동경향인 퍼스널리티 특성을 다수 측정하여, 그 집합을 강약의 경향으로 양적으로 파악하여 분류하는 방법이다. 질문지법이라고 불리는 퍼스널리티 검사는 이 특성론에 기초하여 작성되어 있다. 특성론에서는 개인의 특성을 수치화하여 객관적으로 측정하고, 타인과 비교할 수 있다는 장점이 있지만, 퍼스널리티의 전체상을 직관적으로 파악하기 힘들다는 단점도 있다. 그 때문에 최근에는 특성론에 기초해서 측정하여 프로필화시킨 것을, 예를 들어 평균형(Y-G검사), E-N형(MPI), 업무중독형(TEG)과 같이 부르고, 유형화시켜서 직관적으로 파악하려는 방법을 취하고 있다.

3. 퍼스널리티 검사란

특성론에 기초하여 퍼스널리티를 객관적으로 측정하는 검사는 타당성, 신뢰성, 표준화라는 세 가지 요건을 충족할 필요가 있다. 타당성은 무엇을 측정하는지가 명확한 정도를 의미한다. 측정하려는 특성을 정확하게 재기 위해서는 타당성이 높은 척도를 사용할 필요가 있다. 신뢰성은 몇 번 측정해도 정확하게 같은 수치가 얻어진다는 것을 의미한다. 타당성과 신뢰성이 갖추어진 다음 측정한 수치가 큰지, 작은지를 비교판단하기 위해서는 측정한 모든 데이터의 분포, 평균치, 표준편차, 남녀차, 연령차 등 모집단의 정보를 알고, 기준을 명확하게 하는 표준화가 필요하다.

퍼스널리티 검사에서는 ① 질문지법, ② 투영법, ③ 작업검사법 등이 있다. '**질문지법**'은 다수의 질문항목에 "네", "아니오"와 "맞다", "둘 다 아니다", "맞지 않는다" 등의 2건법-7건법(택법)으로 회답하는 검사로 다수의 사람에게 동시에 실시할 수 있고, 결과가 수치로 나타나기 때문에 객관성이 높으며, 채점이 용이하다는 장점이 있다. 한편 말로 질문하기 때문에 답변이 피험자의 이해와 판단, 예상 등에 영향을 받거나, 거짓으로 답변할 가능성이 있다. 이 단점을 예방하기 위해서 질문항목에 허구척도, 역전항목, 무관련항목 등을 넣거나, 강제선택법을 도입하거나, 항목을 전부 작성한 이후에 정직하게 답변했는지 아닌지를 묻는 등의 방법을 취하고 있다.

질문지법에는 주요 5인자 성격검사(NEO, 빅 파이브), 야타베 길포드 성격검사(Y-G 성격검사), 미네소타 다면적 인격목록(MMPI), 불안검사(MAS,

STAI), 모즐리 인격목록(MPI), 일반정신건강질문지(CMI, GHQ), 에고그램(TEG) 등 다양한 퍼스널리티 특성을 측정하는 검사가 있다.

'**투영법**'이란 애매한 자극을 1대 1로 제시하고 비교적 자유로운 형식으로 반응시키는 검사로, 성격의 세부, 심부의 개별성을 파악할 수 있다는 장점이 있다. 검사의 내용뿐만 아니라 검사에 대한 참가태도와 소요시간, 회답수, 과제에 대한 무응답반응에 대한 해석 등 종합적인 판단을 중시하는 것이 큰 특징이다. 한편 측정내용이 불명확하고, 질문지법과 비교하면 객관성이 떨어지고, 검사자의 상당한 숙련을 요한다는 단점이 있다.

투영법에는 로샤 테스트, 주제통각검사(TAT), P-F 스터디(Picture-Frustration Study, 그림욕구불만 테스트), 문장완성검사(SCT), 그림검사(HTP, DAP, 가족 그리기, 나무그림 테스트), 손디 테스트 등이 있다.

'**작업검사법**'이란 작업을 시켜서 작업량과 질뿐만 아니라 성격특성을 보는 검사로, 장점과 단점은 투영법과 동일하다. 작업검사법으로는 우치다 크래펠린(Uchida-Kraepelin) 정신작업검사와 시각, 운동기능 등을 측정하는 벤더 게슈탈트(Bender Gestalt) 테스트 등이 있다.

그 외에 지능검사와 발달검사도 넓은 의미로는 성격검사에 포함된다. 이들 검사를 복수로 병용하여 개인의 성격을 다각적으로 파악하는 것을 테스트 배터리(test battery)를 짠다고 표현한다.

4. 지능측정

지능은 ① 추상적 사고력, ② 학습능력, ③ 환경에 대한 적응능력 등을 가리키는 것으로 생각된다. 웩슬러(David Wechsler, 1896-1981)는 '개인이 목적을 가지고 행동하며, 합리적으로 사고하고 자신의 환경을 효과적으로 처리하는 통합적, 전체적 능력'이라고 개념적으로 정의했다. 하지만 현실적으로 지능검사를 하기 위하여 조작적으로 정의되는 경우도 있다.

지능측정은 프랑스 교육부로부터 의무교육상 취학 시에 문제가 되는 지적장애아를 식별하는 방법을 의뢰받은 비네(Alfred Binet, 1857-1911)가 의사 시몽(Theodore Simon, 1872-1961)과 협력하여 1905년에 난이도순으로 배열된 30문제로 이루어진 검사를 작성한 것으로부터 시작된다. 그 이후 지능지수라는 사고방식이 슈테른(William L. Stern, 1871-1938)에 의해서 제안되어, 1916년에 터먼(Lewis M. Terman, 1877-1956)에 의해 실용화되었다. 지능지수(IQ, Intelligence Quotient)는 비네 등이 고안한 검사결과를 정신연령으로 수치화하여, 그것을 실제 연령으로 나누어 100배하는 것으로, 피험자가 몇 살에 해당하는 지능을 가지고 있는지를 알아내는 것에 뛰어나다. 하지만 실제 연령(계산식의 분모)이 커지면 지능지수가 낮게 산출되기 때문에, 성인의 지능을 나타내는 데에는 적합하지 않다.

그 이후 웩슬러에 의해서, 피험자의 지능이 같은 연령의 모집단 가운데 어떤 위치에 있는지를 객관적으로 파악한 편차지능지수(DIQ, deviation IQ)가 고안되었다. 현재는 개별식 검사에서는 산출방법이 다른 2종의 지능지수를 측정하는 비네식 지능검사(다나카비네 지능검사 등)와 웩슬러식 지능검사(성인용 WAIS, 어린이용 WISC, 유아용 WPPSI 등)가 목적에 맞게 나뉘어 사용되고 있다.

✽ 문헌

1) クレッチマー, 相場均 訳(1960),『体格と性格』, 文光堂.

2) 佐藤幸治(1951),『人格心理学 心理学全書』第11巻, 創元社.

3) 佐藤幸治(1961),『心理禅 東洋の知恵と西洋の科学』, 創元社.

[加藤博己]

브릿지 27 '무아'의 심리학적 구조와 기능

【링크】→ 무아, 깨달음, 자기와 자아, 마음챙김, 수용, 자기실현

1. 무아에 관한 심리학적 연구

'무아'는 불교의 개념이지만 심리학의 자기와 자아라는 개념과 관계가 있기 때문에, 극히 소수의 연구자에 의해서이긴 하지만 심리학적인 관점에서도 검토가 이루어지고 있다.

예를 들어 오카모토(岡本)는 "깨달음이란 무아의 마음상태가 되는 것이며, 심리학적으로 생각하면 '자기중심으로부터 자타일체로' 마음의 구조가 변하는 것이다."라고 서술하고, '무아'를 키워드로 하는 새로운 인간학과 새로운 가치를 제안했다.[1] 또한 키타무라 세이로(北村晴朗, 1908-2005)는 '주체적 자아와 객관적 자기의 문제를 뒤쫓으면 저절로 무아의 문제에 봉착하게 되며, 무아의 문제를 피할 수 없다'고 서술하고, 무아란 무엇인가에 대해서 현상학적 관점에서 논했다.[2]

다른 한편 사토 코지(佐藤幸治, 1905-1971)는 '무아'라는 개념보다는 오히려 그 상태에 도달하기 위한 기술로서 좌선에 주목하고, 많은 실증적 연구를 행했다. 그는 '무아'라는 말을 강조하지 않았지만, '동양에서는 서양과 같은 사람들의 성격을 아는 과학적인 방법 등은 그다지 발전하지 않은 대신에, 인격형성의 기술 등에서 삼천 년 지혜의 결정이라고도 할 수 있는 것을 발견했다. 그것이 과학적으로 규명되어 합리화된다면 새로운 세계를 위한 인간 형성의 기술로서 세계에 기여할 수 있게 될 것이다. 이와 관련해서 인격을 대하는 기본적인 견해도 뛰어나다'고 서술하고, 이상적인 인격을 형성하는 데 있어서 서양에서는 충동의 통제를 중시하지만, 동

양에서는 충동의 통제뿐만 아니라 환경을 자유롭게 대할 것을 중시한다고 고찰했다.[3)]

그런데 '무아'라는 개념을 '내가 없는' 것으로 파악한다면, '무아'라는 개념은 대상을 측정함으로써 성립하는 실증과학으로서 심리학의 대상이 되기 어렵다. 하지만 '무아'라는 개념을 '내가 없다'라는 자기인식의 모습으로서 파악한다면, 그것은 실증과학의 대상이 될 수 있다. 예를 들어 최근 임상심리의 영역에서 인지치료가 널리 사용되고 있지만, 그 치료의 중심은 증상과 강하게 관련 있는 내담자의 자기인식과 사물을 파악하는 방법에 개입해서, 그것을 보다 적응적인 것으로 변용하는 것이다. 그 때문에 '무아'의 한 측면을 자기에 관한 신념과 인지로서 정의한다면, 또는 자신의 가치판단으로 파악하지 않는 상태로서 정의한다면, 심리학의 영역에서 실증적으로 접근 가능하다고 생각된다.[4)]

이러한 입장에서 행해진 연구에 대해서 아래의 '3. 무아의 심리학적 구조에 대해서'와 '4. 무아의 심리학적 기능에 대해서'에서 소개하고자 한다.

2. 동양의 무아와 서양의 자기와 자아

동양적인 무아와 서양적인 자기와 자아는 어떤 점에서 다른 것일까? 심리학적인 관점에서 다수의 서양적인 자기와 자아 이론은 자기와 자아의 기능의 중심에 '통합, 사고, 판단' 등의 지적 인식을 두고 있는 반면, 동양적인 무아론은 무아의 기능의 중심에 '관(觀)', 즉 현상을 있는 그대로 마음에 비추고, 거기에서 다른 것에 의거하지 않고 존재하는 것은 없다는 것과 변하지 않는 것은 없다는 것을 깨닫는, 말하자면 지식을 넘어선 인식을 두고 있다고 말할 수 있다.

또한 자기를 이해하는 데 있어서, 자기의 여러 측면을 통합하는 주체를 세우는 것이 서양의 자기와 자아인 반면, 통합하는 주체를 포기한 것이 동양의 무아이다. 서양에서는 주체, 즉 자기와 자아를 강하게 해서, 자신과 관련 있는 여러 경험을 적절한 좌표축에 놓고 통합하는 것을 추구해왔다. 이 좌표축의 설정이 자기와 자아에 관한 여러 이론이며, 그 때문에 서양에서는 자기와 자아의 이론화가 진행되었다. 이것과는 대조적으로 동양에서는 다양한 고뇌의 생성원인인 자기를 실체가 없는 것으로 파악하고, 거기에서 벗어나는 것을 추구해왔다. 그 때문에 동양에서는 자기와 자아에 대한 이론화보다도 오히려 자기에 대한 집착으로부터 벗어나기 위한 방법론이 발전했다고 생각된다.

3. 무아의 심리학적 구조에 대해서

코시카와 후사코(越川房子, 1959-) 등은 '무아'의 심리학적 구조를 검토하기 위해 선(禪) 전문가인 임제종 승려의 협력을 얻어서, 무아적 특성을 측정할 수 있는 질문지를 작성했다. '무아적 특성'이 높은 228명에게 이 질문지를 실시하여 그 회답을 요인분석(프로막스 회전)한 결과, 무아적 특성을 구성하는 인자로서 '제1인자 : 무상관(無常觀)의 획득', '제2인자 : 타인과의 비교로부터 해방', '제3인자 : 자타의 존중', '제4인자 : 지금 여기에서의 수용', '제5인자 : 자기이해'를 추출하였다. 이어서 지금까지 심리학에서 자기와 자아에 관한 개념과의 관련을 탐구하기 위해서 동일한 조사협력자에게 자기실현경향, 자기수용, 자존감, 반추경향, 친사회적행동, 특성불안, 불합리한 신념, 대처방안을 측정하는 질문지에 대한 회답을 의뢰하여, 먼저 추출된 5요인과의 상관분석을 진행했다.

그 결과 자기실현경향(5요인 전부와 관련 있는), 자기수용(특히 제2요인과 관련 있는), 자존감(단 제3, 4요인과의 관련은 약한)은 유의미한 중간 정도의 플러스 상관관계가, 특성불안(특히 제2요인과 관련 있는)은 유의미한 중간 정도의 마이너스 상관관계가 인정되었다.[5)]

이상에서 무아적 특성의 심리학적 구조로서 '무상관(無常觀)의 획득', '타인과의 비교로부터 해방', '자타의 존중', '지금 여기에서의 수용', '자기 이해'라는 요소를 들 수 있으며, 심리학의 자기실현경향, 자기수용이라는 특성과 겹치는 측면을 가지면서도, 그것들로는 충분히 파악하지 못하는 측면을 포함하는 것이라고 말할 수 있다. 또한 심리학의 자존감은 무아적인 '자타의 존중'과 '지금 여기에서의 수용'과는 관련되지 않은 특성이라는 것이 밝혀져서, 심리학의 자존감이 비교적 개인주의적이고 목표지향적인 것에 비해서, 무아는 공생주의적이고 과정지향적일 가능성이 시사되었다.

4. 무아의 심리학적 기능에 대해서

코시카와 등은 무아와 관련된 심적 태도로서 '평가와 가치판단을 하지 않고 단지 있는 그대로를 본다'를 들면서, 이 심적 태도를 직접적으로 강화하는 기법으로 '지관법(只觀法)'(自觀法이라고도 한다. 마음챙김명상과 핵심은 같다)을 사용하여, 통제군(기법을 사용하지 않는 군)과 비교해서 그 스트레스 대처효과를 검토했다.[6), 7), 8)] 그 결과 '평가와 가치판단으로부터 떨어져 스트레스가 심한 상황을 알아차리는 것'은 기본적 신뢰감, 자기수용감, 긍정적인 단어에 대한 접근을 증가시켜 긴장, 불안, 억울, 의기소침, 피로, 성냄, 적의 등을 유의미하게 감소시키는 것으로 드러났다. 무아와 관련된 심적 태도는 스트레스 반응을 감소시켜, 주체적인 삶을 기반으로 이루어지는 기본적 신뢰감, 자기수용감을 높이는 기능이 있다고 말할 수 있을 것이다.

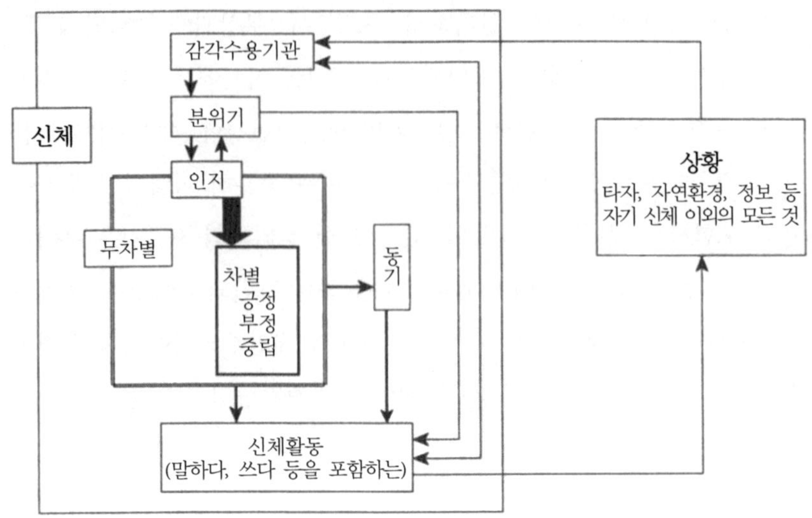

그림 1 무아를 포함한 자기 심리학적 모델

두꺼운 선으로 둘러싸인 부분은 필자가 생각한 심리학적 관점에서 본 무아이다. 대상을 차별 없이 파악하는 것과 차별적으로 파악하는 것(바깥선으로 둘러싸인 부분. 우리들이 일반적으로 행하고 있는 보는 방식) 둘 다를 유연하게 자타를 위하여 활용하는 것, 이것이 깨달음이라고 불리는 것의 한 측면으로 생각된다. 심리학에서 지금까지의 자기와 자아의 모델은 주로 바깥선으로 둘러싸인 인지를 대상으로 하고, 신체에 대해서는 특별한 고려를 하지 않고, 신체와 분리해서 대상화시킨 정서와 상황의 (중요한) 요소인 타자와의 관계를 다루고 있는 것이 많다. 이 모델은 그것들과의 상호작용을 포함한 것이다.

✻ 문헌

1) 岡本重雄(1976),『現代心理学シリーズ11 無我の心理学ー人生をどう生きるかの探求』, 朝倉書店, p.107.

2) 北村晴郎(1991),『自我の心理・続考ー意識・個人的人格・無我-』, 川島書店, p.263.

3) 佐藤幸治(1951),『心理学全書11 人格心理学』, 創元社, pp.6-7.

4) 越川房子(2000),「無我について」,『性格の変容と文化』, ブレーン出版, pp.199-211.

5) 越川房子・浅野香菜・近藤育代・東谷知佐子(2005),「「無我特性尺度」開発の試み」,『日本心理学会第69回大会発表論文集』, p.24.

6) Koshikawa, F., Ishii, Y., Sakat, T., Akutagawa, N. and Williams, J. M. G.(2004),

"Effectiveness of jikan-ho, a method of self observation, in reducing stress and increasing accessibility of positive memories", in M. Blows, P. Bankart, J. Blows, M. Delmonte, Y. Haruki and S. Srinivasan, *The Relevance of the Wisdom Traditions in Contemporary Society: the Challenge to Psychology*, Delft: Eburon, pp.223-233.

7) Koshikawa, F., Kuboki, A., and Ishii, Y.(2006), "Shikanho: A Zen Based Cognitive-Behavbioral Approach", in M. G. T. Kwee, K. J. Gergen & F. Koshikawa eds., *Horizons in Buddhist Psychology: Practice, Research & Therapy*, Chagrin Falls, Ohio: Taos Institute Publications, pp.185-195.

8) 越川房子, 高梨有紀(2007), 「只観法の効果に関する一考察」, 『日本心理学会第71回大会発表論文集』, p.915.

[越川房子]

심리학의 기초

84 사회(사회심리학)

【링크】→ 연기, 참회, 승가, 군중효과, 군집심리

사회심리학 분야에서는 첫째 타자와 사회가 개인의 태도와 인지에 주는 영향, 둘째 개인과 개인의 관계(상호작용), 셋째 집단 내의 행동과 리더십, 넷째 집단 간의 문화, 조직의 구조, 행동 등을 다룬다.

1. 인상형성, 동조와 복종

아쉬(Solomon Asch, 1907-1996)는 형용사를 몇 개 나열하여 어떤 미지의 인물의 인상을 나타낼 때 특히 인상을 좌우하는 형용사가 존재한다는 것을 발견하여, 이것을 중심특성이라고 명명하고 인상형성에 영향력이 약한 다른 형용사로 표현되는 주변특성과 구별했다. 그리고 형용사를 제시하는 순서에 의해서도 인상이 달라지는 것을 발견했다.

이 외에도 아쉬는 한 사람이 행하면 100% 정답이 가능한 문제에서도, 복수의 실험협력자가 틀린 해답을 지지하면, 그것에 동조하여 정답률이 떨어지는 것을 확인했다(동조실험).

나치의 고관이었던 아이히만은 유대인 대량학살죄로 법정에 섰을 때 '나는 단지 상관의 명령에 복종했을 뿐'이라는 말을 남겼다. 밀그램(Stanley Milgram, 1933-1984)은 '학습에 끼치는 처벌의 효과'라고 칭하고, 기억학습을 요구받는 학생 역할의 실험참가자와 그것을 감시하고 학생 역할의 실험참가자가 오답을 냈을 경우에 벌을 주는 교사 역할의 실험참가자를 배치했다. 교사 역은 학생 역이 틀린 답을 하면 전기쇼크를 주고, 틀릴 때마다 전압을 높이도록 지시받았다. 교사 역이 주저해도 실험을 계속하게 하면, 교사 역의 65%는 학생 역이 기절할 때(사실 학생 역은 실험협력자이지만 전기쇼크를 받는 연기를 하고 있었다)까지 실험을 속행했다. 이 실험에 의해서 바른 행위를 수행하고 있다는 신념을 가지고 조직에서 상사로부터 지시받은 상황에서는, 누구나 아이히만과 같이 결과적으로 비인도적인 행위를 할 가능성이 드러났다(아이히만 실험).

2. 승낙을 얻는 전략

여러 번에 걸쳐서 타자에게 작용하는 것에 의해서 상대의 승낙을 얻는 방법으로 다음의 네 가지가 알려져 있다.

① 최초에 누구라도 승낙할 것 같은 작은 요청을 하고, 그것을 받아들여서 상대에게 '자신은 남에게 친절한 사람이다'라는 자기인지를 형성시킨 이후에 (또는 서서히) 보다 큰 요청을 하여, 그것을 받아들이게 한다(단계적 요청법).

② 최초에 누구나 거부할 것 같은 요청을 함으로써, 상대에게 '타인에게 친절하지 못했다'라는 자기인지를 형성시킨 이후에 작은 요청을 하여 '아까는 친절하지 못했기 때문에, 이 정도의 협력은 하자'라고 생각하게 하여, 요청을 받아들이게 한다(양보유도법).

③ 최초에 굉장히 좋은 조건을 선택하게 하고, 그 이후 좋은 조건을 없애도 한 번 표명한 태도를 취소하기 어렵기 때문에, 그대로 최초의 선택을 받아들이게 한다(승낙선취법).

④ 최초에 상품과 가격을 제시하고, 그 이후 다른 작은 상품을 부가하거나, 우대해주어서 이득감을 끌어내어 요청을 받아들이게 한다(이

익부가법).

3. 책임분산

1964년에 뉴욕에서 일어난 키티 제노비스 살인사건에서, 사고를 알아차린 사람이 38명이나 있었음에도 불구하고 신고가 늦어져 살해되었고, 매스컴에서는 주민의 냉담함을 기사로 다루었다.

이것을 확인하기 위해서, 라타네(Bibb Latané, 1937-)와 달리(John M. Darley, 1938-)는 별실에서 마이크와 헤드폰을 통해서 말하는 상황에서, 통화상대(실제로는 녹음된 목소리)가 발작을 일으키는 연기를 하고, 피험자가 구조요청을 하기까지 걸리는 시간을 측정했다. 그 결과 피험자가 1명인 경우에는 1분이 84%, 3분에 100%의 사람이 구조요청을 한 것과 대조적으로, 자기 이외에 4명이 있다고 생각되는 경우에는 1분에 31%, 3분에 62%의 사람만이 구조요청을 하였다. 이것으로 볼 때, 그 장소에 함께 있는 사람이 많을수록, 누군가가 해줄 것이라는 생각으로 인해서 구조활동이 늦어지는 책임분산가설이 지지되었다.

또한 혼자보다도 집단으로 일을 토의하여 결정하면, 익명성이 높아져서 책임이 분산되어 극단적인 결정을 하는 경향이 있다. 이것을 '집단의사결정에 의한 극성화현상'이라고 한다. 이것에는 매력적이지만 위험을 수반한 선택을 하기 쉬워지는 리스키 시프트(risky shift)와 안전하지만 매력이 부족한 선택을 하기 쉬워지는 코셔스 시프트(cautious shift)의 양극단이 있다.

트리플렛(Norman Triplett, 1861-1931)은 미국 자전거경주협회가 보유한 자전거경주의 공식기록을 통해서 단독보다는 복수의 사람이 속도를 겨루는 쪽이 소요시간이 빨라진다는 것을 발견하였다. 이후에 올포트(Floyd H. Allport, 1897-1967)는 이것을 관중효과와 공행위효과로 이루어지는 '사회적 촉진'이라고 불렀다. 반대로 타인의 존재에 의해 행동이 감퇴하는 경우를 '링겔만 효과'라고 한다.

예를 들어 줄다리기나 합창에서, 타인과 협력하고 있기 때문에 자신은 100%의 힘을 내지 않는 경우이다. 자이언스(Robert B. Zajonc, 1923-2008)에 의하면 타자의 존재는 익숙한 행동의 수행을 촉진시키지만, 새로운 학습을 방해한다. 또한 라타네 등은 링겔만 효과가 일어나는 원인으로서, 개인별 작업량이 구분되는지와 평가받을 가능성을 알고 있는지가 관련된다는 것을 밝혔다.

4. 인지적 불협화음, 균형이론, 원인귀속

페스팅거(Leon Festinger, 1919-1989)는 흡연자와 비흡연자에게 '흡연이 폐암의 원인이라는 의견'이 있다는 것을 전하고 그 의견을 지지하는지 아닌지를 조사했을 때, 담배를 많이 피우는 사람은 인과관계를 부정하는 경향이 있다는 것을 확인했다. 그 이유는 이 의견을 받아들이면 지식(인지)과 행동·습관이 엇갈려서 불협화음이 생기고, 흡연이라는 행동을 그만둘 것인지, 흡연과 폐암 사이에 인과관계가 있다는 인지를 '담배를 피우는 사람이 모두 폐암에 걸릴 리가 없다' 등으로 부정할 것인지 둘 중 어느 한쪽에 의해서 이 불협화음이 해소는 된다. 하지만 이미 담배를 피워버렸다는 과거의 행동은 변하지 않기 때문에 인지의 방향을 부정하기 쉬워진다.

페스팅거에 의하면, 인지적 불협화음에는 일견 상식에 반하는 것 같은 다음의 기능이 있다. ① 자신의 행동이 인지에 반하면, 결국 그 행동에 합치하는 인지로 변화하기 쉽다. ② 복수의 선택지 가운데 하나를 고르면, 고른 것의 매력이 증가하고 고르지 않은 것의 매력은 떨어진다. ③ 흥미로운 대상을 제지받으면, 제지력이 약한 만큼 흥미가 줄어든다. ④ 목표달성에 커다란 노력을 기울이면, 그 목표가 높게 평가된다.

하이더(Fritz Heider, 1896-1988)는 어떤 사람(P), 타자(O), 사물(X)의 삼각 관계를 보고, 각 관계가 플러스인지 마이너스인지를 확인하여, 삼자의 곱이 플러스가 되면 그 사태는 균형관계에 있고, 계속될 것이라고 예측되며, 이것을 균형이론(P-O-X 이론)이라고 불렀다.

사람은 어떤 사건이 있으면 그 이유를 특정하려고 하고 이것을 원인귀속이라고 부른다. 켈리(Harold Kelley, 1921-2003)는 결과가 생겨날 때 존재하고, 결과가 생기지 않을 때에는 존재하지 않은 요인에 원인을 귀속시키는 경향(공변원리)이 있다는 것을 분산분석 모델(공변 모델)로서 표현했다.

예를 들어 아동이 수업 후에 칠판청소를 하는 행위에 대해서, 특정 날짜와 특정(예를 들어 선생님이 보고 있는) 때에만 청소하는지 아닌지(일관성의 유무)를 통해서, 외적 원인에 의한 행위(당번이므로 또는 선생님 앞에서는 착한 아이로 있고 싶어서)인지 또는 내적 원인에 의한 행위(자발적으로 선생님을 돕고 싶다)인지를 미루어 관찰할 수 있다.

또한 언제나 한 사람만 청소하고 있는지, 여러 명의 아동이 함께 청소하고 있는지(타자와의 일치성)에 의해서, 내적 원인(청소하고 싶다)이 있는지, 외적 원인(친구와 행위를 함께하고 싶다)이 있는지를 미루어 관찰할 수 있다.

그리고 칠판만을 청소하는지, 그렇지 않으면 꽃병의 물갈이 등 다른 것도 함께 하는지(그 대상에 한정되는지 아닌지의 변별성)를 통해서, 외적 원인(도움에 관심이 있다)에 의한 것인지를 미루어 관찰할 수 있다.

또한 와이너(Bernard Weiner, 1935-)는 원인의 소재(능력 또는 과제의 난이도), 원인의 안정성, 통제 가능성(능력 또는 운)의 삼차원으로 이루어진 원인귀속의 통합이론을 제창했다.

5. 리더십론(PM이론), 군중효과, 개인공간

미스미 쥬지(三隅二不二, 1924-2002)는 집단기능을 목표달성기능(P, Performance)과 우호적인 집단분위기를 만드는 집단유지기능(M, Maintenance)으로 나누었다. 그것들이 기능하고 있는지 아닌지를 평가하여, 리더십을 PM형, Pm형, pM형, pm형의 네 가지로 유형화하고, PM형의 동기와 만족도, 업적 등이 가장 높다는 것을 보여주었다.

불특정 다수의 사람이 일정한 장소에 모인 것을 군중이라고 하고, 폭중(공격적, 도주적, 획득적, 표출적)과 청중(의도적, 우발적)으로 대별된다.

개인을 둘러싸고, 이동 가능하고, 상황에 의해 확대 축소되고, 타인이 파고 들어오면 불쾌하게 느끼는 공간을 소머(Robert Sommer, 1929-)는 개인공간(personal space)이라고 불렀다. 예를 들어 버스의 좌석이 양 끝의 자리부터 채워지는 현상이 이것에 해당한다.

개인공간은 비언어적 의사소통의 일종으로, 친밀함과 지배력, 연령, 성별 등에 따라서 그 범위는 다르다. 현재는 근접학(proxemics)으로 발전하고 있다.

6. 총림생활의 역할

나카무라 쇼지(中村昭之, 1927-)는 인터뷰를 근거로 선과 모리타 요법을 비교하여, 선의 총림생활과 모리타 요법의 입원생활의 공통점, 각각의 특징, 총림생활의 방식과 모리타 요법의 작업의 유사성 등을 밝혔다.[1] 그 이후에도 나카무라는 총림생활의 역할을 사회심리학적 관점에서 고찰하고, 케이스 연구에 의해서 수행에서 심리적 체험의 과정과 선정에서 의식의 변형에 대해서 조사하고, 다이크만(Arthur J. Deikman, 1929-2013)이 제창한 '탈자동화(deautomatization)'[2]에 대해서 언급했다.[3]

✻ 문헌

1) 中村昭之(1974), 「叢林生活と森田療法における生活の類似性に関する研究-人間関係と体得過程を中心として」, 『精神療法研究』, 5(2), pp.45-52.

2) Deikman, A. J.(1966), "De-automatization and the mystic experience", *Psychiatry*, 29, pp.324-338.

3) 中村昭之(1978), 「叢林生活における禅僧の修行の心理」, 成瀬悟策 編, 『催眠シンポジアムVIII 宗教における行と儀礼』, 誠信書房, pp.174-198.

[加藤博己]

응용심리학과 심리치료

85 건강심리학

【링크】→ 영성, 신체문제, 심신일여, 스트레스, PTSD, 타입A

1. 건강심리학이란

건강심리학은 1978년 미국심리학회(APA, American Psychological Association)의 제38분과로 정식 인정된 비교적 새로운 영역이며, 1980년 연차대회에서 "건강심리학은 건강의 증진과 유지, 질병의 예방과 치료, 건강·질병·기능장애에 관한 원인과 진단의 규명, 이른바 건강 시스템(건강관리조직)·건강정책의 분석과 개선 등에 대한 심리학 영역의 특정 교육적·과학적·전문적 공헌 전부를 말한다."라고 정의하고 있다.[1] 즉, 건강심리학은 심신건강에 대하여 심리학의 관점에서 연구하는 동시에, 건강에 관한 교육·시스템·정책에 대한 제언을 통하여 개인과 사회의 건강을 심리학의 입장에서 기여하고자 하는 학문 영역이다. 일본에서는 1988년에 일본건강심리학회가 발족하였다.

이 영역에서는 심신의 건강과 관련된 요인을 규명하는 기초연구, 심리학에 대한 식견에 기초한 건강·질병 모델을 제시하는 이론연구, 그것들을 실제 임상현장과 일상생활에 적용하는 임상연구와 응용연구 등 폭넓은 연구가 진행되고 있다. 건강심리학과 영역이 중첩되는 행동의학(Behavioral Medicine)이 있으나, 행동의학은 행동과학의 지식과 기술을 기반으로 하며, 연구의 주 대상은 신체질환이고, 정신질환은 신체질환과 관련된 경우에만 대상으로 한다. 그러나 건강심리학은 심리학의 지식과 기술을 기반으로 하며, 신체와 정신 양쪽의 질환과 건강을 주 대상으로 하고, 생명(bio-), 심리(psycho-), 사회(socio-)적인 요인이 그것들과 어떤 식으로 관련되어 있는지를 연구한다.

건강심리학에서는 심신의 건강에 관심을 가진 심리학자와 의료, 보건, 스포츠, 영양, 교육, 사회복지, 생명윤리 등 의료와 건강에 관한 여러 과학전문가가 함께하는 공동연구가 많이 이루어지고 있다. "건강심리학은 건강·질병·건강관리에 관한 심리학적 지식과 기술의 적용에 관한 학제 간 연구분야이다."[2]라는 정의에서 나타나듯이, 많은 분야가 관련된 실천학문 영역이기도 하다.

2. 성립의 배경

건강심리학의 탄생배경에는 심장병과 타입A 행동과 성격 등 신체적 질병과 행동적, 심리적 요인과의 관련을 실증하는 연구가 있다. 이런 연구는 심리학, 건강과 관련된 여러 과학이 정신건강 문제뿐만 아니라 신체질환도 포함하는 넓은 영역에서 협력하여 연구하는 것으로 질병의 이해, 치료, 예방 또는 시민의 건강교육에 크게 기여할 수 있는 가능성을 가지고 있다. 또 이러한 경향을 지지하는 것으로 미국에서는 (1) 물질주의에서 정신주의로의 변화, (2) 의료정책에 대한 국민의 높은 관심, (3) 병에 의한 원인별 사망률의 상위가 세균성 원인에서 스트레스나 생활방식과 관련된 것으로 변화한 것, (4) 사회의 가치관이 다양해지고 내담자의 자기결정권을 주장할 수 있게 된 것을 들고 있다. 일본에서는 여기에 덧붙여 (5) 정보화사회의 출현에 의한 테크노스트레스와 컴퓨터에 과잉 적응하는 것, (6) 대인관계가 미숙해서 사회생활의 규칙을 학습하지 못하는 어린이의 증가, (7) 고령화로 인한 만성질환과 간병문제 등이 지적되고 있다.[3]

3. 건강이라는 개념

'헬스(Health)'라는 말은 인도-유럽어족에 뿌리를 둔 '전체의(whole)', '강건한(hale)', '신성한(holy)'을 의미하는 옛 고지독일어와 앵글로색슨어에서 유래한다. 한자어에서 건강(健康)은 중국 고전인 『역경』에 있는 '건체강심(健體康心)'이라는 사자숙어에서 비롯된 말로, 튼튼한 몸과 편안한 마음을 의미한다. 또한 고대 중국과 고대 그리스는 건강한 상태를 자연과 조화, 균형, 평형을 이룬 상태라고 파악했다. 이렇듯 건강은 동서를 불문하고 전체성, 조화, 균형 등과 관련된 것으로 생각하였다고 할 수 있다.

건강에 관한 정의로 가장 잘 알려진 것은 1946년 세계보건기구(WHO) 헌장의 서문에 있는 '건강은 병이 없거나 약하지 않은 것이 아니라 육체적·정신적으로 그리고 사회적으로도 완전히 양호한 상태에 있는 것'이다. 그 이후 1998년에 이 정의는 '건강은 병이 없거나 약하지 않은 것이 아니라 육체적·정신적·사회적으로 그리고 영적(spiritual)으로도 완전히 양호한 역동적(dynamic) 상태에 있는 것'이라고 제안되었다. 여기서 '영적'은 인간 존엄의 확보와 생활의 질을 고려하기 위해 필요한 본질적인 것을 의미하며, 또 '역동적'은 건강과 질병이 별개가 아닌 연속적인 것을 의미한다. 이 두 단어가 추가로 제안된 것은 현대사회에서 '건강'에 대한 의식이 깊어진 것이라고 말할 수 있다.

4. 건강심리학이 다루는 주요 연구주제

건강심리학을 구체적으로 이해하기 위해서 그것이 대상으로 하는 주요 연구주제의 예를 다음과 같이 들 수 있다.

① 건강을 저해하거나 촉진하는 요인에 관한 연구 : 생활습관, 비만, 음주, 식습관, 흡연, 나이, 수면, 스트레스, 타입A 행동, 우울경향, 불안,

노여움, 공격성, 적의, 행복감, 기쁨, 희망, 유머, 웃음, 낙관주의, 공정성, 자기효능감, 사회적 지지, 대처, 스포츠, 레크리에이션, 이완 등

② 특정 질환과 생명, 심리, 사회적 요인의 상호관련에 관한 연구 : 관상동맥질환, 고혈압, 당뇨병, 만성질환, 암, 에이즈, 아토피, 만성통증, 신경성 질환, 섭식장애 등

③ 심리적, 행동적 개입에 관한 연구 : 건강심리상담, 건강심리평가, 스트레스관리(인지행동치료, 마이크로카운슬링, 자율훈련법, 동양적 행법 등을 포함하는), 터미널케어 등

④ 건강교육과 건강정책에 관한 연구 : 건강관, 건강교육, 건강정책, 건강관리 시스템론, 건강과 질병에 관한 심리학적 모델, 건강 리스크의 이해 등

⑤ 치료상황에 관한 연구 : 치료상황에서 의사소통(사전 동의, 유전자이상, 남은 수명에 관한 고지 등을 포함)과 치료상황에서 치료 스태프 간의 의사소통, 치료 스태프의 소진 등

이에 더해서 유전학과 신경면역학 등의 최신 지식에 기반을 두어 건강유지와 증진에 관한 다양한 연구가 전개되고 있다.

❋ 문헌

1) 日本健康心理学会(1997),『健康心理学辞典』, 実務教育出版, p.83.

2) Marks, D. F., Murray, M., Evans, B., and Estacio, E. V.(2011), *Health Psychology: Theory, Research and Practice,* LA: SAGE, p.11.

3) 木下冨雄(1990),「健康心理学の現況」,『心理学評論』 33(1), pp.3-34.

[越川房子]

응용심리학과 심리치료

86 스트레스

【링크】→ 번뇌, 육바라밀(인욕), 어포던스, 트라우마, PTSD

'스트레스'는 원래 '압력'을 의미하는 공학 분야의 용어이다. 금속에 압력을 가하면 거기에 변형이 생긴다. 압력을 가하는 만큼 금속의 변형은 커지지만, 압력을 낮추면 변형을 바로잡아 원래의 상태로 돌아가려는 저항력이 생겨 원래의 형태로 돌아간다. 이런 현상에 '스트레스'라는 용어가 사용된다. 이 개념을 인간의 생체반응에 사용하기 시작한 것은 캐나다의 생화학자 셀리에(Hans Selye, 1907-1982)이다. 그는 「각종 유해작용인자에 의해 일어나는 증후군」[1]이라는 제목의 소논문을 시작으로 스트레스학설을 제창했으며, 여기에서 사용된 공학용어인 스트레스가 건강과학용어로 두루 사용되었다. 현재에는 심리학을 비롯한 다양한 인간과학 분야에서 널리 사용되고 있다.

스트레스의 메커니즘에 관해서는 심리학자뿐만 아니라 의학, 생리학 등의 분야에서 지금까지 다양한 연구가 이루어졌다. 이들 연구는 '외적 환경의 요청을 개인이 받아들여 요청을 처리할 때, 어떻게 요청에 짓눌리지 않고 안정성을 유지하는가'에 관한 점에서는 공통적이다. 심리학적 스트레스 연구의 관점에서 스트레스 과정의 개인차에 대하여 일정 견해를 제안한 라자루스(Richard S. Lazarus, 1922-2002)와 포크맨(Susan Folkman)은 심리학적 스트레스 모델이라고 불리는 심리적 스트레스의 인지적 평가와 대처이론을 제창하고, 오늘날 심리적 스트레스 연구의 이론적 기초를 구축했다(그림 1 참조).

라자루스 등에 따르면[2] 스트레스는 일상생활에서 조우하는 외적 자극(스트레스 요인)에 대하여 그 자극현상이 어느 정도 위협이 되며 부담이 되는지를 개인이 판단하는 과정(1차 평가)과 위협상황에 대한 직접적 반응이 가능한지를 판단하는 과정(2차 평가)이라는 두 가지 인지적 평가를 거친 결과로 생겨난다. 다음으로 이런 판단과정을 거친 결과에 기반을 두어 스트레스 요인에 대한 어떤 대처행동(coping)이 유발된다. 대처행동의 결과 스트레스 요인이 줄어들면 불쾌한 심리적 반응(심리적 스트레스 반응)이 생겨나지 않지만, 대처행동이 스트레스 요인 저하에 상응하는 것이 아니라면 심리적 스트레스 반응이 생긴다. 이러한 사고에 의하면 스트레스는 일상 환경의 자극에 대해서 한결같이 생기는 것이 아니라 환경을 어떻게 인지하는지, 환경의 요청에 대하여 어떻게 대처하는지 하는 개인 요인에 따라서 생겨나는 방식이 다르다.

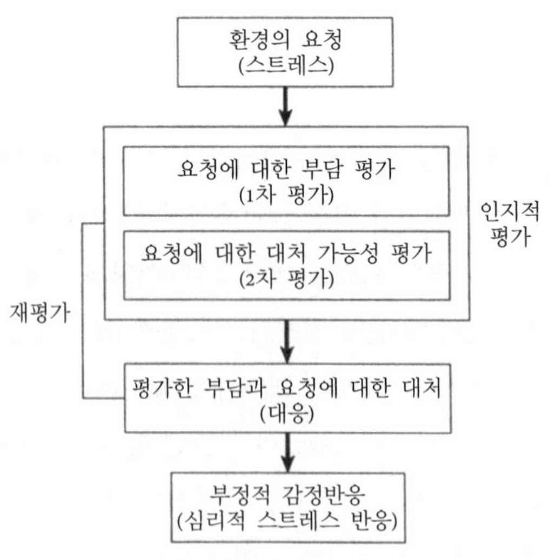

그림 1 심리학적 스트레스 모델의 개요

❋ 문헌

1) Selye, H.(1936), "syndrome produced by diverse noxious agents", *Nature*, 138, p.32.

2) Lazarus, R. S., & Folkman. S.(1984), *Stress, Appraisal and Coping*. New York: Springer.

[田中健吾]

87 공황장애

【링크】→ 영적 위기, 트라우마, PTSD, EMDR, 불안장애, 원인귀속, 인칭적 방법

패닉(panic)이라는 말은 그리스 신화의 목신 판(Pan)에서 유래한다. 고대 그리스에서는 가축 무리가 갑자기 소란스럽게 굴거나 달아나는 것이 가축을 선동하는 목신 판의 소행이라고 생각해서 '판에서 유래한 것(=패닉)'이라고 불렀다. 근대 이후에는 갑자기 압도적인 공포로 무질서하고 비합리적인 행동을 일으키는 군중심리로서의 공황상태 또는 개인의 심리상태로서의 공황상태라는 두 가지 문맥으로 사용되고 있다.

1. 군중심리로서의 패닉

군중심리로서의 패닉은 재해행동에 관한 연구 분야에서 현저하게 나타난다. 이 분야에서 패닉은 '생명과 재산에 대한 직접적이고 절박한 위험을 인지한 불특정 다수의 사람들이 위험을 회피하기 위해서 한정된 탈주로 또는 희소한 자원을 향해 거의 동시에 쇄도하여 생기는 사회적 혼란'으로 정의된다. 이러한 혼란은 정보가 애매하여 불안의 정도가 심해지거나 선동자의 존재, 타자추종경향의 심화 등에 의해 촉진되는 것으로 지적되고 있다.

이런 종류의 패닉에는 위험을 회피하기 위해서 한정된 탈주로로 쇄도하는 '도주 패닉'과 희소한 자원을 향해 쇄도하는 '획득 패닉'의 두 종류가 있다.

집단행동 전문가인 다수의 사회심리학자는 이러한 현상이 극히 드물게

생겨난다고 논하고 있다. 그 이유로 객관적인 관찰자의 관점에서 재해를 당한 사람의 행동을 파악하는 연구자는 조사와 면접 등을 행하는 과정에서 행위자(당사자)의 관점에 서서 재해를 당한 사람의 행동을 파악하는 행위자-관찰자 편향의 가능성이 있다고 일반적으로 지적하고 있다.[1] 이 편향성으로 인해서 행위자는 자기 자신의 행위 원인을 외적 요인으로, 관찰자는 그와 같은 행위 원인을 행위자의 안정된 내적 요인으로 귀속시키는 경향이 있다고 한다.

또한 치명적인 사고와 재해를 맞닥뜨린 항공기 내부 같은 위기 상황에 있는 폐쇄적 공간에서 많은 사람들이 냉정하게 행동하는 모습이 보고되는 경우도 적지 않다.

이것은 상황이 촉박한 정도와 생명의 위험이라는 문제뿐만 아니라 몇 가지의 요인이 조합되어 군중심리에 의한 패닉이 형성된다는 것을 암시한다.

패닉이 생기는 기본 조건은 다음과 같다.

① 위기의 존재
② 도주 이외의 적절한 대처수단이 없는 상황
③ 시간이 절박하며 탈출 가능성이 낮은 상황
④ 타자와 경합하는 상황

이 4가지 조건에 덧붙여 사람이 과도하게 몰려서 혼잡하거나, 혼잡과 소음과 연기 등으로 지각능력이 저하되거나, 잘못된 정보가 전해지거나, 정보전달이 늦어지는 등의 부차적인 조건이 더해지는 경우도 있다. 패닉은 비교적 드물게 발생하는 군중행동의 하나이다. 뜻밖의 사태에 대비하여 정보전달체제, 안전에 관한 정보게시계획과 유도방법 등 사회심리학적 관점을 도입한 대책이 유용할 것이다.

2. 개인의 심리상태로서의 패닉

개인의 심리상태로서의 패닉은 임상심리학 분야에서는 공황장애라고 불린다. 공황장애는 강한 불안과 불쾌감을 주된 증상으로 하는 정신질환의 하나로 분류되고 있다. 종전에는 전반적 불안장애와 같이 불안신경증이라고 불렸으나, 1980년 미국 정신의학회가 발표한 『정신장애의 진단 및 통계편람 제3판』(DSM-III)에서 진단분류로 인정되고, 개정된 제4판(DSM-IV)에서는 불안장애의 하나로 기술하고 있다.[2] 또한 1992년에는 세계보건기구(WHO)의 국제질병분류(ICD-10)에서도 독립된 질환명으로 기술하고 있다.

공황장애에서 보이는 불안의 특징은, 예고 없이 발작적으로 갑자기 일어나며 그 불안의 정도가 극히 강하다는 것이다. 게다가 다양한 신체증상을 수반하는 것이 큰 특징이다. 별안간 격렬하게 심장이 뛰거나, 숨 쉬기 힘들거나, '이대로 죽는 것은 아닐까' 하는 공포감이 음습하는 것도 잘 알려져 있다. 이러한 증상은 생물학적·의학적으로는 아무 이상이 없는 상태라도 생기는 것으로 통상 10분 이내에 급속히 절정에 달해서, 늦어도 대략 1시간 이내에는 소실된다. DSM-IV에서 서술하고 있는 공황장애의 진단기준은 다음과 같다.

강한 공포 또는 불쾌감을 느끼며 확실히 다른 것과 구별할 수 있는 그 기간에 다음과 같은 증상 가운데 4가지 또는 그 이상이 갑자기 발현하여 10분 이내에 그 정점에 도달한다.

① 두근거림, 심계항진 또는 심박수 증가
② 발한
③ 몸서리 또는 떨림

④ 숨이 끊어질 것 같은 느낌 또는 숨 쉬기 괴로움

⑤ 질식감

⑥ 가슴통증 또는 흉부 불쾌감

⑦ 구토감 또는 복부 불쾌감

⑧ 어지러운 느낌, 휘청거리는 느낌, 머리가 멍한 느낌 또는 의식이 멀어지는 느낌

⑨ 현실감 소실(현실이 아닌 느낌) 또는 이인증상(자기 자신에게서 떨어져 있는)

⑩ 제어를 잃은 것에 대한 공포 또는 미치는 것에 대한 공포

⑪ 죽음에 대한 공포

⑫ 이상감각(감각마비)

⑬ 냉감 또는 열감

불안의 발현은 발작이라는 긴박한 과정을 거치나, 적절한 치료를 하지 않으면 광장공포라고 불리는 만성적인 증상으로 발전할 수 있는 질환이다. 공황장애를 경험한 많은 사람은 '또 발작이 일어나는 것은 아닐까' 하는 불안(예기불안)을 가지게 된다. 이 예기불안에 의해서 발작의 계기가 될 것 같은 상황과 발작이 일어난 사이에 부끄러워하거나, 달아나기 곤란한 공공장소(예를 들어 교통수단에 타고 있는 경우, 북적이는 사람들 가운데 있는 경우, 집 밖에 혼자 있는 경우 등)를 회피하려고 한다. 이런 상태를 광장공포라고 한다. 이 상태에 빠지면 자주 집 안에 틀어박히려고 하고, 생활기능과 사회적응성이 손상될 위험이 높아진다.

이러한 개인의 공황장애에 관한 문제에 대해서, 심리학적 입장에서는 발현된 불안과 만성화된 예기불안에 대한 인지치료와 회피행동의 변화를 목적으로 하는 행동치료 등을 조합한 인지행동적 접근법이 유효하다고

한다.

❃ 문헌

1) 釘原直樹(2010),「パニック」, 海保博之, 松原望 監修,『感情と思考の科学事典』, 朝倉書店, pp.210-211.

2) American Psychiatric Association(1994), *Diagnostic and Statistical Manual of Mental Disorders, Fourth Edition (DSM-IV)*, Washington DC: APA.

[田中健吾]

응용심리학과 심리치료

88 트라우마·PTSD

【링크】→ 업, 연기, EMDR, 세대 간 소통, 신체심리학, 슬픔치료, 영적 위기, 자기성장

일반적으로 트라우마라는 말로 알려져 있으나, 일본어에서는 '격렬한 충격에 의해 피부와 막조직이 상해를 입어 상처가 남는다'라는 신체의학적 현상과 구별하기 위해 '심적 외상'이라고 부르는 경우가 많다. 이것은 원래 그리스어로 '관통하다'라는 의미이다. 즉, 무언가 큰일이 자신의 마음을 꿰뚫고 침입해온다는 문맥으로 파악할 수 있을 것이다.

이 개념은 프로이트(Sigmund Freud, 1856-1939)가 히스테리를 성적 외상체험과 관련지어 생각한 것에서 심리학의 영역으로 도입되기 시작한다. 그 후 프로이트 자신도 이 히스테리의 성적 외상론을 포기하는 등 심적 외상이 사람의 마음에 미치는 영향과 방법에 대한 사고방식을 전환하였다. 그러나 이에 대한 정신분석의 관심 자체도 볼비(John Bowlby, 1907-1990)[1]의 '모성애 박탈증후군', 위니캇(Donald W. Winnicott, 1896-1971)의 '침습', 비온(Wilfred R. Bion, 1897-1979)[2]의 '연결에의 공격'이라는 개념으로 넓어졌다.

그러면 여기서 말하는 '심적 외상'은 사람이 생명과 신체에 중대한 위해를 입거나 그 위협을 심각하게 체험하는 것, 또는 타인의 생명과 신체에 중대한 위해와 위협이 미치는 것을 목격하는 등 심각하게 체험하는 것이다. 그리고 그러한 체험에 의해 심신에 특유의 반응, 예를 들어 재체험증상, 회피증상, 과각성증상 등을 일으켜, 일상생활에 지장을 초래하는 상

태에 빠지는 것을 '심적 외상 후 스트레스 장애(PTSD, Post Traumatic Stress Disorder)'라고 부르며, 일반적으로 그러한 상태에 초점을 맞춘 약물치료, EMDR, 계통적 탈감작 등의 대증치료가 행해지는 경우가 많다.

한편 정신분석적 심리치료에서는 '트라우마를 입은 그 사람'에 주목하며, 증상에 초점을 둔 치료는 행하지 않는 것이 일반적이다. 이는 트라우마에 의한 충격을 개개인의 경험에 대한 의미로 이해하자는 것이다. 즉, 트라우마는 유아기 이래 해결되지 않은 고통과 갈등을 불러일으키는 것으로, 유아기의 체험과 개인의 성장이력이 트라우마의 의미를 어떻게 구성하는지에 영향을 끼친다는, 트라우마에 선행하는 내적 배치를 중시한 치료가 된다. 외상적인 사건은 잊혀지거나 사라지는 것이 아니라, 그 의미를 발견하여 개인의 의식과 생활의 일부로 통합되어야만 하는 것으로 생각된다.

만약 그 개인이 트라우마의 체험을 봉인해버렸다면, 일견 치유된 것처럼 보였다고 할지라도 그 개인의 무의식에 깊이 남아 의식적으로는 자각하지 못하는 채로 자신의 마음의 형태를 왜곡해버리거나 다음 세대에 전달하게 된다고 생각된다. 이것은 최근 주목되고 있는 어린이 학대의 세대간 전달에 관해서도 말할 수 있는 것이다. 어릴 때 받은 학대의 체험에 대해서 분노와 슬픔을 품으면서도, 그것을 표현하고 그 체험을 상세하게 말할 수 있는 부모는, 그 체험을 부인하거나, '잊어버린' 부모와 비교해서 자신의 아이를 학대하는 일이 적다.[3)]

또한 트라우마는 개인이 품고 있던 기본적인 신뢰를 뒤흔든다는 의미로 '상실'을 동반하는 체험이기도 하며 여기에는 '애도작업(mourning work)'이 필요하다. 애도작업을 제한함으로 인해서 외상체험에 대한 원한, 고집 그리고 이를 도착적으로 사용함은 그 개인이 성장하는 것을 제한하는 것을 의미한다. 이처럼 정신분석적 심리치료는 이러한 상실체험을 가진 사람들이 가장 견디기 어려워하는 불안을 받아들이고 그것에 이름을 붙여서, 상실한 대상이 내적 세계에 다시 자리 잡는 제3의 공간을 제공하는 것을 도울 수 있다고 생각한다. 즉, 정신분석적 심리치료에서는 '트라우마에 대한 치료'가 아니라 개인에 대한 치료와 한 인간으로서 개인의 성장을 지지하는 접근법을 취하고 있다.

이러한 사고방식은 최근에는 트라우마 후에 오히려 성장하는 경우가 있다는 의미로 '심적 외상 후 성장(PTG, Post Traumatic Growth)'이라고 불리고 있다. 이것은 죽음에 대한 태도의 변화, 인간관계의 중요성에 대한 인식, 삶에 대한 감사의 마음, 생활방식의 변화, 새로운 일에 대한 관심, 그 개인 내면의 긍정적인 변화와 성장이라는 측면에 주목한 용어라고 할 수 있겠다.

한편 같은 애도작업이라도 배우자, 아이, 가족 등 가까운 존재와 사별을 체험하여 깊은 슬픔에 빠진 사람이, 그 슬픔에서 회복하는 것을 목적으로 행하는 마음의 작업에 대해서 특별히 '슬픔치료'라고 부르고 있다. 이것은 개인이 체험한 슬픔을 표출하고, 슬픔을 통한 치유를 생각하는 것이다. 그리고 여기서도 역시 그 과정이 왜곡되거나 슬픔이 억압되면, 그 사람이 체험하고 있는 슬픔은 한층 그 사람을 상처 입힌다고 생각된다.

그런데 이러한 치료적 접근에 관하여 최근의 조사와 연구에 의하면 PTSD라고 진단을 받은 사춘기 청년을 치료하는 데 유효하다고 여겨지는 '지속적 노출법(prolonged exposure treatment)'에 대한 통제군으로 정신분석적 심리치료를 채택하는 경우가 있다.[4] 이것은 심리역동적인 접근에 대하여 친화적이지 않은 연구자 그룹이 행했던 것이지만, 그 결과는 어느 쪽의 치료도 PTSD에 대한 유효성을 인정받았다. 이것은 정신분석적 심리치료사들에게 흥미로운 결과라고 할 수 있겠다.

더구나 영국에서는 심각한 트라우마를 가진 사람들을 대상으로 한 정신보건 서비스가 있으며, 공적 의료기관과 봉사자 서비스 등을 통해 다른 의료 서비스와 함께 무료로 제공되고 있다. 그중에도 국외에서 난민 또는 이민으로 영국에 건너온 사람들을 대상으로 정신분석적 심리치료를 제공하는 난민치유센터(Refugee Therapy Centre)에 대한 이야기가 아이다 알라야리안(Aida Alayarian)이 편찬한 책에 정리되어 있다.[5] 이러한 분야에 관심 있는 분의 일독을 권한다.

❃ 문헌

1) Bowlby, J.(1969), *Attachment and Loss: Vol.1 Attachment*, New York: BASIC; Bowlby, J.(1988), *A Secure Base: Clinical Applications of Attachment Theory*, London: Routledge.

2) Bion, W.(1962), *Learning from Experience*, Karnac Classics.

3) 鵜飼奈津子(2000),「児童虐待の世代間伝達に関する一考察」,『心理臨床学研究』第18巻 第4号.

4) Gilboa-Schechtman et al.(2010), "Prolonged Exposure versus Dynamic Therapy for Adolescent PTSD: A Pilot Randomized Controlled Trial", *Journal of the American Academy of Child 6 adolescent Psychiatry*, Vol.49: 10.

5) Aida Alayarian ed.(2007), *Resilience, Suffering, and Creativity－The Work of the Refugee Therapy Centre*, Karnac Books.

[鵜飼奈津子]

응용심리학과 심리치료

89 EMDR(안구운동에 의한 탈감작과 재처리)

【링크】 → 마음챙김, 패닉, 트라우마, PTSD, 인지행동치료

EMDR(Eye Movement Desensitization and Reprocessing)은 좌우방향 안구운동 등 좌우 교대로 시각, 청각, 촉각자극(BLS, Bilateral Stimulation, 양측성자극)을 주는 것으로 외상적 기억을 처리하는 것이 가능하다고 하는 미국의 임상심리학자 샤피로(Francine Shapiro, 1948-)가 1989년에 발표한 새로운 심리치료이며, 행동치료적·인지심리학적·정신분석적·신경학적인 요소도 가지고 있는 종합적 심리치료라고 말할 수 있다. 2011년 미국심리학회를 비롯한 많은 나라와 단체가 발표한 PTSD(심적 외상 후 스트레스장애)의 치료 가이드라인에 '실증된 가장 효과적인 심리치료'의 하나로서 인지행동치료와 나란히 실려 있다.

EMDR은 (1) 병력, 성장이력청취, (2) 준비, (3) 평가, (4) 탈감작, (5) 추가, (6) 보디스캔, (7) 종료, (8) 재평가의 8가지 단계로 이루어져 있다. (1) 단계에서 내담자에게 EMDR이 적절한지를 판단하고, 전체 치료계획을 세워서 성장이력 가운데 어떤 기억을 어떤 순서로 다룰 것인지 결정한다. (2)에서는 EMDR에 대한 설명과 안전한 장소 등 이완에 관하여 알려주고, 자기통제를 할 수 있는 힘을 북돋아준다. 불안정한 내담자에게는 여기서 충분한 시간이 필요하다. (3)에서는 어떤 외상기억에 대해서 대표적인 영상, 영상에 딱 맞게 떠오르는 부정적인 자기평가, 바꿔야만 하는 긍정적인 자기평가, 그 주관적 타당성(1-7로 평가), 그 영상과 부정적인 자기평가에 초점을 맞췄을 때의 정서, 그 고통의 강도(0-10으로 평가), 신체감각의 부위를 알아본다. (4)에서 이것들을 의식하면서 25회 정도 왕복하는 빠르고 리드미

컬한 양측성자극(BLS)를 유도한다. 일단 이미지를 멈추고, 그때 떠오르는 것을 내담자가 보고하도록 하고, 그 떠오르는 것에 초점을 맞춰 다음 양측성자극(BLS)을 추가하는 형태로, 자연스러운 연상의 흐름이 충분히 긍정적인 연상에 도달할 때까지 양측성자극(BLS)과 청취를 반복한다. 여기서는 마음챙김, 즉 떠오르는 것은 떠오르는 대로라는 자연스러운 변화에 맡기는 마음이 중요하며, 뇌가 원래 가지고 있는 적응적인 정보처리능력을 살리는 것이다. 고통이 내려가면, (5)에서 역시 양측성자극(BLS)을 추가해서 긍정적인 인지를 강화하고, (6)에서 불쾌한 신체감각이 남아 있다면 양측성자극(BLS)을 추가해서 불쾌감을 제거한다. (7)에서 안전하게 세션을 끝내고, 다음번 세션에서 (8)을 행하여, 앞 단계에서 정리되지 않은 기억과 새로운 기억에 대하여 (3)에서 (7)까지를 반복한다.

기제에 대한 가설에는 작업기억에 부하를 걸어서 과거기억의 상기를 방해하는 것, 안구운동이 이완으로 작용하여 역제지하는 것, 렘수면과의 유사성, 대뇌반구 양측의 동기화, 전전두엽의 활성화에 의해 지금 여기로 주의를 이동하는 것, 단조로운 환경을 스캔하는 것이 정위반사로서 작용하는 것, 현재 환경의 안정성이 뇌에 전해지는 것 등이 있다. 우울, 인격장애, 해리성장애, 공포증, 강박성장애, 공황장애 등의 불안장애, 사별, 터미널케어, 위중한 신체질환의 수용(암, 환지통), 범죄자의 교정 등에 적용하여 성과를 올리고 있다.

❋ 문헌

Shapiro, F.(2001), *Eye Movement Desensitization and Reprocessing: Basic Principles, Procedures, and Protocols*, 2ed. NY: Guilford Press.

Shapiro, F., 市井雅哉 監訳(2004), 『EMDR－外傷記憶を処理する心理療法』, 大阪: 二瓶社.

[市井雅哉]

브릿지 28 선심리학 : 연구의 역사

【링크】→ 삼매, 무아, 견성, 무아의 심리학적 구조와 기능, 생리심리학, 내관, 종교와 심리학, 신체심리학, 불교와 심리학

선심리학 연구의 역사는 다음의 4기로 크게 나뉜다.

1. 제1기 : 선의 심리학기(1893년 또는 1905년부터 1940년대까지 약 40년간)

일본의 심리학은 모토라 유지로(元良勇次郎, 1858-1912)가 1893년 동경제국대학에서 '심리학·윤리학·논리학' 제1강좌의 초대교수가 된 것에서 시작한다. 모토라는 세계 최초의 심리학자인 분트(Wilhelm M. Wundt, 1832-1920)가 고안한 내관법을 카마쿠라에 있는 엔카쿠지(円覚寺)에서 자신의 참선체험에 적용하여 1895년에 '참선일지'를 저술했다.[1] 모토라가 태어난 해인 1858년에 정토진종(浄土真宗) 대곡파(大谷派)의 지코우지(慈光寺)에서 태어나 1887년에 철학관(현재의 東洋大學)을 창립한 이노우에 엔료(井上円了, 1858-1919)는 1893년에 '선종의 심리'를 저술했지만,[2] 이노우에는 심리학에 굉장히 조예가 깊은 다수의 저작을 저술하고 강연활동을 했던 철학자로 평가받고 있다.

그 이후 고마자와 대학의 이리타니 토모사다(入谷智定, 1887-1957)는 1920년에 『선의 심리적 연구』를 저술하여 선의 연구에 질문지법이라는 새로운 심리학적 방법을 도입했다.[3] 여기에서 이리타니는 ① 발문서(질문지에 의한 설문), ② 선객 수십 명을 방문하여 그 경험을 듣는 면접법, ③ 법어, 어록, 선화 등에서 발췌하는 문헌학적 방법, ④ 직접 선당에 들어가서 견학하는 관찰법의 4가지 방법을 병용하여, 선의 견성오도를 중심으로 한

정신적 과정과 그 이후 심신의 변화 등을 종합적으로 연구했다.

1930-1940년대 경성제국대학의 쿠로다 료(黑田亮, 1890-1947)는 '선의 심리'와 '선'의 심리학이라는 용어를 구별하여 사용했다. 전자는 선의 근본의미를 심리적으로 해석하는 것이고, 후자는 조수인 오오즈카 노보루(大塚鐙, 1905-1989)가 행한 수식관 중에 여러 가지 자극을 주어 호흡 등을 측정한 연구로, 좌선상태에 대한 세계 최초의 실험적 연구라고 말할 수 있다.[4)]

2. 제2기 : 선과 심리학기(1950년대의 약 10년간)

1957년 교토 대학의 사토 코지(佐藤幸治, 1905-1971)는 일본을 시작으로 동양의 심리학적 연구를 영문으로 세계에 발표하는 것을 목적으로 한『프시콜로기아(Psychologia)』지를 발간하여 '선'과 '심층심리학·정신의학'의 관계에 대해서 활발하게 토론했다. 같은 잡지에서 '동양과 서양의 심리치료(Psychotherapy in the East and the West)'라는 제목의 특집이 1958년부터 1960년에 걸쳐 세 차례 게재되었다. 이 특집의 저자로는 프롬(Erich S. Fromm, 1900-1980), 브루너(Jerome S. Bruner, 1915-2016), 니시다 키타로(西田幾多郎, 1870-1945), 고유의식연구의 치바 타네나리(千葉胤成, 1884-1972), 사토 코지(佐藤幸治), 오오즈카 노보루(大塚鐙) 등이 이름을 올렸고, 히사마츠 신이치(久松真一, 1889-1980)의 논평과 융(Carl G. Jung, 1875-1961)의 서간 등도 포함되어 있다.

1959년에 사토(佐藤)는『심리학연구(心理学研究)』지에「선과 심리학(禅と心理学)」이라는 개관논문을 실으면서 국내외의 선과 심리학의 관계에 관한 연구를 요약하는 동시에 6가지 미래의 연구과제를 제시하였다. 이 시기까지는, '선의 심리', 즉 선의 깨달음에 이르는 심리적 과정과 깨달은 이후의 심리적 상태에 대한 해석적 연구가 '선'의 심리학적 연구와 서서히 구별되어가는 모색기였다.

3. 제3기 : 조신·조식·조심의 심리학적 연구기(1960년대부터 1977년까지 약 20년간)

1960년에 도쿄 대학의 카사마츠 아키라(笠松 章)와 히라이 토미오(平井富雄, 1927-1993)에 의해, 큐슈 대학의 사쿠마 카나에(佐久間鼎, 1888-1970)의 예견대로, 좌선 시의 뇌파를 측정하는 획기적인 실험적 연구가 공개되었다.[5] 카사마츠와 히라이는 조동종 대본산 쇼지지(總持寺) 수행자들의 좌선 중의 뇌파, 호흡, 심전도, 피부전기반사를 측정하여, 선정에 들고 약 50초에 후두부에서 두정부까지의 현저한 알파(α)파의 출현, 알파파의 진폭 증대, 주파수의 감소 등 시간이 경과하면서 나타나는 뇌파의 변동을 기록했다. 게다가 긴 시간 수행을 쌓아온 선승의 뇌파에서 유아기의 수면 시에 특징적인 세타(θ)파가 출현하여, '무심(無心)'을 나타내는 단서로 삼았다. 또한 좌선 중에 출현한 알파파는 외부의 소리 자극으로도 억제하기 힘들고, 억제되어도 곧 회복되었다. 좌선 중의 뇌파는 극히 얕은 수면 상태의 뇌파와 닮아서 호흡수는 감소하고, 기초대사는 수면 시보다도 오히려 떨어지고, 수면 시와는 대조적으로 피부전기반사가 증대하고, 맥박이 증가하는 자율신경계의 흥분이 발견되는(히라이는 이것을 삼매의 경지라고 해석한) 것이 입증되었다. 이처럼 좌선 중에는 부교감신경계가 우세하고 활동수준이 저하되고 이완되어 있음에도 불구하고, 활력을 잃지 않는다는 점이 요가에는 없는 점으로 구별된다.

이것을 계기로 하여 문부성의 과학연구비 지원으로 여덟 개 대학연구실이 참여하는 종합연구 '선의 의학적·심리학적 연구'(대표자 사쿠마 카나에(佐久間鼎), 1962, 1964)와 '선의 심리학적·의학적 연구'(대표자 아키시게 요시하루(秋重義治), 1969)가 이루어지고, '선'의 심리학적 연구가 본격적으로 시작되었다(다음 도식).

<table>
<tr><th colspan="2">사쿠마 카나에, 1961 · 1962, 선(禪)의 의학적 · 심리학적 연구 문부성과학연구비 8 대학연구실</th></tr>
<tr><td>1961년 종합연구 장소 : 靜岡縣 袋井市 可睡齊(曹洞宗, 橋本惠光老師)

1. 동경교육 대학(杉靖三郎)
좌선의 근전도학적 연구
2. 나고야 대학(高木健太郎)
좌선 시의 자율신경기능에 관한 연구
3. 큐슈 대학(秋重義治)
조식의 심리학적 연구
4. 교토 대학(佐藤幸治)
조심의 심리학적 연구
5. 도쿄 대학(笠松章)
좌선 시 뇌파의 연구
6. 교토 대학(片岡仁志)
비지시적 지도방법과 선의 지도방법의 비교연구
7. 동경자혜회 의과대학(高良武久)
좌선체험과 모리타의 입원체험의 비교연구
8. 도쿄 대학(佐久間鼎)
창조활동과 선체험에서 창조과정의 심리학적 연구</td>
<td>1962년 종합연구 장소 : 東京都 淨牧院(曹洞宗, 石黑法竜老師)

1. 동경교육 대학(杉靖三郎)
좌선의 근전도학적 연구 및 호흡형에 관한 연구
2. 나고야 대학(高木健太郎)
좌선 시의 자율신경기능에 관한 연구 및 좌선 시 눈의 기능과 견성의 생리심리학적 연구
3. 큐슈 대학(秋重義治)
조식의 심리학적 연구
4. 교토 대학(佐藤幸治)
조심의 심리학적 연구
5. 도쿄 대학(笠松章)
좌선 시 뇌파의 연구
6. 교토 대학(片岡仁志)
비지시적 지도방법과 선의 지도방법의 비교연구
7. 동경자혜회 의과대학(高良武久)
좌선체험과 모리타의 입원체험의 비교연구
8. 도쿄 대학(佐久間鼎)
창조활동과 선체험에서 창조과정의 심리학적 연구</td></tr>
</table>

<table>
<tr><th colspan="2">아카시게 요시하루, 1969, 선(禪)의 심리학적 · 의학적 연구, 문부성과학연구비</th></tr>
<tr><td>제1분과(심리학연구분과)

1. 고마자와 대학(佐久間鼎)
선체험의 심리학적 연구
2. 추수문학원 대학(佐藤幸治)
선의 인격학적 연구
3. 토요 대학(恩田彰)
선의 창조성에 관한 연구
4. 고마자와 대학(秋重義治, 松本博基)
조식조심에 관한 심리학적 연구
5. 도쿄 대학(玉城康四郎)
선의 심층심리학적 연구
6. 고마자와 대학(篠原寿雄)
선어록의 중국어학적 연구</td>
<td>제2분과(의학연구분과)

7. 도쿄 대학(笠松章)
좌선 시 뇌파의 연구
8. 센슈 대학(杉靖三郎)
선의 대뇌생리학적 연구
9. 니혼 대학(長嶋長節, 山岡淳)
좌선 시의 호흡의 생리학적 연구
10. 나고야 대학(高木健太郎)
좌선 시의 에너지대사와 체온조절
11. 큐슈 대학(池見酉次郎)
선의 정신신체의학적 연구
12. 동경자혜회 의과대학(新福尙武)
선의 정신병리학적 연구</td></tr>
</table>

1970년대에는 선과 관련된 심리학적 연구 문헌 수가 167건까지 증가했다. 문헌 수가 증가하기 시작한 1950년대부터 2000년까지 연평균 문헌 수는 13건이고, 최다 문헌 수는 1977년의 33건이며, 그 후에도 10년마다 100건대의 문헌 수가 계속하여 쌓이고 있다.

큐슈 대학의 아키시게 요시하루(秋重義治, 1904-1979)는 선의 심리학적 연구를 목적으로 1968년에 고마자와 대학 대학원에 심리학 전공을 설치했다. 과연구비에 의한 종합연구에 사쿠마(佐久間), 카사마츠(笠松), 히라이(平井), 스기(杉), 아쿠츠(阿久津), 나카지마(長嶋), 치바(千葉) 등이 강사진으로 이름을 올리고, 세계적으로 예를 볼 수 없는 '선심리학' 강의를 개강하였고, 현재도 치하라 타다시(茅原正, 1948-)와 이케가미 코요(池上光洋)가 담당하고 있다. 그 이후 생리적 지표를 사용하여 좌선 중의 심신상태를 측정하는 의학적, 생리학적, 심리학적 연구를 포함하는 다각적인 접근에 의한 선의 과학적 연구가 조직적으로 계속 이루어지고 있다. 아키시게 요시하루(秋重義治, 1904-1979)는 큐슈 대학, 고마자와 대학에서 행한 일련의 연구를 영문도서 2권으로 정리하여, 세계의 주요한 연구실에 배포했다.[6)]

또한 이들의 실험연구와 1940년대부터 행해진 선의 문헌연구에 더해서 선의 임상적 응용으로서 아키시게는 선치료(Zen Therapy)를 제창했다. 선치료는 (좌선과 문답으로 이루어진) 선 상담, 선 호흡법, 선 호흡법과 선 상담 또는 그 밖의 정신치료를 병용 또는 융합한 경우의 세 가지를 포함한 것을 말한다. 1970년에는 동서의 호흡법을 비교검토하여 4가지 기본적 요인이 있는 것을 발견하고, 이들을 난이도순으로 배열한 고마자와 종합호흡훈련법을 고안해냈다.[7)] 이것은 감정의 자기통제를 목적으로 한다고 생각되므로, 그 이후에 아키시게가 제창한 '선심리학'연구의 선구라고 할 수 있다. 아키시게는 온다 아키라(恩田彰, 1925-)가 2000년까지 저술한 61건의 연구 다음으로 많은 56건의 선의 심리학적 연구에 관한 문헌을 남겼으

며, 그 체계적 연구는 유고집으로 정리되어 있다.[8)]

아키시게와 함께 선의 심리학에 관한 조직적인 연구를 발전시켜, 아키시게를 이어 40건의 문헌을 남긴 사토 코지(佐藤幸治)는 선뿐만 아니라 요가나 기공, 단전호흡법과 정좌법 등 동양적 행법 전반에 널리 관심을 가졌었다. 1972년에는 『선치료와 내관법(禪的療法 · 內觀法)』을 출판하였다.

4. 제4기 : 선심리학기(1978년부터 현재까지 약 30년간)

1978년에 아키시게는 학회에서 일련의 연구발표의 부제를, 그때까지의 '조신조식조심(調身調息調心)에 관한 심리학적 연구'에서 '선심리학적 연구'로 개정하였다. 이것은 좌선자세의 생리심리학적 측정이라기보다는 '선의 관점에 의해서 심리학적 과제를 새롭게 본다는 시점을 가지고 있다.'[9)] 이 일련의 연구는 2011년 다케다 신이치(武田慎一, 1947-)가 일본심리학회에서 발표한 '인격이론으로서의 신체성에 관한 연구(34) – 선심리학적 연구(351)'에서 351항목에 기록되어 있다.

또한 니혼 대학의 야마오카 키요시(山岡 淳, 1929-)와 고마자와 대학의 타니구치 야스토미(谷口泰富, 1948-) 등은 카사마츠와 히라이 등이 밝혀낸 것처럼, 좌선 중의 뇌파가 세타파까지 변화하지 않는 것이나, 호흡수가 증가하거나, 피부전기반사가 감소하는 것 등의 상반된 결과가 출현하는 것을 지적하여, 좌선 시의 생리적 지표의 변동의 방향과 과정에는 개인차가 크다고 보고했다.[10, 11)] 그리고 타니구치 등은 ① 연구자에 의해 채택된 지표가 달라서 비교가 곤란하기 때문에, 유효한 측정지표를 병용할 필요가 있으며, ② 명상 시의 데이터는 그 피험자의 명상 시의 대표적인 값인지 아닌지(개체 내 변동의 문제), 선명상에서는 보편적인지 아닌지(개체 간 변동의 문제)를 검토할 필요가 있고, ③ 좌선경험자의 데이터가 반드시 수행의 결과를 단적으로 나타낸다고는 말할 수 없기 때문에 수행과정을 장기적으로 측정하는 것이 불가피하다는 지침을 밝히고 있다. 최근 아리타 히데호(有田秀穗, 1948-)에 의해 좌선자세에서 리듬감 있는 운동을 수반하는 단전호흡의 효과는 세로토닌 신경물질이 깊이 관여하고 있으며, 좌선 중에 10-13Hz의 빠른 α파(고알파파)가 많이 나온다는 보고가 있다.[12] 또한 와세다 대학의 코시카와 후사코(越川房子)는 이노우에 엔료(井上円了)가 말한 자관법(自觀法)으로서의 지관법(只觀法)의 임상효과 연구와 '무아'의 심리학적 구조와 기능이라는 성격연구를 전개하고 있다.

아키시게와 사토 등이 죽은 이후 선의 심리학에 관한 조직적인 연구는 이루어지지 않게 되었으나, 개개인에 의한 연구는 보다 많이 행해지며, 단발적으로 회의가 열리거나 잡지의 특집호가 발간되고 있다. 와세다 대학의 하루키 유타카(春木豊, 1933-)와 고마자와 대학의 나카무라 쇼지(中村昭之, 1927-) 등은 이러한 개인 연구자를 이어주기 위해서 동방의학심리학연구회(구 동양적행법연구회)를 주재하고, 1989년도 이래 일본심리학회에서 동양적 행법에 관한 워크숍을 매년 개최하고 있다. 국제적으로도 '육체적, 심리학적, 영적 웰빙 연구를 위한 국가 간 네트워크(Transnational network for the study of physical, psychological and spiritual well-being)'라는 연구자 간 네트워크를 만들어, 국제회의를 수차례 개최하여 국내외 연구자간의 교류를 활성화해 왔다. 네트워크는 그 이후에 '인간과학 구성주의 협회(Society for Constructivism in the Human Science)' 산하에서 심포지엄을 개최하는 형태로 활동을 계속하고 있다.

1998년에는 일본 인본주의 심리학회에서 파생된 불교·심리학연구회 주최로 '불교와 심리학·심리치료의 접점을 생각한다'라는 세미나가 나라의 고후쿠지(興福寺)에서 열렸다. 다음 해인 1999년에는 하나조노대학 국제선학연구소의 프로젝트로서 일본과 미국이 함께한 불교심리학세미나(선과 심층심리학세미나)인 '선과 심리학의 만남'이라는 국제세미나 그리고 2006년에는 하나조노 대학 주최로 '불교와 심리치료 교토 컨퍼런스 2006(Buddhism and Psychotherapy 2006 Kyoto Conference)'을 개최하였다. 2008년에는 일본불교심리학회 설립총회와 심포지엄을 개최하여, 온다 아키라(恩田 彰)를 회장으로 세계 최초의 불교심리학회가 탄생하였다.

잡지의 특집호로는 1998년에『계간불교』지에 '불교심리학' 특집이, 다음 해인 1999년에는『심리학평론』지에 '동양적 행법의 심리학' 특집이, 같은 해『일본건강심리학』지에 '세계에 퍼져 있는 정신과 육체의 건강을 위한 동양의 행법과 접근법' 특집이, 같은 해『계간불교』지에 '불교와 융 심리학' 특집이 실렸다. 최근 20세기까지의 선의 심리학적 연구에 관한 문헌집을 작성하여,[13] 선의 심리학적 연구의 동향, 문제점, 이후의 과제 등을 정리하고 있다.[14]

❋ 문헌

1) 元良勇次郎(1895),「参禅日誌」,『日本宗教』, 1 (2), pp.91-94.

2) 井上円了(1893),「禅宗の心理」,『哲学雑誌』, 8, pp.1173-1181.

3) 入谷智定(1920),『禅の心理的研究 心理叢書 第13冊』, 東京: 心理学研究会出版部.

4) 黒田 亮(1937),「禅の心理学」,『禅の概要 禅の講座, 第一巻』, 春陽堂, pp.57-113.

5) 平井富雄(1960),「坐禅の脳波的研究-集中性緊張解放による脳波変化」,『精神神経学雑誌』, 62(1), pp.76-105.

6) Akishige, Y. ed.(1977), *Psychology of Zen I. Psychological studies on Zen I*, Komazawa University, Tokyo: Maruzen; Akishige, Y. ed.(1977), *Psychology of Zen II. Psychological studies on Zen II*, Komazawa University, Tokyo: Maruzen.

7) 秋重義治 編(1970),『呼吸療法・呼吸訓練法の理論と実修の研修会の手引』, 駒澤大学文学部心理学研究室呼吸療法・呼吸訓練法研究会.

8) 秋重義治博士遺稿集刊行会 編(1983),『秋重義治博士遺稿集 道元禅の大系』, 八千代出版.

9) 武田慎一(1984),「心理論理学の可能性に関する一考察」,『九州東海大学紀要, 工学部』, 11, pp.101-106.

10) 山岡 淳(1989),「意識水準の生理心理学的研究－特に呼吸法による瞑想について」,『日本大学人文科学研究所 研究紀要』, 37, pp.261-277.

11) 谷口泰富(1992),「禅冥想の生理心理学的検討」,『心理学評論』, 35(1), pp.71-93.

12) 有田秀穂(1999),「座禅とセロトニン神経系」,『東邦医学会雑誌』, 46(4), pp.277-283.

13) 加藤博己(2002),「20世紀以前の禅心理学文献集 (日本版)」,『駒澤大学心理学論集』, 4, pp.23-43. http://ci.nii.ac.jp/naid/110007481160

14) 加藤博己(2010),「禅心理学研究の成果を踏まえた仏教心理学研究の対象とアプローチと展望」,『日本仏教心理学会誌』, 1, pp.9-23.

[加藤博己]

90 임상심리학

【링크】→ 대기설법, 마음챙김, 조건형성, 정신분석, 분석심리학, PTSD, EMDR, 최면, 변성의식상태

응용심리학의 한 분야인 임상심리학은, 기초심리학의 다양한 관점을 사용하여 심리적 문제를 안고 있는 사람을 지원하기 위한 배경이 되는 학문으로, 심리검사와 심리치료라는 2개의 기둥을 동시에 가진다. 이것에 의지해서 세운 입장이나 접근법은 단일하지 않다. 예를 들어 학습심리학의 반응적 조건화와 조작적 조건화처럼, 실험에 의해서 효과가 입증된 이론을 그대로 응용하는 행동치료적 접근, 어머니에 대한 애착을 시작으로 하는 유소년기의 경험, 억압된 무의식, 콤플렉스 등을 조사하고 그것을 치료하여 살려내는 정신분석적 접근, 내담자 스스로 성장하려는 지향을 실현하게 하는 내담자 중심적 접근 등 다양한 접근법이 있다.

하지만 어떠한 입장이나 접근법이라고 해도, 내담자와 신뢰관계(라포르)를 형성하여 면접시간, 장소, 참가자, 역할, 가격, 규칙 등의 범위를 설정하고, 치료(지원) 계약을 맺고, 비밀보장의무를 지키고, 어떠한 입장에서 검사를 행하고, 설정된 범위의 구조를 유지하면서 지원을 한다는 점에서는 거의 일치를 보이고 있다고 생각된다.

1. 심리검사

심리검사는 의사가 의학적 진단을 행하는 것과 마찬가지로 내담자(client)의 병리수준, 발달수준, 장애 유무와 그 내용, 성격, 감정, 문제의 배

경에 있는 동기와 갈등, 욕구불만, 스트레스 등 그리고 성장이력, 가족구성, 가족·학교·직장 등의 환경, 문제의 원인과 경위, 이후의 대응과 전망 등에 대한 진단을 행하는 행위를 말한다. 특히 첫 회기의 접수면접에서는 의료기관에서 받은 진료, 타 기관에 소개할 필요성의 유무, 지속적으로 심리치료를 행할 필요성의 유무, 진단에 필요한 시간의 유무, 그 수단(심리검사와 관찰 등) 등에 대한 판단이 요구된다.

현재 일본에서는 임상심리업무와 관련된 국가자격은 아직 없으나, 재단법인 일본임상심리사자격인정협회의 '임상심리사' 자격을 중심으로 심리 분야의 자격이 다수 만들어져서 그것들이 서서히 사회적으로 인지되고 있다.

실제로 심리검사를 행하는 데 있어서, 예를 들어 아동·학생이 우울상태라는 병리로 인해서 등교를 하지 않는 경우가 있는 한편, 가정에서 규칙적인 생활을 하지 못하고, 어린이가 밤늦게까지 잠을 자지 않으며, 아침에 어린이를 깨우거나 아침밥을 준비하는 사람이 없어서 생활이 곤란하고 태만해지기 때문에 오는 부등교, 비행경향이 현저하며 집으로 귀가하는 것이 부정기적이어서, 그 밖에 있을 만한 곳을 구하는 부등교, 발달의 불균형이 강하며 같은 또래의 어린이와 소통이 곤란하고 학습에도 커다란 부진이 발견되는 부적응에서 오는 부등교 등 다양한 원인에서 기인하는 부등교가 있다. 이러한 경우에 있어서 부등교라는 현상에는 기분장애(우울증), 공황장애, 적응장애, 과민성대장증후군, 자율신경실조증, 기립성조절장애, 행위장애, 발달장애 등의 진단명이 붙어서 학교에 갈 수 없도록 만드는 경우가 있다. 그러므로 임상심리업무 종사자는 의사가 진단에 사용하는 기준의 하나인 미국정신의학회의 '정신장애의 진단 및 통계 편람(DSM, Diagnostic and Statistical Manual of Mental Disorders)', 세계보건기관의 '국제질병분류(ICD, International Classification of Diseases)', 심리검사를 숙지한 이후에 그 배경이 되는 여러 요인에 대하여 심리검사와 관찰, 면접을 통한 심리검사를 행할 것이 요구된다.

2. 심리치료

일반적으로 의학의 영역에서는 약물치료, 외과치료, 물리치료, 신체치료, 정신치료 등 다양한 치료법이 사용된다. 그 하나인 '정신치료'는 사이코테라피(psychotherapy)의 역어에 해당하는 것으로, 물리적인 것에 신경쓰지 않고 말을 사용하는 치료를 의미하며, 초기에는 주로 정신분석적 접근이 사용되었다. 그것에 대하여 심리학의 영역에서는 '심리치료'라는 말이 사이코테라피의 번역어에 해당한다. 심리치료는 내담자 중심 접근(상담적 접근), 정신분석적 접근, 인지행동적 접근, 그 외의 접근 등으로 크게 구별된다.

◇ 내담자 중심 접근(상담적 접근)

상담이라는 용어는 직업지도(guidance)의 한 방법으로 파슨스(Frank Parsons, 1854-1908)에 의해 널리 알려졌다고 말할 수 있다. 그 이후 윌리엄슨(Edmund G. Williamson, 1900-1979)은 지시적인 임상적 상담을 제창하였다. 이에 대하여 프로이트의 제자이며, 후에 출산외상설을 제창하여 프로이트와 결별한 랑크(Otto Rank, 1884-1939)의 영향을 받은 심리학자 로저스(Carl R. Rogers, 1902-1987)는 내담자 안에 성장을 향한 지향이 있으며, 치료자는 그것을 지원한다는 **비지시적 상담**(비지시적 치료)을 제창하여 주목을 받았다.

이것에 대하여 1940년에 상담에서 지시적·비지시적 치료를 적당히 사용하는 절충적 입장과 양자의 병용은 곤란하며 비지시적 치료를 이해하지 못해서 오는 것이라는 입장 사이에서 논쟁이 있었다(손·스나이더 논쟁).

이것을 계기로 '비지시적'이라는 말의 독자성으로 인한 오해를 피하기 위해서, 1951년에 로저스는 지시를 하지 않는 것에 주안점을 두기보다는 내담자가 '스스로 성장하려는 지향'에 초점을 맞추어, 내담자를 중심으로

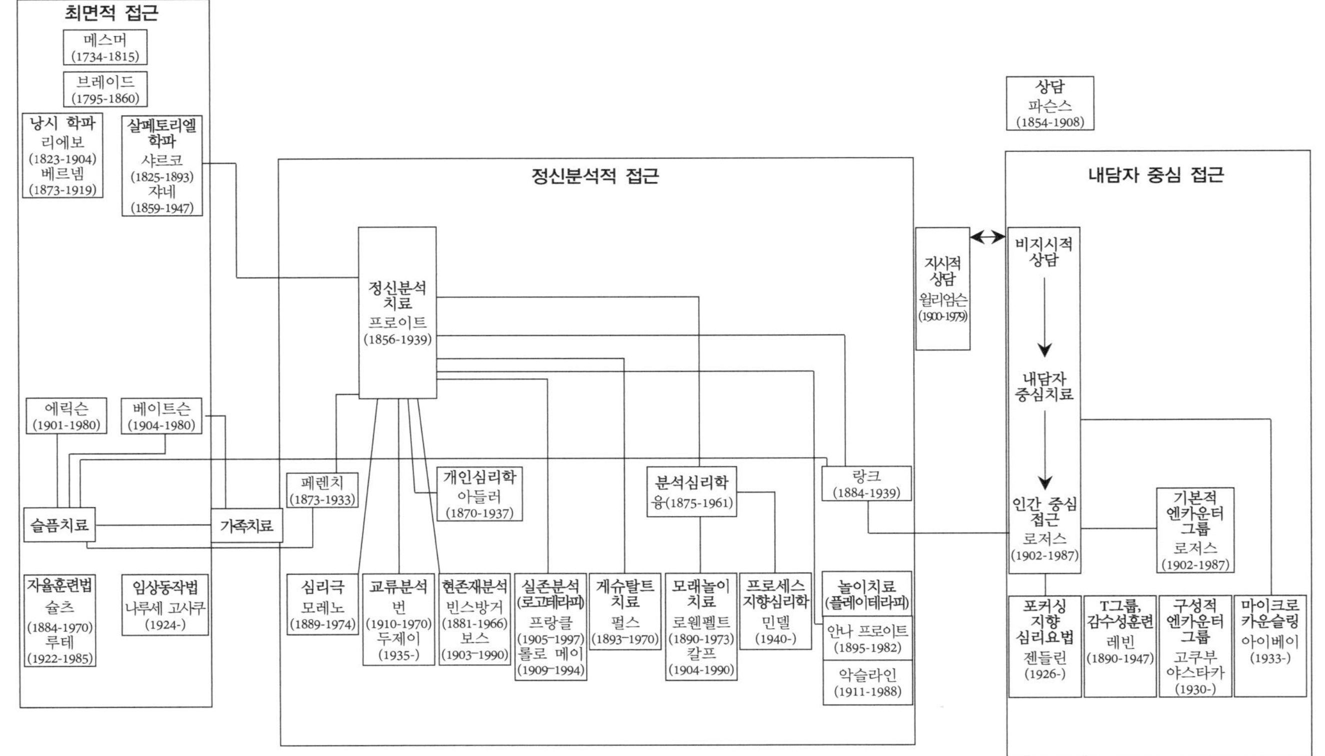

심리치료학파의 관계도(1)

생각하는 태도를 중시하는 **내담자 중심 접근법**(client centered approach)을 발표했다. 내담자 중심 접근법은 의사가 아닌 상담가를 중심으로 급속도로 퍼져서, 상담이라고 하면 로저스의 방법을 가리키게 되었다. 로저스는 1957년에 '치료에서 성격변화의 (6가지) 필요충분조건'에 이어서 1961년에 '치료자의 3가지 조건'(자기일치, 무조건적인 긍정적 존중, 민감하고 정확한 공감적 이해)을 발표했다. 그래서 내담자 중심 접근법은 교육과 사회에 널리 도입되기에 이르렀다. 치료자와 내담자의 대등한 관계를 한층 더 발전시키면서, '**인간 중심 접근법**(person centered approach)'으로 명칭이 개정되었다. 그 이후 치료자로서 전문성이 쇠퇴함으로 인해서, 인간 중심 접근법은 하나의 심리치료라기보다 이후 등장할 다양한 심리치료에서 치료자의 기본적인 태도를 나타내는 것으로 자리 잡았다는 느낌이 있다.

또한 1960년대 후반에 로저스는 집단상담인 **기본적(비구성적) 엔카운터 그룹**을 개발했다. 엔카운터(encounter)란 '만남'을 의미한다. 집단의 사회자가 되는 촉진자가 지켜보는 가운데 참가자와 교류하며, 예기하지 않은 진행을 통해서 자신의 말과 행동에 대한 긍정적, 부정적, 방관적 태도를 취하는 타인과 만나고, 그것을 통하여 자기를 만나고, 자기성장을 목적으로 하는 것이다. 엔카운터그룹은 좁은 의미로는 로저스의 것을 가리키지만, 넓은 의미로는 촉진자에 의해 진행, 연습, 공유를 미리 설정하는 고쿠부야스타카(國分康孝, 1930-)가 개발한 **구성적 엔카운터그룹**을 시작으로, 레빈(Kurt Lewin, 1890-1947) 등이 개발한 T그룹(Training group)과 감수성 훈련을 포함한다. '**포커싱 지향 심리치료**'에 대해서는 「93 포커싱」 항목을 참조할 수 있다.

또한 아이베이(Allen E. Ivey, 1933-)는 치료자의 태도를 상담현장에서 응용하기 위한 기법을 계층표로 정리한 **마이크로카운슬링**을 개발했다. 예를 들어 비언어행동으로서 관계행동, 열린 질문과 닫힌 질문, 바꿔 말하기, 요약, 감정의 반영 등 다양한 기법을 구체적으로 제시하고 있다. 마이크로카운슬링은 치료자의 훈련을 위해서도 널리 사용되고 있다.

◇ 정신분석적 접근(정신분석치료)

정신분석치료 또는 그 이론적 배경이 되는 정신분석학은 정신과 의사 프로이트(Sigmund Freud, 1856-1939)에 의해 창시되었다. 그러므로 정신분석치료는 의학적 입장을 위주로 하는 정신치료이다. 샤르코(Jean-Martin Charcot, 1825-1893)에게 배운 최면치료에 한계를 느낀 프로이트는, 히스테리 등의 신경증 경향을 보이는 환자의 심적 원인에 의한 증상이, 자유연상법을 통해서 억압된 무의식적인 것을 알아차려서 극적으로 쾌유되는 것을 보았다. 그 이후 정신분석은 언어연상법에서 콤플렉스의 존재를 드러낸 융(Carl G. Jung, 1875-1961)의 **분석심리학**과 개인을 분할 불가능한 최소 단위로 하여 열등감을 보완하는 지향성에 주목한 아들러(Alfred W. Adler, 1870-1937)의 **개인심리학**의 등장에 의해서 더욱 커다란 흐름이 되어 심층심리학이라고 불렸다. 하지만 융과 아들러는 프로이트가 가정한 리비도라는 동인이 성적인 것에 한정된다는 것에 이론을 제기하여, 프로이트와 결별했다.

그 이후 프로이트의 정신분석은 사회와 문화가 주는 영향을 중시한 호나이(Karen Horney, 1885-1952), 프롬(Erich S. Fromm, 1900-1980), 설리번(Harry S. Sullivan, 1892-1949) 등의 미국의 **신프로이트파(대인관계학파)**, 방어기제의 개념을 적용하여 무의식보다도 자아의 우위성을 강조한 안나 프로이트(Anna Freud, 1895-1982), 에릭슨(Erik H. Erikson, 1902-1994), 하르트만(Heinz Hartmann, 1894-1970), 말러(Margaret S. Mahler, 1897-1985), 켄버그(Otto F. Kernberg, 1928-) 등의 **자아심리학파**, 어머니를 시작으로 타인(대상)과의 관계성을 강조하여, 경계성 장애의 치료에 커다란 영향을 준 클라인(Melanie

R. Klein, 1882-1960), 위니캇(Donald W. Winnicott, 1896-1971), 비온(Wilfred R. Bion, 1897-1979) 등의 영국 **대상관계학파**, 자기애에 주목하여 미국에서 널리 받아들여진 코헛(Heinz Kohut, 1913-1981)의 **자기심리학** 등 다양한 유파로 나누어져 있다(제3부 심리학의 키워드(2)의 그림 참조).

또한 현재는 주 4일 이상의 자유연상법을 장기간 계속하는 전통적인 정신분석치료와 구별하기 위해서, 정신분석을 기반으로 하는 심리치료를 정신분석적 심리치료라고 부르고 있다.

그 외에도 프로이트와 정신분석에 강한 영향을 받은 정신(심리)치료가 다수 있다. 특히 어린이를 대상으로 독자적인 심리치료를 발전시킨 것으로 **놀이치료**(play therapy)가 있다. 놀이치료는 언어에 의한 의지와 감정 표출이 비교적 곤란한 어린이를 대상으로 놀이를 통한 검사, 심리임상적 지원을 행하는 것이다. 하지만 어린이의 놀이가 자유연상법에 필적하여, 상징적인 해석이 가능한지에 대해서 긍정적이었던 클라인과 부정적이었던 안나 프로이트는 의견이 나뉘었다. 로저스의 지도를 받은 악슬라인(Virginia M. Axline, 1911-1988)은, 아동 중심 치료의 입장을 주장하며 놀이치료의 8가지 원칙을 제시했다. 놀이치료에는 정신분석학적 입장과 아동 중심 치료적 입장, 개방적 치료의 입장 등이 있다. 일본에서는 초등·중학생을 대상으로 시·구·동 등에서 행하는 교육상담에서 놀이치료가 적극적으로 사용되고 있다.

놀이치료에서 파생된 **모래놀이치료**는 1929년에 클라인 학파의 로웬펠트(Margaret Lowenfeld, 1890-1973)가 고안한 '세계기법'을 스위스의 융 학파 분석가 칼프(Dora M. Kalff, 1904-1990)가 발전시켜 확립한 것이다. 실내의 '자유롭고 안전한 공간', 통상 57×72×7cm의 공간으로 이루어진, 안쪽이 청색이고 모래로 채워진 모형정원 위에 모형 동물, 인간, 식물, 건물, 탈것,

사물 등을 내담자가 자유롭게 꾸민다. 그 배치된 내용은 내담자의 심적 상태를 투영한 것으로 간주된다. 여러 번에 걸쳐 모형정원 만들기를 실시할 때, 물건의 배치와 그 변천 등을 검사하여 자기의 내면을 표출하게 해서 치료효과를 얻는다.

또한 어떠한 문제를 안고 있는 개인은 가족이라는 시스템의 한 구성원이며, 가족 전체의 변형은 환자라고 간주되는 사람(IP, Identified Patient)으로부터 나오는 것에 불과하다고 여겨서, 가족을 치료대상으로 하는 **가족치료**가 있다. 가족치료에서 다양한 학파가 파생되었으나, 현재는 체계적 접근(systems approach)이라는 관점을 도입한 가족치료가 주류이다. 가족치료는 정신분석과는 다르지만, 정신분석의 대인관계학파, 문화인류학자이자 정신의학자 베이트슨(Gregory Bateson, 1904-1980)의 이중 구속(double bind)이론, 밀튼 에릭슨(Milton H. Erickson, 1901-1980)의 단기치료(brief therapy)의 영향을 강하게 받았다. 섭식장애와 경계성인격장애 등 치료가 곤란한 증상에도 효과를 거두고 있다.

정신분석의 흐름을 이어받은 정신치료로 번(Eric Berne, 1910-1970)의 **교류분석**이 있다. 번의 제자인 두제이(John M. Dusay, 1935-)가 개발한 에고그램(egogram)에서 정신분석의 초자아·자아·이드의 심적 구조론을 발전시켜서, 엄격한 부모·다정한 부모·합리적인 성인·자유로운 어린이·순종적인 어린이라는 5가지 자아상태의 균형을 취하는 구조분석이 객관적으로 행해지고, 자기분석과 집단작업에 활용되고 있다. 실제 치료에서는 이중 메시지를 읽는 두 사람 간의 교류 패턴 분석, 문제가 일어나기 쉬운 인간관계의 패턴을 조사하는 게임 분석, 인생을 드라마로 파악하여 유소년기에 형성된 부모자식관계를 중심으로 하는 시나리오를 '지금 여기'에서 다시 쓰는 각본분석 등이 사용되고 있다(「92 교류분석」을 참조).

정신과 의사 모레노(Jacob L. Moreno, 1889-1974)에 의해서 시작된 **심리극**

(psychodrama)은 시나리오가 없는 즉흥극을 사용하는 집단정신치료의 하나이다. 워밍업, 드라마, 쉐어링이라는 흐름으로 행해지며, 거기서의 롤플레잉은 감독, 보조자아(내담자의 상대역인 조감독 겸 연기자), 연기자, 관객, 무대라는 5가지의 구성요소로 이루어진다. 무대라는 보호된 공간 가운데 신체표현을 행하면서 타자의 역할을 알아차리거나, 스스로의 역할을 재구성하거나, 새로운 자기의 가능성을 발견한다. 또한 그룹 가운데에서 비공식적 구조를 측정하기 위해서 모레노가 개발한 사회성 측정법(sociometric test)은 학교에서 급우관계 파악 등에 사용되고 있다.

정신분석의사였던 펄스(Fritz Perls, 1893-1970) 등에 의해 시작된 **게슈탈트 치료**는 단기적인 집단작업을 중심으로 행해지는 실존주의적인 심리치료로, 고정적인 관점을 버리고 과거나 미래에서 살아가는 것이 아니라, '지금 여기'에서 순간순간의 자기를 알아차리는 것을 중시한다. '게슈탈트의 기도'[1]는 그의 입장을 잘 표현하는 것으로 알려져 있다(「91 게슈탈트 치료」를 참조).

프로이트와 아들러로부터 사사받은 정신과의사 프랑클(Viktor E. Frankl, 1905-1997)은 『밤과 안개』[2]에서 아우슈비츠 강제수용소에서의 체험을 통하여 타인 또는 평균적인 것과 비교함으로써 적응하는 것이 아니라 삶을 살아가는 의미를 중시해야만 한다고 설명했다. 그는 단지 한 번뿐인 여벌없는 인생에는 반드시 가치나 의미가 있다고 '인생의 의미'를 강조하며, 누구나 어떠한 조건 아래서도 스스로의 의지에 따라서 태도를 선택하여, 심층 차원에서 '의지의 자유'를 가지고 인생을 주체적으로 살아갈 책임이 있다고 했다. 그의 경험을 기초로 생겨난 **실존분석**(logotherapy, 의미치료)은 인간성의 회복을 지향하고, 살아가는 의미와 목표를 발견하도록 도움을 주는 것이다(「96 로고테라피」를 참조).

브로일러(Paul E. Bleuler, 1857-1939)의 아래에서 활동하며 프로이트나 하이데거(Martin Heidegger, 1889-1976)의 영향을 강하게 받은 정신과 의사 빈스방거(Ludwig Binswanger, 1881-1966)와 보스(Medard Boss, 1903-1990) 등은 1930년대에, 환자를 대할 때 치료자의 태도와 마음가짐으로서 **현존재분석**을 제창했다. 주로 통합실조증의 치료에 주안점을 두고, 현상학적 방법을 사용한 인간학적 정신치료이다.

프로이트의 제자 페렌치(Sándor Ferenczi, 1873-1933)와 랑크(Otto Rank, 1884-1939) 등에 의해 치료기간을 단축시키는 것을 목표로 제창된 적극기법의 발단이 된 **단기심리치료**(brief psychotherapy)는 천재적인 최면치료가로 평가받는 밀튼 에릭슨과 체계적 접근법을 도입한 가족치료 등의 영향을 받으면서 발전한 정신치료의 총칭이다. 특히 좁은 의미에서는 에릭슨의 심리치료나 **해결지향 접근법**(solution focused approach) 등을 가리키기도 한다.

특히 해결지향 접근법에서는 문제의 원인을 분석하여 무의식의 영역에 초점을 맞추는 것이 아니라, 문제를 지속시키는 악순환으로 눈을 돌려 그 시스템을 변화시키거나, 내담자 자신이 안고 있는 문제를 이후에 어떠한 방향으로 해결할 것인가에 초점을 맞추는 것을 목적으로 한다. 관점과 틀의 변화(reframing)를 통해서 내담자의 단편적인 시각을 바꾸는 것으로, 경직된 관계성을 타개하여, '만약 눈을 떴을 때 문제가 전부 해결되어 있다고 한다면, 어떤 차이 때문에 그것을 알아차릴까?' 같은 해결 방향성을 내담자에게 탐구하게 하는 방법(miracle question), 증상이 발생하지 않는 예외를 탐구하여, 그 예외적 조건에서 행동을 함으로써 증상을 경감시키는 방법 등이 사용된다.

◇ 인지행동적 접근(인지행동치료)

인지행동치료는 반응적 조건화와 조작적 조건화에 기반을 두어 종래의 행동치료와 그 이후에 등장한 인지치료를 조합한 다양한 기법의 총칭이다(「97 인지행동치료」 참조). **행동치료**는 반응적 조건형성에 기초하는 것으로서, 불안계층표와 제이콥슨(Edmund Jacobson, 1888-1983)의 점진적 이완법 등을 사용한다. 이미지에 의해서 단계적으로 불안을 낮추는 월피(Joseph Wolpe, 1915-1998)의 계통적 탈감작(역제지), 공포장면에 장시간, 직접 직면하는 홍수기법(Flooding), 불안계층표를 사용하여 불안환기장면에서 약한 불안부터 단계적으로 직면하는 마우러(Orval H. Mowrer, 1907-1982)의 노출치료(exposure therapy, 노출반응법)에 의한 소거, 불안장면이나 강박증상을 환기하는 장면에 직면하면서 강박행위를 하지 않는 지속적 노출치료(prolonged exposure therapy) 등이 있다. 이들 기법은 불안, 공포, 강박증상 등 정서반응에 대하여 특히 유효하다고 여겨진다.

한편 조작적 조건화에 기초한 것으로, 반복과 휴식을 번갈아 함으로써 생긴 피로에 의한 제지효과를 노리는 예츠(Aubrey J. Yates, 1925-1999)의 조건제거법(조작적 소거기법), 처벌에 의한 치료, 대용화폐라는 강화자극을 사용한 토큰 이코노미기법, 목표를 작은 단계로 나누어 순차적으로 달성해나가는 쉐이핑(shaping)에 의한 강화법 등이 있다. 이들 기법은 부적절한 행동을 적절한 행동으로 수정하는 것과 새로운 행동을 획득하는 것에서 특히 유효한 것으로 여겨진다.

초기의 **인지치료**로 엘리스(Albert Ellis, 1913-2007)의 논리치료(Rational Therapy)와 정신과 의사 벡(Aaron T. Beck, 1921-)에 의한 우울증의 인지치료가 있다. 둘 다 외적인 일을 당사자가 어떻게 인지하는지에 따라서 그 사람의 정서와 행동이 변화한다는 인지의 중요성을 지적하고 있다. 논리치료는 '실패는 용납되지 않아', '만점을 받아야만 해' 등과 같이 현실을 받아들이지 않고 이상을 추구하는 사고와 '나는 누구에게서도 사랑받지 못해' 같이 사실에 기초하지 않은 불합리한 신념(irrational belief)과 바람을 알아차리고 그것을 '실패하지 않도록 전력을 다하자. 하지만 그 결과 실패한다면 그것은 어쩔 수 없지' 등과 같은 합리적인 신념으로 바꾸는 것을 목적으로 한다. 그 과정은 ABCDE 이론으로 불리며, 일을 받아들여서(Activating event), 받아들이는 방법(Belief system)이 결과(Consequence)에 중요한 영향을 미치고, 불합리한 신념을 반론하고 논박하는 것(Dispute)에서 좋은 효과(Effect)가 생겨난다고 하는 순서를 따른다. 이후에 명칭은 **합리적 정서행동치료**(REBT, Rational-Emotive Behavior Therapy)라고 개정되었다.

인지행동치료는 증상에 맞춰서 효과가 검증된 다양한 행동기법과 인지기법을 치료 패키지로 조합하여 사용하는 것으로, 넓은 의미에서는 엘리스와 벡을 포함하며, 예를 들어 수인(Richard M. Suinn, 1933-)의 불안관리훈련, 네즈(Arthur M. Nezu) 등의 문제해결치료, 마이켄바움(Donald H. Meichenbaum, 1940-)의 스트레스 면역훈련법, 라자루스(Arnold A. Lazarus, 1932-2013)의 다면적 행동치료, 반두라(Albert Bandura, 1925-)의 사회적 모방에 의한 모델링과 행동 리허설기법, 그 외에도 리버만(Robert P. Liberman, 1937-)에 의한 사회생활기능훈련(SST, Social Skills Training), 월피가 시작한 적절한 자기주장훈련(accession training) 등을 포함하는 경우도 있다.

제1세대 행동치료는 누구에게라도 눈에 보이는, 행동을 변화시키는 것을 목표로 했다. 치료(지원) 목표가 마음의 갈등, 콤플렉스, 과거의 불쾌한 체험, 내담자 자신의 '성장하려고 하는' 지향성이라는 애매한 것이 아니라 내담자와 그 주변 사람이 곤란해 하고 있는 구체적인 행동이기 때문에, 목표를 설정하기 쉽고 면접의 종결목표가 명확하다는 이점이 있다. 하지만 한편으로 행동치료는 대증치료적이며, 증상이 경감 또는 소실되어도 원인이 남아 있는 한 다른 증상으로 바뀔 가능성이 있다는 비판이 있었다.

인지행동적 접근의 흐름

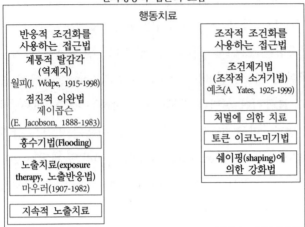

행동치료

반응적 조건화를 사용하는 접근법
- 계통적 탈감각 (역제지) 월피(J. Wolpe, 1915-1998)
- 점진적 이완법 제이콥슨 (E. Jacobson, 1888-1983)
- 홍수기법(Flooding)
- 노출치료(exposure therapy, 노출반응법) 마우러(1907-1982)
- 지속적 노출치료

조작적 조건화를 사용하는 접근법
- 조건제거법 (조작적 소거기법) 예츠(A. Yates, 1925-1999)
- 처벌에 의한 치료
- 토큰 이코노미기법
- 쉐이핑(shaping)에 의한 강화법

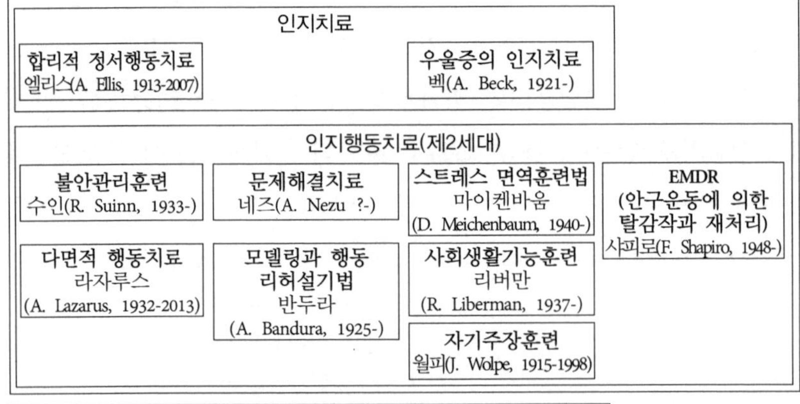

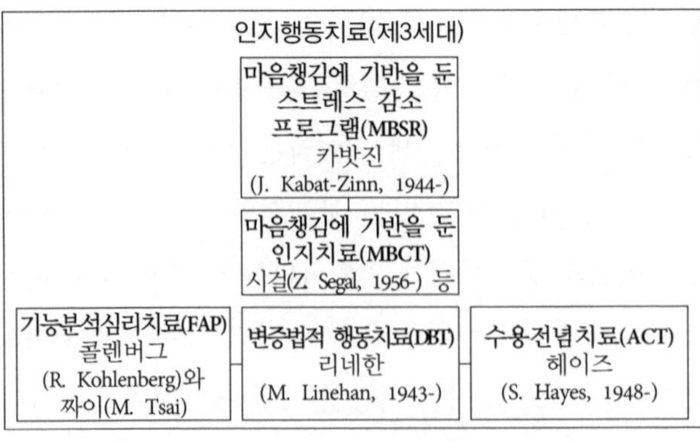

심리치료학파의 관계도(2)

그것에 대하여 **제2세대 인지행동치료**는 눈에 보이지 않는 '인지'를 변화의 대상으로 하여, 눈에 보이는 '행동'뿐만 아니라 행동의 배후에 있는 부정적인 또는 치우친 인지를 합리적이고 현실적인 인지로 변화시키는 것을 목표로 하였다.

이것에 대하여 최근의 **제3세대 인지행동치료**는, 불쾌한 일에서 오는 사고와 감정을 회피하고 도피하려고 하면 위험을 예측하는 자동적 사고가 움직여서 불쾌한 감정과 불안이 증대된다는 보고에 따라, 불쾌한 감정의 억제나 제거를 추구하는 것이 아니라 있는 그대로 보는 것(마음챙김)으로 위험의 예측을 멈추고 불쾌한 감정을 조장하지 않도록 한다. 이 발상은 화살을 쏜 경우에는 그것을 있는 그대로 보는 것으로 '두 번째 화살을 맞지 않고(첫 번째 화살을 맞은 것은 일종의 괴로움이지만 또 다른 괴로움을 만들지 않는)'라는 붓다의 표현과 유사하다(화살의 비유).[3] 제2세대 인지행동치료처럼 '인지'의 변화를 수단이나 목표로 삼는 것이 아니라, 있는 그대로 현실을 응시하는 메타인지적인 방법을 도입한 제3세대 인지행동치료에서는 '마음챙김'과 '수용'이라는 두 단어가 키워드가 된다.

방법으로서 마음챙김은 어떤 한 점에 주의를 집중하는 것이 아니라 느끼거나 사고하는 것으로, 가치판단을 하지 않고 그저 있는 그대로 응시하는 유형의 명상법(止觀法에서 관법)을 기본으로 하는 방법이다. 한편 수용은 감정, 사고, 증상, 신체감각 등 '지금 여기에서' 경험하고 있는 것을 회피, 도피, 공격하지 않고 받아들이는 것을 말한다. 마음챙김이라는 개념을 도입한 심리치료는 1970년대에 메사추세츠 대학의료센터에서 카밧진(Jon Kabat-Zinn, 1944-)이 도입한 8주간의 **마음챙김에 기반을 둔 스트레스 감소 프로그램**(MBSR, Mindfulness-based stress reduction)에서 시작한다. 이 방법은 임상시험 결과 우울증과 불안장애(공황장애, PTSD 등)에 효과가 있으며, 훈련이 몸에 익숙해지면 재발방지로도 이어지며 개선율과 완치율이 높아진다는 것이 알려졌다. 이 프로그램에서 탈중심화의 중요성을 알아차린 시걸(Zindel V. Segal) 등은 카밧진의 MBSR을 연구하여, 우울증의 재발방지를 목적으로 **마음챙김에 기반을 둔 인지치료**(MBCT, Mindfulness-based cognitive therapy)를 개발했다(「브릿지 29 마음챙김에 기반을 둔 인지치료」 참조). 여기서는 반복되는 체험에 의해서 자동적인 인지패턴이 된 부정적인 사고패턴을 제거하는 것이 아니라, 그 패턴이 정착하지 않도록 하는 것이 목적이다.

마음챙김훈련을 기반으로 하는 이들 심리치료와는 달리, 마음챙김훈련을 부분적으로 도입한 심리치료로 수용전념치료, 변증법적 행동치료, 기능분석심리치료 등이 있다.

헤이즈(Steven C. Hayes, 1948-)가 제창한 **수용전념치료**(ACT, Acceptance and Commitment Therapy)는 스키너의 행동분석학에 기초하여 기능적 맥락주의라는 실용주의 입장을 세우고, 고정개념이 된 것을 사실과 혼동하여 있는 그대로 현상을 파악하지 못하게 되는 결과를 야기하는 언어행동에 주목했다. 수용전념치료는 부정적인 감정과 사고의 회피에 의해서 도리어 부정적인 감정과 사고를 반복 증대하는 일이 일어나지 않도록, 시시각각 변화하는 '지금 이 순간'에 생겨나는 일에 대해서 판단하지 않고 알아차리고 받아들여(acceptance), 문제에 대한 집착에서 벗어나(disidentification), 자신의 가치를 재발견하고, 재자각하여 문제를 극복하는 데 효과가 있다고 생각되는 행동에 전념(commitment)하여 진행된다.

리네한(Marsha M. Linehan, 1943-)에 의한 **변증법적 행동치료**(DBT, Dialectical Behavior Therapy)는 경계성인격장애와 그것에 수반되는 자살기도 등을 치료하기 위해서 1987년에 개발된, 마음챙김을 수반하는 인지행동치료이다. 현재는 약물의존, 섭식장애 등의 자해적 행위를 중심으로 우울증, 불안, 분노, 해리 등의 사회적 적응에 관한 증상과 PTSD 등에도 적용되고 있다. 기본개념인 변증법에 기초하여, 전부 아니면 전무(all or nothing)와 같은 이분법적 사고를 중간을 인정하는 유연한 사고로 통합시키며, 자신을 있는 그대로 수용하도록 유도한다. 마음을 '합리적인 마음', '정서적 마음', '현명한 마음'의 세 가지로 나누어, 집단치료에 의해서 마음챙김의 방법(있는 그대로 받아들이기), 고뇌의 수용 방법(싫은 것, 괴로운 것을 그대로 받아들여 집착을 없애기), 대인관계 방법(타인과 교류하는 방법을 바꾸기), 감정의 통제 방법(감정을 조절하기)이라는 4종류의 방법을 사용하여, 지적 분석과는 달리 체험적으로 현명한 마음을 직관적으로 이해하는 것을 목적으로 한다.

임상행동분석의 개척자인 콜렌버그(Robert J. Kohlenberg)와 짜이(Mavis Tsai) 등에 의해서 1991년에 확립된 **기능분석심리치료**(FAP, Functional Analytic Psychotherapy)는 치료장면과 일상의 문제장면의 맥락 또는 기능의 유사성을 높여서 문제를 효과적으로 개선하는 것이다. 치료자와 내담자의 치료관계에 관심을 기울인다는 점에서 정신분석과의 유사점이 지적되었다.

◇ 그 외의 접근법

그 외에 대표적인 것으로 '**내관요법**', '**모리타 요법**', '**최면치료**', '**자율훈련법**' 등이 있다(「94 내관요법」, 「95 모리타 요법」, 「브릿지 38 최면과 변성의식상태」 참조).

나루세 고사쿠(成瀨悟策, 1924-)에 의한 **임상동작법**은 1960년대에 뇌성마비아동의 지체부자유를 개선할 목적으로 행해진 최면훈련에서 시작한다. 신체접촉·동작을 수반하는 심리치료로 치료자가 보이는 동작을 따라하거나, 치료자의 도움에 의해 근육의 긴장을 이완하거나, 자기 신체의 축과 감각을 알아차리는 것으로 자기조절능력과 의사소통능력을 높여, 심리적 문제의 개선으로 이어진다.

예술치료(Art Therapy)는 그림치료, 콜라주 치료, 모래놀이치료, 음악치료, 춤치료 등을 시작으로 하는 예술 활동을 통한 치료법의 총칭이다. 예술적 표현활동의 감상, 제작, 실천을 통하여 표현력을 높이거나, 감정을 표출하거나, 스트레스를 경감하는 것으로, 정신의료현장에서의 사회복귀 수단, 고령자 복지시설에서의 증상개선, 터미널케어 시설에서의 영적 돌봄의 실천 등에 널리 사용되고 있다.

이 외에도 샤피로(Francine Shapiro, 1948-)의 **EMDR**(「89 EMDR」을 참조), 치매의 진행억제에 효과적인 버틀러(Robert N. Butler, 1927-2010)의 **회상법**, 마음챙김을 도입하여 1980년대에 쿠르츠(Ron Kurtz, 1934-2011)가 확립한 **하코미 테라피**(「102 하코미 테라피」를 참조), 레이놀즈(David K. Reynolds, 1940-)가 모리타 요법과 내관요법의 요소를 도입하여 만든 '**건설적 삶의 방법**', 매일 자주 감사의 말인 '고맙습니다'를 말하는 것으로 자신과 타인의 정서안정을 유도하는 카츠마타 테루치카(勝俣暎史, 1937-) 등이 시작한 '**감사치료**', 그 외에 가까운 동물을 매개로 하는 **애니멀테라피** 등 다양한 심리치료가 있다. 또한 알렉산더 테크닉(Alexander technique), 펠덴크라이스 메소드(Feldenkrais method), 센서리 어웨어네스(sensory awareness), 롤핑(rolfing) 등의 **보디워크**와의 병행도 이루어지고 있다(「브릿지 31 신체심리학」을 참조).

❋ 미주

1) 나는 나의 일을 하고, 당신은 당신의 일을 한다. 당신의 기대에 부응하기 위해서 내가 이 세상을 사는 것도 아니고, 내 기대에 부응하기 위해서 당신이 이 세상을 사는 것도 아니다. 나는 나, 당신은 당신. 우연히 서로를 발견한다면 아름다운 일이지만, 그렇지 못하더라도 어쩔 수 없는 일.

2) フランクル, 池田香代子 訳(1947, 2002),『新版 夜と霧』, みすず書房.

3) SN. 36.6.

[加藤博己]

91 게슈탈트 치료

【링크】→ 깨달음, 지관타좌, 지금 여기. 비사량, 알아차림, 인본주의 심리학, 신체심리학

게슈탈트 치료는 정신분석의사 프리츠 펄스(Fritz Perls, 1893-1970)와 게슈탈트 심리학자였던 아내 로라(Laura Perls, 1905-1990)가 창시한, '지금 여기'에서 알아차림을 중시하는 실천적 심리치료이다. 게슈탈트 치료는 이론과 접근 등의 측면에서 동양사상, 동양철학과 많은 공통점이 있으며, 여기서는 주로 그 특징을 중심으로 서술한다.

1. '지금 여기'를 중시한다

펄스는 우선 프로이트의 정신분석으로부터 많은 것을 배웠으나, 곧 그 원인론과 분석적 방법과 결별한다. 펄스는 내담자의 과거분석이 아니라, '지금 여기'에서 내담자가 표현하고 있는 것을 중시하여 '우리는 내담자에게 과거의 기억 속에 있는 문제와 트라우마에 대하여 단순히 이야기하는 것은 소용없다고 생각하고 있다. 이야기하는 것뿐만 아니라 '지금 여기'에서 현재도 미완결인 문제와 트라우마를 재체험할 것을 권한다.'[1]라고 서술하고 있다.

'지금 여기'에서 그(그녀)가 표현하고 있는 것을 관찰하면 미완결된 것(unfinished business)을 알 수 있다. 내담자의 안에 무자각적으로 '지금 여기'에 다양한 형태로 떠오르는 것을 의식적으로 관찰하게 하여, 그것을

'안전한 공간'과 '안심되는 인간관계' 가운데에서 자유롭게 표현하게 하고, 그렇게 함으로써 미완결된 것을 완결한다.

이렇듯 심리치료의 장에서 '지금 여기'의 의미의 중요성을 알아차린 펄스는 실존주의철학과 현상학, 동양의 선(禪) 등에서 영향을 받으면서도, 지적 유희로서의 이론을 물리치고, 도겐(道元, 1200-1253)이 설한 것처럼 이금현성(而今現成)의 세계인 '영원한 지금'을 살아가는 것, '지금 이 순간을 죽음이라고 받아들이기'[2)]를 내담자와 치료자 둘 다에게 요구했다.

2. 알아차림과 깨달음

인간이 끊임없이 심리적 성장을 하기 위해서는 '알아차림(awareness)'이 중요하다. 펄스는 '게슈탈트(Gestalt, 형태)'라는 개념을 도입하여 '알아차림이란 게슈탈트를 인식하는 순간이다'라고 했다. 인간은 세계를 의미 있는 하나의 완전한 전체상(게슈탈트)으로 구성하여 인식한다는 게슈탈트 심리학의 관점을 기본 원리로 도입한 것이다. 알아차림은 개별적인 부분의 이해가 아니라, 전체성의 의미를 이해할 때에 생겨난다. '자각한다', '의식한다'라는 의미도 포함하지만, 불교에서 말하는 깨달음은 의식적·자각적으로 자기 자신에게 의식을 향하는 것이기도 하다. 그래서 세계, 자기, 인간, 우주를 게슈탈트(전체, 의미 있는 것)로 지각 가능한 순간이 '아하체험'이고 알아차림이며 깨달음이다. 펄스는 교토의 다이토쿠지(大德寺)에서 2개월 정도 좌선을 경험하고 '알아차림이란 깨달음의 순간이기도 하다. 그것은 작은 깨달음(little satori)이라고 말할 수 있을 것이다'라고 서술하고 있다.[3)]

3. 세 가지 알아차림

펄스는 알아차림을 다음의 세 영역으로 나눈다.

① **내부 영역의 알아차림**은 자기 세계에 대한 알아차림을 말한다. 자기 자신에게 의식을 향하면 호흡을 하고 있다는 것을 알아차린다. 근육에 의식을 향하면 허리의 통증이나 어깨의 긴장을 알아차린다. 또한 마음, 기분, 감정에 주의를 향한다면 편안함, 불안함, 짜증, 슬픔, 기쁨, 졸림 등을 알아차린다. 자세와 동작도 자기가 만들어내는 것으로, 내부 영역에 포함된다.

② **중간 영역의 알아차림**은 사고, 상상, 지식 등 뇌의 프로세스가 일어나는 영역에 대한 알아차림을 말한다. 사람은 뇌의 발달로 인해서 논리적인 사고, 합리적인 분석, 선악의 구분, 원인의 해명, 미래에 대한 상상이 가능하게 되었다. 이 영역은 현실(외부 영역)과 심신(내부 영역)의 중간에 있다.

③ **외부 영역의 알아차림**은 현실 세계에 대한 알아차림을 말한다. 외부 영역인 현실에 접촉하기 위해, 보고 알아차림(시각), 듣고 알아차림(청각), 닿고 알아차림(촉각), 냄새 맡고 알아차림(후각), 맛보고 알아차림(미각)이라는 오감을 사용한다.

사람은 공복을 알아차려(내부 영역), 음식을 먹으려고(중간 영역) 결정했다고 하더라도 공복은 채워지지 않는다. 현실에 접촉해서 음식을 섭취하지 않으면(외부 영역) 공복은 그대로이다. 내담자는 종종 현실 세계와 접촉을 피하고(틀어박힘), 중간 영역의 세계인 과거와 미래에 대하여 상상하고 있다는 것을 알아차리지 못한다. '왜'라고 묻는 것은 사고로 의식을 되돌리는 것이 된다.

게슈탈트 치료는 내담자가 세 가지 영역으로 의식을 향하여 자신의 문제와 과제에 직면할 수 있도록 도와준다. 펄스에 의하면 '지금 여기'의 세계는 외부 영역(현실에 접촉하고 있는)과 내부 영역(자기 자신에 접촉하고 있는)이다. 중간 영역은 지식, 분석, 선악, 평가를 하고 있을 때, 과거에 대하여 생각을 떠올릴 때, 존재하지 않는 미래에 대하여 상상하고 있을 때 '지금 여기'로부터 멀어지게 된다. 사고 프로세스(중간 영역)를 멈추고 '지금 여기'에 머무르기 위해서는 의식을 외부 영역과 내부 영역에 두는 것이 중요하며, 그때에 알아차림(little satori)이 생겨나는 것이다.

4. 심신일원론

빌헬름 라이히(Wilhelm Reich, 1897-1957)는 프로이트가 빈에서 정신분석 연구소를 개원했을 때, 첫 번째 임상조수였다. 이때 펄스도 라이히에게서 분석을 받았다. 라이히는 곧 정신분석으로부터 멀어져 인간의 성격이 '신체에 어떻게 나타나는가'에 주목하고, '성격의 갑옷'이라는 개념을 사용해서 인간의 만성적인 근육긴장이 어떤 식으로 개인의 역사 안에서 형성되는지를 제시했다. 개인의 성격에는 그것에 대응하는 신체적인 태도가 있으며, 태도는 근육의 경직과 관계있다. 사람은 다양한 감정과 감각(분노, 쾌락, 슬픔, 성적 감각)을 느끼지만, 그것을 자유롭게 표현할 수 없을 때, 표현에 위험을 수반할 때 그것을 억압하려고 근육을 긴장(경직)시키게 된다. 그래서 그 방어적인 '신체적 태도'가 '성격의 갑옷'이고, 그것을 이해하기 위한 신체 중심형 심리치료를 라이히는 탐구하고 있었다.

펄스 또한 심신일원론을 설명하고, "'우리는 신체를 가지고 있다'라고 말하는 순간 우리는 분열되는 것이고, 마치 신체를 소유하고 있는 나라는 것이 있는 것 같다. 그러나 실은 '우리가 신체인 것이다'"라고 서술하고 있다.[4] 펄스는 '심신일여(心身一如)'를 논리적으로 설명하기 위하여 항상성(homeostasis)이라는 개념을 사용했다. 인체에서 장기, 혈액의 흐름, 심장의 고동, 감정, 기분 등은 개별적으로 존재하는 것이 아니라 유기체로서 존재하며, 생명체의 기능이 언제나 일정하게 유지되도록 기능한다. 이것이 항상성이다. 펄스는 정신기능도 이와 같은 원칙으로 움직인다고 생각했다. 마음과 감정은 일시적으로 흥분하더라도 역할이 끝나면 안정을 되찾는다. 스트레스를 받아 긴장이 높아지거나 불안해진다고 해도 '미완결된 것'이 해결된다면 정신기능은 건강한 상태로 돌아간다. 펄스는 신체와 정신이 일체가 되어 기능하고 있다고 설명한다. '감정은 유기체의 언어라고 말할 수 있기 때문이다. 감정은 유기체가 일으키는 원초적인 흥분을 변화시키는 것이기 때문이다. 흥분은 무엇인가 특정한 감정으로 변하고, 그 감정은 감각기관과 운동기관에 의해 동작으로 바뀐다.'라고 서술하고 있다.[5)]

5. 접근법

게슈탈트 치료에서는 지식보다 실천으로 나아가기 위한 구체적인 방법을 제시한다. 그 기본은 다음의 세 가지이다.

① 왜(WHY)에서 어떻게(HOW)로
② 뇌에서 신체로
③ 사고에서 '지금 여기'의 현실로

게슈탈트 치료에서는 억압된 감정과 감각을 알아차릴 때 그것을 안전하고 자유롭게 표현하는 인간관계의 장(워크숍)을 제공한다. 펄스는 정신과 신체의 조화를 강조하고, 심리치료에 신체성을 포함하여 사람을 유기체로 보았으나, 이 '심신일여'라는 입장은 예로부터 동양철학과 불교에서도 강조되고 있다.

조동종에서 설하는 '지관타좌'는 오로지 좌선하는 것이다. 깨달음이란 무엇인가. 부처의 가르침을 지적으로 이해하기보다는 좌선하는 것을 우선으로 한다. 마찬가지로 게슈탈트 치료는 '경험'의 심리치료이다. 사람 마음의 문제에 대하여 생각하거나 해석하여 이해하는 입장이라기보다 자신의 신체, 정신, 사고를 '경험'하는 입장을 강조한다.

예를 들어 '나는 어깨 결림과 두통으로 고민하고 있다'라고 내담자가 말할 때, 자신의 증상에 대하여 말하기보다 증상 그 자체가 되도록 제안한다. 자신의 증상이 얼마나 큰 것인지에 대해서 말할 때, 펄스는 그것을 거부했다. 두통과 어깨 결림에 대하여 말하는 대신, 증상이 표현하고 있는 것을 지금 여기에서 '경험'하는 것이다. 그러면 두통은 자신이 하고 싶은 것을 멈추고 있는(옥죄고 있는) 자기 자신이며, 어깨 결림 또한 특정 인간에 대한 분노의 표현이기도 하다. 사람은 언제나 자신을 언어와 지성으로 이해하려고 하지만, 아직 의식하지 못하는 것과 기분을 신체로 표현하고 있는 것이다. 그 때문에 증상을 경험하는 것은 자신을 '경험'하여 바로잡는 것이 된다. 게슈탈트 치료에서 증상 자체가 '말하게 하는' 것은 이 때문이다.

틱낫한(Thich Nhat Hanh, 1926-) 스님은 붓다의 가르침 중에서 알아차림 수행은 '여섯 가지의 감각기관(六根)과 여섯 가지 감각대상(六境)에 대하여 관찰하는 것이다.'라고 서술하고 있다. 외부 영역의 알아차림(시각, 청각, 후각, 미각, 촉각)과 내부 영역의 알아차림(意＝心身)을 의식하는 것은 '지금 여기'의 세계와 접촉하는 것이며, 거기에서 멀어진 욕망(사고 영역＝사회적 가치관)에 현혹되지 않는다는 점에서 게슈탈트 치료와 알아차림 수행은 기본적으로 유사하다.

✻ 문헌

1) フレデリック・パールズ, 倉戸ヨシヤ 訳(1990), 『ゲシュタルト療法』, ナカニシヤ出版.

2) 栗田 勇(2001),『道元の読み方』, 祥伝社 黄金文庫.

3) 倉戸ヨシヤ 編集(1998),「ゲシュタルト療法」,『現代のエスプリ』, 至文堂.

4) サージ・ジンジャー, 柴田和雄 訳(2007),『ゲシュタルト・セラピーの手引き』, 創元社.

5) ティク・ナット・ハン, 山端法玄 他訳(2011),『ブッダの<気づき>の冥想』, 野草社.

[百武正嗣]

응용심리학과 심리치료

92 교류분석(TA)

【링크】→ 중도, 공, 자비, 삼법인, 여실지자심(如實知自心), 알아차림, 자아, 성격

1. 교류분석의 성립배경

'교류분석(TA, Transactional Analysis)'은 캐나다 태생의 정신과 의사인 에릭 번(Eric Berne, 1910-1970)이 1950년대 미국의 군병원에서 집단치료의 한 방식으로 창안하였다. 그 후에 샌프란시스코에서 교류분석을 '성격이론과 소통이론을 가진 자기성장과 자기변화를 위한 심리치료'라는 체계를 세우고 이론과 기법을 정비하였다.

'교류분석은 정신분석의 구어판이다'라고 불릴 정도로 에릭 번은 정신분석의 계보를 이어받으면서 현실세계에서 '관찰·검증' 가능한 이론을 구축하였다.

번은 프로이트(Sigmund Freud, 1856-1939)의 직계 제자인 페던(Paul Federn, 1871-1950)을 자신의 정신분석의사로 선정하고, 또한 에릭슨의 분석을 받아들이면서 정신분석 자아심리학의 영향을 강하게 받았다. 초기에는 『정신의학과 정신분석학 입문(A Layman's Guide to Psychiatry and Psychoanalysis)』(1947) 등 정신분석에 관한 입문서도 저술하였다. 하지만 번은 정신분석을 떠나서 인간과 인간의 교류, 대인관계에서 인간성을 탐구할 수 있는 이론을 추구하였다. '사회적 상호작용'에서 '교류(transaction)'를 채택하여 정신의학의 대상을 집단행동까지 넓히고자 하였다. 당시 캘리포니아를 중심으로 대두되고 있었던 인본주의 심리학의 실존적인 입장, 베이트슨(Gregory Bateson,

1904-1980) 등의 사이버네틱스(cybernetics)와 시스템 이론 등에 영향을 받아서 번이 창안한 교류분석은 실존적, 행동과학적, 시스템이론적인 것이 되었다.

그리하여 'I'm OK. You're OK.'로 표현되는 인간관계를 기본으로, 관찰 가능한 행동의 변화에 주목하는 교류분석이 완성되었다.

2. 교류분석의 개관

◇ 자아상태의 모델

교류분석은 자아상태이론으로도 불리며, 정신분석의 구조론을 관찰가능한 인간행동에서 자아상태로 조합했다. 사람이 성격을 표현하는 아래의 세 가지 방법이 있다. '일관된 정서와 경험의 패턴은 그것에 상응하는 일관된 행동의 패턴과 강한 상관관계가 있다.'(Berne, 1966, p.364)

① 사람이 부모 또는 부모 역할을 하는 사람의 사고방식, 감정방식, 행동방식을 모방하는 상태에 있을 때 '부모의 자아상태(parent)'에 있다고 한다. 조상으로부터 '업'을 이어받은 것이라고도 말할 수 있을 것이다.

② '지금 여기'의 현실에서 일어나고 있는 상황에 대해서 직접 반응하여, 사용할 수 있는 자원을 전부 사용하여 생각하고, 느끼고, 행동하는 경우 '성인의 자아상태(adult)'에 있다고 한다.

③ 사람의 사고, 감정, 행동이 종종 유아기를 재연하여 생각하고, 느끼고, 행동하고 있을 때, '어린이의 자아상태(child)'에 있다고 한다.

자아상태는 각각 영어의 첫 글자를 따서 P(부모), A(성인), C(어린이)로 표시된다. 요컨대 자아상태는 외부의 자극에 대한 반응의 패턴이며, 자아의 에너지가 고정화되면 '살기 어려워'지므로, 자아상태를 '공(空)'으로 할 것을 요구한다.

◇ 스트로크

인간은 타자와의 교류, 애정, 승인, 지지를 추구한다. 애정과 승인을 보여주는 '애무, 접촉, 말걸기' 등의 자극을 스트로크(stroke)라고 한다. '존재 인지의 한 단위'라고 정의되지만, 그 표출방식에는 긍정적인 것과 부정적인 것이 있다. '사랑받고 있다는 느낌', '나를 필요로 하고 있다는 느낌', '내가 쓸모 있다는 느낌' 등 사람과 사람 사이의 교류의 본질은 '스트로크의 교환'이라고 말해도 과언이 아니다. 자비, 즉 '괴로움을 없애고 즐거움을 주는 발고여락(拔苦與樂)'은 스트로크를 주는 것과 다를 바 없다.

◇ 라켓 감정

사람은 '금지된 감정'을 드러내면 자신의 요구가 통하지 않는다는 것을 유아기에 배우며, '그렇게 하는 것이 좋다'라고 장려되는 감정(칭찬받는 감정)을 알게 된다. 후자는 여러 가지 스트레스 상황에서 경험할 수 있는 익숙한 감정이지만, 문제해결의 수단으로써 성인이 사용하기에는 부적절하다. '본래(authentic) 감정'이 아니기 때문에, 그것을 라켓 감정(racket feeling, 대체 감정)이라고 부른다. '라켓 감정'은 복잡한 인간심리의 이면성을 표현하는 것이며, 조작적으로 '배우고 가르친' 인공적이고 표면적인 감정으로 '지금 여기'에 적합하지 않는 '싫은 느낌'을 수반하는 것이다.

◇ 게임

'게임은 반복되어 예측이 가능한 패턴의 행동으로, 명확하고 고통스러운 결말을 수반하는, 의식적인 알아차림이 없는 교류이다(Berne, 1962).' 게임(game)은 타인이 마음 써주기를 바라는 욕구, 스트로크를 얻고자 하는 욕구의 표출로 '상태를 조작하여 스트로크를 얻기' 위해서 압력을 가하는 것이다. 게임을 하는 것은 스트로크를 구하는 것이지만, 이는 긍정적 스트로크가 아닌 부정적 스트로크를 구하는 것이다. 가령 부정적 스트로크라도 스트로크가 없는 상태보다는 만족스럽기 때문이다. 결과적으로 게임은 타자와 상호작용하면서 라켓 감정을 체험하기 위해서 '반복하여' 사용하는 방법이다.

그 밖에 대인관계에서 일어나고 있는 것을 이해하기 위한 방법인 '교환분석(대인관계)', 기본적 신뢰를 바탕으로 자신과 타인에 대한 사고방식과 느끼는 방식을 이해하는 방법인 '인생에서 기본적 입장', 자신과 타자의 관계 가운데에서 시간의 여섯 가지 사용법인 '시간의 구조화', 개인이 무의식적으로 진행하는 인생계획을 이해하기 위한 방법인 '인생각본 분석' 등이 있다.

교류분석은 뛰어난 분석 시스템이며, 견고한 이론체계를 갖고 있다. 교류분석을 배우는 데 있어서 중요한 것은 교류분석이론만을 머리로 이해하는 것이 아니라, '몸으로 이해'하는 것이다. 이론을 자신에게 맞춰 마음으로 아는 것, 알아차리는(깨닫는) 것, 신체에 젖어드는 것이다.

3. 교류분석의 세가지 철학적 축

번이 '치료가 먼저이다, 분석은 나중에도 가능하다'고 강조하는 심리치료로서 교류분석은 인간이란 무엇인가, 성장과 변화의 목적에 대해서 다음의 세 가지 축을 중심으로 생각한다.

(1) 사람은 모두 OK(I'm OK, You're OK.)

인간은 본래 긍정적인 존재로 우열은 없다. 불교에서 '사람에게는 누구나 불성(=여래장)이 있다'고 설하듯이, 받아들이기 어려운 행동을 하는 자기와 타자도 있는 그대로 수용할 것을 강조한다. 본래 자성은 청정한 것이므로 상호 신뢰의 길은 열려 있는 것이다.

(2) 사람은 모두 스스로 생각할 수 있다.

인생은 선택이다. 사람은 무엇을 선택할 것인지를 스스로 결정하는 능력을 가지고 있다. 자신이 선택한 '인생'이므로 자신의 인생에 책임이 있다고 말하기도 한다. 살아가는 것은 선택과 판단의 연속이므로 붓다가 말한 자등명(自燈明)이며, '잘 다듬어진 자신이야말로 참으로 얻기 어려운 의지할 곳'이다(『법구경』).

(3) 사람은 모두 자신의 운명을 스스로 결정할 수 있으며, 그 결정을 언제든지 바꿀 수 있는 힘을 가지고 있다.

부모도 사회도, 아이에게 사고·감정·행동·지각의 방법을 무의식적으로 또는 계획적으로 교육한다(가정교육). 이 영향에서 벗어나는 것은 어렵지만, 결단해서 고치는 것은 가능하다. 자신의 매일매일의 '사고·감정·행동'과 운명을 결정하는 데 타인과 환경에 따라서 본의 아닌 선택을 '하게 되는' 경우는 없다. 교류분석은 인간을 본래 성장·변화·변용 가능한 존재라고 본다(=諸行無常).

교류분석의 실제 면접과 지도에서는 계약이 중시된다. 개인의 문제해결에 초점을 확실히 맞추고, 목표에 도달하기 위해 자신의 결심, 감정, 행동 가운데 무엇을 어떻게 바꿀 것인지를 분명히 결정하는 것이다.

교류분석의 목표는 '모든 사람들이 보다 잘 살아가는 것'에 있다. 자신과 타인의 행동 패턴과 자신이 본래 가지고 있는 능력을 알아차리고, 능력 발휘를 방해하는 요인을 의식하여 수정하고 제거하여 상황에 맞는 적절한 행동을 선택한다. 그리고 주변과 조화를 이루면서 본래 자신의 가능성을 실현하고, 자율성을 달성하는 것(=成就)을 목표로 한다.

4. 자율성을 달성하기 위하여 중요한 것

자율성을 달성하기 위해서는 자기이해와 알아차림, 자발성, 친밀함이라는 세 가지가 중요하다.

(1) 자기이해와 알아차림(순수의식)

알아차림은 지금 여기에서 살아가는 것을 요구한다(卽今只今). 자기이해는 '여실지자심(如實知自心)'(『대일경』「주심품」)에 있으며, 있는 그대로의 자신의 마음을 아는 것이다. 자심, 즉 자기 마음은 스스로가 가장 잘 알고 있다고 생각하기 쉽지만, 실은 착각이다. 자신을 곰곰이 마주 보는 것으로 진실을 알아차릴 수 있다.

(2) 자발성

현재 손에 넣을 수 있는 '사고·감정·행동'의 조합으로부터 자신의 감정을 선택적으로 파악해서 표현한다. 타인과 자신의 옳고 그름을 결정하는 대신에 균형을 잡고 자신의 개념에 갇히지 않는 것(=中道)이 요구되며, 이는 강박행동으로부터 쉽게 벗어나게 한다. 자신이 생각하고, 마음속에서 '그렇게 되고 싶다'라는 욕구와 닿아서, 욕구를 유지한다. 진짜 욕구와 닿으면 '그렇게 하지 않으면 견딜 수 없게' 된다(=精進).

(3) 친밀함

인간은 대인관계를 중시하며, 인간적 교류 가운데서 인생과 맞닥뜨린다. 모든 인간은 관계를 맺고 살아가기 때문이다(＝諸法無我).

번은 교류분석의 이론·기법·신조를 널리 알리기 위해서 세계조직인 국제교류분석협회(ITAA)를 설립하였다. 국제교류분석협회는 유럽, 중남미, 오스트레일리아, 인도, 일본을 시작으로 세계 각국에 회원을 가지고 에릭 번 기념상의 수여, 출판, 장학금 지급 등 다양한 활동을 하고 있다. 또한 심리치료, 교육, 기업, 상담의 각 분야에서 시험 시스템을 통하여 교류분석가 자격을 인정하고 있다. 일본에는 독자적인 자격발행을 행하는 일본교류분석학회, 일본교류분석협회, 일본TA협회 등이 있다.

✻ 문헌

Berne, E.(1962), *Transactional Analysis in Psychotherapy.*

Berne, E.(1966), *Principles of Group Treatment.*

S. ウーラムズ, M. ブラウン, C. ヒュージー 著, 今井典子, 深沢道子, 六角浩三 訳(1976),『TA入門』, 組織行動研究所.

I. スチュアート, V. ジョインズ 著, 深沢道子 監訳(1991),『TA TODAY－最新·交流分析入門』, 実務教育出版.

I. スチュアート著, 杉村省吾 訳(1995),『交流分析のカウンセリング－対人関係の心理学』, 川島書店.

I. スチュアート 著, 諸永好孝 訳(1998),『エリック·バーン : TA(交流分析)の誕生と発展』, チーム医療.

[石山陽圓]

응용심리학과 심리치료

93 포커싱

【링크】→ 공, 중도, 업, 깨달음, 육즉(六卽), 불이, 인본주의 심리학, 마음챙김, 위빠사나

포커싱은 로저스(Carl R. Rogers, 1902-1987)의 연구 스태프이며, 현상학파의 철학자로 임상심리가인 젠들린(Eugene T. Gendlin, 1926-)의 연구에서 유래한다. 그는 "지금 여기에서 생생하게 움직이고, 느껴지며, 경험하고 있는 감정의 흐름"을 '체험과정(experiencing)'[1]이라 부르고, 그 암묵성에 주목했다. 의식과 무의식 사이의 영역인, 전(前) 개념적이지만 확실히 심신에 느껴지고 있는 느껴진 의미(felt meaning)에 느껴진 감각(felt sense)이라고 이름을 붙였다. 느껴진 감각과 그 상징의 상호작용에 의해 의미가 생겨나고, 체험과정이 진행되는 것을 밝혔다. 그 일련의 과정을 누구나 쉽게 체험할 수 있게 한 것이 포커싱(focusing)[2]이며, 그 심리치료에 대한 응용이 포커싱 지향 심리치료(focusing oriented psychotherapy)[3]이다. 젠들린의 심리치료에 대한 기여는 인격변화를 초래하는 요인을 밝히고, 심리적 구조에 구속된 것을 재구축하기 위한 이론과 구체적인 방법을 제시한 것이다.

그 후 젠들린은 철학자로 돌아가『프로세스 모델(a process model)』[4]이라는 철학서를 저술했다. 자기의 암묵성을 마주하기 위한 구체적인 연습 방법으로 포커싱에 더해서 TAE(thinking at the edge)[5]를 제시하고 있다. TAE는 느껴진 감각으로부터 문장과 사고로 발전하기 위한 구체적인 방법이다. 젠들린은 문화, 정치, 경제, 사회 제도, 개념에 대해서도 자신들의 신체감각적인 실제 감각을 통해 그들의 문제와 상호 작용하고, 시스템과 제도

를 변화시킬 수 있다고 제언하고 있다.[6]

불교의 용어, 불상, 관습, 제도 등의 어떤 부분은 심신에 느껴지는 감각된 의미의 체험과정에서 생겨나서 상징화된 것이 많을 것이다. 이제 그것들은 관습적인 고정 개념이 된 경우가 많다. 새로이 포커싱 방법을 사용하여, 사고가 아닌 신체감각을 통하여 하나하나 음미하여 고치는 것은 의미 있을 것이다.

포커싱은 혼자서도 행할 수 있다. 하지만 막연한 느낌에 주의를 기울여 주고, 말을 주고받는 사람이 존재하면 프로세스는 전개하기 쉬워진다. 그룹으로 행할 때에도 듣는 사람과 포커싱을 하는 사람이 짝을 이루어 행하는 경우가 많다.

포커싱의 구체적인 진행방법은 다음과 같다. 포커싱을 하는 사람은

① [공간 정리] 편한 자세로 조용히 눈을 감고 자신에게 질문을 한다(자신에게 질문하는 방법으로는 문제를 나열하는 것, 신체에 주의를 기울이는 것, 보디워크와 호흡법 등과 그 밖의 방법이 연구되고 있으며, 이것만을 떼어내서 응용하는 것도 가능하다).

② [느껴진 감각] 상황, 고민, 문제, 타자, 과거에 일어난 일 등에서 신경쓰이는 것을 골라내어, 그 전체에 대해서 심신의 막연한 감각을 느끼려고 한다.

③ [다루기] 그 느낌을 말과 이미지로 나타내본다.

④ [공명하기] 다음으로 그 말과 이미지와 느껴진 감각을 공명시킨다. 그것을 반복하여 딱 맞아떨어지는 것을 만났을 때, 몸과 마음이 느슨해지는 체험을 한다.

⑤ 그 느낌이 생기지 않는 경우에는, 느껴진 감각으로 돌아가서, 그 의미하는 것이 무엇인지를 질문해본다.

⑥ 체험한 것을 그대로 받아들인다.

이것으로 한 단락이 된다. 때로는 다음 느껴진 감각으로 이행하며, 다시 새로운 과정이 시작된다. 체험 과정은 흐름과 같다. 이 과정에서 듣는 사람은 포커싱을 하는 사람에게 생기는 감정, 두려움, 비판, 평가, 원망, 사고 등과 느껴진 감각을 구분하여 느껴진 감각으로 돌아갈 수 있게 하는 역할을 한다.

붓다는 처음부터 자신과 적당한 거리를 두면서 자신을 대하는 방법(위빠사나 명상)[7]을 가르치고 있다. 붓다는 대중을 향하여 우선 '조용히 앉아서 호흡을 관찰하라', '긴 호흡은 긴 것으로 알고 짧은 호흡은 짧은 것으로 알도록' 하라고 말했다. 심신에 생기는 온갖 것들을 있는 그대로 느끼고, 그것을 관찰하는 방법은 포커싱과 공통적이다. 포커싱은 감정과 정동에 휩쓸리지 않고 자기 자신의 심리적 과제에 직면하는 방법이다. 포커싱을 하는 사람의 상황과 문제는 변하지 않지만, 그것을 대하는 자세가 바뀐다. 게다가 반복된 포커싱에 의해서 자기 자신을 느끼고 관찰할 수 있는 태도가 길러진다. 포커싱의 부차적 효과는 여기에 있다. 이것은 붓다가 인간이 벗어날 수 없는 괴로움인 생로병사를 어떻게 받아들이고, 어떻게 마주 볼 것인가를 설한 중도의 가르침과 가깝다고 할 수 있다.

호흡을 중심으로 수행하는 선(禪)의 깨달음은 의식을 벗어나 바로 신체 전체에서 답을 구하는 것이다. 포커싱 체험에서는 심신 전체에 느껴지는 느낌과 그 상징화(말과 이미지)를 조합하는 가운데 의외의 말이 떠오른다. 어느 쪽도 창조적인 체험이다. 주제가 심리적인 것인 경우와 주제가 존재나 보편적인 질문을 하는 선(禪)의 경우는 체험의 방식이 서로 다르다. 깨달음의 경우는 심신 전체를 통째로 체험하는 것이고, 포커싱은 조금씩 신체도 기분도 풀어져서 개방되어가는 과정을 더듬어간다. 부처는 '호토케

(hotoke)'라고 한다. 심신에 막힌 것이 서서히 이완되는(hotokeru, 호토케루) 방향은, 영성으로 들어가는 입구라고도 말할 수 있다.[8)]

병과 죽음에 대한 고민, 출구를 발견할 수 없는 문제에 대해서도 자신과 거리를 두면서 감정을 일으키지 않고, 심신에 느껴지는 느낌을 직면한다. 고뇌가 클수록 깨달음에 가까운 심신 전체를 체험한다. 때로는 분노에 대한 감각(느껴진 감각)에서 부동명왕이 출현하거나, 부처, 관세음보살, 마리아 등의 이미지를 만나는 체험을 하는 경우가 있다. 괴로움의 궁극에서 눈물과 웃음이 동시에 일어나는 경우도 있다. 이들 사례는 괴로움과 해탈, 빛과 그림자, 생과 사 등의 일견 모순되는 개념을 잇는 것으로서 『화엄경』에서 설하고 있는 '즉(卽)'의 사상과 통하는 것이다.

✻ 문헌

1) Gendlin, E. T.(1952), *Experiencing and the Creation of Meaning*; 筒井健雄 訳(1993),『体験過程と意味の創造』, ぶっく東京.
2) Gendlin, E. T.(1978), *Focusing*; 村山正治, 都留春夫, 村瀬孝雄 訳(1982),『フォーカシング』, 福村出版.
3) Gendlin, E. T.(1996), *Focusing Oriented Psychotherapy*; 村瀬孝雄, 池見陽, 日笠摩子, 村里忠之 訳(1998, 1999),『フォーカシング指向心理療法 上·下』, 金剛出版.
4) Gendlin, E. T.(1997), *A Process Model*. http://www.focusing.org/gendlin/
5) Gendlin, E. T. & Hendricks. M.(2004), "Thinking at the Edge (TAE) steps", *The Folio* 19(1), New York: The Focusing Institute.
6) 末武康弘(2009),『フォーカシングの原点と臨床的展開』, 岩崎学術出版社, p.125.
7) ラリー·ローゼンバーグ, 井上ウィマラ 訳(2001),『呼吸による癒し』, 春秋社.
8) 白岩紘子(1999),「フォーカシングと霊性」,『現代のエスプリーフォーカシング』, 至文堂, p.175.

[白岩紘子]

응용심리학과 심리치료

94 내관요법

【링크】→ 참회, 내관법, 알아차림, 역대응, 타력, 지관, 마음챙김

1. 내관의 성립과 전개

내관요법은 정토진종의 승려 요시모토 이신(吉本伊信, 1916-1988)이 창시한 자기탐구법이다. 과거의 체험을 상기하고 반성하여 자기발견, 자기계발을 목적으로 내관을 실천하는 경우에는 내관법도 좋고, 치료를 목적으로 적용하는 경우에는 내관요법이라고 불리는 경향이 있다.

요시모토의 내관법 이외에도, 자기를 정밀하게 관찰하는 수행법과 심리학의 의식분석은 내관(內觀)이라고 불린다. 임제종 백은선사(白隱禪師, 1658-1768)의 『야선한화(夜船閑話)』에서 심신의 조정법으로 내관법을 소개하고 있다. 또한 심리학의 창시자로 불리는, 1879년에 세계 최초의 심리학 연구실을 라이프치히 대학에 개설한 분트(Wilhelm M. Wundt, 1832-1920)의 구성주의 심리학에서는 의식의 내용을 연구대상으로 하며, 의식의 분석 방법을 내관(introspection)이라고 칭했다. 이러한 명칭의 애매함 때문에 한때는 많은 논자들이 '요시모토 내관법' 또는 '요시모토 요법' 등으로 구별을 시도하였으나, 요시모토 자신은 '내관'의 근원은 붓다가 보리수 아래에서 명상하여 깨달은 것에서 유래하였기 때문에, 굳이 '내관'에 요시모토라는 고유명사를 붙이는 것을 좋아하지 않았다.[1)]

요시모토 내관법의 전신은 당시 정토진종의 일파에 전해졌던 신조(身調)라는 수행법이었다. 신조(身調)에서는 신자가 신앙을 깊이 하기 위해서 수일간 한 방에 틀어박혀 마시지 않고, 먹지 않고, 자지 않고, 철저하게

자신의 마음을 조사한다. '지금 죽으면 영혼은 어디로 가는 것일까? 무상을 응시하고, 몸·생명·재산을 내던진다는 생각으로 반성하자.'라고 하루에 수차례씩 선배신자들이 교대로 격려하러 오는 방법이었다. 요시모토는 고생 끝에 22세에 4번째 신조(身調)에서 전미개오(轉迷開悟)의 경지에 도달했다. 지옥에 떨어질 정도로 깊은 죄를 쌓아온 자기를 체험적으로 발견했을 때 아미타불의 '다른 부처가 포기한 죄악이 무겁고 깊은 너를 구하지 않을 수 없다.'라는 맹세는 마땅히 자신에게 해당하는 기원이었다는 통찰에 도달한다. 참회의 끝에서 붓다의 빛을 받고, 되살아나고 있다는 감사로 바뀌는 체험을 한 요시모토는 '이 기쁨, 이 감격을 전 세계 사람들에게 전하고 싶다. 이것이야말로 인생 최대의 목적이며 기쁨이다.'[2]라고 말했다. 이 수행에서 전미개오의 경지에 도달했던 요시모토는 신조(身調)의 종교적 문제와 난행과 고행의 요소를 제거하고 특정 종교를 떠난 하나의 자기탐구법으로서 내관을 확립했다.

현재 내관요법은 내관연구소, 형무소, 소년원 등의 교정시설, 기업연수, 정신과, 정신건강의학과, 호스피스 의료현장, 초등학교부터 대학까지 교육현장에서 적용되고 있다. 1978년에는 일본내관학회가, 1981년에는 일본내관의학회가 설립되고, 내관의 사례와 기법의 검토, 치유기제와 적응대상의 선택, 다른 심리치료와의 병용 등 각 측면에서 연구가 이루어지고 있다. 또한 일본에서 생겨난 독자적인 심리치료로서 독일, 오스트리아, 미국, 중국 등 해외로 보급되고 있다.

2. 내관의 방법

내관은 문자 그대로 자신의 마음 안을 관찰하는 것으로, 자기 자신을 그리고 인간의 본질을 보다 깊이 이해하는 것이다. 내관법, 내관요법의 구체적인 방법으로는 자신과 자신에게 소중한 사람들, 예를 들어 어머니, 아버지, 조부모, 형제, 배우자, 자녀 등과의 관계를 '해주길 원했던 것', '되돌려준 것', '폐를 끼쳤던 것'이라는 세 가지 질문의 측면에서 조사한다. 그 시절에 어머니가 부재했던 사람은 어머니 대신 키워준 사람에서 시작한다. 그리고 연대순으로 출생부터 초등학교 입학까지, 초등학교 시절, 중학교 시절, 20대, 30대라는 식으로 그 사람과의 만남에서 현재까지 거슬러 올라가며 조사한다. 집중내관에서는 보통 일주일 정도 내관이 가능한 연수원, 병원 등의 시설에 들어가 하루에 약 15시간 이 질문과 마주한다. 한 시간이나 두 시간에 한 번, 면접자가 내관을 하고 있는 사람에게 가서 지금 이 시간, 누구에 대해서 어떠한 것을 조사하며 떠올렸는가를 살핀다. 내관자의 보고 이후, 면접자는 다음에는 누구누구에 대한, 언제쯤의 자신에 관해서 조사할 것인가에 대해 조언을 해준다. 집중내관 중에는 텔레비전, 라디오, 전화 등 외부 자극을 차단하고, 내관자에게는 면접자만이 내관을 통해 유일하게 교류할 수 있는 상대이다.

내관요법에서는 이러한 집중내관 이외에 일상생활을 하면서 매일 일정 시간 내관을 하는 일상내관(분산내관이라고도 하는), 2, 3일간만 수행을 목적으로 집중내관을 하는 행동내관, '내관적으로 자신의 신체를 응시하며, 신체와 장기에게 감사하며 살아가는' 치료기법으로서 신체내관이 있다.[3)]

3. 내관의 심리기제

일주일간 집중내관을 시작하면, 일상생활에서 차단되어 익숙하지 않은 환경에 몸을 담고있는 불안, 과거의 일을 좀처럼 생각해내지 못하는 초조함을 누구나 경험하게 된다. 3일째 즈음부터 내관적 사고가 궤도에 오르기 시작하면 심신이 조정되지만, 사람에 따라 자기 마음의 추한 꼴과 죄를 직시하고 싶지 않아서 자기탐구에 저항을 느끼는 경우도 있다. 하지만 내관의 주제를 따라서, 실제로 일어난 일을 상대방의 입장에서 상기하면,

이제까지 생각이 미치지 않았던 자기의 본성과 타인의 애정을 알아차리는 경우도 있다. 내관에서 얻을 수 있는 깊은 감정을 수반한 통찰의 중심에는 ① 타인에게 많은 애정을 받아온 자신의 발견, ② 지금까지 그것을 알지 못하고 만족하지 못했던 자기중심성의 자각, ③ 자신이 타인에게 끼친 민폐와 가해성을 알아차리고, 상대방에 대한 깊은 참회의 마음이 일어날 때, 그때까지 가지고 있던 아집을 버리자고 결심하게 되는 것, 그 외에 내관자의 문제와 증상에 상응하는 발견 등이 있다.

내관지도자는 자신도 내관자와 마찬가지로 죄 많은 한 인간이라는 것을 자각하고, 내관자의 보고에 대하여 비판과 비난을 하지 않으면서 경청한다. 하지만 비내관적 사고와 행동에 관해서는 엄격하고 명확하게 지도하고, 겸허함과 엄숙함을 유지하면서 내관자의 자기변혁과 새로 태어나는 체험을 위한 노력과 과정에 공감하고, 함께 괴로워하며 관찰하는 자세가 필요하다.

내관에 의해 인지의 전환이 일어나면, 그 결과 자기변혁이 일어난다. 아집에 사로잡힌 상태에서 해방된 것에 대한 감사와 보은의 마음은, 타인에게 보답하는 사회공헌의 실천으로 나타난다. 이것이 '어떠한 역경이 있어도 늘 보은하고 감사하는 태도로 살려는 마음의 대전환'이라는 요시모토 이신이 말하는 내관법의 목적이다.[4]

❋ 문헌

1) 竹元隆洋(1984), 「瞑想の精神療法」, 『現代のエスプリ』 202, (5), 至文堂, p.6.

2) 吉本伊信(1965), 「内観法」, 春秋社, pp.55-101.

3) 千石眞理, 川原隆造(2006), 「内観療法の役割, その特性と普遍性－特集 Globalizationの中で「日本式」精神治療をどう評価するか?」, 『精神科』, 9(4), pp.338-343.

4) 千石眞理(2008), 「内観の効用」, 『大法輪』 (8), 大法輪閣, pp.130-134.

[千石眞理]

응용심리학과 심리치료

95 모리타 요법

【링크】→ 삼특상, 삼해탈문, 지관타좌, 견성, 내관요법, 신경증, 수용, 마음챙김

1. 모리타 요법이란

모리타 요법은 정신과 의사 모리타 마사타케(森田正馬, 1874-1938)에 의해 1920년대에 창시된 정신치료법이다. 대인공포, 강박신경증, 불안신경증(공항장애), 노이로제 등의 치료에 사용된다. 코라 타케히사(高良武久, 1899-1996) 등의 노력에 의해, 모리타 요법은 중국을 시작으로 해외에서도 '모리타 요법(Morita Therapy)'으로 알려지고, 실천되고 있다.

모리타 요법은 모리타 자신의 신경증 체험과 신경증 극복체험이 반영되어 있다. 모리타는 유소년기에 본 지옥도가 계기가 되어, 죽음의 공포에서 생기는 두근거림과 신체부조화로 괴로워하며 학업부진으로 고민했다. 하지만 대학 시절에 아버지가 생활비를 끊자, 배수진을 치고 시험공부에 집중하며 증상에 대항하자 재발이 없어졌다고 한다.[1] 이후에 내향적이고 걱정 많은 완벽주의자가 완벽하지 않은 현실의 자신을 책망하고, 실패, 불안, 여러 신체증상을 초래하는 상황의 악순환(모리타 신경질)을 사회생활을 완전히 차단한 상태(절대와욕)에서 '있는 그대로'를 수용하면서, '삶에 대한 욕망'을 살리도록 행동하는 방법(모리타 요법)이 생겨났다. 자신의 고뇌에 집착하면 할수록 그 고뇌는 점점 더 커진다. 절대와욕은 이 고뇌에 직면하면서 활동을 억제하여 참고 견디며 자신에게 잠재된 활동의욕(삶에 대한 욕망)을 자각하기 위한 수행의 한 종류라고도 말할 수 있다.

모리타가 이 자각을 하나의 깨달음이라고 말하는 것도, 젊은 날에 불교 등 동양사상을 열심히 공부했기 때문일 것이다.

2. 모리타 요법의 치료단계

모리타 요법의 치료는 아래의 네 가지 단계를 거친다. 병원 안의 작업을 포함한 생활의 전반적 개선을 목표로 하므로 입원치료를 원칙으로 하나, 현재는 통원치료도 이루어지고 있다. 다음의 단계는 입원치료자를 위한 것이다.

(1) 제1기 절대와욕기

원칙적으로 7일간 세면, 식사, 용변 이외에는 병실에서 옆으로 누워서 보내며, 기분전환은 하지 않는다. 외부 환경과 일시적으로 차단하기 위해 문병 등 면회는 허가제이며 원칙적으로 외출은 하지 않는다. 또한 휴대전화, 컴퓨터는 가지고 있을 수 없으며 신문, 잡지, 서적 등의 독서도 삼간다. 처음에는 잠만 자더라도 여러 생각과 감정이 떠다니지만, 가능한 한 '있는 그대로'를 받아들이도록 한다. 그것을 참고 견디면 증상이 소실되는 경우도 있다. 심심풀이, 불안과 증상을 얼버무리는 '처리'를 하지 않도록 마음먹고, 제2기 이후의 활동에 대한 의욕을 높인다. 치료자의 면접이 1일 1회 정도 있다.

(2) 제2기 가벼운 작업기

체력을 요하는 작업은 하지 않고, 정원과 병동을 산책하며 자연 등을 관찰하는 한편, 방 정리와 도예 등 가벼운 작업을 자발적으로 한다. 기분이 들뜨거나 불안이 생겨도 이 작업을 하는 것이 중요하다. 절대와욕기를 거친 제2기부터는 치료자의 면접이 더해져 매일 감정

중심이 아닌 행동 중심의 일기를 쓰도록 한다. 불안과 의문도 생기지만, 그 체험을 '있는 그대로' 끌어안도록 한다.

(3) 제3기 본격적인 작업기

보다 체력을 요하는 청소, 요리, 상차림, 동식물 돌보기 등을 한다. 이들 작업은 당번과 그룹으로 배우거나 가르쳐주고, 관찰하고 생각하며, 서로 이야기하는 것을 통해서 다른 입원환자나 작업과 깊은 관계를 맺는다. 불쾌한 증상과 불안을 끌어안으면서도 작업에 대한 가치관과 감정을 유보하며, 목적을 가진 행동에 적극적으로 참여하여 수행하는 성취감을 맛보고, 증상과 불안에 대한 '사로잡힘'을 놓아버리고 인간 본래의 보다 잘 살고자 하는 힘을 되살아나게 유도한다.

(4) 제4기 사회복귀기

외출과 외박을 시도하면서 사회복귀를 준비한다. 병동에서 직장이나 학교를 다니는 경우도 있다.

3. 모리타 요법과 불교

신경 쓰지 않으려고 하면 할수록 신경 쓰이는 현상(정신상호작용), 주관에 사로잡혀 사실을 놓치는 현상(주관적 허구성) 등을 넘어서 증상과 불안에 대한 '사로잡힘'을 놓아버린 '있는 그대로'의 상태를 모리타 요법에서는 말한다. 이러한 태도는 불교의 번뇌관과 무분별지에 대한 사상과 서로 닮은 점이 있으며, 훗날 모리타의 제자들의 저작 가운데 불교와의 유사성을 강조한 경우도 있다.[2)]

적어도 그는 친구로부터 큰 영향을 받았고, 그 안에는 불교도 포함된다는 것을 확인할 수 있다. 예를 들어 정토진종의 승려로 수행하면서 철학관

(현재의 토요 대학)을 설립한 철학자 이노우에 엔료(井上円了, 1858-1919), 미신을 타파하는 『신불교』지와 이상심리학의 준학술지 『이상심리』를 창간한 심리학자 나카무라 코쿄(中村古峽, 1881-1952), 선승 출신으로 교토에서 모리타 요법을 시행하는 삼성병원을 만든 우사 시즈오(宇佐玄雄, 1886-1957) 등과 교류가 있었다.

나카무라 코쿄는 그 자신이 모리타처럼 신경증으로 괴로워하며, 그 체험을 근거로 모리타 요법 이전부터 신경증을 위한 최면치료를 실시하였으나, 모리타 요법 이후에는 새로 공부하여 의사로서 모리타 요법을 실천하였다. 『이상심리』지는 모리타 요법 이외에도 범죄심리학과 아동심리학, 최면치료와 예술치료, 성의학, 병적학 등 다양한 사회문제를 고찰하려고 했다.

주의해야 할 것은 이노우에 엔료와 나카무라 코쿄가 가졌던 미신타파에 대한 관심을 모리타도 공유했다는 것이다. 심신 상관에 대해서 강한 관심을 가지고 있던 이노우에 엔료의 『심리요법』은 신경증으로 고민하는 모리타의 학창시절 애독서였는데, 이 책은 이노우에가 심령학과 최면술 연구에서 미신을 배제하고 심신 상관현상을 분석하여 치료에도 이용하는 것을 설명한 것이었다. 모리타의 초기 연구대상은 기도성 정신병(여우에 홀리는 것 등으로 불리는 빙의현상)으로, 자신의 고향을 조사하여 「토사지역의 견신(犬神)에 대하여」라는 일본 최초의 빙의현상에 대한 논문을 쓰기도 했다. 모리타 요법을 실천적인 치료방법론으로 정리하는 과정에서 나카무라 코쿄의 작업요법의 성과, 정신분석학을 공부한 마루이 키요야스(丸井清泰, 1886-1953)와의 논쟁을 통해서 얻은 것은 크다고 생각된다.[3)]

종교적인 신념이 초래한 폐해를 극복하고 심신 상관을 되살려 자연치유력(정상심리)을 일으키려는 흐름은 현대 심리치료에서도 이어지고 있다.[4)] 예를 들어 호나이(Karen Horney, 1885-1952)는 스즈키 다이세츠(鈴木大

拙, 1870-1966)를 통해 모리타 요법의 삶에 대한 긍정적인 생각에 관심을 가지고, 미국에 소개하기도 했다.

✻ 문헌

1) 渡辺利夫(1996),『神経症の時代ーわが内なる森田正馬』, 阪急コミュニケーションズ.

2) 森田正馬(2007),『自覚と悟りへの道ー神経質に悩む人のために』, 白揚社; 宇佐晋一, 木下勇作(1987),『あるがままの世界ー仏教と森田療法』, 東方出版; 宇佐晋一(2004),『禅的森田療法 付・入院日記』, 三省会.

3) 中山和彦(2007),「ドイツ医学と英国の医学の対立が生んだ森田療法」,『慈恵医大誌』 122号, pp.279-294.

4) 島薗進(2003),『癒す知の系譜ー科学と宗教のはざま』, 吉川弘文館.

[葛西賢太]

응용심리학과 심리치료

96 로고테라피(실존분석)

【링크】→ 무아, 희론, 모리타 요법, 영성, 인본주의 심리학

'인생의 의미'를 강조하는 실존적 심리치료 가운데 가장 대표적인 것은 오스트리아의 신경과의사이면서 정신과의사인 빅토르 에밀 프랑클(Viktor Emil Frankl, 1905-1997)이 창시한 로고테라피(Logotherapy) 또는 실존분석(Existenzanalyze)일 것이다. 프랑클은 소년기에 '인생의 의미'에 관한 문제에 관심을 품고, 프로이트, 아들러와 친교를 나누면서 자신의 사상을 거의 확립한 이후에, 유대인이라는 이유로 나치의 강제수용소에 수감되었다.

많은 인간이 살아갈 의욕을 잃어버리는 열악한 환경 가운데서도 여전히 '자신을 기다리고 있는 누군가'와 '자신에 의해 이룩될 것을 기다리는 누군가'를 발견하는 인간은 의미상실의 상태에 빠지지 않고 생에 대한 희망을 버리지 않는다는 점에서 프랑클은 스스로의 사상에 대한 확신을 강하게 가지고, 종전 후 전 세계에 자신의 사상을 설파했다. 특히 사형수와 종신형 복역자를 수감하고 있는 형무소에서, 여전히 살아갈 의미를 발견할 것을 호소한 프랑클의 강연과 저서는 많은 사람의 영혼을 흔들었다.

프랑클은 '인생의 의미'는 '자신이 창조하는 것'이 아니라 '인생이 자신에게 던지는 질문 가운데서 찾아가야만 하는 것'이라고 생각했다. '인간이 인생의 의미는 무엇인지 묻기 전에, 인생이 인간에게 질문을 던진다. 그러므로 인간은 참으로 살아가는 의미를 묻고 구할 필요는 없다. 인간은 인생으로부터 질문받는 존재이다. 인간은 살아가는 의미를 구하고 물음을

던지는 것이 아니라, 인생의 질문에 대답해야 한다. 그래서 그 대답은 인생으로부터 받은 구체적인 질문에 대한 구체적인 대답이 아니면 안 된다'라고 한다(『의사와 영혼』).

로고테라피의 주요 기법 중 하나인 '반성제거(dereflexion)'에서 단적으로 나타나듯이, 프랑클은 관념적인 사고의 악순환에 의한 반성과잉을 신경증의 주된 원인으로 보았다. 내담자가 인생의 여러 가지 괴로운 문제에 직면하여 고뇌할 때, 상담가는 내담자가 스스로의 내면에서 그 고뇌의 원인을 찾도록 재촉할 것이 아니라, 오히려 내담자가 사고의 악순환으로부터 자신을 해방하고 자기 자신에게서 눈을 돌려, 스스로가 직면하고 있는 인생의 상황 그 자체로 향하여, 그 문제 상황이 자기에게 무엇을 묻고 있는 것인지를 탐색하여 거기에서 '의미'를 발견해가는 과정을 도와야만 한다고 프랑클은 말했다.

이처럼 사고의 악순환을 끊어내고, 자기이탈을 시도하는 것에 신경증 치료의 본질이 있다고 생각한 점에서, 프랑클의 접근과 모리타 요법에는 커다란 유사점이 존재한다. 또한 프랑클의 '원래 존재하는 것(Bei-sein)'이라는 개념은, 대략적으로 말하면, 예를 들어 어떤 사람이 사랑하는 사람에 대한 생각을 할 때, 그때 그 사람은 사랑하는 사람 그 자체라는 생각이다. 여기서는 니시다 키타로(西田幾多郎, 1870-1945)가 『선(善)의 연구』에서 '내가 꽃을 보고 있을 때, 나는 꽃이다'라고 말한 '순수경험'의 사고와 근본적인 친근성이 종종 지적된다. 자기망각과 의식의 지향성에서 인간정신의 본질을 간파한다는 점에서 양자의 공통점이 있다.

[諸富祥彦]

브릿지 29 마음챙김에 기반을 둔 인지치료

【링크】→ 알아차림, 마음챙김, DBT, ACT

마음챙김에 기반을 둔 인지치료는 인지치료의 원리와 실천을 마음챙김의 범주에 편입시킨 것으로, 행동에 목표를 두는 행동치료(제1세대), 행동치료와 인지치료를 보다 효과적으로 조합하여 체계화한 인지행동치료(제2세대)로 이어지는 제3세대 행동치료의 하나이다. 높은 재발률이 문제가 되는 우울증이 3회 이상 재발하는 경험을 가진 내담자가, 또 다른 재발을 통상의 절반 정도로 억제한 것에 주목하였다.

1. 마음챙김명상이란

마음챙김에 기반을 둔 인지치료의 핵심이 되는 기법은 마음챙김명상이다. 마음챙김(mindfulness)은 빨리어 사띠(sati)의 영어 번역으로 '마음을 유지하는 것 또는 마음에 유지하는 상태로서 기억, 마음에 유지된 것을 환기시키는 상기, 마음에 남겨진 움직임으로서 주의력을 가리킨다.'[1] 하지만 심리치료에서 사용되는 마음챙김은 본래의 마음챙김과는 약간 다르게 사용되고 있다. 예를 들어 카밧진(Jon Kabat-Zinn, 1944-)은 '의도적으로, 현재의 순간에, 순간순간 전개되는 체험에 판단을 하지 않고, 주의를 기울이는 것으로 드러나는 알아차림'이라고 정의하고 있다.[2] 또한 심리치료에서 마음챙김의 개념과 효과를 정리한 베어(Ruth A. Baer)는 '생겨나는 내적·외적 자극의 흐름을 판단하지 않은 채로 관찰하는 것'이라고 정의하고 있다.[3] 이 정의는 사띠 그 자체라기보다는 위빠사나(vipassanā) 명상에 가까우며, 현재 심리치료의 마음챙김명상은 위빠사나 명상과 거의 같은 의미로 사용되고 있다고 말할 수 있겠다.

2. 심리치료에서 마음챙김명상

임상심리에서 마음챙김명상은, 그 효과가 실증된 최초의 개입 프로그램의 명칭이 스트레스 감소와 이완 프로그램(Stress Reduction and Relaxation Program)이었던 것에서 알 수 있듯이, 당초 이완기법의 하나로 도입되었다. 그 후 리네한(Marsha M. Linehan, 1943-)이 마음챙김명상을 도입한 DBT(Dialectical Behavior Therapy)를 개발하고, 경계성 인격장애에 유효성이 보고된 것, 헤이즈(Steven C. Hayes, 1948-)가 마음챙김명상을 도입한 ACT(Acceptance and Commitment Therapy)를 개발하고 다양한 정신질환의 개선에 유효성이 나타난 것, 티즈데일(John D. Teasdale)이 마음챙김의 효과기제를 설명하는 이론적 모델을 제시하고, 그것에 기반을 두어 마음챙김명상을 핵심으로 하는 MBCT(Mindfulness-Based Cognitive Therapy)를 개발하고 우울증 재발의 예방효과가 실증된 것 등을 배경으로, 이완과는 다른 효과의 측면, 즉 감정조절과 현실에 입각한 기능적 인지의 촉진이라는 측면에 주목하여 그 유효성이 실증되고 있다.

마음챙김에 기반을 둔 인지치료에서는 다양한 마음챙김명상이 사용되고 있다. 주된 것으로는 호흡 시에 복부와 코의 감각변화에 주의를 두는 마음챙김호흡법, 발 끝에서 정수리까지 순차적으로 신체감각에 주의를 두는 보디스캔, 걸을 때 발과 다리의 감각과 그 변화에 주의를 두는 마음챙김걷기, 정해진 시간(40분 정도) 동안 앉아서 순간순간 떠오르는 것을 판단하지 않은 채 알아차리는 마음챙김좌선, 신체 각 부분을 요가 자세로 늘리면서 신체감각의 변화에 주의를 두는 마음챙김요가 등이 있다. 이들 기법은 현재 휩쓸려 있는 상황에서 떨어져, 지금 여기 있는 그대로의 내적·외적 정보에 다가가는 힘을 키우는 것을 목적으로 사용되고 있다.

3. 마음챙김명상의 효과기제

티즈데일이 제시한 인지적 하위 시스템의 상호작용(ICS, Interacting Cognitive Subsystems) 모델[4]에서 마음챙김명상의 효과기제는 다음과 같이 생각할 수 있다. 앞서 마음챙김명상의 정의를 제시하였으나, 중요한 것은 '의도적으로 주의를 기울인다(관찰한다)'라는 것과 '판단하지 않은 채'라는 것이다. 의도적으로 현재의 순간에 주의를 둠으로써 머릿속에서 추측을 거듭하는 형태의 정보처리로부터 벗어나는 것(탈중심화)을 촉진하는 동시에, '판단하지 않는다'라는 심적 태도로 자신이 멋대로 만들어낸 사물에 대한 의미부여와 해석에서 벗어나, 지금 이 순간에 존재하는 자신의 내외 정보에 접근하는 것을 촉진한다. 이 과정에서 불안과 긴장에 관련된 자극이 들어와도, 자동적으로 그것에 부정적인 의미를 부여하는 비기능적 도식(사물을 파악하는 방법)의 활성화를 억제한다. 동시에 마음이 사로잡혀 있는 것, 예를 들어 불안과 긴장 등에 접근하는 것이 아니라 지금 이 순간에 존재하는 다른 광범위한 데이터에 접근할 수 있게 하여, 현실적이며 보다 기능적인 반응을 선택하고, 그것에 기반을 두어 새로운 도식의 생성을 촉진한다. 그것에 의해서 보다 유연하게 살아가는 것이 촉진되는 것이다.[5]

4. 마음챙김에 기반을 둔 인지치료 프로그램

마음챙김에 기반을 둔 인지치료는 회복된 우울증 환자를 대상으로 주 1회 2시간씩 8회 연속으로 세션과 매일매일하는 숙제(자택에서 마음챙김명상을 실습하는 것)로 구성된다. 프로그램의 목적은 우울증을 예방하는 기술을 습득하는 것이며, 한 그룹은 12명 정도로 제한을 둔다. 다양한 마음챙김명상의 실습을 통하여, 스트레스의 원인에 휩쓸리지 않고 그것에서 멀어지는 것(탈중심화), 스트레스 원인을 혐오의 대상이 아니라 관찰의 대상으로 파악하는 것 등 마음의 태도를 키운다. 인지치료에서 사용하는 기법으로는 사고로부터 탈중심화, 사고를 관찰대상으로 하는 맥락이 사용된다. 표준 프로그램의 각 세션에서는 ① 자동적으로 반응하고 있는 것을 알아차리는 것, ② 연습이 잘 되지 않을 때의 대응, ③ 마음이 방황하는 것에 대한 대응, ④ 집착과 혐오를 받아넘기는 것, ⑤ 경험과 다르게 관계 맺기, ⑥ 사고와 다르게 관계 맺기, ⑦ 자신을 소중히 하는 것, ⑧ 재발예방의 행동계획 등을 다룬다(표 1 참조).[6]

마음챙김명상의 효과에 관한 최근의 메타분석 결과는, 마음챙김명상이 우울증의 재발억제뿐만 아니라 현재 우울상태와 불안상태를 보이는 내담자에게도 유효하다는 것을 실증하며,[7] 향후 더 큰 발전이 기대된다.

표 1 마음챙김에 기반을 둔 인지치료의 각 세션별 주요 주제와 중심 내용

세션	주요 주제	중심 내용
1	자동적으로 반응하는 것을 알아차리는 것	마음챙김이라는 주의를 두는 방법이 체험의 질을 변화시키는 것을 알아차린다.
2	연습이 잘 되지 않을 때의 대응	사물에 대한 가치판단을 수반한 해석이 악순환의 고리가 된다는 것을 알아차린다.
3	마음이 방황하는 것에 대한 대응	분석적·지적 방법과는 다른 스트레스와의 관계 형성 방법을 배운다.
4	집착과 혐오 받아넘기기	혐오와 집착이 스트레스를 일으키는 것을 알아차린다.
5	경험과 다르게 관계맺기	온갖 것을 알아차리는 실습을 한다.
		수용에 대하여 배운다.
6	사고와 다르게 관계맺기	'사고를 사고'로 보는 방법을 연습한다.
7	자신을 소중히 하는 것	활동과 기분의 관계를 토론한다.
		재발의 징후를 알아차린다.
		기쁜 느낌, 잘 되어가는 느낌을 맛볼 수 있는 활동 리스트를 작성한다.
8	앞으로 활용하기	마음챙김실습을 계속하는 데 필요한 것을 검토한다.

✽ 문헌

1) 早島鏡正 監修(1987),『仏教・インド思想辞典』, 春秋社, p.358.

2) Kabat-Zinn, J.(2003), "Mindfulness-based interventions in context: Past, present, and future", *Clinical Psychology: Science and Practice*, 10, pp.144-156.

3) Baer, R. A.(2003), "Mindfulness training as a clinical intervention: A conceptual and empirical review", *Clinical Psychology: Science and Practice*, 10, pp.125-143.

4) Teasdale, J. D.(1999), "Emotional processing, three modes of mind and the prevention of relapse in depression", *Behavior Research & Therapy*, 37 (Suppl. 1), pp.S53-S77.

5) 越川房子(2010), 「日常生活におけるマインドフルネス瞑想の適用」, 『精神科』 17(2), pp.167-172.

6) 越川房子 監訳(2007),『マインドフルネス認知療法』, 北大路書房.

7) Hofmann, S. G., Sawyer, A. T., Witt, A. A., et al.(2010), "The effect of mindfulness-based therapy on anxiety and depression: A meta-analytic review", *Journal of Consulting Clinical Psychology*, 78, pp.169-183.

[越川房子]

97 인지행동치료

【링크】→ 사념처, 희론, 훈습, 마음챙김, 학습, 임상심리학, 조건형성

인지행동치료는 정신질환, 생활습관병, 발달장애 등의 증상과 문제행동을 개선하고 스스로를 돌보는 것을 촉진하기 위해서, 적절한 연습을 반복하여 비적응적 행동 패턴과 사고 패턴을 계통적으로 변용하는 행동과학적 치료법이다. 인지행동치료를 이해할 때 한 가지 문제가 되는 것은 행동치료와 인지치료라는, 완전히 다른 이론적 배경을 가진 두 가지 치료체계가 포함되어 있다는 것이다. 그러므로 아래에서는 인지행동치료의 발전 경위와 더불어 행동치료와 인지치료의 특징을 해설하고, 다음으로는 제3세대라고 불리는 발전에 의해서 양자가 통일적으로 이해되고 운용될 가능성이 높아지고 있는 현상을 설명하겠다.

1. 제1세대 – 행동치료

인지행동치료의 제1세대는 과학적으로 충분히 확립된 학습심리학의 기초 원리를 특정한 행동문제에 적용하여 1950년대 즈음부터 발전한 행동치료이다. 여기서는 우선 파블로프의 개 실험과 같이, 중성자극과 무조건자극을 제시하여, 중성자극이 무조건자극의 발생을 알리는 신호(조건자극)로써 기능하게 되는 반응적 조건형성을 공포증 등 과도한 정동반응의 해소에 응용하는 방향으로 발전하였다.

그것에 대하여 의도적 행동을 할 때, 그 개체에게 좋은 결과(강화자)가

일어나면 그 행동이 증가하며(강화), 나쁜 결과(혐오자)가 일어나면 그 행동이 감소(약화)하듯이, 결과가 행동을 증감시키는 기능을 가진 학습형식을 조작적 조건화라고 부른다. 이 방법을 사용하면, 예를 들어 비둘기에게 녹색 램프가 들어올 때 눈앞의 창문을 부리로 쪼는 행동을, 그 직후에 먹이를 주는 것으로 학습시킬 수 있다. 여기서 예를 들어, 붉은 램프가 들어올 때 먹이를 주지 않으면, 녹색 램프가 들어왔을 때에만 창문을 부리로 쪼는 행동이 일어나게 된다. 즉, 창문을 부리로 쪼는 행동은 먹이를 준다는 환경의 반응을 수반하는 것과 녹색 램프라는 변별자극 양자에 의해 제어되는 것이다.

이처럼 반응적 조건화와 조작적 조건화에 기초한 행동치료는 행동이 개체와 환경의 상호작용일 뿐이라고 설명하며, 인간이 보이는 다양한 행동적 문제를, 동물과 동일하고 적합한 학습원리로 이해할 수 있다. 특정 행동이 환경요인과 수반관계에서 학습되고 유도된다고 생각하는 것은, 환경요인이 행동의 변화를 일으키는 '기능'을 가진 것이라고 이해하는 것이며, 객관적으로 측정하여 조작 가능한 환경요인을 변화시키는 것으로 확실한 행동변화(행동의 강화·약화·소거)를 일으키는 것이 가능했다. 이것은 당시 전성기였던 정신분석과 비교하면 복잡 미묘하고 광범위한 '마음의 문제'는 다루지 않고 특정한 행동 자체의(제1수준의) 변화를 임상적인 목표로 한 점에서 대조적이었다.

2. 제2세대 – 인지행동치료

이를테면 행동치료에서 말하는 행동에는 사고(생각하는 것), 정서(기분을 느끼는 것)도 포함되지만, 실제 치료대상으로 다루기는 쉽지 않기 때문에, 병의 증상과 크게 관계있는 성인 우울증과 불안장애 등의 문제에는 개인의 사고와 감정을 적용하기 힘든 면이 있다. 그래서 인지과정을 행동의 원인으로 하는 인지 모델에 기초하여, 정보처리과정의 문제를 가정하고 개입하는 인지치료를 중심으로 하는 개입법이 1970년대에 등장했다(제2세대). 인지 모델은 정보처리를 담당하는 뇌기능과의 관계를 상정하는 인지의 내용(구조)에 주목함으로써 구조적 측면과 신체적 측면에서 인간의 문제를 파악하는 의학모델과 잘 맞아서 임상현장에서도 반응이 좋았다. 또한 마침 '증거에 기초한 의학'이 정신의료에 도입되는 시대적 배경과 겹쳐서, 인지치료는 질환별 매뉴얼을 작성하여 무작위 비교시험으로 치료효과를 실증하는 '증거에 기초한 심리치료'의 대표격이 되어 크게 발전해왔다.

이를테면 '구조'와 '기능'에 주목하는 행동치료와 크게 차이가 있는 인지행동치료로 일반화된 배경에는, 인지적인 개입을 제1수준의 변화에 초점을 맞춘다는 점에서 제1세대의 행동치료와 명백한 공통점이 있기 때문이라고 생각된다. 그래서 어느 한쪽만이 특히 성인이 갖는 심리행동적 문제 전체를 다루는 것은 불가능하기 때문에 다소간 모자이크처럼 적용하게 되었다. 하지만 그런 것 자체가 현장에서 활용할 때 효율을 나빠지게 하였다. 사례화를 망라해서 해결을 도모하고 있으나, 그래도 이질적인 체계에 적용하여 문제의 성질에 따라 바꿀 수 있는(양 체계를 포괄할 수 있는) 기준 자체가 없다는 본질적인 문제점이 존재한다.

3. 제3세대 – 인지행동치료

그러한 문제점에 대한 하나의 해결책으로, 2000년경부터 제3세대라고 불리는 인지행동치료가 크게 발전했다. 여기에 도달한 양 진영은 '인지의 기능'에 주목하는 것, 마음챙김과 수용이라는 치료요소를 중시하는 것, 문제가 되는 행동과 인지만이 아닌 맥락적 요인의(제2수준의) 변화를 목적으로 하는 것 등 본질적인 공통점을 가지게 되었다. 그래서 그 배경에는 학습이론의 측면에서 지금까지 토론을 피해온 인지와 언어의 문제를 규칙지배행동, 자극등가성, 관계틀이론 등 새로운 범주에서 직접 받아들이게 된 것과 정보처리이론의 측면에서 직접적이고 임상적인 인지의 내용을 다룬 지금까지의 방법에 더해서, 주의와 메타인지에 관한 기초적 연구성과를 바탕으로 하는 인지기능(인지과정이 행동과 감정에 미치는 영향력)에 주목하게 된 것처럼, 여러 진영의 발전이 관련되어 있다고 생각된다.

❋ 문헌

鈴木伸一, 神村栄一 著, 坂野雄二 監修(2005), 『実践家のための認知行動療法のテクニックガイド−行動変容と認知変容のためのキーポイント』, 北大路書房.

パトリシア・A・バッハ, ダニエル・J・モラン, 武藏崇, 吉岡昌子, 石川健介, 熊野宏昭 監訳(2009), 『ACT (アクセプタンス&コミットメント・セラピー)を実践する』, 星和書店.

熊野宏昭(2012), 「認知行動療法の多様性とその変遷」, 『新世代の認知行動療法』, 日本評論社, pp.9-20.

熊野宏昭(2012), 「新世代の認知行動療法に共通するもの」, 『新世代の認知行動療法』, 日本評論社, pp.21-32.

熊野宏昭(2012), 「マインドフルネスストレス低減法・マインドフルネスストレス認知療法−構造化されたグループ療法でのマインドフルネスの活用」, 『新世代の認知行動療法』, 日本評論社, pp.58-70.

[熊野宏昭]

브릿지 30 현대의 마음의 병 : 알아차림과 관련된 병

【링크】→ 위빠사나, 인지행동치료, 발달심리학, 티베트불교와 뇌과학

1. 발달장애

발달장애란 '어린이의 발달과정 중에 어떤 이유에 의해서, 발달의 특정 영역에 사회적인 적응상의 문제를 일으킬 가능성이 생기는 것'으로 정신지체, 광범성 발달장애, 주의산만·과잉행동장애, 학습장애 등이 포함된다.[1] 이들 가운데 최근 특별히 주목받고 있는 것으로, 신경계의 발달과정에서 생긴 장애가 원인이라고 생각되는 자폐증과 아스퍼거 증후군을 포함하는 광범성 발달장애를 들 수 있다.

광범성 발달장애는 사회적 관계, 의사소통, 상상력과 창조성의 세 가지 영역에서 장애가 생기는 것이 특징이다. 특히 사회적 관계에 기반을 둔 '마음이론'이라는 인식능력, 즉 타인이 자신과 마찬가지로 독립된 마음을 가지고 있다는 것을 이해하는 능력에 장애를 안고 있다고 알려져 있다.[2] 그 가운데서도 지적 발달에 커다란 장애가 없는 아스퍼거 증후군에는, 종전에는 비뚤어진 괴짜라고 생각되던 학자, 예술가, 기술자 등도 많이 포함되는 것으로 알려져 있으며, 사회생활이 다소 곤란하기 때문에, 최근에는 일반적으로 주목을 받고 있다.

마음이론의 장애란 남의 기분을 헤아리는 것(공감)이 불가능하다는 것을 의미하고 있으나, 그 정도는 자신의 감정과 신체감각에 대해 잘 알아차리지 못하는 것(실감정증이라는 성격경향)과 관련이 있다고 여겨지고 있다.[3] 즉, 광범성 발달장애가 있는 사람들은 타인의 마음과 신체 변화를 읽는 것이 불가능한 동시에 자신의 마음과 신체에 대해서도 잘 알아차리

지 못한다고 말할 수 있다. 이 양자의 관련은 둘 다 이마 한가운데의 안쪽에 위치한 배내측전전두엽이라는 뇌 부위의 기능과 구조에 이상이 생긴다는 사실에서도 지지되고 있다.[4)]

2. 불안장애

불안장애에는 불안발작을 반복하는 공황장애, 극도로 고민하고 걱정하는 전반성 불안장애, 극도의 조증인 사회불안장애, 극도의 결벽증인 강박장애 등이 포함되며, 이들도 최근 굉장히 주목받고 있다. 그 이유는 종전에는 성격 문제라고 생각해왔던 다양한 불안의 문제가 역시 뇌의 이상으로 파악되어, 뇌에 직접 작용하는 향정신성 약물에 의해 증상의 소실을 유도할 수 있다는 것을 알게 되었기 때문이다.

그리고 특히 공황장애는 불안과 공포의 생성과 관련된 편도체와 해마 등의 대뇌변연계가 과잉 활동하는 동시에, 앞서 설명한 광범성 발달장애, 실감정증과 공통된 배내측전전두엽의 기능이 저하되어 있다는 것도 알게 되었다. 과거에 발작이 일어났던 장소와 상황에 대하여 과도하게 주의를 기울인 결과, 자기에게 적절한 주의를 기울이지 못할 가능성, 애초에 자신의 감정과 신체감각에 대해 잘 알아차리지 못하기 때문에 경미한 신체증상에 대하여 과도하게 부정적인 해석을 하는 것으로 불안을 증대시켜 발작을 악화시킬 가능성 둘 다와 관련되어 있다고 생각된다.

21세기에 들어와서는 20세기에 구축된 세계가 유동적이며 변화가 가속된다는 것에 의심의 여지가 없으나, 아직 어디로 나아갈지 예상할 수 없는 상태이므로, 이렇게 미래가 불확정적일 때에 불안은 증대된다. 그 때문에 현대는 불안증의 시대 등으로 불리는 경우도 있으나, 그 해결에는 자신의 마음과 신체에 대한 알아차림을 높이고, 타인의 마음과 신체 변화를 읽는 능력도 높이는 것이 도움이 된다.

3. 위빠사나 명상

위에서 기술한 광범성 발달장애는 학습경험과는 관련이 없는 '신경계의 발달과정'에서 생긴 장애라고 여겨지기 때문에, 심리행동 측면에 작용하는 인지행동치료와 같은 방법은 효과가 한정적이다. 그것과는 대조적으로 공황장애는 뇌의 병이라고 생각됨에도 불구하고, 약을 사용하지 않고 인지행동치료만으로도 치유를 유도할 수 있다고 알려져 있으며, 그때 대뇌변연계의 과활동이 억제되는 동시에, 배내측전전두엽이 활발하게 움직이는 것이 발견되었다.[5] 이것은 광범성 발달장애와 비교해보면, 불안장애 쪽이 선천적인 요인의 관여가 적다는 것을 나타내고 있는 것이다.

게다가 위빠사나 명상을 10-20년 실시하면, 배내측전전두엽의 두께가 증가한다는 보고가 있다.[6] 이는 불안장애 등의 병으로 뇌기능이 약해진 상태뿐만 아니라 건강한 상태에서도, 뇌의 활동을 더욱 높여 자신과 타인의 마음과 신체 변화에 대한 알아차림을 강화할 수 있다는 것을 시사하고 있다. 위에서 기술한 대로, 광범성 발달장애에 대해서는 통상의 인지행동치료의 효과는 끌어올리기 힘들지만, 위빠사나처럼 직접 알아차림을 갈고 닦아서 뇌의 기능과 구조의 변화도 기대할 수 있다면, 효과의 증강에 도움이 될 가능성도 있을 것이다. 이 점에 대해서는 실증적인 연구성과를 기다릴 필요가 있다.

❋ 문헌

1) 下山晴彦 編(2009),『よくわかる臨床心理学 [改訂新版]』, ミネルヴァ書房, pp.122-123.

2) 熊野宏昭 著(2011),『マインドフルネスそしてACTへ』, 星和書店, pp.19-27.

3) Bird, G., Silani, G., Brindley, R., White, S., Frith, U., Singer. T.(2010), "Empathic brain responses in insula are modulated by levels of alexithymia but not autism", *Brain* 133, pp.1515-1525.

4) Moriguchi, Y., Ohnishi, T., Lane, R. D., Maeda, M., Mori, T., Nemoto, K., Matsuda, H., Komaki, G.(2006), "Impaired self-awareness and theory of mind: An fMRI study of mentalizing in alexithymia", *NeuroImage* 32, pp.1472-1482.

5) Sakai, Y., Kumano, H., Nishikawa, M., Sakano, Y., Kaiya, H., Imabayashi, E., Ohnishi, T., Matsuda, H., Yasuda, A., Sato, A., Diksic, M., Kuboki, T.(2006), "Changes in cerebral glucose utilization in patients with panic disorder treated with cognitive behavioral therapy", *NeuroImage* 33, pp.218-226.

6) Lazar, S. W., Kerr, C. E., Wasserman, R. H., Gray, J. R., Greve, D. N., Treadway, M. T., Mcgarvey, M., Quinn, B. T., Dusek, J. A., Benson, H., Rauch, S. L. Moore, C. I., Fischl, B.(2005), "Meditation experience is associated with increased cortical thickness", *Neuroreport* 16, pp.1893-1897.

[熊野宏昭]

브릿지 31 신체심리학 : 심리치료에서 신체성의 복원

【링크】→ 즉신성불, 심신탈락, 심신일여, 지관, 마음챙김, 자기실현, 인지행동치료, 트라우마, PTSD, 신체문제, 불교와 과학의 대화

1. 신체심리학의 개요

소마틱 심리학(somatic psychology)은 신체성을 중시하는 다양한 심리학과 심리치료의 총칭이며, 직역하면 '신체심리학'이 된다. 기본적으로 심신일원론을 받아들여, 신체와 정신은 부단히 상호 대화를 하고 영향을 주고받는 '하나의 실체에 두개의 상(相)'이라는 공통된 인식을 가지고 있다. 기본적으로 신체(또는 감각·정동·정서)를 무의식에 효과적으로 접근하는 방법으로 간주하는 심리치료적 태도를 취한다. 따라서 통상의 심리치료에서 요구되는 언어적 방법뿐만 아니라 비언어적 방법도 통합적으로 사용한다.

일반적으로 미국과 호주에서는 신체심리학으로 알려졌고, 유럽에서는 보디 사이코테라피(body psychotherapy)라고 불리며, 신체심리치료, 신체지향심리치료로도 알려져 있다. 일본에서는 비임상적인 행동학적 학문이 신체심리학으로 불리는 경우도 있다. 신체심리학은 학제적이며, 탐구와 연구자세는 학파와 연구자에 따라서 다양하고, 신경생리학적·생물학적인 객관성과 과학성을 중시하는 입장에서 주관성과 정신성을 중시하는 입장까지 있다. 어쨌든 신체·정서·마음(그리고 영혼)의 통합성과 균형을 존중하는 점에서는 공통적이다.

고대 그리스인은 인간이란 신체(soma)와 정신(psyche)에 의해서 구성된다고 생각했다. 어원적으로도 소마틱 심리학(=soma+psyche+logy)은 통

합적이고 전인적인 인간을 연구하는 실천적·임상적인 학문을 의미한다.

역사적으로는 프로이트(Sigmund Freud, 1856-1939) 등이 시작한 임상적 심리학의 흐름에 놓여 있다. 특히 라이히(Wilhelm Reich, 1897-1957)의 공헌이 크며, '신체심리학의 아버지'라고 불린다. 하지만 현대 신체심리학은 융 심리학, 게슈탈트 치료, 포커싱 등 다양한 흐름도 포함하고 있다. 마음(정신)을 우위로 하는 이원론적 사고는 현재의 심리학에서도 여전히 주류를 형성한다. 과학의 세계에서는, 마음을 뇌로, 뇌를 인지기능으로 환원하여 이해하는 태도가 지금도 뿌리 깊다. 하지만 제2차 세계대전 이후 일원론적 조류가 미국을 중심으로 서양선진국에서 현저해졌다. 즉, 인본주의 심리학(및 에살렌 연구소에서 시작한 인간성회복운동), 자아초월심리학, 전일적 사고 등 인간의 전체성과 통합성에 주목하는 사상과 심리학이 발전하면서 신체심리학도 그러한 흐름에 의해 발달해온 것이다.

임상심리학에서, 신체심리학의 두드러진 특징 가운데 하나는 뇌과학, 신경생리학, 인지과학, 의학, 생물학 등을 포괄하는 의식과학과의 밀접한 연결이다. 대뇌신피질·대뇌변연계·뇌간에 의한 삼층구조와 우뇌·좌뇌 구조에 의한 뇌기능의 연구는 인지와 사고, 정서, 본능, 창조성, 합리성 등의 존재기반을 제공한다. 기억 분야에서는 드러난 의식, 잠재의식의 존재도 명백해졌으며, '무의식'의 존재가 (적어도 부분적으로는) 과학적으로도 증명되었다. 최근에는 신경전달물질과 뇌신경의 가소성에 대한 연구가 진행되면서, '심리'의 변화가 뉴런 차원에서 실증되고 있다. 또한 좁은 의미의 '뇌'를 초월하여, 자율신경계·면역계·내분비계의 연계에 관한 심신의학적인 연구도 진행되면서, 근본적인 차원에서 의식과 신체의 밀접한 관계성도 점점 더 명백해지고 있다. 예를 들어 소마틱 마커 가설(somatic marker hypothesis)과 폴리베이걸 이론(polyvagal theory) 등의 새로운 시각도 생겨나고 있다. 이러한 과학적 성과와 적극적으로 대화하는 전통을 신체심리학은 가지고 있다.

특히 1990년대 이후 (그리고 21세기가 되어서도) 임상 분야에서 주목을 받고 있는 것은 신체 트라우마 심리치료('제4세대 신체심리치료')이며, 트라우마와 PTSD에 대한 대처가 중심이 된다. PTSD와 관련된 해리증상은 신체심리학의 목표인 심신통합과는 정반대인 심신분열이 드러나는 중증의 증상이며, 심신분리를 통합과정으로 올려놓는 것이 심리치료의 역할이다. 신체를 통한 스트레스 감소법, 예를 들어 지관 등 불교 명상법에서 유래한 마음챙김 등을 통하여 마음과 신체, 서양과 동양, 주관적 치료와 인지행동치료적 방법을 연결하는 것은 기본 전략의 하나가 되었다.

통상 신체심리치료로 분류되지 않지만, 변증법적 인지행동치료(DBT)와 EMDR과의 공통점도 많다. 위에서 밝힌 바와 같이 신체심리학은 심신의 분리상태로부터 심신통합의 단계로 나아가는 통합적인 구조를 제공할 수 있는 유효한 심리학이면서 심리치료라고 말할 수 있다. 더욱이 신체심리학을 넓은 의미로 파악하면 '소마틱스(somatics, 신체적 기법, 신체기법 또는 보디워크)', '춤·행동치료(또는 표현예술치료)', '신체심리치료'라는 세 가지 주요 분야로 구성된 보다 통합적인 시도라고 생각할 수 있다.

일본에서는 지금까지 신체심리학에 대해 계통적으로 소개하지 않고, 다양한 것을 단편적으로 도입했기 때문에 포괄적인 정리와 이해가 되고 있지 않은 상황이다. 하지만 역사적, 문화적 전통에서는 데카르트(René Descartes, 1596-1650) 등의 심신이원적 토대를 가진 유럽과 미국의 문화보다 동양적인 심신일원론을 가진 일본문화에 더 친화성이 있는지도 모른다. 일본에 도입된 신체 심리방법에는 바이오 에너제틱스(bioenergetics), 바이오 신세시스(biosynthesis), 하코미 테라피(hakomi therapy), 프로세스 워크(process work) 등이 있다. 또한 일본에서 생겨난 방법으로는 뉴 카운슬링, 임상동작법, SAT 치료 등이 있다.

‘심신통합(body-mind integration)’이라는 신체심리학의 중심 주제는 심리학의 범주를 포함하면서도 넘어선 것이다. 심신문제와 신체론은 고대 그리스철학까지 거슬러 올라가며, 요가와 명상 등의 종교적 수행으로 수천 년 동안 이어져 온 주제이다. 동양사상에서는 ‘심신일여(心身一如)’이며, 진언밀교의 ‘즉신성불(卽身成佛)’과 조동선의 ‘심신탈락(心身脫落)’으로 이어지는 것이다.

근대심리학에서 심신통합이란 융(Carl G. Jung, 1875-1961)에서는 개성화(individuation)이며, 인본주의 심리학의 입장에서는 마슬로(Abraham H. Maslow, 1908-1970)가 말한 자기실현에 해당한다. 윌버(Ken Wilber, 1949-)의 자아초월심리학과 통합이론이 주장하는 실존단계 또는 통합단계이다. 여기서는 마음과 신체의 분리 또는 해리상태가 해소되고 양자가 통합된다. 신체심리학이 활약하는 장이라고 말할 수 있을 것이다.

21세기 심리학의 세계적 조류는 비약적으로 발전하는 뇌과학, 신경생리학 등 여러 학문과의 연계에 있다. 유럽과 미국에서 그러한 연계를 가장 잘 실현하고 있는 임상심리학으로서, 신체심리학은 주류심리학으로부터도 무시할 수 없는 존재감을 드러내고 있다. 본격적인 도입은 지금부터이다.

2. 신체심리학의 계보

◇ 신체심리학의 여명

근대 심리학사에서 신체심리학은 쟈네(Pierre Marie Félix Janet, 1859-1947)와 프로이트에서 근원을 찾을 수 있다. 보다 직접적으로는 프로이트의 제자였던 정신분석의사 빌헬름 라이히(Wilhelm Reich, 1897-1957)의 영향을 받은 기법이 많다. 라이히는 프로이트의 성적 에너지로서의 리비도설을 지지하며, 이를 계측 가능한 생명 에너지라고 생각했다. 생명 에너지의 흐름에 몸을 맡겨, 금기로부터 자유로워지는 능력에 의해서, 심신의 균형이 실현되어 전인적인 건강체가 된다고 여겼다. 임상적으로는 환자가 신체적·감정적 표현을 토로하는 것을 강화하기 위하여, 신체(근육과 자율신경 등)에 직접 압력을 가해서 환자의 말의 내용보다도 호흡, 자세, 눈의 움직임, 안색, 체온, 음정 등 신체적인 패턴에 주목하여 분석했다. 베지토테라피(vegetotherapy, 식물신경치료)라고 이름 붙였다.

라이히는 나치 독일의 박해를 피해 노르웨이를 경유하여 미국으로 망명했다. 그 사이에도 연구를 계속하여, 리비도는 단순한 성적 에너지가 아니라 우주에 충만한 근원적인 에너지(오르곤)라는 데까지 생각이 미쳤다. 당시 '오르곤 테라피(orgone therapy)'의 실천은 물의를 빚었다.

◇ 신체심리학의 발전

라이히 사후 1960년대에는 미국의 사회정세도 변화하여, 에살렌 연구소(Esalen Institute)를 중심으로 한 인간성회복운동의 흐름 가운데 다양한 가치관이 인정받았다. 라이히의 영향도 받은 게슈탈트 치료가 인기를 모았다. 또한 라이히는 근대서양사에서 보편적인 생명에너지(동양의 '기')의 발견자로도 평가받는다. 근원적인 생명력 또는 에너지에 주목하여, 그것을 활용하고 심신을 통합하는 것으로 인간이 본래적으로 가진 전인성의 실현을 이끌어내는 심신일원론적 방법에 대한 기본적인 생각은, 다양하게 형태를 바꾸면서도 신체심리학 가운데에서 이어지고 있다.

① **제2세대(1950년대-1970년대)**

개별적인 치료법으로 바이오 에너제틱스, 코어 에너제틱스(core energetics), 라딕스, 오르고노미(orgonomy), 형성심리학(formative psychology), 바이오 신세시스 등이 알려져 있다. 각 학파는 공통적으로 신체에 직접적인 압력을 가함으로써, 깊은 감정적인 표현을 외재화한다는 기본 방법을 중시하며, 또한 심리학적 구조와 성격학적 방어기제의 작용으로서 신체를 본다. 신체증상의 형태로 나타나는 심적 억압과 긴장을 호흡과 육체에 물리적인 압력을 가하여 신체적인 긴장을 해방시킨다는 기본 원리이다.

1940년대에 라이히의 지도를 받은 미국의사 로웬(Alexander Lowen, 1910-2008), 피에라코스(John C. Pierrakos, 1921-2001) 등은 베지토테라피(vegetotherapy)에 얼마간의 새로운 요소를 추가하여, 1956년 바이오에너제틱스연구소(The Bioenergetics Institute)를 창설했다. 마음과 신체는 동시에 움직이며, 성격구조를 바꾸려면 신체의 기능을 바꿀 필요가 있다. 특히 호흡과 신체동작을 중시하며, 감정은 거기에서 발생한다고 생각했다. 또한 심신통합을 위해서는 본래의 호흡과 동작으로 돌아갈 필요가 있다고 주장했다.

전통적인 라이히 계통의 신체심리치료에서는 신체구조에 의거한 이론적 관찰을 중시하며, 근육과 성격의 갑옷을 부수는 것을 목적으로 하는 지시적 방법을 사용하였다. 하지만 섬세한 감수성을 가진 내담자는 이를 공격적·침입적으로 받아들이는 경우도 있을 수 있다. 그러한 반성 위에 미국의 켈만(Stanley Keleman, 1931-)과 쿠르츠(Ron Kurtz, 1934-2011), 영국의 보어델라(David Boadella, 1931-) 등은 일방적인 지시적 방법이 아닌 내담자의 내적 체험을 존중하는 등 수정을 시도했다. 이렇게 하여 신체심리학의 제2세대 후기와 제3세대가 형성되었다.

켈만은 1970년 전후에 형성심리학(formative psychology)이라고 불리는 독자적인 방법을 시작했다. 사람과 사람의 관계성에 있어서 생물학적, 에너지적 핵심부분을 근본으로 반응하는 라포르의 기능을 신체공명(somatic resonance)이라고 부르면서, 치료작업의 중심에 놓았다.

치료자와 내담자 사이에 일어나는 전이와 진실한 관계성의 이해가 깊어지게 되었다. 또한 감정의 해방이라는 카타르시스 기법에 대한 과도한 의존으로부터 멀어지면서, 감정을 제어하여 가두는 것의 중요함, 단세포에서 인체가 형성될 때까지 반복된 분열과 생성의 자기 조직화의 과정에 주목했다.

바이오신세시스(biosynthesis)는 1970년대 초 보어델라에 의해서 만들어진 신체심리치료이다. 보어델라는 노르웨이에서 베지토테라피스트인 라크네스(Ola Raknes, 1887-1975)의 지도를 받으면서 라이히 계통의 신체심리학을 배웠다. 보어델라는 세 가지의 센터설과 세 가지의 배엽설(태생학)을 결부시키고, 그 위에 성격구조를 이해하는 중요한 관점으로 일곱 가지 챠크라의 기능과 일곱 가지 갑옷의 바퀴를 관련시켰다.

② **제3세대(1970년대 후반-1990년대)**

대표적인 치료법으로는 하코미 메소드(Hakomi method)와 융 계통의 프로세스 워크 등이 있다. 이들은 인본주의 심리학과 자아초월심리학과 관련해서 발전된 측면도 가진다.

21세기 심리치료의 세계에서 심리치료사가 가져야 할 근본적인 심리상태로서, 마음챙김이 커다란 조류에 위치한다. DBT, ACT 등 제3세대 인지행동치료의 도입에 앞서 마음챙김 등의 불교적 개념이 신체심리치료에 도입되었다. 그 대표인 하코미 메소드는 불교적 요소와 도교(taoism)를 기반으로 하는 신체심리치료로, 마음챙김과 러빙 프레젠스(loving presence, 모든 것에 선행하는 사랑이 가득 찬 존재감)의 심리상태가 되는 훈련을 실시했다. 일체중생에 갖추어져 있는 불성을 발견하고, 발전시켜, 연마하는 것이 불교의 본질이라는 생각

(여래장설)을 존중하는 쿠르츠는 심리치료와 영적인 수행은 뿌리가 같으며, 심리치료사와 내담자는 쌍방향으로 놓여 있고, 세션은 곧 영적인 훈련이라고 했다. 즉, 불교테라피는 특정 종파에 속하는 것이 아니라, 마음챙김의 개념을 중심으로 자비, 보리심, 여래장(불성), 귀의 등 불교에 공통되는 특징을 널리 도입한 심리치료의 총칭이며, 내담자의 신앙에 관계없이 제공된다. 그 배경에는 유럽과 미국에서는 불교를 철학과 심리학적인 가르침으로 파악하고 있다는 점이 다분히 있다.

③ **제4세대(1990년대 이후)**

새로운 흐름이 신체심리학에 들어와서, 급속하게 존재감을 더해가고 있다. 그 신체심리치료의 이론 모델은 애착이론과 관련된 모자 간의 피부접촉, 눈맞춤 등의 신체성을 통한 관계성, 트라우마, 스트레스 연구 등을 매개로 하는 뇌과학과 신경심리학 등 현대과학과 연관해서 생겨난 것이 많다. 특히 미국에서는 참전병사, 아동학대, 강간 등에 의한 PTSD와 관련된 여러 문제에 대한 대처법이 다년간 사회적으로 요청되고 있었고 이론적·임상적으로 다각적인 연구가 이루어졌다. 최근 애착이론의 흐름으로부터 시걸(Daniel J. Siegel, 1957-)은 특히 대인관계 신경생물학(interpersonal neurobiology)을 주장하고, 마음챙김을 매개로 하여 심리임상과 과학을 연결하는 통합적인 의식단계의 발달과정을 열정적으로 탐구했다.

또한 일찍이 억압 모델에 관해서 프로이트와 라이벌이었던 쟈네의 해리 모델이 재검토되면서, 많은 신체심리학자들에게 영향을 주었다. 예를 들어 쿠르츠의 제자인 오그덴(Pat Ogden)도 그 한 사람으로, 신체성을 중시한 트라우마치료인 감각운동 심리치료(Sensorimotor psychotherapy)를 개발하고 오늘날 심리치료의 주류에 성공적으로 편

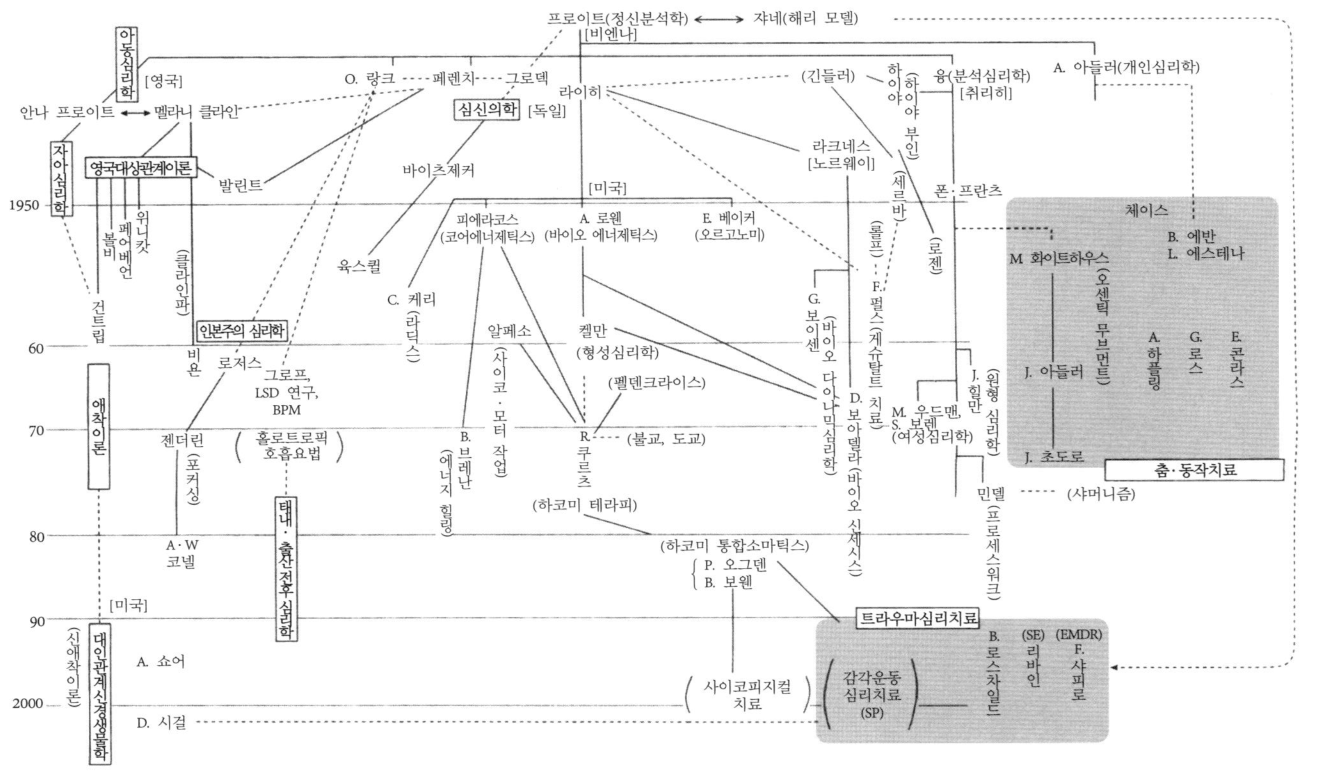

프로이트(정신분석학) ↔ 쟈네(해리 모델)
[비엔나]
아동심리학
[영국]
안나 프로이트 ↔ 멜라니 클라인
자아심리학
영국대상관계이론
발린트
위니캇
페어베언
볼비
건트립
(클라인파)
O. 랑크
페렌치
그로덱
심신의학
[독일]
바이츠제커
육스퀼
라이히
(긴들러)
하이야
(하이야 부인)
융(분석심리학)
[취리히]
A. 아들러(개인심리학)
라크네스
[노르웨이]
(세르바)
(로젠)
(롤프)
폰·프란츠
[미국]
피에라코스
(코어에너제틱스)
A. 로웬
(바이오 에너제틱스)
E. 베이커
(오르고노미)
C. 케리
(라딕스)
인본주의 심리학
비욘
로저스
그로프,
LSD 연구,
BPM
알페소
(사이코·모터 작업)
켈만
(형성심리학)
(펠덴크라이스)
G. 보이센
(바이오 다이나믹심리학)
F. 펄스(게슈탈트 치료)
D. 보아델라(바이오 신세시스)
M. 우드맨,
S. 보렌
(여성심리학)
J. 힐만
(원형 심리학)
체이스
B. 에반
L. 에스테나
M. 화이트하우스(오센틱 무브먼트)
J. 아들러
J. 초도로
A. 하플링
G. 로스
E. 콘라스
춤·동작치료
민델
(프로세스워크)
(샤머니즘)
애착이론
젠더린
(포커싱)
(홀로트로픽 호흡요법)
B. 브레난
(에너지 힐링)
R. 쿠르츠
(불교, 도교)
(하코미 테라피)
태내·출산전후 심리학
A·W 코넬
(하코미 통합소마틱스)
P. 오그덴
B. 보웬
[미국]
트라우마심리치료
B. 로스차일드
(SE) 리바인
(EMDR) F. 샤피로
(신애착이론)
대인관계신경생물학
A. 쇼어
(사이코피지컬 치료)
(감각운동 심리치료 (SP))
D. 시걸
1950
60
70
80
90
2000

신체심리학의 계보도

입했다고 여겨진다. 또한 해리증상에 동물행동학의 관점을 도입한 신체경험과 '상식'과 '다양한 기법'의 적용을 주장한 로스챠일드(Babette Rothschild)의 신체 트라우마치료 등도 알려져 있다.

제3세대까지의 신체심리학은 심리학과 심리치료의 주류에서는 소수의 방법으로 보이는 측면도 있다. 하지만 제4세대에 이르러 신체심리학은 최신과학과 영성이 쌍방향으로 교류 가능한 심리학과 심리치료로서 유럽과 미국에서 주목받고 있다. 이후 신체심리학의 전개와 한층 나아간 성과가 기대된다.

❋ 문헌

久保隆司(2011), 『ソマティック心理学』, 春秋社.

ロスチャイルド, B., 久保隆司 訳(2009), 『PTSDとトラウマの心理療法ー心身統合アプローチの理論と実践』, 創元社.

[久保隆司]

브릿지 32 다양한 내관

【링크】→ 내관요법, 연기, 삼특상, 사성제, 선정, 오온

1. 내관이란

일본의 대표적인 국어사전인 『코우지엔(広辞苑)』 제6판에서는 '내관'을 다음과 같이 설명하고 있다. ① [불교] 정신을 집중하여 마음속에서 자기의 본성과 진리를 관찰하는 것 또는 그 수행을 말한다. ② [심리학](introspection) 자신의 의식체험을 스스로 관찰하는 것, 즉 내성을 말한다.

또한 '내관'의 소항목인 '내관법'은 다음과 같이 기술되어 있다.

> ① 심리학 연구방법의 하나로 피험자에게 실험에서 자신의 내적인 체험을 보고하게 하여, 그것에 기초하여 마음의 세계를 탐구하는 기법을 말한다. 구성주의 심리학의 주요한 방법이었으나, 현재는 부차적으로 사용한다.
>
> ② 요시모토 이신(吉本伊信, 1916-1988)이 창시한 심리치료법으로 도장에서 일주일 정도 자신의 마음속을 관찰하여, 자신과 타인에 대해서 긍정적인 인식을 만들어내는 것으로 마음의 부적응 상태로부터 회되는 것을 유도한다.

유럽과 미국에서는 일반적으로 '나이칸(Naikan)'이라고 하면 요시모토 이신의 내관요법을 가리키지만, 본 서에서는 '내관요법'이라는 항목을 별도로 기술하고 있으므로 본 항목에서는 그 외의 내관을 다루고자 한다. 또한 이노우에 엔료(井上円了, 1858-1919)가 이름을 붙인 자관법(自観法)은

스스로를 관찰하는 심리치료의 한 형태로, 내관법과 유사한 의미를 가진다. 온다 아키라(恩田彰, 1925-)에 의하면 자관법은 좌선, 지관법 그리고 철학의 도리에 의하여 세계관과 인생관을 확립하여 안심을 얻는 것으로, 자기가 체험한 사실을 관찰하는 방법이며, 최근의 심리치료에서 주목받고 있다고 할 수 있다. 예를 들어 모리타 요법, 내관요법, 선과 요가의 명상법, 자율훈련법, 포커싱 등이 있다.[1)]

2. 세계 최초의 심리학자 분트의 내관

1879년에 심리학 실험실이 공식적으로 인정됨으로써, 철학교수였던 분트(Wilhelm M. Wundt, 1832-1920)는 세계 최초의 심리학자가 되었다. 분트는 라이프치히 대학에서 감각을 실험적, 계량적으로 조사하여 심리물리학을 새롭게 만든 해부학·생리학 교수 베버(Ernst H. Weber, 1795-1878)와 그의 제자인 물리학 교수 페히너(Gustav T. Fechner, 1801-1887) 등의 영향을 강하게 받은, 물리학·생리학 교수 헬름홀츠(Hermann von Helmholtz, 1821-1894)의 조수였다. 분트가 실험실을 만든 것은 외부의 자극이 오감에 영향을 주지 않도록 격리된 환경이 필요하였기 때문이다. 분트는 그 실험실에서 일정 조건 하에 자극에 대한 반응이 일어날 때까지 시간을 측정하여 다른 자극과의 변별에 걸리는 시간을 측정하거나, 여러 사람의 보고로부터 보편적인 의식과정을 발견하거나, 자신의 의식을 몇 번이고 관찰하여(내관법) 그 평균을 취하는 생리학적 심리학(실험심리학)을 제창했다. 이것에 의해 그때까지 철학의 일부로 행해졌던 사색에 기반을 둔 암체어 심리학(철학적 심리학, 안락의자에 앉아서도 가능하다는 의미에서 이렇게 불린)으로부터 실험과학으로서 '심리학'이라는 새로운 학문이 탄생했다.

특히 직접경험으로부터 얻은 자신의 의식(consciousness)의 구성요소를 발견하고, 그것들이 결합해서 정신이라는 복합체를 형성하는 법칙을 밝히기 위하여, 분트는 자기관찰법인 내관법(Selbstbeobachtung, introspection)을 고안했다. 같은 자극에 대해서는 언제나 같은 반응을 보고할 수 있도록, 내관법을 사용할 때 내관자에게 특별한 훈련이 요구된다. 분트에 의하면 의식을 구성하는 근본 요소는 '순수감각', '단순감각', '심상(이미지)'이며, 마음의 여러 요소의 통합에 의해 원래의 요소와 다른 새로운 성질인 '의지'가 생겨난다. 여기에 여러 요소를 통합하여 지배하는 '통각(統覺)'이라는 개념을 사용하여 자극→지각→통각→의지라는 과정을 겪는다고 한다.

게다가 분트는 내관법을 포함한 생리학적 심리학의 방법으로는 조사할 수 없는 사고와 언어 등의 고차원적 정신활동, 개인의 의식을 넘어선 집단의 정신활동, 사회적 관습을 밝히기 위해서 '민족심리학'이라는 별개의 부분을 설정하고, 말년에는 그 집필에 몰두했다.

또한 이후에 뷜츠부르크학파를 형성한 제자 퀼페(Oswald Külpe, 1862-1915) 등은 체계적 실험내관법에 의해서 사고와 의지 등의 고차원적 정신기능을 조사하려고 시도하였으나, 감각내용과 이미지를 수반하지 않는 무심상사고(imageless thought)가 존재하는 것을 발견하기에 이르렀다.

현대에서 내관법은 실험 이후에 내성보고라는 이름으로, 마지막에 피험자에게 감상을 요구하는 형식으로 사용되는 실험 데이터 해석의 보조 수단이 되었다.

3. 하쿠인선사의 내관 비법

에도시대 중기의 선승 하쿠인 에카쿠(白隱慧鶴, 1686-1768)는 임제종 중흥의 시조로도 불리며, 500년에 한 번 나올 걸출한 인물로도 주목받는다. 내관법은 하쿠인이 청년시절에 맹렬하게 참선공부에 힘쓰는 바람에 신경쇠약과 폐병이 함께 발병하여 백약을 써도 치료하지 못하고 있을 때, 교토 백하(白河)의 산속에 은거하고 있던 백유자(白幽子)라는 선인에게 배운 것이라고 『야선한화(夜船閑話)』에서 기술하고 있다. 실제로는 선인의 이야기는 허구라고 생각되며, 하쿠인의 다른 저서인 『오라데가마(遠羅天釜)』에서는 아함경과 천태 『마하지관』 등의 경전에 나타난다고 한다. 또한 『천태소지관』에서도 『잡아함경』 안에서 치선병비법(治禪病秘法) 칠십이법 가운데 널리 회자된다고 기술하거나, 가상관(仮想観)을 사용하여 곧잘 다양한 병을 다스린다는 기술을 볼 수 있다.

내관 비법에서 관법에 관한 언급은 다른 책이나 『야선한화』의 서문과 『오라데가마』 상권에서 약간 다르지만, 그 방법은 취침 전에 두 발을 나란히 힘껏 뻗고서, 몸 전체의 활력을 기해단전, 허리, 다리, 족심 사이에 채우면서, 다음과 같이 마음속으로 반복한다.

① 나의 이 기해단전, 허리, 다리, 족심 모두 나의 본래면목이라면, 본래면목의 콧구멍은 어떠한가?
② 나의 이 기해단전, 허리, 다리, 족심 모두 나의 유심정토라면, 정토는 얼마나 장엄한가?
③ 나는 이 기해단전, 허리, 다리, 족심 모두 나의 아미타불이라면, 아미타불의 설법은 어떠한가?

『오라데가마』에서 '단전은 배꼽 아래 삼촌, 기해는 촌 반'이라고 한다. 이것을 깨닫고 그 효과가 쌓이면 몸 전체의 활력이 허리와 다리, 발바닥 가운데 충족되고, 배꼽 아래가 호리병처럼 뻗어서, 대나무로 쳐서 부드럽게 하기 이전의 공처럼 딱딱해진다. 또한 약 70세를 넘어서도, 조금의 병도 없이, 이빨 하나도 빠지지 않고, 눈이나 귀도 이전보다 밝으며, 쉬지 않고 설법을 계속할 수 있으며, 기력은 20-30세 때보다 훨씬 나은 것이 모두 이 내관의 불가사의한 효력에 의한 것이라고 한다. 그 외의 효과로는 내관법에 의해서 단순히 병을 낫게 하는 것만이 아니라, 손쓸 수 없었던 어려운 질문이 풀리고, 대환희가 6번 내지 7번, 작은 깨달음은 수를 헤아릴 수 없을 정도로 생기고, 심신의 건강 회복뿐만 아니라 선(禪)의 숙원인 견성오도에 이르는 효과도 강조해서 말하고 있다.

또한 내관법과는 별개로 백유자는 수행 중에 난치병에 걸려서, 마음이 흐트러지고, 어떠한 방법으로도 심신이 조화롭게 되지 않아, 피로가 회복되지 않는 경우에는 '난소오우란(軟酥鴨卵)의 법'을 행하도록 권하고 있다.

4. 고타마 붓다의 내관

고타마 붓다가 연기, 무상·고·무아, 사성제, 팔정도 등을 여실지견으로 깨달은 방법은 스스로의 감각·자극, 의식, 인지 또는 이 세상에 나타난 물질적 존재와 그 물질을 배경으로 상정된 영혼 등의 가상적 존재의 인식 등을 내성적으로 관찰한다는 점에서 넓은 의미의 내관법이라고 할 수 있다. 또한 일상의 명상도 내관법의 한 종류이다. 명상에서 선정상태의 단계는 초선부터 제4선까지 4단계(사정려), 공무변처(空無邊處), 식무변처(識無邊處), 무소유처(無所有處), 비상비비상처(非想非非想處)의 4단계(사무색정), 최종단계인 멸진정을 더한 9단계로 이루어진 구차제정(九次第定)이라고 불린다.

붓다는 생로병사에 대하여 고심하다가 출가를 결심하고 알라라 선인에게서 무소유처의 경지를 얻고, 다음으로 웃다까 선인에게서 비상비비상처의 경지를 얻었다. 하지만 그것에 만족하지 않고, 위없는 안온한 열반을 구하여, 홀로 좌선하여 현세에서 열반을 실현했다. 경전에 의하면[2] 붓다는 보리수 아래에서 처음 정각을 성취했을 때, 결가부좌 상태로 7일간 해탈의 즐거움을 누리고, 밤이 시작될 때 연기의 법을 생각하여 '이것이 있으면, 저것이 있다'는 유인(有因)의 법을 자각했다. 다음으로 한밤중에 '이 것이 없으면, 저것이 없다'는 제연(諸緣)이 사라짐을 자각하고, 마지막으로 새벽에 순차적으로 그리고 역순으로 연기의 법을 생각하여, 괴로움이 쌓이는 것을 소멸하는 데 이르는 도를 깨달았다고 한다.

그 이후에도 일이 있을 때, 현상의 무상·고·무아라는 성질을 설명하고 인간의 구성요소인 색·수·상·행·식이라는 오온(五蘊), 그것을 생기게 하는 감각기관인 안·이·비·설·신·의 라는 육근(六根), 그것들이 파악하는 대상물인 색·성·향·미·촉·법의 육경(六境)으로 이루어지는 십이처(十二處)는 나의 것이 아니며, 나도 아니고, 나의 몸도 아니라고 있는 그대로 깨달아서 염리(厭離)할 것을 다양한 방편을 가지고서 설명했다.

❋ 문헌

1) 井上円了, 恩田彰 校閲(1904, 1988),『解説 新校 心理療法』, 南江堂.

2) 『小部経典』「自説経」1, 1-3 菩提品.

[加藤博己]

브릿지 33 자기의식과 신체감각

【링크】→ 유식사상, 감각·지각·인지, 정동, 자기와 자아, 공감

뇌과학은 '자기의식'이라는 철학적인 과제에 도전하기 시작했다. 자기의 정동감각을 무의식중에 처리하는 뇌(뇌섬엽)와 타자와 정서적 의사소통을 하는 뇌(내측전전두엽)가 연합하여 '자기의식'을 형성할 가능성이 제기되었다.

1. 자기의식은 쉬지 않고 계속된다

뇌의 정보처리는 각성하고 있는 한, 안이비설신을 통한 감각정보가 끊임없이 인지뇌(대뇌피질)와 정서뇌(대뇌변연계)에 유입되어 처리된다. 그리고 대부분의 감각정보는 행동과 반응을 유발시키지 않고, 또한 기억되지도 않고 즉석에서 버려진다. 하지만 이들 감각정보의 발원지는 헷갈릴 것도 없이 자기 자신으로, 순식간에 자기의 신체를 느끼게 된다. 그것이 뇌섬엽에 의해서 실행된다.

또한 주의해서 관찰하면, 우리는 10초 전의 자신이 10분 전, 10시간 전, 10개월 전, 10년 전의 자신과 동일한 인물이라고 확신하며, 그것을 체크하는 작업을 끊임없이 계속한다. 자기와 관련된 과거의 기억정보와 끊임없이 유입되는 자기와 관련된 새로운 정보가 조합되어 동일한 것 또는 연속된 것을 확인한다. 즉, 자기의식의 네트워크는 쉬지 않고 온라인으로 내내 활동하며 갱신을 계속한다. 이렇듯 자기를 엮어서 올리는 것은 내측전전두엽이다.

2. 신체감각과 뇌섬엽

우리의 감각정보처리 시스템에는 두 가지의 독립된 것(인지적 시스템, 정서적 시스템)이 존재한다. 인지적 감각정보처리는 대뇌피질을 정점으로 하는 신경회로이다. 피부에 촉각자극을 가하면, 그 정보는 감각신경을 중개하는 척수에 입력되어, 뇌를 경유하여 대뇌피질의 체성감각 영역에 도달한다. 거기서 일어나는 감각은 인지적이며, 신체의 어느 부위에서, 어떠한 폭으로, 어떻게 자극이 더해졌는지를 지각한다.

한편, 정서적 감각정보처리 시스템은 인지적 경로와는 독립적으로 존재한다. 이 경로의 감각신경은 피부는 물론이고, 근육과 내장 등 전신의 여러 기관에 분포하고 있다. 유발된 감각은 통각, 온냉각, 가려움, 간지러움, 성적 흥분, 허기, 갈증, 공기부족 등 신체의 생리적 상태와 관계된 것이다. 이것을 '신체감각'이라고 칭한다. 감각역치에 도달하지 않는 경우는 무의식인 채로 버려진다.

그 전달경로는 위에서 기술한 인지적인 감각경로와는 다르다. 중계하는 감각신경은 가장 원시적인 신경(Aδ 및 C 구심성 섬유)이다. 피부와 근육의 구심성 정보는 척수에 입력된 이후 대뇌가 아니라 뇌섬엽에 투사된다. 내장의 구심성 정보도 자율신경을 중개하는 뇌섬엽에 도달한다. 뇌섬엽은 전부뇌섬엽과 후부뇌섬엽으로 크게 구별된다. 감각정보가 입력되는 것은 후부뇌섬엽이며, 거기에서 전부뇌섬엽으로 정보가 전달된다. 그 과정에서 편도체, 전대상회, 내측전전두엽 등의 정서 관련 영역과 연락한다. 감각정보가 편도체와 연락하면, 유쾌와 불쾌의 정서적 판단이 내려진다. 이 정서적 판단은 대뇌의 인지적 판단과는 독립적이고, 인지적 판단보다 조금 앞선다. 무의식하의 정서판단은 즉석에서 뇌간에서 출력되어, 표정, 발성, 자율신경반응을 발현시킨다. 그리고 정서판단이 전대상회에 전달되면, 자기의 정서가 체험된다.

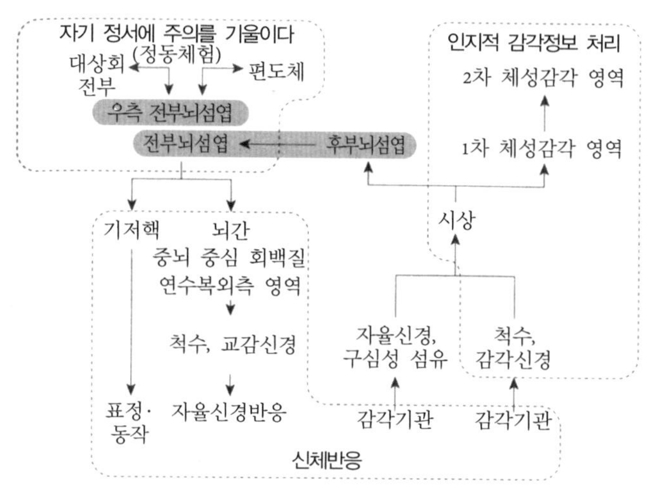

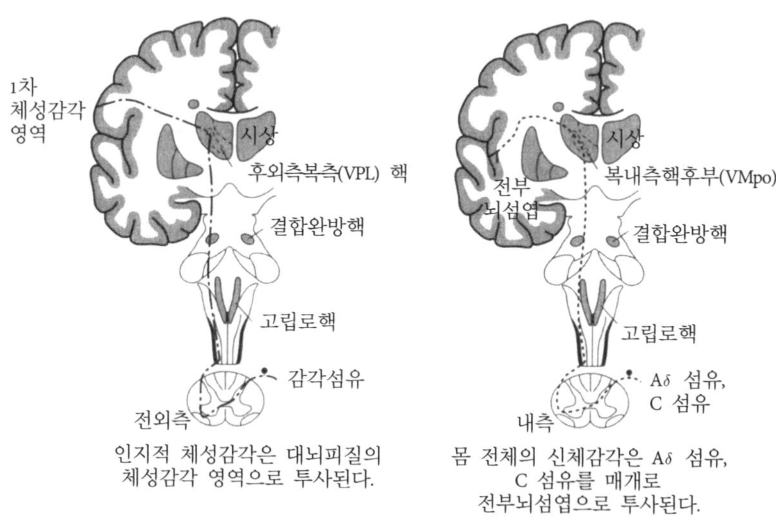

그림 자기의식에 관한 신체감각과 뇌섬엽

3. 정서를 알아차리면 자기의식이 파생된다

여전히 내장과 신체에서 표출된 무의식적 정서반응은 말초의 감각기관을 통해서 수용되고, 재차 감각신경을 통하여 후부뇌섬엽에서 전부뇌섬엽으로 피드백된다. 이러한 루프 회로는 자기의 정서적 신체반응을 알아차리는 것에 관여한다. 그것은 아래의 예처럼, 자기의식을 파생시킨다고 생각된다.

우리는 좋아하는 사람을 보면 심장이 두근두근하여 자신의 사랑의 감정을 알아차린다. 곤란한 결단을 내려야만 할 때에는 위가 따끔따끔 아파와서 자기의 불안을 의식한다. 이렇듯 자기의 정서를 알아차릴 때에는, 신체적 반응이 일치하여(선행하여) 발생한다. 오히려 어떠한 '신체감각'을 느끼는 것으로 의식 아래의 자기를 알아차린다. 그것이 전부뇌섬엽을 중심으로 한 편도체, 전대상회의 네트워크에 의해 실행된다.

이 정서네트워크 가운데 전부뇌섬엽과 전대상회는 실제적인 감각자극 없이도 활성화된다. 예를 들어 연인 사이에서 자신은 아픔을 느끼지 않아도, 파트너가 아파하는 것을 보는 것만으로, 전부뇌섬엽과 전대상회는 활성화한다. 이 상황에서 또 하나의 중요한 뇌부위가 활성화된다. 내측전전두엽이다.

4. 내측전전두엽

전전두엽은 사회생활을 영위하는 인간의 뇌, 사회뇌라고도 불린다. 인간은 혼자서는 살아갈 수 없고 타인과 함께 살아갈 수밖에 없다. 이를 위해서 발달한 뇌가 사회뇌이다. 사회뇌의 연구에서 자주 사용되는 것은, 만화와 애니메이션 등과 같은 비언어수단을 사용하여 타자(등장인물)의 행동에서 그 의도를 읽어내는 과제이다. 그 과제에서 하두정소엽과 내측전전두엽이 활성화된다.

하두정소엽은 거울 뉴런의 회로로 알려져, 자기의 동작을 타자가 모방하는 것을 보면 활성화되는 뇌 영역이다. 그것은 타자의 행위, 표정 등(비언어적 의사소통매체)으로부터 타자의 의도와 욕구 등 마음의 내용을 읽어내는 기능을 한다. '마음이론'과 공감을 통해서 연구가 진행된다. 내측전전두엽은 타자에게 공감하여, 정서가 격렬하게 요동칠 때 특히 활성화된다.

이 비언어적 의사소통은 반드시 의식에 떠오르지는 않는 감각정보처리와 유사하며, 직감적인 정보처리 또는 감성으로 표현되는 경우도 있다. 그 중심이 되는 것이 무의식의 신체감각을 처리하는 뇌섬엽이며, 그 앞에 내측전전두엽이 이어져 있다.

이 내측전전두엽은 자기의 정서체험(행복한 체험과 슬픈 체험 등)을 회상할 때에도 활성화된다. 이러한 것은, 내측전전두엽은 과거의 자기기억과 현재진행형인 자기의 '신체감각'을 결합시켜서, 자기라는 통합감각을 이끌어내는 것이라고 추측된다. 이후 연구가 한층 진행되기를 기대한다.

✽ 문헌

有田秀穂(2011),『人間性のニューロサイエンス：前頭前野, 帯状回, 島皮質の生理学』, 中外医学社.

Craig A. D.(2002), "How do you feel? Interoception: the sense of the physiological condition of the body", *Natual Reviews Neuroscience* 3, pp.655-666.

[有田秀穂]

브릿지 34 명상의 과학 : 인지신경과학에 의한 효과검증

【링크】→ 지관, 인지행동치료, 마음챙김, 정동, 티베트불교와 뇌과학

1960년대부터 급속하게 발전해온 과학의 한 분야로 인지과학이 있다. 이것은 주로 인간의 인지현상과 정보처리 모델을 과학적으로 탐구하는 인지심리학을 축으로 인접 분야인 언어학, 철학(주로 인식론), 인공지능학, 정보과학(특히 컴퓨터과학), 뇌신경과학 등이 협력하여 학제적으로 연구하는 '의식의 과학'이다. 특히 최근에는 특정 인지처리를 행하는 순간의 뇌를 비침습적으로 계측 가능한 뇌영상처리기술의 발전, 복잡한 수치해석을 순간적으로 행하는 컴퓨터기술의 발전으로 인하여 놀랄 만한 성과를 거두고 있다. 그리고 이 최첨단과학은 2000년 이후 불교에 없어서는 안 될 '명상'에 관한 현상을 적극적으로 연구하기 시작하여 몇 가지 흥미로운 성과를 거두고 있다.

1. 마음챙김에 기반을 둔 인지치료의 과학적 검증

상좌부 불교에서 전해지는 '위빠사나 명상'을 기본으로, 종교적인 부분을 없애고 임상심리학에서 인지치료의 형태로 재편집된 심리치료법인 마음챙김에 기반을 둔 인지치료(MBCT, Mindfulness Based Cognitive Therapy)는 세계 각국에서 특히 재발성 우울증치료에 큰 효과를 올리고 있다.[1)] 이것은 환자의 문제행동에 수반하여 일어나는 감정을 평가하지 않고 수용하는 마음의 정도를 냉정하게 관찰하는 것을 목적으로 하는 마음의 훈련방법이다. 이 치료법의 효과검증과 메커니즘을 이해하는 데 인지과학, 특히 인지신경과학이 활약하고 있다. 여기서는 두 가지 연구를 소개하고자 한다.

그로스만(Paul Grossman)[2] 등은 MBCT의 효과를 측정한 과거 64가지의 실증연구 가운데 보다 엄격한 분석을 견뎌낸 20가지 연구를 추출하여 암, 심장병, 우울증, 불안, 통증 등의 광범위한 질병에 대해서, 스트레스도 포함하는 표본에 대하여 메타분석을 행했다. 그 결과 처방을 받은 군이 받지 않은 군보다 통계적으로 강한 치료효과를 보였다. 이것은 MBCT가 우울증이라는 정신질환뿐만 아니라 스트레스에 대해서도, 유사하게 강한 영향을 받는다고 생각되는 여타 광범위한 질병 영역에 대해서도 비슷한 효과를 가진다는 점에서 흥미롭다.

MBCT에서 "부정적인 감정을 평가하지 않고 담담히 '관찰하는' 동작은 많은 불교명상의 공통된 항목이지만, 그때의 감정에 '이름 붙이기'(예를 들어 "나는 지금 화를 내고 있다."라고 이름 붙이고, 집착하지 않고 바라보는)의 효과에 관한 인지신경과학적 연구도 있다. 리버만(Matthew D. Lieberman) 등은[3] 피험자에게 감정적 반응을 유발하는 자극을 보이고, 그 감정을 그들이 의식적으로 이름 붙일 때의 뇌를 기능적 자기공명영상(fMRI)으로 측정했다. 그 결과, 보다 원시적이고 본능적인 정보처리를 담당한다고 할 수 있는 대뇌변연계, 특히 정서의 처리와 기억에 관계하는 편도체의 흥분이, 그 감정에 이름 붙이는 것에 의해서 경감되는 것을 알 수 있다. 피험자가 자신의 감정적 반응을 평가하여 이름 붙이기를 행한 군은 대조군과 비교해볼 때 반응이 억압되어 있다는 것도 판명되었다. 이것은 외부의 자극에 반응하여 일어난 감정적인 변화가 이름 붙이기라는 인지적 작업에 의해서 조절되었다는 것을 나타낸다. 이것은 MBCT의 치료효과에 관한 메커니즘을 알아볼 수 있는 흥미로운 결과이다.

2. 진화하는 명상의 과학, 신경가소성

여기에서 소개한 연구를 시작으로 유럽과 미국에서는 인지과학적 관점에서 불교명상의 효과와 작용 메커니즘을 파헤치려는 움직임이 강해졌으며, 연구성과를 통합하여 명상의 효과를 알기 쉽게 전달하려는 미국의 월러스(B. Alan Wallace, 1950-) 등과 같은 과학자들도 등장했다. 특히 월러스는 불교명상을 '정신의 균형'을 조정할 수 있는 요인으로 보고, 현대 심리학에서도 이해하기 쉬운 4가지 측면(의욕, 주의, 인지, 감정)의 균형을 체계적으로 분석하여, 과학적 연구가 한층 더 발전하도록 제안하고 있다.[4)]

특히 뇌영상기술을 많이 사용하여 급속하게 발전한 인지신경과학 분야에서는 불교명상에 의한 뇌세포와 신경회로의 연결이 구체적으로 재편성되고, 그것에 의해 인간의 지각, 정서, 행동이 긍정적으로 변화된다고 하는 '신경가소성(neuroplasticity)'에 기초한 실험성과의 발표가 잇따르고 있다. 미국 콜로라도 주의 마음과생명연구소(Mind and Life Institute)[5)] 등 강력한 연구진을 가진 전문기관도 활약하기 시작했다. 이 연구진 중에서도 달라이라마의 협력하에 행해지고 있는 티베트스님의 명상에 관한 연구로 저명한 데이빗슨(Richard J. Davidson, 1951-)은 신경가소성에 관한 많은 연구를 발표하여 주목을 모았다.

예를 들어 명상 중에 대뇌의 관련 부위의 활성화가 초심자보다도 상급자 쪽이 전체적으로 크다는 것과는 상관없이, 상급자 중에서도 중위와 상위인 사람이 있다고 했을 때, 후자가 반대로 작은 활성을 보이며, 그래프가 '역U자' 패턴이 되는 결과가 알려져 있다. 이것은 언어와 기술의 습득 등에서 자주 보이는 경향으로 이러한 뇌의 '이용방법'은 기술로서 획득 가능하다는 것을 시사하고 있다.[6)] 또한 잘 알려진 '주의 깜빡임' 현상(피험자에게 거의 동시에 다른 시각자극을 제시하면, 후속자극의 인지가 곤란해지는 현상)은 뇌가 타고난, 주의를 이용할 수 있는 '뇌 자원'의 고갈이 원인으로 여겨지고 있으나, 3개월간 위빠사나 명상을 수행한 사람은 후속자극의 정답률이 향상되어, 각 자극의 인지에 배분되는 뇌 활성이 최소화되는, 즉 뇌를 고효율적으로 사용한다는 것도 발견되고 있다. 이후 적극적인 연구가 기대된다.

❋ 문헌

1) 熊野宏昭(2009),『二十一世紀の自分探しプロジェクト』, サンガ新書.

2) Grossman, P., Nieman, L., Schmidt S., and Walach, H.(2004), "Mindfulness-based stress reduction and health benefits: A meta-analysis", *Psychosomatic Research*, 57, pp.35-43.

3) Lieberman, M. D., Eisenberger, N. I., Crockett, M. J., Tom, S. M., Pfeifer, J. H., Way, B. M.(2007), "Putting feelings into words: Affect labeling disrupts amygdala activity in response to affective stimuli", *Psychological Science*, 18, pp.421-428.

4) Wallace, B. A. & Shapiro, S. L.(2006), "Mental balance and well-being", *American Psychologist*, 61, pp.690-701.

5) ケネス・タナカ(2010),『アメリカ仏教ー仏教も変わる, アメリカも変わる』, 武蔵野大学出版会.

6) Brefczynski-Lewis, J. A., Lutz, A., Schaefer, H. S., Levinson, D. B., & Davidson, R. J.(2007), "Neural correlates of attentional expertise in long-term meditation practitioners", *Proceedings of the National Academy of Sciences*, 104, pp.11483-11488.

[平原憲道]

브릿지 35 명상과 정신의학

【링크】→ 인지행동치료, 인지과학, 마음챙김, 알아차림, 탈동일화

최근 유럽과 미국 사회에서 '명상(meditation)'을 다양한 형태로 의료에 응용하려는 시도는 드물지 않다. 실제로 대학병원 등 공적 의료기관의 부속시설 등에서 명상을 중심에 놓고 치료하는 상황도 보이며, 그 수는 서서히 늘어나고 있다. 또한 반세기 사이에 유럽과 미국에서는 의학적인 관점에서 명상의 치료 메커니즘을 찾는 연구나 뛰어난 치료효과를 보인 연구가 다수 이루어졌다. 특히 최근 인지행동치료 분야에서 뜨거운 관심이 쏟아지는 것은 주목할 만한 가치가 있다. 하지만 극히 최근이 될 때까지 일본에서는 이러한 분야에 대해서 커다란 관심을 보이는 상황이 아니었다. 의료에 응용할 때는 '종교'와 접점을 가진다는 의미에서 곤란한 점이 다수 있어서 신중한 대응이 요구되고 있으나, 이 분야에서 유럽과 미국은 최근 깊은 이해를 바탕으로 눈부신 속도로 풍부한 성과를 쌓아 올리고 있으며, 안타깝게도 일본과의 차이는 두드러지게 되었다.

명상에 관한 의학적 연구는 1950년대 즈음 명상 시의 뇌파와 혈압변화를 측정하는 것 등을 대표로 열정적으로 이루어졌다. 그중에서도 뇌파연구는 일본의 카사마츠(笠松 章)와 히라이(平井富雄, 1927-1993)에 의한 연구가 세계적으로도 유명하다. 정신의학에서 명상연구의 역사를 돌이켜보면, 초기에는 극도로 회의적인 견해도 많으며, 특히 전통적인 정신분석의 입장에서 '통합실조증의 퇴행과 명백하게 유사하다'는 견해까지 나왔다. 그러나 그러한 학술적 의견과는 별개로 유럽과 미국에서는 일반사회 속에서 많은 사람들이 명상을 실천하게 되면서 상황은 서서히 변화해갔다. 미

국정신의학협회(APA)는 1977년에 그 연구의 필요성 등을 포함하는 공식 성명문을 발표했으며, 1970년대 후반 유럽과 미국의 정신의학계에서 명상에 대한 관심은 상당한 권리를 얻었다고 짐작할 수 있다. 이들의 연구발전의 역사와 개요에 대해서는 다른 책에 정리되어 있다.[1), 2)]

명상의 치료적 효과에 대해서는, 최근에는 스트레스 관련 질환을 대상으로 하는 연구가 많아졌으며, 이미 신체질환의 치료에 적용된 보고는 다수 존재한다. 또한 정신장애에 대한 적용과 불면, 불안, 섭식장애, 공황장애, 공포증 등에 대한 치료는 많은 연구가 인정받고, 그 효과에 대한 평가는 확립되었다고 말해도 좋다. 명상 자체에 의한 효과만은 아니지만, 최근에는 우울증의 재발예방과 경계성인격장애에 대한 대응으로 명상을 도입한 새로운 치료법 등도 제창되어 커다란 관심을 모으고 있다. 최근 특히 주목할 만한 상황은 이른바 '스트레스 감소클리닉(stress reduction clinic)'이라는 치료시설에서 명상을 하는 것이다. 이 움직임은 메사추세츠 대학 의학부의 존 카밧진(Jon Kabat-Zinn, 1944-)의 실천과 연구활동이 효시가 되어, 최근에는 유럽과 미국 사회의 각지에 널리 퍼졌다. 이미 명상을 응용하는 이들 프로그램은 세계 250곳 이상에서 행해지고 있다고 보고되고 있다.[3), 4)] 일본에서는 아직 공식적인 의료시설은 탄생하지 않았고 기초적 연구도 대단히 적지만, 최근에는 이들의 실천과 이론은 특히 인지행동치료의 입장에서 높은 관심을 가지고 받아들여지고 있으며, 정신치료에서 명상의 위치는 이전에는 없던 커다란 변화를 맞이하고 있다.

명상의 치료 메커니즘에 대해서 다양한 각도에서 다양한 견해가 있으나, 그것들을 총괄하여 말하면 이른바 '알아차림'의 중요성을 강조하는 것이 될 것이다. '알아차림(awareness)'은 정신치료의 역사 안에서 결코 낯선 것이 아니며, 로저스(Carl R. Rogers, 1902-1987)와 펄스(Fritz Perls, 1893-1970)의 저작에서 빈번하게 등장하는 용어이기도 하다. 최근의 명상에 관한 견해는,

이전부터 있던 말에 의미를 보다 세련되고 깊이 있게 부여하는 것이 되었다. 또한 현재에는 본래 '알아차림'을 의미하는 '마음챙김'이라는 용어가, 특히 학술적인 맥락에서 '명상'을 대신하여 즐겨 사용되는 상황도 보인다.

그 심리학적 작용을 서술한 대표적 견해를 한 가지 들어보면 '탈동일화(disidentification)'라는 용어가 지극히 중요한 것이라고 생각된다. 이것은 심리적 내용과 동일화를 끝내는 것을 가리키는 말로, 거기에서 사고, 감정, 이미지 등의 심리적 대상물을 관찰하는 과정을 볼 수 있다. 이것이 명상에 의해서 초래된 대표적인 메커니즘이며, 몇몇 입장에서 예를 들어 '관찰하는 자기(observing self)'(Arthur J. Deikman),[5] '탈최면(dehypnosis)' (Charles T. Tart),[6] '메타인지적 알아차림(metacognitive awareness)'(John D. Teasdale),[7] '차이화와 초월(differentiation and transcendence)'(Ken Wilber),[8] '탈매몰화(de-embedding)'(Robert Kegan)[9] 등의 뛰어난 개념이 제출되었다. 이들은 모두 거의 같은 과정에 주목한 것으로 생각되며, 정신치료와 관련하여 명상의 지극히 중요한 기능이 거기에 있는 것을 나타내는 증거도 된다.

말할 것도 없이 명상은 본래 불교 안에서 면면히 이어져오던 전통적 종교 수행이다. 하지만 그 전통이 지금 현대에서 하나의 치료법으로서 이해되고, 또한 실제로 응용되고 있다. 정신의학과 명상의 접점에서 이루어지는 현대의 논의와 연구와 실천은 다양하게 부상하는 '현대인(현대사회)의 병리의 치료법'을 생각하는 것이기도 하고, 거기에는 불교의 본래 의의를 현대적으로 새롭게 파악하는 것과도 연결되는 중요한 논의가 제시되고 있다고 생각된다.

❋ 문헌

1) 安藤 治(1993), 『瞑想の精神医学』, 春秋社.

2) 安藤 治(2003), 『心理療法としての仏教』, 法藏館.

3) Kabat-Zinn, J.(1990), *Full Catastrophe Living*, New York: Dell publishing. (春木豊訳(1993),『生命力がよみがえる瞑想健康法』, 実務教育出版)

4) Kabat-Zinn, J.(2003), "Mindfulness-based interventions in context: Past, present, future", *Clinical Psychology: Science and Practice*, 10, pp.144-156.

5) Deikman, A.(1982), *The Observing Self*, Boston: Beacon Press.

6) Tart, C.(2001), *Mind Science*, Navato, CA: Wisdom Edition.

7) Segal, Z., Williams, J. M., Teasdale, J.(2002), *Mindfulness-based cognitive therapy for depression*, New York: Guilford Press.

8) Wilber, K.(2000), "The eye of spirit: An integral vision for a world gone slightly mad", *The collected works of Ken Wilber*, Vol.7, Boston: Shambhala. (松永太郎訳(2004),『統合心理学への道』, 春秋社)

9) Kegan, R.(1982), *The evolving self*, Cambridge. MA: Harvard University Press.

[安藤 治]

브릿지 36 명상의 응용 : 대체의학에서 교정교육까지

【링크】→ 마음챙김, 영성, 건강심리학, 최면, 변성의식상태, 명상의 과학, 명상과 정신의학, 내관요법, 모리타 요법

1. 서론

명상경험에는 운동 후에 느끼는 신체의 상쾌함, 정신적인 피로가 제거되는 개운함이 있기 때문에, 명상의 응용 가능성을 그려보게 된다. 심신상관에 대한 관심이 집약되어 있는 요가가 미용과 건강에 응용되고 있는 것은 자연스러운 것이다. 일본에서는 명상을 종교 활동의 틀에 한정하고 있지만, 그 틀을 벗어나면 응용 가능성이 열리게 된다. 비교를 위해서 미국의 몇몇 사례를 소개하고자 한다.

2. 대체의학으로서 명상

미국 국립위생연구소의 보완대체의학센터(The Center for the Complimentary and Alternative Medicine, the National Institute of Health)는 예산을 할애하여 명상의 효능을 측정해왔다.[1] 이 연구소는 미국 의학계의 동향을 반영하는 공적 기관이지만, 이 연구소가 명상의 효능을 무조건적으로 보증한다는 것은 아니다. 오히려 명상을 포함한 대체의학을 관찰하고 감독하여, 그 성과를 의학체계에 도입하는 동시에 낮은 비용으로 자기관리, 자기보살핌을 통해서 국민을 계발하고 의료비를 삭감하려는 의도가 있다고 생각된다. 명상의 연구는 의료화를 시도하는 한 측면이기도 하다.

이 연구소는 명상의 효능을 간결하게 정리하고 있다. 심장박동 수, 호흡, 발한, 소화 등을 제어하는 자율신경계에 영향을 끼쳐서 불안, 통증, 우

울, 스트레스, 불면증, 만성질환에 수반되는 신체적, 감정적 증상(심장질환, AIDS, 암)에 효능이 있다고 여겨진다. 명상은 건강한 사람에게는 무해하며, 전반적인 건강유지를 위해서 사용된다. 정신질환의 종류에 따른 금기사례도 보고되어 있으나, 상세한 내용은 엄밀한 조사를 기다려야 하겠다. 이 연구소는 연구를 계속하고 있으며 천식증상의 경감, 치매증상이 있는 노인을 간호하는 사람의 스트레스 경감, 폐경 후 여성의 얼굴 화끈거림의 빈도와 격렬함의 경감, 만성 요통의 경감, 주의력과 관련된 능력개선 등에 효능이 있다고 보고되어 있다.

이 연구소는 대체의학의 실천에 대해서 대규모 통계조사도 행하고 있다. 2007년과 2002년의 조사에서 명상이 얼마나 널리 실천되는지를 알 수 있다. 2007년 조사는 미국의 인구를 통계적으로 대표 가능한 23,393명을 표본으로 하는 표본조사로, 회답자의 9.4%(2,000만 명에 상당)가 과거 12개월 동안 명상경험이 있다고 한다. 이것은 한 번 시도만 해본 사람도 포함되어 있으나, 2002년 정부조사에서 회답자의 7.6%(1,500만 명에 상당)가 경험이 있다고 대답한 것과 비교해보면 명상이 친숙한 것이 되었다는 것을 확인할 수 있다. 2007년 조사에서 9,417명의 어린이도 조사대상에 추가되어, 회답자의 1%(72만 5천 명에 상당)가 명상경험이 있다고 대답했다.

명상은 종교적 가치관과 결별하고, 증상과 문제에 대한 명상 '처방'과 효능의 유무가 집약되어, 협의의 서양의학을 보완하여 대체하는 비정통적인 의료실천의 하나로 꼽히고 있다. 암세포를 표적으로 이미지화해서 자연치유력을 활성화시키는 사이먼튼 치료는 그 전형적인 예이다.

메사추세츠 대학 의학부의 존 카밧진(Jon Kabat-Zinn)은 다양한 심신의 고통을 완화하기 위하여 상좌부불교의 위빠사나 명상 경험을 되살려 이를 응용했다. 마음챙김에 기반을 둔 스트레스 완화법(MBSR, Mindfulness Based Stress Reduction)이라고 불리는 이 명상 프로그램은 명상의 의학적 응용에 커다란 영향을 주어, 우울증 재발을 예방하는 마음챙김에 기반을 둔 인지치료(MBCT, Mindfulness Based Cognitive Therapy)를 낳았다.

'2020년에는 우울증이 온갖 질환 가운데 세계에서 두 번째로 심각한 문제가 될 것이다'라고 세계보건기구(WHO)가 걱정한 것과 같이, 우울증은 재발을 반복하며 장기화되는 병이다. 항우울제를 복용하지 않으면 재발의 위험은 증가하지만, 항우울제는 우울증상을 억압하는 효과는 있어도 우울증의 원인이 되는 정신상태를 치료하는 것은 아니다. 명상은 자기를 마주 보는 수행으로, 부정적인 감정이라는 증상과 직접 마주 보는 것은 환자에게 부담스러운 일이지만, 한편 재발로 이어지는 그러한 감정을 되새겨 바라보는 것은 재발방지에 도움이 된다. 시걸(Zindel V. Segal) 등이 캐나다, 영국, 오스트레일리아에서 행한 조사에 의하면, 피조사자 전체 가운데 일반 치료에서는 66%가 재발하는 데 반해서, MBCT군은 37%로 재발률을 낮추는 것이 명확해졌다. 호흡법의 생리학적인 효능이 주목되고 있으며, 영유아기(또는 그 이전)부터 대상관계를 재음미하고 평가하는 것에도 의의가 크다.

3. 형무소에서의 명상합숙

미국 워싱턴 주의 형무소(the King Country North Rehabilitation Facility)에서 사형수 등을 중심으로 희망자에 한해서 10일간의 명상 프로그램을 진행하였다. 이 프로그램 참가자는 살생하지 않고, 타인의 것을 훔치지 않고, 거짓말하지 않고, 성행위나 담배 등을 피하는 등 이른바 오계를 실천하였다. 프로그램 기간 중에는 '신성한 침묵'을 지키며, 수강자끼리는 몸짓, 사인, 필담으로도 이야기를 해서는 안 되며, 신체접촉도 피하게 하였다. 또한 프로그램을 기획하는 간수 측도 명상합숙을 체험하고, 그 느낌을 가지고 운영에 임하도록 하였다.[2)]

수강자 가운데 88명을 대상으로 워싱턴 대학의 팍스(George A. Parks) 등이 행한 조사논문에서는 약물사용 충동이 명확하게 감소한 것으로 나타나고 있다. 이 프로그램은 '도반(Dhamma Brothers)'이라는 다큐멘터리 영화로도 만들어져 있다.[3)]

✻ 문헌

1) National Center for Complementary and Integrative Health website, http://nccam.nih.gov/

2) Vipassana Meditation Courses For Correction Facilities, http://www.prison.dhamma.org/

3) The Dhamma Brothers website, http://www.dhammabrothers.com/index.htm
Parks, G, A., et. al.(2003), "The University of Washington Vipassana Mediation Research Project at the North Rehabilitation Facility," *American Jails Magazine*, July/August.

[葛西賢太]

심리학과 영성의 문제

98 종교와 심리학

【링크】→ 신앙(심), 의심, 염불, 제목(題目), 삼귀의, 불교와 심리학, 선심리학, 긍정심리학, 명상의 응용

1. 종교심리학과 불교심리학의 차이

에빙하우스(Hermann Ebbinghaus, 1850-1909)의 '심리학에는 긴 과거가 있지만 실제 역사는 짧다'[1)]라는 언급이 암시하듯, 종교 그 자체에도 예로부터 마음의 탐구라는 심리학적 측면이 있다. 과학적 심리학의 시작은 독일과 미국의 대학에 심리학 실험실이 설치되는 19세기 말로 여겨지지만, 그 이전부터 불교는 지각심리학에 상응하는 오온(五蘊, 色受想行識)의 체계와 유식학(唯識学)과 같은 심층심리학 체계를 가지고 있었다. 그 때문에 '불교심리학'은 일반적으로 'Psychology of Buddhism'이 아니라 '*Buddhist* Psychology'라고 영어로 표기된다. 이 연구를 하는 사람은 불교도, 즉 '부디스트(Buddhist)'라는 뉘앙스가 포함되어 있다(그림 2의 회색 부분).

종교심리학과 불교심리학의 관계는 후자가 전자에 포함된다(불교심리학 ⊂ 종교심리학 ⊂ 심리학, 그림 1)고 하는 단순한 것이 아니다. '종교심리학'은 'Psychology of Religion(종교에 관한 심리학)'이며 '*Religious* Psychology(종교적인 심리학)'는 아니다. 중심을 '심리학(Psychology)'에 두고 있다. 하지만 종교심리학자들의 사고 틀에 크리스트교가 끼친 영향은 크며, 종교심리학사를 실제로 살펴보면 이 '종교(Religion)'는 종종 종교 일반이 아니라 크리스트교를 가리키며, 심리학의 이론을 사용하면서도 자각하지 못한 채 크리스트교를 암묵적인 전제로 지지하는 경우도 있었다. 불교심리학과 이슬람

심리학은 크리스트교적인 요소를 포함한 종교심리학의 영향을 받으면서도, 그것에 대항하는 형태로 스스로의 정체성을 확립해온 일면이 있다(그림 2).[2)]

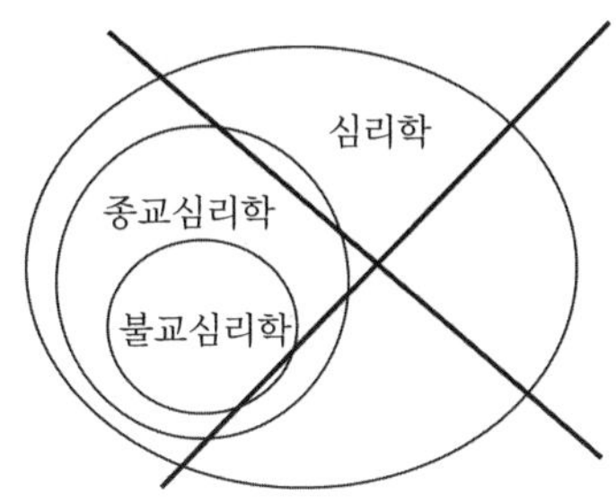

그림 1 불교심리학 ⊂ 종교심리학 ⊂ 심리학이라고 할 것은 아니다.

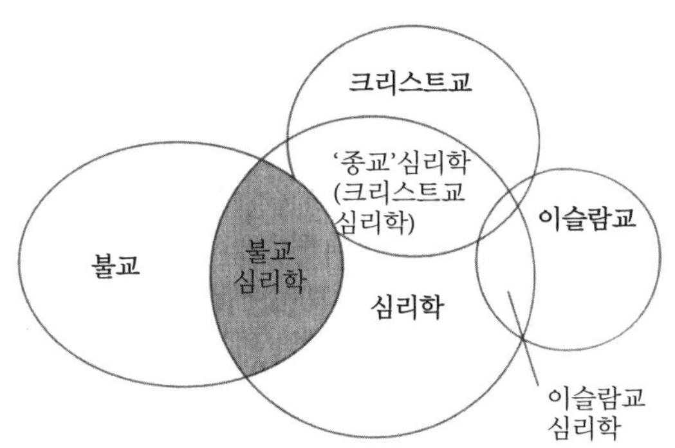

그림 2 크리스트교와 종교심리학의 관계에서 본 불교심리학

2. 믿음과 체험

크리스트교는 사도신경을 외우는 것으로 자신이 천지창조자인 신, 성령, 예수가 행한 수많은 기적을 믿는다고 고백(표명)한다. 이슬람에서도 유일신을 믿으며 무함마드가 예언자라는 것을 믿는다고 표명하는 신앙고백을, 두 사람의 신자가 입회한 가운데 거행하는 것이 이슬람교에 입문하

는 의식이다. 둘 다 신앙을 고백(선언)한다. 하지만 불교의 경우 정토진종의 아미타여래는 믿음의 대상이지만, 한편 상좌부의 사성제와 팔정도는 외우거나 믿는 대상이 아니라 행동원리이며 그것에 따라 실천하는 것에 실제적인 의의가 있다. 불교의 역어는 '부디즘(Buddhism)'이고 불교도의 역어는 '부디스트(Buddhist)'지만 어떤 신조와 주의를 유지한다는 '이즘(ism)'의 입장과는 다른 체험적·수행적 요소도 포함하고 있다는 것에 주의를 요한다.

오늘날 일본인이 '종교'에 대하여 생각할 때 '뭔가를 믿지 않는' 종교는 상정하지 않을 것이다. 하지만 불교는 믿음뿐만 아니라 수행이라는 측면을 가진 종교이다. 일본의 근대화 과정에서 개신교와의 만남은 불교가 믿음의 대상을 강조하도록 방향을 잡게 하였고, 실천하고 체험하여 느낀다는 불교의 중요한 측면은 간과되고 말았다.

3. 회심연구로부터

종교심리학에서 가장 널리 다루어진 주제로, 부흥운동을 배경으로 하는 회심(conversion) 연구가 있다. 회심이란 신앙에 대한 의심 때문에 상반된 가치관에 의해서 분열되고 흔들리는 마음이, 하나의 종교적 가치관을 축으로 급격히 통합되는 과정이다. 사춘기의 죄책감으로부터 회심으로 전환하는 것에 관한 질문지를 통한 스타벅의 연구,[3] 종교자의 수기를 모아서 다양한 종교적 체험의 패턴을 추출한 제임스의 강연록[4]은 널리 읽혀서, 일본에서도 선(禪)의 견성체험 연구와 정토진종의 묘코닌(妙好人, 품행이 훌륭한 염불자 특히 정토진종에서 신앙심이 깊은 신자) 연구 등에 영향을 끼쳤다.

종교심리학은 좁은 의미의 실증적 연구에 한정되지 않는다. 울프(David M. Wulff)가 열정적으로 조망하듯이 심층심리학적인 탐구, 심리치료의 병리와 종교성의 축적, 인본주의 심리학과 자아초월심리학 등의 가능성 개발, 참여관찰과 연관된 인지심리학적 관점 등 다양한 주제를 포함하고 있다.[5] 일본의 연구는『심리학평론』35권1호(1992)에서 일본에서 열정적으로 행해진 선(禪)의 생리심리학적 연구 등 동양적 수행법 연구의 개요를 알 수 있다. 또한 가네코 사토루(金児暁嗣, 2011)는 실증적 종교심리학의 개요를 조망하고, 시마조노 스스무와 니시히라 타다시(島薗進・西平直, 2001)에서는 심층심리학과 종교연구의 연결점이 확인된다.

최근 주목해야 할 영역으로 명상의 응용과 긍정심리학(positive psychology)이 있다. 요가와 불교명상의 의학적 효과가 실증적으로 탐구되고 있다. 또한 긍정심리학은 방법적으로는 그다지 새롭지 않지만, 인간 행복의 여러 요인에 주목하려고 제창한 일종의 운동이며, 이 점에서 종교에 관한 요소(인간의 강함 등)를 다시 살펴보고 있다.[6] 가까워진 세계에서 남녀를 가리지 않고 전 세계적으로 이동하는 최근에 다수의 국가, 다수의 문화를 비교하는 관점, 종교체험의 수용에서 젠더의 차이 등과 명상과 인간의 긍정적인 측면이 어떻게 관련되어 있는지에 관한 연구성과가 축적되기를 기대한다.

❋ 문헌

1) Ebbinghaus, H.(1908), *Psychology: An elementary textbook*. Boston: Heath.

2) 葛西賢太(2011), 「運動としての『仏教心理学』」, 『日本仏教心理学会誌』 第2号, 日本仏教心理学会.

3) Starbuck, E. D.(1899), *The Psychology of Religion: An Empirical Study of the Growth of the Religious Consciousness*, Charles Scribner's Sons.

4) ジェイムズ, W.(1969-1970), 『宗教的経験の諸相』, 岩波文庫.

5) Wulff, D. M.(1997), *Psychology of Religion: Classic and Contemporary*, John Wiley & Sons.

6) 葛西賢太(2012), 「宗教心理学」, 『心理学事典 新版』, 平凡社.

[葛西賢太]

브릿지 37 영성

【링크】→ 종말기의료, 건강심리학, 영적 위기, 자아초월심리학, 긍정심리학, 마음챙김, 로고테라피, 지금 여기

어떤 종교의 신자인 것의 반대는 무신론자이기도, 불가지론자이기도 하다. 불가지론은 신이나 붓다가 존재한다고도, 존재하지 않는다고도 증명할 수 있다(무신론)고도 말하지 않고, 그러한 것은 인간이 결론 내릴 수 없다는 자세이다. 신자이거나 아니거나, 이 세계에는 불가사의한 것이 있다고 느끼는 사람, 또는 곤란에 직면하여 인생의 의미를 다시 묻거나 참된 행복이란 무엇인지를 추구하는 이러한 사람들을 위한 말이 영성(spirituality)이다.

일본에서는 몸과 마음의 상태에 대한 신비적인 판단, 괴로움에 대한 비서양의학적인 치유, '전생'이나 '수호령'을 소개하는 것, 특정 교단과 조직에 속하지 않고 자기실현과 소원성취 등을 이루어지고자 하는 사람들과 그 고객들이 '영성'이라고 불리는 문화를 형성하고 있다. '스피릿(spirit, 靈)'의 이미지가 환기하는 이 문화는, 뒤에서 설명할 영성과 완만하게 이어져 있다.

1. 괴로움에서 오는 의문

인간이 자신의 죽음과 같은 커다란 상실에 직면하여, 인생의 의미나 사후의 모습이나 죄책감에 괴로워할(영적 괴로움) 때 왜? 어떻게 하나? 라고 진심으로 의문을 표하는 것과 영성이라는 말은 연관되어 있다. 어떻게 노력해도 인간은 불완전하다는 현실을 수용하는 것은 체념이기도 하지만, 완전함에 속박되는 것으로부터 해방되는 것이기도 하다.[1)]

진심어린 의문이므로 지적으로 정리하고 분석하기는 어렵고, 심신의 일부뿐만 아니라 전체적으로, 전인적으로 연관된다. 의문이 인류에게 보편적인 깊이를 갖추고 있으면, 특정 종교의 교의적 틀을 넘어서기도 한다.

2. 영성과 불교

영성은 '스피릿(spirit, 靈, 魂, 精)'에서 파생된 말이다. 『구약성서』「창세기」 제2장에 창조신이 인간에게 숨을 불어 넣어서 생명을 주는 장면이 있다. 영과 혼은 호흡과도 깊이 연결되어 체험하는 것을 알 수 있다. 호흡을 관찰하는 단순한 명상이, 인간의 깊은 의문을 격려하는 것도 이 연결과 관계가 있을 것이다.

불교는 붓다가 생로병사라는 괴로움을 인식하는 것에서 출발한다. 붓다는 왕자로 태어났으나 출생과 동시에 어머니를 잃고, 부왕에게 시집 온 이모에 의해서 길러졌다. 경전의 기술에 의하면 매우 사색적이었다는 것을 엿볼 수 있다. 아내와 아이를 남겨두고 출가하여, 수행 끝에 성도하고, 제자들을 길러내었다. 그러나 교단을 모으는 데에는 고생하였고, 만년에는 후계자로 간주되는 두 사람이 먼저 세상을 떠났고, 또한 일족이 섬멸되는 근심을 겪었다. '나'의 괴로움으로부터 오는 의문을 근원으로 한다는 점에서 불교는 매우 영적인 종교라고 말할 수 있다. 하지만 한편으로 불교는 언제나 변하는 괴로움을 주의 깊게(마인드풀하게) 인식하는, 바로 '나'에 대한 집착을 자연스럽게 끊어낸다는 점에서, 불교는 '나'의 영성에 대해서 회의적인 종교라고도 말할 수 있다. 내가 살아가고, 내가 괴롭고, 내가 늙어가고, 내가 병들고, 내가 죽는 것에서 '내가'에 얽매이는 나를 관찰하여, 곤란이나 변화를 내버려두는 능력(resilience)에서 실마리를 찾는다.

3. 불교의 영성 – 마음챙김

불교에 기원을 두고 있는 마음챙김이라는 용어는 불교적인 영성의 한 형태이다. 브라운(Kirk W. Brown) 등에 의해서 마음챙김 주의각성척도(MAAS, Mindful Attention Awareness Scale)가 척도로서 널리 사용되고 있다.[2)]

질문지는 회답자가 일상의 행동을 자각적으로 행하고 있는지, 습관적으로 아무것도 생각하지 않고 행하고 있는지를 14가지 질문으로 확인하여 일상생활에서 마음챙기는 정도를 측정한다. 예를 들어 아무것도 생각하지 않고 운전하고, 먹고, 일하고, 현재에 집중할 수 없고, 과거와 미래를 신경 써서 근심에 잠기고, 남의 이름을 제대로 기억해내지 못하는 경우가 일상에서 얼마나 있는지를 찾아낸다. 반대로 말하면 마음챙기는 것은 식사(음식이 된 생명)에 자각적이고, 현재 일의 목적에 자각적이고, 과거와 미래를 지나치게 신경 쓰지 않고, '지금 여기'에 집중하는 태도를 가지는 것이다.

마음챙김이 중시되는 의료의 맥락에서는 중병이나 만성질환, 구체적으로는 의존증과 섭식장애에 대한 대처, 금연과 당뇨병에 대한 식사지도 등 완치가 어려운 병을 수용, 분쟁과 재해로 인한 트라우마에 대한 대처 등의 과제가 있다. 원상복귀가 곤란하여 수용이 필요하지만 쉽지 않은 상황에 대한 대처에서는, 돌볼 때 얼마나 마음챙기며 돌보는지도 진지하게 검토되고 있다.[3)]

4. 데이터로 측정 가능한 건강과 행복

영성이 주목받는 배경에는 종교계 이외에 의료, 복지, 심리학에서 인간의 감정과 가치관을 중시하는 사고방식이 널리 퍼져 있는 현실이 있다. 인간의 건강이나 생활의 질(Quality of Life)은 물질적, 신체적인 면뿐만 아니라 심리적, 사회적으로도 측정되어야 할 것이라고 생각하게 되었다. 근대의학을 폭넓게 보급하기 위해서는 전통적 의학과 종교적 가치관의 제휴도 필요하며, 영성은 그 척도가 된다. 그래서 1998년에는 세계보건기구(WHO) 헌장 서문의 '건강의 정의'라는 문장에서 '영적(spiritual)'과 '동적(dynamic)'이라는 두 단어를 추가하려는 제안이 논의되었다(총회에서 부결되어 현재에 이른다). 아래의 이탤릭체 부분이 제안된 추가부분이다. 건강이란 완전한 육체적, 정신적, '영적', 사회적 웰빙의 '동적' 상태이며, 단순히 질환 또는 병이 없는 것이 아니다(Health is a *dynamic* state of complete physical, mental, *spiritual* and social well-being and not merely the absence of disease or infirmity).[4)]

영성이라는 용어는 인간의 바람직한 면을 파악하려는 태도와도 관련이 있다. 『법화경』에는 상불경보살(常不輕菩薩)이라는, 만나는 사람 모두를 존중하여 예배하는 인물이 등장한다. 불교의 커다란 전제는 무아론이지만, 모든 존재는 불성이라는 보배를 갖추고 있다고 보는 천태의 본각(本覺)사상과 같은 사고방식도 전개했다.

미국심리학회에서 셀리그만(Martin E. P. Seligman, 1942-)이 제창한 긍정심리학이라는 운동도, 이상심리학과 정신병리학같이 인간의 병리에 주목하는 것이 아니라, 건강과 초월을 지향하는 심리학을 추구하는 시도이다. 그는 '성격의 강점과 덕성'을 무리하게 종교로 끌어들이지 않고, 지혜와 지식, 용기, 인간성, 공정, 관용, 초월 등 세속적으로도 통하는 가치관으로 나누어 설명한다.[5)]

영성은 가치관과 상태, 감성과 버릇, 때로는 사람의 초자연적인 지각능력, 곤란을 내버려두는 능력조차도 포함한다. 설명의 의무와 같은 절차의 제도화에는 인간에 대한 전체적인 인식이 전제된다. 세계보건기구의 건강의 정의나 긍정심리학은 전체적인 인식을 수량적으로 실현하려고 한 것이다. 영성이라는 말이 최근에 널리 사용된 것은 종교적 가치를 인정한 것이 아니라 오히려 종교적인 가치를 의료와 심리학의 틀에 집어넣는 것처럼 정비하도록 요구받은 결과로도 보인다.

영성이라는 말에는 이러한 수량화를 넘어서는 함의도 있다는 것을 상기해야 한다. 다수의 '보통사람'에 대한 조사는 수행과 훈련을 거친 달인이 감지하는 '영성'이 어떠한 것인지에 대한 고찰을 내버려두게 된다. 세계보건기구의 파일럿조사에서는 '선적체념(禪的諦念)' 등을 고려하는 제안이 있었으나 수용되지 않았다는 이야기도 있다.[6] 여기서 '이 병이 왜 다른 사람도 아닌 나에게?'라는 개별적인 의문은 어쩌면 모든 사람에게 보편적으로 해당되는 설명을 거부할 것이다. 틀에 끼워 넣는 것이 아니라 일단 멈춰서 영혼으로 맛을 보고, 질문해보는 것을 추구하는 말이기도 한 것이다.[7]

✻ 문헌

1) Kurtz, E., Ketcham, K.(1993), *The Spirituality of Imperfection: Storytelling and the Search for Meaning*, Bantam.

2) Brown, K. W. & Ryan, R. M.(2003), "The benefits of being present: Mindfulness and its role in psychological well-being", *Journal of Personality and Social Psychology*, 84, pp.822-848.

3) Vilardaga, R., Luoma, J. B., Hayes, S. C., et al.(2011), "Burnout among the addiction counseling workforce: The differential roles of mindfulness and values-based processes and work-site factors," *Journal of Substance Abuse Treatment*. 40, pp.323-335.

4) 田崎美弥子, 松田正己, 中根允文(2001), 「スピリチュアリティに関する質的調査の試み－健康およびQOL概念のからみの中で」, 『日本医事新報』, p.4036; 葛西賢太(2003), 「WHOが "spirituality" 概念の標準化を求めた経緯について」, 『国際宗教研究所ニュースレター』 38号.

5) Peterson, Christopher and Seligman, Martin E. P.(2004), *Character Strengths and Virtues: A Handbook and Classifications*, Oxford University Press.

6) 山口昌哉(1998), 「『霊性』と取り組み始めたWHO」, 『季刊仏教』 45号, 法藏館.

7) 安藤泰至(2006), 「越境するスピリチュアリティ一諸領域におけるその理解の開けへ向けて」, 『宗教研究』 80(2), pp.293-312.

[葛西賢太]

브릿지 38 최면과 변성의식상태

【링크】→ 번뇌, 수면(隨眠), 유식, 전이, 윤리, 교육분석, 자유연상법, 고르게 떠 있는 주의, 상처받은 치료자

1. 최면의 역사

불교에 있어서 의식을 변화시키거나 각성시키는 측면을 생각해보면 최면과 변성의식이라는 개념이 나온다.

18세기 말 빈에서 메스머(Franz Anton Mesmer, 1734-1815)라는 의사의 치료활동은 최면술이 근대에 유행하게 되는 계기가 되었다. 메스머는 최면을 심리현상이 아니라, '생체자기'라는 우주에 가득 차 있으면서 생체 안으로도 침투하고 있는 정묘한 유체(流体)에 의한 현상이라고 생각했다. 피험자가 시술자의 명령에 따라 일어서거나 신체를 요동치는 것은 구경거리도 되며, 시술자와 피험자의 영향관계에 대한 고찰은 정치이론도 되고, 또한 최면하에서 신비한 힘을 발휘한 역사도 있다.[1] 생체자기의 존재는 확인할 수 없으며, 현재는 최면암시에 의한 현상으로 이해되고 있다. 특정 의식상태와 그것을 야기하는 기술로서 '최면'은 의학적·심리학적 연구로 발전했다.

의사 브레이드(James Braid, 1795-1860)는 암시와 주의집중에 의한 일종의 변성의식상태를 만들어 치료효과를 내는 것을 '최면(hypnotism)'이라는 말로 표현했고, 이것이 최면이라는 단어의 시작이라고 생각한다. 그리고 리에보(Ambroise-Auguste Liébeault, 1823-1904), 베르넴(Hippolyte Bernheim, 1873-1919) 등 최면은 정상적인 상태라고 하는 프랑스의 낭시 학파와 샤르코(Jean-Martin Charcot, 1825-1893, 프로이트의 스승), 쟈네(Pierre Marie Félix Janet,

1859-1947) 등 최면은 히스테리성의 이상상태라고 하는 살페토리엘 학파라는 두 학파의 해석이 생겨났다. 또한 최면유도를 연구하여 치료기법으로서 크게 발전시킨 밀튼 에릭슨(Milton H. Erickson, 1901-1980)의 등장에 이르러, 베이트슨(Gregory Bateson, 1904-1980)의 이중 구속(double bind) 이론의 제창과 어우러져 최면치료는 크게 발전하였다.

시술자에 의하지 않은 자기최면법으로 일반에 보급된 자율훈련법(AT, Autogenic Traning)이 있다. 자율훈련법은 1932년에 정신과 의사 슐츠(Johannes Heinrich Schultz, 1884-1970)가 고안·체계화하고 제자인 루테(Wolfgang Luthe, 1922-1985)가 특수한 연습을 추가하여 발전시킨, 표준화된 자기최면법의 일종으로 표준연습, 묵상연습, 특수연습으로 이루어진다. 통상적으로는 표준연습만으로도 효과를 기대할 수 있으며, 반듯이 누운 자세와 의자에 걸터앉은 자세로 '마음이 가라앉는다'라고 마음속으로 말한 이후 아래의 단계를 순차적으로 해나간다. 1단계 : 중량감, 2단계 : 온감, 3단계 : 심장이 조용히 규칙적으로 뛰고 있다, 4단계 : 호흡이 편안하다, 5단계 : 뱃속이 따뜻하다, 6단계 : 이마가 시원하다. 이것들을 마음속으로 말하고, 그 단계의 내용에 수동적 주의집중(적극적이지 않은 어렴풋한 주의)을 기울이며, 마지막으로 소거운동을 행하고 종료한다. 신경증과 심신증 등의 증상뿐만 아니라 일반인의 스트레스 해소법, 건강증진, 창조성 개발, 스포츠 선수의 정신집중 등에도 도움이 되는 것으로 효과를 보이고 있다. 명상과 자기최면법인 자율훈련법을 비교해보면 적지 않은 공통점이 발견된다.

2. 최면과 변성의식의 특징

심리학자 힐가드(Ernest R. Hilgard, 1904-2001)는 최면상태를 특징짓는 것으로 다음의 8가지를 들고 있다.

① 최면하에서는 의지대로 계획적인 행동을 하는 것이 어렵다. 최면은 수면과 닮았으나, 전자는 의사소통이 가능하지만 후자는 불가능하다는 점에서 구별된다.
② 특정 대상과 행위에 선택적으로 주의를 집중한다.
③ 과거 경험(치료해야 하는 불안과 괴로운 경험 등)이 이미지의 세계에서 재생된다.
④ 현실감이 약화되어 지금까지의 경험과 이론에 맞지 않아도 그대로 수용하는 것이 최면하에서는 쉬워진다.
⑤ 암시를 받아들이기 쉬워진다.
⑥ 역할행동에 집중하는 능력이 높아진다. 암시가 쉽게 되는 것을 낮은 지적 능력과 결부시키는 경향이 있으나, 반드시 그런 것은 아니다. 최면 시에 받은 역할에 집중하는 능력은 쉽게 열중하는 능력, 전문적인 지적 능력과 연관이 있으며, 실제 지적인 일에 전문적으로 종사하는 사람이 최면에도 걸리기 쉬운 경향이 있다.
⑦ 최면상태의 체험은 기억하기 힘들다.
⑧ 신체의 이완이 중요하다. 현실감각을 저하시키기 위해서도, 그 상태를 일정 시간 유지하기 위해서도, 치료효과를 높이기 위해서도 신체의 이완이 요구된다. 하지만 반대로 긴장상태에 있는 피험자에게 최면을 걸거나 또는 시술에 의한 긴장상태가 되도록 하는 것도 가능하다.[2)]

이러한 최면은 시술자의 암시에 의해서 야기되는 경우를 제외하면 보다 넓은 의미의 변성의식상태(Altered States of Consciousness)에 포함된다. 통상의 의식으로부터 변성된 상태는 지금까지 일종의 병리나 이상으로 파악되었으나 만취, 하이웨이 최면, 제트기 조종사 등의 의식의 변화, 스포츠, 공부, 음악연주 등에서의 강한 집중 등은 병리나 이상으로 파악하기

보다는, 통상의 주의상태와는 다르지만 병리나 이상과는 구별하는 것이 바람직하다. 게다가 통상의 의식상태는 분명히 주위로 눈을 돌리는, 바꿔 말하면 주의대상이 확산된 상태라고 한다. 스포츠, 공부, 음악연주 등에 집중하고 있는 상태 등은 감각을 갈고 닦아서 통상보다도 각성되어 있다고 말할 수 있다. 예를 들어 입욕 중의 이완된 상태에서 평소 알아차리지 못한 것이 퍼뜩 생각나는 경우가 있다. 아르키메데스(Archimedes of Syracuse, c.287-212 BCE)가 그의 이름을 붙이게 되는 물리법칙을 입욕 중에 발견하여 알몸인 채로 날뛰었다는 것은 잘 알려진 이야기이다.

변성의식에 대한 정의에서는 공간, 시간, 언어, 자기, 주관과 객관의 차이의 감각 등이 상실되고(현실성의 감각상실), 이것으로 인한 주의집중, 황홀감, 우주와 일체가 되는 감각, 수동성, 이러한 상태의 일시성 등의 특징이 생겨난다고 한다.[3] 주의해야 할 점은, 이것들은 단순한 현실감각의 마비가 아니라 오히려 현실로부터 감각을 후퇴시켜서 내면으로 향하게 하고, 그 결과 깊은 집중에 이르게 된다는 것이다.

3. 불교심리학에서 본 최면과 변성의식

불교적 관점에서는 이러한 최면과 변성의식상태를 어떻게 파악하고 있을까? 예를 들어 번뇌에 가려진 무명의 상태와도 비교할 만한 것은 변성의식상태일까 아니면 통상의식상태일까? 또한 명상에서 깊은 삼매의 상태는 변성의식상태일까 또는 최면상태일까, 아니면 깊은 각성상태일까? 수동성이나 황홀감이 앞서는 변성의식상태는 번뇌에 사로잡힌 무명과 잠재된 번뇌(隨眠)를 나타내는 것으로 생각되며, 다른 한편으로는 명상 등으로 얻을 수 있는 변성의식상태의 주의집중은 오히려 무명으로부터 눈뜨는 것을 시사한다고도 할 수 있다. 우리의 통상의식상태인 인식이나 판단은 특정 관점에 사로잡힌 분별지라고 비판되고, 그것을 넘어서 있는 그대로를 인식하는 무분별지를 지향하기 때문이다.

4. 최면과 변성의식의 허점

최면과 변성의식상태 그 자체는 통상의식보다는 눈뜬 상태를 포함하지만, 동시에 현실감각이 후퇴하는 것에도 주의해야 한다. 수학문제에 깊이 몰입하거나 바이올린을 연주하는 의식상태는, 자동차를 운전할 때나 부동산을 비교검토하면서 구매할 때의 의식상태와는 다를 것이다. 인생에 있어서 또는 직업상 중요한 결정을 할 때 자신이 어떠한 의식상태에 있는지를 언제나 따져보아야 할 것이다.

조용한 명상상태에서 자연스럽게 현실을 바라보는 것은 변성의식의 자연스러운 활용이지만, 과호흡이나 약물복용으로 강렬한 체험을 일으키는, 말하자면 악용하려는 집단이 있는 것이 우려된다.[4]

심리치료의 훈련 중에 행하는 교육분석과 전문가가 되어서 행하는 수퍼비전은 모두 한 사람의 전문가에게 분석을 받아서 스스로의 의식과 사고방식의 상태를 조정하는 것이다. 우리의 의식은 쉽게 왜곡되지만 그것은 전문가라고 할지라도 마찬가지이다. 또한 그렇기 때문에 경청에 의해서 내담자의 체험을 공감할 수 있다. 이러한 것은 스스로의 의식상태는 완전하고 불변한다고 생각하는 것이 아니라 변화한다고 생각하는 것에 의의가 있고, 상태를 정기적으로 확인하는 것에 의의가 있다. 치료사가 아무리 경청하려고 노력할지라도, 내담자와 대등하게 되지는 못한다는 것, 그렇기 때문에 한 사람의 인격으로서 경의를 표하면서도 주의를 게을리하지 않는 것과 더불어 스스로의 의식도 무상하다는 것을 자각하는 것은 도움이 된다.

✻ 문헌

1) ダーントン, R., 稲生永 訳(1987),『パリのメスマー－大革命と動物磁気催眠術』, 平凡社.

2) 斎藤稔正(2009),『催眠法の実際』, 創元社.

3) 斎藤稔正(1981),『変性意識状態に関する研究』, 松籟社.

4) 消費者法ニュース発行会議(2003),『消費者法ニュース別冊 宗教トラブル特集』, 消費者法ニュース発行会議.

[葛西賢太]

99 인본주의 심리학

【링크】→ 번뇌, 불성, 내담자 중심 치료, 게슈탈트 치료, 로고테라피, 자기실현, 자아초월심리학

1950년경까지 미국심리학회는 프로이트(Sigmund Freud, 1856-1939)의 정신분석학과 왓슨(John B. Watson, 1878-1958)으로 대표되는 행동주의 심리학이 주류를 이루었다.

프로이트의 관심은 정신병리와 무의식이 인간행동에 미치는 영향에 있었으며, 신학적 사고와 종교적 경험에 대한 관심은 낮았고, 인간의 행동을 화학적·물리적 차원으로 환원하는 관점에서 마음의 문제를 파악하려고 했다. 심리학에서 그의 업적은 인간의 행동에서 무의식의 활동에 주목한 것이었다. 또한 프로이트는 인간의 본능적 충동은 동물적 기원을 가진다고 생각하여, 본능적 충동을 '자기보존의 본능'과 '종족보존의 본능'으로 나누어, 성충동을 주제로 한 정신분석이론을 구축했다.

행동주의 심리학은 왓슨에 의해 체계가 잡혔다. 러시아의 심리학자 파블로프(Ivan P. Pavlov, 1849-1936)에게 현저한 영향을 받은 왓슨은 인간에 대하여 가능한 한 객관적이고 과학적으로 연구했다. 또한 행동주의 사고방식으로 외적 환경의 영향을 강조하고, 주관적인 관점을 배제하고, '자극과 반응'의 관점에서 인간을 기계론적으로 파악했다.

1. 인본주의 심리학의 탄생

곧 이러한 정신분석학과 행동주의 심리학과는 완전히 다른, 새로운 관점의 인본주의 심리학(Humanistic Psychology)이 등장하게 되었다. 그 배경에는 20세기에 들어 두 번의 세계대전을 경험한 역사가 있다. 우리 인류는 전쟁에서 비인도적인 살육을 보면서 '인간존재의 의미'를 묻지 않을 수 없게 되었다. 20세기 중반 니체, 하이데거, 키르케고르, 야스퍼스, 사르트르, 까뮈 등의 '실존주의'라고 불리는 철학의 흐름이 유럽에서 생겨났다. 이 실존주의에 영향을 받은 빈스방거(Ludwig Binswanger, 1881-1966)와 보스(Medard Boss, 1903-1990)의 현존재분석, 프랑클(Viktor E. Frankl, 1905-1997)의 실존분석(로고테라피), 롤로 메이(Rollo R. May, 1909-1994)의 실존심리학 등이 있다. 이 실존주의 심리학자들과 마슬로(Abraham H. Maslow, 1908-1970)로 대표되는 인간성과 자기실현을 중시하는 심리학자들의 관점이 '실존적 인본주의적 전통(the existential-humanistic tradition)'이라는 심리학의 흐름을 만들었다.[1] 이러한 시대정신에서 생겨난 인본주의 심리학은 전쟁의 세기를 끝낸 인류에게 희망을 주어, 인간이 살아가는 의미를 생각하는 입장에서 이 시대의 세계관에 커다란 영향을 주었다.

마슬로가 목적으로 한 '인본주의' 심리학은 프로이트의 정신분석에 중심을 둔 것이 아니며, 왓슨의 자극과 반응으로 대표되는 기계론적인 것도 아니고, 보통의 사회인이 생활하는 가운데 필요한 심리적인 건강, 인간이 가진 개성과 특질, 자기실현의 욕구 등을 탐구하는 심리학이었다. 마슬로는 인간에게는 자발적으로 생활에 충실하고 자기 성장을 목표로 하는 '존재동기(being motivation)'가 있다고 하는 '욕구계층론'을 제창했다. 이 욕구계층론의 근저에 흐르는 관점은 인간에게는 타고난 '자기실현을 향하는' 경향이 있다고 하는 사고방식이다. 마슬로는 제1세력인 프로이트주의, 제2세력인 행동주의와는 구별할 필요가 있는 '제3세력의 심리학(the Third Force

Psychology)'이라는 새로운 흐름으로 자리 잡았다.[2] 마슬로로 대표되는 인본주의 심리학의 관점은 인간이 가진 가능성, 잠재성, 자기실현, 긍정적 사고, '지금 여기'를 중시한 것이다.

인본주의 심리학을 대표하는 주된 심리치료는 칼 로저스(Carl R. Rogers, 1902-1987)의 '내담자 중심 치료'와 프리츠 펄스(Fritz Perls, 1893-1970)의 '게슈탈트 치료'이다. 특히 로저스의 내담자 중심 치료의 사고방식과 기법은 학파를 초월하여 임상현장에서 자주 사용되고 있다. '글로리아와 3인의 테라피스트'라는 비디오에서, 임상현장에서 전하는 내담자 중심 치료의 핵심을 볼 수 있다.[3] 다음에 보게 될 로저스의 세 가지 조건(삼원칙)에서 인본주의 심리학의 관점을 볼 수 있다.

2. 로저스의 세 가지 조건

① 자기일치

'첫 번째로 내가 관계 가운데 진실로(real) 있을 수 있는가 하는 것이 문제이다. 수년 내에 이것은 우리에게 점점 중요성을 더해왔다. 내가 갖고 싶다고 생각하는 관계의 질을 다른 말로 표현한다면 진정성(genuineness)이 될 것이다. 또한 자기일치(congruent)라는 말도 좋을 것 같다. 즉, 자기 안에서 체험하고 있는 것이 의식화되어, 대화 가운데 나오는 것이다. 어떤 의미에서 내가 이러한 특질을 가진 관계를 가질 때, 나는 그 관계 가운데에서 완전하게 하나가 되었다는 것이다. 달리 표현하자면 나는 투명하고 싶다고 생각하는 것이다. 내담자는 우리를 어떤 방향으로도 들여다볼 수 있으며, 내 안에는 아무것도 숨기지 않았다는 것을 알아주길 바란다고 생각한다. 지금까지 서술한 것과 같은 방법으로 진실될 때, 나의 감정도 의식화되어 표현된다. 그것은 내담자에게 강요하는 것 같은 형태가 아니라, 드

러나는 것이다.'

② **수용(무조건적 긍정적 관심)**

'두 번째 문제는 자신은 상대를 소중히 하고, 배려를 가지고 상대와 관계하고 있는가 하는 것이다. 물론 배려도 없는데 배려하고 있는 것처럼 행동한다는 의미는 아니다. 만약 어떻게 해도 내담자를 실제로 좋아할 수 없다면, 오히려 그것을 표현하는 쪽이 좋다고 생각한다. 하지만 치료의 과정과 건설적인 변화는 내가 상대를 자발적으로, 진심으로 한 사람의 독립적인 인격으로 소중히 할 때에 일어난다고 믿는다. 그것을 수용(acceptance)이라고 불러도 좋으며, 돌봄(caring)이나 소유욕 없는 사랑(non-possessive love)이라고 불러도 좋을 것이다. 어떤 말도 같은 것을 말하고 있다. 만약 그것이 있다면 관계는 보다 건설적이 된다는 것을 나는 알고 있다.'

③ **공감**

'세 번째 특질은, 나는 상대의 내면을 안에서부터 이해하는 것이 가능한지 하는 것이다. 나는 상대의 내면을 그 사람의 눈으로 볼 수 있는가? 감정의 세계 안에서 풍부한 감수성을 가지고, 그 사람이 어떤 느낌을 가지고, 표면적 의미뿐만 아니라 좀 더 깊은 의미까지 이해하는 것이 가능한지 하는 것이다. 만약 내가 상대의 체험의 세계에 민감하고 정확하게 몸을 던진다고 하면 변화와 치료의 움직임은 쉽게 일어나게 된다.'

로저스는 심리임상 중에 심리치료사가 세 가지 조건을 기본으로 내담자와 상담한다면, 내담자 자신이 알아차리지 못한 자신을 알아차리는 과정이 일어난다고 말한다.

✽ 문헌

1) Allem E. Iven., Downig, Lynn(1980), *Counseling and Psychotherapy*, Prentice-Hall, Inc.

2) ゴーフル, L., 小口忠彦 監訳(1972),『マズローの心理学』, 産業能率大学出版部.

3) 日本·精神技術研究所, 佐治守夫 訳(1980),「第1部 来談者中心療法 カール·ロヅャース」,『グローリアと3人のセラピスト』, 日本·精神技術研究所.

[黑木賢一]

브릿지 39 아들러 심리학과 불교

【링크】→ 무아, 연기, 대기설법, 유신견, 희론, 보살, 자등명·법등명, 자기와 자아, 공감, 발달심리학, 자아초월심리학, 불교와 심리학, 융과 불교

1. 방편으로서 가르침과 방법

고타마 붓다의 모든 가르침과 실천의 방법은 방편(方便), 즉 구제와 깨달음을 위한 수단이었다고 필자는 이해하고 있다. 물론 붓다는 모든 사람을 자신과 같은 깨달음까지 이끌기를 바라고 있었다는 것은 틀림없지만, 실제로 거기까지 도달할 수 있는 사람은 적다는 것도 인식하고 있었다고 생각된다. 종종 '응병여약', 즉 병에 맞게 약을 투여하고, '대기설법', 즉 상대의 근기, 즉 소질에 따라서 어울리는 가르침을 준다는 말로 표현된다.

따라서 이후 불교의 가르침도 모두 방편일 뿐이라고 생각된다. 그러므로 불교에서는 절대적이고 유일한 가르침이라는 것은 있을 수 없다. 그러한 의미에서 불교에는 본래 원리주의는 있을 수 없는 것이다. 그것이 본래 불교 교리의 위치가, 다른 많은 종교에서 교리가 차지하는 위치와는 완전히 다른 점이다.

만약 이러한 이해가 옳다고 한다면, 불자는 자신에 대해서도 관련 있는 사람에 대해서도 가능하다면 또는 가능한 한 깨달음을 목적으로 하는 동시에, 다양한 차원의 구제를 얻고 주는 것을 과제로 하는 것이 좋다고 말할 수 있을 것이다. 이러한 의미에서 불교는 원리적으로 모든 심리학과 심리치료를 방편으로 채용하는 것이 가능한 사상적 구조가 있다고 생각된다. 다시 말해 만약 종래의 가르침과 방법이 현대인에게 충분히 유효하지 않다고 한다면, 그것을 보완하기 위해 불자는 심리학을 적극적으로 원

용해야 한다고까지 말해도 좋을 것이다.

여기서 아들러 심리학은 어떠한 의미에서 방편으로 사용되는가 하는 것이 본고의 주제이다.[1)]

2. 자아의 확립에서 깨달음으로

필자의 견해로는 기존의 불교계는 '불교는 자아를 부정하여 무아를 목적으로 하는 것이다'라는 사고방식에 대하여 미묘한 오해를 하였다. 이 생각은 당연히 '서양의 심리학은 자아를 긍정하므로 불교와는 기본적으로 대립하는 것이다'라는 평가에 자주 이르렀다.

하지만 '무아'는 본래 '자아가 없는 것'을 의미하는 것이 아니다. '아(我)'의 산스크리트 원어인 '아트만(ātman)'은 '실체'를 의미한다. 그것 자체로 변하지 않는 본성을 가진 영원히 존재하는 것을 '실체'라고 말하며, 붓다는 모든 것이 연결되어 연(緣)에 의해 생멸하는 것이며 그 자체로는 존재할 수 없고, 성질도 관계와 시간에 따라서 변하는 것이며, 영원히 존재하는 것은 불가능하다는 진리를 깨달아서, 그것을 '비실체, 아트만 없음, 무아'라는 말로 표현했다고 생각된다.

즉, 일체는 실체가 아닌 비실체이고 무아인 것이다. 물론 '자아'도 비실체이고 무아이다. 그러므로 자아를 부정하여 무아가 되는 것이 아니라 자아 그 자체가 무아이고 비실체인 것이다. 붓다가 설한 것은 자아를 부정하여 무아가 되는 것이 아니라, 자아 그 자체가 무아이고, 실체가 아닌 것을 깨달으라는 것이었다고 생각된다.

이 경우 자아를 실체시하는 것은 부정되어도, 자아의 무아성을 깨달아 가는 수행의 주체라는 의미의 자아는 부정되지 않는다. 가장 전형적으로는 '자신을 등불로 삼고, 법을 등불로 삼으라'는 유언에서 '자(自)'이다.

이 점이 확실해지면, '불교와 서양의 심리학은 기본적으로 대립하는 것

이다'라는 오해는 명확하게 해소된다.[2)]

3. 자아확립의 방편으로서 아들러 심리학

인간의 성장은 갓난아기부터 시작하지만, 갓난아기가 아무리 악의가 없고 무구하게 보여도 자아를 확립하지 않으면 사회에 적응하여 살아갈 수 없다. 또한 자아의식을 확립하지 않으면 자아의 무아성을 깨달을 수 없다. 곧 자아를 건너뛰어서 무아에 도달하는 것은 불가능한 것이다.

그렇다면 자아 이전부터 출발하여, 가능한 한 건전한 자아를 형성하고 재형성하는 것에서, 그것을 넘어서 전존재의 무아성을 깨닫게 된다. '무아성을 깨달아도 자아가 없어지는 것이 아니며, 말하자면 보살적 자아로 성숙된다'고 하는 인간성장의 시나리오가 그려지게 된다.

아들러 심리학은 '공동체감각', 즉 타자와의 연결이 중요하다는 기본적인 감각이 건전한 자아형성의 열쇠라고 생각한다. 그리고 자기 멋대로의 생각과 '개인적 논리'에 빠져서 열등감을 동인(動因)으로 타자에 대한 우월성을 추구하는 것은 마음과 행동을 비뚤어지게 한다고 한다. 그것에 대해서 치료자와의 관계를 통해 '공동체감각'을 기르고 회복시키는 것은 내담자의 마음과 행동이 비뚤어진 것을 치유하는 것이 된다. 말할 것도 없이 공동체감각이 풍요로운 성격을 형성하고 재형성하는 것은 자신과 타인의 행복으로 이어진다.

상세하게 논할 여유는 없지만, 차원은 달라도 '공동체감각'은 '연기의 이법에 대한 깨달음'에 대응하는 개념이고, '개인적 논리'는 '무명'에 대응하는 개념이다. 이러한 점에서 아들러 심리학은 건전하게 성숙한 자아를 형성하고 재형성하여 연기의 이치와 무아성을 깨달은 보살적 자아로 한층 더 성숙해가는 이론과 방법으로 자리하고 있다. 그러한 의미에서 현대인을 위한 뛰어난 '방편'으로 사용하는 것이 가능하다고 필자는 생각한다.

❋ 문헌

1) 岡野守也(2010), 『仏教とアドラー心理学ー自我から覚りへ』, 佼成出版社.
2) 岡野守也(2000), 『自我と無我―「個と集団」の成熟した関係』, PHP新書.

[岡野守也]

100 자아초월심리학

【링크】→ 삼명육통, 자기와 자아, 통합이론, 정신통합, 융과 불교, 영성, 영적 위기, 최면, 변성의식상태

자아초월심리학이 생겨난 것은 1960년대 후반이다. 당시 미국은 젊은이를 중심으로 하는 반문화(counterculture)의 영향으로, 사회가 요동칠 정도로 에너지가 충만했다. 캘리포니아 대학 버클리 분교에서 시작된 자유언론운동(free speech movement)은 학원분쟁이라는 형태로 미국 전체로 번져나갔고, 베트남전쟁의 격화는 '반전과 평화'라는 커다란 과제를 안겼다. 많은 젊은이는 '자연으로 돌아가자'를 모토로 전통적 가치관과 라이프스타일을 타파하고자 했다. 이러한 의식변혁 가운데 그들의 의식상태를 변화시킨 요인의 하나는 LSD 등과 같은 향정신성 물질이며, 그 의식체험이 명상 등을 통해서 동양종교의 세계관과 연결되어 있다고 생각되었다.

이러한 가운데 심리학의 행동주의와 정신분석 모델에 대한 새로운 의문이 일어났다. 전통적인 심리학은 사회에 대한 적응과 병리에 주목했기 때문이다. 그것에 대해서 에이브러햄 마슬로(Abraham H. Maslow, 1908-1970), 칼 로저스(Carl R. Rogers, 1902-1987), 롤로 메이(Rollo R. May, 1909-1994) 등은 인간을 기계론적 또는 환원론적으로 보는 것이 아니라 인간존재를 문제삼았다. 마슬로는 인본주의 심리학을 과도기의 것이라고 간주하며, 인간성, 정체성, 자기실현 등을 넘어서, 중심을 인간의 욕구와 관심이 아니라 우주에 두고, 개인을 넘어서고 인간을 넘어서는 보다 고차원의 심리학을 제창

했다. 자아초월(transpersonal)은 트랜스(trans＝초월하다)와 퍼스널(personal＝개인)로 이루어져, 개인을 넘어서는 의식의 모습을 중시한 것이다.

1969년에 앤소니 스티치(Anthony Sutich, 1907-1976), 스타니슬라프 그로프(Stanislav Grof, 1931-), 켄 윌버(Ken Wilber, 1949-) 등은 함께 자아초월심리학지(Journal of Transpersonal Psychology)를 창간하고 학회를 설립했다. 창간호는 '메타욕구, 궁극의 가치관, 통합의식, 지고체험, 엑스터시, 신비체험, 존재, 본질, 지복, 경외, 경탄, 자기실현, 자기초월, 혼, 명상적 생활, 깨달음, 우주적 각성, 영적 수행, 자비, 초자아적 현상, 초자아적 자각 등 그것들에 관련된 개념, 체험, 활동의 이론과 실천에 관한 연구를 발표하는 것'[1]으로서 자아초월심리학의 연구와 실천을 시작했다. 이 새로운 항해의 기초에는 윌리엄 제임스(William James, 1842-1910), 칼 융(Carl G. Jung, 1875-1961), 로베르토 아사지올리(Roberto Assagioli, 1888-1974) 등의 연구가 포함되고, 그 연장선상에서 선(禪)의 스즈키 다이세츠(鈴木大拙, 1870-1966) 등의 동양종교의 수행체계가 중시되었다. 자아초월심리학은 동서의 세계관을 연결하고 통합하는 새로운 패러다임을 제시한다.

로저 월쉬(Roger Walsh)와 프란시스 보간(Frances Vaughan)[2]은 이 입장에서 병리를 회복시키는 전통적 치유, 존재에 대한 의문에 대답하는 실존적 치유, 깨달음과 해탈 등 실존 차원에서 직면한 문제의 초월을 탐구하는 구제적 치유가 있다고 주장했다. 현존하는 서양심리학은 전자의 두 가지 모델을 취하고 있으나, 자아초월심리학은 이들 세 가지 모델을 포괄하는 입장에서 인간의 본성을 탐구하고 있다. 기존 심리학과의 차이점은, 마음의 존재를 다원적으로 파악하고 신체성을 도입하여 영혼의 영역인 영성(spirituality)으로 시선을 향하게 하는 것이다.

자아초월심리학의 발전에 가장 영향을 준 것은 켄 윌버(Ken Wilber, 1949-)이다. 그는 '인간의 성격은 하나의 의식의 다층적 현현 또는 표현이다'라고 하면서 전자장이 구조적인 다층대역을 가지는 물리학 모델을 사용해서 '의식의 스펙트럼 이론'[3]을 제창하여, 의식의 네 가지 계층을 설명했다(아래 그림 참조).

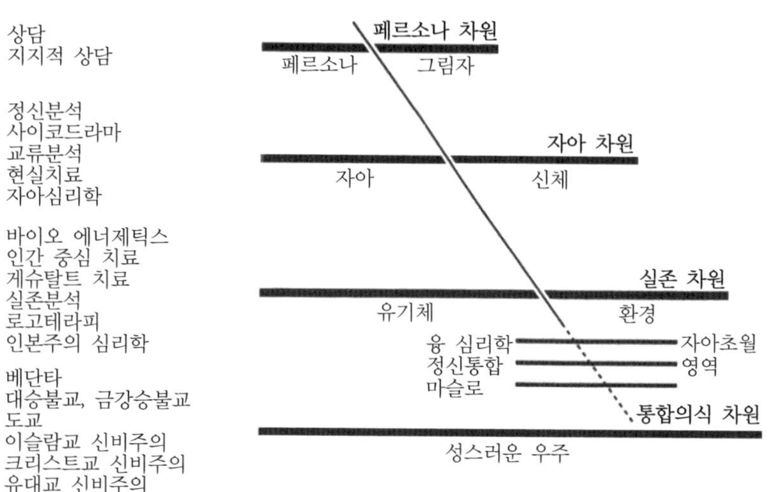

모든 심리치료와 의식의 스펙트럼 차원
(ケン·ウィルバー, 吉福伸逸 訳(1986), 『無境界』, 平河出版社)

우선 '통합의식 차원'은 우주, 무한, 영원이라고 불리는 하나의 세계이며, 어떠한 이원적 대립과 분열도 없는, 세계 그 자체의 상태, 즉 통합된 의식상태라고 한다. 다음으로 '실존 차원'은 유기체(심신통합체)와 환경(자연)의 이원으로 분화하는 것으로, 시간과 공간 가운데 존재하며, 자신과 타자의 경계선이 그어지고 개인적인 의식이 발달한다. 또한 '자아 차원'은 자아와 신체의 이원으로 분리하는 것으로, '나는 신체를 가지고 있다'고 하듯이 마음과 신체를 나누어 생각하게 된다. '페르소나 차원'에서 자신의 정체성은 페르소나(가면) 영역에 집약되어, 그것을 자신이라고 생각하게 되고, 비자기의 영역은 잘려나간다. 그러한 의식의 존재방식이 병의 원인이 된다고 한다. 병에서 회복되는 것은 스스로가 잘라낸 영역을 다시 잇는 것이다. 각 차원에서 심리적인 문제에 대응하는 치료가 정리된 것은 많다. 1980년대 이후 자아초월심리학에서 멀어진 윌버는 '통합이론'을 제창하며 장대한 철학체계를 구축했다.

전통적인 정신의학과 임상심리학은 일상적으로 느껴지는 것 이외의 의식상태를 정신병리 또는 이상병리로 다루어왔다. 하지만 이 의식상태에 대해서 언급해온 제임스는 '우리의 일상의 깨달은 의식은 의식의 특수한 유형에 지나지 않는다. 일상의식의 주변에는 얇은 스크린이 가로막고 있어서, 그것과는 완전히 다른 의식상태가 숨어 있다. 그러한 의식의 존재에 관심을 품지 않고도 인생을 영위할 수 있다. 이렇게 다른 의식의 형태를 무시하는 한, 어떻게 세계를 그 전체성으로 설명하려고 해도 결정적인 것은 될 수 없다. 중요한 것은 그러한 의식을 어떻게 파악하는가이다'라고 기술하고 있다.[4] 신체와 영혼의 영역을 가로지르는 의식의 상태에 주목하는 것은 자아초월심리치료의 기법에서는 무시할 수 없다. 그것은 상담가와 내담자의 무의식의 교류를 이해하는 데 도움이 되기 때문이다.

✻ 문헌

1) American Transpersonal Association(1969), "Statement of Purpose", *The Journal of Transpersonal Psychology*.

2) Walsh, R., Vaughan, F.(1993), *Paths Beyond Ego*, Tarcher, Inc.

3) Wilber, K.(1979), *No Boundary*, Shambhala. (吉福伸逸 訳(1986),『無境界』, 平河出版社)

4) R・ウォルツュ, F・ヴォーン編, 吉福伸逸 訳(1986),『トランスパーソナル宣言』, 春秋社.

[黑木賢一]

101 정신통합

【링크】→ 연기, 오온, 삼법인, 번뇌, 알아차림, 자기와 자아, 탈동일화, 자아초월심리학, 콤플렉스, 통합이론

1. 정신통합이란

정신통합은 1910년에 이탈리아의 정신과의사 로베르토 아사지올리(Roberto Assagioli, 1888-1974)가 제창한 자아초월심리학의 선구가 되는 통합적인 체계이다.

아사지올리는 자신의 체험과 동서고금의 사상 등에 관한 광범위한 연구를 통해서 진정한 자기인 자아초월적 자아(transpersonal self)를 우주의 근원과 진리의 발현으로 파악하는 보편성과 독자성을 내재화하고자 했다. 한편 무의식과 에너지를 중시하여, 정신분석이 대상으로 하는 하위 무의식에 머물지 않고, 상위 무의식(자아초월적 영역)과 세계로 이어지는 집단무의식을 시야에 넣어 인간을 전일적으로 파악했다.

또한 문명사회의 현실을 직시하여 인류의 위기를 예측한 그는 '인간의 존재방식'에 주목하여, 사람들이 하위 무의식에 휘둘려서 상위 무의식에 잠재하는 자아초월적 자아가 가지는 특성과 인생의 방향성, 세계와의 연결을 잃는 것(=무명)을 문제로 보았다. 그래서 외부 세계뿐만 아니라, 내부 세계에 대한 알아차림과 내적 능력, 특히 자아초월적 자아의 의지에 따른 참된 자기실현을 지원하기 위해 '정신통합'을 창시했던 것이다.

정신통합은 심리학과 정신의학의 지혜에 기초한 인간관, 과정 가설, 다

채로운 기법체계로 이루어진다. 개인, 양자관계, 인류에 이르기까지 집단(공동체, 그룹)의 각 차원에서 저마다 개별적 요소가 살아나서, 에너지가 조화롭고 창조적으로 흐르고, 전일적인 실체가 되는 과정을 '진정한 통합'으로 파악한다.

2. 정신통합의 인간관과 과정

자기자신을 알아차리기 위한 '지도'로서 '계란 모양의 도형'이 있다(아래 그림 참조). 이 계란 모양의 도형에서는 경계선이 점선인 것이 중요하고, 개인은 주변 세계와 무의식으로 연결되어 '고립된 인간은 없다(=제법무아)'는 것, 하지만 자아초월적 자아로부터 소외되기 쉽고, 개인의 내부세계는 끊임없이 변화하는 것(=제행무상) 등을 나타낸다.

그 밖에 '성격이라는 탈것'(몸, 마음, 삶을 통합하는 자아초월적 자아의 투영으로서 개인적 자아를 나타내는 그림), '별 모양 다이어그램'(사고, 감정, 감각, 충동, 직관, 사상의 6가지 심리적 기능을 나타내고, 그 균형과 상호관계에서 자신에게 영향을 끼치는 기능을 알아차리게 하는 그림), 이후에 설명할 '하위 인격' 등이 있다.

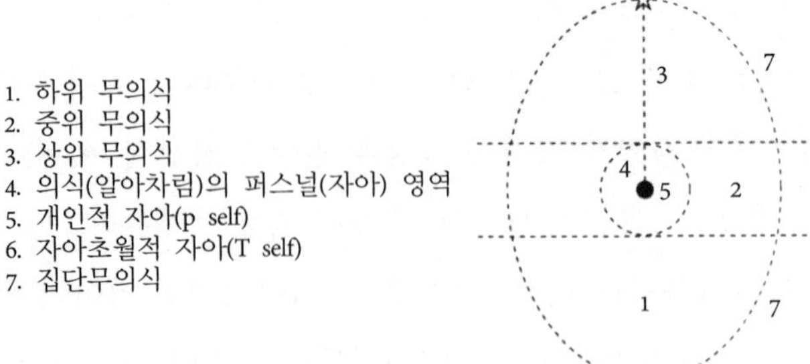

계란 모양 도형

정신통합에서는 다음과 같은 과정을 지원하고 있다.

① **개인적 정신통합**

개인을 초월하는 데는 초월해야 하는 개인을 우선 확립할 필요가 있다. 자아초월적 자아와 연결을 저해하는 하위 무의식에 대한 알아차림을 다양한 기법을 사용하여 증진시키고, 무의식을 의식화하여 자기의 부정적 요소로 눈을 돌린다. 그 이후 탈동일화를 통해, 알아차림의 주체인 개인적 자아를 알아차려, 제 요소와 에너지를 승화하고 변용시켜 의지를 발휘하여 이들을 방향짓고, 통합하여, 자유롭고 조화롭고 자립적인 개인으로서 인격을 구축해간다. 탈동일화 과정에서 '나는 몸(감정, 지성, 역할 등)을 가지고 있다. 그러나 나는 몸(감정, 지성, 역할)이 아니다. …'라고 하듯이, 우선 자신의 여러 요소를 알아차리고, 그 어느 것과도 자신이 같지 않다는 것을 알아차린다. 마지막으로 '자신 가운데 제 요소를 알아차리고 있는 것은 누구인가?'라고 스스로에게 묻는 것으로, 자신의 내부 세계의 다양성과 개인적 자아를 알아차린다. 또한 개인적 자아는 호흡과 자세를 바꾸는 등의 신체적 접근에 의해서도 환기되고 육성되고 강화할 수 있다.

② **자아초월적 정신통합**

개인적 자아가 자아초월적 자아로 이어지듯이, 자아초월적 자아의 특성, 에너지, 의지를 알아차리고 그것을 육성하고 활용하여, 자아초월적 자아에 기초한 인격을 재구축하고 통합하여 진정한 자기실현을 목표로 한다.

③ **집단적 정신통합**

개인의 과정을 전제로 자아초월적 자아끼리 이어진다. 양자에서 시작하여 인류에 이르기까지 다양한 공동체(그룹)의 각각의 차원에서, 자립에서 자기실현까지 '최고의 존재방식'을 구현한다.

3. 정신통합의 핵심

개인적 자아는 '알아차림', '의지', '통합'의 주체이며, 한편으로는 '자아초월적 자아의 현실에서 투영과 대행'으로서 '현재와 무집착'이라는 태도를 기반으로 한다. 그리고 알아차림을 증가시켜서 자아초월적 자아와 연결하고, '의지'를 발휘하여, 알아차린 제 요소를 통합으로 방향짓는다. 정신통합에서 '알아차림은 의지의 전제'이며 '분석은 통합의 전제'이고, '알아차림 없는 의지는 위험할 수 있다'라고 설명하며, 개인적 자아와 그 '알아차림에 기초한 의지'를 중시한다.

우리는 무의식적으로 동일화하는 사회적 역할과 상황에 따라서 반사적으로 나오는 성격 패턴 등 자기 안에 많은 하위 인격을 가지고 있다. 이 '하위 인격(sub personality)'은 하위 무의식으로 가는 통로를 가지고 있고, 고정관념과 특정 반응 패턴 등은 자신의 내부뿐만 아니라 타자와도 갈등을 일으켜, 자아초월적 자아와 이어지는 '존재 방식, 삶의 방식'을 저해한다. 또한 특정 하위 인격으로 동일화하는 것에서 개인과 사회의 여러 문제가 생겨난다. 자신을 다양한 하위 인격으로 이루어진 오케스트라로 간주하고, 개인적 자아(p self)라는 지휘자 아래 자아초월적 자아(T self)를 표현하는 음악을 연주하는 자신 내부의 여러 요소를 통합하여, 의지로 나아갈 것을 요구한다.

정신통합에서 각 기법은 목적을 향하여 활용하는 도구이며, 기법의 동일화를 피하기 위해서 다채로운 기법이 폭넓은 분야에서 활용된다. '정신통합은 여러 분야를 통합하려는 태도이다'라고 아사지올리는 말한다. 동서고금의 종교와 철학에서 볼 수 있는 다양한 대극성과 다양성을 통합해 가는 그 과정에도, 정신의학의 지혜를 활용한 가설과 이론과 기법체계에도 '통합의 태도'가 엿보인다.

❃ 문헌·기타

平松園枝(2011),『サイコシンセシスとは何か』, トランスビュー.

『好きな自分, 嫌いな自分, 本当の自分』, 大和出版, 2000.

Roberto Assagioli: *The Act of Will: A Guide to Self-Actualization and Self-Realization, Psychosynthesis: A Collection of Basic Writings, Transpersonal Development: The Dimension Beyond Psychosynthesis*. http://two.not2.org/psychosynthesis/pubs.htm.

[平松園枝]

102 하코미 테라피

【링크】 → 불성, 지관, 마음챙김, 도교, 자아초월심리학, 신체심리학, 내관, 무의식, 변성의식상태, 오토포이에시스

론 쿠르츠(Ron Kurtz, 1934-2011)에 의해 1980년대 초 미국에서 확립된 하코미 테라피(Hakomi Therapy)는 심신의 상관성을 중시하는 체험지향적 심리치료이다. 하코미는 지관(止觀) 사상의 '관행(觀行)', 위빠사나 명상의 마음챙김의 의식상태를 적극적으로 활용하여 내담자의 자기탐구, 알아차림, 치유, 변용의 프로세스를 섬세하고도 신중하게 돕는다.

하코미는 동양사상, 특히 도교와 불교사상이 제시하는 인간관과 세계관의 영향을 짙게 받았으며, 그것들을 각종 상담이론과 최면치료, 게슈탈트 치료, 바이오 에너제틱, 펠덴크라이스 메소드 등의 체험, 신체지향적 치료, 보디워크, 현대의 생태학적 발상의 기반이기도 한 베이트슨(Gregory Bateson, 1904-1980)과 얀츠(Erich Jantsch, 1929-1980) 등에 의한 유기 시스템론적 패러다임 등 현대 서양에서 인간을 탐구하는 다양한 시도와 통합한 포괄적인 심리치료이다.

1. 하코미의 인간관과 핵심

하코미는 인간을 유기 시스템적 관점에서, 언제나 외부 환경과 영향을 주고받으며 피드백 고리를 반복하면서 자기변용하는 소위 '자기조직화'의 과정을 영속적으로 반복하는 유기적이며 창조적인 존재로서 파악한다.

또한 그러한 자기조직화의 깊은 곳에는 불교가 설한 '불성', 즉 인간성의 핵심으로서 '선한 본질'이 상정되고 있다.

본래 그 본질에 따라서 자기조직화가 자연스럽게 행해지고 있을 뿐이라면, 살아가면서 아무 문제도 일어나지 않을지 모른다. 하지만 일반적으로 인간은 스스로가 체험하는 이른바 사건에 대해서 자기도 모르게 자기 나름의 한정된 해석이나 의미부여를 하여 스스로의 말과 행동을 무자각적으로 결정해버리고 마는 경우가 많다. 그러한 '한정적인 자기조직화' 패턴이 인간성이 자발적으로 드러나는 것을 방해하고, 더 나아가서는 '살아가기 힘들다'는 감각으로 이어진다.

이러한 개개인이 가진 독자적인 자기조직화 패턴의 원천, 즉 의식의 심연에서 특정 체험과 체험의 방식을 생겨나게 하는 여러 요소를, 하코미는 코어 머티리얼(core material)이라고 부른다. 보다 구체적으로는, 예를 들어 '누구도 나를 도와주지 않는다'고 말하는 핵심 믿음(core belief)이 그것에 해당한다. 코어 머티리얼은 무의식에 숨어서 우리의 말과 행동을 좌지우지하고 있다. 그래서 우리는 통상 그 존재와 영향을 알아차리지 못하는 경우가 많다.

코어 머티리얼에 대해서 무자각적으로 그것이 고착되어버리면, 사람의 말과 행동은 습관적으로 패턴화되어 그때그때의 외부환경이나 상황에 따른 적절한 대응이 참으로 곤란해진다. 왜인지는 잘 모르지만 어떻게 해도 '이렇게 생각해버린다', '이렇게 말해버린다', '이렇게 해버린다'라는 경우가 일어나버린다. 하코미에서는 그러한 코어 머티리얼의 한정적인 고착에서 해방되는 것이, 각 사람의 불성적인 본래성으로 회귀, 정신의 자유로 이어진다고 생각해서 그 과정을 신중하게 지원한다.

2. 마음챙김의 활용

일반적으로 서양에서 발전을 이룬 많은 체험적 심리치료는 무의식적인 심리요소의 존재와 의미를 알아차리기 위해서, 체험 중에 무자각적으로 미세한 신호의 '음량을 올리는' 접근을 주로 한다. 그러므로 꿈의 내용을 그림으로 묘사하거나, 무자각적인 신체의 움직임을 확대해보는 등 자기표현을 요구하는 장면이 많다. 서양인과 비교해서 자아의식이 약하고 자신을 표현하는 것이 서툰 동양인은 이러한 작업이 '고되다'고 느끼는 경우가 종종 있는 듯하다.

한편 하코미는 주로 마음챙김의 의식상태를 활용하여 다양한 사고와 잡념의 '음량을 내리는' 동시에, 미세한 신호를 신중하게 관찰하고 적절하게 개입함으로써, 코어 머티리얼의 존재를 알아차리고, 그 고착에서 해방되는 것을 목표로 한다. 하코미를 포함하는 많은 심리치료는 상황에 맞추어 많든 적든 양쪽의 접근을 활용해나가지만, '자기표현'보다도 '내성(內省)'을 체계적으로 논하여, 중심 개념에 놓은 것은 하코미의 특징 중 하나라고 할 수 있다.

또한 마음챙김의 상태에 들어가는 자체가, 자신의 불성적인 본질이나 영혼의 목소리 또는 소위 '고차원적 자아(higher self)', 아사지올리(Roberto Assagioli, 1888-1974)가 설한 '자아초월적 자아(transpersonal self)'로 이어지는 길이기도 하다. 그때에 사람의 치유과정은 자발적으로 움직이기 시작한다. 치료자가 그 과정을 신뢰하여 내담자에게 다가서게 된다. 이러한 의미에서, 하코미는 '조력자가 있는 명상', 심리치료와 명상의 융합의 시도라고 말할 수 있을 것이다.

3. 관계성과 러빙 프레젠스

마음챙김의 의식상태는 구조와 방어가 느슨해진 개방된 의식이며, 어떤 의미로는 취약하고 상처받기 쉬운 상태라고도 말할 수 있다. 그러므로 하코미는 내담자와의 신뢰관계를 치료가 원활하게 진행되기 위한 기반으로서 파악하며, 이를 굉장히 중시하고 있다. 그러한 관계성을 구축하기 위한 혁신적인 사고방식과 실천적인 기법이 된 것이 쿠르츠가 만년에 하코미 중에 가장 중요시한 러빙 프레젠스(Loving Presence)라는 심리치료사의 의식상태와 '자세'이다.

그 깊숙한 곳에 있는 것은 무언가를 주려고 하는 것보다, 우선은 상대의 존재 그 자체와 불성적인 본질로 의식을 향하여, 그때 자신의 눈에는 보이지 않는 '양식'을 적극적으로 느끼며, 자기 자신을 어떠한 기분 좋음으로 가득 채워주려는 내적인 행위이다. 그렇게 하면 내담자의 존재를 존중하고, 받아들이려는 자세가 자발적으로 생겨나며, 깊은 안심감에 기반하는 관계성의 장이 무리 없이 펼쳐진다. '상대에게 맞추려고 한다'는 것이 아니라, '자신을 가득 채워보려고 시도한다'는 것에서 신뢰관계가 생겨난다고 하는 발상의 전환이다.

러빙 프레젠스는 심리치료의 분야에만 머무는 것이 아니라, 교육, 의료 간호, 간호복지 등 다양한 대인 원조적인 분야에서 유효하게 활용할 수 있다. 또한 일상의 온갖 인간관계에도 응용이 가능하며, 매일매일 생활 가운데 언제나 자신의 마음을 충만하게 하고, 동시에 타인과 보다 풍요로운 관계를 구축하는 데 커다란 도움이 된다.

✻ 문헌

ロン・クルツ, 岡健治, 高尾浩志, 高野雅司 訳(1996),『ハコミセラピー』, 星和書店.
高野雅司(2001),「ハコミセラピー」, 諸富祥彦 編,『トランスパーソナル心理療法入門』, 日本評論社, pp.63-94.

[高野雅司]

심리학과 영성의 문제

103 프로세스 지향 심리학

【링크】→ 공, 중도, 연기, 24연, 불성, 알아차림, 자아초월심리학, 영성, 적극적 명상법

프로세스 지향 심리학(prosess work)은 융 학파 분석가 아놀드 민델(Arnold Mindell, 1940-)이 창시한 독창적인 임상체계이며, 심리임상의 틀을 넘어 다방면에서 높은 평가를 받고 있다.

민델은 메사추세츠 공과대학(MIT) 대학원에서 물리학전공을 수료한 후에, 스위스 연방공과대학(ETH) 대학원 유학 중에 융 연구소의 초대 소장 프란츠 리클린(Franz Riklin, 1857-1939, 융의 조카)과 단골카페에서 친해져서, 리클린에게 교육분석을 받은 융 학파의 훈련분석가가 되었다.

민델은 젊은 시절부터 심리임상의 상식에 사로잡히지 않은 혁신적인 실천을 시도했으며, 첫 저서 『드림보디』에서는[1] 신체와 꿈의 관련을 지적하여 드림보디 워크(dreambody work)를 제창했다. 드림보디 워크는, 신체감각과 동작과 꿈을 실마리로 '드림보디(dreambody)'를 실연하는 독특한 임상실천이며, 융 심리학의 '전체성' 지향이나 '적극적 명상법(active imagination)'을 발전적으로 계승하는 기법이었다. 이 드림보디 워크는 신체질환이나 신체적 호소에 대한 융 학파의 새로운 접근으로 평가를 받는다.[2), 3)]

그 이후 민델은 꿈과 신체의 공시성(드림보디)이, 개인의 심신뿐만 아니라 가족치료에도 나타나는 것을 밝혀내서, 부부치료와 가족치료, 인간관계에 대한 접근에 도입했다.[4] 또한 드림보디라는 사고방식을 드림워크(꿈치료)[5]와 이너워크(명상),[6] 극한의식상태(정신병 급성기와 패닉상태

또는 흥분상태)의 워크와 혼수상태의 워크,[7] 자기성장을 목표로 하는 접근,[8] 댄스와 아트라는 창조성의 워크 등에도 차례로 응용하였고, 그 광범위하게 걸쳐 있는 독창적인 임상체계는 프로세스 지향 심리학(POP, Process Oriented Psychology)이라고 불렸다.

프로세스 지향 심리학은 심리치료에서 꿈과 신체를 중시하는 것과 더불어 사회문제에 대한 의식이 높고 사회적 활동에 적극적인 동시에, 영성[9]을 언제나 주시하고 있다는 것이 특징이라고 말할 수 있다. 특히 프로세스 지향 심리학이 고안해낸 갈등해결의 그룹워크(민족분쟁, 종교대립, 성차별, 인종차별, 빈부격차 등의 문제를 이야기하는 그룹워크)[10]와 커뮤니티 메이킹(지역 살피기, 조직개발)의 그룹워크는 유일무이한 획기적 그룹 접근으로 주목받고 있다. 이 그룹워크는 '월드워크(worldwork)'라고 불리며, 세계 각지에서 분쟁조정의 기법으로 실천되고 있다. 또한 프로세스 지향 심리학은, 단순히 심리치료의 이론이나 방법을 제시하는 것이 아니라, 방법을 사용하는 태도(metaskill)를 중시하는 점에서, 스스로를 갈고 닦는 '도(道)'라는 뉘앙스도 강하다.

최근 민델은 감각적 실재(sentient reality)와 드리밍(dreaming)이라는 새로운 개념을 구사하여, 신체의 미세한 경향성, 장소와 대지의 분위기로 알아차림을 향하게 하는 워크를 제창하여, 단련된 명석한 주의력에 의해서 최초로 파악할 수 있는 만물의 상호의존관계를 주제로 논하고 있다.[11), 12)] 그것에 의하면, 극미한 현상을 느끼는 감각적 알아차림(sentient awareness)이 있다면, '세상에 살아 있는 모든 것(all sentient beings)'이 존재의 기저적 차원에서 알기 어려운 '연결'로 이어져 있다는 심원적인 통찰에 도달할 수 있다고 한다. 이러한 영성적인 사고방식은 양자물리학의 '비국재성(공간적으로 멀리 떨어진 위치에 있는 두 개의 소립자가 나타내는 상호 연관으로, 동시에 몇 개의 장소에 존재할 수 있는 성질)'과 '인탱글먼트(entanglement, 개인 간 또는 그룹 내에서, 어떤 감정 시스템의 여러 부분이 이미 알고 있는 인과적 관련만이 아니라, 마치 모든 분야 간에 분리가 없는 비국재적인 수단을 통하여 이어져 있다는 경험)'라는 개념에 영향을 받았다. 프로세스 지향 심리학의 양자물리학적 이론에 대해서는 참고문헌을 참조하기 바란다.

민델은 양자물리학과 동양사상(노장사상과 불교사상)에 조예가 깊어, 프로세스 지향 심리학의 사고방식을 설명할 때, 양자물리학의 여러 이론, 『도덕경』, 아비달마 논장, 유식파와 중관파의 사고방식 등을 스스로의 임상경험에 기초한 독자적인 해석과 함께 빈번하게 인용한다. '프로세스 지향'이라는 발상은 양자물리학의 여러 이론, 노장사상에서의 '도(道)', 불교의 근본사상이라고 할 수 있는 '연기', '공', '제행무상', '제법무아'라는 사고방식에서 아이디어를 얻었다는 것을 알 수 있다. 또한 임제종 토후쿠지(東福寺)파의 관장을 지낸 고 후쿠시마 케이도(福島慶道, 1933-2011) 노사(老師)와 굉장히 친교가 깊어서, 몇 번이고 같이 프로세스 지향 심리학과 선에 관한 세미나를 개최했다.

2011년 현재, 미국 오레곤 주 포틀랜드의 프로세스 워크 연구소(PWI, Process Work Institute)에서는, 공인 프로세스 워크 인정과정, 프로세스 워크 수련과정, 갈등 조정가와 조직변혁 수련과정 프로그램을 제공하고 있으며, 일본을 포함하여 세계 16개국에 활동거점이 있다. 또한 세계 각지의 활동을 잇는 프로세스 지향 심리학 국제협회(IAPOP, International Association of practitioners of Process Oriented Psychology)가 프로세스 워크의 발전을 지지하고 있다.

❋ 문헌

1) アーノルド・ミンデル(2002), 『ドリームボディ』, 誠信書房. [Mindell, A.(1982), *Dreambody the body's role in revealing the self.* Sigo Press.]

2) A・ミンデル+エイミー・ミンデル(1999), 『うしろ向きに馬に乗る』, 春秋社. [Mindell, A. +

A.(1992), *Riding the horse backwards: process work in theory and practice,* Arkana.]

3) A・ミンデル(2006),『身体症状に<宇宙の声>を聴く』, 日本教文社. [Mindell, A.(2004), *The quantum mind and healing: how to listen and respond to your body's symptoms,* Hampton Roads.]

4) A・ミンデル(2006),『人間関係にあらわれる未知なるもの』, 日本教文社. [Mindell, A.(1987), *The dreambody in relationships,* Routledge & Kegan Paul.]

5) A・ミンデル(2003),『プロセス指向のドリームワーク』, 春秋社. [Mindell, A.(2001), *The dreammaker's apprentice: using heightened states of consciousness to interpret dreams,* Hampton Roads.]

6) A・ミンデル(1997),『自分さがしの冥想』, 池涌社. [Mindell, A.(1990), *Working on yourself alone: inner dreambody work,* Arkana.]

7) A・ミンデル(2002),『昏睡状態の人と対話する』, NHKブックス. [Mindell, A.(1989), *Coma: key to awakening,* Shambhala.]

8) A・ミンデル(2001),『シャーマンズボディ』, コスモス・ライブラリー. [Mindell, A.(1993), *The shaman's body: a new shamanism for transforming health, relationships, and community,* Harper.]

9) A・ミンデル(2001),『24時間の明晰夢』, 春秋社. [Mindell, A.(2000), *Dreaming while awake: techniques for 24-hour lucid dreaming,* Hampton Roads.]

10) A・ミンデル(2001),『紛争の心理学』, 講談社現代新書. [Mindell, A.(1995), *Sitting in the fire: large group transformation using conflict and diversity,* Lao Tse Press.]

11) A・ミンデル(2009),『大地の心理学』, コスモス・ライブラリー. [Mindell, A.(2007), *Earth-Based Psychology: Path Awareness from the Teachings of Don Juan, Richard Feynman, and Lao Tse,* Lao Tse Press.]

12) Mindell, A.(2010), *Process Mind ; A User's Guide to Connecting with the Mind of God,* Quest Books.

[青木 聰]

104 통합이론

【링크】→ 여실지견, 연기, 중도, 학습·사고, 발달단계, 변성의식상태, 자아초월 심리학, 영성, 불교와 과학의 대화

통합이론(Integral Philosophy)은 미국의 사상가 켄 윌버(Ken Wilber, 1949-)에 의해 제창된 사상과 실천체계이다. 윌버는 1970년대에 자아초월운동의 이론적 기수로서 활약했으나, 1980년대에 들어 '자아초월과 결별'을 표명하고 독자적인 노선을 걷기 시작하여 『진화의 구조』[1]에서 '통합이론'의 기초적인 체계를 제시하는 것에 성공했다. 그 핵심이 되는 것은 '모든 관점에는 반드시 무언가 진실이 내포되어 있으나, 동시에 맹점도 존재한다'라는 발상이다.

사람은 세계를 관찰하고 탐구하려고 할 때, 반드시 어떤 관점을 취하게 된다. 각각의 관점은 세계를 독자적인 방법으로 의식하는 것을 내세우지만, 그것은 세계를 완전히 객관적으로 파악하는 것은 아니다. 옳고 그름을 선별하는 것이 아니라, 각각에 귀중한 진실을 내포하는 복수의 관점이 상호 보완적으로 공존 가능하기 위한 테두리 구축이 필요하다. 통합이론이란 세계에 무수히 존재하는 탐구활동이 상호 보완적으로 공존하기 위한 메타프레임 워크라고도 말할 수 있으며, 다양한 영역의 연구자와 실천자의 활동을 지지하는 메타시스템으로서 널리 활용되고 있다.[2]

그리고 세계에는 다수의 통합이론이 존재하지만, 윌버의 통합이론을 특징짓는 것은 주로 다음에서 설명하는 다섯 가지의 요소이다.

1. 상한(quadrants)

인간에게는 '나(I)', '우리(We)', '그것(It)', '그것들(Its)'이라는 네 가지의 관점이 생득적으로 주어지며, 우리는 이들 관점(각각 좌상상한, 좌하상한, 우상상한, 우하상한)의 어느 쪽인가에 입각하여, 소위 그들을 조합하여 관찰하고 탐구하고 해석한다(그림 1 참조).

좌상상한은 개체의 주관 영역이다. 대표적인 탐구로 심리학이나 현상학이 있고, 또한 대표적인 실천으로는 예술이나 명상 등이 있다. 좌하상한은 간주관성의 영역이다. 대표적인 탐구로는 사회학이나 해석학이 있고, 또한 대표적인 실천으로는 대화와 봉사 등이 있다. 우상상한은 개체의 객관 영역이다. 대표적인 탐구로는 물리학이나 생물학이 있고, 또한 대표적인 실천에는 근육트레이닝과 에너지워크 등이 있다. 우하상한은 집단의 객관 영역이다. 대표적인 탐구로는 시스템이론에 입각한 복수의 요소 간의 상호관계를 규명하려는 환경학이나 경제학 등이 있다. 또한 대표적인 실천으로는 공동체의 제도적, 물리적 향상이나 변혁을 목표로 하는 정치활동이나 사회운동이 있다. 주관 영역을 대상으로 하는 활동으로는 기본적으로 '질(quality, depth)'이 중시되고, 객관 영역을 대상으로 하는 활동으로는 기본적으로 '양(quantity, span)'이 중시된다.

좌상상한 내면적·개인적 주관적 나	우상상한 외면적·개인적 객관적 그것
우리 문화적 내면적·집단적 좌하상한	그것들 사회적 외면적·집단적 우하상한

그림 1 사상한

2. 단계(levels)

발달심리학의 관점에 의하면 인간의 의식은 단계적인 발달을 이룬다. 의식의 발달은 지금까지의 자기인식의 틀이 한정적인 것이었다고 알아차려, 새로운 자기를 구축하는 과정이다. 그것은 기존의 자기를 대상화하여, 그 한계와 왜소함을 자각하도록 하는 것이며, 자기중심성의 감소과정이라고도 말할 수 있다.[3] 각 발달단계는 독자적인 틀에 입각하여 세계를 인식하면서 의미나 이야기를 구축하지만, 각각에 독자적인 예지가 숨 쉬고 있으며, 발달의 과정 중에 그것들이 초월되고 계승된다. 사회에는 다른 발달단계에 중심을 둔 사람들이 공존하고 있으며, 독자적인 틀을 통해서 사고하고 행동하고 있다. 이러한 수직적 다양성을 인식한 다음, 각각의 발달단계가 어떻게 예지와 한계를 내포하고 있는지를 확인하는 것이 중요하며, 그것이 상호 보완적인 관계를 구축하기 위한 방법을 탐구해야 한다.

3. 상태(states)

생활하면서 사람은 다양한 의식상태를 경험한다. 가장 보편적인 의식상태로는 각성상태, 꿈상태, 숙면상태가 있다. 그 외에도 고양되거나 낙담하는 상태 또는 운동이나 명상을 하는 상태 등 실로 다양한 의식상태를 경험한다. 이러한 의식상태의 변화는 인간의 인식에 매우 커다란 영향을 가져온다. 의식상태가 변하면, 세계를 보는 방식이나 느끼는 방식이 크게 변하는 것은 경험적으로도 알려져 있다. 예를 들어 명상 등의 수행을 통해서 어떤 종류의 진실이 자기의 상태를 바꾸는 것을 처음으로 인식하는 경우도 있다. 인간의 발달이나 변용은 서로 다른 의식상태를 왕래하면서 다양한 체험과 통찰을 얻는 것으로 실현된다.

4. 흐름(streams, lines)

가드너(Howard E. Gardner, 1943-)의 다중지성이론으로 대표되듯이, 인간에게는 다양한 지성이 있으며, 종래 지능지수의 지표가 되어온 논리적·수학적 지성(IQ)뿐만 아니라 음악적 지성, 신체적 지성, 공간적 지성, 자기와의 관계를 영위하는 지성, 타자와의 관계를 영위하는 지성 등이 있다고 한다.[4] 인간에게는 어느 정도 독립적으로 발달하는 복수의 지성의 영역이 있으며, 하나의 영역에서 뛰어난 것이 다른 영역에서도 뛰어나다는 것을 보증하지 않는다. 인간의 성숙도란 어떤 하나의 기준만으로 측정할 수 있는 것이 아니며, 양립하는 복수의 기준을 필요로 한다. 이러한 인간의 다면성의 인식이 중시된다.

5. 유형(types)

애니어그램 등의 유형론이 대표하듯이, 인간에게는 다양한 성격 특성이 있다. 성격 특성은 우리가 세계를 탐구하거나, 실천 활동에 착수하는 데에 매우 커다란 영향을 가져온다. 예를 들어 영성 탐구의 도중에 실천자가 직면하는 과제나 시련은 성별에 따라 다르다.[5] 다른 유형의 존재를 인식하는 것은 개인의 내면탐구뿐만이 아니라 소위 영역의 탐구에서도 중요하다.

6. ILP(Integral Life Practice)

통합이론이란, 궁극적으로는 실천을 위한 이론이다. 그것은 단순히 다양한 정보를 정리하고 통합하기 위한 것이 아니라, 우리가 자신의 전 존재를 걸고 탐구와 변용의 실천에 착수하는 데에 필요한 항해도이며, 또한 장기간 실천의 과정에서 새로운 욕구나 과제가 현재화될 때, 스스로의 실천의 형태 그 자체를 현명하게 수정하기 위한 틀이라고도 말할 수 있다. 우리가 실제로 자기변용의 실천에 착수할 때 비로소 그 가치가 명백해진다고 말할 수 있다.

최근 윌버는 ILP(Integral Life Practice)라고 불리는 통합적인 실천방법론을 제시하고 있다(그림 2 참조).[6] 그 본질은 매우 단순하다. 어떤 특정한 측면과 영역에서 독자적인 방법으로 움직일 때, 소위 실천활동은 어떻게 해도 한계와 맹점이 생겨나게 된다. 거기서 복수의 방법론을 상호 보완적으로 통합함으로써 자기존재의 전 측면과 영역을 망라해서 살피려고 하는 것이다. ILP는 그러한 통합적 실천생활을 설계하고 영위하기 위한 틀이며, 사상이다.

	모듈								
	핵심 모듈				추가 모듈				
	신체	마음	영	그림자	윤리	직업	대인관계	창의적 활동	혼
실천 예	• 세 가지 신체단련★ • FIT (근력 트레이닝)★ • 유산소운동 • 균형잡힌 식사와 의식적인 식사 • 요가 • 무술 • 스포츠와 댄스	• 독서와 공부 • 대화와 토론 • 집필과 일기쓰기 • 통합적 체계 (AQAL)★ • 자격과 학위 취득을 위한 공부	• 명상 • 기도 • 영적인 세 가지 측면★ • 통합적 탐구★ • 영적 공동체 참가 • 예배 • 노래와 찬가 • 자비의 문구★	• 3-2-1 과정★ • 꿈작업 • 일지쓰기 • 심리치료 • 가족치료, 부부치료 • 정서의 변화 • 미술치료, 음악치료, 춤치료	• 도덕 탐구 • 통합 윤리★ • 자원봉사 • 자선(박애) 사업 • 마음에서 우러나오는 봉사	• 올바른 생계 • 시간관리 • 전문능력 개발 • 통합적 의사소통★ • 자신의 생산성을 향상시키기 위한 시스템 만들기 • 경제적 지성을 몸에 익히기	• 의식적인 전념 • 매주 상황보고 (대화) • 친밀한 사람과의 워크숍 • 통합적 자녀교육 • 타자에 대해서 자기를 여는 것 • 통합적 성요가★	• 통합적 예술성을 단련★ • 음악(연습, 연주, 작곡) • 창작활동 (문예작품) • 무용과 연극 • 요리하기와 거주공간 디자인 • 창조적 공동체 참가	• 독립적 생활 • 자연과의 교류 • 자신의 사명과 목적을 발견하여 살기 • 심층심리학 • 예술, 음악, 문학과 공명 • 비전탐구

★는 추천

그림 2 ILP 매트릭스(『実践 インテグラル・ライフ』 p.12)

인간은 육체적인 존재일 뿐만 아니라 심리적이며 영적인 존재이기도 하다. 그것들이 상호 밀접하게 관련되어 있으며, 우리는 실천생활에서 몸, 마음, 영혼의 모든 것이 치유되고, 개발되고, 변용되도록 마음을 다할 필요가 있다. 그때 그림자작업을 통한 무의식의 탐구와 통합도 빠질 수 없다.

또한 우리는 한 사람의 개인일 뿐만 아니라 자연, 사회, 우주와의 관계성 가운데에 놓여 있다. 그러므로 우리의 실천생활은 자기의 치유와 성장에 기여하는 것뿐만 아니라, 그러한 관계성의 치유와 진화에 공헌하도록 요구받는다. ILP는 예로부터 영적 전통 가운데 강조되어온 수많은 실천적 예지를, 최신의 조사와 연구의 성과에 입각하여 재구축한 것이라고 할 수 있다.

✻ 문헌

1) Ken Wilber(1995), *Sex, Ecology, Spirituality: The Spirit of Evolution*, Shambhala. (松永太郎 訳(2001), 『進化の構造』1, 2, 春秋社.)

2) Sean Esbjorn-Hargens(2010), *Integral theory in action: Applied, theoretical, and constructive perspectives on the AQAL model*, State University of New York.

3) Robert Kegan(1998), *In over our head: The mental demands of modern life*, Harvard University Press.

4) Howard Gardner(1983), *Frames of mind: The theory of multiple intelligences*, Basic Books.

5) Ken Wilber(1997, 2001), *The Eye of Spirit: An Integral Visions for a World Gone Slightly Mad*, Shambhala. (松永太郎 訳(2004), 『統合心理学への道』, 春秋社.)

6) Ken Wilber, et al.(2008), *Integral life practice: A 21st-century blueprint for physical health, emotional balance, mental clarity, and spiritual awakening*, Integral Books. (鈴木規夫 訳(2010), 『実践 インテグラル・ライフ』, 春秋社.)

[鈴木規夫]

브릿지 40 영적 위기와 돌봄

【링크】→ 영성, 자기실현, 변성의식상태, 자아초월심리학

정신질환 중에서 가장 이해하기 어려운 병리가 정신병이다. 정신병이란 예를 들어 '자신은 도청당하고 있다', '전파공격을 받고 있다' 등 현실이 아닌 망상을 갖거나, 다른 사람이 듣지 못하는 소리, 예를 들어 자신을 욕하는 소리나 우주의 메시지 등이 들리거나, 그곳에는 존재하지 않는 사람이나 물건이 보이는 환각을 가지는 병으로, 왜 그러한 현상이 일어나는지에 대한 기제는 현재도 명확하지 않다. 이러한 망상이나 환각이라는 증상이 6개월 이상 지속되면 통합실조증으로 진단되며, 그렇게 되면 일생 약을 먹어야 하는 사람도 적지 않다.

하지만 통합실조증과 거의 같은 증상이지만 6개월 미만에 완전히 회복하는 통합실조증 양상 장애 등의 정신병이 있다. 또한 통합실조증으로 진단된 사람 가운데 20-30%가 완전히 회복한다고 한다. 완전히 회복한다는 것은 약을 복용할 필요가 없고, 일상생활도 평범하게 영위할 수 있는 것이다.

지금으로서는 비슷한 증상인데도 왜 회복되지 않는 경우와 회복되는 경우가 있는지는 알려져 있지 않다.

게다가 정신과 의사나 심리학자 등 전문가 중에서, 단순한 회복뿐만 아니라 정신병을 극복함으로써 오히려 정신적으로 성장하는 경우가 있다는 것에 주목하는 사람들이 나오기 시작했다. 정신병적 증상은 정신적 성장의 한 과정일 가능성이 있다는 주장이 나오게 된 것이다. 주장을 하는 전문가 중 스타니슬라프 그로프(Stanislav Grof, 1931-)와 크리스티나 그로프

(Christina Grof, 1941-2014)는 성장에 기여하는 정신적인 혼란상태를 영적 위기(spiritual emergency)라고 명명했다.[1)]

그로프 등은 그들의 임상경험으로 영적 위기의 유형을 분류하고 있다.[2)] 그 분류 중에는 자신이 텔레파시, 예언, 유체이탈 등의 초능력을 가지고 있다고 자각하는 '초감각적 지각의 각성', 강렬한 신체와 함께 엑스터시적 희열 등의 강력한 감정의 파도가 불의에 밀어닥치는 '쿤달리니 각성', 타자, 자연, 전 우주와 일체가 되는 듯한 감각이 특징인 '통일체험의 에피소드', '과거 삶의 기억의 출현' 등 신비적인 체험이 포함된다. 단 그로프는 '영적 위기가, 간단히 구별할 수 있는 명확한 경계를 가진 유형과 형식에서 나타난다고는 생각할 수 없다'[3)]라고도 서술하고 있다. 그래서 그로프 등은 그러한 타입이 온화하게 표출되어, 자연스럽게 성장을 향하는 영적 위기라는 과정도 있다고 한다.

영적 위기 또는 영적 출현은 자연스럽게 발생하는 경우도 있으나, 격렬한 정신적, 종교적 수행의 과정에서 생겨나는 경우도 있다.

또한 심리학자인 데이빗 루코프(David Lukoff) 등은 영적 위기 등에서 경험하는 신비체험과 정신병을 구별하여, 『정신장애의 진단 및 통계 편람 제4판』(DSM-IV)에서 '종교와 영성적인 문제'라는 새로운 진단 범주를 도입했다. 루코프 등은 정신병과 신비체험의 차이를 연구하여, 지고체험을 포함한 신비체험은 아래의 4가지 조건 가운데 적어도 2가지가 존재해야 한다고 했다.[4)]

① 이전에 정신병적 이력이 없다.

② 증상의 발현이 3개월 이하이다.

③ 정신병적 이력 이전에, 인생의 전환점을 보여주고 스트레스를 강화하는 사건이 있다.

④ 그 체험을 성장을 촉구하는 의미가 있는 계시적인 사건으로서 탐구하려는 긍정적 태도가 있다.

이러한 분류는 통합실조증을 시작으로 하는 정신병의 당사자들이나 수행 도중에 혼란스러운 사람들과 그 가족에게 희망을 주었다는 점에서 의의가 있다. 하지만 동시에 '그로프가 제시한 영적 위기의 유형만이 영적 성장의 증거이다'라는 오해를 생겨나게 하기도 했다. 또한 루코프의 진단범주는 통합실조증과 영적 위기는 별개라는 차별적인 의식이 생겨나게 했다. 이러한 오해에 기초한 특권의식은 자신이 영적인 성장을 하고 있다는 증거를 요구하려는 경향으로 이어지는 경우가 있다. 예를 들어 자신은 초능력을 갖고 있다는 확신에 대한 집착이 그 예이다. 람다스는 그러한 집착을 영적 물질주의라고 서술하고 있다.[5] 영적 물질주의란 정신적인 것이 무엇보다도 훌륭한 것이고, 그것밖에 없다고 생각해버리는 상태[6]로, 정신과 관계없는 것은 모자란 것이라고 생각하며, 예를 들어 보다 강한 초능력을 얻기 위해서 전력을 쏟아붓는 자세만이 훌륭하다고 생각하게 된다. 이러한 특권의식은 정신적인 성장을 방해하거나, 퇴행까지 일으킬지도 모른다.

위와 같은 근거로 영적 위기 또는 영적 출현에 빠진 사람들을 돌볼 때에는 '정신병적인 증상은 정신적인 성장의 한 과정일 가능성이 있다는 관점'을 가지고 과정의 극복을 지원하면서, '신비적인 체험은 영적 성장의 정도를 나타내는 것이 아니라는 관점'으로 영적 물질주의에 빠지는 것을 막는 두 가지 방향에서 접근이 필요하다.

실제로 영적 위기에 빠진 사람을 돌볼 때는, 내담자가 신비체험에 대한 이야기를 시작해도 조력자는 그것이 현실적인지를 문제 삼지 않는다. 왜냐하면 그것은 내담자에게는 현실이기 때문이다. 오히려 그들에게 현실인 신비체험의 배경에 있는 감정에 초점을 맞춘다. 그 당시 내담자의 체험을 시각적으로 떠올림으로써, 내담자를 공감적으로 이해할 수 있다. 동시에 내담자의 세계에 휩쓸리지 않는 냉정함도 필요하다. 내담자는 압도적인 공포에 처해 있는 경우가 있으며, 폭력적이 되는 경우도 적지 않다. 또한 영적 물질주의에 빠져서 강한 고양감을 가지는 경우도 있다. 그들은 감정의 진폭이 커져 있다고 말할 수 있다. 조력자는 철저하게 안정적인 대응을 해야 한다. 그때 조력자는 내담자의 빠른 호흡에 맞추지 않고, 느긋하고 깊은 호흡에 주의를 기울인다. 조력자의 차분함은 내담자에게 전해지며, 그들의 신비체험이나 환각과 망상의 질은 변화한다. 그들의 과도한 공포감이나 고양감은 수용하기 힘든 자기 안의 경향에 대한 방어를 나타낸다고 생각된다. 수용하기 힘든 경향이 있다고 의식되면 사람은 불안해진다. 예를 들어 타인에게 받아들여지지 못한다고 느끼는 사람들은 남들과의 의사소통에 불만을 느낄 것이며, 그것이 공포를 수반하는 망상, 환각, 신비체험의 바탕이 될 수 있을 것이다. 그러한 불안을 자기애적 우월감으로 방어하려는 경우에는 우월감이나 특권의식을 수반하는 영적 물질주의에 의한 고양감이 일어날지도 모르며, 그 고양감이 받아들여지지 않는 경우에는 폭력이라는 형태로 근본적인 불안이 표현되는 경우가 있다. 조력자의 차분함은 내담자의 근본적인 불안을 치유한다.

내담자는 받아들이기 힘들다고 눈을 돌리고 있던 자기 안의 경향을 차차 받아들이게 된다. 이 자기수용의 순간은 그로프가 영적 위기의 형태로 분류하고 있는 '통일체험의 에피소드'로서 인식되는 경우가 적지 않다. 그 순간 그 사람은 온전히 자기와 일치된 상태로 모든 것과 연결되어 있다는 의식을 가진다. 이것이 영적 위기에 대한 하나의 '단기적인' 목표이지만, 이 '통일체험의 에피소드'가 새로운 영적 물질주의를 생겨나게 할 가능성이 있다는 것에 주의해야 한다. 이것으로부터 성장의 시기에 영적 위기가 일어날 수도 있다. 성장은 일생에 걸친 과정인 것이다.

영적 위기라는 사고방식은 통합실조증을 시작으로 하는 정신병에서 성장의 가능성을 발견한다는 새로운 관점을 주는 것이다. 하지만 동시에 그로프의 분류처럼 신비체험만이 성장을 향하는 체험이라고 말하는 오해를 생겨나게 하는 것도 사실이다. 나 자신은 영적 위기도 정신병도 구별하지 않는다. 그리고 조증이나 우울증, 기분장애나 불안장애 등 거의 대부분의 정신질환이라고 불리는 것에 대해서는 전부 영적 위기의 기본적인 사고방식인 '혼란은 성장의 과정'이라는 관점을 적용할 수 있다고 생각한다. 그러므로 나는 영적 위기보다도 이행적 위기(transitional emergency)라고 부르는 편이 어울린다고 생각한다. 성장에 반드시 신비체험이 필요한 것은 아니다.

✽ 문헌

1) グロフ, S., グロフ, C.(1997),『魂の危機を超えて』, 春秋社, p.61.
2) グロフ, S., グロフ, C.(1997),『魂の危機を超えて』, 春秋社, p.131.
3) グロフ, S., グロフ, C.(1997),『魂の危機を超えて』, 春秋社, p.130.
4) Lukoff, D., Lu. F. Turner, R.(1998), "From Spiritual Emergency To Spiritual Problem: The Transpersonal Roots of The New DSM-IV Category", *Journal of Humanistic Psychology*, Vol.38, No.2, pp.157-186.
5) ラム・ダス(1999),「スピリチュアルな道の可能性と落とし穴」, グロフ, S, グロフ, C 編,『スピリチュアルエマーヅェンシー』, 春秋社, p.255.
6) 吉福伸逸(1996),「スピリチュアル・エマーヅェンス・ネットワーク」, 吉福伸逸監修,『意識の臨界点』, 雲母書房, p.195.

[向後善之]

제3부

심리학의 키워드(2)

—심층의 탐구

한 사람의 인간은 백지로 태어나는 것도 아니고, 이 세계와 동떨어진 존재도 아니며, 변화하지 않는 기계도 아니다. 내부의 마음을 탐구하면 외부의 타자와 만난다. 타자와 관계를 새롭게 보는 것이 불교에서 괴로움의 개념(예를 들어 원증회고)이나 교단(상가)의 심리학적 의의에 대해서 다시 살펴보는 것으로도 이어진다. 제3부는 '**프로이트의 정신분석학**'과 '**융의 분석심리학**'을 시작으로, 주로 이 '**타자와의 관계**'에 대해서 정리한다.

인간은 양육자에게 전면적으로 의존하는 상태로 태어난다. 양육자로부터 받는 애정과 관심은 유아에게 만족감을 가져다주면서 '애착을 형성'하는 반면, 그것이 채워지지 않을 때에는 욕구불만이 분노나 증오(공격성)로 바뀐다. 탄생은 애착의 대상인 양육자로부터 '분리되는 불안'과 아픔을 가져오며, 애착의 대상이 '공격성'의 대상이기도 하다는 '양가성'에 휘둘려 다양한 '판타지'에 의해서 좌우되는 일도 있다(양육자 측도 동요한다). 이 불안을 견디는 힘을 최초에는 젖가슴에서, 이후에는 어머니에서 그리고 마음에 드는 담요나 인형 등에서 얻으며, 곧 이들 '이행대상'이 자기 안에서 갖추어진다. 공격성(증오)이 사랑하는 대상으로 향하는 것에 대한 자각은 '죄책감'과 '우울'을 지나서 '상대를 헤아리는 힘'이 된다. '아자세 콤플렉스'라는 개념은 정신분석가가 불교경전에서 찾은 도덕성 발달에 관한 일본적 모델이다.

마음의 치료는 발달 초기의 장('대상관계')을 재현하는 것이 기본이 된다. 치료자와 피치료자가 하나의 '치료구조'를 이루기 위해서는, 아픔을 알고 있는 치료자('상처받은 치료자')일 것, 통상적인 가치관을 포기하는 것('트릭스터')이 도움이 되는 경우가 있다. 치료자가 피치료자에게 일방적인 영향을 끼치는 것이 아니라, 치료자도 다양한 영향을 받으며 동요한다. 다른 사람에게 향해야 할 공격성이 치료자에게 '전이(투영)'되거나 과도한 존경의 마음으로 모방의 대상으로 삼거나('동일화'), 치료자도 냉정하지 못한 관계에 빠져버리는 경우('역전이')도 있다. 피치료자가 불쾌한 체험을 강박적으로 상기하는 경우('반복강박')도 있다. 이러한 것들 한 가운데로 들어가는 치료자를 위해서 피치료자의 입장에서 반복적으로 연습하는 것(훈련시기의 '교육분석'과 그 이후 대인관계능력 향상을 위한 수퍼비전), '치료윤리'가 도움이 된다. 융은 이러한 위험으로 몰입하는 명상수행을 오래된 '연금술' 문헌 중에서 발견하고 진지하게 연구하여 태고로부터 보편적으로 인간의 보이지 않는 마음('무의식')에 존재하는 패턴('원형')을 추출하고자 했다.

복잡한 가족관계 등이 개인의 내면에 어떻게 반영되는지('배치')를 확인하는 것이 필요하다. 프로이트는 피치료자에게 '자유연상법'을, 치료자에게 '고르게 떠 있는 주의'를 요구했고, 융은 자기 자신의 무의식과 절충하기 위해서 '적극적 명상법'을 연구했으며, 둘 다 명상기법이라고 말할 수 있다.

심층심리학의 지혜는 불교와 독립적으로 생겨난 것이지만 불교(경율론 삼장에 남아 있는 사람을 통해서 얻게 된 경험적 지혜를 포함하여)의 지혜, 또한 불교의 역사적 전개 가운데 세간적인 지혜와 영향을 다수 포함하고 있다. 앞으로 살펴보겠다.

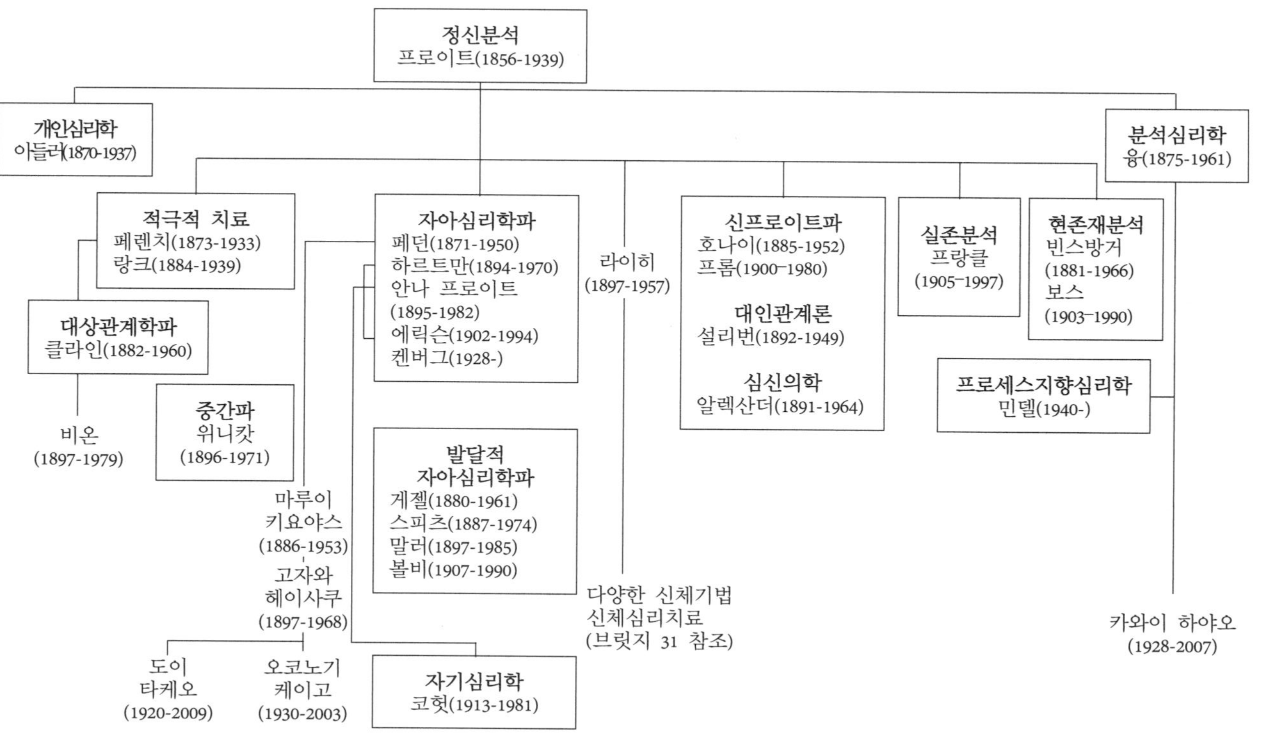

정신분석과 심층심리학의 흐름

프로이트의 정신분석학

105 정신분석

【링크】→ 유식사상, 유식과 심리학, 자유연상법, 무의식, 리비도

뇌신경과 의사였던 프로이트(Sigmund Freud, 1856-1939)는 「방어신경정신증에 대한 추가 고찰」(1896)에서 처음으로 정신분석이라는 말을 사용하고, 그 이후 「정신분석치료의 길」(1919)에서 정신분석을 '마음속에 억압된 것을 의식화하는 일'이라고 정의했다. 1963년 국제 정신분석학회(International Psychoanalytical Association)[1]는 '프로이트의 심리학을 기반으로 전개된 성격의 구조와 기능에 대한 이론, 그 이론을 다른 영역에 응용하는 것, 치료기법으로 응용하는 것'을 정신분석으로 정의하고 있다.[2] 프로이트가 여기서 말한 '마음속에 억압된 것'은 꿈이나 실수, 공상이나 증상과 같은 심적 현상으로 나타나는 것이며, 정신분석은 이것들이 지니고 있는 무의식적 의미를 자유연상법[3]을 사용하여 이해하려는 방법이다.

프로이트는 인간의 마음을 의식하고 있는 작은 영역, 의식하지 못하는 방대한 무의식 영역, 어느 정도 노력에 의해서 의식으로 떠올릴 수 있는 전의식 영역으로 나누어 생각했다(국소론). 또한 마음을 이드(Id, Es, 무의식적 욕구나 본능 에너지의 근원), 자아(Ego, 마음의 중심 영역으로 이드, 초자아, 외계를 조절하는 역할), 초자아(Superego, 양심과 이상)의 세 가지로 나누어 생각하는 구조론에, 이들 영역에서 나오는 마음의 에너지(리비도)를 양적 관점에서 파악하는 경제론을 더하여, '마음속에 억압된 것'이 이렇게 영역 상호 간의 무의식적 역동관계를 낳는다고 생각하는 역동론을 전개했다(그림 참조). 그리고 인간의 마음이 발달하는 것을 리비도적

관점으로 파악하는 독자적인 발달론을 제창한 것으로 인해서, 정신분석은 메타심리학으로도 불리고 있다.

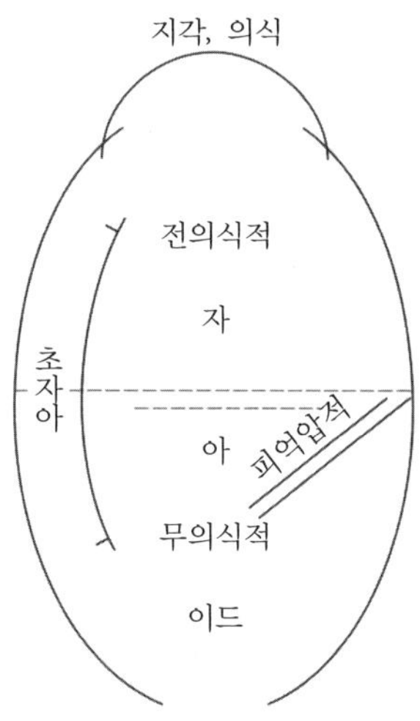

그림 구조론 – 마음의 장치(프로이트, 1933)
(前田重治(1985), 『図說 臨床精神分析学』, 誠信書房)

실제 자유연상법은 피분석자가 카우치에 눕고, 분석자는 그 머리맡에 앉기 때문에 피분석자는 분석자가 보이지 않는 형태로 이루어진다. 거기서 분석자는 피분석자의 심적 갈등이나 저항, 내적 대상관계, 분석자와 피분석자 간의 전이와 역전이를 이해하는 것을 목적으로 개입하고 해석을 시도한다. 통상적으로 1회 50분, 주 4-5회 행하지만, 최근에는 주 1-2회의 대면법으로 행하는 경우도 있으며, 이것은 정신분석적 심리치료로서 정신분석과는 구별되고 있다.

그 외에도 정신분석적 집단치료, 정신분석치료에 기초한 가족치료 또는 조직이나 집단에 대한 컨설팅 등 프로이트에서 시작된 정신분석은 폭넓게 응용되고 있다. 유아관찰[4]도 이러한 응용의 하나이며, 이것은 영국에서는 정신분석가와 정신분석적 심리치료사 훈련의 첫걸음으로 자리하고 있다. 현재 이 훈련과정은 유럽을 중심으로 널리 도입되었고, 일본에서도 조금씩 소개되기 시작했다.

프로이트 이후의 정신분석은 아들러(Alfred W. Adler, 1870-1937)의 개인심리학이나 융(Carl G. Jung, 1875-1961)의 분석심리학 이외에, 미국에서는 프로이트의 딸이며 후계자인 안나(Anna Freud, 1895-1982)로부터 하르트만(Heinz Hartmann, 1894-1970)으로 흐름이 이어지는 자아심리학, 설리번(Harry S. Sullivan, 1892-1949)으로 대표되는 대인관계학파, 영국에서는 클라인(Melanie R. Klein, 1882-1960)에서 비온(Wilfred R. Bion, 1897-1979)으로 이어지는 대상관계론학파, 그 어느 쪽에도 속하지 않은 위니캇(Donald W. Winnicott, 1896-1971)의 독립학파 등의 분파가 있다. 최근에는 코헛(Heinz Kohut, 1913-1981)의 자기심리학이나 스톨로로우(Robert D. Stolorow, 1942-) 등에 의한 간주관적 접근이 발전하고 있다.

자아심리학의 창시자인 안나 프로이트는 자아의 방어기제에 대해서 정리하고 분류했으며, 그 이후 하르트만은 자아의 적응 기능에 대해서, 에릭슨(Erik H. Erikson, 1902-1994)은 심리사회적 발달단계에 대해서 한층 더 이론을 전개했다. 또한 대인관계학파의 창시자로 일컬어지는 설리번은 『정신의학은 대인관계의 학문이다』(1968)를 저술하면서, 인간 마음의 성장에 문화나 사회가 주는 영향을 중시하여 프로이트 이론을 부분적으로 수정할 필요가 있다고 주장했다. 대상관계학파는 프로이트의 이론과 실천을 핵심으로, 클라인이 주로 아동의 정신분석적 치료에 몰두하면서 발전시킨 것이다. 자기심리학은 코헛이 자기애적 성격장애를 분석하고 치료하는 과정에서 자기애에 대하여 깊이 고찰한 『자기 분석』(1971)에서 그 이론을 전개한 것에서 시작한다. '자기'에 관한 이론을 중심으로 생각하는 학파로, 현재 미국에서는 자아심리학과 나란히 주류를 이루고 있다(p.653의 그림 참조).

한편 일본에서는 빈에서 프로이트와 페던(Paul Federn, 1871-1950) 등의 정신분석가 아래에서 배운 고자와 헤이사쿠(古澤平作, 1897-1968)가 1934년 정신분석 클리닉을 개업한 것이 정신분석의 시작이라고 할 수 있다. 그 이후 고자와는 1955년에 일본정신분석협회[5]와 일본정신분석학회[6]를 창립했다. 특히 전자는 일본에서는 유일하게 국제정신분석학회에 가입한 단체이며, 현재에도 정신분석 연구와 정신분석 임상을 동시에 진행하고 있고, 국제기준에 적합한 정신분석가의 자격인정과 그를 위한 훈련 시스템을 제공하고 있다. 하지만 일본에서는 앞서 기술한 정신분석적 심리치료와 그 응용 쪽으로 보다 널리 실천하고 있다고 말할 수 있다. 그리고 고자와 이후에는 도이 타케오(土居健郎, 1920-2009), 오코노기 케이고(小此木啓吾, 1930-2003), 니시조노 마사히사(西園昌久, 1928-), 마에다 시게하루(前田重治, 1928-), 다케다 마코토(武田專, 1923-2013) 등의 정신분석가들이 그 실천과 보급에 힘쓰고 있다.

❋ 미주

1) http://www.ipa.org.uk/eng/international-psychoanalytical-association/
2) 12th Bulletin of the International Constitution and Byelaw of the International Psychoanalytical Association. *International Journal of Psychoanalysis* 45:2-3, p.474, 1964.
3) 환자는 마음에 떠오르는 것을 전부 숨김없이 이야기할 것을 요구받는다.
4) 유아관찰에 대한 더 상세한 설명은 다음을 참조할 수 있다. Brick, E.(1964), "Notes on infant observation in psychoanalytic training", *International Journal of Psychoanalysis* 45, pp.558-566: 鵜飼(2010),『子どもの精神分析的心理療法の基本』, 誠信書房.
5) http://www.jpas.jp/
6) http://www.seishinbunseki.jp/

[鵜飼奈津子]

프로이트의 정신분석학

106 무의식

【링크】→ 오온, 유식사상, 희론, 분별지, 정신분석, 집단무의식

우리는 많은 것을 한 번에 또는 동시에 생각할 수 없기 때문에, 생각한 것을 취사선택하고 그 이외의 것은 일단 의식 밖에 둔다. 하지만 나중에 그 내용을 생각해낼 수 있다. 또한 수면은 우리의 의식활동을 일단 멈추는 것처럼 생각되지만, 깨어날 때에는 잠들 때의 기억에서 다시 시작하는 것이 가능하다. 이러한 의식의 연속성을 담당하고 있는 구조에 대한 연구는 이전부터 있었다. '영혼'을 내세우는 사고방식은 우리에게 어느 정도 익숙한 것이지만, 다른 한편으로는 무의식의 영역에 기억을 축적한다고 생각하는 것도 가능하다.

우리는 무의식을 의식에 대치되는 용어로 사용한다. 자각적이고 의도적으로 행동하지 않는 상태를 가리키는 '무의식적으로'라는 말은 일상어가 되었다. 우리가 의식하고 있는 부분(자아의식)에서 보면 그림자가 되는 부분, 즉 일상적으로는 의식하지 않는 부분을 무의식(의식에 떠올리기 어려운 방대한 영역)과 전의식(일정한 노력에 의해 의식으로 떠올릴 수 있는 영역) 두 가지로 프로이트(Sigmund Freud, 1856-1939)는 정리했다(국소론). 그리고 무의식은 시간에 따라서 질서가 잡히지 않으며, 외계의 현실이 아닌 심리적인 현실에 따라서 질서가 잡히는 특징을 가지고 있다.[1)]

태양이 움직이면 그림자가 움직이듯이, 의식의 초점이 움직이면 그림자인 무의식도 이동한다. 의식, 전의식, 무의식을 영역으로 나누는 것은

어렵다. 양심이나 이상을 담당하는 초자아는 무의식적 욕구와 본능 에너지의 원천인 이드(Id, Es)의 비도덕적인 내용을 억압하며, 자아는 초자아, 이드, 외계를 잇는 조정역할을 맡는다고 하는 구조를, 프로이트는 이후에 생각했다. 여기서는 국소론의 '무의식'과 거의 중복되는 이드뿐만 아니라 양심이나 이상을 품으면서 억압의 구조를 담당하는 초자아 또한 그 움직임이 자각적이지 않다는 점에서 '무의식'이다.

국소론, 구조론, 리비도라는 성적 에너지의 역학을 논한 경제론은 각각 성적인 욕망이 특정 대상에게 향하는지, 특정 대상이 있는지 없는지를 전제로 한다. 욕망의 대상에 대한 논의를 보충하면, 무의식이라는 개념은 보다 풍요로운 것이 된다. 마음이 원하고 있어도 도덕이 그것을 인정하지 않는 경우 등 인간이 상반되는 방향으로 나누어질 수 있는 양가적 상황에서 우리는 성, 소유, 명예를 둘러싼 욕망의 존재에 대해서 여러모로 생각한다.

프로이트는 남자아이의 신체가 발달하고 성숙하면서, 어머니라는 대상을 계기로 성욕이 형성되는 모델(발달론)을 생각했다. 어머니에 대한 사랑은 도덕적으로 허락되지 않기 때문에 억압되어 무의식에 남게 되며, 다양한 놀이, 스포츠, 공부로 승화되거나 또는 미래의 연인에게로 방향을 바꾸게 된다.[2] 프로이트는 이 논의에서 남자아이에 대해서만 고찰하고 있으며, 대상에게 향하는 것은 성적인 욕망이라는 전제를 세우고 있다. 그러나 남녀를 불문하고 대상에 대한 욕망도 성을 떠난 일반적인 인식의 욕망이라고 생각하면, 불교적인 의미의 넓은 수용방식에 가까워진다.

예를 들어 유식에서는 눈(시각), 귀(청각), 코(후각), 혀(미각), 몸(촉각과 통각)의 다섯 가지 감각(前五識)과 그것들을 한데 모으는 '의'식을 더한 육식(六識), 무의식의 영역으로 말나식과 알라야식을 합쳐서 팔식(八識)을 생각한다.

말나식은 수면이나 의식을 잃은 후에도 계속 유지되는 자아의식을 담당하는 무의식의 움직임이다. 실제로 자아는 매 순간 생겨나며, 또한 불교에서는 인식하는 대상에 따라 시시각각 변화를 계속한다(찰라생멸론)고 생각하지만, 그럼에도 불구하고 자아가 연속된다고 생각하는 움직임도 말나식에 의해서 생겨난다. 말하자면 자아라는 대상을 관찰하는 중에 자아에 집착하게 되는 것이다. 자아를 지키려는 의도도 말나식이 담당한다고 생각되지만, 말나식이 자아라고 잘못 알고 있는 것이 알라야식이다. 우리의 언행은 모두 알라야식에 종자로서 축적되어 우리의 의식에 반영된다. 이것을 훈습이라고 하며, 알라야식에 훈습된 것을 습기라고 한다. 이것이 미래에 같은 경험을 불러내는 종자가 된다. 이러한 알라야식은 일체종자식(一切種子識)으로도, 장식(藏識)으로도 불리면서 기억의 저장고를 움직이는 한편, 말나식이 집착하는 대상도 된다.

유가행파의 의의 가운데 하나는 자기 인식이 왜곡되는 것을 모두 보고, 무의식적 경향성을 파악하여 그것에 대처하는 것이다. 무의식은 완전히 무질서한 것이 아니라 특정 패턴이 있다는 것은, 유식사상에서도, 원형개념을 제창한 융에서도, 언어철학을 통해 비교사상연구를 한 이즈쓰 토시히코(井筒俊彦, 1914-1993)에서도 지적되고 있다.

분석심리학자 융(Carl G. Jung, 1875-1961)은 개인의 무의식에 대응하는 집단무의식이라는 체계를 생각했다. 집단무의식은 모든 개인이 태어날 때부터 보편적으로 가지고 있는 원형에서 구성되며, 융에 의하면 집단무의식은 '유전'된다고 한다. 원형은 태어나면서 가지고 있는 패턴으로, 개인의 발달과정에서 후천적으로 만들어진 마음의 패턴(콤플렉스)과 대조를 이룬다. 융은 이러한 패턴이 존재하는 것을, 멀리 떨어진 문화의 신화가 공통적인 모티브를 가지고 있는 것에서도 보려고 했다.[3]

이즈쓰는 이러한 패턴이 언어에서 만들어진다고 생각했다. '검은 곰을 떠올리면 안 된다'라는 말을 들으면 오히려 검은 곰을 떠올리지 않을 수 없듯이, 우리의 의식은 언어에 의해서 질서가 잡히고 있으나, 언어의 이러한 강력한 구속력을 우리는 평소에 의식하지 않는다. 사물을 인식할 때 일상적으로 사용하는 언어의 그물로 우리를 파악해버리는(분별지의) 움직임에 대해서, 이즈쓰는 유식의 알라야식 개념을 빌려서, 소위 언어의 배경에 다양한 세계관과 가치관이 나오는 의미 가능체의 저장소로서의 활동을 간파하고, 이를 '언어알라야식'이라고 불렀다.[4)]

괴로움, 아픔, 슬픔, 기쁨이라는 말에 '나의'를 더해보자. '나의 괴로움', '나의 아픔', '나의 슬픔', '나의 기쁨'이라고 말하는 순간 지금까지는 추상적이며 타인의 상황에 지나지 않았던 것이, 갑자기 과거에 일어났거나 현재 느끼고 있는 '나의' 괴로움이나 아픔을 의식으로 끌어올리는 열쇠가 되어 '나의' 마음을 어지럽힌다. 어린이가 '나의 것', '너의 것'이라고 말하는 순간 소유와 상실의 괴로움을 알듯이, '나'에 대한 집착은 '나'라는 말이 집착하는 주체인 '나'를 무의식에서 의식으로 끌어올리는 것에서 시작한다.

❋ 문헌

1) フロイト(1970),「無意識について」,『フロイト著作集 6』, 人文書院, pp.101-102.
2) フロイト(1970),「自我とエス」,『フロイト著作集 6』, 人文書院, p.297.
3) ユング, 林道義 訳(1982),『元型論』, 紀伊國屋書店, pp.10-12.
4) 井筒俊彦(1991),『意識と本質－精神的東洋を索めて』, 岩波文庫, p.130, p.246.

[葛西賢太]

브릿지 41 아자세 콤플렉스와 여러 경전

【링크】→ 정토, 왕생, 콤플렉스, 정신분석, 죄책감, 양가성

아자세 콤플렉스는 일본에 정신분석을 도입한 사람 가운데 한 명인 고자와 헤이사쿠(古澤平作, 1897-1968)가 주장한 개념이다.[1] 오코노기 케이고(小此木啓吾, 1930-2003)는 이것을 계승하여 널리 보급하였고, 프로이트(Sigmund Freud, 1856-1939)의 오이디푸스 콤플렉스와 비교할 수 있는 모자간의 일본적인 심성을 다루는 것으로 주목받았다. 오코노기가 주장한 아자세 콤플렉스는 3가지 특징을 가진다.

① 어머니에게 있어서 아이를 얻고자 하는 바람과 아이를 죽이고자 하는 바람 사이의 갈등
② 그 어머니의 갈등에 대해서 아이가 품는 출생의 유래에 대한 원망과 어머니에 대한 살의
③ 어머니와 아이 각자가 품은 죄의식

1. 아자세 이야기

아자세 콤플렉스에 대한 불교경전의 유래라고 할 수 있는 '아자세 이야기'는 제창자인 고자와로부터 오코노기에게 계승되는 과정에서 변천되어, 최종적으로 '고자와-오코노기판 아자세 이야기'라고 불리는 내용으로 확정되었다.[2] 그 요지는 다음과 같다.

고대 인도 왕사성의 위제희 왕비는 용모가 쇠하면서 남편인 빔비사라 왕의 사랑이 적어지게 될까 불안을 품게 되면서, 왕자를 원한다는 소원을

강하게 빌게 되었다. 생각다 못해 상담한 예언자에게서 '숲의 선인이 3년 후에 죽어서 왕자로 다시 태어날 것이다'라는 말을 듣고서는, 그 시간을 기다리지 못하고 선인을 죽여 버렸다. 선인은 위제희 왕비에게 저주의 말을 남기고 죽었다. 임신한 위제희 왕비는 그 저주가 두려워 태어난 아자세를 죽이려고 한다. 새끼손가락만 부러지고 살아남은 아자세 왕자는 건강하게 성장하고, 사춘기에 출생의 비밀을 알고 지금까지 이상적으로 생각하고 있던 어머니에게 환멸을 느껴서 어머니를 죽이려고 한다. 하지만 어머니에 대한 살의로 인해서 죄의식이 생기고, 게다가 종기로 괴로워한다. 악취를 풍기는 아자세 왕자가 조금도 효과가 없자, 간병하던 위제희 왕비는 붓다에게 고민을 상담한다. 위제희 왕비가 자신의 마음의 갈등을 통찰하며 간병을 하자, 병은 다스려지고 아자세 왕자는 훌륭한 왕이 되었다.

2. 경전의 아자세 왕 설화

고대인도 마가다 국의 아자세 왕은 아버지를 살해하고 즉위한 후에 불교에 귀의했다고 전해지며, 이 과정을 둘러싼 설화는 초기경전에서 대승경전에 이르기까지 다수 존재한다. 그중에서도 아버지를 살해한 것에 대해서 아자세 왕이 후회하고 구제하는 것을 설하는 대승 『대반열반경』과 아버지를 면회하였다는 이유로 유폐된 위제희 왕비에게 붓다가 정토를 설한 『관무량수경』이 유명하다. 그 극적인 드라마는 특히 일본에서 '왕사성의 비극'으로 총칭되지만, 단일한 설화가 아니라 경전마다 약간 다르게 전개되고 있다. 각각의 요지는 다음과 같다.

① **대승 『대반열반경』「범행품」**: 잔혹한 성격을 가진 왕사성의 아자세 왕은 세속적 욕망 때문에 아버지를 살해하고 즉위하지만 후에 종기가 발병하여 쓰러진다. 발병한 이유는 아버지를 살해한 것에 대한

후회이며 치료는 소용없다고 위제희에게 말한 아자세 왕은, 육사외도의 면회에도 응하지 않았다. 하지만 붓다와의 면회를 권한 기파(耆婆) 대신과의 대화에서 마음이 움직이고, 죽은 아버지의 영혼이 부르고 있다는 공포로 인해서 병이 악화될 것을 붓다의 광명에 의해 완쾌한다. 망설이면서 붓다를 만난 아자세 왕은 붓다의 설법으로 인해서 헤매던 마음이 사라지고, 붓다에게 귀의하였다.

② **대승 『대반열반경』 「가섭보살품」** : 왕사성의 선견(=아자세) 태자는 붓다를 적대시하는 데바닷다의 음모로 아버지를 유폐하고, 면회를 원하는 위제희 왕비에게 분노하여 죽이려고 했으나 기파 대신이 이를 제지한다. 이후에 유폐된 아버지의 죽음을 알고 후회하는 태자는 붓다의 설법에 의해서 구제된다.

③ **『관무량수경』** : 데바닷다의 부추김으로 아버지를 유폐한 왕사성의 아자세 왕은, 은밀하게 음식물을 들여보낸 위제희 왕비에게 분노하여 죽이려는 순간에 기파 등이 이를 제지하고, 어머니도 유폐한다. 비탄하는 위제희 왕비를 방문한 붓다는 '고뇌나 걱정이 없는 세계를 설해주시길 바라는' 그녀의 바람에 응해서 다양한 정토를 보여준다. 위제희 왕비는 아미타불의 정토에 태어나길 바라며 그것에 필요한 16단계의 관법을 듣고, 깨달음을 향하는 마음을 일으켰다.

3. 아자세 콤플렉스 성립의 배경

고자와는 처음에는 벌받는 것에 대한 공포심과 용서받는 것에 대한 면목없음에 기반을 둔 죄책감을 지적하였다.[3] 이후에 오코노기가 '아자세 이야기'를 재구성하는 과정에서, 어머니(위제희)와 아들(아자세)의 관계로 강조점을 변화시키면서 아자세 콤플렉스는 모자 간의 갈등이 불가결한 요소가 되었다. 오코노기는 최종적인 '고자와-오코노기판 아자세 이야기'의 원전은 『관무량수경』을 중심으로 『대반열반경』, 『교행신증』(열반경 인용부)이라고 주장했으나, 경전에는 아자세 왕이 아버지를 살해한 것이 주축을 이루어 이와 맞지 않으므로, 아자세 콤플렉스가 불교경전에서 직접 유래한 것이라고 하기에는 곤란하다.[4]

일본에서는 메이지시대 이후 불교경전의 아자세 왕 설화를 모티브로 하는 다양한 문화작품이 만들어졌다. 줄거리나 등장인물을 각색하면서, 그러한 과정에서 '아자세 이야기'와 관련되는 모자 간의 갈등이 엿보이며,[5] 당시 일본사회를 반영하는 문화적 토양이 아자세 콤플렉스 성립에 영향을 주었을 가능성을 생각할 수 있다. 아자세 콤플렉스는 불교경전에서 유래했다고 말하기보다는, 경전의 설화를 모티브로 일본사회에서 생겨난 콤플렉스라고 할 수 있다.

❋ 문헌

1) 古澤平作(1954), 「罪悪意識の二種－阿闍世コンプレックス」, 『精神分析研究』 1(4), pp.5-10.

2) 小此木啓吾, 北山修(2001), 『阿闍世コンプレックス』, 創元社.

3) 古澤平作(1931), 「精神分析学上より見たる宗教」, 『艮陵』 8, pp.7-8.

4) 大宮司信, 森口眞衣(2008), 「阿闍世コンプレックスという名称に関する一考察」, 『精神神経学雑誌』 110(10), pp.869-886.

5) Michael Radich(2011), "How Ajātaśatru Was Reformed: The Domestication of "Ajase" and Stories in Buddhist History", *Studia Philologica Buddhica Monograph Series XXVII*, Tokyo: The International Institute for Buddhist Studies.

[森口眞衣]

프로이트의 정신분석학

107 신경증

【링크】→ 번뇌, 수면, 심·심소, 방어기제, 무의식, 정신분석적 심리치료, 인지행동치료, 모리타 요법, 전이

신경증은 정신장애의 하나로 분류된다. 1777년에 스코틀랜드의 켈렌(William Cullen, 1710-1790)이 처음으로 사용한 말이지만, 당시는 중추신경계의 병으로 알려져 있던 것을 모두 포함하는 말이었다. 그 이후 19세기에 들어오면 프로이트(Sigmund Freud, 1856-1939)를 중심으로 한 『히스테리 연구』(1895)를 통해서 신경증이 심인성 장애인 것으로 밝혀지고, 현재에는 불안신경증, 공포신경증, 강박신경증, 히스테리신경증, 심기성 신경증, 우울신경증, 이인신경증 등 다양한 유형으로 나뉘어 있다.

프로이트는 『히스테리 연구』(1895)에서 환자인 안나 오(O)와 엘리자베스 폰 알(R) 등의 사례관찰을 통해 안나가 '굴뚝 청소'라고 비유하여 말한 것에 의한 증상의 소실에 주목했다. 그리고 신경증 증상은 개인의 본능충동(Id), 그것을 금지하는 초자아, 현실과의 사이에서 생겨나는 무의식적 갈등에 대하여, 자아가 그 갈등에 기초한 불안을 방어한 결과로서 생겨나는 것이라고 생각했다.

신경증성 방어기제에는 억압, 반동형성, 치환, 분리, 부정, 주지화, 합리화, 자기화, 투영, 승화, 전환, 퇴행, 부인 등을 들 수 있다. 하지만 이들 방어기제는 그 다수가 외부에 대해서 적응하고 안전을 확보하는 데 도움이 되지 못한 채 실패하거나 불완전한 것이 많다. 그래서 무의식적 희망과

불안이 드러나, 신체화 또는 행동화의 결과가 신경증의 증상으로 표출되는 것이라고 말할 수 있다.

이처럼 신경증의 형성원인은 무의식의 갈등에 의한 것이기 때문에, 정신분석적 심리치료에서는 상징화된 증상의 의미와 무의식에 대하여 생각하게 된다. 즉, 치료관계 안에서 반복되는 전이에 주목하여, 증상형성의 과정에 대해서 생각하고, 관찰한다. 그래서 그러한 관찰에 의해 얻어진 이해를 환자에게 전하는(해석하는) 것에 의해서, 무의식과 증상이 상징하는 것을 언어로 표현하고, 의식하게 해준다.

이러한 전이관계를 철저히 분석하고 공유하고 수정하여, 치료자와 환자 사이에서 생겨난 통찰을 통해서 증상의 형성과정에 변화를 가져올 것을 기대하지만, 이러한 과정을 거치는 정신분석적 심리치료는 긴 시간을 필요로 하기 때문에 인지행동치료 등 단기간에 증상을 제거하는 것을 목적으로 하는 치료법이 생겨났다고 생각된다.

현대의 정신의학에서 신경증은 정신병, 기질성, 증상성, 중독성 정신장애, 성격장애, 심신증 등과는 구별하여, 심인성 정신장애로 분류되고 있다. 하지만 오늘날 신경증이라는 말에 대해서 개념상 일치하는 합의가 있는 것이 아니라 다양한 학설이 있다. 그러한 애매함을 피하기 위해서『정신장애의 진단 및 통계 편람 제3판』(DSM-III) 이후에는 신경증이라는 말이 사용되지 않고 있다.

❋ 문헌

フロイト, S, 懸田克躬, 小此木啓吾 訳(1974),「ヒステリー研究」,『フロイト著作集 7』, 人文書院.

[堀内 瞳]

프로이트의 정신분석학

108 죄책감

【링크】→ 아자세 콤플렉스, 대상관계론, 참괴, 참회, 알아차림, 양가성, P-F.스터디

1. 모순을 인정하다

현실에서 저지른 행위에 대한 정당한 부담이나 부채뿐만 아니라 그것에 의한 자신의 평판 하락과 타인에게 주는 인상, 자신과 가치관의 불일치 등이 그때의 정신상태에 의해서 증폭되어, 사람은 현실을 넘어서거나 또는 현실과 동떨어진 죄책감에 사로잡히는 경우가 있다.

프로이트(Sigmund Freud, 1856-1939)와 클라인(Melanie R. Klein, 1882-1960)은 죄책감은 인생 초기에 사랑 또는 사랑을 얻지 못하는 것에 의한 미움이라는 양가감정에서 유래한다고 본다. 애정의 대상으로부터 애정이 되돌아오지 않거나 되돌아오지 않는다고 생각되면 그것은 미움으로 변한다. 애정과 미움을 동시에 품는 것, 즉 양가감정을 견디는 힘을 기르는 것은 인내뿐만 아니라 인간의 모순되는 면을 있는 그대로 인식하는 것에 의해서도 가능해진다.

유식불교에서는 과거의 나쁜 행위를 반성하지 않는 상태를 무참무괴(無慚無愧)라고 하며, 과거의 (선행도 포함한) 행위를 후회하면서 이것저것 생각하는 심리작용을 악작(惡作, 후회)이라고 부른다. 과도한 죄책감도, 죄책감의 결여도 현실인식의 문제에서 기인하고 있는 것이다.

2. 죄책감을 현실에서 인식하다

초기불교 교단에서는 우기의 3개월간 수행자들이 한군데 머물며 수행에 전념하는 안거(우안거, 하안거)라는 제도가 있었고, 안거 마지막 날은 수행 중의 일을 서로 반성하며 자발적으로 죄를 고백하고 참회하는 자자(自恣)라는 모임이 전체적으로 이루어졌다.

앙굴리말라(Angulimala)라는 살인마를 둘러싼 인상 깊은 이야기가 있다. 그는 사람들을 차례차례 죽이고, 그 엄지손가락을 연결해서 장신구를 만들어서 앙굴리(손가락) 말라(화환)라고 불리는 공포의 대상이었으나 붓다의 제자가 되었다. 난산으로 괴로워하는 산모를 보고 생의 괴로움을 통감하고, 그것을 붓다에게 말하였다. 붓다는 그에게 '부인이여, 나는 태어난 이후 고의로 살아 있는 생명을 빼앗은 기억이 없습니다. 그 진실대로 당신이 편안해지기를, 태아가 편안해지기를'이라고 말하도록 조언한다. 그것은 사실에 반하는 것이라고 동요하는 앙굴리말라에게 붓다는 '태어난 이후'를 '성스러운 탄생으로 태어난, 즉 출가로 다시 태어난 이후'라고 고쳐 말하며, 산모를 위해서 기원하라고 설하고, 앙굴리말라를 보냈다. 그는 그 부인의 출산을 돕고, 그 후에 깨달음을 얻어 아라한이 된다.

붓다는 '태어난 이후'를 왜 바꿔 말한 것일까? 사람이 이 세계에 태어나는 고통을 보고 앙굴리말라가 품은 죄책감을 붓다는 위로하지 않고, 그가 살인마였던 것을 재차 말하게 해서 출가한 이후에는 새로운 인생을 살아가는 것이라고 확인시킨 것이다. 앙굴리말라의 자주적인 현실인식이 열쇠가 되고 있는 것이 흥미롭다.

✻ 문헌

片山一良 訳(2000), 「第86 アングリマーラ経」, 『パーリ仏典中部 中分50経編 II』, 大藏出版, pp.280-293.

フロイト, S.(1970),「悲哀とメランコリー」,『フロイト著作集 6』, 人文書院, pp.137-149.
クライン, M.(1985),「不安と罪悪感の理論について」,『妄想的·分裂的世界』, 誠信書房, pp.33-54.

[葛西賢太]

109 금기와 계율

【링크】→ 참회, 오계, 삼학, 계금취견, 죄책감, 윤리

우리의 일상은 다양한 '해서는 안 되는 것', '생각해서는 안 되는 것', '생각조차 할 수 없는 것'에 둘러싸여 있다. 그중에는 권위와 사회적 압력에 의해 명확하게 금지되어 있는 것도 있지만, 떠올리는 것만으로도 죄책감과 혐오감이 드는 것 또는 상상조차 할 수 없이 무의식에 남겨져 있는 것도 포함하고 있다. 프로이트는 무의식적 금기의 근원에 흥미를 가졌다. 가정과 사회에서 성욕의 관리를 기원으로 도덕의 강제력이 생겨나지만, 그 강제력의 기원은 자각되지 않은 채 불안을 가져오며, 강박신경증 등을 일으킨다고 본다.[1)]

불교의 계율은 자각적이지 않은 금기에 대하여 보다 자각적이기를 요구하는 가르침이다. 계(戒)는 불교의 기본적인 수행원리인 계정혜 삼학(三學)의 출발점이며, 계가 유지됨으로써 명상(定)이 의미 있는 것으로 높아져서 지혜(慧)에 이른다.

불교에 앞서 존재하고 있던 제사장인 바라문을 존중하고 그 제식을 중시하는 생활습관에 대해서, 또는 태어남에 의한 차별이 생기는 것에 대하여 불교는 비판적이었다. 미신으로서 금기는 그 세계의 치우친 인식이나, 사물과 자기에게 집착한 결과이며 원인이기도 하다. 그것들을 극복해서 이 세계의 현상을 있는 그대로 바라보고, 이 세속적인 인식의 분별의 틀을 넘어선 무분별지를 얻는 것이 불교 수행의 목표로서 지향되었다. 불교의 계율에 자각적인 성격이 주어진 것은 이 점에 의한 것이다.

불교의 도덕적 행위규범 가운데 무엇보다 중심에 놓인 것은 출가와 재가를 묻지 않고 신자 전부가 지켜야만 하는 오계(五戒, 불살생, 불투도, 불사음, 불망언, 불음주)이다. 한편 불교 교단을 운영하기 위해서 정해진 것을 율(律)이라고 부르며, 출가자가 지켜야 하는 구족계(비구는 통상 250계, 비구니는 348계)와 승가교단의 정의, 출가자와 비출가자의 확실한 구분, 출가자는 사치를 피하고 몸을 청결하게 유지해야 하는 것, 출가자의 재산에 대한 규정, 계율을 준수하지 않은 출가자에 대한 벌칙규정, 사죄와 벌칙의 해제에 대한 절차 등이 세세하게 기록되어 있다. 다수의 율은 특정 인물의 구체적인 실수와 악행을 되짚어서 하나하나 제정된 것이다. 죄책감에 필요 이상으로 집착하지 않기 위해서, 사전의 지계(持戒)와 사후의 자자(pravāraṇā, 自恣, 교단 내에서 고백하고 참회하는 절차)가 쉬우므로, 본래 계율은 불안을 가져오는 구속이 목적이 아니라는 것을 알 수 있다. 대승불교에서 계의 유지는 육바라밀의 실천에도 포함되고, 덕의 축적이라는 새로운 의의를 가진다.

계율의 준수는 이 세속적인 자세를 초월하는 것을 목표로 한다. 다른 한편 불교교단은 세속 사람들의 존경과 귀의가 존립의 전제가 되므로 세속적인 가치관에 맞추거나 또는 급진화하는 일면도 있다. 비구니에게 부과되는 계율 가운데 비합리적인 수많은 부분 등은 당시 문화의 세속적인 가치관에 의한 구속이라고도 생각해볼 수 있다.[2]

❋ 문헌

1) フロイト, S.(1979),「文化への不満」,『フロイト著作集 3』, 人文書院, pp.431-496.

2) 佐々木閑(1999),『出家とは何か』, 大藏出版, pp.203-236.

[葛西賢太]

프로이트의 정신분석학

110 리비도

【링크】→ 중도, 여실지견, 심심소, 번뇌즉보리, 티베트불교의 명상법, 마음 에너지, 양가성, 에로스와 타나토스, 대상관계론

프로이트(Sigmund Freud, 1856-1939)[1)]는 생의 본능에 입각한 성적 추동과 죽음의 본능에 입각한 공격적 추동을 인간의 두 가지 추동으로 생각하고, 전자가 수반하고 있는 에너지를 리비도(libido), 후자가 수반하고 있는 에너지를 몰티도(mortido)라고 불렀다. 한편 '성'이라고는 말해도, 그의 정신-성적 발달도식의 성기적 단계의 리비도와 관련된 성을 반드시 의미하지는 않는다. 즉, 우리가 일반적으로 떠올리는 '성'이라고는 할 수 없다. 성기기 이전의 발달단계에서 리비도는 우선 입 주변에서, 다음으로 항문 주변이라는 식으로 순차적으로 집중하는 영역이 변한다. 어린이가 세계와 중요한 대상을 어떻게 경험하고 어떻게 관계 맺는지에 대해서, 각각의 단계에서 특징적인 색채를 부여하고 있다. 여기에 넓은 의미의 '성'이 있다. 이 성기기 이전의 모든 단계에서 성의 중요성은, 어른에게 성이 인간관계, 가치관, 문화형성에 주는 큰 영향과 비교해도 손색이 없다.

프로이트가 넓은 의미와 좁은 의미의 성을 모두 중시했던 것은 틀림이 없다. 융(Carl G. Jung, 1875-1961)은 이와는 다른 주장을 한다.[2)] 융은 처음에는 프로이트에게 의지하고 있었으나, 1912년의 『리비도의 변용과 상징』(후에 『변용의 상징』으로 제목이 바뀜)에서, 리비도라는 말에 마음의 에너지라는 중립적 의미를 부여하여 독자적인 입장을 명백히 했다.

융에 의하면, 원초적 상태의 리비도가 성적 성질을 가지고 있다고 하더라도, 곧 대부분이 성을 벗어나 이미 성적 에너지로 볼 수 없게 된다. 그가 말한 '마음의 에너지'는 마음의 과정의 강도와 그것이 수반하는 심리학적 가치에서 자율적인 마음의 작용으로 나타난다. 즉, 개인의 내적 경험에서 리비도는 성적·비성적인 다수의 상징적 이미지로 모습을 바꾸면서 끊임없이 나타나, 그 개인의 근본적인 변용을 유도한다.

예를 들어 사람이 곤란한 일에 부딪히면, 지금까지 외부를 향하고 있던 리비도가 안으로 향하여 현실에서 물러나고, 외부적으로는 부적응이 일어나게 된다. 그러나 그 안으로 향한 리비도는 통상적으로는 양립하지 않는 대극적인 것을 양립시켜 새로운 상징을 창조하여(초월기능), 마침내 흐름이 갑자기 뒤바뀌어 다시 밖으로 향하여 구원과 치유를 가져온다.

그러한 상징이 가지는 힘인 리비도는 예를 들어 신란(親鸞, 1173-1263)의 유명한 육각당의 꿈을 생각해도 알 수 있다. 번뇌로 괴로워하면서 도를 구하는 신란은 수행자가 여자를 범해서는 안 된다는 계율을 어긴다면 구세관음 자신이 상대 여자가 되겠다고 하는 꿈을 꾸었다. 이것은 신란의 번뇌와 구도 사이의 대립에 대한 가교 역할을 하여, 그가 속세의 서민에게 불도(佛道)를 열어주는 하나의 계기가 되었다. 종교적인 명상과 심층심리학적인 치료에 의해 경험된 여러 가지 현상은, 여기서 서술된 바와 같이 리비도의 내향과 그것에 이어지는 외향에 의거하고 있다.

❋ 문헌

1) フロイト, S., 津田均 訳(1940, 2007), 「精神分析概説」, 『フロイト全集 22』, 岩波書店.

2) ユング, C. G., 野村美紀子 訳(1912/1952, 1985), 『変容の象徴－精神分裂病の前駆症状』, 筑摩書房.

[老松克博]

프로이트의 정신분석학

111 나르시시즘

【링크】→ 번뇌, 무아, 보살, 사무량심, 회향, 수희, 참괴, 참회, 참여불교, 자기와 자아

'자기애'라고 번역되는 단어에는 '나르시시즘(narcissism)'도 있지만 '셀프러브(self-love)'도 있다. '그는 자기애적인 사람이다'라고 말하는 경우, 일반적으로는 그 사람이 이른바 나르시시스트(narcissist)라는 것을 의미하지만, 우리는 과도하게 자존심이 높은 오만한 인물을 이미지화한다. 하지만 뒤에 서술하듯이 실제로 그는 '셀프러브(self-love)'라는 의미의 자기애를 하고 있는 것이다. 여기서 말하는 '셀프러브'는 자신을 소중히 생각하는 건강한 자기애이다. 그 의미에서 이른바 나르시시스트는 자기애가 과잉된 것이 아니라 결핍되어 있다고 말할 수 있다. 쓸데없는 혼란을 초래하지 않기 위해서 여기서는 '자기애'라는 말을 '셀프러브'의 의미로 한정하여 사용한다.

다만 그러한 혼란에는 그 나름의 배경이 있다. 프로이트(Sigmund Freud, 1856-1939)는 1차 나르시시즘과 2차 나르시시즘을 구별했다.[1] 1차 나르시시즘은 태어난 지 얼마 되지 않는 유아가 자타 미분화로 외부를 인식할 수 없는 가운데, 자기 자신에게 관심을 향하여 자족하는 것과 같은 생리적인 상태, 즉 정상적인 상태이다. 이것과는 대조적으로 2차 나르시시즘은 자타의 구별을 할 수 있게 된 유아와 성인이, 어떠한 이유로 외부에 대한 관심을 닫고, 일단은 외부의 대상을 향하는 리비도를 자기 자신에게 돌려버리는, 본질적으로 병리적인 상태를 말한다. 프로이트 이후 나르시시

즘에 대한 연구는 코헛(Heinz Kohut, 1913-1981), 켄버그(Otto F. Kernberg, 1928-) 등에 의해서 발전되었으나, 그 과정에서 나르시시즘을 선천적 요소가 큰 병리적인 것으로 간주하는 입장과 후천적인 요인에 의해 건강한 발달과정으로부터 일탈한 것으로 간주하는 입장 사이에 긴 논의가 있었다. 그것이 현재의 용어법 혼란의 한 요인이 되었다.

따라서 역사적 과정은 별도로 하고, 현재의 나르시시즘론을 이해하는 데에는 나르시시스트에 두 가지 유형이 있다는 최근의 관점[2)]을 염두에 둘 필요가 있다. 하나는 무관심형(둔감형, 과대형)이라고 불리는 유형 그리고 다른 하나는 과민형(과잉경계형, 우울형)이라고 불리는 유형이다. 무관심형은 흔히 말하는 나르시시스트로 자신의 강함, 아름다움, 우수함을 자랑하며 주위의 주목과 칭찬을 요구한다. 특별한 대우를 당연하게 생각한다. 그 때문에 주위 사람들에게 상처를 주고도 알아차리지 못하는, 무신경함 그 자체이다. 발신기는 가지고 있지만 수신기는 가지고 있지 않다고 말할 수 있는 이유이다. 한편 과민형은 이것과 대조적으로, 칭찬받고 싶은 마음은 비슷하게 강하지만 비판과 무시를 두려워한 나머지 위축된다. 자신이 없고, 눈에 띄지 않으려고 노력하는 것이다. 당연히 주위의 부정적 평가에 민감하며, 수신기만을 가지고 있다고 비유할 수 있다.

켄버그가 탐구한 것은 주로 무관심형이다. 미국 정신의학회의 진단분류기준인 『정신질환 진단 및 통계 편람 제4판』(DSM-IV)은 그 흐름을 도입하였으며, 자기애적 인격장애의 진단기준은 무관심형에 초점을 둔 것이다. 적극적인 자기주장이 요구되는 미국사회에서는 이러한 경향이 병리적일 정도로 극단적인 사람이 적지 않다는 문화적 배경을 반영한 것이다. 그에 반해서 코헛은 주로 과민형 쪽에 관심을 기울였다. 이쪽은 '모난 돌이 정 맞는다'라는 상황을 피하려고 하는 일본의 문화적 풍토와도 어울리는 측면이 있다. 일본인이라면 많든 적든 누구나 안고 있는, 극단적으로 되는 경우가 많은 심성이다.

그런데 지금까지 편의적으로 '무관심형', '과민형'이라는 명칭을 사용했으나, 이것은 엄밀히 말하면 '형'이라고는 부를 수 없다. 영어표기로는 일반적으로 '오블리비어스 나르시시시스트(oblivious narcissists)'와 '하이퍼버질런트 나르시시스트(hypervigilant narcissists)'가 된다. 자기애에 상처를 입은 사람은 평소에 무관심과 과민 가운데 어느 한쪽의 태도가 우세하지만, 사소하게 상처받기가 보다 더 쉬운 하나의 태도로 바뀐다. 즉, 동일한 사람이 그 양극, 즉 과도하게 부풀어 오른 모양의 태도와 주위의 분위기를 헤아려 위축되는 태도 사이에서 자주 흔들린다. 이 진폭이 나르시시즘의 중요한 특징 가운데 하나이다.

코헛은 자기애적 장애의 원인을 부모의 공감적 지지의 결여와 과도한 외상적 체험으로 돌린다.[3] 1차 나르시시즘의 필연적인 흐트러짐에 대해서, 유아는 만능적이고 과대한 자기와 부모의 상을 안에서 만들어 방어하지만, 부모의 공감이 결여되어 있으면 그러한 과대한 상이 건강한 자기애로 변용되지 못하고, 계속 희망하고 요구하는 것이 되어버린다. 이것을 억압적으로 방어하면 자신이 없는 우울한 상태가 되고, 부인에 가까운 방어를 하면 자부심이 강한 과대한 상태가 된다.

융 학파의 아스퍼(Kathrin Asper)의 결론에 의하면, 문제는 버림받은 경험이다.[4] 물리적인 것이기도 하고, 정서적인 것이기도 한 유소년기의 버림받은 경험은 그 사람에게 살아남고자 하는 본심을 숨기고 가짜 페르소나를 쓰도록 강요한다. 그리고 때때로 진짜 자신은 잊어버리고, 주위의 비판과 평가에 대해서만 극단적으로 신경 쓰는 인격이 형성된다. 그 결과 상처받기 쉬운 우울한 상태 또는 공격적이고 불손한 경조증 상태가 만성화되어 버린다.

초기경전의 빠세나디(Pasenadi) 왕의 이야기에서 '말리까(Mallikā)' 왕비는 나르시시즘과 관련해서 흥미로운 이야기를 한다.[5] 빠세나디 왕이 말리까 왕비에게 (아마도 달콤한 대답을 기대하면서) 누가 가장 사랑스러운지 물었더니, 왕비는 자기 자신이라고 대답하며 왕에게 같은 질문을 한다. 왕 자신도 왕비와 같은 대답을 하는 것에 혼란스러워서 붓다에게 가르침을 청한다. 붓다는 그 대답을 긍정하고, 자신을 사랑스럽다고 생각하는 사람이라면, 타인 역시도 그 타인 자신을 사랑스럽게 생각하는 그 기분을 알기 때문에 타인을 해롭게 하지 않는다고 하였다.

왕이 붓다에게 물은 것은 자신의 답이 무아라는 붓다의 가르침에 어울리지 않았다고 생각했기 때문이다. 임상적인 관점으로 보면 왕비는 자신을 사랑스럽다고 생각하는 건강한 자기애를 가진 사람으로 매우 자명하게 대답하고 있는 것과는 대조적으로, 왕은 타자로부터 칭찬(달콤한 대답)을 바라는 나르시시즘적인 아집의 상태로부터 같은 대답에 도달하였다고 생각된다. 그렇다고 하면 두 사람의 대답은 언어적으로는 거의 동일한 것이지만 성질이 다르므로, 붓다는 그 미묘한 차이를 돋보이게 하는 가교역할을 하였다고 볼 수 있다.

✻ 문헌

1) フロイト, S, 立木康介 訳(1914, 2010), 「ナルシシズムの導む入けて」, 『フロイト全集 13』, 岩波書店.

2) Gabbard, G. O.(1989), "Two Subtypes of Narcissistic Personality Disorder", *Bulletin of Meninger Clinic*, 53(6), pp.527-532.

3) コフート, H., 水野信義, 笠原嘉 訳(1971, 1994), 『自分の分析』, みすず書房.

4) アスパー, K., 老松克博 訳(1991, 2001), 『自己愛障害の臨床－見捨てられと自己疎外』, 創元社.

5) 中村元 訳(1986), 『ブッダ 神々との対話 サンユッタ・ニカーヤ I』, 岩波文庫.

[老松克博]

프로이트의 정신분석학

112 방어기제

【링크】→ 심과 심소, 번뇌, 그림자, 무의식, 신경증, 투영

무언가 감정과 충동이 끓어오를 때, 그것을 느끼는 것이 너무나 격렬한 고통이라면, 인간의 마음은 자신도 알아차리지 못하는 사이에 그것들을 느끼지 않도록 한다. 그 활동을 '방어'라고 부른다.

의식하는 것이 허락되지 않은 그 충동과 감정을 무의식 영역에 남겨놓기 위해서, 인간의 마음은 다양한 방법을 사용한다. 그래서 그 방법들을 '자아방어기제'라고 부른다. 자아방어기제 가운데 대표적인 것의 일부를 다음과 같이 볼 수 있다.

1. 억압(repression)

불안을 부르는 충동, 기억, 생각을 의식으로부터 제거하고, 자기도 모르는 사이에 무의식의 영역으로 억누르는 것을 말한다. 억압은 두 가지 다른 의미로 사용된다.

하나는 넓은 의미의 억압으로, 그 정의에 의하면 여기서 서술하고 있는 모든 자아방어기제는 억압을 달성하고 유지하기 위한 방법이라고 할 수 있다. 즉, 어떤 종류의 충동, 기억, 생각을 무의식에 눌러서 의식화하지 않도록 할 목적으로, 우리는 여기서 서술하는 수많은 방어기제를 사용한다.

한편 좁은 의미의 억압은, 자아방어기제의 한 종류로서 억압이다. 그것은 다른 방법을 사용하지 않고 충동, 기억, 생각을 단순하게 무의식에 눌

러두려는 현상을 가리킨다. 자아방어기제 가운데 가장 원초적인 것이다. 예를 들어 어떤 여성이 어린 시절 성적 학대의 체험을 완전히 잊어버리거나 또는 그 트라우마로 인해서 성욕을 억눌러서 성욕을 느끼지 않는 상태가 되는 것이다.

2. 부정(denial)

현실의 일을 지각하지 않거나, 현실을 수용하지 못하는 것을 말한다. 자신의 아이가 죽었다는 현실을 수용하지 못해서, '지금이라도 저녁이 되면 그 아이가 다녀왔습니다라고 하면서 책가방을 매고 현관으로 들어올 것 같은 느낌이 듭니다'라고 말하는 부모가 그 예라고 할 수 있다.

3. 동일시(identification)

자신에게 없는 것을 가진 타자가 된 것처럼 느끼는 것에 의해서, 결여감, 공허감을 메우려고 하는 것을 말한다. 예를 들어 신경성 식욕부진증(거식증)인 여성이 가족에게 먹어달라고 하면서 많은 요리를 열심히 만드는 경우가 있다.

4. 분열(splitting)

의존대상에 대해서 적의를 의식화하지 않고, 적의를 드러내도 되는 다른 대상을 만들어서, 그 대상에게는 분노와 경멸 등을 느끼는 반면, 의존대상에 대해서는 애착과 접근욕구만을 느끼는 것을 말한다. 예를 들어 집단에서 자신들의 리더에 대한 적의를 느끼는 것을 피하기 위해서, 리더를 이상화하고 적의는 다른 집단의 리더에게 향하거나 자신들의 집단에 속하지 않은 사람들에게 향하는 현상이 종종 발견된다.

5. 공격자와 동일시(identification-with-the-aggressor)

누군가에게 공격받은 후에, 자신보다도 약한 인간을 발견해서, 자신을 공격한 인간처럼 그 약자에게 공격적인 행동을 하는 것을 말한다. 그것에 의해서 자신이 느꼈던 공포를 극복하려고 한다. 예를 들어, 굉장히 권위적인 교사가 지도하는 운동부의 학생이, 분노와 공포를 담당 선생에게는 향하지 않고 후배에게 매우 엄격하게 대하는 것이다.

6. 자기공격(turning-against-self)

공격적 충동 등을 본래의 대상에게 향하는 것이 불가능해서 자기 자신에게 향하는 것을 말한다. 예를 들어, 나를 버린 연인에 대한 분노를 자기 자신에게 돌려서, '나는 어쩔 수 없는 인간이다'라고 생각하여 우울증상에 괴로워하는 남성이 있다.

7. 반동형성(reaction-formation)

수용하기 힘든 감정과 충동이 끓어오를 때, 그것을 억압하기 위해서 정반대의 감정과 충동을 느끼는 것을 말한다. 예를 들어, 자신 안에 있는 동성애적 충동을 피하기 위해서, '동성애는 이상하고 기분이 나쁘다'라고 경멸하는 것을 들 수 있다.

8. 취소(undoing)

어떤 의례를 행함에 있어서, 과거에 취한 행동과 일을 일어나지 않은 것으로 다루거나, 자아가 수용하기 힘든 감정과 생각을 갖지 않은 것으로 하려는 것을 말한다. 예를 들어, 수용하기 어려운 충동을 가진 '더럽혀진' 자신을 깨끗하게 하려고 몇 번이고 손을 씻는 세정강박신경증 환자가 있다.

9. 지식화(intellectualization)

감정을 느끼는 것을 피할 목적으로, 얕은 지적 차원으로 이해하려는 것을 말한다. 예를 들어, 깊은 마음의 상처와 직면하는 것을 피할 목적으로 심리학을 배우는 것을 들 수 있다. 그렇게 해서 자신의 문제를 이치에 맞게 설명할 수 있게 되어도 문제는 해결되지 않는다.

10. 합리화(rationalization)

자신의 행동의 진짜 이유를 자기 자신으로부터 숨기기 위해서, 자기 개념과 도덕적 관념에 맞는 그럴듯한 이유를 만들어내는 것을 말한다. 예를 들어, 내담자가 의지하게 하기 위해서 조언을 주어 내담자를 의존적으로 만드는 심리치료사가 '이렇게 조언하는 것이 내담자를 위한 것이다'라고 주장하는 것을 들 수 있다. 또한 부모가 자신의 짜증을 아이에게 풀면서 '아이가 나쁘기 때문이다. 아이를 위해서 훈육하고 있는 것이다'라고 믿는 것도 합리화의 예이다.

11. 투사(projection)

자신 안의 감정과 생각이 자신 안에 있는 것을 인식하지 못하고, 그것을 타인이 가지고 있다고 믿는 것을 말한다. 나쁜 짓을 해서 자기 자신을 책망하고 있는 사람이, 자신이 자신을 책망하고 있다는 사실을 받아들이지 않고, '주위 사람들이 나를 책망하듯이 말똥말똥 보고 있다'고 느끼는 것이 그 예이다.

12. 승화(sublimation)

충족되지 않는 욕구를, 사회적으로 인정되는 형태로 충족시키려는 것을 말한다. 예를 들어, 연애소설을 읽거나 나체를 그림으로 묘사하는 등 성적 욕구의 표현을 예술 활동의 형태로 행하는 경우가 있다.

❋ 문헌

Fenichel O.(1946), *The psychoanalytic theory of neurosis*, London: Routledge.

Freud, Anna(1967), *Ego and the mechanisms of defense,* Madison, WI: International Universities Press, Inc. (アナ・フロイト(1998),『自我と防衛機制 アナ・フロイト著作集 2』, 岩崎学術出版社)

Freud, Sigmund(1962), *The ego and the id (Complete Psychological Works of Sigmund Freud)*, New York: W.W. Norton. (ジークムント・フロイト(1970),『フロイト著作集 第6巻 自我論・不安本能論』, 人文書院)

古宮昇(2001),『心理療法入門－理論統合による基礎と実践』, 創元社.

[古宮 昇]

113 투영

【링크】→ 유식사상, 방어기제, 초자아, 억압, 신경증, 그림자

안나 프로이트(Anna Freud, 1895-1982)가 아버지 프로이트(Sigmund Freud, 1856-1939)의 투영에 관한 발견과 이론을 방어기제의 하나로서 정리하여 자리를 잡은 투영은 '투사'로도 번역되며, 자기 내면의 일부를 타자에게 옮겨놓는 기제이다. 특히 자신 안에 있는 충동, 바람, 감정 등이 받아들여지기 어려운 경우에는, 그것들을 억압하고 그것들이 외부와 타자에게 속하는 것이라고 인식하는 무의식적인 마음의 움직임이다. 그 때문에 불쾌한 바람, 욕망, 감정은 자신에게 속하는 것이 아니며, 죄의식을 품을 필요가 없다는 점에서 방어기제로서 의의가 인정된다. 이렇듯 자신의 내적 세계에 기초하여 외부 세계를 보는 것이 지나치면 현실을 뒤틀리게 파악하여서 질투, 공포증, 피해염려 등의 부적응 상태를 초래하기 쉽다. 발달적으로 이 기제가 성립하기 위해서는 내적 표상과 외적 표상의 구별이 전제되어야 한다고 안나 프로이트는 생각했다.

한편 클라인(Melanie R. Klein, 1882-1960)은 내적 세계와 외적 세계의 경계가 명확하지 않은 생후 수개월의 유아 시절에도 이러한 기제가 생겨난다고 생각했다. 여기서 유아는 고통을 주는 것과 불쾌한 것 그리고 자신의 파괴적 충동을 자신 안에서부터 '배설'한다. 즉, 생리적인 기제가 다음에는 심리적인 기제의 역할을 하게 되는 것이다. 그리고 그러한 초기에 생긴 투영과 그 밖의 원시적 방어기제를, 안나 프로이트가 정상적인 심리나 신경증적인 방어라고 생각한 것과는 구별되는 원시적 투영으로 생각했다. 또한

클라인은 투영을 방어기제가 아니라, 대상관계 및 초자아[1]를 발달시키는 기본적인 기제라고 생각했다. 즉, 유아는 투영을 통해서 대상과의 관계를 형성하게 되는 것이다. 일단 투영한 불쾌한 감각과 파괴적 충동은 재도입[2]에 의해 유아에게 돌아오고, 유아는 공포를 느껴서, 형성과정에 있는 초자아에 의한 처벌을 받는다. 클라인에 의하면, 이러한 투영과 도입의 반복이 자신과 대상과의 구별 및 초자아의 발달을 촉구하는 것이다.

또한 이러한 클라인의 이론을 켄버그(Otto F. Kernberg, 1928-)는 미국에서 전개한다. 그는 투영을, 자신이 받아들이기 힘든 마음의 체험을 억압하고 그 억압한 것을 타자가 가지고 있다는 방어라고 생각했다. 즉, 켄버그는 투영을 억압을 기초로 하는 외적 현실해석의 뒤틀림이라고 생각했다. 경계성 인격구조와 정신병리적 인격구조에서 다수 발견되는 투영 동일화[3]와 비교하여, 투영을 신경증적 인격구조의 전형적인 방어라고 주장한다.[4]

❀ 미주

1) 프로이트가 오이디푸스 콤플렉스의 해소에 의해서 유아의 초자아가 확립된다고 생각한 것과 대조적으로, 클라인은 보다 초기의 초자아 및 오이디푸스 콤플렉스에 관한 이론을 전개했다. 클라인에 의하면 초자아란 유아기 초기부터 그 단초가 보인다.

2) 도입(introjection)이란 자기보존에 필요해서 기분 좋은 것을 자신 안으로 도입하는 기제이며, 투영과는 대조적이다. 또한 재도입은 일단 투영하여 외부 세계로 배출한 것을 다시 자신 안으로 도입하는 기제이다.

3) 클라인이 공격성, 배출적 대상관계의 원형으로 정의한 것으로, 분열한 자기의 부분을 대상에 투영하고, 그 투영한 자기의 부분과 그것을 받아들인 외부 세계의 대상을 동일시하는 것이다. 대상을 제어하려는 의도를 가진 환상(phantasy)이다. 투영(성)동일시라고도 한다.

4) A・フロイト, 外林大作 訳(1936, 1985),『自我と防衛』, 誠信書房.

[鵜飼奈津子]

프로이트의 정신분석학

114 동일화

【링크】→ 탈동일화, 콤플렉스, 방어기제, 리비도, 즉신성불, 명상대상, 붓다의 행복관, 집착, 애착, 나르시시즘, 대상관계론, 투영, 교육분석

사람이 어떤 대상을 모방하여, 같은 것을 생각하고, 느끼고, 행동하는 것을 통해서 그 대상을 내재화하는 과정을 동일화라고 한다. 동일시라고 부르는 경우도 있다.

동일화가 일어나는 과정은, 대상을 요구하는 리비도가 어떠한 곤란으로 인해서 대상에게 향하는 것을 포기해야만 할 때, 대상과 같이 행동함으로써 그 대상을 자아에게로 끌어들여서, 대상과 결합하려는 것이다.

동일화는 건강한 발달과 성격형성에서 중요한 역할을 한다고 생각되고 있다. 소토바야시 다이사쿠(外林大作, 1916-2012)에 의하면,[1] 프로이트(Sigmund Freud, 1856-1939)는 유아가 구순기에는 어머니와 자신을 다르다고 생각하지 않고, 어머니의 젖가슴을 자신의 일부 또는 소유물이라고 여기는 상태를 일차적 동일화라고 부르며, 자타를 구별하여 대상과 동일화하는 것을 이차적 동일화라고 부른다. 잠복기부터 사춘기까지의 시기에서는 친구, 교사 등과 동일화가 일어나며, 이러한 일련의 동일화에 의해 성격이 형성된다.

또한 프로이트는 오이디푸스 콤플렉스를 극복하기 위한 유아의 싸움 결과로, 동성의 부모에게 안정된 동일화를 이루고, 양친과 양육자의 양육기능과 금지를 내재화하고, 초자아 형성과 자아의 발달이 촉구된다고 보

았다.[2] 그래서 사춘기에 동성의 부모에 대한 동일화는, 부모에 대한 적대적인 감정에 대한 방어기제로서도 기능한다. 그 밖에도 상실감과 불안을 방어하는 수단으로, 상실한 대상과 동일화하는 현상도 있다. 이러한 동일화는 건강한 발달이라는 역할을 하는 한편, 방어기제와 병적 현상 등을 설명하는 데에도 중요시되고 있지만, 학파에 따라서 그 이해의 방법과 이론이 조금씩 다르다.

예를 들어 프로이트는 환자 도라(Dora)의 히스테리 증상에 대해서, 성애적 바람을 배경으로 동일화를 설명한 다음, 증상형성과 관계있는 동일화에 대해서 논했다.[3]

한편 안나 프로이트(Anna Freud, 1895-1982)는 방어기제로서 동일화에 주목하여, 피학대 아동에게서 자주 보이듯이 '공격자와 동일화'라는 현상에 대해서 설명하고 있다.[4] 이것은 자신이 공격당한다는 공포를 피하기 위해서, 자신을 공격자와 동일화하여, 타자를 공격하는 것으로 자신의 공포를 방어하는 것이다.

그 이후 클라인(Melanie R. Klein, 1882-1960)은 동일화의 개념을 보다 발전시켜서 '투영동일화'에 대해서 논하고, 이것을 동일화와 구별하고 있다.[5]

❋ 문헌

1) 外林大作(1988), 『ナルシズムの喪失』, 誠信書房.

2) フロイト, 懸田克躬 訳(1923, 1969), 「あるヒステリー患者の分析の断片」, 『フロイト著作集 5』, 人文書院.

3) フロイト, 井村恒郎 訳(1905, 1970), 「自我とエス」, 『フロイト著作集 6』, 人文書院.

4) A·フロイト, 黒丸正史郎 訳(1936, 1982), 「自我と防衛機制」, 『アナ·フロイト著作集 2』, 岩崎学術出版社.

5) クライン, 小此木啓吾, 岩崎徹也 訳(1946, 2000),「分裂機制についての覚書」,『メラニー・クライン著作集 4』, 誠信書房.

[堀内 瞳]

프로이트의 정신분석학

115 전이·역전이

【링크】→ 유식사상, 무의식, 근기, 투영동일화

전이(transference)는 어떤 인물에 대해서 이전에 품고 있던 감정, 생각, 충동, 태도, 상상, 행동, 방어를 현재의 인간관계에서 타인에게로 옮기는 마음의 현상을 가리킨다. 예를 들어 교사, 상사, 의사 등의 권위자에 대한 동경이나 두려움 또는 연인에 대한 응석이나 미움 등이 있다.

전이반응은 부적절하고 비현실적인 반응이다. 왜냐하면 현재의 타자에 대해서, 그 사람이 마치 부모 등 과거에 중요한 타인인 것처럼 반응하기 때문이다. 또한 전이의 과정은 거의 무의식적인 과정이다. 그런 까닭에 전이반응을 일으키고 있는 본인은, 그것이 전이반응이라는 것을 알아차리지 못하고, 현실적인 반응이라고 생각하게 된다.

예를 들어 유아기에 만족하지 못했던 애정욕구를 충족하기 위하여 연인에게 어리광을 부리는 남녀는, 자기들이 유아기에 부모에 대해서 품었던 감정이나 충동, 태도를 가지고 연인에게 반응한다. 하지만 그들은 연인에게 어리광 부리는 것은 상대를 사랑하기 때문이라고 생각하며, 그것이 충족되지 않은 유아적 욕구로부터 온다는 것은 알아차리지 못한다. 만약 그들이 자신의 애정욕구의 유아성을 알아차린다고 해도, 애정욕구가 충족되지 못했던 것에 대한 깊은 슬픔, 쓸쓸함, 부모에 대한 강렬한 적의 등은 그 일부밖에 느끼지 못한다.

선생님이나 경찰에 반항하는 비행청소년도 같은 것이다. 그들은 자신들이 그 정도까지 화가 나 있는 것은 선생님과 경찰이 나쁘기 때문이라고 믿으며,

마음 깊은 곳에 있는 유아기에 중요한 어른(부모 등)에 대한 격렬한 분노와 증오를 현재의 권위자에게 쏟아붓고 있다는 것을 알아차리지 못한다.

우리가 타인에게 품는 모든 반응은 현실적 반응과 전이적 반응의 혼합이다. 즉, 우리는 타인을 어느 정도는 현실적으로 지각하지만, 그 지각은 전이에 의해서 비뚤어지기도 한다.

전이를 일으키기 쉬운 정도는 사람에 따라서 크게 다르며, 유아기의 애정욕구가 충족되지 못해서 괴로워하는 사람은 유독 전이를 쉽게 일으킨다. 또한 전이를 일으키기 쉬운 인간관계가 있다. 연애와 결혼관계, 친구관계 등이 그것이다. 그들 관계의 정서적 친밀함이 유아기의 부모자식관계를 무의식적으로 떠올리게 하기 때문이다. 또한 상사, 교사 등 권위자와 관계도 전이반응을 일으키기 쉬운 관계 가운데 하나이다. 그것은 권위자가 자신보다 권력을 가지고, 자신에게 커다란 영향력을 가진다는 인간관계의 특징이 또한 유아기의 부모자식관계와 유사하기 때문이다. 심리치료관계도 특히 전이를 일으키기 쉬운 관계이며, 전이로 인해서 치료자는 내담자에게 유아기의 부모가 가지고 있었던 것처럼 영향력을 가진다. 그렇기 때문에 내담자의 전이반응을 치료적으로 다루면, 마음의 깊은 상처가 치유될 가능성이 나온다. 하지만 그것과 동시에 심리치료가 중단되거나 진전이 없는 가장 커다란 요인은 전이를 치료자가 적절하게 다루지 못한다는 것이다.

역전이(countertransference)는 치료자가 내담자에 대하여 일으킨 전이반응을 가리킨다. 하지만 최근에는 치료자의 해결되지 않은 심리적 문제에 의해서 일어나는 정서적 반응이라는 본래의 좁은 의미보다는, 내담자에게 향하는 치료자의 감정적 반응을 전부 역전이라고 부르는 경우도 많아서 역전이의 정의가 넓어지고 있다.

[古宮 昇]

프로이트의 정신분석학

116 반복강박

【링크】→ 업, 연기, 열반, 게슈탈트 치료, 세대 간 전달, 에로스와 타나토스, 무의식, 신경증, 갈등

프로이트(Sigmund Freud, 1856-1939)는 1920년에 『쾌락원칙을 넘어서』에서, 피분석자가 자유연상의 과정에서 유아기의 체험을 언어로 상기하는 것이 아니라 실제 행위로서 재현하는 경우가 있다고 발표하고, 그 현상을 반복강박이라고 불렀다. 하지만 그 반복강박은 치료관계나 신경증 환자에 한해서만 보이는 현상이 아니라, 건강한 사람도 일상 활동이나 인간관계에서 어떠한 종류의 행동 패턴을 강박적으로 반복한다고 생각했다.

또한 프로이트는 제1차 세계대전을 겪은 병사들이 보이는 이른바 전쟁신경증을 치료하면서, 참호 속에서 비참하고 공포에 가득 찬 체험을 꿈속에서 반복하는 증세(반복몽)를 다수 체험했다.[1] 이러한 치료체험으로부터 프로이트는 반복강박을 쾌락원칙에 의한 인간의 행위라는 지금까지 설명에 한계를 느끼고, 생의 본능과 죽음의 본능이라는 보다 근원적인 생물학적 원칙에 기초하여 일어나는 현상으로서 한층 더 이론을 전개했다.

그러던 중에 프로이트는 반복강박을 인간의 열반원칙(nirvana principle)의 표현이라고 생각하게 되었다. 즉, 반복강박이란 인간의 긴장과 흥분상태를 완화하기 위한 것이며, 죽음의 충동의 궁극적인 목표이며, 무기적(inorganic) 상태로 돌아가려는 것이라고 생각했다.

신경증적 반복강박의 예로, 외상체험을 가진 환자가 그 외상체험을 극복하려고 무의식적으로 그 체험을 유발하려는 것을 들 수 있다. 예를 들

어 사고를 당한 환자가 사고현장이나 그 상태와 유사한 장소로 무의식적으로 발길을 향하거나, 학대받은 경험이 있는 환자가 학대자와의 대상관계를 다른 인간과의 관계에서도 반복하는 것은 반복강박의 예라고 할 수 있다. 그러나 반복강박에는 사람이 과거를 극복하려는 측면도 포함한다. 그린슨(Ralph Greenson, 1911-1979)은 반복강박에서 과거의 체험을 끝내고, 보다 행복하고자 하는 희망을 의미하는 측면과 과거의 경험을 떨쳐내고 극복하려고 시도하는 측면이 있다고 여긴다.[2]

또한 로월드(Hans W. Loewald, 1906-1993)는 반복강박을 수동적인 것과 적극적인 것 두 가지로 나눌 것을 주장했다.[3] 유아기의 갈등에 뿌리를 둔 신경증적 반복행동은 갈등의 결과로서 수동적으로 일어나는 현상이지만, 정신분석치료에서 이 소아신경증이 재현되는 경우는 적극적인 반복행동에서 일어나며, 심리적으로 높은 차원에서 그것이 재구성된 것이라고 생각된다. 정신분석적 심리치료에서 이러한 반복강박을 해소하기 위해서, 분석자와 피분석자의 전이관계에서 분석자가 그것을 해석하고 피분석자가 그것을 의식화해나가는 것처럼 철저한 작업이 필요하다고 생각된다.

❀ 문헌

1) フロイト・S., 井村恒郎 訳(1920, 1970), 「快楽原則の彼岸」, 『フロイト著作集 6』, 人文書院.

2) Greenson, R.(1967), *The Technique and Practice of Psychoanalysis*, International University Press.

3) Loewald, H. W.(1971), "Some considerations on repetition compulsion", *International Journal of Psychoanalysis,* 52, pp.59-63.

[堀內 瞳]

117 자유연상법과 고르게 떠 있는 주의

【링크】→ 여실지견, 유식사상, 위빠사나(觀), 위빠사나 명상, 분별지, 무분별지, 마음챙김

자유연상법(free association)과 '고르게 떠 있는 주의(경청)'(mindfulness, bare attention)는 각각 정신분석의 피분석자와 분석가의 마음가짐을 말한다. 특별한 노력 없이 자연스럽게 떠오르는 자신의 생각을 숨기지 않고 솔직하게 보고하는 것이라는 '기본 원칙'이 정신분석에 있고, 이것을 피분석가가 실천하는 방법이 자유연상법이다. 다른 한편 분석가의 마음가짐도 이것에 대응하여, 듣는 이야기의 전부에 대해서 가치판단과 차별 없이 수용적인 주의를 기울이도록 요구받는다. 이것이 '고르게 떠 있는 주의'(suspended attention, 균등하게 유지되는 주의)라고 불리는 것이다.

자유연상법은 프로이트(Sigmund Freud, 1856-1939) 자신이 '프라이얼 아인팔(freier Einfall)'이라고 표현한 독일어의 번역이다. 주의해야 할 것은 '아인팔(Einfall)'은 '연상(association)'이 아니라 '난입', '돌발적인 관념'이라는 의미를 가지며, 노력 없이 자연스럽게 떠오르는 관념을 가리키는 것이다. 바꿔 말하면 잡념이 자유롭게 의식에 뛰어 들어오는 것을 허락하는, 그러한 상태이다. 피분석자는 생각의 질서를 잡거나, 생각해야 할지 말아야 할지 하는 판단('저항')을 내리지 않고, 느긋하게 소파에 눕고, 분석자는 피분석자에게는 보이지 않는 쪽에서 귀를 기울인다.

'고르게 떠 있는 주의'는 독일어 '글라히슈벤데 아우프메르크잠카이트

(gleichschwebende Aufmerksamkeit)'의 번역이며, 분석가가 '환자가 제공하는 무의식에 대하여, 자기 자신의 무의식을 수용기관으로 삼고, 화자에 대해서 전화기의 수화기와 같은 역할을 하기' 위한 기법이다. 말하자면 '경청'이며, 힘을 들여서 열심히 듣는 것이 아니라고, 프로이트는 오히려 맥이 빠진 것 같은 조언을 하였다. 프로이트 자신의 말을 인용해보자.

> 우리는 자신의 주의능력으로부터 모든 의식적 영향작용을 멀리하고 떼어내서, 완전히 '무의식적 기억'에 몸을 맡긴다. 또는 순수하게 기법론적으로 말하자면, 우리는 단지 귀를 기울이기만 하면 되며, 무엇에 주의하면 좋은지는 신경 쓸 필요가 없다. 분석가가 취해야 할 올바른 태도란 그때그때 요구에 맞추어 일정한 심리적 상태에서 다른 상태로 자유자재로 들어가는 것, 분석 중에는 사색하거나 생각에 잠기지 않을 것 그리고 분석시간이 종료되면 얻어낸 재료를 종합적 사고에 자유롭게 맡길 것 등이 있다. …… 분석하고 있는 사이에 분석가가 많은 노트를 하거나, 기록하는 것을 권하지 않는다.

우리는 의사가 환자의 기록을 차트에 적는 것을 실제로 보지만, 여기서는 그러한 '당연한' 행위가 부정되고 있다. 요구되는 것은 집중이 아니라, 낚시에서 찌처럼 흔들흔들하는 (무)의식을 유지하는 것으로, 그것을 센서로서 활용하는 지혜이다. 이는 무의식이 '수화기'와 같은 '수용기관'이라고 설명했던 것과 같다.[1)]

그렇다면 이 자유연상법과 '고르게 떠 있는 주의'라는 두 가지의 방법은 명상의 방법과 다른 것이 아니다. 자유연상법은 잡념을 가치판단으로부터 분리해서 말로 하는 방법이며, '고르게 떠 있는 주의'는 잡념을 잡념으로 놓아두면서 관찰하는 방법이다. 의식적으로 집중하는(止) 것이 아니라, 의식에 떠오르는 것 그대로를 있는 그대로 관찰하는(觀) 것은 위빠사나 명상이 강조하고 있는 방법이다. 결가부좌를 하는 대신에 소파에 눕거나, 또는 소파 옆에 앉는다. 프로이트는 어느 스승도 따르지 않고, 이 방법을 최면에 대한 반성과 그 자신의 임상실천으로부터 힘들게 발견해낸 것이다.

프로이트 자신은 요가를 수행하는 친구를 허무주의적인 동양사상에 열중하고 있다고 야유했으나,[2] 이것은 당시 유럽과 미국에서 쇼펜하우어를 거치면서 불교가 어느 정도 편협하게 소개된 것이 원인인지도 모른다. 또한 오토 페니첼(Otto Fenichel, 1897-1946)이 '자신의 무의식을 떠다니며 거의 아무것도 작업을 하지 않는' 것을 '고르게 떠 있는 주의'라고 야유하듯이, 다른 분석가들에게 그 의의를 주지시키는 것은 어려웠다고 생각된다.[3] 또한 프로이트 시절에는 분석가가 가지고 있는 기대와 희망이 피분석자에게 압력이 되는 것을 피하기 위해서라도 '고르게 떠 있는 주의'가 의의가 있다고 하는 점에 대해서 강조하는 것에 이르지 못했다. 프로이트의 관심은 관찰자로서 분석가가 환자의 무의식의 흐름을 파악하는 것이 가진 가치에 있었다.[4]

불교로 시선을 돌려보자. 우리가 사물을 대상으로 볼 때, 본다고 하는 행위는 우리의 과거 경험과 가치관에 따라 색을 달리하며, 항상 바뀌는 무상한 사물을 있는 그대로 보는 것은 곤란하다고 유가행파(유식학파)에서는 말하고 있다. 또한 매 순간 생겨나고 사라지는 자아의식은 사물을 보는 행위에 의해서 마치 사물을 실제로 연속해서 존재하는 것처럼 느낀다(찰나멸). 바로 철학자 데카르트(René Descartes, 1596-1650)가 서술한 '나는 생각한다, 고로 존재한다(cogito ergo sum)'이다. 데카르트의 말은 일반적으로 생각한다는 행위에 의해서 그 주체인 내가 존재하고 있다는 것을 증명한다고 받아들여진다. 하지만 유가행파의 관점에서 보면 '자아가 사물에 대해 사고하므로, 자아가 존재하게 된다'고 읽는 것도 가능하다. 말과 개념을 통한 구별과 인식작용(分別, vikalpa)을 넘어서, 사물과 자아의 변해가는 무상을 있는 그대로 파악하는 무분별(無分別, nirvikalpa)의 지혜(無分別智)를 유가행(명상)을 통해서 얻으려고 하는 것이 유식불교의 입장이다.

프로이트가 자유연상법과 '고르게 떠 있는 주의'에서 목표로 하는 것은 무분별의 경지가 아니다. 주체와 객체의 구별이 소실된 경지와 사물을 말과 개념에 의해 분석적으로 파악하는 것을 포기하는 것을 목표로 하는 것도 아니다. 한편 자유연상법에 의해서 긴장을 이완시켜, 저항을 모두 없애려고 하는 것도 아니다. 오히려 자유연상법과 '고르게 떠 있는 주의'는 저항을 감소시킴으로 인해서, 거기서 드러나는 저항을 피분석자와 분석가가 공동작업을 통해서 관찰하면서, 증상에 관계된 억압의 정체를 확인하려는 것이다. 그러므로 지나치게 강한 분별지를 줄이면서도 포기하지 않는, 있는 그대로 보기(bare attention) 위해서 연구된 방법인 것이다.

✻ 문헌

1) フロイト, S., 小此木啓吾 訳(1983),「分析医に対する分析治療上の注意」,『フロイト著作集 9』, 人文書院, pp.78-86.

2) フロイト, S.(1969),「文化への不満」,『フロイト著作集 3』, 人文書院, p.438.

3) フェニヘル, O., 安岡誉 訳(1988),『精神分析技法の基本問題』, 金剛出版.

4) エプスタイン, M., 安藤治, 池沢良郎, 是恒正達 訳(1999),「トランスパーソナル心理学へのフロイトの影響」,『テキスト/トランスパーソナル心理学·精神医学』, 日本評論社, pp.34-45.

[葛西賢太]

프로이트의 정신분석학

118 양가성

【링크】→ 번뇌즉보리, 애착형성, 분리불안, 오이디푸스 콤플렉스

앰비밸런스(ambivalence, 양가성, 양의성)는 동일한 대상에 대해서 상반된 심적 경향, 심적 태도, 감정이 동시에 존재하는 것을 의미하는 말이며, 일반적으로 사랑과 미움의 공존을 표현하는 경우가 많다.

이 말을 최초로 정신분석이론에 도입한 프로이트(Sigmund Freud, 1856-1939)는[1] 블로일러(Paul E. Bleuler, 1857-1939)의[2] 개념을 인용하고 있다. 블로일러는 양가성을 의지의 양가성, 감정의 양가성, 지적 양가성의 세 가지로 나누어, 그것들에 통합실조증의 기본증상이라는 위치를 부여한다. 그리고 심신장애가 없는 사람에게도 양가성이 존재하는 것을 인정한다.

프로이트는 「성욕론 삼편」[1]에서 항문 사디즘기에 복수의 욕동이 짝을 이루어 거의 같은 정도로 발전하는 상태를 기술하면서, 블로일러의 이름과 함께 양가성의 개념을 인용하고 있다. 또한 「전이의 역동성에 대하여」에서[3] 양성 전이와 음성 전이가 동시에 생겨나는 경우를 설명하기 위해서 이 개념을 사용했다. 그중에서 프로이트는 과도한 감정의 양가성을 신경증의 특징이라고 하였으며, 특히 강박신경증의 경우 양가감정이 '한 쌍의 대립된 것에 대한 분열'을 이루는 것이 특징이라고 했다. 그리고 그 감정방향에 대한 상반된 병존성이 바로 신경증환자가 감정전이를 저항에 이용한다는 근거라고 서술하고 있다. 게다가 「본능과 그 운명」[4]에서 본능 흥분과 거기에 상응하는 몸의 부분과의 관계를 표현하는 용어로서 양가

성을 사용하는 동시에, 사랑과 미움의 대립에 대해서도 사용하고 있다. 그리고 성기기에 도달하여 처음으로 사랑과 미움이 명료하게 분화된다고 보았다.

한편 에이브러햄(Karl Abraham, 1877-1925)은[5] 프로이트의 이 양가성에 관한 발달론적 생각을 발전시켜서, 인간의 성숙은 양가성을 극복하는 능력이라고 파악했다. 또한 클라인(Melanie R. Klein, 1882-1960)은[6] 처음부터 에이브러햄의 생각을 받아들여, 삶의 본능과 죽음의 본능의 대립을 인간 마음의 핵심에 존재하는 갈등으로 파악했으며, 그러한 본능에서 유래하는 정서를 동일한 대상에 대하여 양가성의 체험을 유지하는 것이 커다란 발달적 성과라고 했다. 클라인이 말한 원시적 태도인 망상과 분열상태에서는, 대상은 좋은 대상과 나쁜 대상으로 분열되어(splitting) 양가성은 체험되지 않고 우울상태로 발전되지도 않는다. 하지만 좋은 대상과 나쁜 대상이 동일한 대상(전체 대상)이라는 양가성이 체험된다. 이렇듯 양가성을 체험하고 그것을 유지한다는 발달적 과정을 정상적인 발달의 요소로 중시하고 있다.

❋ 문헌

1) フロイト・S., 懸田克躬 訳(1905, 1969),「性欲論三篇」,『フロイト著作集 5』, 人文書院.
2) ブロイラー・E., 人見一彦, 笹野京子, 向井泰二郎 訳(1910, 1998),「精神分裂病の概念－誠心医学論文集」, 学樹書院.
3) フロイト・S., 小此木啓吾 訳(1912, 1983),「転移の力動性について」,『フロイト著作集 9』, 人文書院.
4) フロイト・S., 井村恒郎 訳(1915, 1970),「本能とその運命」,『フロイト著作集 6』, 人文書院.
5) アブラハム・K.(1924),「心的障害の見地から見たリビドー発達史小論」.

6) クライン・M., 小此木啓吾, 岩崎徹也 訳(1946, 2000),「分裂機制についての覚書」,『メラニー・クライン著作集 4』, 誠信書房.

[堀内 瞳]

프로이트의 정신분석학

119 교육분석

【링크】→ 전이·역전이, 수퍼비전, 치료자의 세 가지 조건

교육분석(training analysis)은 정신분석학의 개념으로, 임상심리전문가가 되고자 하는 사람이 받는 개인분석이다. 피분석자가 받는 분석으로 절차 등은 치료분석(therapeutic analysis)과 거의 다르지 않다. 교육분석을 받는 것으로 치료의 방법론을 체험적으로 치료자 자신이 경험하는 것이 가능하며, 치료자 자신의 무의식적 갈등이나 억압된 문제를 이해할 수 있다. 현재 프로이트(Sigmund Freud, 1856-1939)의 정신분석학과 융(Carl G. Jung, 1875-1961)의 분석심리학으로 대표되는 심층심리학을 배우는 임상가는 '교육분석'이 필수조건이다.

치료자 자신이 분석을 받는 훈련법은 프로이트의 치료에서 생겨났다. 그가 정신분석학을 창시했을 때, 환자의 무의식에 잠재된 내용을 의식화하여 객관적으로 분석했다. 하지만 자신의 이론을 구축하는 과정에서, 환자가 치료자에 대해 비현실적인 이미지(=전이)와 그 역으로 치료자가 환자에 대해 비현실적인 이미지(=역전이)를 일으키는 것을 알아차렸다. 분석치료의 과정에서, 이러한 전이의 메커니즘은 분석자와 환자 쌍방에게 생생한 현실감을 느끼게 한다. 환자와 치료자의 확신과 사로잡힘 등에서 만들어지는 현실감을 알아차리는 것으로 심적 변화를 초래할 수 있다. 그러므로 치료는 치료자와 환자의 무의식적인 교류에서 이루어진다. 또한 프로이트는 정신분석의 방법을 확립하는 과정에서, 자신의 꿈과 과거의

기억으로부터 무의식의 메커니즘을 아는 것에 대한 중요성을 알아차려서, 장기간에 걸친 자기분석을 행했다. 프로이트는 보다 좋은 분석을 하기 위해서 스스로의 경험으로부터 해결되지 않은 콤플렉스와 내적 저항을 처리할 필요가 있다고 생각하여, 교육분석의 중요성을 설명한 것이다.

융 학파의 교육분석은 '꿈분석'을 중심으로 행해진다. 꿈은 무의식적 과정의 자발적인 메시지이며, 상징표현의 언어로 스스로를 표현한다. 그러므로 꿈분석의 방법으로, 꿈에서 자유로운 연상을 하며, 다양한 이미지와 그 의미 등을 '확충법'이라는 기법을 사용하여 밝힌다. 꿈분석을 통해서, 꿈의 현실과 일상의 현실 두 가지의 실재를 동시에 살아감으로써 무의식의 메시지를 이해하는 것이 가능하다. 무의식이라는 소재를 마주 보는 것은 치료자의 인격에 작용하는 작업이라고 말할 수 있다. 그러므로 심리치료사가 되려면 꿈분석을 받을 것을 권한다. 꿈이라는 무의식의 소재는 영혼의 변화를 가져오기 때문이다. 교육분석이란 스스로의 문제를 명백하게 함으로써 자기성장의 과정을 더듬어가는 것이라고 말할 수 있다.

재단법인 일본임상심리사자격인정협회는 임상심리사가 임상심리교육에서 교육분석을 받는 것을 의무로 하지 않는다. 이것은 사람의 '마음'에 관한 전문가 양성의 근간을 흔드는 문제를 포함하고 있다. 기초교육에서 배우는 가장 중요한 것은 임상가로서 '자세'와 '의지'이다. 한 번 더 프로이트와 융의 원점으로 돌아가서, 전문가가 되고자 하는 사람은 교육분석의 중요성을 인식할 필요가 있다. 교육분석을 지속적으로 받는 것이 필요하다.

[黑木賢一]

120 원형과 집단무의식

【링크】→ 적극적 명상법, 임사체험, 알라야식, 꿈분석, 배치

1. 원형과 집단무의식

여러 문화의 신화나 옛날이야기를 읽고 비교하거나, 그것을 현대의 이야기와 비교하면 다소의 차이는 있지만, 그 모티브에 시대와 문화를 넘어 공통된 것이 있다는 것을 발견하게 된다. 또한 타인이 꾼 꿈의 내용과 공통되는 것을 자신의 꿈에서도 발견하는 경우가 있다. 이것들을 성욕 등 생리학적 원인으로 설명하거나, 문화 전통과 이주와 이민에 의한 전파로 설명하려는 것이 아니라, 인류의 정신구조에 공통된 것으로 설명하면 어떻게 되는 것일까?

인간의 마음은 탄생할 때 백지 상태(tabula rasa)라는 경험주의 철학자들이 주장한 사고방식에 대해서, 지각과 인식을 유도하는 패턴은 생득적으로 존재하고, 그것들이 본능행동을 유도하는 힘을 가지고 있다고 보는 칸트 등의 고찰이 있다. 심리학자 융(Carl G. Jung, 1875-1961)은 후자의 입장을 취하고, 생득성을 담당하는 것으로서 원형과 집단무의식을 생각했다.[1)]

융은 잊혀지거나 억압되었기 때문에 의식에서 소거된 내용(의식으로 떠오르는 감정에 일찍이 색을 입힌 콤플렉스)으로부터 개인적 무의식이 성립되는 것과는 대조적으로, 한 번도 내용(원형)을 의식한 적이 없으므로 자각되지 않은 채 개인에게 영향을 끼치는 집단무의식을 생각했다. 원형의 힘이 패턴과 모티브를 만들어내는 것이라고 본 것이다.

집단무의식이 평소에 의식되지 않는 것과는 관계없이 존재한다는 것을 나타내기 위해서는, 거기에 접근하는 몇 가지 방법이 요구된다. 융은 신화와 옛날이야기 이외에, 꿈과 환상을 통해서도, 형태를 바꾸기는 했어도 제법 원형에 닿는 것이 가능하다고 생각했다. 또한 무의식과 절충하기 위한 적극적 명상법이라는 기법을 연구했다.

원형의 활동은 예를 들어 신화와 옛날이야기를 정성껏 낭독하는 것으로 체험 가능하다. 이야기의 세계에 몰입하여 등장인물에게 감정을 이입하면, 등장인물이 하나의 의지를 가지고 움직이거나, 다양하고 강한 감정이 솟아난다. 원형이 힘을 가지는 것, 힘을 주는 것이라는 융의 설명을 납득할 수 있을 것이다.

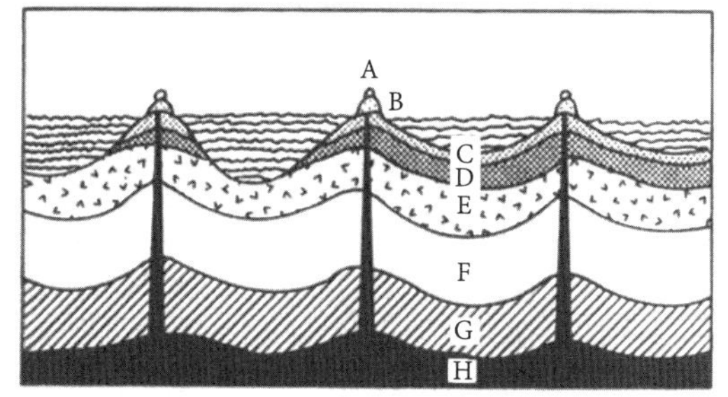

A=개인, B=가족, C=친족, D=국가, E=대집단(예를 들어 유럽인 등),
F=영장류의 조상, G=동물 일반의 조상, H=중앙의 불

인간의 인격을 지질학에 비유한 융의 그림(*Analytical Psychology*, p.133)

2. 융의 발견

융이 원형과 집단무의식의 존재를 확신하는 계기가 된 일이 있다. 융은 어떤 통합실조증 환자가 '자신이 머리를 좌우로 흔들면 태양의 음경이 흔들려서, 그것이 바람의 원인이 된다.'라고 말하는 것을 들었다. 이 기괴한 이야기와 이어지는 것을, 융은 당시 발견된 미트라교의 의전서로부터 찾

아냈다. 거기서는 태양에서 아래로 드리워진 통에서 동풍이나 서풍이 생겨난다고 말해서, 융은 이를 흥미롭게 생각했다.[2)]

또한 융이 집단무의식에 대해서 고찰했던 시대는, 마침 나치즘이 스와스티카(卍자를 거꾸로 한 것)와 같은 태고적 상징을 기치로 유럽을 석권하고 있던 중이기도 했다. 융은 '세계대전 전에는 꿈에도 생각하지 못했을 정도로, 과거의 인간이 우리 속에 살아가고 있다'고[3)] 말하며 태고적(=원형적) 상징의 압도적인 힘에 주의를 기울였다.

원형과 집단무의식이라는 두 가지 개념은 융의 이러한 체험과 고찰로 이어지는 것이므로, 원형과 집단무의식이 불교를 어떻게 지지하는지에 대해서도 구체적인 예를 음미해보자.

3. 임사체험의 패턴

임사체험의 사례를 다수 수집한 연구자는 그 체험에 일정한 패턴이 있다고 주장한다. 예를 들어 죽음에 직면한 자신의 신체를 공중에서 내려다보는 체험, 사후에 강(다리)이 있고, 그 강(다리)을 건너서 저세상에 이르는 체험, 고인과의 재회, 강한 빛에 휩싸이는 체험, 어두운 터널을 빠른 속도로 지나가는 체험 등이다. 강이나 다리는 신화와 옛날이야기에서도 이 세상과 저세상을 나누는 경계로 이야기되며, 이러한 패턴은 실제로 사후세계가 존재한다는 증명으로 어느 정도 사용되고 있기도 하다. 일본인의 임사체험사례를 수집한 다치바나 다카시(立花隆, 1940-)는 인터뷰를 할 때, 체험내용을 스케치북에 묘사하게 했다. 그랬더니 강에도 대소가 있으며, 다리도 건너거나 건너지 않는 등 임사체험에서 저세상의 '지도'를 묘사하려고 하면 모순이 생겨나서, 저세상의 존재를 증명할 수 없다고 논하고 있다. 다치바나의 이야기는 단지 여기서 끝나며, 강과 다리와 같은 패턴이 왜 널리 존재하고 있는가는 설명하지 않는다.[4)] 원형과 집단무의식은 그것을 마음의 구조로 설명하려는 것이다.

4. 붓다의 모습

붓다의 모습에 대해서는 삼십이상 팔십종호(三十二相 八十種好) 등으로 불리는 붓다의 특징(이마에 백호라는 털이 있고, 손에는 물갈퀴가 있는 등)과 붓다의 신체로부터 뿜어져 나오는 빛 가운데 복수의 우주가 나타난다는 등의 기술이 대승경전에 보인다.[5] 상좌부 경전에서도 수행자의 귓가에 미혹하는 말을 속삭이는 악마가 등장한다.[6] 부처와 악마라는 것이 왜 이러한 형태를 가지고 표현되는 것일까? 폭포를 맞거나 명상을 거듭하는 수행자가 빛을 뿜어내는 신불(神佛)과 만나서, 그 가호를 얻어서 수행을 달성하는 등의 이야기를 할 때, 이 신불은 어디에서 온 것일까? "신불의 상을 응시하며 수행하는 중에 뇌리에 떠오른 이미지대로 신불을 만난다." 라고 해석하기에는 실제로 나타나는 신불의 모습은 다양하며, 종종 다른 형태가 되어 생각지 못한 도구를 가지고, '이미지대로' '종교적인' 신불과는 동떨어진 섬뜩한 모습으로도 나타난다. 이들 신불을 원형적인 이미지라고 한다면, 수행자가 가호라고 느끼는 것은 원형을 가진 수행자 자신을 나아가게 하는 힘이 작용하였기 때문이라고 해석된다.

융의 이해는 임사체험과 신불의 존재를 증명하는 결론을 내리지는 못하였지만, 물리적 현실, 역사적 현실은 아닐지라도 이러한 체험을 한 것은 현실(심리적 현실)로서 존중된다는 심리학적 의의가 있는 것으로 받아들여지고 있다.

✻ 문헌

1) ユング, 林道義 訳(1982),『元型論』, 紀伊國屋書店, pp.221-233.

2) ユング, 林道義 訳(1982) pp.24-25.

3) ユング, 林道義 訳(1982) p.19(최근 연구에서는 이 사실관계에 관해서 의문을 제기하고 있다).

4) 立花隆(1996),『証言・臨死体験』, 文藝春秋, p.20.

5) 坂本幸男, 岩本裕 訳(1962),『法華経 上』, 岩波文庫, pp.18-22.

6) ブッダ, 中村元 訳(1986),『悪魔との対話ーサンユッタ・ニカーヤII』, 岩波文庫, pp.13-82.

[葛西賢太]

브릿지 42 자기와 자아

【링크】→ 무아, 삼법인, 자등명·법등명, 여래장, 불성, 유식사상, 자기실현, 나르시시즘, 아들러 심리학

본 항목에서는, 특히 구별할 필요가 없는 경우 '자기'와 '자아'는 구별하지 않고 사용할 것이다.

우파니샤드 철학에서는 범아일여(梵我一如), 즉 우주의 원리를 나타내는 브라흐만(brahman, 梵)과 개인의 원리를 나타내는 나(ātman, 我)는 같은 것이며, 동시에 근본적 실재라고 설명한다. 이에 반해서 제법무아(諸法無我)는 불교를 다른 종교와 구별하는 특징이다. 여기서 말하는 나(ātman)는 변하지 않으며, 그 자신으로서 존재하는 실체를 가리키지만, 불교는 인간을 포함하여 어떠한 것도 무아(anātman, 無我)라고 설명한다.

하지만 다른 체계와의 관계를 도외시하고 주의를 불교 내부에 한정해도, 불교는 단순히 무아만을 말하는 것이 아니다. 예를 들어 이미 『법구경』의 「자기품(自己品)」에서는 '자귀의 법귀의(自歸依 法歸依)'를 주장하고 있기 때문이다. 또한 아비달마의 설일체유부는 마음작용의 근거라는 항상하는 본체를 설명하며, 유식은 알라야식을 상정하고, 그것이 여래장 불교에서는 자성청정심으로 심화되었다. 그리고 거기서부터 사변을 싫어하고 실천을 존중하는 중국의 풍토에서 화엄불교가 개화하여, 삼계유심(三界唯心)과 체상용(體相用)의 사상이 생겨나고, 그것이 이론적 근거가 되어 선불교에서는 기사구명(己事究明)이 요구된다. 자기야말로 근본적으로 실재하는 것으로 보인다.

자기가 있는가, 없는가에 대해서 불교는 다양하게 언급하고 있다. 이 사

태를 정리하는 데, 유식설이 어느 정도 도움이 될 것이다. 우주적 생명의 근원이라고도 말할 수 있는 알라야식을 참으로 있는 것으로서 자기라고 한다면, 거기에서 생겨나는 것에 대하여 말나식이 나와서 착각하여 집착하는 대상을 허망한 자아라고 말할 수 있을 것이다. 원래 불교에서 자기의 유무문제는, 과학적으로 실증할 수 없는 것은 물론이며 철학적 사변으로도 대답할 수 없다. 오히려 인간으로서 살아가는 방식이라는 실존적인 문제로서 이해하지 않으면 안 된다. 자기의 욕망에 눈이 먼 사람들을 괴롭히고 있는 강자에게 무아는 처방전의 기반이 되겠지만, 생활기반과 권리를 빼앗긴 약자에게 무아를 권하는 것은 잔혹할 수도 있다.

아래에서 다양한 서양심리학자들의 자아에 대한 설명이 불교와 어떠한 연관이 있는지를 간단하게 서술해보겠다.

제임스(William James, 1842-1910)는 서양심리학 최초의 자아이론가이다. 그에 의하면 자기는 순수아(pure ego)와 객아(self)의 상관관계에 있으며, 후자는 신체적 자아, 사회적 자아, 영적 자아로 나뉜다. 자기는 기반이 되지 않으며, 의식의 흐름 중에도 비교적 안정된 부분일 뿐이고, 게다가 그 의식이 신체, 사회, 영성의 맥락에 놓일 때의 현상과 다른 것이 아닌 점에서 불교와 통하는 점이 있다.

제임스 이후의 미국심리학을 지배한 행동주의에서는, 의식은 원리적으로 그 현실성이 부정되기 때문에 자아에 관한 이론은 생겨나지 않았다. 그러나 다른 한편 유럽에서 도입되기 시작한 일군의 심층심리학의 여러 학파는, 어떤 의미로는 제임스를 받아들인 것이라고 말할 수 있다.

프로이트(Sigmund Freud, 1856-1939)의 정신분석에서는 현실적응의 기관이라고도 말할 수 있는 자아(ego)를 말하고 있으나, 자연과학적 세계관에 방해를 받아서, 인간으로서 삶의 방식 전체와 관련되는 자기(self)의 이론은 없으므로, 불교와의 접점은 발견하기 힘들다. 그것은 오히려 프로이트와 결별한 사람들과 프로이트 이론을 수정한 사람들에게서 찾기 쉽다.

융(Carl G. Jung, 1875-1961)에게 자기(Selbst)는 의식의 주체로서의 자아(Ich)의 일면성을 수정하여, 그 대립되는 것을 포함하고 있는 무의식의 내용을 통합하는 것에 의해 마음의 균형을 회복하려는 것이다. 융은 영지주의에서 말하는 크리스트와 연금술에서 현자의 돌 등을 바로 자기의 상징으로 해석했다. 크리스트교 문화에서 집단적 의식이 단면적이라고 스스로 진단한 것을 뒷받침하는 융의 자기이론은, 아시아에서 그 역할을 한다고도 할 수 있는 불교에 대해서 적용할 수도 있다. 또한 모든 것을 이미지로 보는 혼에서 존재(esse in anima)의 관점은, 유무에 대한 집착으로부터 얼마간 자유롭게 될 것을 권하는 불교와 통하는 점이 있다.

프로이트에게서 분리해서 나간 또 한 명의 중요한 사람인 아들러(Alfred W. Adler, 1870-1937)는 불교에 대해서 거의 언급하지 않지만, 내담자가 스스로의 인생과 세계에 대해서 품고 있은 비전이 그 행동을 이해하는 열쇠이며, 그것에 대한 알아차림이 스스로의 운명을 수정하는 기회라는 점에서 불교와의 접점이 인정된다. 하지만 인간을 제도하는 어려움에 대한 심각한 인식이 아들러의 심리학에 결여되어 있는 것을, 불교는 프로이트와 융과 함께 지적할수도 있다.

아들러에게 사사한 마슬로(Abraham H. Maslow, 1908-1970)에게 인간욕구의 단계의 정점에 있는 것은 결핍에 기초하지 않은 자기실현욕구이며, 자기가 인간존재의 근본에 자리하고 있다. 아들러처럼 대인관계론을 철저하게 연구한 설리번(Harry S. Sullivan, 1892-1949)은 자기에 대해서 자기는 본질적으로 대인관계에 의해서 구축된 것이며, 대인관계에 의해서 변화하는 일종의 허구라고 한다. 라깡(Jacques Lacan, 1901-1981)의 경우도 마찬가지이다. 방향은 반대이지만, 어느 정도 불교와 통하는 것처럼 보인다.

위니캇(Donald W. Winnicott, 1896-1971)의 거짓된 자기(the false self)와 진

실된 자기(the true self)의 두 개념, 환멸에 대한 대처방법이 자기애의 발달을 결정적으로 좌우한다는 것을 명백하게 보여주는 코헛(Heinz Kohut, 1913-1981)의 자기심리학 등도, 자기를 둘러싼 불교와의 대화가 기대되는 정신분석의 흐름이다.

✽ 문헌

W. ジェイムズ, 今田寛 訳(1992), 『心理学』, 岩波文庫.
ユング, 野田倬 訳(1990), 『アイオーン』, 人文書院.
アブラハム·マスロー, 上田吉一 訳(1998), 『完全なる人間』, 誠信書房.
サリヴァン, 中井久夫 訳(1976), 『現代精神医学の概念』, みすず書房.
コフート, 水野信義, 笠原嘉 監訳(1994), 『自己の分析』, みすず書房.

[村本詔司]

융의 분석심리학

121 그림자

【링크】→ 자기, 무의식, 마음챙김에 기반을 둔 인지치료, 통합이론, 위빠사나의 오염

인간은 성장과정에서 장점을 가지고 펼쳐나가려고 노력하는 한편, 바라지 않는 결점은 제거하려고 주의를 기울인다. 예를 들어 좋고 싫음을 억제하고, 태만을 근면으로 바꾸고, 역할에 어울리는 행동을 의도하고, 노력과 주의를 통해서 그것들을 하나하나 실현해나간다. 융(Carl G. Jung, 1875-1961)은 연극에 사용되는 가면(페르소나)을 인용하면서, 성장한 자아를 사회에 적응하기 위한 가면으로 파악하고, 페르소나(persona)라고 불렀다. 페르소나는 노력과 주의의 결실인 한편, 의도되지 않은 것과 부정된 것이 선택에서 배제된 결과이기도 하다. 근면함과 지식은 뒤집어보면, 각각 무리를 하는 경향성과 사고의 틀이 고정되는 문제로 이어진다. 인간으로서 성장을 의도하면 할수록 그 의도에 반하는 은밀한 욕망, 악의, 분노 등을 내면에서도 줄이고 싶다고 바라는 나머지, 자기 안에 존재하는 것조차 인정하기 힘들게 된다. 페르소나 뒤에 있는, 존재를 알리지 않았거나 부정되고 있는 자기의 부분, 이들이 그림자(shadow)라고 불린다. 이러한 정의에서 볼 때 그림자는 무의식의 성질과 직결된다.

그림자에 대한 성찰은, 변해가는 자기에 대한 집착 또는 대상에 대한 집착을 발견하여 그것에서 손을 떼는 것을 설한 불교뿐만 아니라 여러 종교와 문화전통 중에 있다. 이들로부터 배울 수 있는 것은 수행과 종교적 실천에 의해서 그림자가 사라지는 것이 아니라, 오히려 그림자의 존재를 자각하고 그것에 건전한 주의를 기울이는 것의 중요성이다.

어떻게 존재해야 인간으로서 성장했다고 말할 수 있는 것일까. 인간상의 모습에 대해서 여러 종교와 문화에 있어서 다른 점이 있다는 것을 새삼스럽게 알 수 있다. 불교도에게는 불교의 이상이, 힌두교도에게는 힌두교의 이상이 각각 있다. 그 사람의 환경에 따라서도 다르다. 자신의 문화에서 의도하지 않은 것과 부정하는 것에 대해서도, 다른 문화의 관점에서 보면 현실화되지 못한 하나의 가능성으로 보는 것도 가능하다.

심리치료에서는 이 그림자의 부분을 어떠한 형태로든 자아에 통합시킬 것을 제안한다. 예를 들어 가족치료에서는 '잘 해나가지 못했던 인생과 가족'이라는 관점을 바꾸어 '잘 말하지 않는'다고 느껴지는 가치관을 묻고, 최우선 과제는 해결하면서도 그 이외는 그 가족과 인생의 특징으로 수용하는 방법을 모색한다. 마음챙김에 기반을 둔 인지치료 등의 입장에서는, 우울과 같은 바람직하지 않은 의식상태에 선행하는 부정적인 사고방식을 바꾸려고 하지 않고, 그것을 그것으로서 수용하는 명상적 방법(마음챙김)을 체득하는 것으로 우울증의 재발방지에 효과를 올리고 있다. 인생과 가족은 변화하므로 이상과의 불일치에 사로잡힌 자기를 관찰하여, 거기서 생겨나는 괴로움도 함께 놓아버리려고 한다. 또한 윌버(Ken Wilber, 1949-) 등의 통합심리학에서는 자신이 부정하고 싶은 싫어하는 상대(그림자－삼인칭)를 확인하여, 그것과 마주하고(이인칭), 대화하고, 재차 자신의 것으로 하는(일인칭) 명상적인 작업 '3-2-1 프로세스'를 제안하고 있다.

❋ 문헌

ユング, C. G., 林道義 訳(1987),『タイプ論』, みすず書房, pp.479-521.

ウィルバー, K., 松永太郎 訳(2008),『インテグラル・スピリチュアリティ』, 春秋社, p.200.

[葛西賢太]

융의 분석심리학

122 콤플렉스

【링크】→ 원형, 무의식, 하위 인격, 자기와 자아

콤플렉스를 문자 그대로 해석하면 '복합체'이다. 융(Carl G. Jung, 1875- 1961)은 어떤 원형적인 핵의 주변에, 그 원형과 관계가 있으며 비슷한 감정에 물든, 다양한 관념과 표상이 모여서 한 덩어리가 된 것을 콤플렉스(complex)라고 불렀다. 이러한 개인적인 것과 비개인적인 것(원형적인 것)이 모여서 하나의 콤플렉스를 형성하는 것을 생각하면, 예를 들어 꿈의 내용이 개인적 요소와 원형적 요소가 뒤섞여서 이루어진 것이라고 납득할 수 있을 것이다.

젊은 날의 융은 언어연상실험에 몰두했다.[1] 피험자는 어떤 말(자극어)을 듣고 최초로 연상되는 말을 대답하는 것인데, 반응이 기묘하게 늦거나 자기의 대답을 나중에 재현하지 못하기도 했다. 거기서 융은 자극어에 대한 자연스러운 연상을 방해하는 자율적인 것이 마음에 존재한다고 생각했다. 그리고 어떤 개인에게 이상반응을 일으키는 수많은 자극어는 의미연관에 따라서 그룹이 나누어졌다. 융이 유도해낸 이 콤플렉스의 개념을, 프로이트(Sigmund Freud, 1856-1939)는 무의식의 활동을 설명하는 것으로서 중시했다. 융에게도 자부심이 있었을 자신의 심리학 체계를 오늘과 같은 분석심리학이라고 칭하기 이전의 한 시기에, 콤플렉스 심리학이라고 부른 적이 있다.

마음속에는 많은 콤플렉스가 있다. 그중에 가장 큰 것은 자아이다. 이 자아 콤플렉스에는 자율성이 있으나, 자아 이외의 콤플렉스 또한 자율성을 가지고 자아의 통제를 받지 않는다. 그러므로 그것들은 독립된 존재인 것처럼 행동한다. 게다가 콤플렉스는 여러 가지 관념과 표상이 관련된 심적 에너지 덩어리이기도 하며, 규모에 맞는 의식을 가진다. 이 때문에 콤플렉스를 단편적인 인격으로 보기도 한다. 통상 자아는 규모가 압도적으로 크기 때문에 개인은 일관된 인격과 의식을 가지고 있지만, 고전적인 다중인격에서는 자아 이외의 거대 콤플렉스가 강력한 의식을 가지고 교대인격이 된다.

일부 콤플렉스는 그 원형적인 핵의 성질에 따라서 신화적인 이름이 붙여진다. 형제갈등은 구약성서에서 동생을 죽인 인물의 이름을 따서 카인 콤플렉스라고 부른다. 프로이트가 제창한 오이디푸스 콤플렉스[2]는 그리스 신화 중 오이디푸스 왕의 비극과 연관된 것이며, 이성 부모를 사랑하여 동성의 부모를 적대시하는 심성에 관련되어 있다. 융은 그 여성판에 일렉트라 콤플렉스라는 이름을 붙였다.

또한 흔히 말하는 '콤플렉스'는 열등 콤플렉스라고 부르는 것이 올바르다.[3] 소위 '마더 콤플렉스'도 올바르게는, 모친원형을 핵심으로 긍정적인 개인적·집단적 어머니상 또는 그와 관련된 여러 표상이 모인 콤플렉스(긍정적 모친 콤플렉스)를 가리키는 것으로 사용해야 할 것이다.

✻ 문헌

1) ユング, C. G., 高尾浩幸 訳(1906, 1993),「精神分析と連想検査」,『診断学的連想研究』, 人文書房.

2) フロイト, S., 津田均 訳(1940, 2007),「精神分析概説」,『フロイト全集 22』, 岩波書店.

3) アドラー, A., 岸見一郎 訳(1929, 1996),『個人心理学講義-生きることの科学』, 一光社.

[老松克博]

123 배치

【링크】→ 원형, 게슈탈트 치료, 알아차림, 집단무의식, 균화의 법칙

콘스텔레이션(constellation)에는 '배치'라는 번역어가 있으며, 원래는 별들의 배치, 성좌를 의미하는 말이다. 하나의 성좌를 구성하는 별들은 거리도 방위도 전부 뿔뿔이 흩어져 있지만, 이를 지구 상에서 보고 있으면, 예를 들어 국자의 형태를 이루고 있는 것처럼 보인다. 이처럼 인과관계 없이 생겨난 얼마간의 내적, 외적인 일이, 사실은 하나의 공통된 의미를 근본으로 서로 호응하여 나타난다는 것을 갑자기 알아차리는 경우가 있다. 즉, 돌연 그 전체적인 구도를 알아차리는 것이다. 여러 현상이 일어나서 얽히는 이 현상을 융(Carl G. Jung, 1875-1961)은[1] '배치'라고 불렀다.

그 일부는 공시성의 개념을 근본으로 생각하면 이해하기 쉽다. 사건들 간에는 인과율의 관점으로는 우연에 지나지 않아도 깊은 연결이 느껴지는 관계성이 있다. 그러한 '의미 있는 우연의 일치'를 설명하는 비인과적 연관의 원리를 공시성이라고 한다.

배치가 생겨나는 것은 그때의 내적·외적 상황에서 자아의 태도에 적지 않은 치우침이 있는 경우가 많다. 그 상황과 관련 있는 특정 원형이 마음의 심층에서 활성화되어, 자아의 치우침을 보상하며, 다양한 형태로 의식에 작용을 미치고 있는 것이다. 자아가 그 배치를 낳고, 그것을 일으켜서 스스로의 치우침을 알아차려 태도를 바꿀 때, 심리학적인 변화가 생겨나게 된다. 심리치료의 과정은 배치의 도움을 받아서 진전하는 것이 일반적

이며, 심층심리학적인 입장에 의거한 경우에는 특히 배치를 조기에 읽어내서 활용하는 것이 요구된다.

예를 들어 어떤 여성의 사례에서 딸이 다양한 문제행동을 일으켰다. 그 여성은 문자 그대로 현모양처였다. 어느 날 그 여성은 자신의 어머니로부터 버려지는 꿈을 꾸었다. 그리고 수일 후, 그 노모의 몸 상태가 악화되는 것을 계기로 혼미한 상태가 되어, 간병하고 있던 이 여성에게 끝없는 폭언을 퍼부었다. 그때에 그녀는 어린 시절 모친으로부터 버려졌다고 강하게 느낀 경험이 있었다는 것을 분노와 함께 생각해내고, 그것을 계기로 이상하게도 딸의 문제행동은 소실됐다. 그 여성의 안에서 모성원형이 활성화되어, 그녀가 되살린 모성상에서 부정적 측면이 결여된 것을 내적으로도, 외적으로도 보상해주었기 때문이다.

원형적인 배치와 그 변화는 개인뿐만 아니라 집단에서도 생겨나 커다란 영향을 끼친다. 어떤 시대에 어떤 지역에서 오래된 종교의 치우침을 보상하는 새로운 신앙이 부흥하여, 그것이 많은 사람들에게 치유와 구원을 가져다주는 경우가 그 한 예이다. 예를 들어 굉장히 무의식적으로 분노하는 신 야훼를 숭배하던 고대 팔레스타인에서 나사렛의 예수가 나타나, 몸을 가진 신으로서 원죄의 대속이 되었다는 상징이 사람들 사이에서 생겨났다. 이 배치 안에서 신은 의식적으로 사랑에 가득 찬 존재로 변용하여, 이후 2,000년 동안 고뇌하는 영혼에게 구제를 가져다주었다.

❋ 문헌

1) Jung, C. G.(1909, 1983), "Die familiäre Konstellation", *Die gesammelten Werke von C. G. Jung*, Bd. 2, Walter-Verlag.

[老松克博]

융의 분석심리학

124 꿈분석

【링크】→ 무의식, 집단무의식, 티베트불교의 명상법, 프로세스 지향 심리학

꿈은 오래전부터 신의 계시라고 생각되어 동서를 막론하고 고민과 망설임에 대답하며, 심신의 병을 치료하는 것이라고 여겨졌다. 구약성서에 기록된 몇 가지의 꿈은 그 예언적 성격을 보여주고 있으며, 고대 그리스에서는 의신 아스클레피오스(Asclepius)의 성소 히에론의 클리네(kline)라고 불리는 소파에서 치유의 꿈을 기다렸다. 이 클리네가 '클리닉'의 어원이다. 일본에도 키요미즈테라(淸水寺)나 하세테라(長谷寺) 등 영험하다는 사찰에서 일정 기간 머물면서 기도하며 꿈을 기다리는 관습이 있었다.

클리네와 꿈을 기다리기 습관을 현대에 되살린 것이 정신분석의 시조 프로이트(Sigmund Freud, 1856-1939)였다.[1), 2)] 프로이트는 꿈을 꾼 사람이 말하는 꿈의 여러 요소에 대한 연상을 기초로, 꿈에서 비밀스러운 소원 충족적 의미를 해석했다. 그 실제는 '도라의 꿈', '이루마의 꿈' 등에서 상세히 다루고 있다. 하지만 프로이트는 분석기법을 소파에서의 자유연상으로 옮겼으며, 그 이후에 프로이트 학파와 그 흐름을 잇는 분석가로 꿈분석의 가능성을 추구한 인물은 에릭슨, 프롬, 보스 등 비교적 제한되어 있다. 그중에서 독자적인 무의식관에 의거하여 꿈분석을 발전시킨 이는 융(Carl G. Jung, 1875-1961)이었다.

프로이트가 꿈은 불편한 진실을 위장해서 숨기는 것이라고 생각한 것에 반하여, 융은[3)] 의식이 모르는 것을 알려주는 것이 꿈이라고 했다. 융에

의하면 무의식은 억압되어 위험한 욕동만으로 이루어져 있는 것이 아니라, 의식의 태도와 시선의 치우침을 보상하는 활동을 가지고 있기 때문이다. 의식의 맹점이 되는 것을 꿈은 보여준다. 개인적인 경험에서 이루어진 개인적 무의식은 만인에게 생득적으로 갖추어진 공통의 무의식층인 집단무의식과 원형에서 유래하는 꿈은 의식이 모르는 오래된 지혜도 포함하고 있다. 그 메시지를 읽어서 의식으로 끌어들이는 것에 의해서, 꿈을 꾼 사람의 변화가 일어난다.

하지만 꿈은 알기 어렵다. 꿈의 발원지가 마음의 깊은 층, 즉 발생적으로 오래된 층에 있으며, 그 층은 의식에게 익숙한 논리가 없는 '이미지로 하는 말'밖에 사용할 수 없기 때문이다. 그 때문에 꿈분석에는 연상 이외에도, 유사 모티브를 신화나 의례에서 찾아내어 의미를 유추하는 확충법이 필요하게 된다.

다만 꿈분석은 꿈해몽과는 다르다. 무의식은 의식과 대립하는 것으로 이루어져 있으며, 그것이 모습을 나타내면 의식의 치우침을 반대로 균형 잡는 것이 될 것이다. 그렇지만 의식이 치우침을 가지고 있고, 그 반대되는 것이 무의식 안에 있다면, 무의식도 또한 극단에 있을 가능성이 있다. 그러므로 무의식으로부터의 메시지를 맹신해서는 안 된다. 그 메시지를 이해하는 것에서 멈추지 않고, 어떤 부분을 어디까지 받아들이고 어디서부터 끊을 것인지, 그것을 판단하는 것이야말로 자아에게 맡겨진 꿈분석의 임무와 책임이다.

❋ 문헌

1) フロイト, S., 新宮一成 訳(1900, 2007),『夢解釈 I』,『フロイト全集 4』, 岩波書店.

2) フロイト, S., 渡邉俊之, 草野シュワルツ美穂 訳(1905/09, 2009),「あるヒステリー分析の診断 [ドーラ]」,『フロイト全集 6』, 岩波書店.

3) ユング, C. G., 河合隼雄 監訳(1964, 1975),『人間と象徴 上・下』, 河出書房新社.

[老松克博]

융의 분석심리학

125 트릭스터

【링크】→ 공, 중도, 중관사상, 공안, 견성, 즉비의 논리, 불이, 번뇌즉보리, 양가성

『서유기』의 주인공인 손오공의 방약무도한 짓을 마지막에 억누른 것은 부처였다. 손오공은 세계의 끝까지 도달했다고 생각했으나, 사실은 부처의 손 안에서 벗어나지 못했다. 여기서 부처는 질서를 상징하는 존재로 묘사되고 있지만, 불교는 정적인 질서를 초월한 동적인 움직임에 의해서, 세속적인 윤리와 도덕을 뛰어넘는 경우도 있다.

트릭스터(trickster)란 쓸모없는 사람 또는 반역자로 자리매김한 존재이면서, 기존의 질서를 넘어서는 것에 의해 가치관의 쇄신을 가져오는 존재이다. 북미 원주민의 신화를 연구한 폴 라딘(Paul Radin, 1883-1959)이 도덕적·사회적 가치에 역행하며 정념과 식욕에 따라서 장난과 어리석은 행동을 반복하는 주인공의 기능에 대해서 이와 같은 이름을 붙인 것이다. 라딘에 의하면, 트릭스터는 인간에게 있어서 중요한 과제를 추구하고, 세계와 인간의 진실된 모습을 나타내며, 기존 가치관의 막힘을 쇄신하여 병폐를 치유하고, 공동체에게 새로운 에너지를 준다고 한다.[1] 예를 들어 그리스신화에서 프로메테우스는 추위에 떨고 있던 인간을 보고, 인간에게는 금지되어 있던 불을 신에게서 훔쳐서 준다. 프로메테우스는 금기를 깼기 때문에 벌을 받지만, 인간에게 문명의 여명과 심리학적인 각성을 가져다준다.

트릭스터적 언동은 선문답과 공안의 형태로 계속 언급되고 있다. 중국

임제종의 개조인 당나라 시대의 임제의현(臨濟義玄, ?-867)은 여러 승려의 가르침을 단지 수동적으로 배워서 수행하는 것이 아니라, '부처를 만나면 부처를 죽이고, 조사를 만나면 조사를 죽여라'라고 할 정도의 각오로 경전과 체험을 능동적으로 음미하는 진지함을 제자들에게 가르쳤다(『임제록』). 모순된 말이나 수수께끼를 주고받고, 몽둥이나 주먹으로 서로 때리기까지 하면서 깨달으려고 하는 자세는, 자신과 상대의 진지한 수행을 전제로 하며, 도리만으로는 깨지지 않는 벽을 넘어서려는 것이다.[2]

선종에 한하지 않고, 붓다 자신이나 제자들의 언행 중에도 트릭스터적 요소가 보인다. 『자타카』는 장난 같은 방법으로 주위에 교훈을 주는 붓다의 전생도 이야기하고 있다. 예를 들어 '난디비사라 전생이야기'에서 붓다는 힘센 소였다. 애정을 쏟아서 기른 소는 힘을 겨루는 도박을 해서 길러준 주인에게 보답을 하려고 했으나, 주인의 험한 입에 질려서 일부러 주인에게 큰 손해를 끼친다. 소가 타일러서 험한 입을 고치게 된 주인은, 다음번에는 도박에 이겨서 큰 부자가 된다. 가축의 순종이라는 가치가 아니라, 주인에게 뛰어난 지혜와 힘을 주는 것으로 주인의 가축에 대한 애정을 떠올리게 한다.[3]

이러한 트릭스터적 존재가 심리학적·치료적·가치쇄신적 역할을 하는 것을 잘 살펴서, 단순한 무법자가 아니라는 것을 확인하는 것이 중요할 것이다.

❋ 문헌

1) ラディン, ポール他, 皆河宗一 訳(1974),『トリックスター』, 晶文社.

2) 入江義高 訳注(1989),『臨済録』, 岩波文庫, p.97.

3) 中村元 監修(1984),「ナンディヴィサーラ前生物語」,『ジャータカ全集 1』, 春秋社, pp.217-219.

[葛西賢太]

융의 분석심리학

126 적극적 명상법

【링크】→ 유식사상, 무의식, 게슈탈트 치료, 개성화, 리비도, 판타지

적극적 명상법(active imagination)은 융 학파에서 사용하는 분석기법의 하나로, 개성화를 촉진하는 융 학파 최강의 도구라고 일컬어진다. 이것은 일종의 이미지 명상이다. 융(Carl G. Jung, 1875-1961)은 1912년 출판한 『리비도의 변용과 상징』에서 독자적인 입장을 표명하면서 프로이트와 결별했으나, 그 이후 심각한 방향상실상태에 빠졌다. 그 위기를 넘어서기 위해서 고안한 것이 이 기법이다.[1] 하지만 유사한 명상법이 예전부터 전 세계에 있었으므로, 융이 재발견한 것이라고 생각하는 편이 좋다.

적극적 명상법은 깨어 있는 맑은 의식의 근원, 즉 자아(=나)와 무의식(인격화된 콤플렉스 등)이 상상 중에 이미지를 매개로 상징적인 대화를 나눈다. 융은 학위논문에서 강령술과 영매의 심리를 다루었고, 그 경험을 바탕으로 자아 내지는 의식과 자율성을 가진 객체로서의 무의식이 서로 서로 자신의 생각을 주고받으며, 주장할 것은 주장하고 양보할 것은 양보하며(절충) 합의에 도달하는 방법을 연구했던 것이다. 그렇게 되면 의식과 무의식의 괴리가 해소되어, 마음은 하나의 전체에 가까워지고, 개성화의 과정은 진전된다.

'상징적인 대화'라고 서술했으나, 이 대화의 방법에는 문자 그대로 말로 대화를 행하는 청각법과 시각적 이미지를 주고받는 시각법이 있다. 자주 사용되는 것은 시각법으로, 그러한 상상을 융은 '비전(vision)'이라고 불렀

다. 융이 '비전'이라고 말할 때, 병리적인 증상인 환시와 혼동하지 않도록 주의를 요한다. 시각법에는 상상의 세계에서 자아(주인공인 '나')가 어떤 행동을 일으키고, 그것에 대한 주위 사람이나 사물의 반응을 보고, 자아가 다음 행동을 취한다고 하는 형태의 주고받기를 계속한다. 결과적으로 한 편의 이야기가 가능해진다. 그것은 의식과 무의식이 서로에게 다가가는 과정이며, 양자의 화해와 타협이 성립하는 최적의 장면을 보여준다.

융은 시각법의 방법으로, 상상의 세계 가운데 있는 대상을 지그시 응시할 것을 권한다. 그래서 독일어의 '베트라흐텐(betrachten)'이 '응시하다'와 '임신시키다'를 동시에 의미하는 것으로, 응시하는 것은 리비도를 쏟아붓는 것이며, 응시에 의해서 생의 에너지를 불어넣은 대상은 생명을 잉태해서 자율적으로 움직이기 시작한다고 설명한다. 이미지가 뚜렷이 움직이기 힘든 경우에는, 이야기의 다음 장면을 떠올리는 것으로 충분하다.

이를테면 융이 시각법에 의한 적극적 명상법의 한 예를 상세하게 해설한 1930년대의 세미나 기록인 『비전 세미나』[2]는 1997년까지 두문불출의 문헌으로 여겨졌다. 또한 융 자신이 1930년까지 스스로 적극적 명상법을 시도하여 남긴 기록인 『레드북』은 오랫동안 비공개였으나, 지난번에 드디어 출판되었다.[3]

✽ 문헌

1) ユング, C. G., 松代洋一 訳(1916, 1985),「超越機能」,『創造する無意識』, 朝日出版社.

2) ユング, C. G., 氏原寛, 老松克博 監訳(1997, 2011),『ビジョン・セミナー』, 創元社.

3) ユング, C. G., 河合隼雄 監訳(2010),『赤の書』, 創元社.

[老松克博]

브릿지 43 융과 불교

【링크】→ 중도, 번뇌, 열반, 자기와 자아, 개성화, 무의식

상당한 규모로 불교를 서양에 소개하고 그 심리학적 의의에 주목한 최초의 서양 심리학자는 말할 것도 없이 융(Carl G. Jung, 1875-1961)이다. 가난한 시골 목사의 아들로 태어난 융은, 유아기 이후 예수의 정체에 대한 수수께끼에 마음을 빼앗기면서도, 크리스트교를 대신할 종교를 탐구하여, 사춘기에는 이것을 괴테의 『파우스트』에서 발견했다고 느꼈다. 거기에는 모순으로 가득 찬 인간존재, 신의 불개입, 무상 등 불교와 공통적인 사상이 표현되어 있다. 하지만 융이 처음으로 불교를 접한 것은, 아마도 불교를 체계적으로 연구하여 자신의 사상에 도입한 최초의 서양 철학자인 쇼펜하우어(Arthur Schopenhauer, 1788-1860)의 저작 『의지와 표상으로서의 세계』를 통해서일 것이다.

두 사람에게는 유사한 개념이 적지 않지만, 융은 쇼펜하우어만큼 불교에 감화되지는 않았다고 말해도 좋을 것이다. 쇼펜하우어가 말한 맹목적인 생의 의지는 불교의 번뇌에, 그것을 지배하고 있는 개성화의 원리(principium of individuationis)는 아집에, 그 자기부정에 의한 괴로움으로부터 벗어나는 것은 열반에 대응한다.

이에 반해 융에게 리비도는 맹목적이기보다는 방향성을 가지고 있는 것으로, 목적론적으로 이해할 필요가 있다. 개성화는 부정해야 하는 것이 아니라, 반대로 심리치료가 촉진해야 할 인간성장의 목표이다. 프로이트와 결별하고 곧바로 쓴 문서인 『사자에 대한 일곱 가지의 설교』는 알렉산드리아의 영지주의자 바실리데스(Basilides, 117-138)를 저자로 내세우고, 대

승불교에 어울리는 어구가 여기저기 아로새겨져 있으나, 불교와의 차이를 놓쳐서는 안 된다.

위기를 벗어난 이후 최초의 주요 저서인 『심리학적 유형』에서 융이 불교에 대해서 취한 태도는 양가적이다. 모든 것을 의식화하려는 점에서 과도하게 내향적인 측면을 가지는 동시에, 불교의 중도의 가르침이 대립하는 것을 화해시키는 상징을 출현시키는 초월기능(tranzendente Funktion)과 통한다고 보고 있기 때문이다.

다만 이 시점에서 융의 불교이해는 주로 인도사상을 통해서 이루어졌다. 실제 불교계에서는 거의 사용되지 않는 '니르드반드바(nirdvandva, 대립의 극복을 의미하며, '부정'으로 번역된다)'라는 말이 종종 저작에 등장한다. 하지만 그 이후 친구인 리하르트 빌헬름(Richard Wilhelm, 1873-1930)의 중국연금술에 대한 독일어 번역서에 심리학적 해설을 단 것을 계기로, 만년에 융은 실행 불가능한 인도(India)적 이상에서 이것을 찾지 않고, 대립을 지양하지 않고, 오히려 그 미묘한 균형을 중시하는 중국(中國)적 사고방식을 축으로 하여 자기(Selbst)에 대한 독자적인 사고를 전개했다. 그것에 대해서는 「브릿지 42 자기와 자아」의 항목을 참조하길 바란다.

불교와 다른 동양사상에 관한 저작에서 융은 일견 모순되는 관심을 표명한다. 즉, 서양인은 동양인과 심성이 다르기 때문에 후자의 흉내를 내지 않도록 경고하는 한편, 서양인이 빠져 있는 정신적 곤경에서 탈출하는 데에 필요한 귀중한 암시가 동양사상에 가득 차 있다고 하면서 그 연구를 추천한다. 일본을 방문하여 실제 일본의 선당(禪堂) 등에서 수업하고, 일본에서의 생활에 익숙한 서양인이 늘어가는 것에 대해서, 융이 안고 있던 근심은 이후에는 현실감이 없는 것으로 보인다.

융은 에라노스 회의에서 스즈키 다이세츠(鈴木大拙, 1870-1966)와 친구가 되어, 스즈키의 책 『선불교입문』의 독일어 번역 서문에서, 선을 우상파괴

운동으로 평가하며, 에크하르트(Johannes Eckhart, 1260-1327)로 대표되는 크리스트교 신비주의와 비교했다. 이후에 프롬(Erich S. Fromm, 1900-1980)은 융을 비판하면서 동양의 도는 서양인에게도 열려 있으며, 깨달음을 심리현상으로 일반화하여 질적인 구별을 무시해서는 안 된다는 견해를 표명했다.

1958년에 융의 자택은 방문한 히사마츠 신이치(久松真一, 1889-1980)와 대화는 그 텍스트상의 문제는 물론이거니와 실제로 엇갈림으로 끝나서, 심리학과 불교가 대화하는 방법을 생각하게 한다. 또한 사람은 심리치료를 통해서 집단무의식으로부터 해방되는가라는 히사마츠의 질문은, 해석하기에 따라서는 이후 심리학과 불교의 관계를 발전시키는 계기를 가지고 있을지도 모른다. 실제 불교와 심리치료의 관계에 대해서 교토에서 개최된 두 번째 회의는, 그 편자의 한 사람인 밀러(George A. Miller, 1920-2012)가 서술했듯이, 융과 히사마츠의 대화를 기점으로 하고 있다. 융 사후에도 그가 창시한 심리학은, 그의 테두리에 얽매이지 않고 다양한 이론적 전개를 이루면서 불교와 대화의 주된 파트너로 남아 있다. 흥미로운 것은, 융 심리학과 불교의 관계에 커다란 관심을 기울이는 것은, 융의 직제자들인 제2세대보다도 오히려 그 제자에 해당하는 제3세대이다. 그 한 사람으로 일본을 대표하는 융 학파의 분석가인 카와이 하야오(河合隼雄, 1928-2007)는 당초에는 불교에 대해서 무관심하여, 한결같이 서양적인 강한 자아의 확립에 열정을 쏟던 자신이 어떻게 하여 불교의 세계에 이끌렸는지를 밝히고 있다. 그 계기가 되는 것은, 자신의 환자 중 한 사람이 본, 마치 열반도와 같은 꿈속에서 자신이 붓다의 이미지로 나온 것이다. 그는 그 꿈에서 자아의 정체성에 대한 근원적인 요구의 질문을 읽어내고, 『화엄경』에 관한 이즈쓰 토시히코(井筒俊彦, 1914-1993)의 영문해설을 의지하면서 『화엄경』의 세계에 침잠하여, 이후에 중세의 걸출한 화엄종 스님인 묘에(明惠, 1173-1232)의 꿈에 대한 책을 저술하게 되었다.

❋ 문헌

アニエラ, ヤッフェ 編(1970, 1971),『ユング 自伝』, みすず書房.

ユング, 佐藤正樹 訳(1986, 1987),『心理学的類型』, 人文書院.

ユング, 湯浅泰雄, 黒木幹夫 訳(1983),『東洋的瞑想の心理学』, 創元社.

河合隼雄(1987),『明恵 夢を生きる』, 京都松柏社.

Kawai, H.(2008), *Buddhism and the Art of Psychotherapy*, Texas A and M University Press.

Mathers, D., Miller, M. and Ando, O. eds.(2009), *Self and No-Self: Continuing the Dialogue Between Buddhism and Psychotherapy*, Routledge.

Meckel, Daniel and Moore, Robert eds.(1992), *Self and Liberation: The Jung-Buddhism Dialogue*, Paulist Press.

Muramoto, Shoji(2002), "The Jung-Hisamatsu Conversation" and "Jung and Buddhism" in Polly Young-Eisendrath and Shoji Muramoto eds.(2002), *Awakening and Insight: Zen Buddhism and Psychotherapy*, Brunner and Routledge.

Spiegelman, M. and Mokusen, M.(1985), *Buddhism and Jungian Psychology*, New Falcon Publications.

[村本詔司]

127 연금술과 명상법

【링크】→ 불성, 밀교, 티베트불교의 명상법, 변성의식상태, 개성화

연금술은 비금속으로부터 황금이나 만능약(elixir, 仙丹)을 제조하는 기술로, 동서고금을 막론하고 이를 추구하였다. 고대의 4대문명에서는 예외 없이 연금술이 발전하였다. 특히 고대 이집트는 연금술의 가장 오래된 발상지로 여겨지며, 연금술의 전설상의 시조를 헤르메스 트리스메기스토스(Hermes Trismegistus)라고 한다. 고대 이집트의 연금술은 그 이후 아라비아 심지어는 유럽으로 퍼졌다. 파라켈수스(Paracelsus, 1493-1541)도 뉴턴(Isaac Newton, 1642-1727)도 연금술사였다. 그 밖에 동양에서는 중국에서 현저한 발전을 보였다. 도교 등을 기반으로 하는 연단술은 황금을 제조하기보다는 불로불사를 얻는 것을 중시한 것이 특징이다.

연금술에는 외향적 전통과 내향적 전통이 있었다.[1] 외향적 전통이 물질을 화학적으로 조작하여 황금을 제조하려고 했던 것인 반면, 내향적 전통은 명상이나 꿈을 중심으로 성찰에 의해서 비물질적인 '황금'을 만들어내려고 했다. 물질의 본질 탐구와 마음의 본질 탐구는 본래 하나였지만 분화되었다. 18세기에 연금술이 쇠퇴한 이후 내향적 전통은 잊혀졌으나, 외향적 전통은 근대 화학의 초석이 되었다.

하지만 지난날의 내향적 전통은 고도로 세련되어 있었다. 그러한 연금술이 20세기에 다시 주목받게 된 것은 융(Carl G. Jung, 1875-1961) 때문이었다.[2] 융에 의하면 연금술사의 마음의 심리적 변용과정을 물질의 화학적 변용과정으

로 투영한 것이 연금술이다. 내향적 연금술사는 변용하는 용기를 응시하면서, 또는 현실에는 없는 세계를 들여다보면서, '진정한' 이미지를 계속해서 팽창시켰다. 때로는 이 명상적 작업은 '신비로운 여성'으로 불리는 여성 파트너와 협동으로 이루어졌다. 이 여성은 융이 말한 아니마(남성에게 모범이 되는 내적 여성상)의 역할을 담당하여, 암중모색하는 연금술사를 이끈다.

융은[3] 연금술에서 이루어진 명상이 적극적 명상법(active imagination)이며, 개성화 과정의 경험을 지적하고 있다. 거기서는 다양한 콤플렉스가 인격적, 비인격적 이미지로서 나타난다. 자아는 그것들과 관계를 맺는 것에 의해서 변용을 촉구하며 스스로도 변용한다. 그 작업의 요지는 '풀어서 묶는다'고 하는 표어로 정리되어 있다. 잘못 묶여 있는 여러 원소를 일단 제각각으로 풀어헤친 후에 바르게 재결합시키는 것이다. 이것은 왕과 여왕의 성스러운 혼례라는 이미지로 이야기되는 경우도 많다. 이 재결합에서 얻어지는 '황금'은 개성화의 목표로서 최고로 가치 있는 것, 융이 말한 자기와 다르지 않다. 우리의 가장 내면에 있는 황금꽃이라고 불리는 이미지로 나타나거나,[4] 신이나 부처의 이미지로 경험되기도 하는 그 초월적 타자이다.

❋ 문헌

1) フォン·フランツ, M－L, 垂谷茂弘 訳(1979, 2000),『ユング思想と錬金術－錬金術における能動的想像』, 人文書院.

2) ユング, C. G., 池田紘一, 鎌田道生 訳(1944, 1976),『心理学と錬金術 I/II』, 人文書院.

3) ユング, C. G., 池田紘一 訳(1955/56, 1995/2000),『結合の神秘 I/II』, 人文書院.

4) ユング, C. G. ほか, 湯浅泰雄, 定方昭夫 訳(1929, 1980),『黄金の華の秘密』, 人文書院.

[老松克博]

128 대상관계론

【링크】→ 오온, 유식사상, 공격성, 우울상태, 애착형성, 붓다의 행복관

대상관계론은 타자(대상)라는 환상의 힘을 주시하는 것으로, 현대의 정신분석에 널리 영향을 끼치고 있는 마음의 모델 중 하나이다. 제1차 세계대전을 경험한 전쟁고아를 보살피는 과정에서, 영유아를 대상으로 정신분석을 하려는 시도로부터 생겨났다.

한편 영유아에게 젖가슴은 생존을 위한 식사의 통로이기도 하지만, 동시에 만지고, 빨고, 깨물고, 맛보는 대상, 인생의 무엇보다 이른 단계에서 만나는 타자이며, 애착의 대상이다. 공복을 욕구불만으로 생각한 영유아를 울리는 경험, 만족하며 잠드는 경험도 주는 젖가슴은 마음의 발달에 더없이 커다란 영향을 끼친다.

놀이치료를 통해서 영유아를 계속하여 관찰한 클라인(Melanie R. Klein, 1882-1960)은 생후 4개월 정도까지 유아가 젖가슴을 어떻게 파악하는지를 모델화했다. 클라인에 의하면 그 정도의 영유아는 이제껏 모친을 일관된 사람으로 인식하지 못하며, 공복과 욕구불만을 가져오는 '나쁜' 젖가슴에게는 박해를 느껴서 분노로 향하고, 모유로 유아를 만족시키는 '좋은' 젖가슴에게는 사랑을 느껴서 사랑으로 되돌아간다고 한다. 분노와 사랑을 품고 있는 유아는 이제껏 정신적으로 안정된 상태가 아니지만(paranoid-schizoid position, 망상분열상태), 수유와 보살핌을 받는 만족의 경험을 반복하는 가운데 일관된 애정을 가진 존재로서 모친을 파악하는 자아가 생겨난다고

(depressive position, 우울상태) 생각한다. 인간은 구해도 얻을 수 없는 괴로움을 품고 있다고 한 것이 불교의 관찰이지만, 사랑의 대상에게 분노가 향해버리고 마는 자신을 발견하는 답답함을, '우울'상태라는 말로 적절하게 표현하고 있다.

대상을 지각하는 것이 동기가 되어 의식이 생겨나는 과정을, 불교에서는 색수상행식이라는 다섯 가지 작용에 의한 것으로 생각하여, 오온(pañcaskandha, 五蘊)이라고 부른다. 오온이라는 개념의 초점은 이 다섯 가지의 작용(이 구성하는 인간이라는 존재)이 가짜 조합일지도 모른다는 무상(無常)에 있다. 대상관계론은 유위 전변의 무상 가운데 살아 있는 어머니(보호자)가 일정하고 일관된 애정을 계속적으로 쏟는 노력을 하는 것에 의해서, 대상을 있는 그대로 파악하려는 자아의 안정(대상항상성)을 유아 안에서 생기는 문화적 노력(good enough mother, 충분히 좋은 어머니 등)에 역점을 둔다. '충분히 좋은 어머니'라는 개념은 애착대상과 균형을 잡은 관계를 나타낸다. 애착대상(타자)으로 향하는 것이 항상 가능한 것과 그 대상(타자)에 대한 애착, 타자의 애착이라는 속박에서 해방되는 것의 중요성을, 대상관계론과 불교는 동시에 설명한다. 대상에 대한 애착은 대상을 상실하면 비탄을 가져오는 한편, 인생의 선택을 속박하는 것이기도 하다. 불교는 이 애착을 그저 놓으라고만 설명하는 것이 아니다. 붓다가 '특별한 행복'으로 말하고 있듯이 애착 대신에 풍부한 깨달음을 맛보는 것은 깨달음 이후에 도리어 냉담하게 되거나 우울함에 빠지지 않도록 돕는 것이다.

❃ 문헌

葛西賢太(1993), 「幼児性・幻想・宗教－宗教心理学における対象関係論の位置」, 『宗教研究』 298号, pp.93-110.

ウィニコット, D. W., 橋本雅雄 訳(1979), 『遊ぶことと現実』, 岩崎学術出版社.

クライン, M., 渡辺久子 訳(1985), 「精神分析的遊戯療法ーその歴史と意義」, 『妄想的・分裂的世界』 メラニー・クライン著作集 4巻, 誠信書房.

[葛西賢太]

129 공격성

【링크】→ 삼독, 오온, 마음챙김, 죄책감, 대상관계론, 우울상태, 분노의 제어

불교는 중생의 선심(善心)을 해치려는 삼독, 즉 탐욕(貪欲, 탐하기), 진에(瞋恚, 성내기), 우치(愚癡, 투덜투덜하는 우치가 아니라, 불법에 대해서 무지한 것) 가운데, 분노(진에)는 불처럼 선심을 태우고, 악행의 근원이 된다고 훈계하고 있다. 또한 출가자뿐만 아니라 재가신도 역시 지켜야 하는 오계(五戒, 불살생, 불투도, 불사음, 불망어, 불음주) 중에서도 불살생을 첫 번째로 들면서 공격성이 무용하게 발현하는 것을 나쁜 것으로 규정하고 있다.

공격성은 다양한 폭력범죄를 일으키는 경우도 종종 있다. 하지만 공격성은 수렵이라는 문화로도, 장애를 타파하는 적극성으로도 이어진다. 공격성은 또한 어딘가에 어떤 문제가 있는 것은 아닌지 하는 직관이기도 하며, 인간의 강함의 발현이기도 한 것으로 단순히 소거되어야 하는 것은 아니다. 또한 적절한 형태로 표현되면 문제의 해결로 이어지는 경우도 있다. 통상 어린이는 놀이를 통해서 공격성을 가상적으로 표현하고, 또한 남에게 상처를 주거나 스스로 상처입는 것에 대한 불만이나 분노를 말로 표현할 필요를 배운다. 문제가 생기는 것은 병적인 원인 때문에 공격성을 표현하거나 다스리는 것이 곤란한 경우, 지위나 직권상 우위에 있는 사람이 그것을 남용하는 경우, 흥분한 군중 가운데 있거나 무기를 소지하고 있는 경우 등 공격성의 발현이 폭력으로 직결되는 경우이다.

정신분석가 클라인(Melanie R. Klein, 1882-1960)은 인생의 최초기부터 공격성이 존재하는 것을 강조한다. 수유라는 만족의 체험과 공복 등의 욕구불만을 동일한 어머니에게 받는다는 것을 통합하지 못한 채, 사랑하면서 박해하는 어머니(좋은 젖가슴과 나쁜 젖가슴이라는 부분대상)라는 망상에 유아는 시달린다(망상분열상태). 사랑하며 박해하는 젖가슴이라는 모순된 대상(부분대상)이 한 사람의 인간인 어머니(전체 대상)로 통합되는 것에 의해서, 안정된 자아가 형성된다고(우울상태로 이행) 생각된다.[1] 경계선증후군은 자신과 타자, 심신 양면에 대한 공격성이나 다양한 요구로 주위를 휘두르는 것이 문제가 된다. 켄버그(Otto F. Kernberg, 1928-)는 피해망상에 대한 반응으로서 공격성이 나타나는 것은, 우울상태로의 이행이 완료되지 않았기 때문이라고 생각했다.[2]

최근 '끊어지다'라는 일본어는 두뇌 활동의 예리함을 가리키는 '머리가 잘 돌아가다'보다는 분노로 나를 잊는 '끊어지다'를 가리키도록 변화했다. 또한 분노의 제어와 관리라는 의미로도 사용되었다. 이것들은 분노를 억누르거나 변하게 하려는 것이 아니다. 분노의 감정에 몸을 맡기는 것을 그만두고, 분노의 이유와 자신이 놓여 있는 상태를 한 번 확인함으로써 분노의 감정으로부터 에너지를 빼고서, 수용하거나 상황을 나타내는 적절한 표현을 발견하도록 조언한다. 여기서 불교의 마음챙김이 응용되는 것을 발견할 수 있다.

❋ 문헌

1) クライン, M., 小此木啓吾他 訳(1983),『子どもの心的発達』, 誠信書房.

2) カーンバーグ, O., 前田重治他 訳(1983),『対象関係論とその臨床』, 岩崎学術出版社.

[葛西賢太]

타자와의 관계

130 판타지

【링크】→ 공, 유식사상, 중관사상, 분별지, 무분별지, 희론, 꿈

우리는 많은 것을 지각하며 살아간다. 지각된 내용에는 문자 그대로 생활하는 현실(reality)도 있다면, 상상에 의해서 만들어진 것도 포함된다. 무엇을 현실로 볼 것인지, 또한 그 현실과 어떻게 관계할 것인지를 묻는 것은 불교에 있어서도 심층심리학에 있어서도 중요한 질문이다. 양자 모두 현실은 결코 하나에 한정된 것이 아니라, 복수의 현실이 있을 수 있다고 시사하고 있다.

판타지(fantasy, 空想), 망상(phantasy, 妄想), 환상(illusion, 幻想)이라는 말은 우선 현실로부터 떨어진 의식활동을 가리킨다. 다만 판타지에 의해 행동을 하거나 판단을 내리거나 또는 가상의 세계를 작품으로 상세하게 구축하는 것을 상기해보면, 이들은 역사적 현실이나 물리적 현실이 아니더라도, 판타지를 품은 당사자에게는 심리적 현실이다. 심리적 현실을 조정하는 것은 당사자를 이해하고 접근하는 것에 장점이 있기 때문이다.

불교는 이 현실의 척도를 미루어두고, 역사적 현실이나 물리적 현실도 판타지는 아닌지라고 묻는다. 한편 융 심리학은 심리적 현실도 현실인지, 판타지는 훌륭한 현실은 아닌지를 묻는다.[1)]

불교와 심리학 쌍방에서 현실을 살펴볼 경우, 유의해야 할 것은 (1) 그 심리적 현실이 인식론적으로 진짜인지 거짓인지, (2) 그 심리적 현실에서 자기와 대상은 어떠한 관계에 있는지 하는 두 가지이다.

대승불교의 유식(唯識)에서[2)] 우리의 현실은 여덟 종류의 식(八識), 즉 시

각, 청각, 후각, 미각, 촉각이라는 오식(五識)과 의식(意識) 그리고 말나식과 알라야식이라는 두 층의 무의식에 의해서 구성된다. 우리는 수면을 취한 이후에도 의식이 취침 전과 연속적인 것이라고 파악할 수 있다. 수면 중에도 그 연속을 담당하고 있는 것이 말나식이고, 항상 계속적인 생멸을 반복하는 무상한 자기가 마치 연속성을 가지고 존재하고 있는 것처럼 인식되며, 그로부터 자기에 대한 집착이 생겨난다. 또한 알라야식은 인간 행위의 영향이 축적되는 장이며, 그것이 오온이나 의식의 인식을 일그러뜨려서 대상에 대한 애착을 반영한다.

유식에서 우리의 인식은 이렇게 크게 일그러진 것이며, 언어나 개념에 의한 분별지(우리의 통상의 '현실인식')는 현실을 올바르게 파악하는 것이 아니라, 판타지인 환상이 있다고 생각한다. 팔식(八識)의 이러한 구성을 딛고서, 사물을 있는 그대로 언어에 의존하지 않고 관찰하는 것으로, 사물의 무상성을 느낄 수 있다. 이러한 무분별지는 현실의 올바른 파악이라는 목표를 지향한다. 불교에서 허위라고 여겨지는 현실 가운데 우리가 있으며, 그 현실에 애착하고, 현실을 현실이 아니라고 의심하지 않는다.

유식은 유가행(명상)의 방법을 통해서 분별지라는 판타지를 넘어선 세계를 인식하는 불교심리학의 체계이다. 융이 같은 판타지 가운데서도 음미할 가치가 있는 현실을 발견하는 것과 비교하면, 심층심리를 받아들이는 자세의 차이는 흥미롭다.

❀ 문헌

1) ユング, 林道義 訳(1987),『タイプ論』, みすず書房.

2) 横山紘一(2010),『唯識辞典』, 春秋社.

[葛西賢太]

타자와의 관계

131 우울상태와 배려의 기원

【링크】→ 사무량심, 자비, 참회, 참괴, 양가성

우울상태(depressive position)는 클라인(Melanie R. Klein, 1882-1960)이[1] 유아가 생후 4-5개월부터 체험하기 시작하는 정서발달과 관련하여 제시한 개념으로 우울불안, 전체 대상관계, 상징표상이라는 심적 기제로 특징지울 수 있다.

여기서는 발달적으로 이전의 단계인 망상분열상태는 '나쁜 대상'과 그것에 대한 공격, '좋은 대상'과 그것에 대한 애정이라는 부분대상관계로 인식하고, 이들 나쁜 대상과 좋은 대상이 하나의 통합된 전체 대상이며, 각각에 대해 공격과 애정을 향하는 자기 자신도 하나의 자기라는 것을 인식하기 시작한다. 거기서 지금까지 나쁜 대상으로서 미워하고 공격해온 것이 사실은 좋은 대상이기도 하다는 것을 알아차린 유아는, 그 좋은 대상에게 상처주고 말았다는 절망감을 안고, 그때까지의 자신 행위에 대한 죄책감이나 후회, 자신의 공격성 때문에 잃어버린 것은 아닐까 하고 느끼는 좋은 대상에 대한 그리움을 체험하게 된다. 이러한 감정이 우울상태에서의 우울불안이라고 불리는 것이며, 이러한 고통스러운 정서적 체험을 견딤으로써, 대상으로서 자기의 전체상에 대한 통합을 가져온다.

우울불안을 견딘 유아는 자신이 대상에게 상처를 주었다는 것을 받아들이고, 그것을 '회복(restitution)'하려고 노력하게 된다. 여기에서 그 대상에 대한 '보상(reparation)'의 감정, 게다가 자신의 공격에도 상관없이 좋은 대상으로 계속해서 있어주는 대상에 대한 '감사(gratitude)', 더 이상 대상에게 상처주지 않으려고 하는 '배려(concern)'라는 감정이 싹트게 된다.

이러한 우울불안의 과정은 상징이나 관념의 성숙을 촉진하여 상징표상이나 추상사고의 발달을 가져온다. 이것은 이유식을 시작하는 유아의 발달시기와 딱 겹치도록 진행되지만, 결코 거기서 완결되는 것이 아니라 개인의 생애에 걸쳐서 진행되는 과정이다. 즉, 어떤 하나의 발달단계로서 종결되는 것이 아니다. 이것은 이른바 발달단계론과는 다른 클라인의 독자적인 상태이론이다.

한편 위니캇(Donald W. Winnicott, 1896-1971)은[2] 클라인의 우울상태에 상당하는 유아의 심적 세계에 대해서 다음과 같이 생각했다. 유아는 착각에서 벗어나는 과정에서 비록 최소한이라고 해도 상처받는 것을 체험하고, 그것에 수반하여 파괴성이 발휘된다. 대상은 그러한 유아가 행하는 파괴성으로부터 살아남는 것으로, 유아에게 사용 가능한 현실적 존재로 인식된다. 이 대상이 살아남는 것에 의해서 유아는 대상이 자신과 같이 이 세계에 살고, 생각이나 감정을 가진 한 사람으로 존재한다는 것을 인식하게 된다. 유아는 이러한 과정을 거쳐서 '배려의 능력(capacity for concern)'을 가지게 된다.

* 문헌

1) Klein, M.(1935), "A contribution to the psychogenesis of manic-depressive states", *The Writings of Melanie Klein*, vol.1 London: Hogarth Press; Klein, M.(1940), "Mourning and its relation to manic-depressive states", *The Writings of Melanie Klein*, vol.1 London: Hogarth Press.
2) Winnicott, D. W.(1963), "The Development of the Capacity for Concern", *Bulletin of the Menninger Clinic* 2, p.167.

[鵜飼奈津子]

타자와의 관계

132 애착형성과 분리불안

【링크】→ 번뇌, 애착, 집착, 발달심리학, 낯선 상황 만들기 기법

'애착'이라는 말로 번역하고 있는 '어태치먼트(attachment)' 이론은 영국의 아동정신과 의사인 볼비(John Bowlby, 1907-1990)에 의해 제창된 개념이다.[1] 위기상황과 잠재적인 위기에서 특정 대상에게 접근하고 그것을 유지하려는 인간(동물도 포함하는)의 경향이며, 그 관계를 확립하고 유지함으로써 스스로가 '안전하다는 감각'을 확보하려는 많은 생물 개체의 본성으로 여겨지고 있다. 또한 볼비는[2] 애착에 대해서 사람이 특정한 타인과 구축한 긴밀한 정서적 연결, 즉 '(정서적) 유대감'이라는 문맥으로도 사용하고 있다. 애착에 대한 연구는 어린이의 무의식적 판타지에 초점을 맞춘 정신분석적 전통과는 달리, 보다 외부 세계의 환경요인에 주목한 과학적 관찰연구를 지향하면서 오늘날까지 진행되고 있다.

그 가운데에도 에인즈워스(Mary D. S. Ainsworth, 1913-1999)[3] 등에 의한 '낯선 상황 만들기 기법(SSP)'을 사용한 실험은 잘 알려져 있다. 이것은 유아의 애착형성의 형태가 모친 등의 주된 양육자(이하 양육자)의 양육행동과 어떻게 상호작용을 형성하는지를 비온(Wilfred R. Bion, 1897-1979)의 분석에 의해 검토한 것이다. 즉, 생후 1년까지 양육자가 아이에 대해서 어느 정도의 정서적 응답성을 드러내는가, 그것이 신뢰하기 충분한 것이며 아이가 위험한 상황이나 불안한 상태에 있을 때에 필요에 응해서 도와주는가 등이 아이의 애착형성의 형태를 좌우한다고 한다. 또한 아이와 양육자의 관계가 일반화된 이미지는 내적 작업 모델로 불리며, 우리는 이것을

통해서 외적인 세계나 양육자 이외의 대상과 관계를 맺게 되는 것이다.

한편 분리불안이란 영유아가 그 의존이나 애착의 대상인 양육자로부터 떨어질 때 나타나는 불안이며, 대략 생후 6개월 정도부터 영유아의 전반기까지 보이고, 양육자가 보이지 않게 되면 불안한 나머지 울음을 터뜨려서 양육자를 요구하는 행동이다. 이것은 영유아가 양육자와 그렇지 않은 타자를 식별할 수 있는 단계에 이르렀기 때문에 생기는 발달상의 현상이며, 병적인 것이 아니다. 낯선 상황 만들기 기법은 1세 아기가 이 분리불안을 보이는 상황을 인공적으로 만들어내서, 그 아기가 양육자와의 사이에서 형성한 애착의 형태를 확인하는 것이라고 말할 수 있다. 회피형(A), 양가형(C), 혼란형(D)의 애착형을 가진 어린이(또는 성인)와 만날 기회가 많은 임상심리사는, 치료환경이 '안전기지'로서 기능하는 것이 애착형성의 형태와 내적작업 모델의 재구축 가능성에 어떻게 기여하는지를 연구하는 것이 이후의 과제가 될 것이다.

❋ 문헌

1) Bowlby, J.(1969), *Attachment*, Attachment and Loss Series Vol.1, New York: BASIC.

2) Bowlby, J.(1988), *A Secure Base : Clinical Applications of Attachment Theory*, London: Routledge.

3) Ainsworth, M. et al(1978), *Patterns of Attachment : A Psychological Study of the Strange Situation*, Hillsdale: Erlbaum; Ainsworth, M.(1982), "Attachment: Retrospect and prospect", *The Place of Attachment in Human Behaviour*, London: Tavistock; Main, M. and Solomon, J.(1990), "Procedures for identifying infants as disorganised/disoriented, during the Ainsworth Strange Situation", *Attachment in the Preschool Years*, Chicago: University of Chocago Press.

[鵜飼奈津子]

타자와의 관계

133 근기와 치료구조론

【링크】→ 여실지견, 무아, 공, 참괴, 배려의 기원, 욕구불만

부모와 자식, 스승과 제자, 치료자와 내담자의 관계에서 공통되는 것은 부모, 스승, 치료자의 자세가 아이, 제자, 내담자의 자세에 커다란 영향을 준다는 것이다. 붓다는 '스승은 제자를 자기 자식처럼 생각하고, 제자는 스승을 자기 부모처럼 생각하며 수행생활을 함께 하도록' 설했다.

아이는 부모의 몸짓이나 숨결을 흉내 내고 반복하면서 감정을 불어넣게 된다. 이것을 알아차리지 못한 채로 세대 간 전달되는 패턴을 융(Carl G. Jung, 1875-1961)은 가족배치라고 불렀다. 프로이트(Sigmund Freud, 1856-1939)는 분석가에게 '고르게 유지되는 자유롭게 떠 있는 주의력'을 설명할 때, 분석가의 의식적 영향력에 대해서 주의를 환기시켰다. 이론, 명예심, 자신의 버릇 등에서 생겨나는 얽매이는 마음을 떨치고, 다만 오로지 무심하게 귀를 기울이는 자세이다. 자기 자신의 내면의 활동에 대해서도 주의를 기울일 필요가 있다. 이렇게 내담자에 대한 정서를 조율하는 환경을 정리할 수 있다.

위니캇(Donald W. Winnicott, 1896-1971)은 유아가 울음소리나 몸짓 등으로 표현한 신호에 대해서 어머니가 응해주었을 때, 그것이 정말로 자기의 근원이 된다고 한다. 어머니에 의한 그러한 적당한 환경에서, 유아는 반복하여 돌봄을 받고 말을 걸어주는 것을 들으면서, 그 신체에 더부살이하고, 지금 체험하고 있는 것을 자기로서 받아들이게 된다. 그러나 어머니가 자

신의 불안과 욕구에 신경을 써주지 않으면, 유아는 어머니의 필요에 맞춰야 하고 그러한 체험은 거짓된 자기로 이어진다.

비온(Wilfred R. Bion, 1897-1979)은 이러한 모자 간의 교환에 대해서 그릇과 그릇에 담기는 것이라는 개념을 도입했다. 영유아는 자신이 발현하는 에너지가 어떻게 받아들여지고 어떻게 대응되는가에 의해서, 체험되는 것이 왜 있는지, 자신이란 어떠한 것인지를 인식하며 사고하게 된다. 그릇과 그 내용물은 정서적으로 서로 영향을 끼치면서, 서로의 이익을 위해서 상처 주는 것 없이 의존할 때 서로 성장하게 된다. 성장 가능한 그릇과 내용물이 짝을 이룸으로써 우리는 경험에서 배움으로 나아가는 장치의 기초를 얻게 된다.

명상이나 심리치료가 제공하는 것은, 부모자식관계라는 그릇의 변형이나 금 등으로 인하여 부서진 것에 대해서 잘 포용하고 새로이 배우기 위한 환경이다. 명상은 치료자가 내담자의 정서를 조율하면서 치료관계의 장에서 일으키는 현상을 따뜻하게 수용하고, 내담자가 그것에 어울리는 자기표현을 하기 위한 환경을 제공할 수 있는 존재가 되도록, 무아와 공의 관점을 제공한다. 비온은 그것을 '소유자가 없는 통찰'이라고 표현했다. 심리치료는 명상 가운데 떠오르는 것을 만나는 마음과 말을 좋은 그릇으로 사용하는 것을 가르쳐준다.

붓다가 출가자의 사제관계를 부모와 자식의 관계로 비유한 배경에는 이러한 뉘앙스가 있을 것으로 생각된다.

❋ 문헌

C. G. ユング(1993), 「家族的布置」, 『連想実験』, みすず書房.

S. フロイト(1983), 「分析医に対する分析治療上の注意」, 『フロイト著作集 9』, 人文書院.

D. W. ウィニコット(1977), 「本当の, および偽りの自己という観点からみた, 自我の

歪曲」,『情緒発達の精神分析理論』, 岩崎学術出版社.
W. R. ビオン(1999),『精神分析の方法 I』, 法政大学出版局, pp.105-111.

[井上ウィマラ]

타자와의 관계

134 이행대상

【링크】→ 현실수용, 우울상태, 대상상실, 상징, 양가성, 공격성

이행대상(transitional object)은 영유아가 항상 가까이에 지니고 다니는 테디 베어나 안심담요 같은 물건으로, 잠들기 전 등의 불안에 대하여 일정한 감촉을 통해서 어머니의 젖가슴을 대신하여 안심과 온기를 준다. 이행에는 각성에서 수면으로, 내부에서 외부로, 주관에서 객관으로, 구순성애에서 대상관계로, 쾌감원칙에서 현실수용으로 등 다양한 의미가 포함되어 있다. 그것의 배경에는 어머니에게 의존하고, 어머니와 융합된 상태로부터 어머니의 외부에 있는 어떤 독립된 것으로 존재하는 상태로 이행하는 것이라는 현실적인 발달과정이 있다.

위니캇(Donald W. Winnicott, 1896-1971)에 의하면 이행대상에는 다음과 같은 특징이 있다.

① 다정하게 안기거나, 격렬하게 사랑받거나, 강제로 빼앗기거나 하지만 사랑하는 것이나 미워하는 것 또는 공격성으로부터 살아남으면서, 일정한 감촉을 제공한다.
② 따뜻함을 주고, 감동시키는 그 자체가 생명력이나 실재성을 가지고 있다고 생각되는 것이어야 한다.
③ 그 아이만의 것이며, 본인이 바꾸려고 하지 않는 한 바꿔서는 안 된다.
④ 외부 세계에도 내부 세계에도 속하지 않고, 체험의 중간 영역을 제

공한다.

⑤ 건전한 발달과 마찬가지로 내적 현실과 외적 현실의 중간 영역 전체에 확산되어, 예술적 창조활동이나 과학적 연구 등에 몰입하는 체험 중에도 유지되면서, 문화적 영역 전체로 확산된다.

인생 최초기에 적절한 육아환경이 제공되면, 유아는 만능환상을 품을 수 있다. 그 만능환상은 인생에 대한 안심감과 신뢰감을 기반으로 한다. 거기에서 영유아는 이후에 양육자의 부재 등의 불만을 견딜 수 있게 되며, 만능환상의 착각에서 벗어나 생애에 걸친 현실수용의 길로 나아가게 된다.

그 과정 최초의 클라이막스는 젖떼기이다. 그 시기에 만능감이라는 착각에서 벗어나는 것에 수반되는 불안이나 슬픔을 체험하는 것은, 성장한 후에 다양한 대상상실이 수반하는 곤란과 마주했을 때의 대응 패턴을 형성한다고 추측된다. 클라인은 그것을 우울상태라고 불렀다. 이 시기는 유아가 상징을 사용하는 것을 배우기 시작하는 과정과도 겹친다.

이행대상은 환상과 현실의 중간 영역, 주관과 객관의 중간 영역에 속하며, 이러한 과정을 통과하는 영유아의 불안이나 우울에 대해서, 어머니나 젖가슴을 대신하여 안심과 온기를 제공하는 중요한 역할을 맡는다.

불교 등의 종교적 아이콘, 위패, 유품 등도 일상적 세계와 성스러운 세계, 이 세상과 저세상을 잇는 어른을 위한 이행대상으로 파악할 수 있을지도 모른다. 사별이나 대상상실에 수반되는 불안과 슬픔을 누그러뜨리고, 다양한 양가적인 생각을 통합하여, 깊은 안심을 얻기 위한 마음의 의지대상으로서 기능하는 것이라고 생각할 수 있다.

✽ 문헌

D. W. ウィニコット(1979),「移行対象と移行現象」,『遊ぶことと現実』, 岩崎学術出版社, pp.1-20.

J. ボウルビィ(1981),『母子関係の理論 III 対象喪失』, 岩崎学術出版社, pp.36-37.

[井上ウィマラ]

브릿지 44 개성화와 근대

【링크】→ 개성화, 원형, 자등명·법등명, 달마, 트릭스터, 이행대상

근대사회에서 개인(the individual)의 확립에 대해서 논할 경우, 종종 암묵적으로 개인은 교회나 국가 등과 같이 보편성을 주장하는 사회집단과 대립하는 것, 게다가 그것을 넘어서는 것으로서 강조되는 경향이 있다. 그러한 경향이 하나의 사상, 삶의 방식으로까지 나아가면, 개인의 상황을 다른 온갖 일에 우선시키는 개인주의(individualism)가 된다. 하지만 개인은 원래 원리적으로 말해서 대립이라는 형태 속에 있으며, 보편성을 주장하는 것과 뗄 수 없는 관계를 가진다.

근대는 개인이 확립된 시대이지만, 국민국가가 성립된 시대이기도 하다. 개인은 국가로부터 권리를 부여받는 동시에 의무를 지는 국민과 동일시된다. 근대에도 순수한 개인은 어디까지나 이념상으로 존재했으며 현실에는 존재하지 않는다.

개성화(individuation)는 융(Carl G. Jung, 1875-1961) 심리학의 기본개념이지만, 그것을 몰사회적인 개인주의, 심지어는 심리주의의 방향으로 오해해서는 안 된다. 융에서 그 개념은 꿈이나 공상 등의 다양한 이미지 체험과 그 해석을 통해서, 개개인이 집단무의식(the collective unconscious)의 내용을 이루는 원형(archetype)의 움직임에 대해서 자각을 깊게 하는 과정을 가리킨다. 융은 그때까지 유럽에서 크리스트교와 당시 나치즘이나 스탈린주의가 보여주듯이, 집단에 의한 개인의 매몰에 대해서 지속적인 경계를 게을리하지 않았다. 그렇다고 개인주의를 옹호한 것도 아니다. 그에게 있어서 원형과 관계없는 개성화는 처음부터 있을 수 없었다.

개인은 원래 존재론과 논리학의 개념이며, 특수자로도 바꿔 말할 수 있고, 그 반대개념인 보편자와의 관련을 빼고는 말할 수 없다. 감각을 넘어서 이데아를 진실로 보는 플라톤(Plato, 428/427-348/347 BCE)에게 감각되는 개인은 이데아의 복사 이상의 것이 아니며, 그 자체로는 존재하지 않는 것과 마찬가지이다. 이에 비해서 경험을 중시하는 아리스토텔레스(Aristotle, 384-322 BCE)에서 개인은 그 자체는 잠재상태인 질료가 현실태인 형상을 받아들이는 것에 의해서 생겨나는 복합체이며, 반대로 말하면 형상이 질료에 의해서 개성화한 것이다. 그러므로 사상사적으로 융의 원형은 플라톤까지 거슬러 올라가고, 개성화는 아리스토텔레스까지 거슬러 올라간다. 개성화되는 보편자는 플라톤의 이데아와 달리 그 자신은 비질료적이지만, 우리는 혼돈되는 것으로서 감각적으로 경험한다. 형상과 질료는 연속되고 있는 것이다. 그러므로 이 보편자는 이후 칸트(Immanuel Kant, 1724-1804)의 추상적 보편과는 구별되는 헤겔(Georg Wilhelm Friedrich Hegel, 1770-1831)의 구체적 보편으로 전개된다. 융 자신은 이 두 사람에게 결코 공감하지 않았던 것과는 관계없이, 그 이론은 부분적으로라도 그들을 따르고 있다.

개성화에 관한 융의 사상을 보다 급진적으로 전개한 힐먼(James Hillman, 1926-2011)은 개성화라는 표현을 거의 쓰지 않고, 오히려 자신의 입장을 원형 심리학(archetypal psychology)이라고 명명했다. 단지 그 수가 하나가 아니라는 것에서도 드러나듯이, 원형은 결코 순수한 일반자가 아니다. 원형을 포함하여, 유형은 이전부터 괴테나 훔볼트(Wilhelm von Humboldt, 1767-1835)에 의해서 다듬어져왔듯이 개인과 일반자의 중간에 위치한다. 유형으로서 인간은 특정 개인도, 추상적인 인류 일반도 아니고, 예술이나 역사에 나타나는 성격으로서 인간이다. 유형사상은 개인주의와 전체주의라는 근대의 양극단을 피하는 길을 탐구하는 것으로서, 포스트모더니즘으로 흘러 들어간다.

개성화와 근대에 대해서 호먼즈(Peter Homans, 1930-2009)의 융 이론은 귀중한 암시를 준다. 그가 인용하고 있는 지식사회학자 피터 버거(Peter L. Berger, 1929-)에 의하면, 기술과 관료제에 의해 특징지어진 사회적 과정으로서 근대화(modernization)는 추상성, 기능적 합리성, 도구성의 방향으로 의식의 근대화를 일으켰다. 하지만 거기에서 상반되는 반응이 일어났다. 그 하나인 반근대화(countermodernization)는 전통적인 공동체를 옹호하고 긍정하며, 다른 하나인 탈근대화(demodernization)는 제도와 전통 너머에 있다고 가정되는 진정한 자신과 메타 제도적 자기를 추구한다. 호먼즈는 융 심리학을 그중에서도 특히 탈근대화의 방향에 위치하게 함과 동시에 이것을 나르시시즘 문화로 이행하는 것과 연결한다. 그 위에 문화인류학자인 터너(Victor W. Turner, 1920-1983)의 사회구조와 그것에 지배되지 않는 경계성(境界性) 개념을 인용하여, 융 심리학을 영속적 경계성을 지향하는 문화운동으로서 특징지었다. 하지만 그는 그것이 개인화(privatization)라는 사회적 과정인 것을 이해하지 않았다는 점에서 융을 비판하고 있다.

불교는 초기부터 자귀의·법귀의(自歸依 法歸依)를 설하였다. 여기서 '자(自)'를 개인으로 해석한다면, 불교는 아마도 다른 어떤 종교보다도 개인을 중시하고 있다고 말할 수 있다. 그것은 고타마 싯다르타가 왕자로 태어나서, 당연히 왕국을 계승할 것이라는 기대 속에 자랐지만, 가정까지 가진 것과 상관없이 출가한 것에서 단적으로 발견할 수 있다. 불교도가 의지하는 것은 자신과 법이며, 타자나 사회와의 관계는 법을 매개로 하고 있다. 자신과 법은 불가분의 관계이며, 동일하기까지 하다.

그런데 여기서의 법은 현세의 얽매임에서 자유로우며, 현세에 속박되지 않고 현세를 살아가게 해주는 불교의 보편적인 진리이다. 한때 권력에 영혼을 팔고 민중을 현혹한 불교도가 적지 않았지만, 또 한편으로 불교는 강렬한 개성을 배출해왔다. 예를 들어 슈호묘쵸(宗峰妙超, 大燈國師, 1282-1338)

는 화원천황과 마주했을 때, 천황이 '불법은 이해하기 힘들며, 왕법과 마주한다'라고 것에 대해서 '왕법은 이해하기 힘들고, 불법과 마주한다'라고 응수했다. 또한 『탄이초(歎異抄)』에서는 '미타(彌陀)의 오겁 동안의 사유'가 '오로지 신란 한 사람 때문이다'라고 서술하고 있다. 무소 소세키(夢窓疎石, 1275-1351)는 코케데라(苔寺)라고 알려진 사이호지(西芳寺)를 자기 개인을 소멸시키는 생전의 묘, 생전의 탑으로 하고, 그 후에도 대립하는 어떤 권력자에게도 치우치지 않고 선사로서 살았다. 서양의 철학전통을 포함하면서, 불교에서의 개성화를 새로이 질문해야 한다.

❋ 문헌

ジェイムズ・ヒルマン, 河合俊雄 訳(1993), 『元型的心理学』, 青土社.

ピーター・ホーマンズ, 村本詔司 訳(1985), 『ユングと脱近代』, 人文書院.

ユング, 池田鉱一, 鎌田道生 訳(1976), 『心理学と錬金術』, 人文書院.

[村本詔司]

브릿지 45 임상과 윤리

【링크】→ 연기, 공, 유식사상(훈습), 사섭법, 삼학, 삼업, 윤회, 전이·역전이

임상으로 번역되는 '클리닉(clinic)'의 어원은 침상을 의미하는 그리스어 '클리네(kline, κλίνη)'이며, 에피다우로스 등에 있는 의신 아스클레피오스(Asclepius)를 섬기는 신전을 순례하는 환자에게 영적인 꿈을 꾸게 하는 것으로 치료할 때에 쓰이는 침상을 가리킨다. 중세에는 의료의 한계를 넘어선 환자의 영혼이 신과 만나는 것을 준비시키는 임상승(臨床僧)의 일을 가리키는 말이었다. 이 말은 근대가 되면서 흑의(검은 옷, 종교)가 백의(흰 옷, 의료)로 대체되어, 기초의학과 대비되는 의료실천에 대해서 사용하게 되었다. 하지만 20세기 후반에는 의료에 머물지 않고, 비의료적인 대인서비스 분야(심리학, 교육학, 사회복지 등)에도 적용되었다. 어쨌든 적나라한 인간의 현실과 관련된 것이 임상의 핵심에 놓여 있다.

직업(job, occupation)은 일반적으로 생계를 꾸리기 위해서 종사하는 것으로 이해되지만, 그것이 전문직(profession)으로 간주되기 위해서는 어느 정도 조건을 만족시켜야 한다. 즉, 사회에 불가결한 서비스일 것, 고도의 지식과 기술을 구사하며 장기간 체계적인 전문교육을 요구할 것, 사적 이익보다 공익을 우선할 것, 직업윤리의 확립 등을 들 수 있다.

'프로페션(profession)'이라는 말은 원래는 공언(公言)을 의미한다. 거기에는 단순히 개인적 의견에 머물지 않고, 스스로가 공언하는 것을 다른 사람들도 믿게 하는 것에 대한 책임을 지는 것이 포함되어 있다.

윤리(ethics)의 어원이 습관을 의미하는 '에티코스(ethikos, ἠθικός)'인 것에서 알 수 있듯이, 윤리는 본질적으로 습관과 깊은 관계가 있다. 습관(예

를 들어 일본어가 유창함)은 어떤 보편적인 타고난 경향(예를 들어 언어 학습능력)에 기초하면서, 일정한 사회(예를 들어 일본)에서 반복적인 경험을 통해서 처음으로 형성된다. 윤리도 이와 마찬가지로 일의 선악을 판단하는 생득적인 능력에 기초하면서, 일정한 가치관이 지배하는 사회에서 선악판단과 그것에 기초한 행동의 반복을 통해서 처음부터 몸에 익히고 연마한다. 한편으로 윤리는 어떤 의미에서 습관 그 자체이다. 보통은 지금까지 기능해온 습관을 따르면 틀리지 않는다. 습관은 자동화되어 있으며, 반쯤 무의식적이기도 하다. 바른 일을 하는 습관이 잡혀 있으면, 다른 중요한 것에도 주의를 기울일 수 있게 된다. 하지만 다른 한편으로 윤리는 습관에 의문을 품고, 그것이 악습이라는 것을 알게 되면, 그것을 폐지하고 보다 좋은 습관을 형성하기도 하다. 덧붙여 말하자면 자신들이 습관적으로 하고 있는 것의 문제점에 대해서도 빨리 알아차려서, 필요하다면 그 습관을 개선하거나, 보다 바람직한 습관을 형성하려고 노력하는 습관은 고차원적인 습관이라고 말할 수 있다. 미키 키요시(三木清, 1897-1945)가 말했듯이, 습관을 타파할 수 있는 사람만이 습관을 형성할 수 있는 것이다.

습관에 주목한다는 점에서, 윤리는 불교의 근본으로 이어지는 것이 명백해진다. 불교에서 윤리라고 일컬어지는 계(sīla, 戒)도 실은 습관을 의미하며, 좋은 습관형성은 유익한 계, 나쁜 습관형성은 해로운 계라고 불리지만, 보통은 전자를 의미한다. 불교에 의하면 윤회는 행동, 말, 의도(身口意)의 세 가지 악업의 결과로서 해로운 계와 다를 바 없으며, 윤회로부터 해탈은 해로운 계를 알아차려서, 그것을 유익한 계로 전환하는 것을 통해서 비로소 가능해진다. 이 전환의 과정을 촉진하는 수행이 명상일 것이다.

게다가 계는 불교에서 익히는 삼학(三學)의 하나로 다른 두 가지 즉, 정(samādhi, 定), 혜(prajñā, 慧)와 불가분의 밀접한 관계에 있으므로 계(戒)만을 취하지는 않는다. 또한 선불교는 정(定)을, 선불교의 배경이 되는 반야 사상은 혜(慧)를 강조하지만, 모두 그것이 강조하는 것 가운데 이미 나머지 두 가지를 포함하고 있다는 의식으로부터 출발하고 있다. 계를 없앤 정도, 혜도 있을 수 없으며, 또한 정과 혜가 뒷받침이 되지 않는 계도 있을 수 없다. 현대적으로 말하자면 윤리는 명상적 의식상태와 지혜와 불가분의 밀접한 관계인 것이다.

임상심리의 윤리에서 근본 문제 가운데 하나는 불교의 정과 혜에 대응하는 것이 결여되어 있다는 것이다. 그 윤리는 임상심리의 실천, 임상심리학의 여러 논리와 불가분의 밀접한 관계에 있기는커녕, 자칫하면 괴리되는 경향마저 있다.

예를 들어 전이와 역전이를 다루는 방법이 직업윤리에서 결정적으로 중요한 것임은 누구나 인정할 것이다. 정신분석이론에서 전이는 환자가, 역전이는 치료자가 각각 유아기 이후에 해결되지 않은 채 현재까지 일으키고 있는 개인의 문제로 환원되고, 그 방향에서 임상실천도 이루어진다. 하지만 그것은 개개인을 궁극의 단위로 하는 서양 근대의 특수한 이데올로기의 표현일 것이다. 그러한 편향에 사로잡히지 않고 본다면, 전이와 역전이는 오히려 반대로 개인주의의 파탄과 새로운 패러다임의 필요성을 지적하는 현상일 것이다. 불교가 가르쳐온 것은 개개인을 포함하는 모든 것이 서로 연기의 관계에 있다는 의미에서 공이라고 말하는 것이다.

이중 관계와 다중 관계는 본래의 직업적 관계와는 별개의 직업적 또는 비직업적 관계가 뒤섞여 있는 사태를 가리키며, 종종 거기서부터 불화가 일어난다. 통상은 회피하거나 경계를 설정하거나 견제할 것을 권한다. 이러한 종류의 관계는 보통 경계교차(boundary crossing), 즉 치료자의 자기개시, 치료자와 환자의 역할교대 등 본래의 역할에서 일시적으로 이탈하는 것으로부터 시작한다. 그것은 충분한 자각이 없는 채로 부적절한 방식으로 반복되어 고착화되고, 환자와의 성관계로 대표되듯이, 경계침범(boundary violation)으로 변질된다. 하지만 경계교차는 기본적으로 충분한 자각이 적절하게 이루어지면, 반대로 치유로 나아가는 중요한 전환점이 된다고 주장하는 임상가들도 있다. 개인주의를 원리로 하는 서양근대의 논리에서는 거의 접근하지 않는 이러한 종류의 문제야말로, 동일률과 모순율에 얽매이지 않고, 임제선사처럼 빈주호환마저 설하는 불교가 심리임상의 윤리에 공헌할 만한 영역이다.

❋ 문헌

葛西賢太(2010),『現代瞑想論－変性意識がひらく世界』, 春秋社.

ネイギー, 村本詔司 監訳(2007),『APA倫理規準による心理学倫理問題事例集』, 創元社.

[村本詔司]

135 상처받은 치료자

【링크】→ 사성제, 사무량심, 사섭법(동사), 보살, 자비, 전이, 역전이, 공감, 선 호스피스 프로젝트

코헛(Heinz Kohut, 1913-1981)이 공감(sympathy)을 '대리내성(vicarious introspection) … 타인의 내적 생활에서 자신을 생각하고 느끼는 능력'[1]이라고 정의했듯이, 자신의 괴로운 경험은 타자의 같은 경험을 이해하는 것을 도와준다. '상처받은 치료자'는 자기가 가지고 있는 하나의 기능이며, 과거에 상처를 입은 체험이 타자이해뿐만 아니라 타자의 치료에 효력을 발휘한다는 융 심리학의 개념이다. 마이어(Carl A. Meier, 1905-1995)는 아스클레피오스(Asclepius)의 신전에서 잠자는 환자가 꿈속에서 반인반마의 현자 케이론(cheiron)을 만나서, 상처로 인해서 거의 죽어가는 환자의 자기치유력을 환기하면서, 결과적으로 치유된 이야기를 받아들였다.[2] 이것은 붓다의 중생제도가 응병여약(應病與藥)의 형태를 취하여 '의왕(醫王)'에 비유되는 것과 어떤 공통점이 있을까. 이 개념이 상정하고 있는 치료자란 어떤 존재일까. 또한 '상처받은 치료자'가 가리키는 치료란 어떠한 것일까. 그리고 이 개념은 무엇을 경고하고 있는 것일까.

불교에서 고집멸도의 사성제는 괴로움을 진단하여, 괴로움의 원인을 알고, 괴로움을 멸한 상태가 있다는 것을 확인하고, 그것을 위한 방법이 있다는 것을 안다고 하는 치료원리를 가지고 설명된다. 부모를 괴롭힌 아자세 왕이 그 응보를 받아 병으로 괴로워하는 것을 편안하게 한 명의(名

醫) 기파(耆婆)는 그의 정신적인 괴로움을 없애기 위해서 '의왕'인 붓다를 방문할 것을 권한다.

붓다는 수많은 호상(好相)을 갖춘 초월적 존재로서 그려지는 한편, 그의 탄생 후 얼마 되지 않아 어머니가 타계하고 이모에게 길러지는 등 그의 인생에는 처음부터 음영이 드리워져 있다. 탁월한 능력도, 왕궁의 미식도 탐닉하지 않은 그는 생로병사의 괴로움을 스스로의 과제라고 확신하고 출가하기에 이른다. 의왕으로서 그의 안에 괴로움을 경험하는 것에서, '극애일자(極愛一子)', 즉 내 아이처럼 사람들을 바라보고, 사람들의 아픔을 내 일처럼 느낀다고 『대반열반경』(「범행품」 20.2)에 묘사되어 있다.[3] 복음서에 친숙한 사람은 폭력에 노출되고 십자가 위에서 책형을 당하고 인류의 죄를 대속할 수 있었던 예수의 자세에서 '상처받은 치료자'를 발견할 수 있을 것이다.

의사는 힘을 가지고, 유능하며, 건강하고, 치료에서 주도권을 쥐는 것이 당연하다고 생각하는 현대의료에서 환자는 '무력'하고 '무능'하며 '불건강'한 수동적인 입장에 놓여 있다. '상처받은 치료자'는 현대의료의 의사와 환자의 관계에서 압도적인 의사 상위, 의사의 완전성과 전능성의 강조, 환자의 자기치유능력의 부정을 반성하는 것이기도 하다.

샌프란시스코 선 센터가 운영하는 선 호스피스 프로젝트는 지원자에게 정기적인 명상모임에 참가할 것을 요구한다. 명상은 불교도가 되기 위해서가 아니라, 스스로가 어떠한 상처를 가진 치료자인지를 확인하기 위한 것이다. 스스로의 상처를 아는 것으로 타자의 상처를 이해할 수 있는 한편, 같은 종류의 상처를 가진 사람에게 강하게 반응하기 쉽다는(역전이의 위험) 것을 알 수 있게 된다.

❃ 문헌

1) コフート, H., 本城秀次, 笠原嘉 監訳(1995),『自己の治癒』, みすず書房, p.120.

2) マイヤー, C. W.(1986),『夢の治癒力ー古代ギリシャの医学と現代の精神分析』, 筑摩書房.

3) 塚本啓祥, 磯田熙史 校注(2008),『新国訳大蔵経 涅槃部 2』, 大藏出版, p.431.

[葛西賢太]

브릿지 46 간병, 간호라는 수행

【링크】→ 여실지견, 사무량심, 해탈, 보살, 선정, 임종심로, 윤회사상, 애착형성, 상실, 상처받은 치료자, 종말기의료

언젠가 붓다는 시자인 아난다(Ānanda)를 데리고 수행자들의 숙소를 순회하고 있었다. 한 사람의 출가수행자가 복부의 병으로 분뇨투성이인 채로 누워 있었다. 붓다가 '어떻게 된 것이냐'라고 묻자, 그는 '건강했을 때에 승가에게 부여한 의무를 다하지 않았기 때문에 누구도 간병을 해주지 않습니다'라고 대답했다. 붓다는 아난다와 함께 그 수행자를 깨끗하게 씻긴 후에 승가를 소집하여, 출가수행자는 집을 떠나서 간병해줄 부모 등이 없으므로 임종할 때까지 서로 간병해야 하는 것이라고 타이르고, '나를 섬기고 싶다고 생각한다면, 병자를 돌보라'고 가르쳤다.

1. 간병하기 힘든 것에서 배운다

그 이후 간병하는 것은 수행의 일환이 되었으며, 간병하기 힘든 사람이나 능숙하게 간병할 수 있는 사람의 다섯 가지 조건 등이 정리되었다. 간병하기 힘든 사람의 다섯 가지 조건은 다음과 같다.

① 병에 좋지 않은 것을 한다.
② 병에 좋은 것이라고 해서 지나치게 한다.
③ 처방된 약을 복용하지 않는다.
④ 이익을 생각해서, 간병하고 있는 사람에게 증상을 솔직히 이야기하지 않는다.

⑤ 아픔을 견딜 수 없다.

이러한 간병하기 힘든 것의 배경에는 다음과 같은 원인이 있다고 짐작된다. 병이 회복되는 데 필요한 것을 실천하지 않는 것은 병든 채로 있는 것에 이익이 있거나 또는 자살하려는 바람이 숨겨져 있는 경우도 있다.

병이 회복되는 것을 지나치게 하는 경우에는 병이나 죽음을 두려워하는 마음, 빨리 낫고 싶은 조바심이 있기 때문일 것이다.

처방된 약을 먹지 않는 것은 약 이외에 믿고 있는 것이 있거나, 약으로서 작용하고 있는 것 또는 약에 대한 불안이 있기 때문이다. 그 사람에게 있어서 약, 그 사람이 믿고 있는 것이 무엇인지를 탐구할 필요가 있다.

솔직하지 않은 마음의 배경에는 유소년기의 부모자식 간의 관계가 일그러진 것을 숨기려는 경우가 적지 않다. 솔직히 이야기해주면 고맙겠다는 것을 전하고, 거리나 틀을 지키면서 지켜본다.

아픔을 견디기 위해 필요하면 뇌가 모르핀을 만들듯이, 무언가에 집중하여 몰두하도록 권한다.

이러한 간병의 노력을 통해서 상대를 있는 그대로 지켜보고, 그 사람의 습성의 배후에 숨겨진 것을 발견하여 꾸준하게 돌봐주는 것은 자타를 응시하는 명상수행이 된다. 수행공동체라는 유사가족 안에서 돌봄을 통한 명상수행이라고 말해도 좋을 것이다.

2. 좋은 간호자의 다섯 가지 조건

능숙하게 간병할 수 있는 사람이 되기 위한 다섯 가지 조건은 다음과 같다.[1)]

① 약을 조합하거나 조달하는 것이 가능하다.

② 병에 좋은 것과 좋지 않은 것을 알고, 회복을 유도하는 것이 가능하다.
③ 자비의 마음으로 간병하며, 대가를 요구하지 않는다.
④ 토사물이나 배설물을 처리하고 치우는 것을 싫어하지 않는다.
⑤ 적절한 때를 봐서 법을 설하고, 이해시키며, 격려하고, 기쁘게 하는 것이 가능하다.

이들 다섯 가지 조건은 자애의 마음을 중심으로 전반은 치료(cure), 후반은 돌봄(care)의 요소로 구성되어 있다. 토사물이나 배설물의 처리에 관해서는 분노와 푸념 등의 심리적 토사물에 대한 적절한 대응도 필요할 것이다. 환자의 공격을 잘 반격하거나, 그냥 내버려두면서 능숙하게 대응하는 것은 깊은 차원에서 친밀하게 되기 위한 중요한 기회가 된다. 법을 설하는 중에는 진실을 이야기한다는 의미를 알리는 것도 포함한다. 안심할 수 있는 장소에서, 마지막까지 결코 포기하지 않겠다는 마음을 가지고 진실을 전달하며, 그 이후에 계속되는 마음의 떨림을 지켜보고, 때로는 그저 곁에 있는 방법으로 지지하고 격려하며, 최후까지 살아 있는 것의 기쁨을 느낄 수 있도록 마음을 쓴다.

병자를 돌본다(upaṭṭhāna)는 말의 어원은 '가까이 서 있다'는 의미를 가진다. 병을 살아가고 있는 사람 가까이에 서서, 상대와 자신을 반복해서 응시하면서, 돌보는 것을 통해서 인생을 명상하는 수행이다.

3. 간호하는 것에서 배운다

붓다는 종종 종말기의 수행자를 병문안하여, 걱정거리나 후회가 없는지 등을 묻고, 마지막까지 해탈을 목적으로 수행하도록 격려했다. 『앙굿따라니까야』의 「십법경」에는 출가수행자가 매일 성찰해야 하는 열 가지 항목을 들고 있으며, 그 마지막은 다음과 같이 되어 있다.[2)]

> 나는 특별히 성스러운 지견을 가져다 주는 출세간법을 얻고 있는 것일까. 최후의 때에 수행을 함께한 동료에게 추궁당해 얼굴이 붉어지는 일이 없도록 하자.

세간을 넘어서는 법(uttari-manussa-dhamma)은 해탈과 깨달음, 그 기반이 되는 삼매와 선정을 가리킨다. 수행자들은 최후까지 간호하는 수행 중에 '당신은 출가한 목적인 해탈과 선정 등을 얻을 수 있었습니까?'라고 질문하기도 했다. 임종에 즈음하여 인생의 최후에는 어떤 심리적 과정이 전개되는지, 그것이 어떻게 윤회전생으로 이어지는지, 해탈자의 임종이란 어떠한 것인지에 대해서 관찰한다.

왁깔리(Vakkali)의 사례에서는 자만심을 일으켜 해탈했다고 생각해버린 왁깔리는 칼을 가지고 자해를 기도했으나, 아픔에 대한 스스로의 반응을 보고 미처 해탈하지 못했다는 것을 깨달아서, 간신히 남아 있는 시간에 그 아픔과 마음의 반응을 관찰하면서 아라한으로서 해탈을 완성했다. 붓다는 왁깔리의 유해를 확인하고, 그 위에 연기 같은 것이 소용돌이치고 있는 것을 보고 '저것은 악마가 왁깔리의 혼(viññāṇa, 識)의 행방을 찾고 있는 것이지만, 왁깔리의 혼은 어디에도 가지 않고 완전한 열반에 들었다'고 말했다고 전해진다.

4. 인생 최초와 최후의 소멸

이러한 간병과 간호에서 명상수행은 정신적인 위기상태에 빠졌을 때의 인간성 관찰, 그것에 다가선 지원자에게 발생하는 심리적 반응에 대한 관찰, 위기적 상태에 대한 반응 패턴에 성장 이력이 어떻게 영향을 끼치는가에 대한 통찰을 가져온다. 그것은 붓다가 해탈하기 직전에 체득한 사생지(死生智)를 임상현장에 응용실천하는 것에 해당하며, 볼비(John Bowlby, 1907-1990)가

애착형성에 대한 연구를 통해서 얻은 다음과 같은 통찰과 연결될 것이다.

'어떤 인간의 성격이 어떻게 구조화되어 있는지는 이후의 역경상태 특히 거절, 이별, 상실의 상태에서 그 인간의 반응방식을 규정하는 데 가장 중요한 것이 될 것이다.'[3)]

5. 인간의 본질로서 돌봄

볼비는 제2차 세계대전 이후 세계보건기구(WHO)의 요청으로 고아들의 정신위생을 향상시키는 연구를 행하여, '영유아와 어머니(또는 어머니의 대리자)의 관계가 친밀하고, 지속적으로 양자가 만족하고 기쁨에 가득 찬 상태가 정신건강의 근본이다'라고 보고하고 있다. 친밀성, 지속성, 호혜성은 아이 돌봄(child care)으로부터 임종 돌봄(terminal care)과 비탄 돌봄(grief care)에 이르기까지 온갖 돌봄의 근저를 지지하는 본질적인 요소이다.

돌보는 것이 인간의 본질적 요건의 하나인 것을 알기 때문에 이것이야말로 붓다가 승가라는 수행공동체에서 간병과 간호를 명상수행으로서 장려했던 이유라고 생각된다.

✻ 문헌

1) 井上ウィマラ(2010),『看護と生老病死』, 三輪書店, pp.40-63.

2) 井上ウィマラ(2010) pp.229-232.

3) J. ボウルビィ(1991),『母子関係の理論 I 愛着行動』, 岩崎学術出版社, p.446.

[井上ウィマラ]

편자 후기

불교심리학의 발전을 기원하며

일본불교심리학회가 처음 발족했을 때였다. 불교학자, 불교실천가, 심리학자, 심리치료사 등 각자 전문 영역을 가진 전문가들이 모인 학제간 연구의 장이라는 측면에서 학회는 훌륭하지만, 논의는 항상 타문화체험이었다. 실제 논의에서 문화가 다른 다수 분야의 학문과 실천의 기초지식을 공유하는 기반이 있으면 좋지 않을까라고 카사이(葛西)가 학회지에 의견을 내고, 카토(加藤)와 이노우에(井上)가 찬성하였다. 세 사람이 힘을 합하여 구체화하기로 의견을 모았다.

불교와 심리학 분야에서 동시에 광범위하고 넓게 관심을 가진 사람들이 양자의 가교를 놓으려고 시도한 역사는 길지만, 폭과 깊이를 감당할 만한 시도는 쉽지 않았다. 시행착오가 거듭되면서 실은 우선 끈이 되고, 점점 더 그물에 가까운 것이 되었다. 이 책을 통해서 그 넓이의 일단을 틈으로 살짝 엿보고, "분명히 불교심리학이라는 학문 분야가 이전부터 있었고, 이후에도 충실해져가야 하겠구나."라고 독자들이 느꼈으면 한다.

불교의 역사는 결코 얕지 않고, 심리학과 불교의 상호교섭의 역사도 일 세기가 넘었다. '마음의 돌봄'에 대한 관심, 영성에 대한 관심에서 보이듯이, 일정한 토대를 확보할 필요가 대두되고 있었다. 따라서 불교심리학의 광범위한 영역은 세 사람이 도저히 감당할 수 없었다. 일본불교심리학회가 설립되었지만, 아직 학회로서 축적된 것도 일천하고, 연구성과를 모두 망라하는 사전을 만들 단계에 이른 것도 아니다. 선행연구를 넘어설 만한 작업도 연구과정에서 필요하지만, 불교심리학에 관여하는 사람들은 연구자만이 아니고, 의료, 간호, 복지, 심리치료의 현장에 종사하는 사람, 또는 종교에 관여하는 사람이 많고, 범위도 다양하다. 그렇다면 현 단계에서는 불교와 심리학의 기초를 확인하고 주제를 좁혀가면서 관련 영역의 연계를 보는 것이 유용하지 않는가라는 생각이 들어서, 1-2페이지 단위의 옴니버스 형식으로 어디서든지 자유롭게 읽을 수 있는 키워드사전의 체재를 갖추게 되었다.

불교와 심리학, 두 분야에서 전문성을 확보하는 것은 불교심리학의 장래를 위한 기초를 놓는 것이다. 따라서 제1부의 불교용어에 관해서는 빨리어와 산스크리트어 등의 원어에 정통한 연구자에 의뢰하는 것을 원칙으로 하고, 이노우에(井上)가 그들과 심리학의 가교를 놓는다는 관점에서 접근하였다. 다만 이 책에서는 붓다의 관점으로 돌아가는 것을 목표로 상좌부의 교설과 심리학을 부합시키는 데 힘을 기울였다. 시대와 문화에 따른 변화를 상세히 검토하는 것은 미루어두었다. 일본불교 종파의 조사의 원점으로 돌아가는 것도 필요하지만, 종파의 교의는 앞으로의 과제로 남겨두었다. 제2부의 심리학, 심리치료의 용어는 현대의 심리학에서 기초와 임상뿐만 아니라 선심리학과 같은 응용적 전개에 대해서도 언급하면서, 카토(加藤)가 중심이 되어서 정리하였다. 이 책에서는 심리학, 심리치료를 중심에 두지만, 의료학, 간호학, 복지학 등과 같이 인간을 돌보는 여러 학문과 불교의 접점도 불교심리학이 담당하는 영역에 포함하였다. 이러한 학문으로부터 불교가 새롭게 배우는 것도 있을 것이다. 붓다 재세 시에는 언급되지 않았던 문제를 발견해서 탐구해가는 것에는 오히려 심리학을 활용하면 좋다. 제2부의 후반부부터 제3부에 이르기까지 심리임상에 직접 관여하는 것을 중심으로 집필하였다. 제3부는 카사이(葛西)가 중심이 되어 정리하였다.

불교심리학은 학제 간 연구 영역으로 인식되면서 예를 들어 다음과 같은 과제가 있다.

① 다양한 가치관과 삶의 방식이 병존하는 현대에서 불교수행의 의미
② 삶을 사는 방식, 교육방식, 활동방식, 젠더의 방식 등도 포함하는 인생과정의 모델
③ 자연, 인문, 사회과학과 불교 안의(인간적 평화주의적 교훈뿐만 아니라 신비적 체험의 이해도 포함한) 다양한 학문과의 공존
④ 제의도 포함하는 총체적인 '마음의 돌봄'과 교조적이지 않은 교리이해를 거쳐 느낌을 수반하는 죽음의 간호
⑤ 말하는 사람의 상태를 어떻게 볼 것인가를 포함하는 '경청'의 의미와 기술, 여기서 대재해나 범죄피해자의 트라우마를 어떻게 헤아리고, 어떻게 마주할 것인가 하는 기본적인 사고방식
⑥ 이것들을 매개로 불교가 사회와 관계하는 방식과 그것에 수반되는 윤리

다문화, 타 종교와 불교심리학을 깊이 있게 비교하는 과제도 이후에는 구체화되어갈 것이다. 불교학자와 심리학자, 심리치료사뿐만 아니라 넓은 의미의 인간을 돌보는 전문직과 종교가의 관심을 끄는 방법을 본 서가 제공할 수 있다면, 편자로서는 참으로 기쁜 일이 될 것이다.

이 책에서 언급한 것 이외에도 불교와 심리학을 결합하는 일을 하는 방법은 많이 있다. 예를 들어 이 책에서 다루고 있는 20세기 이전의 선심리학 문헌집을 시작으로 국제적으로도 알려져 있는 저술도 있다(Howard R. Jarrell, *International Meditation Bibliography: 1950-1982,* Scarecrow Press, Inc., 1985; Anne Haynes, "Meditation and Health: An Annotated Bibliography", http://www.indiana.edu/~librcsd/meditation/). 이를 참조하면 참으로 많은 '불교심리학자'가 있다는 것에 놀라게 될 것이다. 일본불교심리학회의 회원 가운데도 매력적인 일을 전개하고 있는 분들이 많이 있고, 왜 이 주제를 쓰지 않았는가, 왜 이 방식을 기고하지 않았는가 등의 의문이 있을 수 있다. 지면과 주제의 선정, 시간의 제약으로 인해서 집필을 의뢰할 수 없었던 점을 사과드린다. 또한 집필내용에 관해서 의견과 질문은 언제든 환영한다. 이 책은 '세기 초'의 불교심리학사전이고, 어디까지나 하나의 계단에 불과할 뿐이다. 이 책의 부족한 점을 정비하여 가까운 장래에 대사전을 집대성하는 것이 중요한 과제일 것이다.

불교심리학에서 『임상심리학사전』 등의 선구적인 시도를 중요시한 온다 아키라(일본불교심리학회 초대회장) 선생으로부터 추천사를 받았다. 현 회장인 케네스 다나까 선생을 필두로 운영위원, 여러 종파와 학문분야를 이해하는 회원 덕택에 학회의 추천을 받을 수 있었다. 이 책을 마무리할 수 있다는 것이 감사할 따름이다. 불교심리학의 미래를 위한 이해, 논의, 연구, 실천을 깊이 있게 하기 위해서 이 책을 시안으로 활용한다면, 편자로서도 기쁠 것이다.

바쁜 와중에도 이 책을 위해서 수고를 아끼지 않은 집필진에게 감사드린다. 집필의뢰 시기와 동일본 대지진이 겹쳐서, 혼란스러울 때에도 편자에게 염려의 말씀을 해주신 것에 감사드린다. 어쨌든 지금까지 이루어진 것에 감개무량할 따름이다.

토대를 위한 한 권의 책이라고 말하지만, 많은 원고를 훑어보고, 배치를 생각하고, 게다가 지면을 맞추기 위해서 글자 수를 조정하는 등 언제 끝날지 모르는 편집작업은 엄청난 일이었다. 불교와 심리학 관련 학문의 논의방식, 기술방식, 착안점과 문체가 상당히 이질적인 것도 난점이었다. 그러나 불교와 심리학의 무수한 접점을 확인하였고, 그 광범위함과 가능성을 많이 경험하였다. 편집작업은 즐거운 것이기도 하였다. 장시간에 걸친 여러 번의 편집회의는 카사이(葛西)의 직장이기도 한 종교정보센터에서 이루어졌다. 대장경과 심리학 문헌 등을 그 장소에서 확인할 수 있었던 것에 감사한다. 센터 직원의 호의와 배려에도 감사드린다. 또한 이 책 발간을 흔쾌히 받아준 춘추사 사장님, 이 책의 편집을 담당한 편집부 직원에게도 감사의 말을 전한다.

이상과 같이 많은 방면에서 도움을 준 덕택에 지금에 이르렀다. 불교심리학의 성과라고 말하기보다는 불교심리학의 과제를 보여주기 위해서 편자는 미약하나마 힘을 보태게 되었다. 본 서를 발판으로 많은 논의가 이루어지고 '다음 단계'로 나아가기를 희망한다.

2012년 4월 8일

부처님오신 날을 봉축하면서

편자 이노우에 위마라, 카사이 켄타, 카토 히로키

찾아보기

범례

1. 불교용어에서 빨리어, 산스크리트어, 한문이 함께 병기될 시, (빨리어, 산스크리트어, 한문) 순으로 표기한다.
2. 용어 색인은 불교의 종파, 조직, 기관의 이름과 대승불교의 경전, 불, 보살 이름까지 수록한다.
3. 인명 색인은 학자, 연구자, 불교 관련 역사적 인물 중심으로 수록한다.

[용어 색인]

ㄱ

ㄹ

ㅁ

ㅂ

ㅇ

ㅈ

ㅊ

ㅎ

기타

[인명 색인]

ㄹ

ㅁ

ㅅ

ㅇ

ㅈ

ㅊ

ㅋ

ㅌ

ㅍ

ㅎ

[서명 색인]

ㄱ

ㄴ

ㄷ

ㄹ

ㅁ

ㅂ

ㅅ

ㅇ

ㅈ

ㅊ

ㅋ

ㅌ

ㅍ

ㅎ

집필자(편자 제외)

青木 聡 (大正大学 人間学部 臨床心理学科 教授)

吾勝常行 (龍谷大学 文学部 臨床心理学科 教授)

有田秀穂 (東邦大学 医学部 統合生理学 教授, セロトニン道場 代表)

安藤 治 (国立クリニック 院長, 元花園大学 教授)

石川陽圓 (国際TA協会教育部門 教授, 眞言宗円生寺 住職)

市井雅哉 (兵庫教育大学 臨床心理学コース 教授)

鵜飼奈津子 (大阪経済大学 人間科学部 准教授)

榎本文雄 (大阪大学 大学院 文学研究科 教授)

老松克博 (大阪大学 大学院 人間科学研究科 教授)

岡野守也 (サングラハ教育・心理学研究所 主幹)

加納和雄 (高野山大学 文学部 准教授)

河崎 豊 (大谷大学 文学部 仏教学科 助教)

久保隆司 (アライアント国際大学 非常勤講師)

熊野宏昭 (早稲田大学 人間科学学術院 教授)

倉光 修 (東京大学 学生相談ネットワーク本部・学生相談所長・教授)

黑木賢一 (大阪経済大学 人間科学部 教授)

玄侑宗久 (臨済宗 妙心寺派 福聚寺 住職, 作家)

向後善之 (カリフォルニア臨床心理大学院 准教授)

甲田 烈 (相模女子大学 非常勤講師)

越川房子 (早稲田大学 文学学術院 教授)

古宮 昇 (大阪経済大学 人間科学部 教授)

齊藤 明 (東京大学 大学院 人文社会系研究科 教授)

白岩紘子 (ホリスティック心理学研究所 主宰)

鈴木規夫 (インテグラル・ジャパン総合研究所 代表)

千石眞理 (京都大学こころの未来研究センター 研究員)

高野雅司 (ハコミ・エデュケーション・ネットワーク運営委員会 代表)
高橋晃一 (筑波大学 人文学類 助教)
ケネス・タナカ (武蔵野大学 教授・仏教文化研究所 所長)
田中健吾 (大阪経済大学 経営学部 教授)
谷川泰教 (高野山大学 名誉教授)
永沢 哲 (京都文教大学 現代社会学科 教授)
生井智紹 (高野山大学院 学長・文学部 教授)
畑 昌利 (大阪大学 非常勤講師)
羽矢辰夫 (青森公立大学 経営経済学部 教授)
平原憲道 (武蔵野大学 仏教文化研究所 非常勤研究員)
平松園枝 (ウィルプロジェクト・ジャパン 代表)
福士慈稔 (身延山大学 仏教学部 教授)
藤 能成 (龍谷大学 文学部 真宗学科 教授)
藤田一照 (曹洞宗国際センター 所長, 翻訳家)
藤本 晃 (浄土真宗 誓教寺 住職)
堀内 瞳 (大阪経済大学 心理臨床センター 非常勤臨床心理士)
三友健容 (立正大学教授, 日蓮宗高應寺 住職)
村川治彦 (関西大学 人間健康学部 教授)
村本詔司 (神戸市外国語大学 外国語学部 教授)
百武正嗣 (日本ゲシュタルト療法学会 理事長)
森口眞衣 (北海道大学 大学院 文学研究科 専門研究員)
諸富祥彦 (明治大学 文学部 教授)
安冨信哉 (大谷大学 特別任用教授, 真宗大谷派 光濟寺 住職)

편자 및 역자

• 편 자

이노우에 위마라(井上ウィマラ)

1959년생. 교토 대학 문학부 철학과 중퇴. 조동종과 미얀마 테라와다 불교로 출가 후 명상과 수행에 전념. 캐나다, 영국, 미국에서 명상지도. 환속 후 현재 고야산 대학 문학부 준교수. 저서로는 『마음을 여는 명상레슨(心を開く瞑想レッスン)』(大法輪閣), 『호흡을 통한 알아차림의 가르침(呼吸による気づきの教え)』(佼成出版社), 『삶에서 소중한 다섯 가지 일(人生で大切な五つの仕事)』(春秋社), 『간호와 생로병사(看護と生老病死)』(三輪書店), 역서로는 『호흡을 통한 치유(呼吸による癒し)』(R. ローゼンバーグ 著, 春秋社), 『붓다의 심리치료(ブッダのサイコセラピー)』(M. エプスタイン 著, 春秋社) 등이 있다.

카사이 켄타(葛西賢太)

1966년생. 도쿄 대학 대학원 인문사회계연구과 수료, 문학박사. 조에스(上越) 교육대학 교관을 거쳐 현재 종교정보센터 연구원. 세이조(成城) 대학, 치바(千葉) 대학, 세신(聖心) 여자대학 비상근강사, 저서로는 『현대명상론(現代瞑想論)』(春秋社), 『함께 만들어가는 금주(断酒が作り出す共同性)』(世界思想社), 공편저로는 『영상이 있는 종교, 종교가 있는 영상(映像にやどる宗教, 宗教をうつす映像)』(せりか書房), 『종교학의 키워드(宗教学キーワード)』(有斐閣), 역서로는 『성스러운 장소(聖なる場所)』(J. スワン 著, 春秋社) 등이 있다.

카토 히로키(加藤博己)

1967년생. 고마자와 대학 대학원 인문학연구과 심리학 전공 박사과정 수료. 고마자와 대학 문학부 조수를 거쳐 현재 고마자와 대학 문학부, 니혼(日本) 대학 이공학부 비상근강사. 도쿄도공립학교 학교상담, 오타(大田) 구립소학교 학교상담. 임상심리사. 저서로는 『동양에서 보디워크와 심리치료(Bodywork and Psychotherapy in the East)』(Eburon Publishers), 『감사치료 입문편(ありがとう療法 入門編)』, 『감사치료 실천편(ありがとう療法 実践編)』, 『감사치료 체험편(ありがとう療法 体験談編)』(おうふう), 『심리학을 알다(新版 心理学がわかる)』(朝日新聞社) 등이 있다.

• 역 자

윤희조(尹希朝)

서울대학교 철학과 학부와 대학원 석사과정을 졸업하고, 서울불교대학원대학교 불교학과에서 석·박사학위를 취득하였다. 현재 서울불교대학원대학교 불교학과 불교학 전공, 불교상담학 전공 주임 교수로 재직 중이다. 불교와심리연구원 원장, 한국불교상담학회 편집위원장을 맡고 있다. 주요 논저와 역서로는 『불교의 언어관』, 『불교심리학과 불교상담』, 「초기경전에 나타난 망상(papañca)에 대한 일고찰」, 「『중론』에서 언어의 문제-그 모순 위의 진실의 세계」, 「상좌부의 빤냐띠와 중관의 시설: 상좌부와 중관의 언어관 비교」, 「자성(自性)의 의미변화에 관한 일고찰-『구사론』, 『중론』, 『단경』을 중심으로」, 「연속과 불연속의 관점에서 본 아비담마의 마음과 프로이드의 무의식」, 「영역과 기능의 관점에서 본 프로이드의 자아와 아비담마의 마음작용」, 「불교와 수용전념치료에 대한 재고찰」, 「성냄을 원인으로 하는 마음에서 보는 아비담마의 정서심리학」 등이 있다.

불교심리학사전

초판발행 2017년 4월 10일
초판 2쇄 2018년 6월 29일

편　　자 이노우에 위마라, 카사이 켄타, 카토 히로키
역　　자 윤희조
펴 낸 이 김성배
펴 낸 곳 도서출판 씨아이알

책임편집 박영지, 김동희
디 자 인 김나리, 윤미경
제작책임 김문갑

등록번호 제2-3285호
등 록 일 2001년 3월 19일
주　　소 (04626) 서울특별시 중구 필동로8길 43(예장동 1-151)
전화번호 02-2275-8603(대표)
팩스번호 02-2275-8604
홈페이지 www.circom.co.kr

I S B N 979-11-5610-295-3 93220
정　　가 38,000원

여러분의 원고를 기다립니다.

도서출판 씨아이알은 좋은 책을 만들기 위해 언제나 최선을 다하고 있습니다. 토목·해양·환경·건축·전기·전자·기계·불교·철학 분야의 좋은 원고를 집필하고 계시거나 기획하고 계신 분들은 언제든 도서출판 씨아이알로 연락 주시기 바랍니다. 도서출판 씨아이알의 문은 날마다 활짝 열려 있습니다.

출판문의처 : cool3011@circom.co.kr 02)2275-8603(내선 605)

≪도서출판 씨아이알의 도서소개≫

※ 한국출판문화산업진흥원의 세종도서로 선정된 도서입니다.
† 대한민국학술원의 우수학술도서로 선정된 도서입니다.
§ 한국과학창의재단의 우수과학도서로 선정된 도서입니다.

불교

열반경 연구_대승경전의 연구 방법 시론 불교연구총서 ⑭
시모다 마사히로(下田正弘) 저 / 이자랑 역 / 2018년 5월 / 720쪽(152*224) / 38,000원

불교 과문집
조은수 외 저 / 2018년 5월 / 406쪽(152*224) / 28,000원

『입중론』「현전지」 연구
김현구 저 / 2018년 3월 / 260쪽(152*224) / 18,000원

아비달마부파의 성립과 주장 불교연구총서 ⑫
김영석 역주 / 2018년 2월 / 728쪽(152*224) / 38,000원

붓다와 정토(대승불전 II)(시리즈 대승불교 ⑤)
시모다 마사히로 외 저 / 원영상 역 / 2017년 10월 / 352쪽(152*224) / 22,000원

열정적 깨달음_딴뜨릭 불교의 여성들
미란다 쇼(Miranda Shaw) 저 / 조승미 역 / 2017년 9월 / 508쪽(152*224) / 24,000원

초기 불전의 기원, 불교는 어떻게 시작되었는가?
리처드 곰브리치 저 / 김현구 외 역 / 2017년 8월 / 292쪽(152*224) / 18,000원

라싸 종교회의_8세기 말 티벳불교의 돈점 논쟁 금강학술총서 ㉞
폴 드미에빌 저 / 배재형, 김성철, 차상엽 역 / 2017년 8월 / 212쪽(본문 편), 444쪽(각주 편)(152*224) / 43,000원

돈황사본『대승기신론소』연구 금강학술총서 ㉝
금강대학교 불교문화연구소 저 / 2017년 7월 / 524쪽(152*224) / 38,000원

율(律)에서 배우는 삶의 지혜
Sasaki Shizuka 저 / 지성 스님 역 / 2017년 6월 / 240쪽(152*224) / 16,000원

불성·여래장사상의 형성, 수용과 변용 금강학술총서 ㉛
금강대학교 불교문화연구소 저 / 2017년 5월 / 352쪽(152*224) / 26,000원

지혜·세계·언어(대승불전 I)(시리즈 대승불교 ④)
시모다 마사히로 외 저 / 김천학, 김경남 역 / 2017년 4월 / 388쪽(152*224) / 22,000원

지론종 연구 금강학술총서 ㉙
금강대학교 불교문화연구소 편저 / 2017년 3월 / 1200쪽(152*224) / 70,000원

인식학과 논리학(시리즈 대승불교 ⑨)
가츠라 쇼류 외 저 / 박기열 역 / 2017년 2월 / 320쪽(152*224) / 22,000원

의두(화두) 23기행_감생이 두 마리(대적공실·의두요목 해의)
우세관 저 / 2016년 12월 / 260쪽(140*195) / 15,000원

대승불교의 실천(시리즈 대승불교 ③)
스에키 후미히코 외 저 / 김재권 역 / 2016년 12월 / 296쪽(152*224) / 20,000원

아비담마 연구: 마음과 시간에 대한 불교적 탐구
냐나포니카 테라 저 / 빅쿠 보디 편 / 김한상 역 / 2016년 11월 / 272쪽(152*224) / 20,000원

세계 불교학자들의 학문과 방법(동대세불연총서 ②)
동국대학교 세계불교학연구소 편 / 2016년 9월 / 388쪽(152*224) / 30,000원

불교의 업설: 대승성업론
바수반두(世親) 저 / 윤영호 역 / 2016년 9월 / 116쪽(148*210) / 12,000원

한국사상사: 불교사상편
고영섭 저 / 2016년 8월 / 208쪽(152*224) / 14,000원